应用型本科院校通用教材

# 品牌管理

张延斌 编著

南开大学出版社

天 津

**图书在版编目(CIP)数据**

品牌管理 / 张延斌编著. —天津：南开大学出版社，2016.8
 应用型本科院校通用教材
 ISBN 978-7-310-04951-6

Ⅰ.①品… Ⅱ.①张… Ⅲ.①品牌－企业管理－高等学校－教材 Ⅳ.①F273.2

中国版本图书馆 CIP 数据核字(2015)第 220556 号

## 版权所有　侵权必究

南开大学出版社出版发行
出版人：刘立松
地址：天津市南开区卫津路 94 号　邮政编码：300071
营销部电话：(022)23508339　23500755
营销部传真：(022)23508542　邮购部电话：(022)23502200
\*
天津午阳印刷有限公司印刷
全国各地新华书店经销
\*
2016 年 8 月第 1 版　2016 年 8 月第 1 次印刷
260×185 毫米　16 开本　27.875 印张　2 插页　690 千字
定价：52.00 元

如遇图书印装质量问题，请与本社营销部联系调换，电话：(022)23507125

# 前　　言

这是一个品牌竞争的时代。在这样一个时代，品牌充斥着人们生活的方方面面，和人们的生活息息相关。品牌成为企业竞争的法宝、出击市场的利器。正如美国营销专家拉里·莱特（Larry Light）所言，拥有市场将比拥有工厂更为重要，而拥有市场的唯一办法是拥有占统治地位的品牌。一个企业的产品会过时或落伍，或被竞争者模仿，品牌则是独一无二的。企业家们费神劳思，各尽所能打造自己的品牌。品牌也成为国家经济实力的代言人、国家经济水平的晴雨表。

现在，整个社会的品牌意识已显著增强。然而，我们也应该看到，品牌的创建从来没有像今天这样困难。因为市场竞争的机制已经形成，市场已被实力雄厚的企业所瓜分，各种强势品牌以不可动摇之势占据着市场。在这样激烈的市场竞争中，新品牌层出不穷，老品牌也常有消亡。创建并保持一个强大的品牌比以往任何时候都更为困难。

本书以品牌竞争时代的来临为大的背景，从当代品牌管理理论与实务发展的现状出发，坚持理论与实践相结合，论证与个案相结合，全面介绍品牌管理的基本理论、策略和方法，包括品牌及品牌管理概述、品牌识别系统设计、品牌传播方案确定、品牌提升策略确定、品牌提升和保护、各领域品牌管理方法引领。从而为培养适应社会主义市场经济发展所需要的、应用型的专业人才服务。

作为一本建立在经济学、行为科学、现代管理理论基础之上的应用学科教材，本书具备如下几个特点：（1）框架体系具有逻辑性；（2）实际内容具有操作性；（3）思想观点具备创新性；（4）文字具备可读性。

全书分为6篇16章内容。第1篇为品牌基础（第1、2章），介绍品牌及品牌管理的相关基础知识；从第2篇到第5篇（第3至14章）为全书主体部分，在综合考虑多个品牌管理流程的基础上，提出"品牌识别—品牌传播—品牌提升—品牌评估"的四大部分十二个步骤的品牌管理流程，并将这一框架作为全书编写的主线；第6篇为品牌应用策略（第15、16章），介绍了品牌关系管理和一些品牌管理最新的应用领域。

本书既可作为高等院校营销或管理专业MBA学员的教材，也可作为企业营销人员、品牌管理人员和咨询培训师的培训教材和指导工具。

全书共分6篇16章内容，其中第1、2章由张延斌编写，第3、8章由张旻编写，第4、5章由李静编写，第6、7章由李国鹏编写，第9、10章由石亚娟编写，第11、12章由马强编写，第13、14章由石胜明编写，第15、16章由田永杰编写。全书由张延斌统稿。

本书在编写过程中得到了一些社会人士和专业人士的支持和帮助，在此表示感谢。同时本书也借鉴了大量的网络资源，对这些优秀资源的拥有者也表示诚挚的谢意！

尽管作者在编写过程中尽力追求完美，但由于水平有限，加之时间仓促，书中不当之处在所难免。热忱期待广大读者提出宝贵意见，以便今后不断完善！

# 目 录

第1篇 品牌基础 ... 1
第1章 品牌概论 ... 3
  1.1 品牌的产生 ... 4
  1.2 品牌的概念和内涵 ... 6
  1.3 品牌的作用与类别 ... 14
  1.4 品牌效应与表现 ... 21
第2章 品牌管理概述 ... 29
  2.1 品牌管理的概念与内涵 ... 29
  2.2 品牌管理的模式与流程 ... 34
  2.3 品牌管理面临的挑战和误区 ... 43
  2.4 品牌管理的组织形式 ... 49

第2篇 品牌识别系统设计 ... 59
第3章 品牌识别 ... 61
  3.1 品牌识别的内涵 ... 62
  3.2 大卫·阿克的品牌识别模型 ... 66
  3.3 其他著名品牌识别模型 ... 75
第4章 品牌系统符号 ... 85
  4.1 品牌符号设计原则 ... 86
  4.2 品牌命名与标识 ... 91
  4.3 品牌口号 ... 108
  4.4 品牌角色 ... 111
  4.5 品牌传奇 ... 116
  4.6 品牌音乐 ... 121

第3篇 品牌营销传播策略 ... 127
第5章 品牌定位策略 ... 129
  5.1 品牌定位概念与内涵 ... 131
  5.2 品牌定位过程 ... 136
  5.3 品牌定位方法 ... 139
  5.4 品牌再定位策略 ... 144
第6章 品牌体验策略 ... 152
  6.1 体验经济的来源 ... 153
  6.2 品牌体验的内涵、类别与实施 ... 157

6.3 品牌体验的设计 ........................................................ 162

## 第 7 章 品牌文化策略 ........................................................ 171
7.1 品牌文化与企业文化 ........................................................ 172
7.2 品牌文化概述 ........................................................ 176
7.3 品牌文化的功能和作用 ........................................................ 179
7.4 品牌文化的表现和建设 ........................................................ 181

## 第 8 章 整合品牌传播 ........................................................ 188
8.1 整合品牌传播概述 ........................................................ 189
8.2 品牌的内部传播策略 ........................................................ 194
8.3 营销活动与品牌传播策略 ........................................................ 198
8.4 营销沟通与品牌传播策略 ........................................................ 207

## 第 4 篇 品牌提升策略 ........................................................ 235

## 第 9 章 品牌延伸与授权策略 ........................................................ 237
9.1 品牌延伸概述 ........................................................ 238
9.2 品牌延伸策略 ........................................................ 244
9.3 品牌授权概述 ........................................................ 249
9.4 品牌授权策略 ........................................................ 255

## 第 10 章 品牌组合战略 ........................................................ 262
10.1 品牌组合战略管理概述 ........................................................ 263
10.2 品牌组合战略框架 ........................................................ 267
10.3 品牌组合结构分析方法 ........................................................ 275
10.4 品牌联合战略 ........................................................ 282
10.5 贴牌生产 ........................................................ 288

## 第 11 章 品牌老化与更新策略 ........................................................ 299
11.1 品牌生命周期 ........................................................ 300
11.2 品牌老化的概念、误区与成因 ........................................................ 302
11.3 品牌强化与品牌激活 ........................................................ 307

## 第 5 篇 品牌评估策略 ........................................................ 323

## 第 12 章 品牌国际化策略 ........................................................ 325
12.1 品牌国际化的界定与度量 ........................................................ 327
12.2 品牌国际化的驱动与困难 ........................................................ 331
12.3 品牌国际化战略 ........................................................ 336

## 第 13 章 品牌资产概述 ........................................................ 348
13.1 品牌资产的概念 ........................................................ 349
13.2 品牌资产构成 ........................................................ 352
13.3 品牌资产特征 ........................................................ 360

## 第 14 章 品牌资产管理 ........................................................ 366
14.1 建立品牌资产 ........................................................ 367
14.2 品牌资产评估 ........................................................ 375

## 14.3 品牌危机管理 .................................................................... 377
# 第6篇 品牌应用策略 ................................................................ 383
## 第15章 品牌关系管理策略 ........................................................ 385
### 15.1 品牌关系概述 .................................................................. 389
### 15.2 品牌关系质量 .................................................................. 392
### 15.3 品牌关系管理策略 ........................................................... 395
## 第16章 品牌应用新领域 ........................................................... 407
### 16.1 服务品牌管理 .................................................................. 411
### 16.2 工业品品牌营销 ............................................................... 417
### 16.3 个人品牌建设策略 ........................................................... 424
### 16.4 雇主品牌建设策略 ........................................................... 428
# 参考文献 ................................................................................. 437

# 第1篇 品牌基础

收获初品 第１集

# 第1章 品牌概论

 ## 学习目标

1. 理解品牌的产生过程
2. 掌握品牌的内涵与核心价值
3. 了解品牌及其相关概念；了解品牌对国家、企业和消费者的意义
4. 了解品牌的不同效应和表现

**实践中的品牌**

### 昂贵的劳力士手表

劳力士一问世便品质超群，1914年、1915年劳力士手表连续获得了由英国矫天文台（Kew Observatory）颁发的A级证书，这是英国这一知名天文台对钟表精确度的最高级别评价，也是世界性的大事。这一殊荣也使劳力士身价倍增，从此，劳力士便以"精确"的形象而逐渐深入人心。

劳力士创造了无数个世界钟表史上的第一，如世界上第一只防水、防尘表，第一只"恒动（PERPETUAL）"表，首款可以自动转换日期的万年历表，第一只深海使用的潜水表，第一只具备星期显示功能的日历表……

劳力士在品牌形象塑造上也不遗余力。1927年，著名英国游泳女将美雪狄丝戴着劳力士发明的"蚝式"防水表横渡英吉利海峡。那只手表在水中整整浸泡了15个小时之后，仍旧分秒不差。当时的英国《每日邮报》新闻称这一事件是"制表技术最伟大的胜利"。1953年，登山家爱德蒙·希拉里戴着劳力士表登上了珠峰，而探险家雷诺夫费因戴着同样的劳力士表征服了南极。几年后，劳力士又潜入了1.08万米深的海底。事实上，这一系列事件都成为劳力士一次次经典的事件营销，劳力士卓尔不凡的品牌形象也深入人心。

劳力士人不断创新的精神和对品牌完美形象的塑造，赋予了劳力士表极高的品质和声誉。虽然价格不菲，但消费者还是趋之若鹜。劳力士具有极高的投资收藏价值，一般的表用旧了就被扔进了垃圾箱，而劳力士表则不然。据说，如果保养得法，它的价值每6、7年翻一番。在国际古董表市场上，劳力士手表成为收藏家心目中的宠儿。例如，2002年，在日内瓦举行的一次拍卖会上，一只越南末代皇帝保大戴过的1952年款劳力士万年历金表，曾拍出34.2万瑞士法郎（当时约合23.54万美元）的天价。

资料来源：杨兴国. 中国营销传播网.《海鸥天价表为何3年只卖出2块？》有删节，2013，http://www.emkt.con.cn/article/582/58239.html。

**评述**

品牌的一半是技术，一半是文化。技术创新奠定了品牌的理性价值，而品牌文化内涵则赋予品牌感性和联想。一个品牌只有在先进技术的基础上，塑造出富有感染力和想象力的文化内涵，才能深入人心。

品牌能为企业带来更多的可持续赢利，主要是因为消费者愿意购买、更多地购买、花更多的钱购买这个品牌。这是由品牌在消费者大脑中的联想所决定的。消费者对一个品牌所能联想到的所有的信息能深深触动消费者的内心世界，并产生积极、美好、愉悦的心理体验，消费者就会认同、喜欢乃至爱上了这个品牌，也就自然愿意购买、更多地购买、花更多的钱购买这个品牌。同时，我们把触动消费者内心世界的最有力的信息称之为品牌核心价值。可见，品牌有能够触动消费者内心的联想后，强势品牌与消费者就具有深厚的情感联系、很高的品牌忠诚度与抗风险能力，使消费者不对价格敏感，降低对促销与价格战的依赖，并提升溢价能力（成本和功能接近的产品卖出更高的价格）。

## 1.1 品牌的产生

品牌最原始的含义是区隔的工具。按照荷兰学者里克·莱兹伯斯（Rik Riezebos）的观点，英语中"品牌"一词很可能起源于中世纪（公元 476—1492 年），源于古挪威词汇"Brandr"，意思是"烙印"，原指烙在动物身上以区分所有权的标记。当时西方游牧部落在牛马背上打上烙印，用以区别不同部落之间的财产。烙印上面写着一句话："不许动，它是我的"，并附有各个部落的标记。这就是最初的品牌标记和口号。中世纪的商品（如陶器、银器）上一般有三种标识：工匠名、行会名和城市名。工匠名相当于今天的品牌名称，说明商品的制作者是谁；行会名相当于今天的质量认证，以确保质量；城市名相当于今天的产地品牌，说明商品制造的地点。另一种比较流行的说法是，"品牌"一词起源于 19 世纪早期盛威士忌酒的木桶上的区别性标志，用以表明酒的生产厂商。可见，早期的品牌是厂商区隔的标志，类似于今天的"商标"（Trademark）。法国政府在其《商标法》中就有类似表述："一切用以识别任何企业的产品、物品或服务的有形标记均可视为商标"。

### 1.1.1 品牌的发展历程

品牌现象是伴随着商品交换的产生而出现的。总体来说，在 1870 年以前，处于品牌观念时代；在 1870 年至 1900 年间，主要是个体生产者拥有消费品品牌。

品牌的产生具体经历了如下历程：

古希腊和古罗马时期，在陶瓷、金器及灯具上出现了刻有文字或图案的标记；英国在 1472 年出现了第一个书籍品牌广告，在 1666 年《伦敦报》开辟了第一个广告专栏，至此品牌传播开始得到重视；17 世纪英国出现了广告代理商；18 世纪中期，英国及其他欧洲国家出现了一批广告画家，由此提高了品牌设计和广告水平，同时广告品牌的文案设计水平也有了提高，如当时的日本；19 世纪初商标制度诞生，如法国出现了世界上最早的商标法律文件，随后商标法在各国纷纷被制定和颁布；19 世纪中后期在美国涌现了至今尚存的百年强势品牌，广告公司得到了长足发展，品牌推销专业化，品牌媒介丰富化，出现了交通广告、摄影图片、明信片、挂历广告等；19世纪末至20世纪初，专业广告作家开始出现，品牌策划、商标制度、霓虹灯广告和霓虹灯招牌、广播等迅速风靡全球。

在我国，商周时期已出现了城市"品牌"及产品的文字标记；春秋战国时期出现了招牌和幌子，如"阳城"标记；西汉时期进一步发展了实物招牌广告，文学作品中出现了用"品牌产品"的修饰衬托；东汉时期，人们开始懂得用具有鲜明特征的品牌来体现商品的卓越价值，出现了著名的文具品牌，如"张芝笔""左伯纸"等；唐朝时期出现了大量用五彩旗、灯笼等绣上图案或店名为幌子的品牌标志；宋元时期出现了品牌设计和装潢、品牌广告作品以及产品包装纸等；明清时期品牌保护意识进一步增强，百年老牌纷纷涌现，品牌载体多样化，清政府出台了第一个商标品牌方面的法规等；民国时期品牌的载体则更加丰富，出现了橱窗、路牌、霓虹灯、交通工具、广播等，同时品牌策划、创意、平面品牌设计等都取得了一定的发展。

在《牛津大辞典》里，品牌被解释为"用来证明所有权，作为质量的标志或其他用途"，即用以区别和证明品质。随着时间的推移，商业竞争格局以及零售业态不断变迁，品牌承载的含义也越来越丰富，甚至形成了专门的研究领域——品牌学。

### 1.1.2 对品牌的理解

随着我国经济的发展和经济总量的大幅提高，世界公认中国是生产大国、制造大国，而又不得不承认是品牌小国、品牌弱国。特别是品牌资产占经济总量的比重并没有产生根本性的变化。正如美国著名品牌理论专家拉里·莱特所言：未来营销是品牌的战争，唯一拥有市场的途径是先拥有具有市场竞争优势的品牌。市场竞争的终极就是品牌的较量，更是经营者品牌管理思维的较量，卓越的品牌管理需要卓越的思考。

自20世纪80年代在我们的传媒中开始出现"名牌"这一概念，诸如"国优""部优""省优"等名牌，可以说这就是我国内地最早的品牌概念的形式。"品牌就是知名度"可以说是那个年代人们对品牌的认知。经营者主要是通过各种传媒扩大其企业或产品的知名度。不久由于产品与服务问题出现，大多数那个年代的知名产品不见踪迹了。

20世纪90年代以后，人们对品牌的理解开始发生变化。人们逐步认识到塑造品牌还要从产品质量和服务开始。一批重在提高产品质量和服务的品牌出现了。而21世纪以后一些原来靠产品质量与服务的品牌日子越来越不好过，究其原因就是没有很好地认识到品牌建设的内涵。今天品牌的意义更加强调与消费者的沟通，品牌意味着信任、可靠，消费者追逐品牌的深层次理由是品牌能带给他们情感上的交流和个人生活品位的彰显。品牌建设不仅需要知名度宣传，更需要品牌内涵建设。一个没有内涵的品牌是没有生命力的，是经不起打击的。也就是说品牌不仅是一种商品或服务区别于另一种商品或服务的标志，它更代表着商品或服务所具有的独特个性。从消费者心理角度讲，品牌能在消费者心目中唤起记忆和联想，以及感觉、情绪，同时意识到它象征着什么。这一切表明，品牌发展要从与消费者心理沟通角度来认识。这就是近10年来品牌建设的关键所在。

例如，上海海关统计表明（2002）：外国手表通过上海口岸进口约12万只，货值约1100万美元；而同期从上海口岸出口国产手表约200多万只，货值仅200万美元。为什么价值相差100多倍呢？问题出在什么地方？不少人会说是品牌问题。但要深入地认识这一问题需要从品牌心理加以分析，进而找到未来我们品牌发展的思路。面对信息超载时代，人们常常是凭借片段的信息来辨认物体和认识事物，这就是所谓的主观认知。品牌作为产品的标志，它可以用来表征并创造出同类产品之间的差异特征，消费者正是凭借着对品牌特征产生一种感觉和体验，帮助其选择或识别产品。心理学将这一现象称为品牌认知。它在消费者头脑中形成一种无形的识别器，其基本功能是减少人们在选购商品时所花费的精力、风险和时间。最新的研究还表明，品牌认知还能反映在人们对品牌情感的表达，因为一个品牌反映了一种生活方式、生活态度和消费观念，是它与消费者在情感上产生共鸣。也就是说今天品牌在人们心目中代表了使用者具有的那一类身份、地位和个性。更重要的是品牌可以给消费者一种文化附加值，可使其感受到相应的身份、地位、荣誉和自信，从而获得心理上的某种满足与体验，提升消费者的效用。如人们在畅饮可口可乐的时候，除了用于解渴外，更多的是人们在有意识或无意识地满足享受美国文化的一种心理体验。在产品高度趋于同质化的市场条件下，消费者对品牌的象征性意义认识尤为重要。品牌是世界上最伟大的商业资产——因为一个品牌率先在消费者心智占位的认知最难以被复制。

在消费者心智中率先占据了某个认知与联想，除了对消费者具有强劲的吸引力，会产生无与伦比的先发性竞争优势——竞争品牌要撼动已经被占位的认知与联想是几乎不可能的。不知有多少品牌也在诉求"营养、头发健康亮泽"，但潘婷牢牢占据这一定位，甚至不少品牌在宣传"营养、头发健康亮泽"是免费帮潘婷做广告，因为消费者已经牢牢地把"营养、头发健康亮泽"与潘婷联系在一起，一提到"营养、头发健康亮泽"马上就联想到了潘婷；沃尔沃占据了"世界最安全汽车"的联想。如果宝马真的发起狠来投资10亿美元去研发比沃尔沃还安全的轿车，宝马完全投得起这笔钱，在技术上也有这个基础去研发，但消费者不一定认这个账。或者即使能让消费者认账了，也需要太高的成本、太长的周期，对宝马来说得不偿失，不如还是把企业的资源聚焦到操控技术，继续占位自己的传统优势定位"驾驶的乐趣"；六神占位了"清凉、草本精华、夏天最好的"联想，所以一到夏天销量就疯长，市场占有率第一。谁觉得自己也可以去占位这一联想的，可以去试一试，但不会有第二个结果，一定是得不偿失。

潘婷与沃尔沃一旦在消费者心智中率先占据了"营养、头发健康亮泽"与"世界最安全的汽车"，就通过马太效应的自增强过程而放大，最终独霸了"营养、头发健康亮泽"与"最安全汽车"认知与联想。《圣经》中"马太福音"第二十五章有这么几句话："凡有的，还要加给他叫他多余；没有的，连他所有的也要夺过来。"这种典型的现象，被称之为马太效应。由于人的心理反应和行为上的惯性，在一定条件下，联想与认知的优势或劣势一旦出现，在消费者的大脑里就会不断加剧，滚动累积，出现强烈反差、两极分化、强者越强、弱者越弱的局面。因此，某一品牌应率先在消费者心智中建立起独特的认知与联想，然后妙用自增强的马太效应，最终独霸这一能深深地触动消费者内心世界的认知与联想。

## 1.2　品牌的概念和内涵

### 1.2.1　品牌的归属

弄清品牌的归属问题是理解"什么是品牌"的关键。品牌属于谁？这是一个看上去很简单实际上却很深奥，同时也很有必要回答的问题。不明确品牌属于谁，就可能会透支品牌的力量，使品牌走向衰亡。

1. 品牌属于企业

品牌由企业所有成员一手培育。美国西北大学凯洛格商学院副教授、先知品牌咨询（Prophet Brand Strategy）公司合伙人斯科特·戴维斯（Scott Davis）在《品牌资产管理》一书中指出，每一位管理者甚至雇员的行为举止、活动交际都会影响消费者对品牌的认知和理解。企业的每一位员工都在参与品牌的塑造和管理，都应该是品牌的拥有者。在管理者及员工的精心呵护下，品牌茁壮成长，帮助企业的产品或服务持久销售、大量销售以及溢价销售。同时，管理者也有权利将长大的品牌转售给其他公司。从法律上来说，企业对品牌拥有了经营权、剩余索取权和处置权，也理所当然地拥有了品牌本身。

2. 品牌属于消费者

然而，仅仅认为"品牌属于企业"会给企业的品牌经营带来很大的麻烦。每年，大量的企业都会在广告、公关、促销等方面投入大量资金来打造品牌，但往往收效甚微，一些企业的品牌并未因此而成长起来。相反，很多企业因为品牌建设费用过高而负债累累。导致这一结果的原因是企业自恃"品牌属于企业"，一厢情愿地向消费者"暗送秋波"，而消费者却视而不见，因为品牌与己无关。一些专家和学者指出了其中的问题，即品牌本来就不属于企业，而是属于消费者。例如，"广告教皇"大卫·奥格威（David Ogilvy）认为"品牌存在于消费者的认知里"；联合利华的前董事长迈克尔·佩雷（Michael Perry）直接指明"消费者拥有品牌"；营销学者科波-沃尔格伦（Cobb-Walgren）、努贝尔（Ruble）和唐苏（Donthu）等人指出，"品牌是一个以消费者为中心的概念。如果品牌对消费者而言没有任何意义，那么它对于投资者、生产商或零售商也就没有任何意义了"。

3. 品牌归企业和消费者共有

有"品牌金手指"美誉的美国品牌咨询顾问弗朗希斯·麦奎尔（Francis X. Maguire）指出，一个好的品牌是来自企业的好想法与顾客心灵相契合的产物。英国品牌咨询顾问彼得·威尔士（Peter Wells）和提姆·霍里斯（Tim Hollins）也提出了很有见地的观点。他们认为，营销者并没有控制品牌，而是为品牌提供了成长的前提条件。营销者与购买者都在参与营销，品牌是共创的。由此可见，品牌并不属于企业和消费者其中的哪一位，而是二者共同所有。这个更为全面的观点可以从三个角度来看：①从法律的角度看，品牌属于企业，企业拥有对品牌的各项法律权利。②从心理的角度看，品牌属于消费者，只有被消费者认知和认同的品牌才能为企业带来回报。③从管理的角度看，品牌属于企业和消费者共有，只有将消费者深层次的价值需求融入品牌规划和传播当中，品牌才能基业长青，也才能走向卓越。

## 1.2.2 品牌的内容

关于品牌的概念，可谓是众说纷纭，至今未达成共识。前人由于所处的环境不同，对于品牌的理解或解释也不尽相同。纵览国内外品牌界对品牌的不同理解，可以把对品牌的概念描述归纳为以下几类。

1. 品牌是符号

"品牌是区分标志，用以识别不同的产品供应厂商。"品牌最原始的含义是从品牌功能角度来定义的。1960 年，美国市场营销协会（American Marketing Association，AMA）在《营销术语词典》中提出，品牌是一种名称、术语、标记、符号或设计，或是它们的组合运用，其目的是借以辨认某个销售者或某群销售者的产品或服务，并使之同竞争对手的产品和服务区别开来。这一定义可以从三个方面来理解：①品牌与符号有关。品牌外显为一个可视的符号，符号代表了品牌。②品牌是一种区分的工具。品牌存在的意义在于辨认或区别，其存在的前提是有同类产品或服务的竞争者。③品牌的界定有消费者和企业两个视角。消费者利用品牌来辨认产品或服务，而企业利用品牌来区别自己的产品与竞争者的产品。美国市场营销协会对品牌的定义着眼于差异化的品牌符号。

从符号的角度理解品牌是基于品牌最原始、最直观的含义，它以朴素而现实的视角将品牌看作是标榜个性、区别于其他的特殊符号。作为符号的品牌肩负着识别和区分的主要功能。将品牌视为识别和区分的符号，是品牌应该具备的基本且必要的条件，但并不是充分和全部的条件，因此不能揭示品牌的全部内涵。

2. 品牌是资本

"品牌是自身形象的象征，用以积累无形资产。"美国品牌学家 Alexander L.Biel（1992）认为，"品牌是一种超越生产、商品及所有有形资产以外的价值……品牌带来的好处是可以预期未来的收益远超越推出具有竞争力的其他品牌所需的扩充成本"。20 世纪 80 年代兴起的企业兼并收购案例表明，品牌已成为一种重要的无形资产，其重要性已超过了有形资产。这也正是目前非常热门的品牌概念"品牌资产"（Brand Equity）。并购方不只是并购了一个品牌本身，而是并购了这个品牌背后的消费者关系，这意味着巨大的市场盈利能力。用中国名牌战略推进委员会副主任、《经济日报》原总编辑艾丰的话说，有品牌才可以在市场上"卖得贵、卖得多、卖得快、卖得久"。以著名饮料企业可口可乐公司为例：可口可乐公司 1999 年的销售总额为 90 亿美元，其利润为 30%，即 27 亿美元。除去 5%由资产投资带来的利润，其余 22.5 亿美元均是品牌为企业带来的高额利润。由此可见品牌特别是名牌给企业带来的较大的收益，而品牌作为无形资产，已被人们所认可。

将品牌视为资产，着眼于品牌的价值功能，其侧重点在于品牌在市场运营中的作用。它主要是站在经济学、会计学的立场，从品牌的外延，品牌资产方面进行阐述，突出品牌作为一种无形财产能给企业带来多大的财富和利润及能给社会带来什么样的文化和时尚等价值。这种主张认为品牌是一种价值，在一定程度上是脱离产品而存在的，它可以买卖，体现一种获利能力，更强调品牌对企业的增值功能。

3. 品牌是关系

一个品牌的建立实际上是企业和消费者双方共同努力的结果。因此，"品牌管家"奥美广告公司（Ogilvy & Mather）说："品牌是消费者与产品之间的关系"。《关系营销》一书的作者瑞吉斯·麦肯纳（Regis McKenna）也指出，"一个成功的关系就是一个成功的品牌"。一个品牌与顾客的关系是其成功的基础，国际著名市场调研机构索福瑞集团（Taylor Nelson Sofres，简称 TNS）发现，全球最成功的品牌都有一个共同之处——与消费者之间有着强烈的，甚至激情的关系。联合利华董事长佩里认为，品牌是消费者对一个产品的感受，它代表消费者在其生活中因对产品与服务的感受而滋生的信任、相关性与意义的总和。亚马逊（Amazon）公司的创始人及首席执行官杰夫·贝索斯（Jeff Bezos）说："品牌就是指你与客户间的关系，说到底，起作用的不是你在广告或其他的宣传中向他们许诺了什么，而是他们反馈了什么以及你又如何对此做出反应。"加拿大学者巴纳斯（Barnes）甚至认为，建立品牌与消费者的关系是创建品牌的目标。一个品牌包含了消费者与企业和产品互动后所积累而形成的全部感受，包括对品牌相关知识的认知、对品牌的情感以及对品牌的行为意向。

将品牌视为关系，强调品牌是消费者或某些权威机构认定的一种价值取向，是社会评论的结果，而不是自我加冕的。该观点的一个重要贡献就是将消费者引入到品牌概念中来。它传达了企业与消费者及产品与消费者之间的沟通，强调品牌的最后实现是消费者来决定的。

4. 品牌是承诺

随着技术的迅猛发展，物质越来越丰富，人们可以选择的商品或服务也越来越多。这时，品牌仅仅作为区隔的工具并不足以吸引消费者，人们需要的是知名度高、特色鲜明的优质产品。因此，企业开始不断提升品牌带给消费者的功能性、情感性、社会性和财务性价值，使得品牌成为某种消费价值的担保。利用多种传播手段，通过品牌这一载体，企业向消费者做出价值承诺，如海飞丝承诺能去头屑、万宝路承诺能带来粗犷豪迈的男子汉气概、劳力士承诺能带来名流高贵的身份、沃尔玛承诺天天平价，等等。一些学者的定义说明了品牌的这层含义：英国广告专家约翰·菲利普·琼斯（John Philip Jones）把品牌定义成能为顾客提供其认为值得购买的功能利益及附加价值的产品；英国品牌学者切纳托尼和麦克唐纳（McDonald）认为，一个成功的品牌是一个好的产品、服务、人或地方，使购买者或使用者获得相关的或独特的最能满足他们需要的价值。经过各种接触点的影响，消费者形成了对品牌价值的印象。此时，对消费者而言，品牌意味着对企业所能提供价值的信任。因此，美国西北大学的唐·舒尔茨（Don Schultz）教授指出，品牌是为买卖双方所识别并能够为双方都带来价值的东西。当产品能让消费者产生与自己相接近的联想时，对品牌的选择和认同就大增。个性定位可以是产品功能的体现。如"舒肤佳含迪保肤成分，有效去除细菌"，提取"除菌"的功能特点，与市场已有的产品区分，让消费者产生强劲的联想，为占领市场奠定了坚实基础。

5. 品牌综合说

"品牌是生产、营销与时空的结合。"从品牌联想的复杂性出发，很多专家学者对品牌做了比较全面的定义。比如，大卫·奥格威早在1955年就指出，品牌是一种错综复杂的象征，是产品（或服务）的属性、名称、包装、价格、历史、声誉、广告风格的无形组合。品牌同时也因消费者对其使用的印象及自身的经验而有所界定。1978年，莱维（Levy）教授提出，品牌是存在于人们心智中的图像和概念的群集，是关于品牌知识和对品牌主要态度的总和；1989年伦敦商界一个名为"永恒的品牌"研讨会中就有专家提出，品牌是消费者意识感觉的集合。科特勒则认为品牌至少包括六个方面的内容：①属性：产品本身的性质特点，如奔驰具有昂贵、耐用的属性。②利益：属性转化为功能或情感利益，如昂贵可以显示身份，耐用说明性能可靠，能长时间使用。③价值观：反映制造商的价值观，如美体小铺的社会关怀。④文化：如奔驰意味着德国式的严谨和效率，LG意味着韩国的时尚和流行。⑤个性：品牌也具有像人一样的个性特点，如万宝路具有豪迈的个性，贺曼卡具有纯真的个性。⑥使用者：品牌体现了其特定消费者的类型，品牌与目标消费者联系起来，可以使目标消费者有一种归属感，因此产品的精神价值是个性定位的关键要素。如香飘飘奶茶通过个性塑造，找到了具有市场区隔的核心价值。早期奶茶适合20岁以前的女孩子饮用，20岁以后女性更加注重健康，购买越来越少。但通过调查发现，25岁左右的女孩子对纯洁的爱情非常渴望，所以我们把香飘飘奶茶品牌核心价值定位为纯情。"综合说"定义将品牌置于一种更广阔的社会环境中，而且加入时间纬度和空间因素，指出与品牌密不可分的环节，如历史、声誉、法律、经济、社会文化、人文心理等。如大卫·阿克说的"除了'品牌就是产品'外,品牌认同的基础概念还必须包括'品牌就是企业''品牌就是人''品牌就是符号等概念',品牌实际上是由其自身通过整合诸多的信息而成的。"

### 1.2.3 品牌的相关概念

1. 品牌与产品

谈到品牌,我们很容易想到产品。二者之间的确有非常紧密的联系,但二者的区别也是非常明显的。

(1) 产品的概念

产品是企业为满足某些社会需要而设计、生产,并向社会提供的物化的劳动成果和服务。产品的本质就是满足社会的各种需求。企业通过提供特定的产品来满足某种需求,并获得经济和社会效益。产品是为直接满足人类的需求而存在的,无论是物质产品还是精神产品,都具有一定的功能特征。

菲利普·科特勒曾这样定义产品:凡能提供给市场以引起人们注意、获取、使用或消费,从而满足某种欲望或需要的一切东西。科特勒把产品划分为三个层次:核心产品,即核心利益或服务,它回答"购买者真正要购买什么";有形产品,包括质量、特色、式样、商标名称和包装;延伸产品,如安装、送货和信贷、售后服务、保证等。

1994年科特勒在《市场管理:分析、计划、执行与控制》专著修订版中,将产品概念的内涵由三层次结构说扩展为五层次结构说,即包括核心利益(Core Benefit)、一般产品(Generic Product)、期望产品(Expected Product)、扩大产品(Augmented Product)和潜在产品(Potential Product)。

(2) 品牌与产品的联系

①品牌是产品的区隔符号。

美国品牌权威学者凯文·莱恩·凯勒教授指出,品牌就是产品,但它是加上其他各种特性的产品,以便使其以某种方式区别于其他用于满足同样需求的产品。这些差异也许是理性的、可见的,或更加具有象征性、更情感化、更不可见的。美国营销学者阿尔文·阿肯鲍姆(Alvin A. Achenbaum)指出,能够将一个品牌与其未品牌化的同类产品相区分,并且赋予它资产净值的是消费者对该产品的特性、功能、品牌名声及相关企业的感受与感觉。可见,两位学者都强调品牌是具有感性和理性附加值的产品。

②产品是品牌的载体和基础。

武汉大学黄静教授指出,产品是品牌的载体,品牌依附于产品,因为品牌利益由产品属性转化而来,品牌核心价值是对产品功能性特征的高度提炼,品牌借助产品来兑现承诺。此外,产品质量还是品牌竞争力的基础。

③二者先捆绑后松绑。

我国品牌实战专家张正、许喜林对品牌与产品的联系做了精辟分析。他们指出,在成功品牌的成长过程中,品牌与产品先是捆绑——品牌与产品紧紧地联系在一起,相辅相成,共同成长,品牌定位、鲜明的个性在这一时期形成。后是松绑——品牌与具体产品分离,品牌不再指向单一产品或单一类别,而要为品牌延伸提供支持,要为企业的多品种或多元化发展提供空间。品牌的核心价值在这一时期得到调整、丰富和提升。所以,先捆绑后松绑是成功品牌在品牌管理中品牌与产品的关系模式,是成功品牌在创建和成长过程中的普遍规律。例如,海尔最早通过电冰箱的质量和服务树立起海尔"真诚到永远"的品牌形象,之后才成功延伸到其他各种家电领域以及非家电领域。

(3)品牌与产品的区别

①产品是具体的东西,而品牌存在于消费者的认知里。

美国著名广告学者史蒂芬·金(Stephen King)精辟地指出了品牌与产品的本质区别——产品是工厂里所生产的东西,品牌是消费者所购买的东西。工厂里生产出来的东西只是物理属性的集合,没有生命力,而消费者购买的是他们感觉中产品的物理属性所带来的功能利益,此外还有随之而来的形象和情感价值。例如,消费者联想到"THINKPAD 手提电脑安全、人性化、高端商务"而高价购买 THINKPAD,联想到"大舍大得大智慧、舍得是中国文化第一酒、百斤好酒仅取两斤精华"而喜欢舍得。当然,如果离开了好的产品,品牌必然无法在市场上长久立足。但是,有了好的产品,却不一定有好的品牌,因为品牌是消费者对产品的主观感受,而非产品质量的客观反映。

②产品生成于车间,而品牌形成于整个营销组合环节。

品牌是被"设计"出来的,它要使营销组合的每个环节都能传达一致的、易于感受的信息,而且这个设计牵涉到公司的每个部门。例如,价格的高低被人们看成品牌等级的一个标准;销售渠道帮助人们形成对品牌的看法,如专卖店出售的也许是较高贵的品牌,而在小杂货店出售的也许是一个普及的品牌。商业传播与品牌的关系则更为密切。

③产品贵在质量,而品牌贵在传播。

传播包括一切品牌与消费者沟通的环节与活动,如产品设计、包装、推广、促销、公关、广告。一方面,通过传播,形成和加强了消费者对品牌的认知;另一方面,传播的费用转化在品牌之中,形成品牌的一部分资产。奥格威说:"任何广告都应该被看成是对品牌的长期投资"。因此,我们可以说,传播创造了品牌的附加价值。

2. 品牌和商标

(1)商标的概念

"商标",英文为"Trade Mark",顾名思义,就是商品的标记。这种标记不是显示商品名称、型号、性能、产地,而是一种归属标记,是生产或销售它的那个企业的标记。当人们熟知商标后,就能以商标分辨产品或服务由哪个企业生产或销售。我们常说"长虹彩电","长虹"就是商标,"彩电"则是商品的名称,由"长虹"商标人们可能联想到其生产厂家,产品性能等。商标由一些文字、图案或符号组合,对于企业它们的商标通常是由固定的文字、图案或符号组成。用户或顾客可以通过这些特定标记加以识别。

企业商标在国家工商管理部门注册并批准使用后,就成为"注册商标"。商标的注册企业便拥有所注册商标的专用权、专刊权、著作权,其商标受到法律保护。注册商标具有排他性,不同企业的商标不能相同,一般来说同行业经营范围内商标必须是独家拥有。

(2)品牌与商标的区别

很多企业分不清商标与品牌之间的关系,错误地认为只要将一个名字或图案到工商管理部门注册就成了品牌。其实,二者不是同一个概念。根据《中华人民共和国商标法》(2001年修正),商标是指能将自己的商品(含服务)与他人的商品(含服务)区别开的可视性标志,包括文字、图形、字母、数字、三维标志和颜色组合,以及上述要素的组合。多数情况下,商标不经注册即可使用，也可申请注册。由上可知，商标首先强调的是品牌的名称和标志，其次它是一个法律概念，是公司、产品或服务可以拿到工商管理部门申请法律保护的工具，是一种知识产权，是有形的。拥有者是企业，要用圆圈 R；而品牌是一个营销和战略概念，是产品或服务在消费者头脑中形成的一种烙印，是企业满足消费者需求从而夺取市场的战略性工具。它属于消费者，是无形的。当一个企业的产品或服务不能令消费者满意时，消费者可以轻易地把这个品牌从头脑中删除掉，但商标依然存在。英国广告学者约翰·菲利普·琼斯认为，品牌由商标发展而来。长期以来，商标一直是向发明者的专利提供法律保护的工具。品牌开发过程所衍生出的目的和重要意义则超出了法律保护的单一职能，多出了丰富的内涵以及相应的促销功能与经营功能。从法律的角度看，品牌首先要成为商标才能获得公平竞争的保障，而商标是经过注册获得商标专用权从而受到法律保护的品牌，品牌的内涵要大过商标。把品牌当作商标的观点将导致企业不能充分发挥品牌的作用，不会以品牌资产的建立作为营销工作的中心。品牌不仅仅是一个简单的名字，只有在名字的基础上添加一定的概念才是品牌。比如一个叫"小明"的人突然变得十分的出名，但只有在他"小明"的名字上附加了他人生的成功与人生中的故事，才是"小明"的品牌。但反过来说，如果做错了或失败的话，人们会对"小明"产生否定联想。一般情况下，品牌名称开发是很基础，很重要的阶段。但更加重要的是，如何在开发出来的名字上附加一定价值的核心概念。前几年，在韩国比较流行的电视剧《我叫金三顺》里，从"金三顺"的名字我们可以联想到有点丑，比较土的形象。但在电视剧的剧情中，叫"金三顺"的演员把名字从否定联想改变成现代、魅力、活泼的女生的代表性名字。从品牌的角度来看，"金三顺"的故事是一个成功的案例。不过不一定所有的女生都要把名字改成"金三顺"才可以取得成功。每个名字需要符合每个人的特征与形象才最终表现出它的价值。

3. 品牌与品类

（1）品类的概念

品类（Category）是指消费者认为相关且可相互替代的一组特殊商品或服务。品类与我们通常所说的行业不同：行业由国家统计局规定，有严格的分类标准，而品类由企业决定，没有明确的边界。行业的范围更宽泛，如服装是一个行业，而商务装是一个品类；洗面奶是一个行业，而男士祛痘洗面奶是一个品类。可见，品类更关注消费者的特定需求。北京品类营销机构对品类的研究在中国目前算是最为深入的。该机构在《品类》一书中颇具洞察力地提出了 13 条品类定律。他们认为，消费者心智中对多种事物、多种商品或多个品牌背后某种共同资源的集中认同形成品类。品类这种心智资源共识的达成，源于人们总是希望以"最小的代价获取最多的信息"。从此角度分析，云南烟、商务男装、情绪饮料等都是品类。从中也可以看出，品类是一个动态的概念，比如从果汁饮料到橙汁饮料都可以算作品类。

（2）品牌与品类的关系

按理说，品牌与品类不容易混淆。品类是同类产品的集合，而品牌是某个具体产品的区隔符号。如手提电脑是一个品类，而 DELL 是一个手提电脑的品牌，不同于联想和东芝。但是事实上，已经有不少品牌转化成为或被等同于品类。例如，美国克莱斯勒汽车公司的"吉普"牌越野车在中国被看成是一种车型而非品牌；"商务通"曾一度被消费者认为就是掌上电脑（PDA）的代名词；"可口可乐"牌碳酸饮料开辟了可乐的新品类，直到今天还有很多人买可乐专指买"可口可乐"；如"白加黑"感冒药并没有单独构建一个新的品类，但获得了消费者"认知"上的品类划分。比如雀友全自动麻将桌，或许是消费者听过的唯一的麻将桌品牌。于是，麻将桌品类只有雀友。麻将桌品类内，雀友获得独占优势。当然，雀友是细分品类构建的成功代表，但它毕竟只是一个个案。如何有规律地、自主地掌握类似雀友一样的产品，需要企业仔细研究品类构建。金嗓子喉宝是典型的全新品类构建案例，其成功创建了咽喉含片品类市场。通过分析大量品牌和品类的关系，我们发现传统的品类并不容易同品牌混为一谈，而目前出现二者混淆现象的最主要原因是一些厂商创造了新的品类，再在这个新品类当中推出新品牌，结果消费者在接受品牌的同时也混淆了品类。例如，"统一企业"创造了"鲜橙多"橙汁饮料。按理说"鲜橙多"应该属于统一旗下的一个子品牌，但由于市面上大量涌现各种牌子的"鲜橙多"，于是消费者便把鲜橙多看成是品类了。由此可见，当企业用类似通用名称的"品牌"来开创新品类时，既为自己找到了没有竞争者的"蓝海"，同时也给自己埋下了日后商标之争的隐患。

4. 品牌与牌子

"牌子"是品牌的俗称，也称为商品或服务的脸谱。"牌子"是人们对品牌、商标、名牌等的通俗称谓。其基本含义与品牌相通。

在日常生活中，我们经常用"牌子"这个口语化的词语来表述品牌，如"这是什么牌子的手机""什么牌子的电脑既便宜质量又好"等。不少人由此认为"牌子"就是口语化的"品牌"，二者是一回事，一些人甚至将"牌子"运用于书面文件。实际上，从我们前面对品牌的界定可以看出，"牌子"只是指品牌的名称，而不包括其他组成部分。尽管品牌名称是品牌当中最重要的组成要素，一切与品牌有关的联想、关系、资产都是因品牌名称而起，但仅仅用"牌子"替代品牌是不可取的。它的使用冲淡了品牌内涵的丰富性。

5. 品牌与标识

当前很多广告设计公司纷纷打出品牌策划的经营范围。事实上，他们大多把品牌等同于视觉识别的标识了。视觉识别（Visual Identity，简称 VI）是品牌识别系统（Brand Identity System，简称 BIS）当中的视觉部分，主要指与品牌标志相关的图案、标准字、标准色等基本设计要素和信封、手提袋、名片等应用系统。这些只是品牌的可视部分，属于最浅层次的品牌符号设计。有了这些品牌视觉识别设计，消费者的确能够很好地区分品牌，但可能仅此而已。例如，太阳神是中国最早推出 VI 系统的公司，它的标识系统的确产生了很好的识别效果，但并没有给消费者提供更多有意义的价值，因此效果不能持久。真的打动消费者的不是这些视觉识别设计，而是品牌的内涵，这需要对品牌进行战略性的营销管理。因此，应当从内涵和意义的角度来理解品牌，而不是仅从视觉识别设计来理解。

6. 品牌与名牌

"名牌"，简单来说，就是知名品牌，或在市场竞争中的强势品牌。"知名"的内涵是"四高"：知名度高、美誉度高、信任度高、追随度高，除此之外在反应度、认识度、美丽度、传播度、忠诚度等方面也应有上佳表现。名牌应是这几者在一定程度上的统一。有观点认为名牌就是知名度高，这绝对是片面的。"知道"与"赞美"并不是一回事，"众所周知"并不等于"众口称赞"；也有观点认为名牌就是美誉度高，这也存在片面性。美誉度高的品牌若知名度不高，也不能实现其经济目标，另外"众口所赞"并不等于"人人购买"，因此，美誉度还应和知名度、追随度、信任度、认知度、畅销度、美丽度、满意度等相结合，相统一，才能造就名牌。"名牌"的提法在政府、企业和消费者当中运用广泛，如"中国名牌""驰名商标"

的评选,但大力倡导该词的使用有一定的弊端。早在1997年,中山大学卢泰宏教授就在《人民日报》(华南版)撰文,对"名牌"一词的使用提出异议。在卢教授看来,名牌更多强调的是品牌的知名度,从而可能误导企业家,认为只要想尽办法出名,就能成为强势品牌。秦池酒基于这种错误认识,花了几个亿成为央视广告标王。这虽然使得秦池酒在短期内就产生了"天下无人不识君"的效果,但最终还是因为缺乏品牌底蕴,在危机面前不堪一击而落得一败涂地的下场。出名并非难事,一夜成名的事例已不鲜见,但品牌绝非一朝一夕的事情,需要长期的培育和积累。正是由于很多企业把名牌当作品牌,才造成当前中国企业界盛行炒作、造势以及广告轰炸的局面,并以此追逐名牌效应。这种短期的繁荣是泡沫,不能持久。后来有一些学者指出,尽管"名牌"从字面上的确只强调了知名度,但并不专指知名度,还包括美誉度。所以,名牌是指具有一定知名度和美誉度的品牌,并因此获得高价位。即使如此,本书认为"名牌"的提法还是不可取,原因是:①知名度和美誉度只是从名气和质量的角度来描述品牌,而缺少了诸如品牌联想、品牌个性、品牌关系之类的丰富的品牌内涵,从而使得品牌的内涵过于苍白。②名牌的提法会使得企业误认为创建品牌就是改善产品质量和加大广告宣传,从而在创建品牌的策略和手法上显得单一。比如,造就了"绝对伏特加"品牌声望的、精美绝伦的"绝对"系列平面广告根本就与产品质量无关。

## 1.3　品牌的作用与类别

### 1.3.1　品牌的作用

品牌的存在有其重大意义。以下从品牌对国家、品牌对企业、品牌对消费者三个方面来分析品牌的作用。

1. 品牌对国家的作用

品牌不仅是一个企业开拓市场、战胜对手的有利武器,更是一个国家实力和整个民族财富的象征。日本前首相中曾根就说过:"在国际交往中,索尼是我的左脸,松下是我的右脸。"民族品牌不仅代表着国家产业的高端水平,而且代表了国家的国际形象,承载着重构民族自尊心和自信心的历史责任。在经济全球化时代,如果一个国家没有优秀的民族品牌,它可能永远只能充当他国的贴牌生产基地,耗费大量的人力、物力来赚取可怜的加工费。从英特品牌公司(Interbrand)、福布斯(Forbes)等各类机构对全球最有价值的品牌和最大企业业绩的排行榜来看,一个国家或地区的经济实力和地位,与品牌的多与寡、强与弱密切相关。图1-1为2013年度中国市场销量领先品牌冠军榜。

2. 品牌对企业的作用

奥美广告公司(O&M)的专家乔恩·米勒(Jon Miller)和戴维·缪尔(David Muir)充分讨论了强势品牌的商业价值。结合这些分析及其他专家意见,本书认为品牌对企业的作用表现在以下几点:

(1) 有助于保障产品特色的排他性

经过商标注册的品牌是一种知识产权,具有法律上的排他性。其他公司的产品未经许可不得仿冒本品牌的标志设计、专利技术和外观设计。比如,可口可乐绸带般的"CocaCola"

手写体标志、柔美的瓶子外观等设计归可口可乐公司独有，任何仿冒行为都属违法。除了有法律条款作为支撑外，消费者对品牌固化所形成的心理认知也保护了产品特色。例如，东莞代工生产耐克运动鞋的工厂即使是用同样的生产线生产出同样的运动鞋，只要是未打上耐克的标志，那么消费者会认为鞋子的质量没有耐克的好。一个优秀的品牌自然而然在消费者心目中建立起了坚固的防线，其不可替代的唯一性不可动摇。这正是品牌竞争力的真正来源。

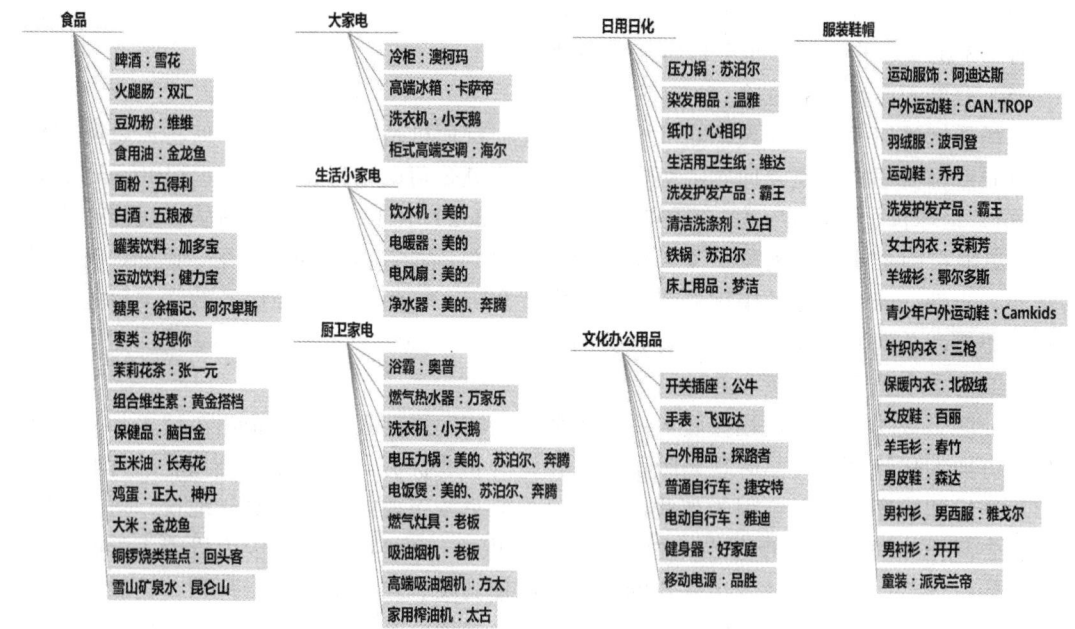

图1-1　2013年度中国市场销量领先品牌冠军榜

（2）有助于统一营销战略

美国品牌权威学者凯勒教授和法国品牌权威学者卡普菲勒教授都撰写了同名教材《战略品牌管理》，可见他们均将品牌管理视为一种战略层面的营销管理。品牌的战略性体现在方向性上，即所有的营销活动都应持续统一在"提升消费者对品牌的认知和联想"这一共同目标下。没有了品牌这一战略焦点，企业的营销将会非常混乱。奥格威早在1955年就发表演讲，声称"每一个广告都是对品牌长期个性的贡献"。当然，今天我们不仅通过广告来塑造品牌，而且还要通过各种传播工具来塑造品牌。这些策略不是为了短期促销商品，而是为了建立与消费者之间的关系。因此，奥美广告公司将品牌定义为"消费者与产品之间的关系"。这实际上是把品牌战略视为关系营销战略而非交易营销战略。

（3）有助于获得更高利润

有了品牌，消费者在品牌体验过程中的感受就会浓缩其中，而消费者对品牌的满意和信任不断积累。此时品牌成为茫茫商海中的"灯塔"，引导消费者长期选购。品牌忠诚度的价值是巨大的。1990年，美国营销学者瑞奇海德（Reichheld）和萨瑟（Sasser）在《哈佛商业评论》发表研究报告指出，顾客的忠诚度每提高5个百分点，企业的长期利润就会增长25%～85%。除了引导消费者持续购买，企业还能利用消费者对品牌的认同收取溢价。

（4）有助于顺利推出新产品

随着产品革新速度的加快，新产品的失败率居高不下。一项国际权威研究表明：大多数企业的新产品开发活动中，平均每7个新产品创意，有4个进入开发阶段，有15个进入市场，只有1个能取得商业化成功。尼尔森公司（Nielsen BASES）和安永公司（Ernst & Young）在2004年的一项研究发现，美国新推出的消费类产品的失败率为95%，欧洲消费类产品的失败率为90%。已拥有好的声誉的品牌能充分利用其品牌声望，将消费者对原品牌的认同顺利转移到新产品上，从而降低新产品开发失败所带来的成本，提高新产品上市的成功率。一项针对美国超市快速流通消费品的研究显示，十年间，成功品牌（指年销售额在1500万美元以上）当中有2/3属于延伸品牌，而不是新上市品牌。

（5）有助于缓解企业风险

市场环境迅速变化的今天，企业要想不出现一点危机是很困难的。如何将风险降至最低是所有企业都要思考的重要问题。英国著名品牌研究公司明略行咨询公司（Millward Brown Optimor）全球执行总裁乔安娜·瑟顿（Joanna Seddon）表示："强大的品牌不仅能产生超额回报，更能帮助企业规避风险。"的确，品牌对企业风险能起到缓冲的作用。比如，对于同样的碘超标事件，一个普通的中国奶粉企业可能就会破产，而像雀巢经历了数次类似的风险却能屹立不倒，关键原因就是雀巢拥有强势的品牌。

（6）有助于企业的融资和并购

企业融资成功的关键是让投资人看到企业光明的发展前景。除了企业在技术、人才、运营模式方面的优势之外，品牌也是吸引股东投资的企业优势。因为在强势品牌的背后是强大的市场需求和顾客关系。正因为如此，可口可乐前总裁伍德拉夫才有底气地说，可口可乐工厂一夜之间化为灰烬，他仍然可以在很短时间内再造一个可口可乐，因为投资人看好可口可乐品牌的价值。而在我国，蒙牛乳业的迅猛发展使其顺利获得了摩根士丹利、英联、鼎辉等著名境外投资机构的价值216亿元人民币的投资。据称这是摩根士丹利在亚洲最大的一笔直接投资业务。除了融资，品牌还可以作为企业并购的重要资产。正如前面所介绍的，在企业并购中，品牌能够作价成为企业资产，而且是价值很高的资产。甚至有一些企业专门通过把企业品牌建立起来，然后再销售出去的模式来赚取差价。如很多互联网公司就采用这种模式来经营。

（7）有助于吸引和留住人才

"良禽择木而栖。"对人才而言，一个优秀的品牌意味着良好的发展空间和机会，自然也是他们理想的归属。近年来企业界流行"雇主品牌"的概念，目的就是通过把企业打造成一个能够吸引和留住人才的品牌，从而提高企业竞争力。

（8）有助于顺利进入零售商的销售渠道

品牌意味着消费者对一个公司或产品的认知和认同，拥有了品牌就等于拥有了市场。因此，在有限的货架资源约束下，零售商会选择受到市场追捧的品牌，以获得持续高额的回报。相反，如果品牌不够强势，要想进入沃尔玛、国美、百安居之类的强势零售渠道是非常困难的。所以，品牌实际上为公司增加了渠道谈判力，为顺利进入理想渠道铺平道路。生活当中，我们经常看到超市洗发水货架上最佳位置摆放的商品都是宝洁公司的几大品牌，而很多不知名的小品牌不是进不了大卖场，就是被放置在货架最差的位置。

（9）有利于进行多产品营销管理

品牌与多产品管理的关系有两种情况：一种是多产品共用一个品牌的情况，如索尼的彩电和数码相机都叫索尼，这时品牌起到了提纲挈领的作用，每个品类都具有索尼品牌的共性，即时尚优质；另一种是多产品多品牌的情况，如宝洁中国推出飘柔、海飞丝、潘婷、伊卡璐、沙宣这五种品牌的洗发水，这是品牌起到了细分定位的作用。每个品牌都具有了个性。除了个性化的定位，多产品多品牌的情况还有利于公司对每个产品进行跟踪管理，如库存、铺货、成本控制、收益分析、利润计算等工作的展开。

3. 品牌对消费者的作用

法国巴黎高等商学院（HEC）营销教授让·诺尔·卡普费雷（Jean Noel Kapferer）以及美国的凯勒教授等学者，都曾在品牌专著中指出，品牌对消费者而言有多方面的意义和作用，如质量信号、减少风险、象征意义、保证、特色等。但事实上，很多作用可以合并。归纳起来，品牌对消费者的作用主要有两点：

（1）有助于减少风险，简化选择过程

行为学者总结了消费过程中可能遇到的六种风险：①功能风险，产品性能达不到消费者的期望；②生理风险，产品对消费者的安全和健康造成危害；③财务风险，产品并非物有所值；④社交风险，产品导致消费者在众人面前难堪；⑤心理风险，产品使消费者感到内疚或不负责任；⑥时间风险，产品不好，使得消费者要付出再次选择另一个品牌的机会成本。降低这些风险最好的办法就是创建品牌。卡普菲勒教授认为，消费者的不安全感是品牌产品存在的基础，一旦不安全感消失，品牌也就不再发挥效力。而强生公司董事长詹姆斯·莱汉说："如果你心中拥有了一个了解与信任的品牌，那它将有助于你购物时能更轻松快捷地做出选择。"品牌原本的含义就是打在商品上面的烙印，以标明商品的生产商。通过营销传播、口碑宣传以及亲自接触，品牌对消费者而言意味着特定厂商对产品功能利益和情感利益的承诺。这种承诺被消费者以认知集合的形式浓缩在品牌名称或标志当中。因此，在琳琅满目的商品丛中，消费者根据品牌就能迅速、准确地找到自己想要的公司所制造的商品。品牌对产品质量的保障作用体现为：①品牌对产品质量的一致性提供了保障，无论何时何地购买该品牌，其质量都应该是一样的。例如，中国各地的麦当劳汉堡品质都是一样的；②品牌对产品质量的可靠性提供了保障。由于有品牌作为识别的标志，因此当产品出现问题的时候，消费者也能找到生产商进行解决，从而保障了消费者的权益。对于初次使用的产品而言，品牌的知名度降低了选购的风险，而对于多次使用的产品而言，品牌强化了消费者的认知和感受，坚定了下次再购的信心。

（2）有助于获得自我认同或社会认同

根据自我概念（Self Concept）理论，消费者在现实自我和理想自我之间通常有一道鸿沟，而品牌正是跨越这一鸿沟的桥梁。成功的品牌一般都具有鲜明的品牌个性和形象。通过使用某一品牌，消费者在内心实现了理想自我，或者将理想自我彰显出来，被他人接受。例如，星巴克咖啡让消费者切实体会到了悠闲自得的感觉，给人精神上的满足，从而达到了轻松惬意的理想自我；而奔驰汽车让消费者赚足了脸面，身份倍增，从而达到了受人尊重的理想自我。以前具有非功能性价值的品牌通常都是些价格不菲的享受品，而现在越来越多的公司赋予普通品牌以个性和形象，让消费者在使用产品的过程当中感受到独一无二的附加价值。例如，康师傅绿茶打出"绿色好心情"的口号，使一个普通的饮料品牌也具有了感性魅力。

## 1.3.2 品牌的分类

为了便于管理和研究，我们必须对品牌进行分类，以提高概念的指向性。品牌分类的标准主要有品牌之间的关联、品牌市场地位、品牌影响力、品牌化的对象等。

1. 根据品牌之间关联分类

根据品牌之间的关联，品牌分为母品牌（主品牌）和子品牌（副品牌）。一些企业为了区别不同产品的属性，在品牌名称不变的情况下，往往会为自己的产品起一个优美动听的小名，这个小名就是副品牌。所谓副品牌就是企业在为多种产品冠以统一品牌的同时，再为每种产品取一个符合特点的名字。母品牌为产品提供了强有力的支撑，而子品牌突出了具体产品的特色。如"美的"这一母品牌为其空调产品搭建了坚实的平台，而"冷静星"的子品牌突出了一款空调的安静的特征，"清净星"的子品牌则突出另一款空调的空气清新的特点。

2. 根据品牌市场地位分类

根据品牌市场地位，品牌分为领导者品牌、挑战者品牌、追随者品牌和补缺者品牌。

（1）领导者品牌

领导者品牌是指在市场中具有很高的知名度、美誉度和忠诚度及市场占有率远远高于同类产品的品牌。这类品牌在行业中占据最大的市场份额，拥有毫无质疑的统治地位，具有较高的知名度，是消费者和竞争者共同关注的品牌。如手机行业中的苹果、软饮料中的可口可乐、餐饮行业中的麦当劳等。

（2）挑战者品牌

挑战者品牌是指那些相对于领导者品牌来说在行业中处于第二、第三等或次位更低的品牌。这类品牌在市场上的知名度也较高，并且具有与领导者品牌不同的品牌个性和符合消费者需要的品质和属性。消费者对其认同度较高，因此可向领导者品牌争取更大的市场份额，对领导者品牌形成一种挑战。如软饮料中的百事可乐、手机中的三星等。

（3）追随者品牌

追随者品牌即紧随领导者品牌、挑战者品牌之后的品牌。他们一般尽可能地在各个细分市场中模仿领导者品牌。这类品牌在市场中的占有率一般不高，品牌知名度较低。如软饮料中的非常可乐等。

（4）补缺者品牌

在市场经济发展中，人们非常关注成功的品牌，往往忽略每个行业中存在的小品牌。然而正是这些不起眼的星星之火，在大品牌的夹缝中求得生存和发展后，成为燎原之势。这些小品牌就是所谓的补缺者品牌。

3. 根据品牌影响力分类

根据品牌的影响力，品牌可以划分为区域性品牌、全国性品牌、国际性品牌和全球性品牌。

（1）区域性品牌

区域性品牌（Local Brand）是指影响力辐射的范围在省、市、县级的品牌。存在区域品牌的根本原因是投资方的实力以及战略布局。如苏宁就是以南京为基础，从江苏的一个区域品牌走向全国的。此外，地方性自然资源禀赋和地方性的消费习俗的限制也使得区域品牌集中在一些行业。最常见的像啤酒、纯净水或饮食等行业都有地方性品牌，如江西的南昌啤酒、内蒙古的金川啤酒、郑州的夏爽纯净水、中国香港的屈臣氏纯净水、昆明的桥香园过桥米线、重庆的家福火锅等。随着经济实力和管理能力的增强，一些区域品牌走出本地范围，逐渐扩大了影响力，但也只是影响到附近的几个省份。

(2) 全国性品牌

全国性品牌（National Brand）是指影响力辐射到全国范围的品牌。全国性品牌主要集中在汽车、家电、高科技产品行业，如电脑行业的联想、手机行业的波导、轿车行业的奇瑞等。支撑这些行业发展的市场容量是一个区域无法提供的。此外，一些传统行业通过兼并收购或连锁加盟方式也产生了全国性品牌，如家电零售业的国美电器、啤酒行业的雪花啤酒、餐饮行业的小肥羊火锅等。这些品牌要么在全国性的媒体上做广告，要么在各大城市开店布点，以此提高全国性的品牌影响力。

(3) 国际性品牌和全球性品牌

国际性品牌（International Brand）和全球性品牌（Global Brand）很类似，都是影响力已跨出国门的品牌，但二者存在两方面的区别：一是营销组合策略的标准化程度，一般认为全球品牌比国际品牌的营销组合要更标准化一点。不过，大批企业采取的是"思维全球化，行动本地化"的战略，这使得品牌进入各国的做法都有所调整，因此在这方面全球性品牌和国际性品牌区别不大；二是国际化程度。全球性品牌的国际影响力要高于国际性品牌。不过，究竟二者的分界线在哪里，目前学术界尚无答案。中国很多品牌实施国际化战略，产品大量出口国外，甚至在国外设厂，但影响面较窄，只在东南亚和非洲占领了一定的市场份额，因此还算不上真正的全球品牌。比如，力帆摩托在越南等国很成功，但与本田摩托这一全球品牌相比还有不少差距。中国目前只有海尔等屈指可数的全球品牌，而美国拥有可口可乐、英特尔、麦当劳、万宝路，日本拥有索尼、丰田、松下等一大批全球品牌。由此可见中国与发达国家的实力差距。

4. 根据品牌化的对象分类

产品可以是实体产品、服务、组织、人、事件、地点、信息、理念等。因此，根据品牌化的对象，品牌可以分为产品品牌、服务品牌、组织品牌、个人品牌、事件品牌、目的地品牌等。这里对产品品牌、服务品牌、组织品牌、个人品牌、事件品牌、目的地品牌进行简单介绍。

(1) 产品品牌

产品品牌（Product Brand）是为有形产品所赋予的品牌。具体来看，产品品牌又分为消费品品牌、工业品品牌和自有品牌。消费品与工业品的本质区别在于产品的效用。如果是用来自用或赠送的产品称之为消费品，如洗发水、方便面等；如果是用来投入生产或运营的称为工业品，如机器、原材料等。二者由于行业性质不同，品牌的塑造方法也不尽相同。消费品品牌非常常见，而工业品品牌最近几年才受到重视。这两种品牌都属于制造商的品牌，而自有品牌则是属于零售商的品牌。零售商从一个代工生产商那里定制或采购无牌产品，然后贴上自己商店品牌或自创的产品品牌，这个品牌就是自有品牌。在英国，自有品牌商品销售额占超市销售总额的45%左右，而我国也有越来越多的商店采用自有品牌。

(2) 服务品牌

服务品牌（Services Brand）是为无形的服务所赋予的品牌。纵观全球，国际大都市的产业结构有"两个70%"的现象，即在大都市的产业结构中第三产业占国内生产总值的70%，在第三产业中占70%的是生产服务业或者专业服务业。可见，服务业在国民经济当中的地位举足轻重。由于服务具有无形性、变动性、同时性、易逝性等不同于产品的特点，因此品牌的识别功能显得尤为重要。具体来看，服务品牌分为专业型服务品牌和生产型服务品牌。专业型服务品牌是指超市、旅行社、酒店、航空公司、网站等服务行业的品牌，如百佳超市、中国青年旅行社、香格里拉大酒店、中国国际航空公司、新浪网等。这类品牌在人们生活当中非常普遍。

另一种服务品牌是生产型服务品牌。此处，生产型服务专指一些耐用品的维修、咨询等售后服务。以前制造商关注的是整个公司和产品品牌，并没有意识到售后服务也需要建立品牌。随着售后服务重要性的提升，越来越多的制造商意识到服务也能为企业创造利润，因此纷纷打造售后服务品牌。

（3）组织品牌

组织品牌（Organizational Brand）是为公司、非营利性组织赋予的品牌，具体包括公司品牌（Corporate Brand）和非营利组织品牌（Non-profit Organizational Brand）。一些公司采用了与产品一致的品牌，如联想、索尼、海尔；另一些公司的品牌与产品不同，如宝洁、菲利普·莫里斯、联合利华等。建设公司品牌的目的是在消费者心目中建立专业的、可信的、有实力的公司形象，以便所推出的产品"系出名门"，更容易被接受。比如，联合利华最新推出的清扬洗发水由于有联合利华公司品牌作为担保人（Endorser），从而加速了产品进入市场的速度。不仅是公司这类营利性组织，一些非营利性组织也在开始打造品牌，以便更好地发挥其职能，如国际奥委会、红十字会、哈佛大学等都是著名的非营利组织品牌。

（4）个人品牌

个人品牌（Personal Brand）以人作为品牌化的对象。其实个人品牌古已有之，如孔子、老子、孙中山、耶稣等，而对其展开研究还是近几年的事。目前被大众广为接受的个人品牌主要包括企业家、运动员、演员、歌手、主持人、导演、作家、经济学家、教练员、模特、社会活动家等名人。这些名人的社会影响力已经被一些专业品牌机构量化为品牌价值了，如胡润、《福布斯》、中国品牌研究院都有中国名人价值排行榜。从理论上说，不论是名人还是普通人，每一个人都能成为个人品牌，因为每个人对于这个社会都具有独特的意义和价值，只不过其影响力的范围和程度不同。

（5）事件品牌

事件品牌（Event Brand）是以事件为载体的品牌。事件包括体育、会展、节庆、演出等，如北京青奥会、郑州糖酒会、大连啤酒节、《中国好声音》等。由于越来越多的事件希望获得更多的参与者，而注意力已成为了稀缺资源，因此打造事件品牌变成了必然选择。这是由品牌帮助消费者减少风险、简化选择过程的功能特性决定的。在收获社会价值的同时，事件品牌也在收获经济价值。例如，奥运会不仅获得了全球体育迷的疯狂拥趸，还获得了大量收入，包括电视转播收入、国际奥林匹克广告赞助活动计划（TOP 赞助计划）收入、赞助收入标志特许使用收入、正式供货商收入、纪念币和纪念邮票收入、体育彩票收入以及捐赠。

（6）地点品牌

地点品牌（Destination Brand）是指将地理作为品牌化的对象，具体包括城市品牌和国家品牌。城市品牌（City Brand）是当前资源紧张、区域竞争程度加剧前提下的产物。凯勒教授指出："像产品和人一样，地理位置或某一空间区域也可以成为品牌。城市品牌化的力量就是让人们了解和知道某一区域，并将某种形象和联想与这个城市的存在自然联系在一起，让它的精神融入城市的每一座建筑之中。"越来越多的城市意识到，通过建立城市品牌可以增强城市的竞争力，以城市品牌的独特魅力来吸引投资者、高级人才和游客，同时增强市民对城市发展的信心。在这方面，中国香港城市品牌"飞龙在天"做得很出色。中国香港文化的特色是"一本多元"。长远的文化目标是"在中国文化基础上，开拓国际视野，吸取外国优秀文化，将中国香港发展成开放多元的国际文化都会"。根据这些背景，美国博雅公关公司为中国香港城市设计了"亚洲国际都会"的品牌定位和中西合璧的"飞龙在天"品牌识别系统。

除了城市品牌，范围更大的地点品牌概念是国家品牌（Country Brand）。国家品牌，指的是一个国家在他国民众心目中的总体印象。韩国产业政策研究院在首尔举行的"2007年韩国品牌研讨会"上公布的一项调查结果显示，美国国家品牌价值位居全球之首，达7.63万亿美元。德国和英国分列第二和第三位，品牌价值分别为5.42万亿美元和3.23万亿美元。日本国家品牌价值为2.67万亿美元，居亚洲国家首位、世界第四位。中国居世界第七位，品牌价值为1.54万亿美元。韩国产业政策研究院解释说，国家和地区品牌力量指数反映了研究院评价的国家和地区竞争力，和在世界各个国家和地区中形成的国家和地区品牌战略、心理上的亲近度。

除此之外，品牌还可以从以下角度进行分类：

①根据品牌存活时间划分为老字号和普通品牌。老字号历史悠久，长者数百年，短者大多也创立于明、清两代和新中国成立前，主要集中在工商业、手工业、饮食业、民间艺术及文化艺术领域，如饭庄、商店、食品店、文物珠宝店、书店、影剧院、药店、制造厂等。这些老字号的共同特点是：独特的传统文化特色；诚信的经营之道；历代相传的加工工艺（俗称"绝活"）；区域性的品牌影响力。

②根据与互联网的关系划分为在线品牌和线下品牌。在线品牌是在互联网上开展业务的品牌，如携程网、淘宝网、当当网都是各自领域著名的在线品牌；而线下品牌就是传统的品牌，尽管它们也会为企业或产品开设网站，但那只是宣传渠道，其开展业务的地方还是在线下，所以也不能算作线上品牌。

③根据知名度划分为驰名商标和普通品牌。驰名商标（Well-known Trademark）是指为相关公众广为知晓并享有较高声誉的商标，最早来自于《保护工业产权巴黎公约》。相关公众包括与商标所标示的某类商品或者服务有关的消费者、生产前述商品或者提供服务的其他经营者以及经销渠道中所涉及的销售者和相关人员等。国家工商行政管理总局商标局与商标评审委员会根据当事人的请求，在查明事实的基础上，依照《商标法》第十四条的规定，认定其商标是否构成驰名商标。未申请或未受批准驰名商标的品牌都是普通品牌。

④根据品牌的价位划分为奢侈品品牌与一般产品品牌。奢侈品品牌具有价格昂贵、产量少、工艺精湛、品味高等特点，如LV、万宝龙、江诗丹顿等。

⑤根据产品生命周期划分为新创品牌、成长品牌、成熟品牌和衰退品牌，不同阶段的品牌采用不同的营销战略和策略。

## 1.4 品牌效应与表现

名牌是知名品牌或强势品牌。人们研究品牌，正是为了帮助企业创立名牌，利用名牌。我们希望通过对名牌的研究使人们充分意识到名牌的作用，形成名牌意识。名牌的伟大作用在于它的名牌效应，名牌以此为基点，带领着企业进步和发展。名牌作为企业资产在市场开拓、资本扩张、人员内聚等方面都会给企业带来影响，使企业拥有成功的法宝。

### 1.4.1 聚合效应

企业和其产品成了名牌，不仅可以获得较高的利益和较好的经济效益，而且还可以利用品牌资本使企业不断发展壮大。名牌企业或产品在资源方面会获得社会的认可，社会的资本、人才、管理经验甚至政策都会倾向名牌企业或产品。名牌企业或产品会稳固自己的实力，并通过加强与供应商、后续企业的关系，通过资本营运聚合社会资源使企业进一步扩大，形成规模，产生规模效益。这样企业聚合了人、财、物等资源，形成并很好地发挥名牌的聚合效应。从1998年开始，世界互联网业出现了大幅度的发展，网络经济冲击全球，一夜间众多门户网站及相关企业浮出水面。但企业的成长需要资本的投入，各网站如何能吸引风险投资呢？这一方面要看网站的发展前景，更重要的是网站的知名度和网民的认同度。当时搜狐这样知名的门户网站吸引了较多的风险投资，其资本实力大大加强。这就是名牌对社会资源的聚合。虽然，2000年开始网络工厂出现大幅度的滑坡，搜狐也经历着同样的痛苦，但成名时聚集的大量资金足以使它渡过这一难关，走向了成功。

### 1.4.2 光环效应

名牌企业或产品作为同行业中的佼佼者，会因其品牌带来一道美丽的光环。在这美丽的光环的照耀下，企业及产品会受到一种正面的经济效应的影响。这种名牌的名气、声誉对消费者、政府、合作者，及其他社会公众产生一种亲和力、吸引力及认同感。消费者会慕名而来，购买使用名牌产品，也会由此及彼，爱屋及乌，选购企业的其他产品，享受企业的其他服务；政府会因是名牌企业或产品而给予支持、爱护，促使名牌的实力得到加强；合作者看到名牌的效应，也会加强合作，建立起良好的关系；而对于社会其他公众，也会较关心名牌、谈论名牌、推荐名牌，给名牌创造更佳的成长环境。

联想集团是中国IT业的名牌企业，在它成长与发展的道路上处处有人提供对于名牌企业的帮助。经常可以看到政府对它的大力支援。联想集团也受到消费者的青睐，更有许多合作者与联想携手共进。联想的贸易工技发展之路也因有名牌而带来众多的优势。

### 1.4.3 磁场效应

企业或产品成为名牌后便拥有了较高的知名度和忠诚度，特别是拥有了较高的美誉度、追随度后，企业或产品会在消费者心目中树立起极高的威望，消费者表现出对品牌的极度忠诚。人们会认为此名牌产品或企业信誉好，购买或使用这种产品不但让人放心，更是一种享受。这样企业或产品就会像滚石一样吸引消费者。消费者会在这种吸引力下形成品牌忠诚，反复购买、重复使用，并对其不断宣传。而其他品牌产品的使用者也会在名牌产品的磁场力下开始使用此产品，并可能同样成为此品牌的忠实消费者，这样品牌实力进一步巩固，并形成品牌的良性循环。

耐克公司是世界上知名的运动鞋制造企业。它并非一成立就是名牌，而是经过长期的发展创出名牌，从而引领运动鞋业的。我们可以从耐克公司的成长及其与阿迪达斯公司的竞争过程看到名牌及名牌的磁场效应对耐克公司的影响。耐克公司经过运作发展成为了运动鞋的知名企业，而这一行业的老大原来是阿迪达斯公司。耐克的成名吸引着耐克公司的追随者，同时也吸引着使用和购买阿迪达斯、锐步、标马等公司产品的消费者。耐克公司产品的强大磁力使得"阿迪王朝"衰落，使得众多的消费者追捧着耐克产品。

### 1.4.4 "核裂变"效应

当品牌发展到一定阶段后，它积累与聚合的各类社会资源及营销力量，管理经验就会产生"核裂变"，不断衍生出新的产品、新的服务。核裂变效应在名牌的聚合效应下使企业积蓄力量，成长壮大；在名牌的光环效应下使企业有效的发展，并适时开拓市场，占有市场，形成新的名牌。例如，海尔集团首先是在冰箱领域创出佳绩，成为知名企业和知名品牌后，才逐步将其聚合的资本、技术、管理经验等延伸到空调、洗衣机、彩电等业务领域，并在这些领域取得了令人满意的成果。近年来，海尔又乘着网络、信息业发展的东风，把业务拓展到了计算机、手机等信息产品，并致力于家电信息化、智能化。再如杭州的娃哈哈同样在饮料业建立起了娃哈哈 AD 钙奶、娃哈哈矿泉水、娃哈哈纯净水及娃哈哈非常系列饮料等一系列名牌产品。名牌的"核裂变"效应使名牌企业顺利聚集了各种力量，达到核裂变效果时就能产生核裂变功能。否则，就不会产生积极良好的效果，有时反而会使企业陷入困境，不能自拔。因此对于名牌"核裂变"效应应把握裂变的方式、时机等。

### 1.4.5 内敛效应

名牌企业在行业内是佼佼者，它的成功离不开员工的辛勤劳动，离不开优秀的管理。名牌企业以其形象力使企业的目标和员工的精神状态得到提升。比如中国的联想集团，以民族品牌为号召的四川长虹及"明天会更好"的海尔集团，它们的良好形象使生活、工作在这样企业中的员工会产生自豪感和荣誉感，并能形成一种企业文化和工作氛围，给每一位员工以士气、志气，使员工精神力量得到激发，从而更加努力、认真工作，提高工作效率，提升工作积极性。名牌的内敛效应聚合了员工的精力、才力、智力、体力甚至财力，使企业得到提升。今天一些中国名牌企业内部团结，蓬勃发展的势头也证明了这一点。

名牌产品或企业通常是一个区域的名牌，对于区域的发展来说，名牌还具有宣传效应、龙头效应、稳定效应及支柱效应。

### 1.4.6 宣传效应

宣传效应是指名牌形成后，可以利用名牌的知名度、美誉度传播企业名声，宣传地区形象，甚至宣传国家形象。名牌的宣传效应在经济、社会生活中表现较为突出。越是有名的品牌，越是形象佳、美誉度高的品牌对企业、地区甚至国家的宣传效果越明显。比如宝洁公司的知名产品飘柔、海飞丝等，人们由于对这些产品的了解而认识了宝洁公司或者说加深了对宝洁公司的认识；贵州茅台在中国白酒业的地位和声望不仅让大家认识了茅台酒，也使人们更多地提及贵州省，使人们了解了茅台镇，使人们更多地关心这一地区；海尔家电在世界上创出了名牌，这一名牌不仅宣传了海尔企业，也使世界人民看到了中国。

### 1.4.7 带动效应

名牌的带动效应是指名牌产品对企业发展的拉动作用，名牌企业对城市经济、地区经济，甚至国家经济的带动作用。名牌的带动效应也可称作为龙头效应，名牌产品或企业像龙头一样带动着企业的发展，地区经济的增长。一个企业有了名牌产品，就可能优化企业内部资源，使资源被充分利用，发挥最大的效用，同时积蓄力量，积累经验从而在时机成熟的时候衍生、创造出更多的名牌来，由此使企业不断成长壮大。

　　企业与企业之间有两种关系，一种是竞争，另一种是合作。名牌企业与同行业企业进行竞争，兼并收购了一些竞争对手，使自己壮大，同时也能使一些对手在相互竞争中不被吃掉，反而生存下来、发展起来，名牌企业与竞争对手在一定条件下也会相互合作，共同促进企业发展。名牌企业的拉动作用除了上述表现，最重要的是对相关企业、行业的带动作用。一个名牌企业很容易成为支柱企业，带动相关企业、相关行业的飞速发展，从而对城市经济、地区经济、国家经济产生拉动作用。在这里我们还要提到海尔集团。海尔企业以冰箱起家，成为名牌后，企业的其他产品如洗衣机、彩电、空调在这一名牌带动下迅速在全国打响，占领了市场，形成了新的名牌。海尔集团的所在地山东省青岛市由于海尔的存在而使这一地区声名远扬。更重要的是海尔的良好发展势头带动了当地企业的发展，推动了青岛经济的前进。而对于中国来说，海尔的成长壮大，成为世界名牌，占领世界市场，也会为中国的经济发展做出巨大的贡献。

　　另外，品牌或名牌的锻造，对产品销售、企业经营、企业扩张都有一种带动效应，这也是国际上所谓的"品牌带动论"。

### 1.4.8　稳定效应

　　经济的发展并不是一帆风顺，一路平坦的，经济出现波动时就需要支柱企业稳定发展以促进经济稳定。名牌企业常会成为支柱企业。当一个地区的经济出现波动时，名牌企业的稳定发展一方面可以拉动地区经济，另一方面起到了稳定军心的作用，使人、财、物等社会资源不至于流走。这一点对于一个单一产业的地区龙头尤为重要，支柱企业的稳定会使地区经济渡过难关。比如，2000年网络经济泡沫消失，众多网络公司倒闭，这时需要一些名牌企业稳定发展，给投资者以信心，让人们更好地认识这一行业。作为网络业的名牌企业搜狐、新浪、163等的稳定发展对整个行业的稳定产生了重要作用。

　　品牌成名后，会带来许多正面的效应，会促进企业的发展，拉动地区、国家经济的发展，但我们在看到品牌的正面效应的同时，也要看到品牌的负效应，并积极采取措施防止、避免负效应的出现。在这里我们列举名牌负效应的两个方面。一是"人怕出名猪怕壮"，名牌会引来众多的仿冒者，给名牌造成很大的麻烦，甚至使名牌名声扫地，成为臭牌；二是品牌成名后，形象维持不当会出现负面评价，进而影响名牌的信誉。对于第一个方面，由于我们国家的市场经济发展不完善，法律法规不健全，企业要积极利用现有的条件加强对品牌的保护，如商标注册，利用一定力量打假。而对于第二个方面，企业首先要在思想上放下"名牌的架子"，踏踏实实为用户服务，不断在质量、服务等方面创新。其次，及时处理危机，把负面评价及时转化，使用户满意。

### 本章小结

　　品牌概念经历了长期的发展过程。由于品牌对于企业财富积累的贡献巨大，品牌成为营销管理和企业经营领域最热门的概念之一，品牌对企业的价值是品牌能否产生品牌联想。

　　品牌的归属问题是品牌的主体问题。这一问题目前有三种理解：（1）属于企业；（2）属于消费者；（3）归企业和消费者共有。品牌是一个处在不断发展中的概念，因此必须从演变的角度来理解品牌的内涵。品牌内涵经过了五个阶段：区隔标识、价值担保、联想载体、关系集合和无形资产。结合这五个方面可以对品牌内涵进行综合的界定，即品牌是由名称、标志、象征物、包装、口号、音乐或其组合等一些区隔竞争的符号而联想到的、基于价值的、消费者与组织或个人之间的关系及其所带来的无形资产。与品牌相类似的、易混淆的概念有牌子、标识、商标、名牌、产品、品类等。（1）牌子强调品牌名称，标识强调品牌标志，都只是品牌的一个部分；（2）商标也是强调品牌的名称和标志，且主要是一个法律概念，而品牌是一个营销战略工具；（3）名牌强调了品牌的知名度，或者知名度加美誉度，而品牌的内涵要丰富得多；（4）产品与品牌有非常紧密的联系，但二者的区别也是非常明显的；（5）如果没处理好，一些品类会转变成品牌。品牌的存在有其重大意义。

对于国家而言，品牌是一个国家实力和整个民族财富的象征。对于企业而言，品牌的作用是：（1）有助于保障产品特色的排他性；（2）有助于统一营销战略；（3）有助于获得更高利润；（4）有助于顺利推出新产品；（5）有助于缓解企业风险；（6）有助于企业的融资和并购；（7）有助于吸引和留住人才；（8）有助于顺利进入零售商；（9）有利于进行多产品营销管理。对于消费者而言，品牌的作用是：（1）有助于减少风险，简化选择过程；（2）有助于获得自我认同或社会认同。品牌分类的标准主要有品牌影响力、品牌化的对象等：（1）根据品牌影响力的辐射范围，可以把品牌划分为区域品牌、全国品牌、国际品牌、全球品牌；（2）根据品牌化的对象，可以把品牌划分为产品品牌、服务品牌、组织品牌、个人品牌、事件品牌、目的地品牌。此外，还可以根据品牌之间的关系、品牌存活的时间、与互联网的关系、市场地位、知名度、价位和产品生命周期对品牌进行分类。

名牌的作用就在于它的品牌效应。品牌效应可以促进产品、企业和社会的进步与发展。品牌具有如下几个方面的效应（1）聚合效应；（2）光环效应；（3）磁场效应；（4）"核裂变"效应；（5）内敛效应；（6）宣传效应；（7）带动效应；（8）稳定效应。

**能力培养指导**

通过本章的学习，学生应该能做到：
1. 正确理解品牌的内涵、核心价值以及由此产生的品牌管理问题。
2. 结合案例分析有关企业的品牌管理问题。

**案例应用 1**

### 森马服饰的电商之路

从森马、美特斯邦威两家企业的 2014 年年报都能看到相似的环境描述。
（1）原材料、劳动力及终端渠道成本不断上涨；
（2）国外优势品牌及国内新兴品牌不断进入市场；
（3）电子商务快速发展；
（4）传统零售渠道格局被打破，百货店、购物中心等传统渠道销售下滑；
（5）中国市场消费升级、消费细分特征显现。

最终导致服装行业整体出现增速放缓、库存增加、效益下降的局面。那么面对上述的环境变化，两大服饰大佬都做了什么呢？

对于各大电商巨头来说，服饰是每一个电商企业争夺的核心资源，从淘宝到京东、从亚马逊到当当网、从唯品会到聚美优品、从当年的PPG衬衫到凡客优品，无不是在服饰方面投下极大的关注。而正是诸多电商巨头的竞争带动了一大批电商服饰企业快速成长起来了，茵曼、韩都衣舍、裂帛等都伴随着淘宝规模的扩大而不断递增。森马、美特斯邦威自然不会放过这样的机会。

美特斯邦威服饰早在2011年就投巨资建立自己的电商平台——邦购网，并且计划在2020年，美特斯邦威电子商务的销售达1000亿元。然而仅仅大半年时间，公司就因为盈利难以保障，决定停止运营"邦购"电子商务业务，成为第一家公告停运电子商务业务的传统上市服装企业。美特斯邦威对于电商业务的评价是：自建平台物流不顺畅，平台流量不足，且缺乏资深专业人士。

其实这都仅仅是表面现象。做惯了连锁加盟方式经营的传统零售商，在面对拼爆款、小批次多品种的网络经营模式上明显有些跟不上节奏。地面门店的经营模式和网店的经营模式存在明显的操作差别。电子商务的经营模式是传统地面经营者所不适应的，同样是卖货，电商的销售方式不同于零售门店，其电商的游戏规则也更加多元化。

就在美特斯邦威败下阵来的同时，森马尝试了另外一种电子商务的经营思路，即如果无法抵抗竞争，就只有融入电商的市场竞争之中。

森马服饰2012年进入电商领域，采取的方式是进入淘宝及各个平台合作开店，这样的好处是能够借用成熟电商平台的庞大流量，加上线下品牌一定的市场影响力，所以森马在各个电商平台的销售还比较顺利。

为了更好地与淘宝合作，森马服饰负责电子商务业务的全资子公司，就设在淘宝总部西溪湿地的旁边，并且引进人才组建独立的电商团队。森马电商采取多品牌、多渠道、多模式经营战略。目前在线拥有八大品牌。不到两年，年销售额从2个亿快速发展到了9个多亿。

以淘宝为代表的电商企业最初的营销手段主要是依靠低价来吸引眼球，低价低质的电商环境与大部分的传统品牌服饰企业有所差异，但随着淘宝平台的扩大、天猫商城的进入，使得阿里巴巴亟须一批有影响力、有信誉、有品质的线下企业进入这一领域，进而引发了一大批传统企业快速进入电商平台，同时也促使森马这种企业在阿里巴巴获得快速发展。

一年时间，线下服饰品牌就夺回了大半壁线上的市场空间，追其原因，传统企业有这样一些优势。

（1）近20年的服饰行业运营经验；
（2）优秀的产品开发和研发团队；
（3）长期、稳定、高效的供应链合作工厂；
（4）拥有成熟的线下渠道，拥有强大的销售能力，从而能够转化为强大的产品议价能力，带来产品成本控制空间；
（5）已经在线下具有深入人心的品牌形象。

这是大部分互联网品牌难以望其项背的"硬门槛"，一个新生的互联网品牌在短期内是根本无法和这种巨无霸企业进行抗衡的，因此，我们会发现，一批线下品牌突然大面积占据了淘宝各大主要窗口，其中包括优衣库、杰克琼斯、七匹狼、欧时力、ONLY、歌莉娅、波司登。

资料来源：米子初. 一个传统品牌的"互联网自救"[J]. 销售与市场（渠道版），2015（09）。

【讨论题】

"互联网+"时代下，你认为线下品牌应如何做好品牌管理？

**案例应用 2**

没有载体的品牌毫无价值

铺天盖地的品牌营销理论，随处可闻的品牌价值观，让人恍惚到了品牌王国，大大小小的企业都把打造品牌作为第一己任，唯恐在品牌化进程中被甩在后面。笔者感到喜忧参半，喜的是品牌观念的落地普及会带给中国企业从制造到创造、从低附加值到高附加值的转变。忧的是唯品牌论，让很多老总狂做品牌梦，毫不接地气，好产品和好噱头最终本末倒置，品牌失去载体将毫无意义。

随着品牌营销咨询服务机构越来越多，市场供需关系将会像实体经济一样失调，最终导致的是服务机构为了一锤子买卖给所有不知是否适合的企业强力灌输品牌理论，给本无好质量的产品加上噱头，以次充好。给本无创新的企业披上新装，滥竽充数，最终将会形成社会对品牌认知的偏差，就像现在很多中小企业老板对广告的偏颇认知一样，以为今天发布广告，明天顾客就会排队购买，把广告看成能替代营销的所有流程，导致大量广告投入在无规划的执行中浪费掉。老板们最终得到的结论是：广告不行。真的是广告不行了么？假如有一天消费者也产生品牌不行的观念，恐怕再伟大的理论也很难在品牌上奏效了。因此没有企业深厚的内功作为载体，品牌化只能是昙花一现、过眼云烟。企业打造品牌没错，但应分好主次、找到根源、找到品牌生长的载体。

2005年8月，"三鹿"品牌被世界品牌实验室评为中国500个最具价值品牌之一，2007年被商务部评为最具市场竞争力品牌。"三鹿"商标被认定为"中国驰名商标"。经中国品牌资产评价中心评定，三鹿品牌价值达149.07亿元。但2008年的三聚氰胺事件，导致三鹿集团于2008年9月12日全面停产，最终破产被三元收购。一个令人骄傲的民族乳业品牌，从响当当到轰然倒地只是转瞬间的事，究其原因还是因为它的品牌失去了其稳定的质量载体，最终失去消费者的信任。通过三鹿的事例我们看到了，即使是大企业大品牌，一旦载体被架空，品牌也将寿终正寝。

大企业如此，中小企业更是如此。我们不否认品牌利于好产品溢价，不否认品牌能让企业增加话语权和附加值。但我们也应该清楚地记住，小草生长需要肥沃的土壤，品牌生长同样需要肥沃的土壤，只是这个土壤变成了企业内修内秀的实力，变成了好品质好创新的产品力。没有内功深厚的内秀，仅有外秀便是外强中干，中看不中用。

每年央视的3·15晚会，都让笔者清醒地看到，没有好的品质作为载体，品牌只是空架子。2013年央视3·15晚会曝光了苹果售后服务涉嫌歧视、大众汽车双离合器变速器存隐患、江淮同悦车身用劣质钢材易生锈、周大生黄金掺假、网易默认第三方挂代码窃取用户邮箱信息、高德地图窃取用户信息等问题。笔者相信，假如没有品质的坚守，苹果也会走下神坛，假如没有载体的稳固，大众也会变为没受众。国家质检总局2012年9月，针对陶瓷片密封水嘴产品进行抽查后曾将结果公布：在抽查的上海、江苏、浙江等7省（市）150家企业生产的 150 种陶瓷片密封水嘴产品中，32 种产品部分项目不合格。我相信在这 32 件产品的背后，一定有企业和服务机构费尽心血塑造品牌的不懈努力，但当产品被发现不合格时，之前所准备的一切都将与消费者的心智擦肩而过了。

品牌需要载体。品牌两个字就已经表明了，品在前，牌在后，有品才有牌，有品质才有长久。大企业抗打击能力强、胆子大，敢学着偷工减料蒙骗受众，小企业灵活多变受监控少，便放大胆量以次充好、掩耳盗铃，这样控制下来的成本和增加的利润，能买来品牌的长久么？

因此，笔者认为求真务实的品牌思路，才是正道。空谈误国，实干兴邦，对国家来说是这样，对企业来说更是如此。坚守质量关，少想走捷径，在该加速的地方加速，在该减速的地方减速，知止方能长久。打造让中国甚至让世界骄傲的民族品牌，是我们这一代国人的梦想，但真正能实现的途径只有一条，就是货真价实，物超所值，给品牌一个归宿，给品牌一个支点才能撬动地球，才能撬开市场。而这个归宿和支点，一定是实实在在的品质，在好的品质基础上，进行品类定位、品类创新、品牌策划、渠道打造等一系列增值的行为，才能让品和牌安安稳稳在一起，才能让企业越做越强，越做越长。

资料来源：王庆永. 没有载体的品牌毫无价值[EB/OL]. 中国营销传播网，http://www.emkt.com.cn/article/608/60852.html，2014-03-04.

【讨论题】

1. 品牌的载体是什么？
2. 品牌都可以产生品牌溢价吗？品牌的溢价产生的来源是什么？
3. 如何理解品牌与产品的关系？

# 第 2 章　品牌管理概述

## 学习目标

1. 理解品牌管理的定义
2. 了解品牌管理模式和流程
3. 理解品牌管理所面临的各类挑战与误区
4. 理解各种品牌管理组织形式及优缺点

**实践中的品牌管理**

### 可口可乐公司的新可乐

1985 年 4 月 23 日，可口可乐公司董事长罗伯特·戈伊祖塔（Roberto Goizueta）宣布，可口可乐决定放弃它一成不变的传统配方，原因是现在的消费者更偏好口味更甜的软饮料。为了迎合这一需要，可口可乐公司决定更改配方、调整口味，推出新一代可口可乐。"新可乐"上市初期，市场反应很好，在面市当天 1.5 亿人就品尝了它，但很快情况就有了变化。面市一个月后，可口可乐公司每天接到超过 5000 个抗议电话，且更有雪片般飞来的抗议信件。面市后两个月，"新可乐"销量远低于预期，不少瓶装商要求改回传统可口可乐。面市后的三个月，销量仍不见起色，且公众抗议愈演愈烈。最终可口可乐公司决定恢复传统配方的生产，商标定名为可口可乐古典，同时继续保留和生产"新可乐"，商标为新可乐。但是可口可乐公司已经在这次的行动中遭受了巨额损失。

资料来源：作者根据互联网文章《新可乐的沉浮》进行整理。

**评述**

很多人认为，定位理论不看需求、不注重需求，这是有偏差的。从理论上来说，我们最常用的三角形定位理论就是从竞争、品牌自我、消费者心智这 3 个角度来看需求。其中消费者需求是起点，然后再对照着来看竞争对手是否能满足这个需求，我自己和消费者需求的匹配性如何。事实上，一个定位就是购买理由，如果不能满足需求，人们凭什么购买它？所以，做品牌管理的第一步就是去了解消费者，而对于消费者的理解可以说，你做多仔细都不过分。

## 2.1　品牌管理的概念与内涵

我们经常看到与品牌管理非常接近的有关品牌的术语，如品牌建设、品牌经营、品牌定位、品牌决策、品牌塑造等。虽然他们都属于品牌管理的范畴，但只是品牌管理的一个环节或一个方面，不能涵盖品牌管理的真正内涵。由于品牌价值的日益突显，品牌管理已成为当前企业管理领域一个非常时髦的概念。

品牌管理是对品牌的全过程进行有效的管理，以使品牌运营在整个企业管理的过程中起到良好的驱动作用，不断地提高企业的核心价值和品牌资产，从而为品牌的长期发展打下基础。

我们可以将品牌管理（Brand Management）定义为：管理者为培育品牌资产而展开的以消费者为中心的规划、传播、提升和评估等一系列战略决策和策略执行活动。

我们可以从如下几个方面理解品牌管理的内涵：

①品牌管理的主体是品牌管理者，必须为品牌确立责任明晰的管理者。

②品牌管理的目的是培育品牌资产，包含感知质量、品牌知名度、品牌忠诚度、品牌联想和其他资产。品牌资产是企业通过长期投资和营销推广，在消费者脑海中建立了品牌知识，从而产生的市场回报。

③品牌管理的中心是消费者，一切品牌管理活动必须围绕消费者来展开。

④品牌管理的内容是战略决策和策略执行，具体包括品牌的规划、传播、提升和评估等工作。

**链接材料 2-1**

中国品牌建设七大趋势

全球品牌咨询机构 Interbrand 发布的 2013 年度中国最有价值品牌排行榜，是目前国内最权威的品牌价值排行榜。这个排行榜在中国已经发展了多个年头，逐渐成为中国品牌价值发展的风向标，以及中国企业考察品牌价值发展的重要依据。而 Interbrand 对于品牌价值的科学度量方法和解读，也帮助一些品牌意识到改善的方向。

总体来看，今年品牌榜前 50 个品牌的总价值相比去年同期增长了 5%。虽然增长不高，但在 2012 年全球经济萎靡的情况下，中国诸多品牌以内需为主要驱动力，推进品牌发展，是值得赞许的。前 20 强品牌几乎保持不变，中国移动仍然一枝独秀，银行品牌依然表现强劲。但不少行业的品牌正暗流涌动，比如，银行业品牌格局正在调整，保险和证券业品牌仍然在熊市中挣扎，更具战略眼光的互联网服务品牌正在强势崛起，而酒类行业受到宏观调控影响，运动类品牌李宁、特步和安踏因需求下降和高库存导致排名下降。

具体来说，以下七大趋势值得关注。

1. 移动互联时代品牌新格局正在形成

中国移动仍然是今年品牌榜单上排名第一的品牌，在中国移动通信市场上保持领先地位。然而，2013 年中国移动品牌价值明显下滑，和榜单第二位的品牌价值差距正在大幅缩小。以腾讯为代表的互联网服务品牌，正在高歌猛进。腾讯的品牌价值增长 84%，是今年品牌榜上品牌价值增幅最大的，排名从去年的第 8 名跃升到今年的第 4 名。百度的品牌价值增长 57%，排名从去年的第 13 名上升到今年的第 11 名。网易的排名也从去年的第 32 名上升到今年的第 29 名。在移动互联的世界里，新的品牌格局正在形成。

中国消费者使用网络媒体的时间占比超过了使用电视媒体的时间占比。那些对于移动互联进行清晰布局并积极采取行动的互联网服务品牌，在品牌清晰度、反应力、相关性、差异性和理解度方面，都有很好的表现。2013年，腾讯微信的用户突破4亿，同比增长4倍，如今已然成为中国移动通信行业公认的重要竞争者。腾讯大力发展移动通信及本地增值服务，对于消费者来说，广泛提升了互联网效用；对于企业客户来说，极大地提升了营销传播内容和手段。

值得一提的是，2012年6月阿里巴巴在证券市场摘牌，因此没有出现在本次榜单上。只要阿里巴巴保持锐意进取的精神，积极拓展互联网未来世界的版图，将很快回到这个榜单上。

零售巨头苏宁排名第36位，品牌价值相比去年下滑13%。不过其下滑却有着不同的含义。今年2月以来，苏宁实施"店商+电商+零售服务商"的"云商"战略，进行全面变革。苏宁线上线下同价将解决其"左右手互搏"问题，加大物流体系建设以及移动支付、移动终端、内容产品等移动互联网产品发展力度，使得其品牌生机勃勃。然而在今年的战略调整期，毛利率下降导致苏宁短期业绩承受压力，而行业低价竞争仍将持续，加之关闭百余家实体店造成的损失，导致其品牌价值下滑。

品牌建设不可能一蹴而就，苏宁提出的"云商"概念具有吸引力。苏宁品牌要在转型的过程中，尽快把品牌强度外部指标中的相关性、差异性和理解度做实，在移动互联时代迅速度过阵痛期，实现品牌价值跃升。

2. 银行、保险、证券品牌差异逐渐拉大

在榜单的前50位品牌中，金融类品牌，包括银行、保险、证券仍然占据最多的席位，仅银行类品牌就占据了13席。中国建设银行在品牌榜上排第二位，是银行类品牌中排名最高的，工商银行、中国银行等国有银行和商业银行紧随其后。随着新一届政府大力发展市场化经济政策不断出台，银行品牌内部的品牌反应力以及外部因素中的真实性和理解度，它们的重要性将逐渐凸显出来。银行类品牌将接受考验，对市场变化的反应能力将把品牌之间的差异拉大。

相比之下，保险业和证券业品牌，受到证券市场整体低迷的影响，都有不同程度的下滑。保险业的中国人寿、太平洋保险、太平保险，相比去年的业务表现，也受到了一定的影响。保险业和证券业品牌缺乏好产品，也普遍缺乏品牌意识。中信证券品牌价值是榜单上所有品牌跌幅第二大的，跌幅达到32%，排名从去年的第21位下滑到今年的第26位。其主要原因是股市低迷，中信证券业绩大幅下滑，收入下降了53%。这些品牌在品牌作用力方面，也就是品牌驱动对购买决策产生的影响非常弱，大部分保险和证券品牌对于客户需求的市场细分仍停留在初级阶段，这导致产品高度雷同，严重削弱了品牌价值。

3. 划时代的新目标

今年共有四个电子电器类品牌登上榜单，分别是联想、海尔、格力、美的。它们都已走向全球，但也面临全球数字化格局下传统品牌如何生存和发展的严峻课题。

目前联想排名第13位，相比去年上升两位。联想在今年第二季度成为全球最大的个人电脑供应商。然而现在越来越多的人使用平板电脑、智能手机上网，对电脑的需求在下降。联想的长远目标，是成为平板电脑、智能手机、个人电脑、智能电视等智能设备市场的领导者。在这个更广阔的市场里，现在联想的排名是第三位。联想今年在智能手机和平板电脑领域做出了巨大的努力，对品牌内部方面也高度重视，然而在其品牌强度的外部因素中，可以进一步在差异性、相关性、理解度方面进行深化。

海尔、格力和美的一直是传统家电行业的知名国产品牌，在白色家电领域表现不俗。如今这些品牌已经打入国际市场。家电行业在去年的发展主要依赖于国家拉动内需政策的重点扶持，特别是家电下乡等一系列政策的出台。但随着这些政策陆续结束，家电企业品牌要重新审视行业发展方向，以及自己的品牌健康状况。

在今年的榜单里，海尔表现较好，排名第28位，品牌价值比去年上升14%。格力排名第31位，美的排名第33位。面对全球网络化和数字化趋势，传统的家电品牌亟待树立更具前瞻性的品牌愿景和发展目标，从单纯的提供产品，走向网络、数字、体验、平台等更符合当代市场需求的方面。相比之下，海尔今年提出了"网络时代的服务型企业"理念，并以"你的生活智慧，我的智慧生活"作为其品牌广告语，诠释互联时代消费者与品牌的关系。在这三个传统家电品牌中，海尔表现出更具时代感的品牌活力，在品牌作用力指标中的品牌反应力、差异性等方面更胜一筹。

4. 消费者需求和市场机会

从2012年10月起，中国自上而下限制"三公"消费。对于中国高端酒类品牌来说，2013年意味着进入一个新的成长阶段。在2013年品牌榜单上，虽然仍有八个酒类品牌出现，但其现状以及发展态势，别有一番风味。

茅台、五粮液等中国高端白酒，一直受到自上而下的追捧，长期占据中国高档餐饮宴请的主要位置。政府控制"三公"消费，对高端白酒的影响比较大。茅台和五粮液的季度财务报表显示，与去年同期相比都出现了下滑。

面对市场变化，五粮液等针对大众餐饮市场的中高端客户群体，开发中高档和中档白酒新品，以此应对其传统高档酒的销量下滑。从2013年前三季度的财务表现看，此举收到了不错的效果。而且，茅台、五粮液自身的品牌价值有较强的积累。因此，今年茅台在品牌榜上排第10位，比去年下滑一位；五粮液排第17位，比去年下滑三位。

传统的中档白酒品牌，由于不属于高档白酒范畴，加之长期在大众消费的中档和中高档市场耕耘，因此一些品牌的业绩有了小幅提升。洋河蓝色经典从去年的第24名上升为今年的第23名，杏花村汾酒排名从第46位上升为今年的第44位。

随着葡萄酒品类在中国大众消费市场日益普及，渠道不断拓展，它和白酒、啤酒一起成为餐饮场所三大酒类之一。传统的葡萄酒品牌张裕从去年的第25名上升到今年的22名，就是一个佐证。

在公务廉政建设中，中国白酒品牌，特别是高端白酒品牌受到了较大的影响，但这反而促使酒类品牌价值回归理性，促使其更积极主动地挖掘消费市场机会，建设更有魅力的品牌。

5. 真实性是品牌建设的关键

今年新进榜单的品牌中，有两个来自食品饮料行业，分别是乳品行业的伊利（排名第39位）和肉制品行业的双汇（排名第45位），而双汇是自2011年之后重回榜单的。

在备受争议的中国食品安全重压之下，可以看到这两个品牌在相关领域做出的品牌建设的努力。伊利在品牌真实性和一致性方面表现出积极认真的态度，重视产品品质和口碑，使品牌价值得到显著的积累。基于不错的业绩表现和相对较少的负面新闻，其登上今年榜单是情理之中的事。双汇品牌今年历时4个月收购美国猪肉巨头史密斯菲尔德，将史密斯菲尔德品牌引入中国。在中国销售"放心猪肉"，双汇品牌美誉度得以提升，这也让双汇在激烈的国内竞争中占据了有利的地位，有助于其在附加值较高的中高端肉制品领域拓展业务，双汇品牌的公众形象有了很大提高。中国商务部认为此次并购意义非凡，影响到未来中国企业跨国并购形象。

相比之下，蒙牛今年在榜单中的排名是第43位，相比去年下滑两位。在食品安全备受瞩目的今天，蒙牛品牌虽然在去年年底提出"点滴幸福"广告语，但是在品牌外部因素中的真实性、相关性等品牌强度指标方面，还有待加强。虽然收购雅士利奶粉能弥补蒙牛的业务短板，但是品牌价值积累则需要蒙牛在综合能力和品质根源方面采取更多的行动，并通过各个品牌触点向消费者传递一致的信息。

6. 单纯的规模扩张导致作茧自缚

2013年可能是中国运动品牌和服装品牌有史以来最严峻的一年，李宁、安踏和特步都面临需求下降和高库存难题。以往以渠道扩张为驱动的增长模式，导致它们对市场需求预测、供应链建设、渠道拓展等方面比较粗放。李宁从去年榜单的第39位下滑到今年的第46位，下滑了七位。安踏今年排第24位，相比去年下滑两位。森马今年排第48位，相比去年下滑两位。

由于同质化严重，在服装和运动品牌领域，品牌在销售时发挥的作用有所弱化。而在过去的一段时间内，这些企业在品牌强度指标中的清晰度、品牌反应力、差异性、一致性和理解度等方面出现了脱节。在业务模式出现问题的时候，其品牌建设方面积累的问题开始暴露出来。

一些品牌已经开始着手改进，比如李宁借鉴"快时尚"经验打造供应链和零售IT信息平台，其中包括需求预测、产品组合系统、供货商协同系统及门店运营，以保证供应链环节步调一致。这些品牌应该更注重面向消费者的品牌建设，在品牌外部因素的相关性、差异性、一致性和理解度等方面，做出进一步的提升。

同样的情况也出现在国产汽车行业。在今年的榜单中，东风汽车排名第27位，相比去年品牌价值下滑8%。东风汽车是自主品牌中一家业务涵盖商用车、乘用车、发动机及汽车零部件的大型汽车公司。2013年上海车展，东风汽车以"自豪向前"为口号正式发布东风乘用车品牌，大举扩张，重组福汽集团，与沃尔沃联姻，计划在2020年之前投资150亿元进行自主品牌研发。然而其业绩表现未达到预期，品牌建设的成效也需要一定时间才能显示出来，而且东风自主品牌天龙卡召回近8000辆汽车造成了一定的负面影响，因此其品牌排名有所下滑。

相比之下，长城汽车和宇通汽车在各自的领域都有不错的表现。长城汽车排名第38位，相比去年上升十一位。长城汽车聚焦SUV、皮卡、轿车三大品类，走单而精的专业化路线，投入巨资进行自主研发，且形象低调。长城汽车重视品牌定位，善于做减法，整合出三个差异化子品牌。2013年长城汽车发布16款新车，将哈弗与长城品牌分离，品牌更加清晰，品牌业绩得以提升。但长城汽车两次召回事件，凸显出自主品牌质量薄弱和技术落后的通病。

7. 基于中国传统文化打造有中国特色的品牌

在今年的榜单中，有两个医药品牌表现出色。云南白药排名第25位，相比去年上升三位。三九药业重新回到品牌榜，排名第40位。云南白药以传统中药理念作为业务拓展的核心，进行产品线延伸，其品牌建设保持了较好的一致性和相关性。重组后的三九药业，其OTC业务实现了较大的收入，而中药处方药方面，三九加大了重点产品参附、华蟾素的推广力度，两者都实现了快速增长。由于中医理论普遍受到重视，云南白药的中医理念以及三九药业的中医处方药的重点推广，都为它们的品牌奠定了稳步增长的基础。

教育类品牌新东方，在今年的榜单中排名第 30 位，相比去年上升了一位。今年是新东方成立 20 周年，这个在国内英语教育领域摸索出来的品牌，业绩不断增长是其品牌价值提升的驱动力。随着规模扩张，新东方在品牌建设一致性、差异化、理解度等方面还有提升的空间。

资料来源：佚名. 中国品牌建设七大趋势[J]. 新营销，2013（12）。

## 2.2 品牌管理的模式与流程

### 2.2.1 品牌管理的模式

品牌管理模式是指创建、维系、提升品牌过程当中所遵循的理念和思路。现代意义上的品牌管理模式是由宝洁公司的尼尔·麦克尔罗伊（Neil McElroy）于 1931 年提出来的。这一模式的开创性体现在将品牌置于管理体系的中心位置。而此前宝洁公司的产品管理存在严重问题，对一些新品牌的建设非常不利。在一个"品牌管理备忘录"当中，麦克尔罗伊提出了建立一个品牌管理小组负责与生产、销售相配合的品牌营销计划。他的品牌管理模式获得了巨大成功，强生、通用等大公司纷纷效仿，这使品牌管理模式逐渐走向规范和成熟。

随着消费者的成熟、竞争程度的加剧、产品线的丰富、营销经费的紧张、媒体的变革、全球化的逼近，曾经发挥重要作用的传统品牌管理模式逐渐变得力不从心。例如，通用汽车公司在运用传统品牌管理模式时遇到的一个难题是：如何平衡雪佛兰、别克和奥兹莫比尔（Oldsmobile）这几种旗下汽车品牌之间的竞争关系？各品牌经理都希望自己的品牌能战胜别的品牌，不惜一切代价挤垮对方，从而造成了内耗。近年来，一种全新品牌管理模式正在宝洁及其他优秀公司兴起，全球品牌领域最权威的学者、美国加州大学伯克利分校营销教授大卫·阿克（David Aaker，国内也译作"戴维·艾克""大卫·爱格""大卫·艾克"）称之为"品牌领导"（Brand Leadership），而另一位著名品牌学者、美国西北大学营销学者斯科特·戴维斯（Scott Davis）称之为"品牌资产管理"（Brand Asset Management）。二者在具体内容表达上稍有不同，但本质和主体内容都差不多。从表述的习惯性考虑，本书采用斯科特的称谓介绍这一新的品牌管理模式，而对内容的描述则综合了二者的观点。与传统的品牌管理模式相比，品牌资产管理模式具有以下三个特点。

1. 战略管理而非战术管理

一个值得关注的现象是，当今世界上最权威的品牌学者凯勒教授和卡普菲勒教授所写的品牌管理教材都命名为《战略品牌管理》（Strategic Brand Management），可见品牌管理在学术界已经上升到战略的高度。而在品牌经理的眼中，品牌管理也应该是战略管理层面的问题，而不是传统观念当中的战术问题。这一特点体现在以下四个方面。

（1）注重战略，更具远见

品牌资产管理模式中的管理者更注重战略和富有远见。他们把品牌建设当成一项长期的系统工程，企业与品牌的所有接触点都应当加强管理，使品牌反映出消费者心目中的形象并持续有效地加以传播。为此，品牌管理者应当介入企业的经营战略制定与实施当中去，从公司层面给品牌以资金和政策支持。

（2）担任企业高层

传统的品牌管理系统中，品牌经理通常只有两三年从业资历，经验相对不足。这对于产品单一、竞争程度一般的条件下管理品牌是完全足够了。而在品牌资产管理系统中，品牌经理的从业经验要求更丰富，因为品牌资产管理不只是销售品牌产品，而是在更加复杂的环境下积累品牌的资产。为了能对品牌从战略层面进行管理，品牌主管应当是企业的高层管理者，至少是副总，有些公司则可能是 CEO。

（3）聚焦品牌资产

传统的品牌管理重视品牌形象，而品牌资产管理则从战略的高度把品牌当作无形资产来经营。品牌形象是一个战术性问题，产生的是短期效应，可以交由广告和促销专家来处理。而品牌资产是一个战略性问题，是竞争优势和长期利润的基础，由企业高层管理者来亲自决策。品牌资产管理也关注品牌形象，但品牌形象只是品牌资产创建过程中的一个手段，而品牌资产才是品牌资产管理的核心。

（4）品牌资产评估

传统的品牌管理评估的是品牌的知名度、美誉度以及市场份额，而品牌资产管理注重对品牌资产的全方位评估，如品牌知名度、感知质量、品牌联想、品牌忠诚度等。本质上，品牌资产来源于品牌与消费者之间的关系，所以，品牌资产评估需要对品牌与消费者的关系进行全方面的深入了解，以便识别关系的驱动要素。

2. 广阔的视野而非有限的焦点

（1）多元化的产品和市场

相对于传统的品牌管理而言，品牌资产管理将面临更多的产品和市场。决定产品范围和市场范围是品牌资产管理的一项重要任务。产品范围是指品牌与产品的关系问题。品牌究竟应该延伸到哪些产品上面才不至于失败？哪些产品的推出应当采取新品牌？我们看到三菱旗下拥有电梯、汽车、电机、手机、天然气、化学品、金融等多类风马牛不相及的产品，也看到宝洁旗下仅洗发水就有飘柔、海飞丝、潘婷、沙宣、伊卡璐五个品牌。市场范围是指品牌跨越市场能够伸展的范围。品牌进入的市场可以是纵向的，如飞利浦有电动剃须刀、彩电等消费品市场，也有医用成像设备等工业品市场；也可以是横向的，如联想进入了手机和电脑行业等电子产品市场。有了更广阔的产品和市场范围，品牌资产管理就面临着更大的挑战，既要保持跨产品和跨市场的合力，又要在各自的市场上有不俗表现。

（2）复杂的品牌组合

传统的品牌经理很少处理品牌延伸和子品牌的问题，而品牌资产管理模式当中的经理则要求有驾轻就熟的多品牌管理能力。在品牌组合中，各品牌的战略角色是什么？如何凸显战略角色？如何动态调整各品牌的战略角色？解决这些复杂的问题是品牌资产管理者需要掌握的一项重要技能。

（3）产品类别是焦点

传统的品牌管理模式是对多品牌进行独立管理，而品牌资产管理则要求将多品牌进行协同管理。独立管理尽管可以使得每位品牌经理都能尽心尽力地培育品牌，但同时也使得同一企业当中的各品牌之间产生了重复建设以及无谓的内耗。如联合利华的品牌曾经多达1600多个，砍掉1200个之后，企业利润竟然提高了 22%。如今企业逐渐将独立品牌管理改变成品类管理。一个品类当中的品牌具有共通性，通过为每一个品类设置一个经理，企业能够在降低营销成本的同时提高效率。例如,纳贝斯克公司没有任命几个饼干品牌经理,而是采用了三个品类管理小组,分别负责成人浓味饼干、营养饼干和儿童饼干。

(4) 全球观念

传统的国际品牌管理模式是在外国当地设立自主的品牌经理。随着经济全球化浪潮的到来,各国之间的区域协同效应显得越发重要,如研发、采购、生产、物流、服务等价值链环节都需要从全球的角度来进行规划。因此,各国传统的营销独立的模式不能迎合提升全球化竞争优势的需求。品牌资产管理要求企业建立全球化的品牌管理组织机构,本着全球化的观念,以获得竞争合力、提高效率和实现策略整合作为跨国和跨市场品牌管理的目标。全球化另外一层意思是,品牌当中有哪些要素是全球通行的,又有哪些要素需要做本土化调整。这是标准化与本土化的平衡问题,是全球品牌管理的核心问题。

(5) 领导传播团队

传统的品牌经理往往只是战术性品牌传播活动的协作者和调度者。由于以前主要是大众媒体传播这一种方式,因此品牌管理起来相对简单。如今丰富的品牌传播方式给品牌管理带来了困难。在品牌资产管理模式当中,品牌经理俨然变成了传播活动的战略家和传播团队领袖,指导企业运用包括赞助活动、网络、直销、公关、促销等在内的多种手段。品牌经理面临的战略问题是:如何整合和取舍这么多的传播手段?每一种传播手段如何配合和衔接?需要什么组织和个人来负责这些传播手段?

(6) 内部传播与外部传播

品牌管理本质上是对品牌接触点进行管理。传统品牌管理注重与消费者相接触的外部传播,而品牌资产管理除此之外,还关注品牌在企业内部的传播。只有内部的员工接受了品牌,他们才会努力将其向消费者推送。因此,品牌从内部传播到外部传播应该形成一个传播链条,整个链条都是品牌经理的职责。

3. 品牌识别作为战略的推动者

传统的品牌管理以销售和利润作为品牌战略的推动者,这是把品牌建设作为一种战术的结果,因为销售和利润仅仅代表了品牌的短期收益。在品牌资产管理模式当中,销售和利润固然重要,但更重要的是将管理者脑海里所想象的东西变成实际,即建立品牌识别。从企业内部来看,品牌识别的方向明确了,战略的执行才能有的放矢、行之有效;而从企业外部来看,品牌识别体现了本品牌与竞争品牌的明显区分,也体现了对目标消费者的承诺。

## 2.2.2 品牌管理的流程

品牌创建、品牌维护和品牌价值提升是在企业战略引导下进行的,品牌战略是企业战略的重要组成部分。在企业战略下,品牌战略按管理流程的步骤逐渐深化,并逐步积累品牌资产,品牌管理的内容也伴随着管理流程逐渐展开。

1. 凯勒的战略品牌管理过程

凯勒教授在经典之作《战略品牌管理(第二版)》当中,提出了战略品牌管理的流程。品牌管理涉及创建、评估及管理品牌资产的营销计划和活动的设计与执行。凯勒的战略品牌管理包括四个过程:

(1) 识别和确立品牌定位和价值

首先要清晰地理解品牌代表什么及应该如何定位。品牌核心价值是品牌所具有的抽象联想（属性和利益）的集合体，是品牌的 DNA 和灵魂。而品牌定位的目的是占据消费者脑海当中的位置，使得企业的潜在利润最大。

（2）计划和执行品牌营销活动

品牌营销的目的在于创建品牌资产，即建立消费者能够充分感知，同时能够产生强有力、有偏好的、独特的品牌联想的品牌。建立的思路有三条：品牌元素（Brand Elements）、品牌整合传播、次级品牌联想（Secondary Brand Association）。品牌元素是使得品牌差异化的描述性信息，如名称、标志、象征物、包装、口号、音乐等；品牌组合传播指产品（Product）、价格（Price）、渠道（Place）、促销（Promotion）等构成的 4P 营销组合；次级品牌联想是由其他与品牌有关的一些节点或信息而产生了对品牌的联想，如企业、原产地、代言人、联盟、赞助等。

（3）评估和诠释品牌业绩

评估和诠释品牌业绩对了解品牌营销计划的效率非常重要，而品牌价值链无疑是一个有效工具。通过品牌价值链可以追踪品牌价值的产生过程，这有助于更好地了解品牌营销支出和投资的财务影响。

（4）提升和保持品牌资产

品牌资产管理涉及那些与更广阔和更多元化的品牌资产视角相关的活动，包括多品类品牌管理、品牌延伸管理、品牌的长期管理、跨越地理界限的品牌管理等。凯勒的战略品牌管理流程没有考虑品牌愿景、组织文化和环境分析等内容，而是将焦点直接放在了品牌的规划、创建、评估和提升上。这使得凯勒的观点在品牌建设方面更为专业和翔实。

2. 切纳托尼（Chernatony）的八步品牌管理流程

英国著名品牌学者、伯明翰大学品牌营销教授莱斯利·德·切纳托尼（Leslie de Chernatony）在《品牌制胜：从品牌展望到品牌评估》一书中提出了创建品牌的八个步骤，包括品牌展望、组织文化、品牌目标、审查品牌环境、品牌本质、内部实施策略、寻找品牌资源和品牌评估。

（1）品牌展望

首先是对品牌未来的环境和趋势进行预测，如一家传统书店需要分析互联网对自己的冲击；其次是对品牌目标的明确，如五年内品牌成为业内前三名等；最后是确定品牌价值观，即公司所持有的一种持久的信念，如美体小铺的品牌价值观是"有原则地获利"。

（2）组织文化

组织文化能够作为一种"粘合剂"将各地区员工凝聚起来，统一行动。它激励员工，并通过一致的员工行动帮助产生一种品牌的稳定感。例如，华为公司崇尚狼性组织文化，总裁任正非说："企业就是要发展一批狼。狼有三大特性：一是敏锐的嗅觉；二是不屈不挠、奋不顾身的进攻精神；三是群体奋斗。企业要扩张必须有这三要素"。强大的组织文化还能提高股东对品牌的信任水平，最终提高品牌业绩。

（3）品牌目标

品牌经营理念要有方向感，这种理念要转化成特定时期内必须达到的明确目标。品牌目标包括长期目标和短期目标两种。长期目标指导了短期目标的制定。例如，波音公司的长期目标是希望永远处于航空业的领先地位，而短期目标可能是开发全新的 787 型飞机。

（4）审查品牌环境

有五个环境因素可能促进或阻碍了品牌的成功，它们分别是公司、分销商、竞争者、消费者和宏观环境。其中，公司的环境属于内部环境，分销商、竞争者、消费者的环境属于微观环境。微观环境与宏观环境的区别在于，前者是某个具体品牌所面临的影响，后者是整个行业所有品牌都要面临的影响。

（5）品牌本质

品牌特征、利益、感情回报、价值观、个性品质等概念根据"手段—目标链理论"（the Theory of Means-End Chain）叠加而成为一个品牌金字塔。该金字塔帮助理解品牌本质，即品牌的核心概念。例如，雪铁龙的毕加索汽车，它的外观特征像一滴水，综合起来，毕加索汽车的品牌本质正如毕加索的画风一样是抽象、个性、时尚和艺术。品牌本质可以进一步深化为品牌定位和品牌个性。

（6）内部实施策略

对公司内部进行品牌传播有两条途径，一条是注重功能性价值的机械主义途径，一条是注重情感性价值的人文主义途径。机械主义途径包括价值链分析、外包战略、核心竞争力和服务流程图。人文主义途径包括员工价值观、员工授权和相互关系等。

（7）寻找品牌资源

品牌原子模型由表现品牌本质的八个元素组成，包括特色名称、所有权符号、功能能力、服务元素、降低风险元素、法律保护、速记符号、象征特征。

（8）品牌评估

品牌是多维的实体，因此也需要多维的指标进行评估。这些指标又分成内部评估指标和外部评估指标两个板块。

切纳托尼的品牌管理流程的特点是强调品牌的战略意义，如品牌展望、组织文化、品牌目标、环境分析等都是战略层面的内容。但该流程也存在很严重的问题，即对品牌本身的传播和提升还重视不够，而这些策略层面的内容恰恰是品牌日常管理工作中最主要的内容。

3. 我国学者周志民的品牌管理流程

综合国内外多位学者的观点，我国学者周志民认为，品牌管理的流程和框架应当更多以品牌为核心来组织各项建设和管理工作。以凯勒教授的观点为蓝本，周志民提出品牌管理的四阶段十一步的流程。

第一阶段：品牌规划（Brand Planning）。

本阶段的目的是描绘出品牌应该在消费者心目中所呈现的图景。品牌图景是要在综合分析宏观环境、微观环境、公司愿景及品牌自身资源的前提下，从消费者角度提出的品牌未来可能的价值内涵，并以品牌符号外显出来。

第一步：品牌识别（Brand Identity）。

品牌识别解决的是"品牌是什么"的问题。它是管理者对品牌内涵的描述，以期在消费者心目中形成理想的品牌形象。这一步的价值在于使品牌从无到有，为产品增加了一个附加价值。品牌核心价值的提炼是品牌识别当中的核心内容。

第二步：品牌符号（Brand Symbols）。

品牌符号是品牌识别的外在元素，如名称、标志、口号、象征物等。这些符号就像品牌的代号和化身，能够在一定的场合下直接指代品牌。它们并不直接给消费者带来价值，但是却强化了品牌核心价值的传递。

第二阶段：品牌传播（Brand Communication）。

本阶段的目的是围绕所规划好的品牌识别进行品牌定位和品牌体验设计，然后策划各种传播工具和手段。下面三个步将帮助消费者在脑海中建立起品牌形象。

第三步：品牌定位（Brand Positioning）。

品牌定位是针对一个目标市场所确定的品牌的独特卖点，具有指向性、差异化和相关性。如果说品牌识别是品牌身份的确定，那么品牌定位就是将品牌向消费者传播过程中的方向选择。

第四步：品牌体验（Brand Experience）。

品牌定位帮助找到目标受众心中一个差异性的位置，而品牌的形成来自于消费者对品牌的全方位体验。在进行品牌传播之前，必须对消费者可能获得的体验进行精心设计。

第五步：整合品牌传播（Integrated Brand Communication）。

品牌传播是在消费者心目中建立品牌形象的过程。而"整合"的意义在于注重企业内外品牌传播的结合以及注重 4P 营销组合的配合。

第三阶段：品牌提升（Brand Advancing）。

本阶段的目的是对已经建立起来的品牌进行进一步的调整和经营，以帮助品牌资产的提升。相关工作包括品牌延伸与授权、品牌组合管理、品牌更新、品牌国际化等。

第六步：品牌延伸与授权（Brand Extension and Licensing）。

一旦品牌建立起来，管理者能充分利用品牌的影响力来推出新的产品，或者授权给别的企业使用。在延伸和授权的过程中，品牌也得到进一步提升。

第七步：品牌组合（Brand Portfolio）。

如果企业不将品牌运用到其他产品上面，企业就会采用"一品一牌"的方式来处理产品与品牌的关系。这时，企业将面临多个品牌管理的问题。

第八步：品牌更新（Brand Renewal）。

品牌像人一样，如果不勤加保养，就可能会出现老化现象。品牌强化和激活是应对品牌老化的两种策略。

第九步：品牌国际化（Brand Internationalization）。

在全球经济一体化趋势下，越来越多的品牌走向国际市场，成为国际品牌。在这一过程中，企业将面临诸多障碍，并有多种进入和经营战略可选择。

第四阶段：品牌评估（Brand Evaluation）。

本阶段的目的是掌握品牌资产的现状，以检验品牌管理的成效，同时采取措施对已形成的品牌资产进行保护。

第十步：品牌资产评估（Brand Equity Evaluation）。

不对品牌进行评估就无法进行有效的品牌管理，也无法进行品牌间的买卖。管理者可以从来源（消费者）和产出（财务）角度对品牌资产进行评估。

第十一步：品牌保护（Brand Protection）。

已经建立的品牌资产由于种种原因会受到损害，管理者应该建立完善的品牌保护系统，以维护"胜利果实"。

以上四大阶段应该成为一个闭环系统。根据第四阶段的评估结果，重新检查前三个阶段的工作，对出现问题的环节进行调整。另外，成立时间不长的企业一般没有"品牌提升"这一阶段，因此他们的品牌管理流程可以直接从品牌传播到品牌评估。

### 2.2.3 品牌管理的原则

关于成功的品牌，业界有诸多叫法，如强势品牌、顶级品牌、大品牌、真品牌等。这些品牌的成功秘诀引起了许多品牌学者和咨询顾问的研究兴趣。

1. 汉伦的"顶级品牌密钥"理论

帕特里克·汉伦（Patrick Hanlon）根据多年品牌管理经验，归纳总结出一套称之为"顶级品牌密钥"的品牌管理理论。这套经过实践检验的品牌培育理论体系包括七个方面：创业历史、信条、徽记象征、仪式、对立阵营、神奇术语和领导者。

①创业历史是有关品牌创立和发展过程中的故事，如海尔老总张瑞敏为抓冰箱质量而砸了76台不合格冰箱的故事。

②信条是一个品牌所崇尚的观念或使命，如李宁的"一切皆有可能"（Anything is Possible）、安踏的"永不止步"（Keep Moving）等。

③徽记象征是激发消费者品牌联想的元素，如英特尔悦耳的四个音节、万宝路的西部牛仔、万宝龙（Montblanc）的六角白星等。

④仪式是企业影响消费者行为的某种形式，如脑白金定位为专门送礼用的保健品，很多人要送礼时都会想到它。

⑤对立阵营是明确与本品牌相对应的竞争品牌，如云南白药牙膏声称自己是"非传统牙膏"，温迪汉堡说麦当劳汉堡的牛肉馅没有自己的多。

⑥神奇术语是与品牌相关的特定的词语，如摩托罗拉的"MOTO"等。

⑦领导者是一个组织的领袖，如维珍的布兰森、GE的韦尔奇、万科的王石、联想的柳传志等。

这七个方面强调的是品牌的联想，说明建立丰富、正面、强烈的品牌联想是品牌成功的关键要素。一些成功的品牌如哈雷摩托车、苹果电脑、可口可乐饮料等都是如此。

2. 特里斯和戈尔德的"保持品牌领先地位的五个要素"

吉拉德·特利斯（Gerald J.Tellis）和彼得·戈尔德（Peter N. Golder）认为以下五个要素和原理是品牌保持领先地位的关键：

（1）关注大众市场

大众市场是更广泛和持续的顾客基础，如联想、奇瑞、国美的成功都是建立在大众市场基础上的。

（2）管理持续性

驱动市场领先地位的"突破性"技术要求企业长期、持续进行资源投入，如JVC花了21年时间才研发出VHS录音机。

（3）财务承诺

为了保持市场领先地位，企业需要为持续的研发和市场开拓付出高昂成本，如2005年英特尔公司加大对新产品研发以及设备改建的投资力度，总投资额超过100亿美元，比2004年多出14亿美元。

（4）持续创新

由于消费者需求的变动和竞争品牌的压力，任何想保持领先地位的企业都必须不断创新，如微软公司在电脑操作系统方面保持了持续创新，从 Windows 95、Windows 98、Windows 2000、Windows Me、Windows XP、Windows 2003，一直到最近的 Windows Vista，创新的频率很快。

（5）资本运营

如果企业在某些品类中不具有领先地位，那么这些品类就可能被变卖。例如，GE 公司前 CEO 韦尔奇上台时，公开宣称凡是不能在市场维持前两名的公司业务，都会面临被卖或被裁撤的命运。

特里斯等人的观点是谈品牌如何保持领先地位，而这对于一个处于中等市场地位的品牌并不见得合适。

3. 阿克和凯勒有关强势品牌原则的理论综合

尽管以上观点对品牌的培育都有极大的帮助，但总体上讲还不够全面。品牌的培育是一项系统工程，需要诸多要素的支撑。品牌权威学者大卫·阿克教授和凯文·凯勒教授都曾提出过建立强势品牌的十大原则。他们的观点系统性很强，涉及了品牌管理的方方面面，因此对企业培养品牌指导意义重大。著名学者周志民将两位学者的观点综合在一起，汇集成 12 条原则，以使得观点更加全面。

（1）建立品牌识别

每个品牌都要有识别系统，可以从作为产品的品牌、作为组织的品牌、作为人的品牌和作为符号的品牌几个角度来考虑。首先要明确品牌的精髓和核心识别，之后按不同的市场和产品对延伸识别进行调整。

（2）品牌能很好地提供消费者真正需要的利益

消费者为什么会购买某种产品？是因为产品本身加上品牌形象、服务以及其他许多有形和无形的因素，形成了一个有吸引力的整体。星巴克卖的绝不只是一杯咖啡。

（3）品牌定位恰当

定位恰当的品牌在消费者心中占有特别的位置。它们和竞争对手的品牌既有相似之处，又有不同之处。例如，奔驰和索尼这两个品牌在产品质量方面拥有明显的优势，在服务方面又同竞争对手不相上下。

（4）品牌保持与消费者个性的相关性

品牌资产跟产品的实际质量联系在一起，也跟各种无形的因素联系在一起。比如，什么人使用这种产品，这种品牌能体现怎样的个性特征。

（5）定价战略以消费者对价值的看法为依据

要想把产品质量、设计、特色、成本和价格恰当地组合在一起很难，但是这种努力非常值得。宝洁公司在转向"天天低价"战略之后的那个财务年度，反而获得了 21 年以来的最高利润率。

（6）品牌有连续性

在营销活动的连续性和为了保持相关性而必须做出的改变这二者之间，企业必须保持适当的平衡。不能在营销活动中发出互相冲突的信息，把消费者搞糊涂了。

（7）品牌组合和品牌等级结构合理

绝大多数公司都不只有一个品牌，它们为不同的市场创立并维护不同的品牌。20世纪80年代，通用汽车公司各个品牌在营销方面的重叠性与日俱增，品牌之间的区别逐渐消失。尽管最近十年，它又对旗下品牌进行了重新定位，但直到现在，其高档车和低档车一直没能恢复昔日的辉煌。

（8）品牌的杠杆作用

只有当既能利用又能加强品牌核心识别时，企业才去延伸品牌并制订联合品牌计划。

（9）运用和协调各种营销活动以建立品牌资产

如果一个品牌能充分利用其所有资源，同时又能将该品牌的精髓在各种营销活动中保持一致，那么，该品牌是很难被打倒的。可口可乐就是个好例子。

（10）品牌职责

任命一个人管理品牌，负责建立品牌识别、设计定位，并协调各组织单位、媒体、市场的计划实施。

（11）给品牌适当的支持，并长期坚持下去

在20世纪80年代初期，由于各种原因，壳牌石油大大削减了广告和营销活动。结果，壳牌至今尚未重新夺回它失去的市场份额。

（12）监测品牌资产来源

优秀的品牌一般常进行深入的品牌审计和不间断的品牌跟踪研究。即使是市场上的领先企业，如果认真监测其品牌也能从中受益匪浅。

**链接材料2-2**

### 全球强势品牌的10条原则

虽然经济环境发生了改变，但管理强势品牌的准则仍然不变。那些远离了最基本的品牌原则的企业，已经开始品尝因无视构筑品牌的基本价值观而产生的恶果。从2010年全球最佳品牌上榜企业，我们可以看出全球强势品牌的10条原则。

（1）内部高度重视（Commitment）。衡量一个组织内部对于其品牌的信仰和各种承诺的重视程度，表现为企业对品牌在时间、影响作用和投资上的支持力度到底有多大。

（2）品牌保护（Protection）。这个原则检视一个品牌各个层面的工作如何保护好自己，包括法律保护、配方原料、设计以及区域业务发展。

（3）品牌清晰度（Clarity）。品牌的价值、定位和定位主张必须清晰表述，包括对核心客户群的认知、对客户的观察和各种驱动因素，这些内容必须在企业内部明确无误进行传递。

（4）品牌反应力（Responsiveness）。这项指标观察一个品牌在面对市场变化时的适应能力。一个品牌需要具备一种天性和原始的要求，这样才能不停地进行更新和进化。

（5）品牌真实性（Authenticity）。这项指标显示出一个品牌表现其内部能力的真实实力。它考验一个品牌是否拥有始终如一的传统和扎实的价值基础，同时检视品牌是否能够让客户惊喜。

（6）品牌相关性（Relevance）。这项指标衡量一个品牌在多大程度上契合不同地理和不同价值形态客户的需求、期望和决策程序。

（7）品牌理解度（Understanding）。消费者不仅能认知品牌，更需要对品牌以及品牌拥有

者的独有特性和个性有更深入的理解。

（8）品牌一致性（Consistency）。这项指标衡量品牌能被完美体验，而不会在任何可能的接触点和传播形式上失败的能力。

（9）品牌存在性（Presence）。这项指标衡量品牌感觉其无处不在的程度以及消费者和意见领袖在传统媒体和非付费的社会媒体上对它的积极评价。

（10）品牌差异性（Differentiation）。这项指标反映了品牌在顾客心目中所认为的定位是否有差异。

资料来源：根据创业网文章《全球强势品牌的10条原则》删减整理，http://www.cy580.com/content/2013/06/05/show184215.html。

## 2.3 品牌管理面临的挑战和误区

### 2.3.1 品牌管理面临的挑战

品牌的重要性越来越受到重视，但近年来市场环境的变化使得品牌管理变得越来越难。一些学者对此展开了调查。

1. 卡尔金斯的调查结果

2003年，美国西北大学凯洛格商学院的营销学者蒂姆·卡尔金斯（Tim Calkins）做了一项研究，以深刻理解品牌开发所面临的挑战。他访问了360名各个行业的品牌管理者，每个被访者都有至少五年以上的品牌管理经验。访谈的结果是，品牌开发所面临的核心挑战主要有三个：短期业绩目标、内外一致性和传播混乱。

（1）短期业绩目标的挑战

短期业绩目标的挑战，或者说是处理短期财务问题，是品牌管理者们所面临的最大挑战。一方面，管理者需要考虑企业的短期财务业绩；另一方面，品牌是一项长期资产，其价值要在未来某一时刻才能全部体现出来，短期可能要牺牲业绩来进行培育。因此，在二者之间，大多数管理者选择前者，即追求短期业绩。这样，一个厄运循环开始了：管理者不惜一切代价推行一些具有显著效果的短期营销活动，如低价促销，结果不但影响了品牌的形象，而且也占用了品牌建设的经费，长期来看效果并不好。

（2）内外一致性的挑战

品牌管理当中的一致性问题表现为品牌开发是否获得了公司上下一致的理解和支持，品牌随着时间推移其承诺是否还能获得一致的履行，品牌的营销组合是否能保持步调一致。品牌往往是消费者通过与公司每个接触点长期、广泛相互作用之后才创建出来的。中国有句俗话说"一粒老鼠屎坏了一锅粥"，实际上用在品牌建设上面也是非常贴切的。公司做了大量的工作来建立品牌在消费者心目中的地位，但仅仅某一方面的原因（如某个服务人员的态度很差）就会使得消费者对品牌的印象完全改观。

（3）传播混乱的挑战

媒体的发达使得消费者每天都处在信息爆棚的状态。媒体的多元化和众多的数量使得观众很难专注于某一个媒体。这给品牌管理者带来的难题是难以选择一个富有成效的媒体，因为媒体的影响力正在减弱。为了提高品牌传播的效果,管理者不仅要明晰品牌定位,策划高水平的广告,而且还要多采用一些非广告的创新方式,如赞助、事件营销等。总之,消费者认知的混乱增加了企业品牌创新的难度。

2. 凯勒的观点归纳

相比而言,美国营销学者肖克、斯瑞瓦斯塔瓦和鲁克特的观点就非常全面了。他们指出了品牌管理所面临的16个挑战,具体包括:精明的消费者、更加复杂的品牌家族和组合、成熟的市场、更加复杂和激烈的竞争、差异化的困难、品牌忠诚度降低、自有品牌的增加、贸易权力的增长、分离的媒介、传统媒介有效性的丧失、新出现的传播选择、促销开支的增加、广告预算的缩减、产品导入和支持成本的增加、短期业绩导向、工作轮换的增加。凯勒对以上16个挑战的研究结果进行归纳总结如下。

(1) 精明的消费者

如今的消费者与以前相比有了很大改变,如对大众媒体广告信任度降低、对品牌的忠诚度降低、对产品的知识更了解等。导致这些改变的原因是商品的丰富、媒体的发达、产品网络论坛的盛行、消费经验的增多,以及营销水平的整体提高,等等。以前有效的营销做法,现在未必可行。如文字型广告的轰炸曾经造就了名牌,如今可能很难在消费者心目中留下深刻印象。对于一般套路的营销手法,消费者已经产生了免疫力。因此,萨奇广告公司(Saatchi & Saatchi)的凯文·罗伯特认为,仅仅让消费者对品牌注意是不够的,还必须让消费者对品牌信任,最后上升为爱。

(2) 品牌延伸与组合

无论从降低经营风险还是从增加利润增长点的角度来看,产品线的拓宽和延长都是必要的。随着产品生产工艺的进步,产品线的拓宽和延长速度大大增加,随之而来的是产品与品牌的关系问题。如在推出新产品时,是推出新品牌还是沿用老品牌?哪些产品最好不要沿用老品牌?新品牌和老品牌所形成的品牌家族如何规划?各品牌充当什么角色?等等。

(3) 媒体集中度的分散

由于媒体技术的不断发展,消费者被更多更精彩的媒体所吸引,从而使得媒体集中度大大减弱。例如,在电视媒体领域,中央电视台在中国一直是绝对的权威媒体,几乎是所有大公司做广告的首选。然而,近几年随着地方卫视的发展,湖南卫视等一些经营有道的电视台凭借特色打响了卫视品牌,同样吸引了全国人民的眼球。媒体集中度不高,带给企业的难题是如何选择最有效的媒体组合,才能做到投入产出效益最大化。

(4) 竞争的加剧

科学技术的发展、行业管制的放宽和经济全球化的形成带来了物质的丰富和营销的普及,也促使品牌竞争程度越发激烈。一些曾经有效的营销策略被竞争对手效仿,最后使得业内品牌的营销手段沦为同质化,加大了竞争的难度。于是乎,层出不穷的广告投放、触目惊心的低价竞争、此起彼伏的促销大战随处可见,然而效果也不尽如人意。尤其是价格战的盛行更是使得企业的竞争压力变本加厉。除了传统的制造商品牌的竞争压力,一些零售商的自有品牌也通过其掌控终端的优势来压低成本、分割市场。相关数字显示,欧洲零售商平均自有品牌的市场占有率达23%,高于北美地区的16%,而且每年仍保持4%的增长。比如瑞士的Migros公司,自有品牌占有公司90%以上的销售份额;又如英国玛尔科公司的食品销售额几乎99%来自自有品牌。制造商越来越感觉到,现在的生意难做了。

（5）成本增加

竞争增加的不仅是经营的难度，还有经营的成本。由于人才、原料、设备、媒体等成本的增加以及竞争的干扰，如今，研发和推广一个新产品的成本高居不下。A.C.尼尔森公司（A.C. Neilsen）和新产品开发集团（NPD）共同维持的一个数据库显示，产品试用率在20世纪70年代后半期大约是15%，而到了20世纪90年代，已下降到10%以下。这表明要达到以前的产品试用率，企业必须支付更多的成本。

（6）强烈的利润要求

品牌经理通常面临一个两难的境地：一方面要实现品牌的短期利润目标，以证实自己的管理才能；另一方面又要维护品牌的长期形象，持续投入建设经费。为了在现在的职位上待久一点，不被董事会"炒鱿鱼"，大多数品牌经理会放弃长期的目标，而采取促销、降价等直截了当的方式实现短期目标。但这么做的后果是使品牌的发展缺乏后劲，不能做到"基业长青"。

除此之外，大卫·阿克也提出造成品牌建设困境的八个因素。综合斯科特、凯勒和阿克的观点可知，当前企业品牌管理所面临的挑战可分为内部挑战和外部挑战两个部分。其中，外部的挑战是消费者的成熟、价格竞争、媒体多元化、成本上升等几个方面所带来的；而内部的挑战来自于短期业绩压力、品牌延伸与组合以及品牌传播、内外一致性等几大问题。

### 2.3.2 品牌管理的误区

尽管我国目前每年新增数十万个品牌，但这些品牌好景不长。一项调查表明，中国品牌生命周期平均为7.5年。许多"著名"品牌转瞬即成为过眼烟云，如"三株""飞龙""秦池""爱多"等曾经风光无限的品牌如今早已风光不再。不少管理者感叹品牌管理太难了。

品牌就像是一个脆弱的婴儿，照料不周很容易夭折。但为什么有些品牌（如索尼、可口可乐、雀巢、宝洁）已存活了长达几十年甚至"长命百岁"呢？分析那些寿命不长的品牌会发现，公司对品牌的管理存在着种种误区。

1. 美国学者凯勒的观点

凯勒指出，有七个错误阻碍了一个公司建立强大的品牌。

（1）没有全面理解品牌的含义

很多公司认为品牌就是注册好一个商标。之后只要公司提供优质的产品和服务，就能建设出一个强大的品牌。这一观点是错误的。因为优质的产品和服务很容易被竞争者效仿，最后埋没在纷纭的品牌当中。正确的思路应当是从消费者角度出发，开发对消费者有特殊意义的品牌，一切营销活动围绕品牌承诺来设计和实施。例如，可口可乐提供的不一定是最好喝的饮料，但却提供了最爽的激情，因为"要爽由自己"打动了年轻人的心，这是百事可乐、非常可乐等其他品牌的可乐所无法替代的。

（2）没有履行品牌承诺

品牌意味着企业对消费者的一种承诺，也意味着消费者对企业的一种信任。在选择品牌的时候，消费者实际上抱着对品牌承诺可能实现的期待和信任。然而，事与愿违，很多品牌让消费者失望，其中还包括一些相对优秀的品牌。一项调查结果显示，消费者之所以更换品牌，最重要的原因是品牌没有达到它的承诺，而不是竞争对手的进攻。履行了承诺不一定会让消费者产生完全的忠诚，但不履行承诺是完全不可能获得消费者忠诚的。

（3）没有给予品牌充分的支持

有人说，"品牌是有钱人的游戏"，这话不全对，但也有一定的道理。的确，建设品牌需要较大的营销投入，因为要涉及方方面面的接触点管理。不仅如此，品牌建设还要持续投入。很多经理在品牌获得短暂成功后以为可以一劳永逸，殊不知投资是品牌的发动机，发动机停了，品牌发展也就停了。

（4）对于品牌成长缺乏耐心

品牌管理是一项长期事业，需要管理者极大的耐心和细心。这不同于打打广告、搞搞促销那么简单，而是要在消费者的心目当中建立起有深度和广度的认知，以及强有力的、独特的、偏好的品牌联想。想通过炒作走捷径来建立品牌是不牢靠的。一些国际品牌深谙此道，如红牛花费了四年的时间才达到每年销售收入1000万美元的水平，又花费了五年的时间才达到每年销售收入一亿美元的水平。

（5）未能充分控制品牌

公司上下从总裁到员工都应当理解本公司的品牌资产。这是内部营销的核心内容，也是品牌外部传播的成功基础。因为品牌是公司所有接触点给消费者的印象总和。然而，许多公司认为品牌是公司上层管理者的事，与员工无关，结果导致高层对品牌的承诺与员工的执行相违背。

（6）对品牌的变化和连贯性之间的平衡缺乏适度的控制

品牌管理是一门平衡变与不变的艺术。由于市场环境在变、消费者在变、竞争者在变，因此品牌也要随之而变。但变得幅度过大又使得品牌失去了自我，令消费者产生混乱的认知。为此，品牌经理应当把握品牌当中不变的部分，即品牌的核心价值或DNA。贝蒂·克罗克是一个很好的例子。在80多年的时间里，为了紧跟时代的变化，这个美国食品品牌共更换了八次品牌的虚拟形象，但给人的感觉却依然是诚实可信、亲切友善。

（7）没有认识到品牌资产评估和管理的复杂性

迫于竞争的压力，企业界往往根据市场份额或者销售收入来判断一个品牌的成败，这样做是把品牌资产管理给简单化了。通过广告轰炸再加上价格促销，品牌很容易在一定的时期内提高销售量，但很快就会没有了发展的后劲。因为品牌资产本身是一个复杂的概念，其评估不只是要看销售业绩，更要看其在消费者心目当中的印象和位置。因此，建立品牌资产应该围绕消费者的认知来展开，而不是如何在短期内迅速提高销量。

2. 国内学者与咨询顾问的综合观点

国内营销学者卢泰宏教授等都曾指出过中国本土企业在品牌营销当中存在的若干误区。本书将这些观点进行综合归纳，分为四个方面的误区：概念误区、目标误区、创建误区和管理误区。其中，概念误区是指对"什么是品牌"的理解存在错误认识；目标误区是指对"为什么要建立品牌"的理解存在错误认识；创建误区是指在"如何创建品牌"这一问题上存在错误观点；管理误区是指在"如何管理品牌"这一问题上存在错误观点。

（1）概念误区

①品牌就是商标。

很多企业分不清商标与品牌之间的关系，认为只要将一个名字或图案到工商管理部门注册就成了品牌。其实，二者并非同一个概念。相比而言，商标更倾向于是一个法律概念，是品牌获得工商部门法律保护的工具；而品牌则是一个管理和竞争概念，是企业满足消费者需求从而夺取市场的工具。当然，品牌首先要成为商标才能获得公平竞争的保障，因此品牌的内涵要大过商标。把品牌当作商标的观点将导致企业不能充分发挥品牌的作用，不会以品牌资产的建立作为营销工作的中心，而只会在注册商标之后就对品牌的丰富和发展放之任之。

②品牌必须高档。

企业界普遍存在着一种观点：要想成为强势品牌，包装一定要精美，价位一定要高。事实上，这是完全错误的。英国著名化妆品公司美体小铺（the Body Shop）所销售的产品就采用非常简单的包装，采用中低档价位。其实，强势品牌的根本在于能为目标市场提供更高的价值，更好地满足消费者生理或心理需求。一些高档品牌的成功，正是因为它们迎合了一部分人的高消费心理，但这并不意味着所有品牌都要高档化。只要能更好地满足普通大众的一定需求，经济实惠的"民"牌同样能成为强势品牌。例如，价廉物美的上海"大白兔"奶糖、打着"天天平价"口号的沃尔玛同样深受广大老百姓喜爱。我们不能说它们不是有实力的品牌。

③品牌建设是大企业的专利。

一提到建设品牌，很多中小企业会退避三舍，认为那是大企业的专利，自己连产品开发的经费都成问题，还能耗费巨资做品牌？这种认识是对品牌建设的误解。很多大企业用巨额广告费砸出来了"知名品牌"，但那只是知名度，品牌美誉度和更深刻的品牌内涵来自于品牌给消费者带来的价值。这一点中小企业同样可以做到。没有雄厚的资本，可以从小做起，在一定的市场范围内通过价值让渡来建立口碑，然后由点及面，形成"星星之火燎原之势"。很多大企业都是从当年的小企业一步一步走过来的。

④忘了品牌生存的基础。

不少企业认为品牌建设就是要做好品牌的外在展示，如标志设计、广告投放等，而忽视了品牌的内部管理（如产品品质、内部传播、客户关系等）。实际上，如果把品牌外在展示当作是一朵美丽鲜花的绽放的话，品牌内部管理则是源源不断的养料。没有养料，绽放的鲜花也只能昙花一现，最后由于缺乏后劲而枯萎。

（2）目标误区

①为品牌而品牌。

如果问企业"为什么要建立品牌"，有些人的答案可能是"现在流行做品牌"。这种"随大流"的想法说明他们还不清楚品牌对他们的企业意味着什么。只有深知"品牌是如何促进企业发展"的管理者，才能真正把品牌建设放在工作的首位。否则，他们可能只会在各种媒体上让品牌亮相，而不是为消费者营造全方位的品牌体验。

②把名牌当作品牌的建设目标。

把名牌看作品牌是大多数企业常见的认识误区，其症结在于将品牌知名度狭义地理解为品牌的全部。在这种错误思想的指导下，他们认为只要全力以赴地搞好广告宣传或造势炒作就可以成为强势品牌。于是，广告轰炸、商业炒作成为他们品牌经营的主要内容。或许他们心里有数，在先打响名气之后再逐步提升品牌美誉度，这种"品牌战略"的如意算盘似乎打得很响。但事实上，品牌的形成是一个连续的过程，品牌形象从一开始就在消费者头脑中积累，当初"打响名气"的策略完全可能对后来的品牌形象产生负面影响。一些"打响名气"的手法常常招来旁人的鄙视，如在商场内举行接吻比赛、当众泡澡之类的噱头来吸引顾客。西方品牌资产模型告诉我们，知名度只是品牌成功的一个基本条件，美誉度、良好联想、品牌的内涵才能支撑起一个成功的品牌。没有品牌内涵，一时的名气再大也只能是品牌"泡沫"，这样的品牌是没有生命力的。

③做品牌就是做销量。

品牌的塑造是战略行为，是一项长期的系统工程，需要认真的规划和长久的坚持。然而，很多企业只看到眼前利益，只在乎短期销量，为追求销量第一甚至不惜损害品牌资产。不可否认，品牌属于发展层面的内容，对于企业来说，首先要解决生存问题。正因如此，降价、促销、炒作似乎特别受企业的青睐。然而，在获得"第一桶金"之后，仍然一味地沉迷于如何扩大市场份额、如何迅速提高销量往往会影响到品牌未来的发展。这是涉及企业能否"基业常青"的重大问题，不可不察。"基业常青"是大多数企业的愿望，不幸的是，太在乎销量的"品牌近视症"使得品牌的长期发展变得困难。

（3）创建误区

①品牌缺乏定位。

任何产品都只能满足一部分人的某种需求，但是很多企业不甘心将品牌定位于一个卖点。他们认为卖点越多可吸引的消费者就越多。殊不知，"眉毛胡子一把抓"，到头来只能是一场空。在商业信息泛滥的今天，"多点"宣传不仅浪费了资源，而且会让消费者对品牌特征感到迷惑。事实上，世界著名的品牌无一不具有清晰的定位，因此而获得巨大成功。例如，宝洁几种洗发水的功能定位就非常清晰，让人们"去头屑"时就想到海飞丝，使头发柔顺时就想到飘柔。

②品牌就是做企业识别系统

企业识别系统（Corporate Identity System，简称为 CIS）有利于品牌形象的塑造，但只是品牌塑造的一种途径。本质上，CIS 是为企业形象服务的，而企业形象并不等同于品牌形象，它只是品牌形象的一个方面，所以仅仅提升企业形象是不够的。即使是做 CIS，在中国，企业也往往只重视视觉识别（VI），最重要的理念识别（MI）往往只是藏在企业文件里或挂在企业大厅的墙上，而行为识别（BI）则流于形式。

③过度依赖传播的外在表现。

正是因为许多品牌建设都是建立在传播的基础上，动辄上千万元的媒体宣传费用，使得企业界形成了"品牌需要大投入"的印象。其实只有正确的策略才是品牌建设的关键，忠诚度不是靠密集的传播就能建立的，现实中并不缺乏在传播上加大投入仍然失败的品牌案例。

④强势品牌是评比出来的。

一些企业对评奖和排行榜乐此不疲。他们认为，消费者会把"企业获得某某奖项"作为实力品牌的标准。其实，这种观念已经落伍了。随着消费者观念的理性化和成熟化，获奖已成为影响他们购买决策的一个次要因素。仅靠评奖而成为强势品牌是自欺欺人，因为选票不在评委手中，而在消费者手中。品牌排行榜只能是品牌塑造的结果，而不是品牌塑造的手段。也有一些企业已经意识到品牌评比排序没有太大意思，但如果竞争者参加了评比而自己没有，似乎就表明自己实力不足。这逼得他们花上万块钱来买一个排名。这显然是对自己实力信心不足。如果能够比竞争者提供更好的价值给消费者，还用得着一个"排名专业户"或"排行榜工厂"来发"牌匾"吗？

（4）管理误区

①做品牌可以一劳永逸。

我国一些品牌曾经辉煌一时，之后便销声匿迹，其中一个原因就是坐享其成，认为品牌一旦成名便可一劳永逸。其实，品牌资产的建立是一个长期积累的过程，品牌成名只是成功的第一步，要变成强势品牌还需不断的后续投入。国外的品牌专家把对品牌的投入看作判断品牌健康的依据之一。曾名扬一时的康巴斯石英钟、雪花冰箱等一批品牌就是没有得到持续支持和管理而走向了没落，而我国本土体育用品品牌"李宁"在品牌创新和品牌投入上就做得很好，这使得拥有近20年历史的李宁公司依然充满活力。

②品牌形象可以朝令夕改。

许多企业的品牌管理缺乏长期的、系统的、战略的规划，缺乏一个长期不变的品牌核心价值。这导致一些品牌随波逐流、朝令夕改、形象模糊。除了企业品牌管理者本身素质较低之外，品牌经理和广告公司的经常性更换也是导致品牌形象变换的重要原因。从长期来看，这样的品牌传播风格很难塑造一个强有力的品牌，因为飘忽不定的品牌形象很难在消费者心里扎根。这并不是说品牌要故步自封，顺应需求变化而有所调整是必要的，但这些调整都应围绕品牌核心价值来展开，"万变不离其宗"才能建成强势品牌。

③品牌过度延伸。

为了做大做强，不少企业纷纷扯起了品牌延伸的大旗。适度的品牌延伸确实能为企业带来很多利益。然而，目前的问题是，一些企业尚未掌握品牌延伸的规律就将品牌任意延伸，这不仅无助于新产品的推出，也损害了原有品牌的资产。其实，有关讨论品牌延伸陷阱的文章在国内已非常泛滥。但事实上，一些被认为可能踏入延伸陷阱的品牌却获得了很大成功，如王老吉就是一例。对企业来说，现在的关键问题不是无休止地告诫品牌延伸如何危险，而是应当思考品牌延伸成功的条件究竟是什么？是否有边界？"适度"和"过度"中的"度"究竟如何把握？这些核心问题是使品牌摆脱延伸陷阱的关键所在。

④品牌过度授权。

与品牌延伸相类似的概念是品牌授权。一些知名品牌通过品牌授权的方式加速提高了品牌在市场上的影响力，同时也获得了不菲的授权费用。但与品牌延伸一样，如何把握品牌授权的"度"？如何选择授权产品？能否在利益面前拒绝一些不合适的产品制造商的加盟申请？

⑤品牌管理孤立化。

所谓孤立化，是指企业将重点放在了品牌本身的创建上，而没有将品牌放在整个营销的过程中来考虑，没有将品牌与公司其他管理职能行为建立联系。这使得品牌管理过于孤立，也就局限于具体负责的几个人了解品牌的状况，而得不到整个公司上下成员的支持。而事实上，品牌是公司全体成员的事，是战略层面的大事，应该得到各职能部门的鼎力支持。

## 2.4 品牌管理的组织形式

品牌管理并不是大企业的专利，小企业也可以通过与客户沟通、感情交流等方式提高客户的重复购买率。只是企业的品牌管理活动有的是在组织框架下有组织的进行，而有的却是业主的业余活动的内容。因此，虽然企业都开展品牌管理的工作，但其组织形式存在差异。事实上，品牌管理的组织形式根据品牌的成长阶段、企业规模等因素呈现不断变革的倾向。当一个小企业只是一个品牌时，品牌管理就相对简单，品牌管理的组织形式也相对简单；当一个大企业有众多品牌时,品牌管理就需要有一个组织负责品牌管理的协调工作,避免在外部竞争中,出现有损品牌形象的事情。同时,多个品牌间的传播活动也需要协同行动,这也是权衡投入与效益的选择。以下是几种常见的品牌管理组织形式。

### 2.4.1 业主负责制

针对公司规模小、管理人员少的创业阶段的企业,在培育品牌的过程中,业主直接负责品牌决策、品牌沟通、品牌定位和传播的组织实施工作,是一种高度集权的品牌组织形式。业主负责制是指品牌的决策乃至组织实施全由公司高层领导承担,只有具体的执行工作才授权下属完成的一种高度集权的品牌管理组织制度。这种制度在20世纪20年代以前是西方企业品牌管理的主流形式。那时品牌经营还比较简单,光靠高层管理者个人就能够应付。例如,福特汽车公司的亨利·福特、麦当劳餐厅的雷·柯洛克、可口可乐公司的坎德勒等都把品牌的创建和发展作为毕生的使命,亲自参与品牌决策的制定和活动组织。

业主负责制的优点是:①决策迅速,能方便地整合资源;②能为品牌注入企业家精神,使品牌具有了鲜明的企业家个性。其缺点是:一旦企业规模扩大,管理者个人已无精力再处理所有品牌相关的事宜。因此,品牌管理权限产生了分化。

### 2.4.2 职能管理制

职能管理制是将品牌管理的职责分配到各个职能部门当中去的一种品牌管理组织制度。例如,市场部门承担品牌调研工作,宣传部门承担品牌推广工作等。职能管理制是品牌管理工作分化的结果。当企业发展到一定的规模,企业高层管理者把工作精力重点放在战略、人事、财务等领域,品牌管理工作就由职能部门承担。在20世纪20—50年代,这种制度非常普及,我国至今还有很大一部分企业在采用。

职能管理制的优点是:①使高层管理者摆脱了品牌具体事务的纠缠,分身出来做其他重大的战略决策;②将专业化的职能分工和科学管理带入品牌管理当中,使品牌在更复杂的环境下得以成长。

缺点在于:①各职能部门属于平行机构,缺乏一个上级领导来进行有效的协调和沟通,容易出现扯皮和推诿现象,产生品牌管理的"真空";②缺乏一个强有力的部门间的协调人。各职能部门承担多项工作,不一定把品牌作为部门的重要职能,在与市场和消费者的衔接中出现失误或误判的概率增加。

按终端客户需求层次不同,把市场划分为多个层次,如电脑设备既卖给个人消费者,也卖给企业用户,还卖给学校、机关等政府运营机构。这种按不同需求和购买行为或产品偏好划分客户类型,使得一个新的组织孕育而生——客户管理中心。客户管理中心为弥补职能管理中各职能机构缺乏协调沟通提供了一种新的选择。这种顾客驱动型的组织也为品牌管理提供了一种新的组织形式——客户品牌管理模式。

客户经理负责制是一种以客户为中心的品牌管理形式。客户经理主要负责市场的长期计划和年度计划,分析客户的动向,分析公司应向客户提供什么新产品,然后协调公司各职能部门实现品牌管理计划。他们的工作成绩常用市场份额的增长状况进行评估,而不是看市场现有的赢利状况。这种市场组织的最大优点是,其管理活动是按照满足各类不同的顾客需求来组织和安排的,而不是集中在营销功能、销售地区或产品上。

### 2.4.3 品牌经理制

1. 品牌经理制的起源

品牌经理制最早出现在 1931 年的宝洁公司，指的是为每一个品牌设置一名经理，以全面负责品牌创建、维护和提升的一种品牌管理组织制度。1926 年，尼尔·麦克埃罗伊刚从哈佛大学毕业，被宝洁公司指派负责规划宝洁第二个香皂品牌"佳美"的广告活动。在随后的工作中，麦克埃罗伊发现，"佳美"的广告及市场营销都太过于"象牙"皂化，不同程度上成了"象牙"皂的翻版。作为宝洁第一个香皂品牌，"象牙"自 1879 年诞生以来，通过印刷广告等形式，已成为消费者心目中的名牌产品，销售业绩一直很好。而"佳美"与"象牙"皂面对同一消费群体，又被规定不允许与"象牙"进行自由竞争，自然成为宝洁公司避免利益冲突的牺牲品。1930 年，宝洁决定为"佳美"选择新的广告公司，并向这家广告公司许诺绝不为竞争设定任何限制。这之后，佳美的销售业绩随之迅速增长。于是，麦克埃罗伊萌发了"一个人负责一个品牌"的构想，并于 1931 年 5 月 31 日起草了一个具有历史意义的文件——"品牌管理备忘录"。麦克埃罗伊的"品牌管理"法，得到了以醉心于改革创新而闻名的宝洁公司总裁杜普利的赞同，从此宝洁公司以"品牌经理"为核心的营销管理体系逐步建立。对此，美国《时代》杂志称赞道："麦克埃罗伊赢得了最后的胜利。他成功地说服了他的前辈们，使宝洁公司保持高速发展的策略其实非常简单：让自己和自己竞争"。

2. 品牌经理制的内容

"品牌经理制"系统，对当时的美国工业界来说是一个全新的概念，其主要组织形式就是一个品牌配备一个品牌经理。品牌经理是品牌管理业务的主要负责人，他要负责协调企业各职能部门、职能部门与市场、消费者之间的关系，具体任务包括：①分析研究消费者、竞争者和市场环境，制定品牌管理具体方案；②制订品牌年度营销计划、预算和销售额预测；③确定广告和销售代理商，共同策划广告方案和宣传活动；④激励品牌的销售队伍和经销商，获取他们的兴趣和支持；⑤不断收集市场上有关客户、经销商、竞争者等方面的信息，不断寻找新问题和新机会；⑥组织产品的改进和创新计划，以适应不断变化的市场需求。

在此之前没有任何一家美国公司鼓励旗下的品牌互相竞争。而如今，宝洁的品牌管理系统已经被全世界很多企业继承和演绎。美国强生公司、美国家用品公司、法国娇兰公司、美国福特公司、美国通用公司等都先后采用了这一制度。近年来，广东健力宝、江苏森达、上海家化等知名企业也相继采用了这个制度。品牌管理小组中除了品牌经理外，还有几个品牌助理，以及财务、研发、制造、市场、销售等各职能部门的人员，因此是一种矩阵式管理组织形式。品牌经理直接向公司营销总监或总经理负责，承担品牌几乎全部的管理和运营责任。

3. 品牌经理制的优缺点

品牌经理制的优点在是：①为每一个品牌设置了专职管理者，负责品牌分析、规划和执行等全过程，从而为品牌的成长提供了保障；②加强了公司内部品牌之间的竞争，使品牌更具有活力；③品牌经理为品牌建设进行了有条不紊的安排，从而增强了各职能部门的协调性；④培养高级综合管理人才"小总经理"，比如"品牌经理制"的提出者麦克埃罗伊后来荣升为宝洁公司总裁，再后来被艾森豪威尔总统赏识，担任了美国国防部长。

品牌经理制的缺点是：①对品牌管理人员的素质要求很高。一个品牌经理必须能够全面应付品牌管理的各项工作，而一家企业多个品牌则需要多个这样的管理人才，"一将难求"；

②品牌管理费用过高，由于同一家企业的不同品牌也相互视为竞争者，致使每个品牌都需要独立投入，会出现重复建设、资源内耗等现象；③各个品牌的各自为战可能会使得每个品牌的风格自成一体，导致整个公司品牌形象杂乱无章。正是因为品牌经理制出现了种种问题，因此宝洁等各大跨国公司又在思考新的品牌管理组织架构，对品牌经理制进行完善和发展。

### 2.4.4　品类经理制

品牌经理制使宝洁成为营销实力最强的企业。但20世纪80年代后期，品牌经理制的弊端逐渐显现出来。品牌数目过度膨胀，不仅造成了资源的分散和浪费，而且影响企业的有效经营，宝洁开始探索是否有更好的品牌管理组织制度，品类经理制应运而生。

1994年，英国《经济学家》杂志发表了题为《品牌经理制的终结》一文，对品牌经理制的弊端进行了尖锐的批评。而早在20世纪90年代初，宝洁也在反省是否有更好的一种品牌管理组织制度。这便是品类经理制。品类经理制也称为"品牌事业部制"，是指为多个品牌构成的一个产品类别设置一名经理，由其负责该品类的管理。品类经理制与品牌经理制本质上是一样的，都是设置专职管理人员来负责品牌管理，且都是由各职能部门人员共同组成的一种矩阵式管理组织形式；不同之处在于品牌经理制是负责具体一个品牌的管理，而品类经理制是负责几个同类产品的品牌管理。纳贝斯克公司就实行了品类经理制。该公司设有三个饼干种类管理小组，分别负责成人浓味饼干、营养饼干和儿童饼干的品类管理。每一个品类小组由来自财务、研发、制造和销售部门的专家构成，这在一定程度上整合了公司内部的资源，成为近似于独立的营利单位，对该品类的成长负有全责。

品类经理制的优点是：①能够协调品类内各品牌的关系，整合各品牌的优势，避免了品牌经理制中出现的资源内耗和重复建设问题；②充分利用品类经理的行业专业优势，提高管理效率。缺点是各品类之间缺乏整合，依然会出现公司整体品牌形象不统一、不鲜明的问题。

### 2.4.5　品牌管理委员会

21世纪初，一些跨国公司的品牌管理组织又演变出一种新的模式。这种模式由高层管理者直接担任品牌负责人，各职能部门和各品类负责人担任委员，注重各品类以及各职能部门的协调，称为"品牌管理委员会"。这种组织形式以一个战略性的品牌管理部门或人员来弥补上述品牌管理体制的不足，是在品类经理制的基础上，在管理高层加了一个品牌管理委员会。

品牌管理委员会主要的人员构成包括企业的主管副总和品牌管理委员会委员（通常由各主要职能部门负责人担任，包括品牌项目负责人、品类经理、品牌经理、技术人员、营销人员、财务人员等）。此外，还要聘请品牌方面的专家学者作为"外脑"。GE、惠普、3M等公司就成立了品牌管理委员会，其主要职责是建立整体的品牌战略，确保各事业部品牌之间的沟通与整合。这些品牌不再隶属于市场营销部门，而直接归属于公司最高层决策人。一些企业设置了首席品牌官（Chief Brand Officer，CBO）一职来主持品牌管理委员会的工作。

品牌管理委员会的职能和具体工作包括：①制定品牌管理的战略性文件，规定品牌管理与识别运用一致性策略方面的最高原则；②建立母品牌的核心价值及定位，并使之适应公司的文化及发展需要；③定义品牌架构与沟通组织的整体关系，并规划整个品牌系统，使公司每一个品牌都有明确的角色；④品牌延伸、提升等方面战略性问题的解决；⑤品牌检验、品牌资产评估、品牌传播的战略性检测。

品牌管理委员会的优点是：①能够有效协调各品类之间的关系，统一企业整体形象；②能够有效协调各职能部门之间的关系，因为各职能部门的主管都是该委员会的委员；③有助于建立全员品牌导向，因为品牌管理委员会处于公司的高层位置，对整个公司都有管理权限。缺点是：①高层管理者身居高位，对各品牌、品类的一线市场了解不足，难免出现一些决策过于主观的问题；②对高层管理者的品牌管理水平要求高，高层管理者并不等同于是品牌的专业管理人士，在做决策时难免会出现非专业的一些错误。

**本章小结**

品牌管理是指管理者为培育品牌资产而展开的以消费者为中心的规划、传播、提升和评估等一系列战略决策和策略执行活动。

品牌管理是一项系统工程，涉及环境与资源、战略和策略、内部和外部等多方面问题。大量中外品牌专家对品牌管理问题进行了思考，提出了各种品牌管理流程。一些影响较大的品牌管理流程如切纳托尼的八步品牌管理流程、凯勒的战略品牌管理流程和周志民的四个阶段十一个步骤品牌管理流程等。一些专家探索了品牌成功的要素和原则，如汉伦的"顶级品牌密钥"理论、特里斯和戈尔德的"保持品牌领先地位的五个要素"等。阿克和凯勒都曾提出过建立强势品牌的十大原则，他们的观点系统性很强，涉及了品牌管理的方方面面。本书将两位学者的观点综合在一起，汇集成12条原则，以使得观点更加全面。

品牌管理面临巨大挑战。卡尔金斯的调查结果指出短期业绩目标、内外一致性和传播混乱是三个主要原因。凯勒对肖克等人16个挑战的研究结果进行归纳，提出精明的消费者、品牌延伸与组合、媒体集中度的分散、竞争的加剧、成本增加、强烈的利润要求六点是品牌管理面临的挑战。公司对品牌的管理存在着种种误区，这些误区可分成概念误区、目标误区、创建误区和管理误区。概念误区是指在"什么是品牌"这一问题的理解上存在错误观点；目标误区是指在"为什么要建立品牌"这一问题的理解上存在错误观点；创建误区是指在"如何创建品牌"这一问题上存在错误观点；管理误区是指在"如何管理品牌"这一问题上存在错误观点。

品牌管理的组织机构是在企业内部设置的一套负责品牌管理相关事务的岗位和人员。对品牌管理重视的一个体现就是设置了专门的品牌管理组织机构。从历史的眼光来看，有五种品牌管理组织形式，即业主负责制、职能管理制、品牌经理制、品类经理制和品牌管理委员会。每种组织形式都在特定的历史阶段发挥了巨大作用，但也存在一定的局限性。

**能力培养指导**

通过本章的学习，学生应该能做到：
1. 掌握品牌管理的概念、原则及定义。
2. 理解品牌管理的程序。
3. 学会运用品牌管理理论。
4. 通过大量企业的品牌管理实践分析品牌管理问题。

## 案例应用 1

### 2012，加多宝如何创造品牌奇迹

2011年鸿道集团已预料到自己无法获得"王老吉"的商标权。从2012年起，鸿道集团开始全力打造全新的"加多宝"凉茶品牌，从零开始创造品牌奇迹。

2012年9月，《销售与市场》杂志社委托北京零点公司进行调查。结果显示，喝过凉茶的消费者中，70.4%的人已经知道了"原红罐王老吉凉茶已更名为加多宝凉茶"这件事。而终端对此事的知晓率更高，达到90.4%。就凉茶品牌的知晓率而言，99.6%的被访者知道加多宝凉茶，明显高于广药王老吉的71.2%。面对众多的凉茶品牌，47.9%的受访者最先想到的品牌是加多宝，并表示在购买凉茶时会将加多宝作为首选，只有15.2%的受访者表示会首先选择广药王老吉。而在喝过凉茶的消费者中，加多宝的第一提及率和第一购买率更是高达57.2%；调查显示，72.5%的终端门店，销量最好的凉茶品牌都是加多宝。调研结果显示：更名后的加多宝凉茶，不仅品牌认知度遥遥领先，而且终端销售未受任何影响，仍然是终端销售最好的凉茶品牌产品。

加多宝是怎么做到的？

加多宝的品牌计划性很强。加多宝本身就是非常擅长品牌运作的，它有强大的品牌管理能力，计划性很强，提前就已经做好周全的安排，2012年品牌管理的重点就是两个方面，一方面是品牌知名度，让广大消费者知道加多宝等于原来的王老吉。另一方面是品牌忠诚度，要把王老吉的忠实消费者引导到加多宝，让消费者购买加多宝品牌的凉茶。而品牌的美誉度和互动度相对来说是次要的。在这两个目标的指引下，加多宝提高了市场费用预算，加强了各类广告宣传的投放。

加多宝有超强的品牌执行力。

在品牌知名度方面。产品逐步去王老吉化，从年初包装上一边加多宝一边王老吉，到完全不使用王老吉。而从今年3月起，在其最新的宣传上，已经不再出现任何和"王老吉"相关的字眼，取而代之以"加多宝出品"的字样，广告语也从以前的"怕上火喝王老吉"变更为"正宗凉茶，加多宝出品"。同时加多宝在诉讼过程中充分利用媒体的免费宣传，包括多次应诉、提诉及各种新闻发布会。我们看到加多宝在这个过程中不断地利用媒体的新闻报导对品牌进行免费持续的宣传。从加多宝的种种行为来看，不能不让人感慨他们对于媒体资源的应用达到了炉火纯青的地步。加多宝还在中国好声音的舞台上凭借："正宗好凉茶正宗好声音，欢迎收看由凉茶领导品牌加多宝为您冠名的加多宝凉茶中国好声音……"这一串机关枪速度的广告词使加多宝品牌响彻大江南北。

品牌美誉度方面。加多宝使用了奥运品牌营销。2012年4月，加多宝"红动伦敦，精彩之吉"活动在广州拉开序幕。加多宝"红动伦敦之星"评选同期启动。同时"红动伦敦畅饮加多宝"系列活动随即以"城市接力"的形式，在全国十大城市依次展开主题活动。此次活动，加多宝在进行体育营销的同时，也将民众对体育文化的需求和情感加以汇聚和升华，提升了其品牌美誉度。

品牌忠诚度方面。其实加多宝作为一个全新的品牌来说，并不存在什么忠诚度的问题，它要做的是把以前王老吉品牌忠诚度嫁接到全新的加多宝身上来。定位嫁接，品牌定位修改为正宗凉茶。这个定位不仅能很好地承接之前降火饮料，而且这是一个排他性的定位，加多

宝是正宗的，其他的凉茶就是非正宗的。嫁接通过定位能较好地占据消费者的心智资源，将其转化为消费者购买行为。口号嫁接，加多宝广告语"怕上火，喝加多宝"能够更好地让消费者把加多宝和王老吉嫁接在一起，同时做品牌传播时，进行品牌引导，"全国销量领先的红罐凉茶改名加多宝，还是原来的配方，还是熟悉的味道"，让消费者更清晰地知道加多宝和王老吉已经不是同一个品牌，而加多宝才是原来大家经常喝的王老吉凉茶。

品牌互动度方面。加多宝主要通过网站和微博与消费者互动。网站方面，从7月开始，加多宝启动了《尽享加多宝》《相伴加多宝》《加油加多宝》《随手拍加多宝》等系列线上线下互动促销活动，参与人数已超过100万。同时，网站也开展了多宝币的系列活动，通过会员注册，购买产品所获得的多宝币可以在加多宝的网站上换礼品以及点播各种大片电影。微博方面，加多宝注册了加多宝凉茶、加多宝红动伦敦、加多宝学子情的新浪和腾讯微博与消费者互动。其中新浪、腾讯官方微博的粉丝均已超过30万。而在中国好声音的火爆中，加多宝做了很多与消费者网络和微博的互动。

加多宝随时对品牌进行评估。加多宝一直对品牌的非常重视，根据时间的进度随时评估品牌知名度的变化，对既定的品牌推广方案的执行过程的监督也是非常严格的。在进行终端品牌宣传资源的竞争中，多次传出加多宝在终端动用"全武行"攻击王老吉人员。虽然这种行为不妥，但是可以看出，一方面加多宝在品牌推广方面的监督执行是非常严格的，另一方面加多宝对于品牌美誉度的重视程度并不如品牌知名度，并未对品牌美誉度进行及时的检查和跟进。

加多宝及时进行品牌传播调整。强大的快速反应能力帮助品牌知名度快速提升。以冠名浙江卫视《中国好声音》为例，在第一期节目突然蹿红之后，加多宝迅速跟进，在第二期节目就明显加大了广告力度。强力则表现为加多宝运用电视广告、地铁广告、网络媒体、平面媒体进行铺天盖地般的宣传，全力提升品牌知名度。与之同时，加多宝通过网络活动与消费者互动，固化消费者的品牌忠诚度。加多宝与《中国好声音》的"正宗"配"正版"乃天作之合。所以，加多宝集团以2亿元天价，再度拿下《中国好声音》第二季独家冠名权。

2012年加多宝品牌总结。品牌知名度方面，从一个全新的品牌，成为市场领先的凉茶品牌，这不能不说加多宝是完成了一个不可能完成的任务；品牌忠诚度方面，加多宝很有效的将王老吉的品牌忠诚度导入到新品牌里，成为销量最好的凉茶品牌。这两个方面加多宝超越了期望；品牌互动度方面，加多宝做了一些工作，但相对其他的品牌推广工作来说，这算是辅助工作，并不是工作的重点。尽管这样，能把两个官方微博积累到超过三十万的粉丝，也算是为未来的品牌良好互动打下了基础。这方面应该算是及格；品牌美誉度方面，虽然加多宝在上半年的苦情牌和奥运牌收到了一定的效果，但是屡屡发生终端武斗的情况让加多宝的两张牌基本上都算是白打了，所以加多宝在品牌美誉度方面的工作应该算不及格。当然，作为加多宝这个全新的品牌来说，在品牌知名度、品牌美誉度、品牌忠诚度和品牌互动度中间，最为重要的是品牌知名度。提高了知名度就可以形成有效销售，而美誉度和互动度的重要性相对来说较弱一些。所以，从整体来看，加多宝在2012年的品牌管理还是超越了自己当初的期望的。

2012年，加多宝面对的是既不在同一个档次、也没有做好准备的对手，所以赢得还是比较轻松的。虽然加多宝凉茶的知名度已经很高，但这是靠大量的广告轰炸出来的，还不稳定，品牌美誉度更是没有积淀。2013年加多宝在品牌知名度方面还是要维持高投入，保持高见面率、高传播率;品牌美誉度方面则需要引起重视,一定要建立正面的品牌形象;加强品牌互动,这样可以增强消费者的品牌粘性,强化品牌忠诚度。王老吉一定会有较大的品牌宣传动作,加多宝还得应付对手的强力反扑,这对加多宝的品牌管理也将是一大考验。

资料来源:柏麒.加多宝如何创造品牌奇迹[EB/OL]. 中国营销传播网,http://www.emkt.com.cn/article/574/57442.html,2012-11-09.

【讨论题】

1. 加多宝运用哪些方式进行了品牌塑造?
2. 加多宝的品牌管理工作是如何实施的?
3. 你认为加多宝如何进一步巩固和提高品牌地位?

**案例应用 2**

### 从"郭美美"看网络时代的品牌管理

常言道:一颗老鼠屎坏了一锅粥;常言又道:星星之火可以燎原,一根蜡烛也可以照亮整个房间。说的都是一个意思——小因素的大影响,当然所造成的影响有好有坏。对于品牌塑造也同样如此。一个组织成员的一个行为,就可能对整个品牌产生巨大影响,或让品牌名声再噪,或让品牌万劫不复。因此,企业必须进行全员品牌管理,尤其是在新媒体时代的今天。

品牌战略已成为众多企业的核心战略,品牌化生存也成为企业逐鹿市场的共识。如何快速且稳固地建立品牌是每个企业都急需快速完成的课题。从品牌定位到品牌形象树立再到品牌价值引领,从名人代言广告到公关营销再到危机处理,打造品牌的手法不甚枚举。然而,在众多的品牌塑造路径中,有一点经常被忽视或者不屑一顾,而这个"点"恰恰是品牌塑造的基石和原始推动力,这个"点"就是员工。

首先,我们通过两个案例来看看员工对于品牌的巨大影响力。

案例一:郭美美与红十字会的"孽缘"相信无人不知。这个自称"住大别墅,开玛莎拉蒂"的 20 岁女孩,其认证身份居然是"中国红十字会商业总经理",随之而来的众说纷纭让红十字会的名声大跌。在近期的四川雅安筹款活动中,红十字会更是频频受辱:地方募捐,但捐款箱内却空空如也,一些行人甚至躲着红十字会的募捐箱走;一条有关捐款的微博,却收获了网友的几万条"滚"回复。

案例二:美国标准石油公司里,有一位推销员叫阿基勃特。他无论在什么场合中签名,都不忘附加上公司的一句宣传语"标准石油每桶 4 美元"。时间长了,所有人都叫他"每桶 4 美元"。就这样,许多客户知道了产品的价格,纷纷找他订货。公司董事长洛克非勒听说了这事,便叫来阿基勃特,问他:"别人用'每桶 4 美元'的外号叫你,你为什么不生气呢?"阿基勃特答道:"'每桶 4 美元'不正是我们公司的宣传语吗?别人叫我一次,就是替公司免费做了次宣传,我为什么要生气呢?"五年后,洛克非勒卸下董事长一职,阿基勃特成为了标准石油公司的新任董事长。

以上正反两个案例,都折射出员工在品牌塑造上的重大作用。员工是品牌的基石,员工是推动品牌发展的内在源动力。同时,员工也是一把双刃剑,他们的一个小小行为,能让品牌名声再噪,也能让品牌万劫不复。如何让这把双刃剑只发挥威力而不伤到品牌自身?答案就是全员品牌管理。

1. 全员品牌，统一战线

全员品牌管理是指企业品牌的一种内部管理，这种内部管理不仅要让员工知道自己的产品与品牌的独特之处，更需要员工知道品牌的文化、内涵与个性。在企业与员工之间建立一种深度的沟通，使品牌的价值观与员工的价值观高度一致，建立起从董事长到员工的统一战线。

全员品牌包含两层意思：一是把所有员工纳入到品牌建设体系当中，让品牌全员化。品牌不仅属于老板，同样属于每一位员工；二是把所有员工都当成企业品牌的组成部分，让全员品牌化，每一位员工都是一个品牌，都代表着企业品牌的形象，都是企业品牌最具力量的代言人。

只有建立全员品牌的理念，才能让全员与品牌荣辱与共、自觉维护品牌，才能提升员工的自身品牌，在品牌建设中，不管风吹雨打始终不离不弃。因此，任何致力于品牌化生存的组织都不能忽视全员品牌的力量，都必须进行全员品牌管理。

2. 互联网时代让全员品牌管理迫在眉睫

全员品牌管理势在必行，如今的互联网时代又使得全员品牌管理迫在眉睫。

互联网时代带来的是"自媒体"时代，每个人都是新闻源。企业的每位员工都是一个信息通道，即企业是被许多"媒体人"监督着。员工会看、会说、会传播，这就让品牌传统的信息传播模式失效。这样的好处就是每位员工都是品牌的宣传员，都可以通过自己的途径传播品牌。不良影响就是每位员工也可能是品牌的爆料者，从而给品牌带来灭顶之灾。在这个不公心态愈演愈烈的社会，以及暴力、负面新闻横行的网络世界，预期员工能带来的负能量要比正能量更甚。如网络上有篇广为流传的帖子"服务员冒死偷拍肯德基库房"揭露了肯德基的一些产品内幕，不管此信息真假，都给肯德基造成了不小的损失。

互联网时代将自媒体与社会监督员的社会角色赋予了每个员工，这就要求企业必须更加迫切地实行全员品牌管理。

3. 品牌全员管理的秘籍

那么，如何实施全员品牌，进行全员品牌管理，从而塑造由内而外的品牌力呢？笔者认为有以下几方面要素：

（1）构建全员企业理念

全员企业理念要求理念是全员的理念，而非老板的个人意志。要广泛征求员工意见，让全员参与，并让员工深刻理解领会，这样才能让理念深入到每一名员工心中。万科曾通过企业理念的内部全员动员，形成了由内而外的蝴蝶效应。如在万科园区，即便最普通的清洁工也会向客户微笑和问候，而且从房子的户型面积到布局，他也能对答如流。

（2）打造共同价值观

共同的价值观是全员理念的核心。价值观的重要性不言而喻，如马云在收购雅虎之前非常果断地提出"什么都可以谈，只有价值观不能谈"。企业有企业的价值观，每个员工也有着千差万别的个人价值观。然而，一个企业的成功必须建立价值观共同体。如《孙子兵法》所云："上下同欲者胜。"价值观共同体建立在充分沟通的基础上，使员工对价值观的思想得到充分交流，同时，也需要企业适时对员工的价值观进行培养和引导，使员工与企业的价值观趋向一致。当企业价值观成为员工认同的价值观时，员工对企业才会有依赖，才会努力去维护品牌形象，而非落井下石。

（3）全员行为管理

虽然人的行为是受自己意识所支配的。但员工的行为，其实很大程度上取决于企业的管理。因为企业整体的管理氛围会让员工自觉或不自觉地做出一些行为。但员工的行为管理不是一味的高压政策，通过制度与情感的运用来规范员工行为，将会创造一个和谐的氛围。

（4）全员形象管理

企业品牌要以企业员工的个人品牌为基础。而个人品牌是多种信息的组合，包括形象、行为和谈吐。对全员进行形象管理就是对企业品牌精致化的管理。相信一个衣冠不整的销售员即使把产品说得天花乱坠也很难把产品销售出去。相反，规划统一的形象，则有助于品牌形象的建立。如某品牌感冒药招来一大批医学院女生，这些女生着装整齐、统一佩戴医学院校徽在终端药店进行促销。这种品牌的感冒药立刻赢得消费者认可，成功在众多促销品牌中脱颖而出。

总之，进行全员品牌管理，让品牌在不同时间、不同地点、不同人口中传递出同一个声音，为品牌打造一个坚实的防护体系，让品牌走得更快更稳。

资料来源：孙文广. 从"郭美美"看网络时代的品牌管理[EB/OL]. 中国营销传播网，www.EMKT.com.cn，2013-05-15。

## 【讨论题】

1. 网络时代的品牌管理有什么特点？
2. 如何看待上文中作者提到的全员品牌管理理念？

# 第 2 篇　品牌识别系统设计

第二編　各論及ビ實施例

# 第3章 品牌识别

---

## 学习目标

1. 熟悉品牌识别的内涵
2. 理解大卫·阿克的品牌识别模型
3. 了解其他著名品牌识别模型

**实践中的品牌识别**

　　2006年可谓是"企业换标年",企业更换品牌识别系统是一波接一波,无论是跨国企业还是国内企业。开年伊始,英特尔公司就把以前使用的"Intel Inside"标识改为"Leap ahead"。紧接着,柯达废弃了近四十年的黄色方框和"K"图形标识,启用简单的"Kodak"标识。继而,中国联通舍弃沿用多年的蓝色中国结标识,更换为以红色为主的新标识。浪潮在全球范围内启动"Inspur浪潮"新品牌。一旦企业的战略有了重大的转型,品牌的定位与内涵一定要跟着变化。华为、英特尔、柯达、浪潮更换品牌识别系统在很大程度上都是基于这个因素。仔细观察发现,不管是年初的英特尔更换品牌识别系统,还是最近的华为更换品牌识别系统,都是配合企业的转型及重新定位,以应对激烈的市场竞争。更换品牌识别系统是高科技厂商迈出转型的第一步。巨头们为什么会以"更换品牌识别系统"这样的营销手法宣告自己的战略转型呢?

　　随着全球经济竞争的加剧,企业因固守原有市场定位而丧失竞争优势的危险变得格外严重。为了分散风险,许多企业实施多元化战略,拓宽业务领域。在这种情况下,公司必须进行重新定位。企业改变发展战略,品牌识别系统成为企业重新定位的风向标。

　　**热身思考**:企业更换品牌识别系统是否能为企业带来璀璨的未来?

　　**资料来源**:作者根据互联网相关资料进行整理。

**评述**

　　品牌标识是品牌识别系统中最具传播力和感染力的视觉识别的基本构成要素,其作用就是区分,是品牌核心价值的视觉体现。假如把一个品牌的核心价值比作一个人的心,那品牌标识就是一个人的脸,即所谓脸随心相。一个优秀的品牌标识,必定有一个能够完全表达品牌核心价值的视觉形象。因此当品牌的核心价值发生改变时,品牌的视觉形象也必须随之改变,否则品牌标识不仅不能很好地向消费者传递品牌的核心价值,还会反过来阻碍品牌价值的传播,混淆品牌的核心价值。

　　当然,要想扭转品牌在消费者心中的形象,光依靠更换标识是远远不够的,品牌标识只是品牌建设工程中的一个小小的组成部分而已。如果想简单地依靠品牌标识的变动来改造公众的心智，那只能是竹篮打水一场空。

一个老化品牌的形象再造，不在于品牌logo是否更换，不在于广告宣传是否改变，其关键在于品牌能否重新找回消费者需求的满足点，在于品牌对它所提供的功能需求和价值需求能否再次满足消费者。如果品牌核心价值无法再次得到消费者的肯定，那么所有一切的改变都将是徒劳。

记得哈佛大学的泰德·李维特（Ted Levitt）在《营销近视病》一书中所说的话："根本没有所谓的成长行业，只有消费者的需要，而消费者的需要随时可能改变。"

## 3.1 品牌识别的内涵

### 3.1.1 品牌识别的定义

根据著名的《韦氏大词典》的解释，"Identity"一词有同一性、个性、一致性、恒等式等意思。"Brand Identity"当中的"Identity"取"个性"之意，表示品牌是独一无二的。

在中国，有人把"Brand Identity"译作"品牌特性""品牌特征""品牌认同""品牌身份"，不过最常见的还是译成"品牌识别"。本书也使用品牌识别的用法，因为：

①企业识别系统（CIS）的概念已在中国流行多年，其中的"Identity"也译为"识别"；
②"品牌识别"的译法已在我国广告界和品牌咨询界广泛使用；
③"识别"的主体是受众，强调了受众导向的品牌规划理念；
④受众对品牌的识别内容包括外在和内在的，而品牌规划时也需要考虑内在和外在两个方面。

有很多学者和专家给出了品牌识别的定义：卡普菲勒在《新战略品牌管理》一书中指出，品牌识别属品牌设计者的业务范畴，目的是确定品牌的意义、目的和形象，品牌形象是这一设计过程的直接结果。在向消费者传播之前，管理者必须知道品牌意味着什么。阿克和爱里克·乔瑟米赛勒在《品牌领导》一书中认为，品牌识别是品牌战略制定者希望建立或保持的、能引起人们对品牌美好印象的联想物。这些联想物表明了品牌是什么，也暗示着企业成员对消费者的某种承诺。品牌识别的努力方向是要帮助品牌建立与消费者的关系。我国著名品牌专家翁向东在《本土品牌战略》一书中提出，品牌识别是指对产品、企业、人、符号等营销传播活动如何具体体现品牌核心价值进行界定，从而形成了区别竞争者的品牌联想。

品牌识别体现品牌战略管理者期望发展的品牌联想及品牌代表的方向，界定了品牌要如何进行调整与提升。国际著名的BBDO和DDB广告公司利用六个问题来定义品牌识别的本质：

①品牌的价值是什么？
②品牌的个性是什么？
③品牌的长期目标和最终目标是什么？
④品牌的一贯性如何？
⑤品牌的基本实际情况如何？

⑥品牌的辨识符号是什么？

可以看出，不同学者和专家对品牌识别的理解有一定差异，如卡普菲勒强调品牌的意义、目的和形象，阿克强调能引起人们对品牌美好印象的联想物，翁向东强调区别竞争者的品牌联想，BBDO 和 DDB 则强调内在价值和外在符号的结合。

几个定义同样都提到了品牌识别概念的关键点：

①品牌识别是品牌管理者所做的设计规划工作，而不是消费者对品牌的实际印象；

②品牌识别包括内在的品牌核心价值和外在的品牌联想物；

③建立品牌识别的目的是希望消费者对品牌产生认同。

综合以上各位专家观点，本书给出品牌识别的定义：

品牌识别是品牌战略制定者对品牌核心价值及相应联想物的规划设计，让消费者对品牌产生正面、丰富、独特的联想，从而形成良好的关系。

## 3.1.2 品牌识别的陷阱

构筑完善的品牌识别体系是品牌管理工作中最具挑战性的任务之一，因为这项工作处处充满着陷阱，而一旦品牌识别的规划出现偏差，那么后续的品牌传播工作将是做无用功。大卫·阿克教授在《创建强势品牌》一书中指出，品牌识别可能陷入四种陷阱：品牌形象陷阱、品牌定位陷阱、外部视角陷阱和产品属性陷阱。

1. 品牌形象陷阱

在此首先对比一下品牌形象和品牌识别两个概念之间的差别。品牌形象（Brand Image）是消费者对品牌的整体印象，是消费者通过接收到品牌所有传播的信息而形成的诠释品牌的方式。所以，品牌形象是针对品牌接收者来讲的，它是一个接收性的概念。品牌识别恰好相反，它是针对品牌传播者而言的。传播者的任务是详细说明品牌的含义、目标和使命。所以，品牌形象通常是消极的、被动的、倾向于过去的，而品牌识别应该是积极的、主动的、面向未来的，反映企业所希望得到的品牌联想。品牌形象倾向于战术性，而品牌识别应该是战略性的，具有前瞻性、发展性和持续性。从品牌管理角度来看，品牌识别是先于品牌形象形成的。在向消费者描绘一个观点之前，必须明确要描绘什么，而品牌形象则是消费者对品牌识别的诠释结果。

简言之，品牌形象陷阱就是过度的顾客导向。这里有两层含义：一层是根据消费者对品牌现有的形象进行品牌识别的规划，一层是根据消费者对品牌期望的形象进行品牌识别的规划。

2. 品牌定位陷阱

品牌定位陷阱指的是将品牌定位当成品牌识别，认为为品牌确定了定位就是完成了对品牌的识别规划。企业不能把品牌定位当作品牌识别，有三个方面的原因：

（1）品牌定位只是传播了品牌识别的部分内容

品牌定位只是在消费者心智中确立了一个不同于竞争者的独特位置，并不能给予消费者丰富的联想。品牌联想是更为全面的品牌识别的产物。关于品牌定位与品牌识别的关系，学术界（如阿克、凯勒、卡普菲勒等权威教授）普遍认为品牌识别是品牌定位的基础和来源，品牌定位是品牌识别和价值主张在传播中的一个部分。由此可见，首先有品牌识别，然后才有品牌定位。

不可否认，很多情况下品牌定位直接等同于品牌识别的核心——品牌核心价值，如沃尔沃的"安全"、耐克的"超越"，或者等同于某类产品类别的识别，如五谷道场的"非油炸"、金利来"男人的世界"。但是，品牌定位只是为了方便品牌识别的传播而在消费者心目中找到的一个不同于竞争者的独特位置，而不是品牌识别的全部内容。一些品牌识别的内容尽管很重要，但也会被排除在品牌定位范围内，因为那些内容无法体现差异化优势。

（2）定位陷阱抑制了一个成熟品牌特征的演化

品牌战略制定者们总是不停地把那些他们认为对传播没有价值的观点剔除掉，结果往往是更集中于产品属性，而不考虑品牌个性、公司组织联想或品牌象征。作为一个有丰富内涵的品牌来说，光有产品属性是不够的。

（3）通常品牌定位会通过一条广告语来进行传播

这条广告语对品牌建设的指导作用不会太大——既不能告诉我们应该赞助哪些活动，也不能告诉我们包装应当如何设计或者销售终端应当如何布置。整个品牌建设的指导还是需要品牌识别来完成，因为它能从广度和深度两个层面告诉我们品牌到底是什么和能做什么。

3. 外部视角陷阱

只重视外部顾客而忽视公司内部的品牌识别，这就是外部视角陷阱。按大多数品牌战略家尤其是欧美品牌战略家的观点，品牌识别能够给消费者带来独特的感受，从而诱使他们购买产品或服务，因此企业必须以消费者的感受为导向来制定品牌识别。如果公司未意识到品牌识别可以帮助组织内部理解品牌基本价值及理念的话，外部观点陷阱就会发生。在这里，组织的概念可以泛化。如果把消费者看成是企业外部，那么公司内部、零售商、供应商都可能是一个组织的概念。言下之意，泛化的组织内部有必要在品牌的价值观和理念方面达成一致认识。

一个有效的识别系统的一部分明确了品牌实力、价值观与远景，所以它有助于在组织内部传播品牌的本质含义。内部组织成员是品牌识别对外沟通的执行者，如果这些人对品牌识别的内容不理解，也不愿意从内心深处认同品牌所代表的价值观，那么他们也难以承担起执行品牌识别对外沟通的职责，更谈不上实现品牌对内对外的沟通的一致性。

4. 产品属性陷阱

一些品牌管理者只是单纯关心产品的属性，将产品属性当作品牌识别的基础，这就是产品属性陷阱。掉入产品属性的陷阱，部分原因是由于产品属性对于购买决策和使用经验来说，经常是有效的。不能区分产品和品牌这两个不同的概念，甚至将其等同起来，是品牌识别掉入产品属性陷阱的根源。这导致企业偏好专注于产品属性研究，用产品属性去表达品牌识别。这是品牌识别中最常见的一种陷阱，通常会造成较为严重的后果，具体包括：

（1）难以实现差异化

很多品牌会把对消费者重要的产品属性作为品牌识别的基础，这使得品牌同质化程度严重，企业从而需要花费大量传播费用。例如，去屑是洗发水一项重要的功能属性，因此各大品牌纷纷抢滩这一市场，目前国内每年200亿洗发水市场上有50%是去屑产品。然而，我们知道的品牌似乎只有海飞丝、清扬、风影、采乐、康王等，大量同质化的不知名品牌被湮没。

（2）属性易被模仿和超越

硅谷的品牌专家里吉斯·麦肯纳指出，如果品牌将重心放在某种产品属性上，它最终会被超越，因为竞争者会推出更具卓越技术的产品。在技术发达的今天，要想模仿别人的技术并不是难事。

（3）假设顾客是理性的

营销者通常假定顾客会遵循理性的决策模式，根据产品属性的权重和表现的加权平均值来决定品牌的选择。但事实上，顾客在大多数情况下不会找到并处理有关该类产品中不同品牌的客观信息。许多顾客往往对产品功能的关心程度要低于其对款式、地位象征、安全性及其他非功能性利益的关心程度。国外一项对卡车产品属性的调查显示，耐用性、安全性、配置和动力是重要的属性，但影响顾客购买决策的更重要的因素却是款式、舒适程度和驾驶的乐趣。可能顾客不会承认这些虚饰对他们很重要，但事实如此。

（4）限制品牌延伸战略

基于产品属性来规划品牌识别，会使得品牌与产品属性紧密相连，从而限制了品牌延伸到新的产品类别中。例如，海飞丝洗发水的功能是"去屑"，如果海飞丝有朝一日延伸到牙膏领域，那将绝对是不可能成功的。

（5）降低战略灵活性

品牌的产品属性联想将使得一个品牌的成功完全依赖于产品属性的价值。如果该产品属性已经不再受到消费者重视，或者品牌还想进入一个新的产品属性领域，那么品牌将陷入困境。例如，以前人们对手机的要求是经久耐用，而现在却是时尚新潮，这样原来那些受人欢迎的耐用手机一下子陷入了困境，强烈的耐用属性联想使得人们不相信该品牌会是时尚的。

当品牌的焦点过多地局限于产品属性、品牌目前的形象、品牌定位和品牌影响顾客的外部作用时，品牌识别将变得狭隘和失效。要避开这些陷阱的关键是拓宽品牌识别规划的视角，增加其他内容。

### 3.1.3 品牌识别的原则

在规划品牌识别的时候，需要遵循以下六个原则：

1. 规划性原则

品牌识别是对品牌在消费者心目中预期形象的规划，属于品牌设计者角度的概念。消费者对品牌识别的实际感受则称为品牌形象。

2. 兼顾性原则

正确的品牌传播路线应该是首先进行内部品牌传播，使得公司上下对品牌识别产生认同，之后再通过员工将品牌识别传递给外部的消费者。所以，品牌识别要兼顾企业内部员工和外部消费者的识别，而不只是外部识别。

3. 层次性原则

品牌识别的内容很多，一些内容直接反映了品牌内涵的本质，所以是核心识别，必须在所有传播场合体现；另一些则只是起到辅助和补充品牌核心识别的作用，所以不一定每次传播都要展示。由此可见识别内容是有层次关系的。

4. 稳定性原则

品牌识别的核心价值部分一经确定，必须在较长一段时间内保持稳定性。经常性变动将使得品牌形象变得模糊。

5. 丰富性原则

品牌识别不能过分强调产品属性，还应该考虑组织形象、品牌符号、品牌个性化等。

#### 6. 差异性原则

不同品牌的品牌识别应该是不一样的，如肯德基是"烹鸡专家"，白胡子的山德士上校和蔼可亲，麦当劳的汉堡包很棒，幽默的麦当劳小丑让小孩觉得那是一个欢乐之地。

## 3.2 大卫·阿克的品牌识别模型

品牌识别具体包括哪些内容？一些学者和广告公司对此纷纷提出了自己的品牌识别模型，最著名的如大卫·阿克的品牌识别模型、卡普菲勒的品牌识别棱镜模型、电通的品牌蜂窝模型、达彼思的品牌轮盘、麦肯·光明的品牌印记等。本节将详细介绍大卫·阿克的模型结构、内容以及策划过程，第3.3节则对其他模型的内容进行介绍。

### 3.2.1 品牌识别模型的结构

大卫·阿克认为品牌识别模型应当包括三层：核心层为品牌精髓（Brand Essence），中间层为品牌核心识别（Brand Core Identity），外层为品牌延伸识别（Brand Extended Identity）。

#### 1. 品牌精髓

品牌精髓是品牌的核心价值，是对品牌内涵的提炼和概括。它反映的是品牌存在的意义，因此，实际操作中通常用"碑文法"来进行提炼。这种方法假设某个品牌像人一样"去世"了，我们需要在它的"墓碑"上写上悼念的碑文。碑文的内容通常反映了品牌在消费者心智中不可取代的位置。比如，沃尔沃的碑文可能是"我们深切怀念沃尔沃是因为它是世界上最安全的车"。亚马逊的碑文可能是"我们深切怀念亚马逊网站是因为它为我们精挑细选了价廉物美的商品"。如果一个品牌的碑文似乎没什么可写的，说明该品牌的精髓对消费者并没有差异化的影响力和感召力。可以说，这样的品牌非常失败，因为在消费者心中它没有存在的必要，更谈不上发展的潜力。

品牌精髓必须具备两个特征：与消费者共鸣和决定企业的价值取向。为了做到与消费者共鸣，品牌精髓必须提出能够满足消费者需求的价值，包括功能性价值、情感性价值、社交性价值和财务性价值。大卫·阿克并没有提出财务性价值，本书作者认为这种价值确实存在，因此添加进来。比如，伊卡璐洗发水的"天然芳香"就是功能性价值，星巴克"休闲的第三空间"就是情感性价值，万宝龙的"奢华与尊贵"就是社交性价值，沃尔玛的"天天平价"就是财务性价值。不过，产品功能性和财务性价值束缚了品牌的延伸。为了使得品牌能够跨越多个产品类别，更多的品牌建立了以情感性和社交性价值为主导的品牌精髓。例如，由于维珍的品牌核心价值是"反传统"，所以它品牌延伸到了航空、唱片、可乐、手机、铁路、婚纱等多个风马牛不相及的行业。如果一味地强化维珍航空快乐的旅行，那延伸的边界将非常有限。品牌精髓还应当能够对员工进行价值观的激励，如迪士尼乐园的品牌精髓是"快乐"，员工们在为游客提供快乐体验的同时，自己也感受到了工作的快乐；美特斯·邦威服饰的品牌精髓是"不寻常"，这不仅是让消费者感觉到品牌的与众不同，也是要让员工发挥自己的主观能动性，创新思维。

品牌精髓不同于广告口号。如果用一句广告口号来替代品牌精髓，那是本末倒置，这是因为。

①广告口号主要用来与外部的消费者进行沟通，反映的是品牌定位。而品牌精髓中的一

个功能是引导和激励企业内部员工，反映的是品牌识别的核心内容。例如，耐克的广告口号是"想做就做"，而其品牌精髓是"超越"。

②广告口号必须配合一段时期的品牌传播目标，因此是短暂的。而品牌精髓在相当长一段时间内是不会改变的，除非遇到了什么变故。例如，近百年来，可口可乐的广告语换了几十个，但其品牌精髓仍然是"激情、活力"。

③广告口号可能局限在一定的区域和产品类别，而品牌精髓则能跨越区域和产品类别的限制。

2. 品牌核心识别

品牌核心识别是品牌需要在消费者心智中留下的最深的几点印象，是对品牌精髓的扩展和具体化。品牌精髓通常比较抽象，不利于直接传播，因此有必要规划更多的识别要素，而品牌精髓是核心识别各要素之间的粘合剂和中轴。

品牌核心识别应包括确保品牌独特和有价值的元素。有时，一些广告口号可能反映出了部分品牌核心识别。例如"我们是第二，所以我们更努力"反映出安飞士（Avis）租车行努力为顾客提供最佳服务的决心，"精于心简于形"反映出飞利浦通过掌握尖端科技，将最简单易用的人性化产品带给用户；有时广告口号并不能反映出品牌核心识别，如"不一样的公司，不一样的汽车"并不能清晰地体现土星汽车的独特之处。要想提炼品牌核心识别，必须至少回答四个问题。

①品牌的灵魂是什么？
②驱动品牌的基本信念和价值观是什么？
③品牌背后的组织的竞争力是什么？
④品牌背后的组织的价值观和文化是什么？

由于品牌核心识别是对品牌精髓的直接演绎，因此在很长一段时间内也不会改变。一些品牌核心识别的例子，如米其林——为了解轮胎的驾驶者而准备的技术先进的轮胎；土星汽车——世界一流的品质，尊重顾客，以朋友的方式对待顾客；麦当劳——清洁、快速、友善、儿童乐园；象牙香皂——百分百的纯正和会漂浮的香皂。

3. 品牌延伸识别

品牌延伸识别是除品牌核心识别之外的识别，是使品牌识别细化和完整化的元素。它包括那些使品牌核心价值更丰满、更有光彩和更具说服力的诉求点，以及企业在不同时期、不同场合上变换运用的传播主题。通过延伸识别，消费者更能清晰地知道品牌的内涵及其支撑，而且品牌的一些符号也促进了消费者的记忆和对核心识别的理解。比如，潘婷的核心识别是能让头发健康亮泽的洗发、护发、美发产品，其延伸识别是"含有维他命原B5"的技术支持、瑞士维他命研究机构的权威认证、拥有一袭亮泽长发的年轻女性作为代言人、女性化的品牌命名和标志设计等。由于并非直接反映品牌精髓，所以延伸识别改变的可能性比核心识别要大。例如，广告的口号、品牌延伸的产品类别、品牌个性、品牌标志、代言人等都很可能改变，但品牌的精髓不宜随意改变，延伸识别改变的目的也是为了在新的市场形势下更好地传递出品牌的精髓。

**链接材料 3-1**

宇通客车的品牌识别结构如图 3-1 所示。

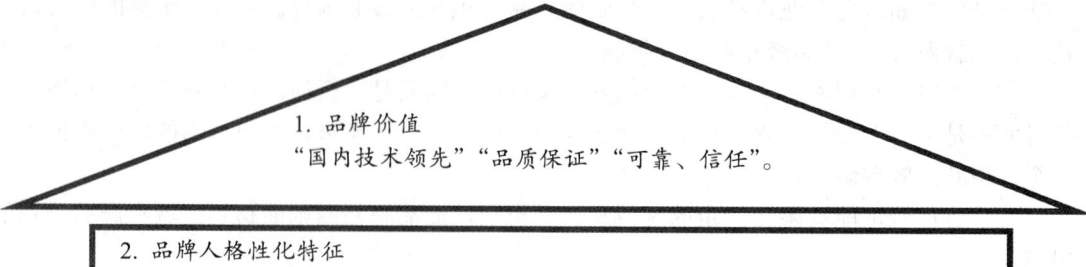

图 3-1　宇通客车的品牌识别结构图

## 3.2.2　品牌识别的内容

为了确保品牌识别的广度和深度，公司需要从产品、组织、个人和符号四个角度考虑品牌识别的内容。这些角度完全不同，其目的是帮助品牌战略制定者考虑不同的品牌要素，以明确、区别和丰富品牌识别。这四个角度总共包括十二个要素，每个品牌都应该从这些方面全面考虑。

1. 产品角度的品牌识别

产品角度的品牌识别包括六个方面：产品范围、产品属性、品质/价值、用途、使用者、原产地。

（1）产品范围

当消费者谈到某个品牌的时候，他们通常会首先说出该品牌所在的行业。说明产品种类是品牌识别一项重要的内容。在一段时间内，品牌是有其产品范围边界的，久而久之便形成了指向性。有些品牌只对应一个产品类别，如哈根达斯只意味着冰激凌，可颂坊只意味着糕点等。更多的品牌最初是与某一类产品相关联，而后不断扩展开来。例如，海尔最初意味着电冰箱，后来涉及的行业越来越多，如洗衣机、热水器、电视机、手机、电脑等；一提到康师傅，人们通常都会想到方便面，而现在已发展了茶饮料、饼干、八宝粥等一系列食品。

企业需要规划一下，到底品牌应该承载多少产品类别？这些产品类别是否会相互冲突？是否能表现品牌的精髓？比如，"雕牌洗衣粉"已深入人心，要推出"雕牌牙膏"就很难成功了，因为消费者不会接受一个品牌既是洗衣粉又是牙膏。后来，"雕牌牙膏"改名为"纳爱斯牙膏"，才摆脱了洗衣粉的"阴影"。

（2）产品属性

产品属性反映了产品所具有的特点和优势，能带来优于竞争者的利益。例如，立白洗衣粉"不伤手"、云南白药牙膏"有效治疗牙龈出血"、海尔一款"不用洗衣粉的洗衣机"、沃尔沃汽车"最安全"等。对于单一的产品线而言，产品属性越明确，品牌就越成功，但这通常不适合跨度较大的品牌延伸的情况。例如，立白洗衣粉"不伤手"的诉求对"立白牙膏"没有什么帮助；荣昌肛泰"治痔疮"的功能已深入人心，这大大限制了荣昌进入新的产品类别，如没人会买荣昌牌的眼药水或者荣昌牌的感冒药。

（3）品质/价值

产品质量始终是品牌建设最根本的基石，一个品质不好的品牌即使一时通过广告轰炸产生了知名度，其寿命也不会长久。当前有很多品牌尽管走的是尊贵、品味等情感路线，但事实上它们的质量也是非常卓越的。比如，星巴克咖啡不仅让人得到一个"第三空间"的轻松和惬意，而且让人享受到世界上最美味的咖啡，因为从咖啡豆的挑选到咖啡的调制都是非常专业和严格的；欧米茄手表象征的成就和完美来自于它对极致品质的追求，奥运会等世界级体育盛会上的计时器都是采用欧米茄，其计时精确无误令人震撼。

（4）用途

一些品牌通过明确使用场合来获得独占的机会，使得消费者在特定的场合想到该品牌。例如，一个名为"八点以后"（After Eight）的甜品在告诉消费者，该产品适合在晚上8点以后吃；雀巢咖啡、立顿奶茶不约而同地在广告中出现办公室的工作场合，意为公司白领在工作疲劳的时候可以享受一杯；白加黑感冒药首次将感冒药分成了日服和夜服，并用白片和黑片区隔。

（5）使用者

任何一个品牌都不可能得到所有人的支持，连可口可乐也不例外，否则百事可乐根本不可能有立足之地。限定使用者看似缩小了市场规模，实则为自己品牌找到了一个长期的排他的支持群体。比如，纳爱斯打造儿童牙膏品牌"纳爱斯伢牙乐"。经过有效的传播，"纳爱斯伢牙乐"的广告歌谣被众多儿童所传唱；朵唯开辟了专门的女性手机市场，在竞争激烈的手机市场中重新找到自己的位置，开辟了女性手机的一片蓝海。

（6）原产地

当品牌与产地联系在一起的时候，人们通常会将对产地的评价直接带给这个品牌。来自原产地的品牌往往并不需要做太多的宣传，靠着原产地的声誉就能获得更多的机会。比如新疆的新天干红葡萄酒、四川的涪陵榨菜等。一些本身并没有原产地这一先决优势的品牌也尽可能与原产地关联。例如，深圳的白酒品牌"金鹏城酒"将基酒生产基地建在四川宜宾，使得深圳首个地方品牌的白酒有了根基；广州珠江云峰酒业的"小糊涂仙"则在广告宣传上打了一个擦边球，声称自己是"茅台镇的传世佳酿"（在茅台集团的抗议下，后改为"传承美酒文化"），当年的销售额近亿元。

2. 组织角度的品牌识别

组织角度的品牌识别是指将品牌识别建立在组织属性的基础上，而不是产品或服务属性。组织包括公司和非营利机构。安飞士租车行"我们更努力"（We Try Harder）的品牌口号说明它是一家非常具有进取心的公司，红十字会是一个非常有爱心的非营利机构，海尔提出了"日事日毕，日清日高""斜坡球体理论""赛马不相马"等创新管理模式，这些都是组织属性的识别。

一些特征既可以是组织属性也可以是产品属性。比如，创新的诉求如果与产品相联系，就变成了产品属性，如 Windows Vista 是最新的电脑操作系统，娃哈哈在中国创造了咖啡可乐的新品类等；如果与组织的文化和价值观相联系，就变成了组织属性，如肯德基是一家富有创新意识的快餐店，各式新品层出不穷。

组织属性比产品属性更持久，更有竞争抵抗力。因为：第一，产品的属性很容易模仿复制，而组织属性没那么容易，如国内企业要推出类似于伊卡璐的含有"天然芳香"的草本植物洗发水不是难事，但要成为宝洁公司那样在产品研发和品牌管理方面精益求精的企业则非常困难。第二，组织通常横跨多个产品领域，因此某个产品领域的竞争者要想挑战，难度是很大的。如霸王乌发洗发露只能挑战夏士莲黑芝麻洗发水，而不是其背后的多元化经营的公司联合利华。第三，一些组织属性过于模糊而不易评估，一旦占据，竞争者很难超越。如微软、英特尔、3M 都是极富创造性的公司，其竞争者要想声称比它们还要更具创造性很难令人相信，如果只是产品性能上面的较量倒是容易看出差距。

组织属性识别最大的好处在于帮助旗下所有产品建立良好的"出身"和"靠山"，做到"系出名门""子承父贵"。为了直接建立产品与组织之间的联系，许多企业都利用组织属性的识别来建立产品品牌，如三菱、索尼、西门子、飞利浦、GE 等被运用到了大量的产品上面。人们会将对组织的好感和信任转移到产品身上，从而新推出的产品能很快被接受。例如，3M 公司是一家创新性非常强的公司，旗下的易事贴、投影仪等产品都得益于这一组织形象。不过，如果产品品牌的风头胜过组织品牌，那么组织属性就要借产品来建立了，这叫"父承子贵"。比如，乐百氏饮料的名气要远远大于其背后的公司今日集团，所以今日集团干脆把名字改为乐百氏集团。说到菲利普·莫里斯公司（现已更名为 Altria Group），大部分中国人是不知道的，但要说起其旗下的香烟品牌万宝路，那绝对是大名鼎鼎。所以，很多人要介绍菲利普·莫里斯公司的时候，总要说这是生产万宝路香烟的公司。

3. 个人角度的品牌识别

个人角度的品牌识别建立起来比产品属性和组织属性的识别丰富和有趣。根据大卫·阿克的观点，个人角度的品牌识别包括品牌个性（Brand Personality）和品牌关系（Brand Relationships）两个核心概念。

（1）品牌个性

①品牌个性的价值。

如果经营得当，一个品牌也能被消费者认为拥有像人一样幽默、睿智、值得信赖、活力、粗犷、纯真、有能力等人格特征，而且还可能具有人一样的性别、年龄、职业等人口统计特征。这在理论界被称为"品牌个性"。为品牌塑造个性是非常必要的，因为：

第一，品牌个性为消费者提供了一个表达自我的机会。根据自我概念理论，人们总是希望能从现实自我发展为理想自我。在这一过程中，品牌个性充当了一个重要的桥梁作用。我们所选择的品牌通常表明了我们的理想自我。例如，一个想使自己更有阳刚之气的男人可能会选择"万宝路"或者"红河"香烟。所以美国著名消费者行为学家卢瑟·贝克（Russell Belk）教授说，"我消费什么，我就是什么"，而森马（Semir）休闲服的广告语"穿 Semir 就是 Semir"就是这一理论的反映。

第二，品牌个性强化了产品属性和功能利益。广告大师李奥·贝纳（Leo Burnett）说所有产品都有"与生俱来的戏剧性"，品牌个性可以说就是这种戏剧性，它的提炼大多来自于对产品特点的把握。反过来，提炼出来的品牌个性又会衬托产品的特点。例如，米其林先生强壮的体格使得米其林轮胎牢固、耐用的产品特色得以体现，绿巨人的绿色形象使得该品牌的豌豆看起来特别新鲜。

第三，品牌个性是品牌与消费者关系的基础。没有人格特征的品牌是很难和消费者形成关系的。雅芳护肤品说"比女人更了解女人"，把自己塑造成"女人的知己"，从而与女性消费者之间形成了朋友般亲密关系。以前长虹彩电给人一种土气老化的个性联想，消费者与其关系越来越遥远。2006年长虹聘请知性美女徐静蕾代言，推出"快乐创造C生活"的新品牌形象，提出长虹今后的发展方向——聪明（Clever）、舒适（Comfort）和酷（Cool）。其品牌个性得以年轻化和时尚化，自然也受到消费者的青睐。

②品牌个性的驱动因素。

促使品牌个性形成的驱动因素可以从产品相关和非产品相关两个方面进行考虑。影响品牌个性产生的产品相关因素包括管理人员所做的与此品牌产品有关的所有决策，如产品类别、产品属性、包装、价格、促销以及产品的分销等。影响品牌个性产生的非产品相关因素不仅包括品牌典型使用者的个性特征，还包括与公司雇员、公司CEO、品牌代言人等相联系的个性特征。同时，公共关系、品牌象征符号、公司上市时间、广告风格、原产地、公司形象等外部客观因素都是有效促使品牌个性形成的因素。

（2）品牌关系

品牌关系（即品牌与消费者的关系）是国际市场研究公司（Research International）的研究人员马克斯·布莱克斯顿于1992年提出的新概念。与品牌个性、品牌形象等单向概念不同，品牌关系是一个双向互动的概念，包括消费者对品牌的态度和行为以及品牌对消费者的态度和行为两个方面。这一新概念将品牌关系类比成人际关系，认为品牌也像人一样会对消费者产生态度和行为。日常生活中，人们已经在一定程度上把品牌当作亲密的朋友来看待了。例如，赛拉图的车主把爱车称为"图图"，伊兰特的则称为"兰兰"，飞利浦手机被称为"飞机"，摩托罗拉的"MOTO"昵称等。

品牌的重要性体现在对于消费者购买决策的影响上。在当前的以客户为中心的市场环境中，品牌识别的主线就是建立与维护企业与客户之间的关系。创建品牌就是要和我们想要发生关系的人群发生我们想要发生的关系，品牌培育、发展、管理的过程，就是和特定消费人群建立关系，巩固关系，发展关系的过程。由于品牌来源于企业实体，最终在客户头脑中安家落户，所以我们可以把品牌视为连接企业与客户的关系纽带。品牌关系是一种基于品牌和顾客之间的互动反应，其实质是品牌能力与消费者需求之间的对接，相互吸引认知、信任、使用体验、满意、进而忠诚，达到共鸣共赢的关系。

据中国互联网络信息中心（CNNIC）发布的《第29次中国互联网络发展状况统计报告》显示，截至2011年底，中国互联网用户已达到5.13亿，微博用户数2.499亿，微博用户增长率为296%。微博当之无愧成为了过去一年中增长最快的互联网应用，成为一种新的重要社会化媒体。

微博以极其简单、快捷的操作方式拥有了比博客、SNS社交网更低的准入门槛，变得更加"亲民"。与手机移动终端及多媒体的联结，更是破解了时间和空间的障碍，将单纯的信息发布平台转变为高度智能的互动平台。在这里，消费者的互动性和主动性得到了极致发挥，"蜂窝状的信息网络"增加了用户体验的粘性，容易产生忠实的"粉丝群"。通过微博，企业可以发起各种话题，吸引公众参与讨论，也可以开展丰富多彩的活动（如线上直播、有奖竞猜、在线投票、捐赠等），实现与用户的互动。很明显，微博是企业与客户"面对面"沟通的最佳阵地。在企业微博的运作中，戴尔坚持坦诚的双向沟通，鼓励普通员工加入微博，并作为企业形象大使与用户进行交流。戴尔公司负责社会化媒体和社区部门的全球副总裁马尼什·梅赫（Manish Mehta）在接受新浪科技专访时指出："我们认为，戴尔在 Twitter 上最大的收获，是和客户之间建立起来的紧密、直接的关系。"通过与客户的有效沟通，企业微博潜移默化地传输了自己的企业文化和品牌理念，也可以通过产品和促销信息刺激销量。同时，企业还能在第一时间了解客户的意见和想法，甚至可以在线开展"客户满意度"调查，为企业战略的制定提供最原始的参考数据。

在国际上，微博"鼻祖"Twitter 已占据半壁江山。作为全球微博的领头羊，Twitter 在品牌营销方面已颇有建树。Twitter 专门开设了"品牌频道"，企业可以在该栏目中构建品牌页面，并组建各种小组，向用户发送各种促销活动信息。通过与用户的交流互动，实现企业的品牌推广。戴尔是较早利用微博进行品牌营销并取得显著成绩的企业之一。自 2007 年 3 月在 Twitter 上开通官方平台之后，戴尔已在 Twitter 中建立了 35 个账号，并依功能分成了六大类，每个账号都有专人负责管理。其中，账号@delloutlet 的粉丝超过 150 万，而与微博相关的营销收入已经超过了 700 万美元。星巴克、肯德基、可口可乐、福特汽车等国际知名品牌也纷纷在 Twitter 上开辟营销通道。目前，Twitter 囊括了针对手机、营销、客户管理、管理效率等 35 个适宜于企业应用的套装，拥有超过 1.1 万个应用组件。

国内微博网站的发展也十分迅速。除了较早的饭否、叽歪、嘀咕、滔滔之外，新浪、搜狐、腾讯等门户网站也推出微博，就连拥有 1200 万庞大用户基础的同学网也于 2009 年 5 月宣布全面改版转战微博客。伴随着微博在互联网中的走俏，越来越多的企业在微博中开辟官方账号，试水微博营销。以新浪微博为例：2009 年 10 月，欧莱雅开通新浪官方微博，并首次将一年一度的"欧莱雅媒体风尚大奖赛"在该微博中进行全程直播。此次活动不仅吸引了大批手机、网络用户的参与，也吸引了众多媒体的关注。为配合品牌推广，欧莱雅围绕历年的风尚大奖开设了"媒体大奖""粉丝互动""明星大奖"等环节，吸引用户参加有奖互动。2010 年 3 月，戴尔官方微博"@戴尔中国"在新浪正式启动。戴尔在平台中提供了产品信息、企业新闻、促销活动和电脑知识等信息，并开设有奖问答及"戴尔中小企业网络营销圆桌论坛"等活动，与广大网友积极互动。截至目前，该微博已经拥有了 9800 多名"粉丝"。戴尔大中华区消费者事业部直销业务总经理陈建豪在其博客中写道："中国将是戴尔继美国以后，通过社会性媒体和用户进行沟通的另一个前沿阵地。"支付宝针对云南旱灾在微博中设立了支付宝专用捐助渠道，并联合慈善组织开展了"救助云南——甘霖行动"及"思源水窖送甘泉"等在线公益活动。该善举获得了网民们的广泛好评，也使支付宝微博聚集了 9792 位"粉丝"。除此之外，凡客诚品、长安福特、中国移动、中国电信、柒牌服饰等品牌也纷纷开通微博，通过与网友们的亲密互动聚集人气，开拓品牌营销的新领地。

**链接材料 3-2**

**翁向东的品牌识别内容**

*1. 品牌的产品识别*

对于品牌来说，产品是成功的基础，也是品牌识别的主要载体，具体包括产品类别识别、产品特色识别、产品品质识别、产品用途识别、产品使用者识别和产品档次识别。

2. 品牌的企业识别

产品可以是相同的，但生产产品的企业却可以是千姿百态的。品牌的企业识别主要从企业理念与企业活动层面与竞争品牌形成区隔，具体有：企业领袖、企业理念与文化、企业人力资源、品质理念制度与行为、对消费者的需求与利益的关注。

3. 品牌的气质识别

品牌气质是消费者对品牌产生的一种心理感觉与审美体验，一般由产品包装、VI系统、海报、DM、报纸杂志等平面广告的设计风格、影视广告的画面等决定。

4. 品牌的地位识别

发展品牌在企业地位方面的识别，塑造品牌的王者之相，是提升品牌的捷径。以领先的销量、市场占有率或利润来树立领导品牌形象的企业比较多。此外，还有财力与资产规模的领先地位、管理的先进性、技术的领先地位、细分市场的领先。

5. 品牌的责任识别

从企业的社会责任层面形成的品牌识别对品牌的提升效果是广告、产品特征、技术优势所无法达到的。

6. 品牌的成长性识别

即使企业现有的实力、销售额、技术等还谈不上领先，但可以把增长速度业内领先、企业拥有非常广阔的发展前景作为品牌的重要识别。塑造品牌的成长性、锐气与活力，能反衬出大品牌的老态龙钟、日薄西山，营造出马上要赶超行业老大的心理氛围。

7. 品牌的创新能力识别

创新能力的不足一方面让人觉得品牌给消费者的利益比竞争品牌差，更重要的是让消费者觉得品牌在走下坡路。企业只有创新上领先于竞争者，展现出蓬勃的活力，才不会被消费者抛弃。一个成功品牌或老品牌的大忌是长时间没有产品、技术、服务、包装上的创新。

8. 品牌与消费者的关系识别

与消费者建立亲切、和谐、友好的关系是品牌的最高境界。一个品牌能与消费者建立良好的关系，就会获得很高的品牌忠诚度。

9. 品牌的符号识别

企业所有的品牌建设投入都是注入到品牌符号上的，因此成功的品牌符号识别规划是创建强势大品牌的基础。

资料来源：作者根据互联网相关资料进行整理。

### 3.2.3 品牌识别策划过程

品牌识别策划过程描述的是分析、提出和实施品牌识别的过程。大卫·阿克和爱里克·乔瑟米赛勒曾经提出一个品牌识别策划模型，包括战略品牌分析、品牌识别系统、品牌识别实施系统三个组成部分。

1. 战略品牌分析

品牌识别是一个能与消费者产生共鸣、能造成与竞争对手差异、能反映企业组织优势的概念，所以，战略性品牌分析的内容包括消费者分析、竞争者分析和自我分析。

企业首先需要界定目标细分市场在哪里，之后通过深度访谈或焦点小组等定性方法来挖掘目标消费者对一类产品的购买动机和价值需求。消费者的分析必须采用发展的眼光，因为品牌的精髓一旦定下来就不宜改变。

竞争者分析的目的在于为品牌找到一个差异点。不仅要分析现有竞争者，潜在竞争者也不容忽视。例如，当年大不列颠百科全书忽视了潜在竞争者微软 Encarta 电子百科全书，美国巴诺书店（Banes & Nobel）忽视了亚马逊网上书店，最后都使自己陷入困境。竞争者分析的内容包括竞争者的实力、战略和品牌形象。这些形象可以通过监控竞争者的举措以及调查消费者对竞争者的评价来得到。

自我分析能帮助品牌战略制定者清晰了解企业的价值观、现有品牌的形象、竞争优劣势，从而为品牌识别的规划提供支撑。如海南省旅游资源丰富，因此海南卫视直接以"旅游卫视"命名；飞利浦手机技术的特色是待机时间长，这成为了其手机品牌的核心识别。

2. 品牌识别系统

品牌识别系统包括品牌识别、价值取向、可信度、品牌与消费者关系等几个部分。

品牌识别是核心内容，结构是品牌精髓、品牌核心识别、品牌延伸识别等从内到外的三层，内容包括产品角度的识别、组织角度的识别、个人角度的识别、符号角度的识别。

价值取向是企业希望品牌能带给消费者的利益，包括功能性利益、情感性利益和自我表现利益。品牌精髓实际上也是品牌核心价值，但可能只是某一种最重要的价值，而此处的价值取向则是从功能性、情感性和自我表现性三个方面同时对品牌核心价值进一步阐释。

除了品牌提供了驱动消费者决策的价值之外，品牌还具有为旗下其他产品和品牌提供担保的功能，这就是品牌识别的可信度。例如，人们购买海飞丝是因为其优秀的去头屑功能，而背后的宝洁公司为海飞丝的优秀品质提供了担保和"背书"。

建立品牌与消费者的关系是品牌识别的目的。当品牌被想像成一个个性鲜明的人的时候，品牌与消费者的关系就可能形成了。

3. 品牌识别实施系统

品牌识别实施系统包括品牌识别的诠释、品牌定位、品牌创建活动和效果跟踪几个环节。

（1）品牌识别

品牌识别的诠释有四个要点。

①品牌识别的先后顺序。品牌识别作为对品牌的多方位展示，本身是十分复杂的。产品属性、组织属性、品牌个性、品牌符号，这些概念当中的哪些应当作为品牌核心识别，哪些应当作为品牌延伸识别？是否与品牌精髓相吻合、能否与消费者产生共鸣、能否与竞争者清晰区隔是判断品牌识别元素先后顺序的关键。能够强化和体现品牌精髓、与消费者产生共鸣、与竞争者明显区隔的元素应当成为核心识别，反之则是延伸识别。

例如，耐克的品牌核心识别是产品属性（运动和健康）、使用者类型（顶尖运动员以及对健身和健康感兴趣的人）、表现（建立在卓越技术基础上的表现出众的鞋）、强化生命力（通过运动增强人们的生命力），延伸识别是品牌个性（兴奋、进取、勇敢）、品牌关系（让消费者成为具有运动活力的人）、子品牌（乔丹气垫鞋等）、标识（勾）、品牌口号（Just do it）、代言人（乔丹、阿加西等顶尖运动员）、传统（在俄勒冈州开发的跑鞋）。其中，核心识别部分与耐克品牌"超越"的精髓、消费者高品质运动鞋需求以及阿迪达斯运动鞋的差异性紧密相关，而延伸识别是核心识别的补充。

②品牌识别支持活动的审核。品牌识别的内容蕴含着品牌对消费者的承诺，而企业的品牌战略责任就是支持品牌承诺的履行。例如，苏宁一项核心的品牌识别是服务品质，这一承

诺通过店面、物流、售后、客户几个部分所构成的苏宁"阳光服务"体系来实现。

③品牌识别角色模式。把品牌识别内容列成条文进行传播将过于枯燥和单调，无法展示品牌识别的丰富性和感性。角色模式是将这些识别内容形象化的一种方式，包括内部角色模式和外部角色模式。内部角色模式是企业自身拥有的最能体现品牌识别核心内容的传奇故事、项目、活动和人员。例如，速8经济型连锁酒店每年8月8日举办速8纪念日活动，维珍公司极富个性的品牌领袖布兰森等都是内部角色模式的例子。当内部角色并不显著时，品牌可以扩展外部角色模式。外部角色不是企业自身所具备的，而是品牌的参照对象。例如，哈根达斯被誉为"冰激凌中的劳斯莱斯"就是一个外部角色模式的例子。

④视觉识别的制定。在传播品牌识别时，图像比文字更有效果。以文字说明万宝路具有豪迈的男子汉气概与用西部牛仔图片来表述，效果是完全不同的。

（2）品牌定位

品牌定位是传播品牌识别的奠基石，它积极与目标消费者沟通并展示本品牌相对于竞争品牌的优势所在。品牌定位的四个显著特征是组成部分、目标市场、积极沟通和展示优势。

①品牌定位是品牌识别和价值陈述的组成部分，一些核心的识别和价值陈述会出现在品牌定位的陈述当中，如"麦当劳餐厅为儿童和家庭提供了快乐的场所"。

②品牌定位需要明确目标市场，如奇瑞QQ汽车的目标市场是刚参加工作不久的时尚青年。

③品牌定位应该明确沟通的目标，如益力矿泉水推出理性广告是希望消费者对其"富含矿物质"的卖点产生认同。

④品牌定位还要展示优势，既要与消费者产生共鸣，同时又要具有差异性，如沃尔沃汽车定位为"最安全的车"。

第5章将详细阐述品牌定位的内容。

3. 品牌创建

品牌创建过程是品牌识别的传播过程，最常见的传播手段就是广告，但这不是唯一的工具。事件赞助、公共关系、促销等都有助于品牌识别的传播。第6、7章将对如何提供品牌体验以及如何使用各种品牌传播手段进行介绍。

4. 品牌跟踪

通过跟踪，企业能够及时了解在消费者心目中，品牌形象是否与品牌识别相吻合，最终形成的品牌资产如何。跟踪的方法包括定性和定量两种。定性跟踪的方法是以典型的目标消费者作为调查对象，进行深度访谈或者焦点小组访谈。定量跟踪的方法是找到一些指标进行测量。第14章将会详细介绍品牌资产的评估方法。

## 3.3 其他著名品牌识别模型

除了大卫·阿克教授的品牌识别模型外，目前被广泛认同的模型还有法国卡普菲勒教授的品牌识别棱镜模型、日本电通广告公司的蜂窝模型、美国达彼思广告公司的品牌轮盘以及中美合资麦肯光明广告公司的品牌印记等。

### 3.3.1 卡普菲勒的品牌识别棱镜模型

法国 HEC 商学院营销战略教授、品牌权威学者卡普菲勒教授是品牌识别理论的首创者。他在《新战略品牌管理：创建和维系长期的品牌资产》一书中提出了品牌识别棱镜。

以往的品牌理论当中或多或少会提到品牌识别的一些组成部分，但由于缺乏理论框架，管理者被这些理论弄得一头雾水。根据传播理论，卡普菲勒从内在—外在、发送方—接收方两个维度构建了品牌识别棱镜模型。在这一模型当中，品牌识别由品性、个性、关系、文化、消费者映像、自我形象共六个部分构成。其中，自发送方一端（企业端）到接收方一端（消费者端），内在的组成部分分别是个性、文化和自我形象，外在的组成部分分别是品性、关系和消费者映像。

1. 品性

Physique 是一个法语单词，意思是"体格"，国内将其译作"品性"，取"产品或品牌的特性"之意。品性是品牌外在的显著特性，由产品的物理特性和品牌符号构成。比如，产品种类、产品属性、产品包装、品牌名称、品牌标识等都是品性的一种。品性是品牌存在的基础，就如花的茎，若没有茎，花就会枯死。例如，没有卓越的汽车制造技术，奔驰是不存在的；没有带有竹香的咸味膏体，LG 竹盐牙膏也就不是竹盐牙膏了；没有黄色的拱形"M"，麦当劳也不复存在。正因为此，在品牌调查过程中，消费者最先联想到的就是品性。品性的确必不可少，但只有它并不足够，它只是构筑品牌的第一阶段。

2. 个性

品牌需要有个性。通过传播，品牌个性会逐渐形成。有了个性，我们会像谈论人一样谈论产品或服务，也会挑选适合自己个性的品牌。例如，烟民们对阳刚之气十足的万宝路总是津津乐道，同样代表宏大气势的红河香烟则跻身中国烟草品牌销量的前三甲。这种情况解释了为什么品牌个性会如此盛行。1970 年个性成了品牌广告的中心，美国许多广告公司都将其作为传播活动的前提。达彼思（Ted Bates）广告公司创立了新的独特销售个性（Unique Selling Personality，简称为 USP），而精信（Grey）广告公司将个性作为他们对品牌的定义。

3. 关系

按照奥美广告公司的说法，"品牌就是消费者与产品或公司之间的关系"。这种关系让人感觉到消费者是在跟有思想有个性的"人"打交道，而不是一个产品的名称代号。比如，"威猛先生"厨房清洁剂就是家庭主妇们的生活助手，而哈雷摩托车是车主们的亲密伙伴。这些关系要作为品牌传播的目标，而不是顺其自然发展下去。

4. 文化

品牌文化是品牌所蕴含的价值观，是品牌感染力的源泉。它不同于产品属性直接给消费者提供功能性价值，而是将一种深厚的沉淀的价值观念渗透到消费者的内心，以获得强烈的认同。

品牌文化可以来自以下方面：

（1）地理文化

法国文化是浪漫的，所以香水和葡萄酒最诱人；意大利是时尚之都，所以服装和皮鞋最新潮；德国文化是严谨和理性的，所以汽车和电子产品质量一流。不仅是国家，一些地区也因为历史和产业缘故而带有特定的文化，所以出自那些地区的品牌也具有了当地的文化特色，如苹果电脑来自加利福尼亚，该州以尖端的科技为象征。

（2）民族文化

我国著名服装品牌"红豆"巧妙地与王维的名诗《相思》相关联，通过举办七夕"红豆相思节"等活动，提升品牌文化含量。此外，还有金六福酒的"福"文化，柒牌中华立领的"中山装"文化等。

（3）品牌历史

品牌带给消费者的历史感本身就是一种文化，如国窖·1573距今440多年的历史已让人感受到悠长与厚重。

（4）产品类别

不同的产品类别与生俱来带有一定的文化色彩，如快餐讲究速度和效率、旅游讲究享乐主义等。

（5）企业文化

文化能将品牌和公司本身联系起来，特别是当它们用同一名字时。例如，我国著名的房地产企业中海地产"建世间精品，筑幸福人生"的价值观念使旗下所有楼盘品牌"中海·×××"都带有了精益求精的文化特色。

5. 消费者映像

消费者映像是指在消费者拥有品牌之后而希望被人看成的形象，如抽万宝路香烟而感受到的牛仔般的豪迈、阳刚的男子汉形象，用香奈儿香水而感受到了高雅、有魅力的淑女形象等。消费者映像很容易跟目标市场混淆。目标市场是指品牌的现有或潜在的购买者和使用者，而映像是这些人的理想形象。

打个比方：目标市场就像一个站在镜子前面的人，品牌就是化妆品，而镜子中的人影就是映像。人们都希望镜子里面的人是美丽的，所以镜子前面的人需要通过品牌这个"化妆品"来修饰和实现。企业就是通过镜子映像吸引镜前人购买品牌。消费者映像可以解释为什么一些年龄较大的人也会购买"新生代选择"的百事可乐而不是经典的可口可乐，因为年龄较大的人心态年轻，他们希望像年轻人一样有活力，自然也会去买年轻人喜欢的品牌。

通常在广告当中出现的人物形象有一些可能是目标消费者，如神州行广告中葛优代言的普通老百姓形象就是目标消费者；也有一些可能是消费者的映像，即期望中的形象，例如，在著名的哈撒韦（Hathaway）衬衣广告中，奥格威塑造了一个带眼罩的男人。这是一个高傲、成熟的男人形象，但这并不意味着带眼罩的人就是哈撒韦衬衣的目标消费者。同样，尽管鳄鱼（Lacoste）服装的广告中有人在打网球，但并不是说网球爱好者就是鳄鱼服装的目标消费者。

除了直接描绘自己品牌的消费者映像，企业还可以利用对比竞争品牌的消费者映像来做文章。维珍商店的映像使得先前已确立起映像的竞争者显得过时，温迪汉堡在广告中让一个在麦当劳用餐的老太太大叫"牛肉在哪里"，借以衬托自己品牌的实在。要注意的是，直接在广告中对竞争品牌指名道姓的做法在很多国家都是违反广告法的，所以，很多广告将竞争者泛化，称之为"一般品牌"或"普通品牌"。

6. 自我形象

品牌识别的第六个方面是消费者的自我形象。如果说映像是目标消费者理想形象的外在反映的话，那么自我形象则是目标消费者对自己现有形象的认知。比如，一些洗发水广告通常首先要描绘一个发质不好、头屑很多的女子无精打采、毫无自信，用了某品牌的洗发水之后秀发出众、精神倍加。其中，使用品牌之前所描绘的消费者形象就是企业想象当中目标消费者的自我形象，而使用品牌之后的形象就是消费者的映像。购买耐克运动鞋的消费者通常把自己看成是运动爱好者，而耐克品牌的拥有使得他们在运动中更好地表现了自己，成为别人眼中的明星。

### 3.3.2　电通的蜂窝模型

日本电通（Dentsu）株式会社成立于1901年，总部位于东京，是全球最大的广告代理公司，拥有3000多家客户。在广告公司管理界，电通因前社长吉田秀雄制定的"鬼才十则"而著称；而在广告公司的品牌咨询业务方面，电通又开发了著名的"蜂窝模型"。

随着媒体的发达，消费者被大量信息包围，品牌传播不可避免地走向了整合。面对新的品牌营销环境，品牌构建面临着两种整合：内容的整合和媒体资源的整合。奥美"360度品牌管家"和智威汤逊"品牌全营销策划"等一些欧美4A广告公司的品牌建设模型往往把品牌创建的焦点放到了媒体资源整合上，而电通蜂窝模型则把焦点放到了内容的整合上，强调"潜在消费者心智图"的描述。电通蜂窝模型脱胎于阿克教授的品牌识别系统，它围绕品牌核心价值让各种品牌识别要素完美地组织起来。在阿克的模型当中，品牌识别要素有很多，但不是所有内容都要作为品牌定位传播的要素。电通蜂窝模型则帮助从品牌识别的各元素中取舍出应包含在品牌定位中的项目，并形成潜在消费者品牌认知图。

蜂窝模型由品牌核心价值、符号、权威基础、品牌个性、情感利益、功能利益、理想顾客形象七个要素共同构成。其中，核心价值是一个品牌最独一无二且最具价值的部分，是品牌的最中心、最本质、且不具时间性的要素；符号是品牌形象的具象表现，如视觉影像和隐喻；权威基础是彰显品牌价值的基本事实，包括产品的特征、过去的历史、推荐者等；品牌个性是品牌表现消费者自我形象的差异化特征，是与典型消费者建立良好关系的方法；情感利益是品牌赋予消费者以情感共鸣；功能利益是向潜在消费群展示对其有意义的功能性作用；理想顾客形象是顾客在拥有品牌之后而形成的形象，是品牌个性的一个强力驱动来源。

万宝路的品牌核心价值是勇敢、冒险、阳刚的男子汉气概，符号包括红白相间的包装、万宝路（Marlboro）的命名和标识；权威基础包括全球销量最大、50多年历史的美国香烟；情感利益是美国文化；功能利益是偏重、较辣的口感，尤其抽第一口时；品牌个性是豪放不羁的美国西部牛仔；理想顾客形象是充满阳刚之气、具有男子气概的人。

蜂窝模型的七个识别元素又可分成四个递进的层次："这是……""我是……""你能得到……""你是……"。其中，"这是……"是代表没有拟人化的品牌客观信息，即符号和权威基础；"我是……"指代品牌个性，而"你能得到……"指代功能和情感利益；"你是……"指代理想顾客形象。可见，蜂窝模型描述了消费者不同层次的认知目标，由表及里，由浅入深，是一个逐级递进的过程。同样还是以万宝路为例分析这四个层次：

第一层是"这是万宝路香烟"。

第二层是"我像一个具有拓荒精神的西部牛仔"。

第三层是"在万宝路西部乡村的意味里，你能够体验美国的文化风味"。

第四层是"当你经历万宝路的冒险之旅时，你将是阳刚的、男子气的、有英雄气概的"。

通常情况下，大家把品牌当成一个被动的因素，把焦点放在消费者对品牌的想法、态度和行为上，品牌自身的态度和想法则是隐身在后。但是，该模型告诉我们：品牌—顾客关系在两端的角色分量其实是等重的，完全是你和我之间的关系。在这里为什么品牌是"我"，而顾客是"你"？这是因为品牌在消费者的认知过程中扮演的是主动者的角色。

### 3.3.3 达彼思的品牌轮盘

达彼思（Ted Bates）广告集团于 1940 年创立于纽约，以拥有广告大师罗瑟·瑞夫斯（Rosser Reeves）而闻名于世。大师所提出的 USP 理论已成为达彼思的标签。除了 USP 理论，在品牌识别领域，达彼思的品牌轮盘也成为一种独特有效的品牌策划工具。

品牌轮盘（Brand Wheel）也称为品牌精髓（Brand Essence），是用来分析消费者对品牌认知的强有力工具。品牌轮盘的构造是由层层的同心圆所组成的，最中心点就是品牌核心。在打造出品牌核心之前，必须一圈一圈由外而内抽丝剥茧去做检视。这些由外而内的品牌要素分别如下。

品牌属性：这个品牌的物理和功能特征为何？

品牌利益：消费者使用了这个品牌后的结果如何？

品牌价值：消费者使用了这个品牌后的自我感受是什么？别人又是如何看待用了这个品牌的人？

品牌个性：如果这个品牌是一个人的话，它会是一个怎样的人？

品牌 DNA：品牌在相当长一段时期内永恒的内涵是什么？

以苹果电脑为例。苹果的品牌属性是产品新潮，功能先进；品牌利益是使用苹果电脑让人感觉色彩精美、外观漂亮、质量稳定；品牌价值是消费者会觉得自己是个专业人士，而别人也会很羡慕自己的专业水准；苹果品牌个性是一个引领潮流的时尚青年；苹果品牌 DNA 是酷、时髦。

在描述以上要素时，有两点需要注意：

①各要素彼此之间是有关联性的，且环环相扣，有什么样的品牌属性就会带出与其相关的品牌利益和品牌价值。

②在推敲每一个要素时，思考的关键都在于现在想的这个点和竞争品之间的区隔度如何。如果品牌特质和利益的区隔度不够，就试着从品牌价值和品牌个性上去创造。经过了这重重的关卡思考，最后才能打造出品牌核心。品牌核心是品牌精髓所在，它也是这个轮盘的结论。

### 3.3.4 麦肯光明的品牌印记

麦肯光明是 1991 年底由美国麦肯世界集团与《光明日报》社合资组建的专业广告公司。公司一贯秉承"善诠涵意，巧传真实"的服务宗旨得到了客户的认同和市场的认可。自 1995 年至今，营业额连续数年全国排名第二。

品牌印记（Brand Footprint）是麦肯光明开发的一个品牌识别工具，用以定义品牌的真正内涵，以利于营销人员有效管理并建立品牌。品牌印记是对某一品牌的意义及其个性的宣言。更精确地说，品牌印记必须能够：

①包括该品牌的三个主要意义。

②反映这三个意义的三个重要个性特征。所谓品牌意义，是指一个品牌在消费者心目中产生的印象。品牌意义由三个层面组成：首先是基本层面，是品牌与过去的联系，也可以说

是品牌与产品之间的联系；其次是情感层面，是描述品牌与消费者之间情感联系的层面；最后是方向性的层面，是关系到品牌将来发展的层面，即品牌管理者的意向。

发展"品牌印记"的过程有以下五个步骤。

1. 发现该品牌的现有联想意义

这是对现有品牌而言，新品牌不需要做这一步。找到消费者对该品牌联想的方法有：

①消费者投射法（例如：图像归类法、品牌联想法、品牌拟人法）。

②重度使用者习惯的调查。

③让非常熟悉该品牌及对该品牌特别有研究的人来进行判断，因为这些人对消费者的观点特别敏感。

④让熟悉该品牌的人在小组讨论会中列出自由联想意义的"清单"来。

2. 找出竞争品牌的"印记"

这将有助于找出一个产品类别的主要需求点、竞争品牌在消费者认知上所占领的位置，以及各竞争品牌中最主要的差异点。

3. 找出品牌的意义

把各种对该品牌的联想，归类为几个最能使消费者相信的该品牌的正面印象，再对该品牌的意义进行调查以适应未来的发展。必须把这些意义精确地写下来，同时加以活泼化成为品牌的一幅独特的图画。例如，一身绿色树叶的、充满朝气的年轻人图片表现出绿巨人豌豆的新鲜和天然；ESSO 的老虎图像则表现出 ESSO 石油强劲的动力。

4. 找出品牌的个性特征

一旦品牌意义被确定后，与这些品牌意义相对应的品牌个性即可轻易地找出来。最终设定的品牌个性必须非常简明清晰。

5. 修正已完成的"品牌印记"

评估竞争情势后，以一种全面性、相关性及强势的远见去评估这个品牌的意义和个性。

**本章小结**

品牌识别是品牌战略制定者对品牌核心价值及相应联想物的规划设计，目的是希望消费者对品牌产生丰富、独特、正面的联想，从而形成良好的关系。构筑完善的品牌识别体系是品牌管理工作中最具挑战性的任务之一，因为这项工作处处充满着陷阱。阿克指出，品牌识别可能陷入四种陷阱：品牌形象陷阱、品牌定位陷阱、外部视角陷阱和产品属性陷阱。

围绕品牌识别的结构和内容，一些学者和广告公司纷纷提出了自己的品牌识别模型，最著名的如大卫·阿克的品牌识别模型、卡普菲勒的品牌识别棱镜模型、电通的品牌蜂窝模型、达彼思的品牌轮盘、麦肯光明的品牌印记等。

阿克认为品牌识别模型应当包括三层：核心层为品牌精髓，中间层为品牌核心识别，外层为品牌延伸识别。为了确保品牌识别的广度和深度，公司需要将品牌考虑成产品、组织、个人和符号。其中，产品识别包括产品范围、产品属性、品质或价值、用途、使用者、原产地；组织识别包括社会或公众导向、认知品质、创新、为顾客着想、存在与成功、本土化与全球化；个人识别包括品牌个性和品牌关系；符号识别表现为外显的符号形象。为了分析、提出和实施品牌识别，阿克提出一个品牌识别策划模型，包括战略品牌分析、品牌识别系统、品牌识别实施系统三个组成部分。

卡普菲勒的品牌识别棱镜模型是根据传播理论从内在—外在、发送方—接收方两个维度构建的。自发送方一端（企业端）到接收方一端（消费者端），内在的组成部分分别是个性、文化和自我形象，外在的组成部分分别是品性、关系和消费者映像。日本电通蜂窝模型由品牌核心价值、符号、权威基础、情感利益、功能利益、品牌个性、理想顾客形象共七个要素共同构成。达彼思的品牌轮盘从外到内由品牌属性、品牌利益、品牌价值、品牌个性、品牌DNA构成。麦肯光明的品牌印记找到了品牌的三个主要意义以及这三个意义的三个重要个性特征。

总的来说，阿克、卡普菲勒等品牌学者的观点更为全面和深刻，但操作性稍差；而电通、达彼思、麦肯光明等广告公司的观点更倾向于指导品牌的广告传播，所以操作性更好，但识别的内容不够全面和深入。

**能力培养指导**

通过本章的学习，学生应该能做到：
1. 什么是品牌识别？它在品牌管理当中起到什么作用？
2. 品牌识别的陷阱有哪些？
3. 在规划品牌识别的时候，需要遵循哪些原则？
4. 大卫·阿克品牌识别模型的结构和内容是什么？
5. 如何进行品牌识别的策划？
6. 利用卡普菲勒的品牌识别棱镜模型来分析任一个你熟悉的品牌。
7. 试对比五个品牌识别模型。

**案例应用 1**

"成长"的雪花啤酒

在2005年12月召开的"2005中国最有价值品牌发布会"上，北京名牌资产评估有限公司发布了2005年度中国最有价值品牌评价结果。在入围的前20名品牌中，除了青啤、燕京分居第12位和14位之外，首次参评的雪花啤酒经过近几年的迅速扩张，终于跻身排行榜，以88.16亿元的品牌价值，成为中国成长速度最快的全国性啤酒品牌之一。

在谈到"雪花"是中国最有价值品牌之一时，华润雪花啤酒市场总监侯孝海激动不已："长期以来，没有一个一流的全国性品牌是华润雪花啤酒的软肋。虽然我们的发展速度很快，但是和青啤、燕京相比，华润啤酒主要品牌雪花啤酒的知名度在很长一段时间处于劣势。经过三年的历练，如今也跻身中国品牌榜，的确是一件让人高兴的事情"。近几年来，华润啤酒公司从只有一家工厂（雪花啤酒）发展到现在的35家工厂，产量从不到20万吨发展到300万吨，成为中国市场上销售量最大的三家啤酒企业之一。

2004年初，华润雪花啤酒正式和科特勒集团签约。签约之后，科特勒集团首先对品牌定位的流程和方法进行了梳理，明确了品牌的定位。科特勒认为："品牌定位的过程，就是寻找和品牌能建立联系的某种有价值的故事，寻找消费者心目中认可的、与他们密切相关的故事。"经过对细分市场、竞争者状况的大量调查研究，并结合华润雪花啤酒与竞争者企业相比成长性突出的特质，合作双方于2004年7月正式确定品牌的核心定位为"成长"。在此基础上，结合对目标消费群的研究，又分别在产品特征、消费者利益点、企业价值、品牌个性上进行了定义，把雪花啤酒的主消费群确定为20～35岁的成长一代。这一代具备现代、进取的气质，充满梦想和探索精神，雪花啤酒的品牌价值就是为他们带来成长中的放松感和愉悦感。雪花品牌故事的主题就是成长的故事。

如果说，进行细分定位和区隔宣传让华润雪花啤酒公司完成了打造全国第一品牌的第一步的话，那么，企业改名、全国换标、广告联动的空地一体化的、统一精准打击则是让华润雪花实现了高空品牌的软着陆。

第一个动作是2004年五六月份的全国性广告。华润雪花啤酒公司推出了一个电视广告，这是跟过去的雪花啤酒电视广告截然不一样的，是说了一段故事，这个广告很有争议。有人觉得这个故事有价值，但对销售不一定有价值；也有人说这个故事一点价值也没有，但是对消费者有感觉。不管怎么说，这是华润雪花在打造品牌定位上迈开的第一步。为这个定位，华润雪花啤酒公司投入了5000万进行宣传和传播，完成了品牌定位后的第一轮传播。

第二个动作就是2004年七八月份的企业改名。七月底华润宣布把公司的名字改成华润雪花啤酒（中国）有限公司。改名，一方面是为了给"雪花"这个全国性产品品牌打造一个很强大的企业背景支持；另一方面，以企业背景和资源为依托整合各种资源，聚焦雪花品牌，更有利于打造"雪花"这个产品品牌强大的市场竞争力和传播竞争力。2003年整个华润雪花啤酒公司的产量达到了253万吨，2004年达到了313万吨，2005年达到了395万吨。这种传播资源足可以在短时间内爆破打造雪花的知名度和影响力。

第三个动作就是2004年底到2005年初的全国换标。继情感定位、大手笔投入5000万广告、更改企业名称之后，华润雪花啤酒公司开始了快速变脸计划。2005年元旦前夕，公司斥资千金换新装，迅速为100万吨啤酒穿上了新衣服。区别于以前瓶标中英文"SNOW"和中文"雪花啤酒"分置两侧的设计，雪花啤酒新包装将"SNOW"和"雪花啤酒"合并成了一个整体标识，更在合并的标识外部加以深绿色的勾边，使整个标识层次对比更加鲜明，加强了视觉识别性；同时加入了尖锐棱角和简洁线条的设计，凸显了雪花品牌年轻、时尚的特点；此外，新包装还巧妙运用了雪花标准色中的橙色和绿色，充分渲染了雪花啤酒活泼向上的个性。

2005年，华润雪花邀请并赞助国内知名科学家对世界第一大峡谷雅鲁藏布大峡谷进行深度的科学探索和研究，并与Discovery联手，在第一时间内向世人展示神秘莫测的大峡谷的生态状况和科考队的科研进程。华润雪花赞助实地科考这一举动，在中国的同行业内尚属第一家。此举不但体现了雪花啤酒品牌年轻、求知、勇于探索的"成长"文化，更体现了中国企业的社会责任感的不断提高。这也使得雪花啤酒迅速渗透到全国主要市场。

短短的三年时间内，雪花啤酒的年销售量持续保持20%以上的增长速度，2004年进入全国啤酒单品牌前三名。

资料来源：根据《雪花啤酒：中国啤酒第一品牌？》（世界品牌实验室，2007-11-23）、《让标识创造品牌资产——华润雪花啤酒品牌推广方略》（中国策划网，2006-09-23）、《并购成就雪花啤酒品牌》（博悦管理在线，2006-05-16）等网文改编。

【讨论题】

1. 请用品牌识别棱镜模型对雪花啤酒进行分析。
2. 是什么原因促使雪花啤酒成长得如此迅速？

3. 结合本案例，分析品牌识别在战略品牌管理当中的地位。

**案例应用2**

## 雅诗兰黛"蓝色帝国"的品牌建设

雅诗兰黛品牌形象

雅诗兰黛产品的经典蓝色品牌形象，深入人们的头脑之中。对于雅诗兰黛来说，大家对它的依赖在于"小棕瓶真的让我的黑眼袋消失了！"雅诗兰黛的魅力在于，它能一次次给自己的粉丝触手可及的美丽和信赖。而兰黛夫人也一直深信这样的颜色，最能与浴室和卧房摆设风格相衬。

雅诗兰黛品牌定位

成功的品牌往往会建立一个与目标市场有关的品牌形象。确定一个适当的市场位置，使商品在顾客的心中占领一个有利的位置，这就是品牌定位。当一个品牌同时具备了目标消费者差异化和消费者价值差异化两个特征，也就形成了难以被竞争对手模仿的品牌定位，也就能够更加持久地保持差异化竞争优势。雅诗兰黛之所以成就"蓝色帝国"，深受大众依赖与喜爱，也正是基于其精准的品牌定位。

雅诗兰黛从品牌诞生的第一天开始，就定位于市场最高端。"我们只做一线品牌""从来就不拒绝昂贵，但物有所值"，这是雅诗兰黛让世界顶级时尚为之倾倒的经典秘诀。价格定位策略一方面引起大众注意，另一方面激发了消费者的兴趣。

而雅诗兰黛产品也有不同的定位。产品的有效分类使得其在瓜分市场的同时做到井然有序。依据不同的定价策略，所有的品牌都分布在不同的级别层面。有些是高档品牌里面的入门品牌，比如："倩碧"和"魅可"属于高档品牌里面初级的入门品牌，价位相对低一些；"雅诗兰黛"和"芭比波朗"属于高档化妆品牌里面中高档的级别；"海蓝之谜"则属于顶级奢华品牌。各品牌也具有其独特的风格定位，魅可是时尚和潮流的先锋，雅诗兰黛是经典，倩碧注重于护肤，芭比波朗帮助女性朋友成为自己的彩妆师，海蓝之谜则是强调奢华和享受。

雅诗兰黛品牌传播

品牌传播是向目标受众传达品牌信息以获得他们对品牌的认同，并最终形成对品牌的偏好。开发有效的品牌传播需要明确目标受众、确定传播的目标、传播信息的设计以及确定传播组合等，这样才能使传播更有效。

雅诗兰黛的广告传播策略

广告作为一项有偿行为，通过运用大众媒体以达到说服受众的目的，它现已成为品牌传播的重要工具。而广告中的广告语是品牌在市场营销传播的口号、主张和宣传理念。品牌的主张与服务承诺也通过广告语来承载。例如："如果你16年前已经用上了ANR系列，那么16年后的今天，你的皮肤依然和16年前一样细腻娇嫩。"这句经典的广告语来自雅诗兰黛旗下品牌组合中最为经典的"Adbanced Night Repair"（简称ANR）系列。

高起点的广告语是雅诗兰黛的精神和思想，内涵深刻却又通俗易记。它所主张与诉求的价值理念与目标消费者的价值理念是高度和谐与对称的。然而比雅诗兰黛产品的广告语更广为传诵的是雅诗兰黛集团一直以来秉承不变的信念，也就是其品牌主张："美丽是一种态度，而没秘密可言。世界上没有丑陋的女人，只有不在乎形象或者不相信自己魅力的女人"。

在广告传播中，形象代言人最能代表品牌个性及诠释品牌与消费者之间的感情、关系。

选用形象代言人收益与风险同在。在品牌建设中，选择形象代言人是一种策略与系统工程。代言人个性千差万别，不同的个性折射着不同的人文精神和个体价值，而产品乃至企业经营理念和文化的无形缩影则是品牌个性。品牌个性与代言人个性的吻合是品牌传播效果优化的关键。只有品牌个性与代言人个性准确对接，才会产生传播识别的同一性，才能有效树立和强化该品牌在公众中的独特位置。

作为全球著名的高档奢侈品品牌，雅诗兰黛选择代言人时，强调"集智慧和美貌于一身"。20世纪80年代雅诗兰黛在所有广告中使用单一模特儿为产品代言，让凯伦葛芮翰、宝琳娜波罗兹科瓦成为品牌的面孔，传递品牌高雅形象。而1995年开始，雅诗兰黛更大胆起用伊丽莎白·赫莉作为品牌代言人，2001年又签下美国超级名模卡洛琳·莫菲，2003年选择莉亚·科毕德，由这3人共同担任品牌代言人。伊丽莎白·赫莉，幽雅精致的面孔洋溢着高贵的气质，她将雅诗兰黛带到了更多欧洲国家；卡洛琳·莫菲能够成功地兼顾事业和家庭——她是一位魅力经久不衰的超级模特，一位完美的母亲，女性的典范，也是雅诗兰黛美的传奇；莉亚·科毕德是雅诗兰黛大胆启用的第一位黑人明星，可以说是对伊丽莎白·赫莉和卡洛琳·莫菲的完美互补和配合。

三位代言人处于不同的年龄段，有着不同的文化背景和肤色。她们的不同和多样化，既反映出雅诗兰黛品牌在全球拥有广泛的受众群体，又为品牌带来更多的能量、活力和时尚。她们象征了雅诗兰黛品牌的当代精神，传达了雅诗兰黛长期以来所推崇的优雅和内涵，共同诉说着女性美的回归——年轻、自信的女性魅力。雅诗兰黛全球广告副总裁 AerinLauder 表示："她们代表雅诗兰黛经典的传统，同时为我们跨越新时空、融合典雅与现代化价值观的品牌定位，带来更为鲜明而坚定的远景。"

资料来源：作者根据互联网相关资料进行整理。

【讨论题】

1. 请用品牌识别棱镜模型对雅诗兰黛品牌进行分析。
2. 雅诗兰黛是如何运用品牌识别获得成功的？

# 第4章 品牌系统符号

## 学习目标

1. 掌握品牌符号设计的原则
2. 理解品牌命名的意义、分类与基本原则、熟悉品牌命名的流程、掌握品牌命名的策略;了解品牌标识的种类,理解品牌标识的作用,掌握品牌标识的设计原则以及掌握品牌标识的设计要素
3. 掌握品牌口号的内涵、理解品牌口号的作用及特性
4. 理解品牌角色的涵义与作用,掌握品牌角色的种类
5. 了解品牌传奇的涵义、作用及类型,掌握品牌传奇开发的要素
6. 了解品牌音乐的涵义、分类及作用

**实践中的品牌系统符号**

星巴克——绽放的美人鱼

星巴克(Starbucks)品牌创建于1971年,是世界咖啡零售商的骄傲。1992年,星巴克以第一家专业咖啡公司的身份成功上市纳斯达克,其销售额平均每年增长20%以上,利润平均增长率则达到30%。星巴克经过了多年发展,已从昔日西雅图的一条小的"美人鱼"进化到今天遍布全球的"绿巨人"。星巴克保留了自始至终的核心元素:

(1)独特的购物体验为顾客创造家与工作之间的第三空间。
(2)精心制作来自世界各地最优秀的咖啡。
(3)我们伙伴与我们顾客之间每天都在建立情感联系。

1971年,星巴克成立。为了表现咖啡的航海历史和西雅图作为海港之间的深厚渊源,星巴克围绕美人鱼设计了一个标识,我们与美人鱼就此结下了不解之缘。这条美人鱼既是一个诱惑的传说又体现了航海的主题。这也正是当初创始人所找寻的。

过去几十年,星巴克对这个标识做了多次修改,2011年,再一次进行修改。他们希望能够认识并重视星巴克标识的重要内涵。他们把标识分为四个主要部分——颜色、形状、字型和美人鱼。在数百次的探索之后,把标识上的文字去掉,增添绿色,将美人鱼从圆环中拿出来。几十年来,美人鱼都代表了咖啡,现在她成了一颗明星。他们对美人鱼的形象进行了细微的改善,使头发更加柔顺、面部更加优美,降低了"美人鱼"的尾部高度以凸显她的面部。整个识别系统更具国际视野。最终成果就是改进后的标识更加凸显了美人鱼,更具表达力和活力,同时保留了原来绿色的圆形。这个圆形也是我们世界各地顾客所熟知的。

资料来源:作者根据互联网资料《世界著名企业logo标识演变史之星巴克》改编。

**评述**

在过去的几十年中，美人鱼一直都在，她是星巴克的核心。现在，对美人鱼做的是细微但意义深远的改变，保证星巴克品牌继续秉承其核心价值，同时为品牌未来的成长做好准备。对星巴克而言，她将继续为消费者提供高品质的咖啡，同时也增加了其他商品。这些商品的品质、质量和传承必须与其核心价值保持一致。新的品牌识别将使星巴克能够更加自由灵活地探索新的创新和分销渠道，吸引新的顾客群体。相信星巴克将会与顾客步调一致，并与新的顾客建立更加牢固的联系。

## 4.1 品牌符号设计原则

品牌符号作为品牌的显性要素，是消费者能够直观辨认并将其与品牌联系起来的特征。它是品牌外在的、具象的内容。因此品牌符号可以定义为品牌当中能够被消费者感官认知的部分，包括品牌名称、品牌标志、品牌口号、品牌角色、品牌传奇、品牌音乐等部分。其中，前面两个是品牌的必备符号，后面四个是品牌的可选符号。与之相对应的是品牌的隐性要素，如品牌核心价值、品牌个性、品牌文化、品牌关系等。如果说品牌的隐性要素是在品牌营销中与消费者互动形成的，那么，品牌符号是品牌隐性内涵的载体，是在品牌建立之初，通过人为设计构筑的。没有品牌符号，品牌的内涵将仅仅停留在精神世界，不能融入到消费者的生活当中。品牌显性要素有助于提升品牌知名度，增强消费者的品牌联想。因此，品牌符号的设计应从品牌战略的高度出发，考虑后期的品牌传播、发展与管理，尽可能多地增加品牌价值。品牌权威学者凯勒教授指出，品牌符号设计必须遵循六条原则：可记忆性、有含义性、受欢迎性、可转移性、可调整性、可保护性（见表4-1）。

表4-1 品牌符号设计原则

| | | |
|---|---|---|
| 1 | 可记忆性 | 容易识别 |
| | | 容易回忆 |
| 2 | 有含义性 | 描述性 |
| | | 说服性 |
| 3 | 受欢迎性 | 趣味性 |
| | | 联想性 |
| | | 愉悦性 |
| 4 | 可转移性 | 产品类别间 |
| | | 地域和文化界限间 |
| 5 | 可调整性 | 灵活 |
| | | 可更新 |
| 6 | 可保护性 | 法律角度 |
| | | 竞争角度 |

前面三个原则——可记忆性、有含义性、受欢迎性，在品牌建立时显得尤为重要，与品

牌创建有关。后面三个原则——可转移性、可调整性、可保护性，则是适应品牌管理要求的原则，与品牌防御有关，其对于市场供应品的品牌综合能力与长远价值意义重大。

### 4.1.1 可记忆性

企业选择那些有内在可记忆性的品牌符号，才能使消费者在购买和消费的环境中容易识记并辨认，形成较高水平的品牌认知。对于企业来说，衡量品牌知名度的重要要素就是这个品牌能否让人产生丰富的联想。品牌的文字内容、视觉形象等，可以增加品牌的记忆性。塑造品牌形象就要去寻找、发掘那些容易记忆的、具有独特特质的品牌表现形式。尽管通过大量的广告宣传，利用简单的重复可以使一些本身并不好记忆的品牌令消费者清晰记住，然而这并不是明智之举。一个好的品牌应该是在较低传播投入的前提下，让人"过目不忘"。容易让人记忆的品牌符号有以下三个特点：具有独特性、消费者熟悉的元素、与产品类别相关。

**小案例 4-1**

麦当劳的黄色"M"标识，即是"McDonald's"的首字母。它形式简单，易于记忆。鲜明的黄色，不仅具有行业特征，而且醒目易见。"M"虽然只是个非常普通的字母，但是在许多小孩的眼里，它不只是一个字母，它代表着麦当劳，代表着美味、干净、舒适。同样是以"M"为标志，与麦当劳（McDonald's）圆润的棱角、柔和的色调不一样，摩托罗拉（Motorola）的"M"标志棱角分明、双峰突出，以充分表达品牌的高科技属性。

具备玻璃质感，简洁大气的、被咬过一口的苹果形象，是苹果品牌的标志。它简洁易记，具有独特的特性，辨识度极高，很容易被人们所接受（见图4-1）。

图 4-1 苹果的品牌标志

耐克品牌的标志只是一个简单的红色一"勾"，这就是利用消费者熟悉的元素，让人印象非常深刻。它无处不在，给人以丰富的联想。小时候我们盼望着考试卷上老师的红色一"勾"，它意味着正确和父母的表扬；长大后这红色一"勾"仍然和我们如影随形，职称评定，中奖领奖等，它代表着顺利与圆满。当年设计出这个标志的大学生只得到了35美元的报酬，但时至今日，耐克的品牌价值已达到上百亿美元（见图4-2）。

Rejoice 翻译成"飘柔"，就与洗发水行业紧密相关。如果根据字面意思翻译成"欢乐"或"欢庆"的话，那么品牌的记忆度就不会很高；"康师傅"当中的"康"是健康的意思，而"大师傅"通常是对厨师的称谓，所以消费者在购买方便面、饼干等食品时想到康师傅这个品牌就是很自然的事情了（见图4-3）。

图 4-2　耐克的品牌标志　　　　图 4-3　康师傅的品牌标志

资料来源：作者根据互联网相关资料进行整理。

### 4.1.2　有含义性

凯勒教授认为品牌应该具有一定的含义，其内在的含义可以促进品牌联想的形成。一个好的品牌符号必须同时包括描述性含义和说服性含义。其一，从描述性含义的角度说，品牌符号应反映出该产品类别、使用者、产地等信息。当消费者看到某个品牌符号的时候，就会很容易联想到其所在的产品类别。如提到宝马消费者就会联想到汽车，提到海飞丝就会联想到洗发水、看到茅台就会联想到是白酒的典范，酷儿是儿童饮料的印象等。其二，从说服性的角度讲，品牌符号反映出该品牌和产品的主要特征或利益。如前述提到的沃尔沃体现出汽车的安全性、海飞丝体现出洗发水去屑的功效等。品牌具有描述性含义和说服性含义，能够降低为建立品牌意识、品牌联想而进行品牌营销的成本。否则，品牌将要花费更多的传播费用才可达到一定的认知和记忆度。

### 4.1.3　受欢迎性

1997 年，美国著名营销学者伯纳德·施密特（Bernd Schmitt）和亚历克斯·西蒙森（Alex Simonson）教授提出"营销美学"（Marketing Aesthetics）的理论。该理论认为品牌标志设计、营销活动等都应当为消费者带来美学上的感官体验。根据这一理论，品牌符号的设计应当有趣味性、具有丰富的想象空间和愉悦性，当消费者尚未接触产品之前就已对品牌产生感官上的好感。例如，很多品牌标志设计是直接以动物，植物，企业标志性建筑，或企业创始人形象来进行设计的，如彪马的美洲狮，法拉力的骏马，肯德基的上校，必胜客的红屋顶等。这些品牌符号的设计给人以直观的联想，如小朋友看到坐在肯德基门口的亲切上校就会不由自主地称呼其"肯德基爷爷"，产生就餐的欲望；必胜客的"红屋顶"也早已成为其标志性的品牌标识（见图 4-4）。

图 4-4　必胜客品牌标志

又如具备有较高知名度、联想度的品牌"金六福"是将其品牌核心价值——福文化，植入到消费者心智中的品牌。"金"代表权力、富贵和地位;"六"为六六大顺;"福"为福气多多。五星级金六福设计新颖,其开盒时"开门见福",取酒时"揭福",酒瓶如古钱袋,寓意吉祥,处处让人心情开朗。

### 4.1.4 可转移性

品牌符号的可转移性是指可以转移到不同的产品类别和不同的地域两个层面。首先,品牌符号对产品线和产品类别的延伸能起多大作用,如何利用现有品牌引进相同或不同种类的新产品。这样,在进行品牌延伸和地理扩张的时候,品牌就能够利用原有的影响力顺理成章进行发展。如"蒙牛"身上有着浓重的"超女气息",因此在推出特仑苏时,必须着力淡化与蒙牛的联系,但又不能放弃蒙牛品牌背书所带来的影响力。因此特仑苏在广告片中绝口不提蒙牛,仅在片尾做了文字性提示,而且在产品包装盒的正面也看不出与蒙牛有任何瓜葛,仅在包装盒的侧面最下方留有蒙牛的标识。因此,品牌符号越是具体表现出产品的种类和属性,其在不同产品类别上的转移性就越差。例如,"娃哈哈"具有典型的以儿童为目标市场的特点,那么其适合延伸的产品类别就受到了限制。

其次,当品牌准备进入新的地域文化市场时,除了品牌符号本身的设计,品牌符号的跨文化含义研究与品牌转换时的翻译水准显得非常重要。例如,"可口可乐",英文名称是"Coca Cola"。"Coca"和"Cola"是两种植物的名字,在中国翻译成"可口可乐",不仅保留了原文押韵的发音,而且从喝饮料的感受上、利益上打攻心战,手段颇为高明。而金利来"Goldlion"最初直译为"金狮",广东话发音像"尽输",自然无法取得消费者的欢迎。

### 4.1.5 可调整性

设计品牌时一定要考虑其在一段时间内的可调整性,这是由于外在的环境、消费者的需求、价值观等都在发生变化。综合起来,品牌符号调整的原因主要有:消费者审美观改变、公司战略调整、企业兼并收购等。品牌符号必须能够适应这些变化,适应的方式就是保持更新。

例如,2003年可口可乐首次在中国市场更换中文标识,由传统的中文文字字体更换为弯曲流畅的斯宾塞中文字体,使可口可乐的标识更具现代感与时尚气息。又如苹果公司和星巴克在公司战略调整时,其品牌符号也做出了相应调整。企业兼并收购的背后是企业文化的融合,在品牌符号当中也要得以反映。例如,1998年,德国戴姆勒—奔驰公司收购美国第三大汽车制造商克莱斯勒公司的时候,公司改名为"戴姆勒—克莱斯勒公司",而2007年二者分道扬镳,公司名称重新回到"戴姆勒公司"。

### 4.1.6 可保护性

品牌符号的可保护性分别体现在法律和竞争两个方面。从法律角度来看,应该注意以下几点:选择可在国际范围内被保护的品牌符号;品牌符号必须及时向工商管理部门正式申请注册;积极防止商标遭受其他未授权的竞争侵害。随着我国企业品牌意识的不断增强,越来越多的企业已非常重视为自己的品牌进行商标注册。然而,在国际上进行商标注册并未引起国内企业的足够重视,一些著名商标被抢注的现象也极为严重。"同仁堂""竹叶青""狗不理"等被日本人抢注,"青岛啤酒"在美国被抢注,"红塔山""云烟"在菲律宾被抢注,海信等中国企业的商标在德国被竞争对手西门子抢注。

**小案例 4-2**

老干妈品牌侵权案

2001 年 3 月 20 日,北京市高级人民法院对"老干妈"品牌侵权案做出终审判决,要求湖南华越食品有限公司停止使用"老干妈"名称和与"老干妈"相似的瓶贴,并在判决生效一个月内赔偿贵阳南明老干妈风味食品有限责任公司 40 万元,在一家全国公开发行的报纸上刊登经法院核准的致歉信。华越不服,认为根据我国法律,高院无权在专利局和国家商标局分别对两公司的外观专利与商标权做出终局裁定前宣告华越外观专利无效以及华越商标侵权,并提出重审申请。与此同时,南明老干妈风味食品有限责任公司坚决向法院申请强制执行判决。此案再次成为各界关注的焦点。

在 5 月 24 日的庭审中,此案犯罪嫌疑人蒙开贵对 1997 年与华越联营生产"老干妈"系列食品以及 1998 年与华越解除合同后独自在西安生产经营"老干妈"等产品的事实供认不讳。不料庭审后,蒙开贵在法庭内接受采访时却给"老干妈"一案掀起新浪:1999 年蒙开贵在西安制售仿冒"老干妈"产品时被公安机关抓获并关押至今,对这段时间内湖南华越与贵阳南明老干妈间的商标纠纷知之甚少。当他获知华越向北京高法提起上诉的理由之一是"当时与蒙开贵任厂长的唐蒙食品厂联营时瓶贴是由唐蒙提供,故侵权责任不在华越"后,先是困惑不解,继而愤愤不平,当即向到庭人士否认华越这一诉由。他说,最初华越只是表示愿意与其联产"夜郎女"风味豆豉,待他投入部分资金开始生产后,华越却在他不知晓的前提下拿出仿冒的"老干妈"瓶盖和外包装等。他因已投入资金,只好答应合作,此后双方才签订了联合生产"老干妈"产品的合同。在 1999 年西安市工商局的调查笔录中,他已陈述了这些情况。

华越特别授权代理人杨金柱律师在《长沙晚报》等媒体上陈述了华越不服北京高院判决的理由,认为高院无权在专利局和国家商标局分别对两公司的外观专利和商标权作出终局裁定前宣告华越外观专利无效以及华越商标侵权。而被誉为"中国知识产权第一人"的中国社科院法学研究所研究员、全国人大法律委员会委员郑成思先生为此案出具的亲笔书写的"老干妈"纠纷案法律意见书,实质上驳斥了华越不服判决的理由。郑成思指出,根据有关法律,贵阳南明老干妈风味食品有限责任公司请人手写的"老干妈"三个字是书法作品,其瓶贴设计有独创性,故两者均属于具有版权的作品。南明老干妈风味食品有限责任公司是这两个作品的版权权利人;华越至今使用"老干妈"三个手写字是对南明享有版权的"老干妈"的抄袭,华越略做改动的瓶贴设计是对南明老干妈瓶贴的照搬,纯属恶意侵犯版权,是目前很常见的改头换面式违法抄袭。尽管法院不宜在专利或商标终局裁定前裁判专利无效、撤销注册商标,但法院有权在任何时候对侵害版权的行为做出侵害和赔偿损失的判决。

资料来源:程宇宁. 品牌策划与管理[M]. 北京中国人民大学出版社,2011.

从竞争角度来看,即使品牌符号可以受到法律保护,但竞争行为仍可能夺走品牌符号本身所带来的价值,有"搭便车"的可能。如果品牌名称和包装等较容易被模仿,那么该品牌就会失去独特性。因此,在品牌命名和包装策略上不仅应将精力集中在如何取名和美观,还应考虑竞争风险等因素。企业可以尽可能多地注册相关的品牌名称,以降低被竞争者模仿的可能。

## 4.2 品牌命名与标识

品牌是包含文字、标志、符号、图案和颜色等要素的组合,用以识别某个销售者或某群体销售者的产品或服务,并使之与竞争对手的产品或服务区别开来的商业名称及其标志。企业对品牌的设计分为品牌命名和品牌标识。

### 4.2.1 品牌命名

我国大教育家孔老夫子讲:"言之无文,行而不远。"同样,如果品牌名称起得不合适,也会影响品牌的发展。品牌名称是品牌识别中可以用文字表述并用语言进行传播的部分。例如,人们一提到"奔驰"就联想到德国产的汽车,一提到"沙宣"就联想到宝洁公司出品的专业洗发水,一提到"可口可乐"就联想到美国的经典碳酸饮料。因此,品牌名称是品牌的灵魂所在,体现了品牌的个性和特点。好的品牌命名可以使消费者产生独特联想,刺激消费者的消费心理,增强购买欲望。本节将对品牌命名的意义、品牌命名的分类、品牌命名的基本原则、品牌命名的流程、品牌命名策略的相关内容进行介绍。

1. 品牌命名的意义

企业为产品起一个好的品牌名称就好比画龙点睛,在营销活动中起着重要的作用。每一个品牌都要有自己的名称,否则就无法进行传播与沟通。品牌命名有以下几点重要的意义:

首先,品牌名称提供了品牌联想,可以最大限度地激发消费者对于品牌的感知联想。绝大多数品牌名称都是有特定含义的,这些有含义的字词通过企业的传播活动,开启了消费者的品牌联想之门。品牌联想是当消费者看到一特定品牌时,从他的记忆中能引发出对该品牌的任何想法,包括感觉、经验、评价、品牌定位等。这些品牌联想可能在消费者的心中竖立起根深蒂固的品牌形象,进而影响消费者对该品牌产品的购买决策。品牌联想的内容非常丰富,这是成功品牌名称的基本特征之一(见表4-2)。

表 4-2 品牌联想

| 品牌 | 品牌联想 |
| --- | --- |
| 苹果(电脑) | 独特的、时尚的 |
| VOLVO(汽车) | 安全的、高品质的 |
| 招商(银行) | 关爱的、亲切的 |
| 哈雷(机车) | 爱国的、自由的 |
| 百事可乐(饮料) | 有朝气的、年轻的、外向的 |
| 飘柔(洗发水) | 柔顺的 |

其次,品牌名称可以全面诠释品牌核心价值,成为品牌传播良好的载体。能够诠释品牌核心价值的品牌名称很容易吸引消费者的注意,并且让消费者明确了解品牌能够给消费者带来什么样的利益。例如,"易趣网"不仅传达的是"交易的乐趣",而且还传达了"乐趣的交

换";"帮宝适"给宝宝提供最贴心的照顾,让他们更加舒适;"快克"快速缓解感冒。在品牌信息爆棚的时代,注意力成了一种生产力,而一个好的品牌名称能够在第一时间抓住消费者的眼球。

再次,品牌名称便于消费者传播,能够提高产品档次与品味。在现在信息传播速度愈来愈快的环境下,除了广告的直接传播之外,品牌知名度的提升,在很大程度上要靠消费者的口啤传播,那么,给品牌起一个朗朗上口、好写易懂的品牌名称将有利于消费者快速地、广泛地进行口碑传播。反之,一些名称拗口、难以记忆、缺少含义的品牌名称往往会失去消费者口啤传播的机会。例如,BMW 早年被译为"巴依尔",让人不知所云,后改为"宝马"才开始大放异彩。另外,一个有品味的品牌名称也可以提升品牌的价值,让消费者产生高档的认知。例如,丰田高档车凌志改名为"雷克萨斯"之后,让人感觉品味提升了不少。此外,金利来领带、雅戈尔服饰、天王手表、京熙帝景楼盘等品牌都在档次或者品味上给产品加分。

最后,随着全球一体化的快速发展,我国越来越多的企业走出国门。由于以前采用的是汉字命名,在进行跨国发展时,品牌名称的音译显得尤为重要。一个缺乏全球战略眼光的企业,注定会在全球化发展的进程中脚步放慢。例如,长虹以汉语拼音"CHANGHONG"作为商标,但外国人不懂得拼音,他们不明白"CHANGHONG"的含义。而海信的英文商标"HiSense"来自"high sense",是"高灵敏、高清晰"和"高远的见识"的意思,体现了产品特性和品牌的远大理想。

2. 品牌命名的分类

品牌名称是一个品牌被消费者认知、接受、满意、忠诚的前提。好的品牌名称不仅包含产品本身的内涵,还能反映出企业的经营理念、价值观和企业文化等内容。纵观国内外众多知名品牌的名称,它们大多各具特色,而又遵循着共同的规律,让消费者印象深刻。总体而言,品牌命名主要有以下几种类型。

(1) 按文字类别命名

品牌名称按文字类别进行命名,可分为文字型品牌和数字型品牌。

文字型品牌即品牌完全由文字的组合来命名。这种品牌命名方式是最为常见的。例如,我们非常熟悉的麦当劳、奥迪、微软、金丝猴等。数字型品牌是品牌名称完全或部分由数字组合来命名。由于阿拉伯数字全球通用,这种简洁醒目、易读易记的数字型品牌更容易给人留下深刻的印象。例如 999 感冒灵的"999"代表健康长久、555 牌香烟、金六福、三星电子、五粮液等。

(2) 按地域命名

按地域命名是以产品的出产地或所在地的名称作为品牌的名称。

这也是一种传统的方法。使用这种方法的企业通常想显示该地具有生产此类产品的独特优势或资源,以形成独一无二的竞争优势,突出原产地效应,从而使消费者产生该品牌独具特色的印象,进而产生一种信任的心理,激发他们的购买欲望。比如国内我们非常熟悉的青岛啤酒、蒙牛牛奶、宁夏红酒、西湖龙井茶、崂山矿泉水、红塔山香烟、金华火腿、道口烧鸡、鄂尔多斯羊毛衫等。国外的品牌如麦斯威尔咖啡来自"Maxwell House"高级酒店,依云矿泉水取自于法国 Evian 小镇等。

(3) 按人名命名

按人名命名是以产品的发明者、企业的创始人或与商品相关的名人的名字作为品牌名称的方法。法国最早报道品牌商品的文章曾写道:"消费者可以完全相信那些印有品牌创始人自己名字的商品的质量,因为人们很难想象哪一位企业家敢用自己的名字开玩笑。"以人名命名成功的企业非常多,例如,世界著名的"戴尔"电脑就是以其创始人戴尔的名字命名的品牌,宝洁公司的品牌名称取自创始人威廉·保特(William Procter)和詹姆斯·洁保(Games Gamble)姓氏的首字母"P"和"G"作为品牌,十分有纪念意义。我国"李宁"品牌就是利用体操王子李宁的名星效应创造出的一个著名的体育品牌。还有一些著名企业如派克、福特、立顿、麦当劳、夏奈尔、羽西、王老吉、王致和等都是以人名命名成功的典范。以人名命名可以借助名人的威望和消费者对名人的崇拜心理,以语言文字作为媒介,把特殊的人和产品结合起来,激发人们的回忆与联想。这种用自己的名字命名的方法意味着企业家珍惜自己的品牌就像珍惜自己的名誉与生命一样,通常他们都会非常爱护自己的品牌。当一个人的生命、名誉、尊严与自己的事业紧密结合在一起的时候,品牌的建设与规划才有长远的价值与意义。

(4) 按动植物名命名

利用动植物名称为品牌命名的方法更具有现代意义,这种命名方法是运用动植物的名称来为品牌命名,利用某个形象来使人产生联想的空间,给消费者留下深刻的印象。需要注意的是,这种品牌联想应该是积极的、与品牌的价值利益具有内在的一致性。消费者在接触到这类品牌的名称时就已经对品牌的品质或性能产生一定的认知。例如,"圣象"地板品牌名称利用大象这一品牌载体让消费者感受到了"爱与关怀"的品牌理念,同样的小天鹅洗衣机、盼盼安全门、大白兔奶糖、苹果电脑、凤凰卫视、鳄鱼男装等都是以动植物名命名的成功品牌。

(5) 按目标顾客命名

按目标顾客命名是将品牌与目标顾客联系起来,明确指出该品牌是为某一特定群体服务,进而使目标客户产生认同感。例如,著名的"太太口服液"就是太太药业针对已婚女性生产的保健口服液。当消费者看到该产品名称,就会清楚地了解到其目标顾客群体,针对性强,更利于获得目标顾客的认同感。另外,如好孩子童车、太子奶、娃哈哈、酷儿、商务通等这些具有明确目标指向的品牌都是消费者熟知的。

(6) 其他品牌命名方法

有的品牌可以按企业名称命名,有利于形成产品品牌与企业品牌的相互促进,达到提升企业形象的目的。如3M公司所有的产品都以3M为品牌名称,类似的还有TCL、LG等。还有的品牌按利益价值命名,使消费者看到产品品牌就能感受到企业的价值观,感受到消费者从品牌中可获得的利益。例如,"好记星"显示出产品的功能诉求,武汉"健民"突出了为民众健康服务的企业追求等。一些企业的品牌以虚构或创意的词语命名,更具特色。如索尼"Sony"品牌是其创始人井深大和、盛田昭夫根据拉丁语中"Sonus"(意为"声音")一词,结合当时日本"Sunny Boy"(阳光男孩)的流行,自创的单词。另外,克宁奶粉则是将milk(牛奶)反写成KLIM而得。这种独创的品牌命名方法竞争者无从模仿,更容易使消费者和品牌之间产生一对一的品牌联想。

3. 品牌命名的基本原则

消费者对品牌的认知通常始于品牌名称。纵观世界上诸如百事可乐、微软、迪士尼等著名品牌的发展历程,我们发现一个具有意义的品牌名称有利于消费者认知,能够传达品牌发展方向、能让消费者感受到自己所能获得的利益。因此,企业在品牌规划之初就要把握好品牌命名的基本原则，以便在此基础上建立一个有利于品牌传播的名称。品牌命名的基本原则可归纳为法律、市场营销及语言文字这三个方面。

(1) 法律层面

①符合相关法律。

企业为品牌命名时应认真研究《商标法》及相关法律，遵循相关法律条款。企业应当在《商标法》允许的前提下为品牌命名，以保证品牌名称符合相关法律和法规的要求。企业应考虑品牌名称是否有侵权行为。企业可以通过有关部门查询是否已有相同或相近的名称被注册；另外要注意品牌名称是否在允许注册的范围以内。有的品牌名称虽然不构成侵权行为，但仍无法注册，难以得到法律的保护。比如，著名的熟食品牌"乡吧佬"实际上并不是一个注册商标。因为《商标法》第8条规定，"有害于社会主义道德风尚或有其他不良影响的"禁止作为商标使用，而"乡吧佬"是对农民的蔑称，带有非常明显的歧视农民色彩，所以工商局不允许将其注册成商标。正因为此，最早生产该品牌系列产品的浙江苍南县的卤制品厂家无法获得法律保护，致使全国生产"乡吧佬"产品的厂家数以千计。调查数据表明：多达79.2%的消费者只记得"乡吧佬"这个产品品牌，而能举出生产企业名称的消费者寥寥无几。在央视曝光了浙江苍南几家"乡吧佬"厂家用化工染料给鸡腿、鸡翅上色后，沈阳本地及附近大大小小生产"乡吧佬"的厂家一夜之间从"知名品牌"变成了"过街老鼠"，举步维艰。

**链接材料4-1**

**商标法中关于商标使用的禁止和限制方面的规定**

《商标法》同时规定了以下标志不得作为商标注册：仅有商品的通用名称、图形、型号的；仅仅直接表示商品的质量、主要原料、功能、用途、重量、数量及其他特点的；缺乏显著标志的。但上述标志经过使用取得显著特征，并便于识别的，可以作为商标注册。

《商标法》规定禁止在商标中使用下列文字和图形：

(1) 同中华人民共和国的国家名称、国旗、国徽、军旗、勋章相同或者近似的，以及同中央国家机关所在地特定地点的名称或者标志性建筑物的名称、图形相同的。

(2) 同外国的国家名称、国旗、国徽、军旗相同或者近似的，但该国政府同意的除外。

(3) 同政府间国际组织的名称、旗帜、徽记相同或者近似的，但经该组织同意或者不易误导公众的除外。

(4) 与表明实施控制或予以保证的官方标志、检验印记相同或者近似的，但经授权的除外。

(5) 同"红十字""红新月"的名称、标志相同或者近似的。

(6) 带有民族歧视性的。

(7) 夸大宣传并带有欺骗性的。

(8) 有害于社会主义道德风尚或者有其他不良影响的。

此外，县级以上行政区划的地名或者公众知晓的外国地名，不得作为商标。但是，地名具有其他含义或者作为集体商标、证明商标组成部分的，除外国已经注册使用的地名的商标继续有效。

资料来源：作者根据互联网相关资料进行整理。

②具有保护意识。

在企业的竞争过程中，总是有许多处心积虑的市场追随者。据统计，我国以"熊猫"命名的产品有 300 多个,以"长城"命名的有 200 多个。企业在进行品牌命名时一方面要遵守法律的规定,另一方面还应具有对品牌名称的保护意识。例如,2001 年初,吉林九鑫集团代理扬帆牌新肤螨灵霜,投入了几百万资金进入广州市场。由于品牌的"杀螨益肤"产品理念是首次提出的,因此扬帆牌新肤螨灵霜很快在广州热销。然而不久其他化妆品厂相继向市场推出了与扬帆牌新肤螨灵外包装相似,但价格却便宜得多的新肤螨灵霜进行终端拦截。受到竞争者的低价和药店的高折扣率的双重作用,扬帆牌新肤螨灵霜受到了巨大的冲击,销量一路下滑。由于在给产品命名时采用的是"注册商标+通用名"的方式,从法律意义上讲受保护的只有注册商标扬帆牌,而通用名新肤螨灵霜是不受保护的。

**小案例 4-3**

### 上海"冠生园":"米老鼠"与"大白兔"

大白兔奶糖的前身——"ABC 米老鼠"奶糖解放前就已经在国内畅销了。20 世纪 50 年代,由于批判外来文化的风气盛行,加之当时的爱国卫生运动提出了"除四害"口号,于是,"ABC 米老鼠"奶糖开始采用了大白兔奶糖作为部分产品的商品名。但是,由于没有产品整体观念,没有品牌意识,冠生园一直没有把"大白兔"和"米老鼠"进行商标注册。

1983 年,一家来自广州的、只会生产硬糖的糖果厂到上海冠生园取经,善良的老师傅们手把手地把生产奶糖的技术教给他们。两年后,当冠生园想到要去注册"米老鼠奶糖"时,却意外地收到一张驳回通知书,原来南方的"徒弟"已经抢先一步,在几个月前把师傅的商标注册了。没过多久,又传来一个消息,美国的沃特·迪斯尼公司为了夺得"米老鼠"形象在中国的垄断权,以 4 万美元从广州那家小厂买下了"米老鼠"商标。冠生园这时才痛惜万分,区区 4 万美元,按当时的汇率只值十几万人民币,而 ABC 糖果厂因此失去"米老鼠"这个著名的中国糖果品牌。美国的沃特·迪斯尼公司在买到"米老鼠"商标控制权后,又找到上海冠生园,表示允许冠生园继续使用该商标,但要求是每年坐享利润的 8%作为商标特许使用费。

值得庆幸的是,当年的"除四害"使冠生园诞生了一只"大白兔",而不至于倾家荡产。更幸运的是,当时的国家工商行政管理局出于深远考虑,为获得质量奖的国优产品保留了注册商标的权利,才使"大白兔"商标幸运地得到了注册。

资料来源:作者根据百度文库相关资料进行整理。

(2)市场营销层面

①记忆性原则。

从事品牌研究的著名学者阿克曾指出:"易记忆性是消费者进一步的信息处理和有效的品牌定位的先决条件。"为了使消费者对品牌有较高的认知度,品牌的名称应该是便于记忆的。这就要求品牌名称应简洁醒目,新颖响亮等。如长虹、万科、新浪、淘宝、新东方等许多知名品牌名称的确定都符合这一特点。还有一些企业将品牌名称与商品类别直接关联命名也十分有利于消费者对品牌的识别与记忆,如奔驰汽车、爱乐乐团、味全食品等。

**链接材料 4-2**

### 汉语和英语的品牌名称记忆

亚太地区的语言(如汉语)是基于形意的书写体系,而西方语言(如英语)采用的是字母体系。有学者研究了语言差异对思维影响的差异,这会进一步影响消费者对口头信息(品牌名称)的记忆。他们在北京和芝加哥分别以中国学生和美国学生为样本进行了实验研究,结果发现:汉语的口头信息的表示主要以视觉方式编码,而英语的口头信息的表示主要以音韵方式编码。因此,营销者应进一步增强讲汉语的消费者依赖视觉表示的倾向,以及讲英语的消费者依赖音韵表示的倾向。这可以通过对汉语消费者选用视觉独特的品牌名称的书写或书法以及强调书写的图案设计来实现。另一方面,对英语消费者的营销应努力运用其品牌名称的发音特点,采用押韵和拟声的名称设计。

资料来源:黄静. 品牌营销[M]. 北京:北京大学出版社,2008。

②意义性原则。

品牌的意义性原则是指品牌名称本身具有含义,而这种含义可以直接或间接地传递商品的某些信息,如关于它的优点、性能以及使用它的好处。如 SOHO 中国,"SOHO"是英文"Small Office Home Office"的头一个字母的缩写,品牌名称使消费者很容易了解到这是一家为注重生活品味的人群提供创新生活空间以及时尚生活方式的房地产开发公司。富有文化意蕴的品牌名称可以体现企业精神面貌,鼓舞员工士气,得到消费者的认同与好感。例如,海尔蕴含"海尔是海""海之胸怀"之意,同仁堂蕴含"同修仁德"之意,无论对企业内部还是外部,都会产生强大的感召力与激发力。还有的品牌名称将利益认知转化为消费者的情感认知,在情感上与消费者拉近距离。例如,红豆品牌让消费者想起唐代诗人王维的千古绝句,品牌蕴含的"相思"含义与人们的情感紧密联系在一起。

③联想性原则。

在一定的条件下,赋予品牌名称以产品功能的某种寓意,或者明示,或者暗喻,启发人们丰富的想象力,使品牌名称与产品功能在意义上有所联系。暗示商品能够带给消费者的利益,对品牌营销和占领市场有很大的帮助。如娃哈哈饮料寓意孩子们喝了笑哈哈,美加净化妆品寓意含蓄而隽永,给人以丰富的联想。还有劲量电池、永久自行车等。农夫山泉直接形象地反映其定位于"天然水"的概念。宝洁公司的"碧浪"和"汰渍"洗衣粉品牌分别定位于中高端和普通消费者,"碧"是颜色特征,有清洁的意蕴,"浪"是直接的漂洗动作,品牌名称具有意境也符合目标消费群的消费特征;而"汰渍"直接反映"淘汰污渍",符合一般消费人群的沟通水平。其他具有联想性的品牌还有白加黑、背背佳、好记星、舒肤佳等。

④指向性原则。

具有指向性原则的品牌名称可以直接表明目标消费人群的性别、年龄等特征,可以让人们明确知道品牌的消费主体,较大地提升品牌信息的传播效果,有利于促使目标消费者的主动消费。如娃哈哈、酷儿、帮宝适、小白兔、妈咪宝贝等是以儿童为消费主体;淑女屋、秋水伊人以年轻女性为消费对象;七匹狼、金利来、劲霸以男士为消费主体;夕阳红、麦子熟了等是以老年人为消费主体。这些品牌直接指明了商品的消费对象,受到目标消费者的认可和欢迎,顾客忠诚度也较高。

**链接材料 4-3**

**微软公司产品的品牌命名**

微软公司产品品牌命名具有准确的意义指向性,详见表 4-3。

表4-3 微软产品品牌命名释义表

| 序号 | 产品 | 品牌名字 | 释义 |
|---|---|---|---|
| 1 | 文字处理工具 | Word | 意义：词、单词、谈话、言语、消息、音信、谣言、传说；承诺、诺言、保证；命令、口令；格言 |
| 2 | 电子表格处理工具 | Excel | 意义：优于，比……好或做得优于，超过，胜过；显示优越性；超过其他的人或事物 |
| 3 | 文稿图形演示工具 | PowerPoint | Power：能力，力量，动力，功率，强烈；使……有力量，供以动力，激励<br>Point：点，尖端，分数；观点、建议、目的、论点；指向，指出，瞄准，加注标点。从以上解释中，可以看到：Power+Point是如此准确 |
| 4 | WEB站点创作和管理工具 | FrontPage | Front：前面、前线、正面、态度。Page：页，记录，事件，专栏<br>FrontPage：前页，扉页、版权页、目次、插图、献辞、序言等<br>Front-Page：头版的、值得放在报纸第一版的、轰动的、头版新闻 |
| 5 | 可视化商务图表工具 | Visio | 来自英文Vision的变形处理。Vision的意义是：视力，视觉，先见之明，眼力，想象力，幻想，幻影，景象；梦见，想象，显示这个单词非常生动形象地表述用途和特点，必将成为一个现代信息新词汇 |
| 6 | 商业排版出版工具 | Publisher | 意义：出版者，发行人 |
| 7 | 数据库管理工具 | Access | Access原意：进入，通道；使用，接近；市场销路，进入市场。但现在Access在计算机科学中，"存取（数据或程序），访问"的意义已被人们广为接受 |
| 8 | 个人信息管理和通信管理 | Outlook | Outlook意义：景色、景致、前景；景况、观点；视野；看法；展望；瞭望点。既准确反映了Outlook收发电子邮件和通信、日程等记事安排功能，又拟人地体现"景色、景致、前景"等生动形象 |
| 9 | 因特网浏览器 | Explorer | Explorer意义：探索者、勘探者，探测员、探险者，探测机、探查器，探索器具。借此反映因特网浏览器所具有的浏览、探索、探险功能 |

资料来源：王文刚. 学学微软的品牌命名[EB/OL]. 中国营销传播网，www.emkt.com.cn，2002-10-9。

⑤独特性原则。

品牌名称是企业产品独特性的外在表现，贵在有独有的个性，不易与其他品牌混淆。尽管同一名称使用在不同类别的产品中是被法律认可的，我国大量产品具有相同品牌名称，但是法律上允许，消费者却难以识别，这样的品牌名称会降低品牌本身的竞争力。我国许多知名品牌在这方面就做得非常好，如中国老字号"六必居"酱菜品牌借鉴酿酒"六比"而实行酱菜"六比"的加工工艺，使品牌独具一格，名声大振。2004年汇源推出的首款性别饮料"他她水"（见图4-5），在广告播出的第一周内订货量就超过2亿元，随后的全国糖酒商品交易会上订货量再创新高，突破6亿元。这个数字已经达到脉动2003年一年的销量。类似的还有"尖叫"饮料、养生堂的"清嘴"含片（见图4-6）、"白加黑"感冒药等。

图4-5 他她的品牌名称与标识物

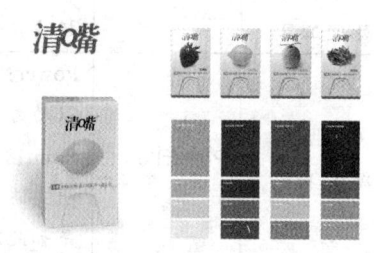
图4-6 清嘴的品牌名称与标识物

⑥适应性原则

企业在全球化发展的过程中，应适应不同国家和地区的文化、宗教信仰、风俗习惯等，同时这些差异使得消费者对同一品牌名称的认知和联想是截然不同的。因此，品牌命名需要适应目标市场的文化价值观念。在品牌国际化的趋势下，品牌名称应具有国际视野。为适应新的竞争环境，如果现有的品牌名称已不能诠释品牌内涵，或不适应当下的环境，那么就要进行必要的更换。例如，奔驰、雅芳、高露洁等汉化的名称升华了品牌的内涵，使品牌更具魅力。

（3）语言层面

①语音易读。

一个好的品牌名称一定是有利于传播的。要达成良好的传播效果，品牌名称在语音上要清晰易读、朗朗上口。如果使用难以发音或音韵不好的字，无法让消费者较快地熟悉品牌名称。品牌名称应尽可能选择易于发音、节奏感强的字词，如中华、光明、伊利、可口可乐、阿迪达斯等，这些品牌名称清脆响亮，容易上口。在进行品牌命名时应尽量避免使用方言、土语和生僻拗口的字词。好听的品牌名称能增加消费者对品牌的好感，易读的品牌名称将有利于消费者对品牌的记忆和传播。

②语形简明。

日本《经济新闻》的一项调查结果表明，品牌名称的长度与消费者的认知相关：品牌名称长度为4字的平均认知度比品牌名称长度为8字的平均认知度高出近4倍。例如，索尼和爱立信联合推出手机"索尼—爱立信"，名字太长，后缩写成"索爱"，成为一个令人喜欢的品牌。单纯、简洁的品牌名称易于对消费者形成具有冲击力的印象。名称越短越有利于传播，有利于品牌较快地建立认知度。通常，品牌名称应尽可能选择结构稳定、笔画适中的字形。例如，IBM英文原名是International Business Machine（国际商用机器公司），缩写成IBM之后，大大提高了传播效率；宏碁1976年创业时取名为Multitech，1987年改为更加简练有力的Acer，这使宏碁在大量以"tech"结尾的国际竞争品牌名称中异军突起，成为国际性大品牌。

③语义积极。

好的品牌名称应具有积极的寓意，消费者可以通过品牌名称与产品功能建立联结，有效地启发人们的想象力，对于企业品牌赢得消费者有着重要的意义。如百事可乐、雪碧、美之源、家乐福、上好佳、吉利、喜力、金六福等都具有积极的意义。尤其是当企业走向国际市场时更应注意语义上的解读与翻译。如我国南方某企业的品牌名称为"舢板"，其在出口外销过程中，将"舢板"直译为"junk"并以此为品牌。但junk在英文中除了"舢板"之意外，还有"垃圾"的意思，使人产生不好的联想。

**小案例 4-4**

宝洁公司的产品品牌命名

宝洁的众多子品牌中，品牌名称几乎个个都是好听又朗朗上口的：飘柔（Rejoice/洗发水）就准确无误地意味着：这款洗发水产品的功效不仅是简单的清洗干净头发，而是可以让你的秀发更飘逸、更柔顺，飘柔现在的广告诉求递进了一步："就是这样自信！"。

帮宝适（Pampers/可抛弃性婴幼儿纸尿片）言下之意：这是一款能够帮助宝宝获得舒适感受的产品。

护舒宝（Whisper/女性个人卫生护理用品）则告诉你：它会把你当宝贝一样精心护理，让女性舒服度过月经周期。

舒肤佳（Safeguard/香皂沐浴露）则说明了：这款皂类产品绝不会让你的皮肤有干涩、粗糙的用后感受，而是对皮肤又"舒"又"佳"，为什么呢？电视广告里解释给你听：含有抗菌性成分的迪保肤。

汰渍（Tide/洗衣粉）更不必多说：功效就是淘汰掉衣服上的油渍污渍、各种顽渍，而碧浪（洗衣粉）则是带给你"汰渍"之后的清爽洁净的品牌感受。

同样的道理还见于：激爽（香皂/沐浴露）等。

资料来源：陈庆新. 商业品牌的第一桶金——品牌命名七势法与五好原则［EB/OL］. 全球品牌网，www.globrand.com，2007-6-22。

4. 品牌命名的流程

品牌命名是一个科学、系统的过程，是一件具有丰富想象力且极具挑战性的创意工作。全球顶级品牌命名机构英特品牌（Interbrand）公司的约翰·墨菲（John Murphy）提出了一个品牌命名的流程，可分为以下六个步骤：

（1）确定战略目标

在为品牌命名时，首要的工作是从产品本身、外部环境、市场竞争、消费者心理、公司战略等方面综合考虑，为品牌命名确定战略目标。需要思考的问题包括：该产品的基本性能和独特卖点是什么？产品的目标消费者是谁？他们在该产品上具有什么样的消费心理和行为？与公司其他产品之间在定位上有何关系？竞争者的品牌命名是怎样的？它们如此命名的原因是什么？该产品的市场发展前景如何？品牌将来是否有可能运用品牌延伸策略？哪类品牌名称更有助于品牌形象的塑造与传播？品牌要在哪些国家使用？公司的发展战略是怎样的？该产品在公司战略中充当什么角色等。这些成为衡量品牌名称优劣的判断标准。

（2）提出备选方案

此阶段应根据品牌命名的原则，从不同角度尽可能多地提出命名的备选方案。备选方案数量越多，可筛选的余地就越大，那么就有必要集思广益动用多方力量，包括公司领导、公司员工、中间商、供应商、广告公司、专家学者、专业命名机构、社会公众等。一般而言，搜集备选方案时通常使用头脑风暴法，具体收集候选品牌名称的方法则因企业而异。例如，联想的命名来自于公司的领导层，Acer 的命名是奥美广告公司的杰作，乐百氏集团的原名"今日集团"来自一个北京在校大学生的创意等。

（3）备选方案测试与评估

这一阶段是由一个全面合理的命名工作评价小组根据命名原则对命名的备选方案进行初次筛选与评估，从而缩小品牌名称的选择范围。评价小组的成员应包括语言学、心理学、美学、社会学、营销学等方面的专家。美国通用磨坊公司（General Mills）按照以下标准筛选掉一些名称：①有不必要的双重含义的名称；②比较难读、已被使用或与已有名称过于接近的名称；③明显会引起法律纠纷的名称；④与产品定位有明显冲突的名称。之后，通用磨坊公司还要与合作伙伴一道深入讨论和评估，进一步精选名称；同时，进行初步的法律检测，剔除一些在法律上可能存在问题的名称。经过这一步骤，命名的方案通常剩下 5～10 个。

（4）备选方案的法律检索

经过筛选和评估之后，可供使用的品牌名称一般为 5～6 个。在进行消费者测评之前，首先必须做一个更全面的国际法律检测。虽然过程较为繁琐，但这是为品牌今后进入国际市场打下基础。因为品牌名称如果已经被人注册在先，那么企业只有放弃该品牌名称或向此品牌名称持有人购买，这将会把企业置于不利地位。通过法律检索以确保自己的品牌名称具有专有性。法律检索国家的范围与企业的国际化战略有关。

（5）消费者测试

由于品牌名称最终是要被消费者接受的，所以要从语言和营销角度测量消费者对命名的认知情况。消费者调查的方法很多，常见的方法包括问卷调查、投射技术、焦点小组法等。调查的内容包括以下几个方面。

词语联想：调查消费者在一听到品牌名称时头脑当中浮现的事物，包括产品类别、产品利益、产品成分、产地、寓意等。调查中应尽量避免采取直接提问的方式询问被调查者的喜好，应采用间接或侧面的询问方法。

记忆测试：调查消费者对品牌名称的记忆程度。调查人员向被测试者给出可能的品牌名称清单，经过一段转移精力的时间之后，再请被测试者写出能够回忆起来的品牌。

偏好测试：调查消费者对品牌名称的喜爱程度。如果通过测试分析出消费者并不认同的品牌名称，那么无论专家或企业领导者多么偏爱，都应该重新考虑命名。

定位测试：调查品牌名称与其所属产品类别的相关性，以及在市场中所处的相应位置。

（6）最终确定品牌名称

经过以上各个环节，最终入选的品牌名称可能会有 3～5 个。命名小组要将这些最终的方案提交给公司的高层管理者，由他们定夺。

5. 品牌命名策略

（1）目标市场命名策略

目标市场命名策略是根据品牌的目标消费者的特征进行命名。该策略要使品牌名称能反映出目标消费者所处的特定文化背景和消费心理，要与目标消费对象的年龄、性别、身份、地位等相符。例如，太太口服液、清妃、方太、白领丽人等都十分清晰地显示出其目标消费者，便于目标消费者在购买商品时进行识别与记忆。

（2）产品定位命名策略

产品定位命名策略是企业以产品特征为焦点，通过品牌名称引发目标消费者对产品功能效应、为消费者带来的利益、使用场合、档次等有利于产品销售的内在联想。例如，飘柔、佳能、帮宝适、美加净、锐步、美的、七喜等品牌都具有代表性。值得注意的是，使用产品定位命名策略可以使目标消费者对产品的属性产生积极的联想，从而产生购买意愿，但同时也由于定位比较狭窄，存在不利于品牌延伸和企业多元化经营的问题。

（3）联想命名策略

联想命名策略是企业在为品牌命名的过程中采取的既能够有利于目标消费者对品牌商品基本属性的理解，同时也强调品牌名称在一定程度上的个性，以获得商标的注册与保护，进而形成市场竞争优势的一种命名方法。由于其风险较小，这种命名的方法被众多企业广泛应用，如金嗓子、太阳神、旺旺等。香格里拉现在是云南一个著名旅游地名。最早是美国作家詹姆斯·希尔顿的小说《失落的地平线》中虚构的地名。由于小说里描绘的风景犹如世外桃源，其商业价值逐渐显现。后来云南和四川为了争夺香格里拉的地名展开了一场大规模宣传战，最终云南取胜。

（4）本土化与全球化命名策略

随着全球一体化的发展，全球营销时代来临，品牌命名必须考虑全球通用的策略。一个完善的品牌应当易于被世界上尽可能多的人发音、拼写、认识和记忆，在任何语言中都没有贬义，这样才有利于品牌名称在全球市场上传播。由于世界各国的历史文化、风俗习惯、价值观念存在着差异，因此在品牌命名上首先要考虑品牌名称的适应性。企业可以为品牌起一个适合当地的独立品牌名称，如宝洁公司的飘柔在美国叫"Pert-Plus"，在中国则叫"飘柔"；还可以在一开始就使用全球通用的名称，如IBM等。

### 4.2.2 品牌标识

品牌标识也称品牌标志，是指品牌中可以被识别但不能用语言表达的视觉识别系统，包括图案、文字或色彩等组成部分。作为品牌必备的要素，品牌标识同品牌名称等构成完整品牌概念的基本要素。成功的品牌标识所构建的具有差异化价值的品牌视觉系统会为品牌带来潜在的传播价值，因此，企业格外重视品牌标识设计。

**小案例 4-5**

苹果公司经典品牌标识设计演变史

我们现在看到的很多知名企业的标识性LOGO都能一眼辨识出它所代表的企业品牌，但是你知道这些LOGO其实都是经历过数次修改或者重塑才形成今天我们看到的样子吗？

苹果公司作为世界杰出的品牌之一，在电脑、个人数码领域处于世界领先地位。苹果产品以出色的产品设计、开创性的创新理念、优秀的用户体验获得全球数亿用户的喜欢。苹果公司的品牌标识也是世界公认的杰出设计之一。2014年的全球品牌价值排行榜冠军仍是苹果。那我们就来看看这个品牌价值为1047亿美金的巨无霸在过去40年间它的LOGO设计演变史吧！

1976年，苹果的第一个标志是由苹果公司的注册申请人Ron Wayne用钢笔画的，其设计灵感来自于牛顿在苹果树下进行思考而发现了万有引力定律。苹果也想要效仿牛顿致力于科技创新。

1977年，苹果开始稳步发展，乔布斯在推出他的 Apple 2 的时候觉得最初的 LOGO 设计过于复杂，违背了他重新定位的简洁的苹果品牌营销理念。他希望新的苹果 LOGO 应该是图案简洁、易于识别、风格独特，可以帮助消费者记忆和提高辨认度。经过重新设计的被咬掉一口的苹果造型很特别，彩色条纹充满了人性，充满了亲和力。就这样我们所熟知的彩色苹果标志诞生了。

1997年，史蒂夫乔布斯开始重新定义苹果的品牌文化，他倡导简洁，明确。此次的 LOGO 设计变更主要是为了配合新产品的外观和材质。因为最新的产品开始使用透明塑料的外壳，品牌标识突出质感和时尚风格。这也是乔布斯在苹果品牌定位上最为经典的杰作。

2001年，苹果标志变为透明的，其目的是为了配合首次推向市场的 Mac OS X 系统而改变的。这次苹果的品牌核心价值从电脑转变为电脑系统，苹果标识也跟随了系统的界面风格而变化，采用透明质感。

2007年，苹果推出 iPhone 手机时，正式地将公司名从"苹果电脑公司"改为"苹果公司"。苹果标识采用玻璃质感的标识，这是为了配合 iPhone 创新地引入了 Multi-touch 触摸屏幕技术，带来一种全新的用户体验而设计的。

苹果品牌标识的演变如图 4-7 所示。

图 4-7　苹果品牌标识的演变

苹果标识的每一次变化都是核心产品的变革，苹果并不是放弃简约主义，而是品牌的核心价值变化。因此苹果新标识也许是在表示 The New ipad 的视网膜显示技术将是苹果下一步的发展核心。

资料来源：作者根据互联网相关资料进行整理。

当今的品牌标识需要视觉先行。通过一定的图案、颜色来向消费者传输某种信息，以达到识别品牌、促进销售的目的。品牌标识盲目跟随标识趋势是不正确的。标识需要符合品牌的核心竞争力，并不是一味的简化。品牌的标识，归根到底是为品牌服务的，标识要让人们感知到这个品牌是干什么的，它能带来什么利益。准确表达品牌特征，才能给人以正确的联想。当然标识的设计要兼具时代性与持久性，如果不能顺应时代，就难以产生共鸣。一个品牌标识的好坏判断方式，不应该是单纯判断它有没有跟随潮流，而应该是有没有很好地表达企业理念和品牌的核心价值。

1. 品牌标识的种类

（1）文字标识

文字标识是用独特形式书写的品牌全称或首个文字。品牌全称如 SONY、KFC、TCL、Samsung、CASIO、蒙牛、秋水伊人等（见图 4-8）。麦当劳金黄色的"M"是以品牌首个文字书写的品牌标志，小米手机用"MI"的拼音，"MI"倒过来看就是一个少了一点的心字，寓意着让消费者放心一点，省心一点，醒目易记。文字标识是品牌名称和品牌标志的统一，它直截了当地将品牌名称展示给消费者，增强了品牌名称的可记忆性。

图 4-8　文字标识

（2）图案标识

图案标识是将品牌标志设计成图案，包括形象图案和抽象图案。最具代表性的形象图案如苹果公司的"被咬了一口的苹果"；抽象图案如别克（BUICK）商标中那形似"三颗子弹"的图案、宝马的"蓝天白云螺旋桨"（见图 4-9）、奥迪的"四个紧扣圆环"等。形象的图案能够让人将对图案的印象转移到品牌身上，就如同苹果公司的苹果让人联想到被树上掉下的苹果砸到的牛顿，并由此想到了智慧和创新；而抽象的图案则往往只起到区隔的作用，尽管抽象的图案背后通常也有其寓意，但从激发品牌联想的角度来看，形象图案要比抽象图案效果好。

图 4-9　图案标识

（3）图文标识

许多品牌为了能够既显示品牌名称，又引起消费者品牌联想，常常采用图文标识。图文标识是将品牌名称中的某个字母或字母某一部分转化为图案的形，从而既让人们记住了品牌名称，又给人一定的联想。有代表性的图文标识如 Sina（新浪）的"i"就设计成了一只眼睛，表示搜寻（见图 4-10）；劳力士的品牌标识由一个皇冠和品牌名称组成，皇冠的原型由最初的一个伸开五个指头的手掌，渐渐升华为居高临下的皇冠标识。手掌寓意着劳力士手表每一处细节都是完全用手工来制作的，每一个纹络都是纯手工雕制，说明劳力士用精益求精的精神来打造每一款手表。后来，劳力士手表标识 LOGO 由手掌升华为皇冠，象征着劳力士企业已经晋身为世界钟表行业里面的领头羊，就像它的标识一样，劳力士如一个王者般在手表的领域里一览众山小。

图 4-10　图文标识

2. 品牌标识的作用

品牌标识作为一种特定的品牌符号语言，是品牌个性、文化、精髓的融合。相对于品牌名称而言，品牌标识对于品牌的传播具有重要的意义。品牌标识的作用体现在以下几个方面。

（1）生动形象，易于识记

优秀的品牌标识往往生动形象、简洁明了，便于消费者识别记忆，不容易与竞争品牌产生混淆。品牌标识经过一段时间的传播，消费者在心目中会下意识地将品牌标识与品牌产品产生对应关系，当有某种需求时自然就会选择印象深刻的品牌。这就要求设计者在设计中要体现构思的巧妙和手法的洗练，做到近看精致巧妙，远看清晰醒目，从各个角度、各个方向看上去都有较好的识别性。如奥迪四个相连的圆圈、麦当劳的"M"，新浪的大眼睛等。当看到"两只小鸟在巢旁"，就知道这是他们要购买的雀巢咖啡。好的品牌标识都很容易让人过目不忘。

（2）富有创意，引发联想

一个富有创意、风格独特的品牌标识能够引发消费者的品牌联想。如果在品牌标识中能够恰到好处地表现出品牌的价值观、定位以及目标消费人群的特点，那么消费者就更容易对该品牌产生美好的印象。例如，汉堡王（Burger King）的标识是一个汉堡，中间夹着英文"Burger King"，让人一看就知道是出售汉堡的餐厅；星巴克从体验消费角度出发，设计的"美人鱼"标识富有浪漫色彩，引发消费者无限联想。

（3）增强喜爱，刺激消费

成功的品牌标识还能够促使消费者产生对产品或服务喜爱的感觉，从而对该品牌产品或服务产生好的印象。例如，米老鼠、快乐的绿巨人、康师傅方便面上的胖厨师、酷儿的卡通娃娃等，这些标识都是可爱的、能够引起消费者兴趣的，并使他们对其产生好感。消费者往往很容易与某种产品建立情感联系，一旦有好的情感联结于某个品牌，那么消费者就会较容易成为某个品牌的忠诚顾客。因此，由于品牌标识而使消费者产生的好感，在某种意义上可以转化为积极的品牌联想，这非常有利于品牌经营者开展市场营销活动。

（4）提供信息，利于传播

品牌的宣传可以有多种多样的宣传手段，品牌标识也是最直接、最有效的传播和广告手段。品牌宣传可以使用艺术化、拟人化、形象化的方式，但是其核心内容还是品牌标识。企业可以通过品牌标识向消费者提供关于产品和企业文化的相关信息，还可以通过对品牌标识的宣传让消费者认知、识别、熟悉、喜爱，提高品牌标识的美誉度，刺激消费者的购买。

（5）适应变化，提升价值

随着外部环境和企业战略的改变，品牌也需要跟着改变，俗称"品牌变脸"。适应变化的品牌才有生命力。然而，品牌名称作为品牌当中最重要的要素是不能随意改变的，因此品牌标识就充当了"微调器"的作用。例如，美的、壳牌、索尼的品牌标识都更改过数次，以适应当今社会的简约、国际化和时尚审美观。另一个导致品牌标识改变的原因是企业产品结构的战略调整。例如，2011年初，星巴克品牌标识更新。变化标识是星巴克品牌战略的开始，其意义在于标识背后的含义，也就是星巴克公司未来要进军更多的领域，比如他们要销售啤酒、酒精类的饮料，而且已推出了速溶的咖啡。也就是说星巴克未来的一个发展趋势其实是包含在LOGO的变化当中（见图4-11）。

图 4-11 星巴克的品牌标识更新

3. 品牌标识设计的原则

（1）营销原则

品牌标识的设计要以品牌定位为基础，传递产品信息，体现品牌核心价值。营销原则即是一个优秀的品牌标识必须具有思想，即品牌内涵。品牌标识是品牌内涵的载体。随着企业的战略发展，品牌标识也会随之更换以适应新的营销需要。例如，2005 年底，腾讯网宣布启用新品牌标识，以绿、黄、红三色轨迹线环绕的小企鹅取代过去的 QQ 企鹅图案。其业务范围内的腾讯传媒、QQ 游戏等业务将同期统一更换新的标识。腾讯在七年前成立初始只是一个单纯的即时通信服务提供商，现在已发展成为集即时通信、新闻门户、在线游戏、互动娱乐等为一体的综合性互联网公司，因而以前的腾讯网标识已不足以体现腾讯网现有的产业布局和经营模式。新标识倡导在线体验的五彩生活，体现了年轻活力，突出了创新精神。

（2）创意原则

从国内外优秀企业的品牌标识来看，一个富有创意的品牌标识已经成为一件艺术品。因此，品牌标识从创意设计的视角来看，应当富有原创性、新颖性、独特性、简洁性，给消费者较强的视觉冲击，让消费者能够一目了然，过目不忘。例如，耐克的"一勾"标识新颖独特，富有视觉冲击力，同时又简洁明了，不失为品牌标识的佳作；宝马的标识中间蓝白相间的图案代表蓝天、白云和旋转不停的螺旋桨，象征了在广阔的时空中，以先进的技术，最新的理念满足顾客愿望，反映公司蓬勃向上的气势和日新月异的面貌。相反，一些品牌标识的设计具有很大程度的模仿性，失去了独特性和原创性，作为市场追随者很难给消费者留下良好印象。

（3）设计原则

优秀的品牌标识对于消费者来说是种视觉享受和审美过程，因此品牌标识的设计应当符合美学原则。美学原则一般包括统一与变化、对称与均衡、调和与对比、比例与尺度、色彩的联想与抽象的情感等。品牌标识还涉及色彩、线条、形状等要素的组合，不同的颜色、线条、形状均有不同的心理学含义。另外，品牌标识的设计还要清晰明确、隐喻象征恰当，进行高度艺术化的概括提炼，形成具有象征性的形象。例如，在 IBM 的标识中，各字母被等距线条隔开，让人有和谐之感；又如百事可乐的标识，由红与蓝两种对比色构成，具有较强的视觉冲击力；百威啤酒采用斜体字和小皇冠装饰设计，显得华美精致，突出品牌高贵的气质。但是，追求品牌设计的艺术性要避免过分抽象，忽略大多数消费者的可识别性。

（4）认知原则

标识是影响消费者的一种传播工具，因此需要从消费者认知的角度考虑其设计。一些认知方面的要求包括通俗易懂、鲜明醒目、容易记忆、符合消费者的风俗习惯和审美观。奔驰车的标识是一个三叉星环，很像一个方向盘，代表发动机在海、陆、空的强劲马力和速度，所有喜爱汽车的人对这个商标产生的反应是：依赖、崇敬、自豪和满足。另外，美的柔美的标识反映出生活的温馨；彪马、安踏富有动感的标识反映出运动的活力；深圳航空的新标识是一个篆体的象形的"鹏"字，代表"鹏城"深圳等。

（5）情感原则

成功的品牌标识的设计还应当遵循情感原则，让人们通过品牌标识产生情感偏好。这就要求标识设计必须具备以下特点：浓郁的现代气息、极强的感染力、给人美的享受、标识符号能激发丰富联想、令人喜爱等。消费者会因此有一种天然的亲切感。例如，2006年美的集团更换的新标识以单一的浅蓝色替代了原来的紫色和橙色，以凸显优雅、简约和国际化的特点，更适合现代人的审美观；联合利华2001年在原有的标识上增添一个蓝色的小房子，并标注"有家，就有联合利华"。这一改变不仅阐释了联合利华的经营理念，而且融合了中国人对家庭温情的代入感，容易得到消费者依赖。

4. 品牌标识设计要素

（1）标识物设计

以图形和图案作为品牌标识设计元素，通常采用自然界的客体图形作为标识设计的主要构图元素。运用象征寓意的手法，进行高度艺术化的概括提炼，以其直观、精练的形象向消费者诠释品牌理念与品牌风格。这些标识物的设计分为象征型设计、抽象型设计和具象型设计。象征型设计是采用自然界的客体图形作为标识设计的主要构图元素，通过这类图形所象征的寓意向目标受众传达品牌商品类别、性能和相关特征。例如，中国南方航空公司的标识是由一朵色彩鲜艳、丰满大方而又抽象的大红色木棉花组成。在南方人心中，木棉象征高尚的人格，是广州市的市花。人们赞美它、热爱它。具象型设计是对自然形态进行概括、提炼、取舍、变通、组合，最后构成品牌标识所需的图案，常用太阳、月亮、眼睛、手、王冠、动物、植物、山水、风景等素材。采用具象型设计的优点是直接、明了，便于消费者对品牌内涵和意义的识别、理解和记忆。抽象型设计是在构图上大胆摆脱具象的自然形态约束，运用抽象的几何图形组合传达事物的本质和规律特征，以画龙点睛地向目标顾客传达出品牌的核心价值。其主要特征是"形有限而意无穷"。

（2）标识字设计

标识字是指经过设计的、专用以表现企业或品牌名称的字体，它在品牌传播中的传播频率很高。它不仅传递品牌多方面的信息，更以鲜明的文字个性和美感，传达着品牌独特的风格。与普通印刷字体不同，标识字的设计对笔划的形态、粗细、字间的连接与配置、统一的造型等，都做了细致严谨的规划。标准字在品牌标识中所处的位置有两种：一种是文字性标识，整个品牌标识就是标准字，如SONY、3M等；另一种是图案性标识，在图案旁边会出现品牌名称的标准字，如耐克的"一勾"与NIKE、标致的"站立的狮子"与PEUGEOT。

从字体来看，标准字有三种：第一种是书法标准字，如泸州老窖、今世缘、稻花香、鄂尔多斯均采用这种手写标准字。在"老干妈"商标侵权的案例中可以看出，这种标准字显得独一无二，容易给人深刻印象，且有利于品牌保护。第二种是装饰标准字，装饰混合标准字如IBM、TCL、可口可乐等。装饰字体是在基本字形的基础上进行装饰加工而成的。它的特征是在一定程度上摆脱了印刷字体的字形和笔画的约束，根据品牌或企业经营性质的需要进行设计,达到加强文字的精神含义和富于感染力的目的。第三种是书法装饰混合标准字,如谭木匠,"木"字采用装饰字体,以体现木器的特点。而"谭"采用隶书,"匠"字采用魏碑体,给人历史感和雕刻感(见图 4-12)。这种混合标准字新颖独特,给人印象深刻。在正式确定标准字之前,应先对候选的标准字展开调查。调查要点包括:①标准字是否符合行业特征。②是否具有创新的风格和独特的形象。③是否能为购买者所喜欢。④是否能表现出企业的发展性与可信赖感。

图 4-12 "谭木匠"标识字

(3) 标识色设计

品牌标识的色彩在设计中起着强化传达视觉和寓意的作用。标识色是用来象征公司或产品特性的指定颜色,是标识、标准字及宣传媒体专用的色彩。标识色一般是一种或多种色彩的组合,常常与标识物、标识字等配合使用。色彩运用于品牌标识的基础是它给人带来丰富的联想,不同色彩带来不同的联想意义(见表 4-4),这些意义在一定程度上具有普遍性。

表 4-4 色彩与联想的意义

| 色彩 | 正面联想意义 | 负面联想意义 |
| --- | --- | --- |
| 红色 | 热情、喜悦、活力、幸福、快乐、热烈 | 危险、不安、妒忌 |
| 白色 | 纯真、清洁、明快、喜欢、洁白、贞洁 | 悲哀、示弱、投降 |
| 橙色 | 积极、乐观、明亮、华丽、兴奋、快乐 | 欺诈、妒忌 |
| 蓝色 | 幸福、深邃、宁静、希望、力量、智慧 | 孤独、伤感、忧愁 |
| 绿色 | 自然、轻松、和平、成长、安静、安全 | 稚嫩、妒忌、内疚 |
| 黄色 | 希望、快活、智慧、权威、爱慕、财富 | 卑鄙、色情、病态 |
| 黑色 | 静寂、权贵、高档、深思、坚持、勇敢 | 恐怖、绝望、沉默 |

如联想的标识采用独具现代感的蓝色,意味着专业、企业精神和科技;可口可乐采用红色为标准色传递给人以喜庆、快乐的意蕴;麦当劳颜色采用金黄色,它像两扇打开的黄金双拱门,象征着欢乐与美味,象征着麦当劳的品质、服务、清洁与价值像磁石一般不断把顾客吸进这座欢乐之门。品牌设计者应该综合考虑产品类别、品牌理念等内容来对色彩进行选择。不同企业的品牌标准色应该存在差异,这样才有利于形成品牌差异性,如可口可乐和百事可乐的包装分别是红色和蓝色的。品牌标识设计还需遵循系统性原则,从产品包装到媒体传播,还包括多品牌管理,标准色都需要有一定关联。如宜家品牌有统一的视觉识别系统,"宜家标准"规定了全球员工统一着装。宜家员工的工服是以宜家标志的底色——蓝色为主色调,配以宜家的黄色为辅助色,强烈地突出工服的视觉效果。黄色和蓝色正是宜家的品牌标识色。

小案例 4-6

伊利品牌升级,倡导健康生活方式

伊利从 2010 年 12 月开始,进行了全面的品牌升级。新 LOGO 由三道独特的月牙形环绕而成,两条深浅不同的绿色代表着深远辽阔的草原;蓝色的晴空中灿烂的阳光滋养着万物,代表着健康与活力;白色代表着营养丰富的牛奶;红色的"伊利品牌"成长在阳光普照的蓝天绿地中。"伊"利,就是利"伊"、"伊利,大家得利"。伊利深知,只有人人得利,这个社会才会越来越和谐。整个LOGO以圆形为轮廓,表达了一种动态的平衡,既符合中国传统文化所倡导的和谐与包容,又象征着伊利集团独特的精神内涵:灵动的圆形,给人以"生生不息"的感觉,如同伊利集团所倡导的"绿色产业链",环环相扣,集"天时、地利、人和",滋养生命活力,践行与自然、社会、公众、行业合作伙伴的和谐共赢之路,从而形成整个产业链可持续发展的"绿色生态圈"。

资料来源:作者根据相关资料进行整理。

## 4.3 品牌口号

### 4.3.1 品牌口号的涵义

品牌口号是指能体现品牌理念、品牌利益和代表消费者对品牌感知、动机和态度的宣传用语。品牌口号通常表现为一个短句或词组,其诉求点可以有三种:(1)我是谁?(2)我能给你什么?(3)我主张什么?这三种诉求点要涵盖品牌的行业特点、给消费者带来的利益和品牌价值观。企业一旦确定了品牌定位,那么这种定位即转化为一种可与徽标一起运用于业务各方面的单一陈述。用简明的短语或词组来表达企业的核心理念和价值观必须具有非凡的创意。例如,美国迪士尼公司的品牌口号是"人人都开心"、沃尔玛的品牌口号是"天天平价,始终如一"、欢乐谷说自己是"繁华都市开心地"、金威啤酒讲的"不添加甲醛酿造";3M公司的宗旨是"创造性解决未能解决的问题"、世界之窗说"您给我一天,我给您一个世界"、耐克主张年轻人"想做就做"(Just Do It)等。这些优秀品牌的口号之所以会让人记忆深刻,就是因为他们都站在消费者的立场说话,品牌信念将与消费者产生共鸣,从而使消费者对品牌产生认同甚至是信仰。

不少人把品牌口号等同于广告语或广告口号,这是关于品牌口号最大的误区。二者的差异在于:广告口号定位于产品本身,强调功能与促销所达到的效果,是短期行为;而品牌口号定位于企业本身,强调企业的核心竞争力与品牌文化内涵,是长期的,甚至是企业的传家宝。通常我们在广告当中能看到一些语句,那是为了配合广告主题画面而设计的广告语,并不是品牌口号。真正的品牌口号一般都出现在品牌标识附近,如万科的品牌标识下面的"让建筑赞美生命",英特尔标识旁边写着品牌口号"超越未来"(Leap ahead),美的标识旁边的品牌口号是"原来生活可以更美的"。从2013年5月底开始,海尔在互联网上面向全球开始征集品牌口号,最终在40万投递的口号中,海尔选择了"你的生活智慧,我的智慧生活"。这一口号体现了互联网时代人与人之间、海尔与用户之间的交互无处不在。这些品牌口号并不是为配合某个广告而专门设计的,而是作为一种品牌的信念长时间存在下去的。

小案例 4-7

**美特斯·邦威，不走寻常路**

上海美特斯邦威服饰股份有限公司成立于 1995 年。目前公司已拥有直营门店和特许加盟经营店近 4700 家。2011 年公司全系统销售额突破 100 亿元，已成为国内休闲服饰的领导品牌之一。美特斯·邦威从公司创立开始，始终把诚信经营作为企业发展的基石，公司愿景为：成为全球裁缝，为全球消费者提供新时尚的生活体验。其独具特色的经营管理理念和品牌文化内涵，引起了业内和各界的广泛关注。

在产品设计和开发上，美特斯·邦威建立了上海产品设计中心，培育了一支具有国际水准的设计师队伍，并与法国、意大利、中国香港等国家和地区的知名设计师开展长期合作。

美特斯·邦威以"美特斯·邦威，不走寻常路"为品牌口号，彰显其品牌个性。公司以郭富诚、周杰伦等受青少年欢迎的偶像为品牌形象代言人，以极具创意的品牌推广公关活动、全方位品牌形象、广告投放三者结合的策略，迅速提升其品牌知名度和美誉度。

资料来源：作者根据相关资料进行整理。

## 4.3.2 品牌口号的作用

1. 具有体现品牌的核心价值的作用

品牌口号最主要的作用是向消费者诠释品牌核心价值。品牌口号肩负着塑造品牌形象、代言品牌文化、演绎品牌精神的重任。1991 年，美宝莲提出了"美来自内心，美来自美宝莲"的品牌口号，表达了美宝莲要再现广大女性与生俱来的内在美的信念。美宝莲对于美丽的阐释折射出了这一全国最畅销的彩妆品牌始终致力于追求产品内在质量的完美，和现代女性一同让美丽自信由内而外的经营理念。戴尔比斯钻石的那句"钻石恒久远，一颗永流传"作为 20 世纪最为经典的广告语，如同一次爱情核爆炸，响彻全球。它不仅用丰富的内涵和优美的语句道出了钻石的真正价值，还首度将坚贞不渝的爱情引入品牌文化中，成为珠宝类品牌口号的基准模式。其中所传达的钻石文化理念至今仍慢慢渗透到每对即将步入婚姻殿堂的新人们的脑海中。

2. 具有引领消费者生活的作用

我们发现，那些贴近消费者生活的品牌口号较容易被消费者认知与接受，并能够对消费者生活起到一定的引导作用。海飞丝品牌口号"头屑去无踪，秀发更出众"，不仅呈现出海飞丝卓越的去屑功效，还让那些时尚爱美的消费者更加注意自身形象。欧莱雅的"你值得拥有"看似简单，却能让女性怦然心动。伊利新的品牌口号"滋养生命活力"向消费者倡导健康的生活方式；东风日产品牌口号"技术日产，人·车·生活"，诠释以国际领先的人性化科技，为中国消费者持续创造丰富多彩的移动生活。

3. 具有统领品牌旗下各业务的作用

对于旗下拥有多个业务的品牌来说，品牌口号有利于统一消费者对各项业务的认识，各业务在传播当中也有利于统一协调。例如，长安福特马自达汽车公司在福特"活得精彩"品牌主张下推出福特蒙迪欧、福特福克斯、福特 S-MAX 等车型。这些子品牌尽管存在差异，但都统一在"活得精彩"的价值理念下面；李宁的品牌口号是"一切皆有可能"；沃尔沃的品牌口号是"为了安全"（For Life），这使得它的业务顺利延伸到了轿车、卡车和金融等领域。

#### 4. 具有增强品牌记忆效果的作用

一句朗朗上口的品牌口号能够帮助消费者更牢固地记住品牌，特别是在口号当中出现品牌名称时，记忆效果更佳。如耐克的"Just Do It"、维维集团的"维维豆奶，欢乐开怀"、小天鹅的"全心全意小天鹅"、白沙香烟的"鹤舞白沙，我心飞翔"、全兴酒的"品全兴，万事兴"、美的"原来生活可以更美的"等都增加了消费者对品牌名称的记忆程度。

### 4.3.3 品牌口号的特性

#### 1. 价值性

品牌口号应当能够蕴含品牌所能提供的价值和所持有的信念，使消费者与品牌之间产生共鸣。例如，世界之窗的"您给我一天，我给您一个美妙世界"、IBM的"与您携手，共创成果"、上海商业银行的"处处为您着想"等这些优秀的品牌口号在情感上就很容易与消费者之间产生共鸣。而如果只喊一些没有实际意义的口号，如一些报纸的品牌口号"办市民最喜爱的报纸""办中国最好的报纸"并无明确的价值主张。

#### 2. 兼容性

从企业品牌延伸的角度考虑，品牌口号还应当具备兼容性，能在跨越多个行业之后仍有其适用性。例如，宝洁公司的最新品牌口号是"亲近生活，美化生活"，这使得它的产品顺利跨越了洗发、美容、个人护理、食品等多个日用品行业；耐克的"Just Do It"体现了生命不息，运动不止，使它成为一个给全世界的每个运动员带来激情和创新的企业，它的产品也不仅仅局限于服装和鞋子。相反，立白集团当年的品牌口号"不伤手，立即白"使得它很难进入到牙膏领域，后来只好淡化这一口号，同时将"立白"牙膏更名为"珍亮"牙膏。

#### 3. 独特性

好的品牌口号还需要具有独特性，以区别于竞争者品牌，体现出其与众不同的差异性。许多有先见之明的企业或组织通过品牌口号的注册保护来防止抄袭。例如，安飞士公司的品牌口号"we try harder"就实行了注册保护；同样，2008年北京奥运会的口号是"同一个世界，同一个梦想"（One World One Dream）。早在口号公布前，主办单位就完成了多个国家和地区的全部45个类别的商标注册。然而，有很多品牌喜欢围绕着"健康、生命、科学"等词语做文章，这样就容易产生雷同的现象，不易于形成品牌认知的差异性。

#### 4. 易记性

朗朗上口的品牌口号能帮助消费者唤起对品牌的回忆，所以简洁、易懂、顺口是对口号的基本要求。有些品牌口号尽管对仗整齐，颇具文采，但是较长的口号很难让人记住。例如，康佳电子的"我为你，你为他，人人为康佳，康佳为国家"后来就改为"康乐人生，佳品纷呈"。在一次汽车品牌口号的测试过程中，君越、天籁、领驭、雅阁、皇冠、马自达6的车主均未能准确说出他们座驾的品牌口号，而东风标致的"同心同行，标新致远"，明确了品牌的价值观，简洁上口，易于记忆。

#### 5. 相对稳定性

成功的品牌口号很容易在消费者当中广为流传，因此品牌口号需要在一段时间内保持相对的稳定性。只有当企业战略发生变化，或者当品牌的核心价值发生改变时，才可以适当做出调整。比如飞利浦的品牌口号"让我们做得更好"是在使用10年之后才改变成"精于心简于形"的。如果不遵守这个原则，随意更改品牌口号，则会使消费者认知混淆。比如，别克君越上市时用的是"突破诞生",不到一年改成了"动静不凡,见车见志";03 款新雅阁上市时用的是"新雅阁,新力量",2006 年改成了"大成·创行"。这些改变都大大影响了人们对这些品牌口号的记忆程度。

## 4.4 品牌角色

品牌角色又称品牌虚拟代言人、品牌卡通形象、品牌吉祥物或品牌象征物,是指采用人或其他生物的形象来作为一种特殊的品牌象征符号。在市场经济活动中,消费者每一次消费实际上都是对他感兴趣的产品的一次"角色体验"。当消费者体验某种社会和心理角色形象和欲望的意识变成一种市场动力,企业由此塑造品牌形象,并引导和创造市场消费行为,称为"角色营销"。当前市场的竞争是品牌形象的竞争,而品牌形象的核心就靠品牌的"角色感"。从价值观念、品牌个性、生活情调、身份表现等文化、心理、感情及社会的层面保障了一个企业品牌的内在魅力,并创造性地保持市场营销的优势。例如,腾讯旗下的"QQ 企鹅"、康师傅的"大厨"形象、旺旺的"旺仔"、迪士尼的"米老鼠"、米其林的"轮胎人"、动感地带的"M 仔"等随处可见。

### 4.4.1 品牌角色的作用

1. 激发品牌联想

品牌角色借助视觉的传播,利用直观的图形的可视性,使人们对其传达的信息的可信任程度超过一般的语言沟通。通常品牌角色总是设计成一个新颖独特的卡通形象,这种形象的传达不受语言和文字的约束,使不同国家、不同地区的沟通都变得更加便利,很容易在消费者脑海当中留下印记。利用富有特点的品牌角色通过视觉传达的元素,可以使消费者产生品牌联想。例如,人们非常熟悉的旺仔形象,稚趣、生动;一提到西部牛仔的形象人们就会想到万宝路;肯德基创始人桑德斯上校一身西装,满头白发及山羊胡子的形象,已成为肯德基国际品牌的最佳象征,小孩子看到他的形象就会联想到肯德基美味的食品。

2. 有效传递品牌个性

美国著名品牌战略专家戴维·阿克曾经在其品牌形象论中提出:"最终决定品牌市场地位的是品牌总体上的性格,而不是产品间微不足道的差异。"因此,为品牌塑造鲜明的个性成为当前企业品牌建设的一个重点。要使品牌具有人一样的个性,最好的方法是把品牌当作人来培育。

设计者可以根据品牌个性和产品类别来选择品牌角色的造型、颜色、性别、职业等要素,通过鲜活的品牌角色让品牌个性展现得一览无余。"Qoo 酷儿"是可口可乐公司针对亚洲市场研发的一种特色果汁饮料,在亚洲市场所向披靡,所到之处"Qoo"声一片!Qoo 酷儿果汁饮料的成功,与可爱的蓝色大头娃娃"酷儿"有着密不可分的联系。可爱的卡通形象"酷儿"——快乐、喜好助人但又爱模仿大人,而这种个性正与小朋友的个性相一致。这个有点儿笨手笨脚、但又不易气馁的蓝色 Qoo 酷儿,让小朋友看到了它就像是看到了自己(见图 4-13)。

图 4-13 酷儿品牌角色

**小案例 4-8**

酷儿：角色营销魅力四射

2002 年的果汁饮料大战中，表现最抢眼的品牌非可口可乐旗下的"酷儿"莫属。"酷儿"在众多竞争对手中胜出，在中国区推出时间不足一年，迅速跃升至果汁市场的前三位。广州、上海、北京等城市均出现一股"酷儿"热潮，销量呈倍数增长。

可口可乐这次成功的秘诀是成功的角色营销策略，用扮像可爱的"Qoo 酷儿"角色来拉近商品与消费者之间的距离。

"酷儿"在中国市场细分的目标群体是 6～14 岁的儿童，此举跳出大部分果汁品牌针对女性市场的人群定位，也为"Qoo 酷儿"角色的引入创造了条件。"酷儿"博得了小孩子的喜爱，成为他们指定购买的果汁品牌。针对直接购买者的家长，可口可乐公司还通过理性诉求强调功能利益点：果汁里添加了维生素 C 及钙，这无疑给注重孩子健康的父母们吃了定心丸。酷儿果汁由此走红。顶着大大的脑袋，右手插着腰、左手拿着果汁饮料，陶醉地说着"Qoo……"的蓝色娃娃在广告和终端活动的推广下，成了家喻户晓的名人，更成为儿童最喜欢的卡通人物。

角色营销实际上是企业品牌形象营销战略的一部分，可口可乐公司这次采用"角色营销"，通过富有感染力和亲和力的"Qoo 酷儿"角色引导消费行为，使营销功能得到了完美的体现。

资料来源：张先冰. 角色营销[J]. 销售与市场，1996（4），有删减。

3. 利于形成品牌关系

因为品牌角色所具有的拟人化效果，使品牌形象让消费者从心理、文化和社会感情方面产生亲切感和认同感。企业品牌形象的塑造过程，其实也是一个有清晰性格特征的品牌角色的塑造过程。富于感染力和亲和力的品牌角色，如果其个性与消费者的个性、需求相切合，那么这个品牌将会具有强大的亲和力，它的"角色"形象在消费者心中将充满持久性，它能有效引导和创造市场消费，实现真正意义上的创造性营销。阿克、凯勒、卡普菲勒等权威品牌教授都认为，建立与消费者的关系是品牌建设的目标，品牌个性是形成品牌关系的基础。

4. 有效降低营销成本

企业自主设计品牌角色可以有效降低营销成本。一个富有个性和感染力的品牌角色可以代替明星的代言，减少许多代言费用和宣传费用等。明星代言不仅费用高昂，而且合约期限较短，通常只有 1～2 年。明星效应刚产生又要结束合作，有的还需另换代言的明星，这对于一些中小企业来说财务负担很大。而品牌角色专属于企业，无须企业支付任何酬劳，只是花费一些制作、推广和维护费用，这同令人咋舌的天价明星代言费用相比，还是可以让企业承受的。

5. 增强品牌传播的可控性

首先，品牌角色专属于企业所有，它避免了明星代言的独特性风险与关联度风险。由于在品牌代言当中，往往一个明星代言多个品牌，使得消费者很容易将同一个明星代言的品牌混淆，影响记忆。而品牌角色具有品牌的专属性，这使得品牌就是角色，角色就是品牌，使品牌与角度有力地融合在一起。例如，人们一看到米老鼠和唐老鸭就会想到迪士尼的动画。

其次，品牌角色避免了明星代言的一致性风险。明星也是普通的人，他们在镜头前面的形象和日常生活中的实际表现有的存在着一致性风险。他们也会犯种种错误，而这些错误在其名人背景下更加惹人关注，从而损害到其所代言的品牌形象。例如，百事可乐曾花巨资启用杰克逊作为代言人，但很快杰克逊便传出猥亵儿童的丑闻，公司不得不撤消所有杰克逊的广告，另寻他人代言。这给百事可乐惹来不少麻烦。而品牌角色是虚构的，不存在于现实社会中，其一言一行都在企业的掌控之中，不会犯错误，自然就不涉及形象受损问题。如麦当劳叔叔、海尔兄弟、永备电池的劲量兔子等一直能够保持良好形象。

最后，品牌角色具有可塑性。明星是不能由企业掌控的，其个性特点都是其自身发展的结果；而品牌角色可完全由企业建构，外观如何、具有什么个性、今后往哪个方向发展都由企业所掌控，这样更有利于传播。如米其林轮胎人100多年来外观造型在不断改变，以适应时代的需要。

小案例 4-9

**美国 20 世纪十大品牌的代言人**

《广告时代》评选出 20 世纪依据市场产生强烈共鸣的十大品牌形象。评判准则依照有效性、持久性、公认程度以及文化冲击力（见表4-5）。

表 4-5 美国十大品牌代言人表

| 排名 | 代言人 | 产品 | 年份 | 创造者 |
|---|---|---|---|---|
| 1 | 万宝路硬汉 | 万宝路香烟 | 1955 年 | 李奥·贝纳广告公司 |
| 2 | 罗纳德·麦克唐纳 | 麦当劳快餐店 | 1963 年 | 华盛顿特许经营商奥斯卡·戈尔茨坦 |
| 3 | 绿色巨人乔利 | 绿色巨人蔬菜 | 1928 年 | 明尼苏达州坎宁山谷公司 |
| 4 | 贝蒂·克罗克 | 食品，包括蛋糕、糖霜、微波炉爆米花和饼干 | 1921 年 | 沃什伯恩·克罗斯比公司 |
| 5 | 劲量兔子 | 永备电池 | 1989 年 | Chait/Day 广告公司 |
| 6 | 皮尔斯伯里面团娃娃 | 各类皮尔斯伯里食品，包括冷冻炸面团、面包半成品、面包卷 | 1965 年 | 李奥·贝纳广告公司 |
| 7 | 杰迈玛姑妈 | 杰迈玛姑妈薄煎饼半成品和糖浆 | 1893 年 | 里斯·拉特/戴维斯·米宁公司 |
| 8 | 米其林男子 | 米其林轮胎 | 1898 年 | 埃杜阿德·米其林构思、奥加洛普艺术加工、恒美环球广告公司后来执行 |
| 9 | 老虎托尼 | 凯洛格食品公司的霜雪花（糖霜谷物薄片） | 1951 年 | 李奥·贝纳广告公司 |
| 10 | 奶牛埃尔西 | 博登日用产品 | 1939 年 | 博登广告经理斯图尔特·皮博迪 |

资料来源：〔美〕多蒂·伊里科. 美国十大品牌形象[J]. 国际广告，2000（1）。

### 4.4.2 品牌角色的种类

1. 根据对象进行划分

根据对象,品牌角色可以划分成卡通形象和真实人物两种。卡通形象是艺术化、拟人化的角色形象,具体又分为卡通人物和卡通动物。卡通人物如酷儿、海尔兄弟、Lee 牌牛仔的 Buddy Lee、蒙牛的奶人多多等;卡通动物包括永备电池的劲量兔子、蓝猫、米菲兔、机器猫等。真实人物实际上并不是现实中的某个明星,而只是一个塑造出来的真人形象,如万宝路牛仔、贝蒂·克罗克等。品牌角色的卡通形象更能增加品牌的活力和纯真,如凯蒂猫(Hello Kitty)(见图 4-14)吸引众多年轻女生。

图 4-14　Hello Kitty

2. 根据数量进行划分

根据数量,品牌角色可以划分成单一角色和多个角色。单一角色使品牌与角色形成一对一的关系,指向清晰,不易混淆,因此在品牌角色的案例中最为常见,如米其林轮胎人、酷儿儿童果汁饮料的酷儿等。多个角色又分为完全虚拟代言人和明星代言人与虚拟代言人组合两种。完全虚拟代言人全部由虚拟代言人构成,如奥运福娃、迪士尼卡通形象。明星代言人与虚拟代言人组合则是在品牌传播的过程中同时出现现实和虚拟两种代言人,如美特斯·邦威在聘请郭富城代言的同时,又创造了一个虚拟形象"小郭"。多个角色能更好地诠释品牌特点和个性且能覆盖更广泛的目标消费者群体,还能更全面地表达产品特点。例如,海尔兄弟通过两个亲密兄弟的形象来反映海尔对待消费者的真诚;高乐高创造了"乐颠一族",按照不同的成分导入不同的虚拟代言人:钙奇妹、贪吃铁、大头锌、百变麦、维灵娜、大力可。

### 4.4.3 品牌角色的创建

1. 品牌角色设计的基础分析

(1)行业特征

目前,国内终端市场上,运用品牌角色主要集中于快速消费品行业的饮料、食品、日化用品企业,耐用消费品行业的家电、服装企业,还有 IT 行业。卢泰宏等学者指出:"抓住体验消费,开展体验营销已经成为中国营销创新的重要课题。"上述行业与消费者生活息息相关,因而有导入品牌角色的潜在需求。相反,在一些针对企业间业务的工业品市场上,品牌角色的价值就非常小。

(2)目标消费群特征

企业使用的品牌角色通常是卡通形象,其适用的品牌目标消费群比较年轻,如儿童、青少年及年轻人。但是,随着动漫产业的发展,越来越多的成人喜欢卡通形象。随着卡通形象的成人化趋势,今后越来越多年长的成年人会接受品牌角色,例如,脑白金卡通人物——一位老爷爷和一位老奶奶让人耳目一新、印象深刻。匹克集团推出"皮皮"和"可可"两只卡通蚂蚁,作为吉祥物,利用互联网及网络游戏等平台在成年人市场产生影响力。

（3）竞争环境

品牌角色传递着品牌的个性,满足的是消费者的情感需求,因此适合于比较成熟的竞争环境。而一些行业主要以低价作为竞争手段,如一些工业建材和原料等,它们采用品牌角色作用就不大。在这些行业的竞争环境下,品牌角色占据消费者心智的作用被价格等非长效性竞争手段屏蔽掉了。

（4）企业营销策略

如果企业以创建个性化的品牌为长远发展目标,则企业就会导入品牌角色采用角色营销的方法。通过品牌角色触动消费者的内心情感,创造情感体验。例如,在"水晶之恋"果冻广告中,我们看到一位清纯、可爱、脸上写满幸福的女孩,依靠在男朋友的肩膀上,品尝着他送给她的"水晶之恋"果冻。消费者看到后也会感觉到这种"甜蜜爱情"的体验。而那些仅追求短期销量的企业,不求长远发展,那么建设品牌角色没有必要,因为品牌角色带来的是长期影响,短期效果不明显。

（5）品牌个性

品牌个性是决定品牌角色设计的最核心要素。例如,雀巢的品牌形象是一个鸟巢,一只鸟在哺育两只小鸟,这极易使人联想到嗷嗷待哺的婴儿、慈爱的母亲和健康营养的育儿乳品,在消费者心目中注入了慈爱、温馨、舒适和信任的品牌个性。欧洲及美国的一些休闲食品企业,很少像国内企业那样聘请明星做代言人,而是与动漫公司结盟,让一些活泼可爱的卡通形象代言产品,如凯蒂猫、史努比、米老鼠和小熊维尼等。再如欧洲系的卡通形象——米菲兔、诺弟、小天使鼠安奇、建筑师巴布、汤姆火车等。欧美的食品企业通过将自己的产品与卡通形象结合,不仅迅速扩大了自己产品的品牌知名度,还结合卡通形象的特点,塑造出具有鲜明个性的品牌文化。

**小案例 4-10**

**风靡世界的芭比娃娃**

20 世纪 50 年代,芭比是美国第一个有着可弯曲的腿的玩偶。到 20 世纪 60 年代,芭比的发色有了变化,女孩子们喜欢给她做出各种发型。20 世纪 70 年代的芭比有了可弯曲的手腕、肘,并且有了脚关节,这使芭比能参加体操、马术、芭蕾舞表演。20 世纪六七十年代好莱坞系列"奥黛丽·赫本"型展现了好莱坞明星的魅力,芭比娃娃摇身一变,变化成了各路女星。赫本特别将这款娃娃的肖像版税捐给慈善机构,以帮助缓解世界饥荒。

20 世纪 80 年代,收集芭比的热潮在成年人中扩散。美泰推出第一个陶瓷芭比时,30 万个芭比当即销售一空。2001 年上市的陶瓷芭比,设计得于名画《舞台上》,这款造型曾获得 2001 年的"年度娃娃"大奖。到了 20 世纪 90 年代,一些世界著名的设计师加入了芭比的设计队伍。每位设计师设计的芭比,都能代表他们独特的风格,从 Polo 的经典骆驼皮毛外套,搭配蓝色大衣的造型,到 CK 的街头装扮,还有 Givenchy 典雅的黑礼服,带给芭比完全不同的面貌。

资料来源：黄静. 品牌营销[M]. 北京：北京大学出版社, 2008。

2. 设计品牌角色的整体形象

基于以上分析，设计师可以对品牌角色进行整体设计，内容包括：名称、年龄、性别、种类、造型、颜色、性格、爱好等。以下是酷儿的品牌角色的个人档案：

①姓名：酷儿（Qoo）。

②出身：某日现身森林，被一对好心夫妇抚养，好像是独子。

③年龄：传说是7～10岁。

④性别：像是男孩。

⑤特征：只会说"Qoo"，一喝Qoo脸上的橘红色就会扩大。

⑥个性：尽管是孩子常常装出小大人样，乐天派，比较散漫，但有时也有认真的一面。

⑦喜欢的：好喝Qoo、听话的小孩。

⑧不喜欢的：欺负人的小孩。

⑨技能：智力游戏。

⑩最得意的姿势：左手端着满满的Qoo饮料杯，右手叉着腰，将Qoo一饮而尽，喝完了发出"Qoo"的声音。

3. 不断丰富品牌角色的形象

设计出来的品牌角色还只是一个静态的形象，只有这个形象在一些故事里面出现才能使其丰富起来。"酷儿"可爱的标志性记忆点：酷儿憨态可掬的大头娃娃形象，左手插腰右手喝饮料的标准动作、嗲声嗲气的"Qoo"，以及广告语"好喝就说Qoo"。这四点是所有故事共用元素。沿着这些元素可以发展出无数的"酷儿"故事，比如：酷儿做家务时打碎了盘子、弄翻了花瓶，给自己一个鼓励吧——喝一口饮料，说一声嗲嗲的"Qoo"；酷儿爱洗澡，天太热，擦擦汗，喝一口饮料，再说一声"Qoo"；酷儿在动物园与猩猩大哥分饮料，酷儿旅游轶事以及一切贴近儿童实际生活、容易在儿童中创造流行的事情。

4. 注重品牌角色的传播

品牌角色不仅需要在各类广告媒体和包装上出现，而且还需要深入到人们的日常生活当中。在生活中，通过实际接触，消费者能更深刻体会到品牌角色的魅力。例如，迪士尼品牌的卡通形象通过制作音像制品、出版物、儿童玩具而活跃在儿童的现实生活之中。在当今世界凡是媒体可以触及的地方，很少有儿童不认识"米老鼠"和"唐老鸭"的，这些品牌角色已深入人心。同时，企业还可以利用品牌授权，加速品牌角色的传播。就像迪士尼公司通过大量的品牌授权，使他们的卡通形象深入到人们的生活，无论是儿童的书包还是文具、饰品、服装等应有尽有。现在，我国越来越多的企业也采用品牌授权的方式来提升企业的传播力度，比如我们熟悉的喜羊羊和灰太狼、蓝猫等品牌已有许多授权产品。

## 4.5 品牌传奇

### 4.5.1 品牌传奇的涵义

品牌传奇作为品牌创建中的一种特殊手段，在国外著名品牌的创建中已得到广泛而卓有成效的运用，如苹果电脑、劳斯莱斯、依云、爱马仕等，皆因其品牌传奇性而名声大振且长盛不衰。品牌传奇利用品牌叙事传达一种世界观，和一系列超越商品使用功能和认知特征的理念。品牌叙事以存在主义的纽带形式把消费者和品牌联系起来，它是品牌力量的基础和源泉。品牌传奇以自我循环的方式运行，这种自我循环能够带动消费者的积极参与，具有生动、易传播、渗透性强、激发口碑传播等特点，并激发受众的好奇心从而主动了解品牌历史和故事，赋予品牌"经典、神秘、稀有、珍贵"等元素，相比广告成本更低且可信度更高。品牌的一大作用是用情感和相关性将企业的产品服务和消费者联系起来，为消费者创造一种迷人的、令人愉快和难以忘怀的消费体验。利用"讲故事"的方法让品牌加入了神秘色彩。美国营销顾问劳伦斯·维森特（Laurence Vincent）提出了"传奇品牌"（Legendary Brands）的概念，指的是通过品牌叙事使一种世界观和相应的物质实体发生联系。作为品牌诉求的一个载体，品牌传奇是品牌在发展的过程中将其优秀的方面梳理、总结出来，并且形成一种清晰、容易记忆又令人浮想联翩的传导思想。例如，耐克公司每年为品牌故事付高额酬金，资深员工卖力创造故事，借由故事把耐克的品牌价值传达给外界；海尔是中国品牌编故事、讲故事的高手，专门请各方面专家将海尔的理念编成一个个让人激动、感动的故事，张瑞敏砸冰箱、洗地瓜的洗衣机等故事，让中外的媒体、中外的专家、中外的老百姓口口相传。

### 4.5.2 品牌传奇的种类

1. 创业历史型

在营销同质化、市场同质化的今天，最有可能独占消费者注意力的人就是说故事的人。许多品牌创始人会将其艰辛的创业历程编成一个小故事，通过广告、宣传册、网站、软文、包装和零售店等渠道进行传播。这既让员工知道公司的创建来之不易，也让消费者为之肃然起敬，自然也添加了几分对品牌的好感。例如，哈根达斯的品牌传奇就是它的创始人鲁本·马塔斯的创业故事；又如，所有谭木匠连锁店的墙上，都挂有一个刻有创始人谭传华的辛酸家史及创业历程的木牌。

2. 产品发明型

一个伟大产品的发明历程总是那么引人入胜，将其诞生的传奇故事公布于众能够满足消费者的好奇心。例如，我国有许多著名的餐饮品牌的店里常常会悬挂招牌菜的来源故事，如云南的过桥米线。19世纪时，James Chivas 和 John Chivas 两位兄弟遍访欧美大陆，发现威士忌酿制的秘密：橡木桶的艺术——用来酝酿威士忌的橡木桶的品质对将来威士忌的口味有着巨大的影响；调和的艺术——将几种麦芽威士忌和谷物威士忌调和在一起便可以得到一种更美味、风格更独特的威士忌。

3. 品牌由来型

品牌的命名、标志、包装等要素的设计通常有着一段美丽或有趣的故事。例如，星巴克的这个名字源于美国作家麦尔维尔的小说《白鲸》中一位处事极其冷静、极具性格魅力的大副，其嗜好就是喝咖啡；劳斯莱斯银光闪烁的飞翔女神标志的创意，取自巴黎卢浮宫艺术品走廊的一尊有两千年历史的胜利女神雕像。当汽车艺术品大师查尔斯·塞克斯应邀为劳斯莱斯汽车公司设计标志时，深深印在他脑海中的女神像立刻使他产生创作灵感，于是一个两臂后伸，身带披纱的女神像飘然而至；可口可乐线条优美的瓶子设计据说来自于印第安纳州一个名叫凯普曼·路德的年轻人看到女友穿脚伴裙后获得的灵感。

#### 4. 质量管理型

为了做出精良的产品，一些著名品牌在生产环节精益求精，对质量进行严格控制，留下了令人称道的佳话。例如，1985年，海尔老总张瑞敏为了培育员工的品质意识，不惜砸掉了76台不合格冰箱，而每台冰箱的价格相当于当时普通工人两年的工资。无独有偶，1995年，当时账面并不宽裕的"谭木匠"主动烧毁了15万把梳子，因为它们不符合"谭木匠"的质量标准，会影响"谭木匠"的精品属性，这一举措成为当时很多媒体的话题。

#### 5. 产品特色型

有些企业在竞争中利用自身产品的优势，突出产品的差异化，利用产品的特色制作品牌传奇来进行传播。因为更多的消费者购买产品是基于产品本身的特色而选购的，他们往往对产品特色的成因比较感兴趣。比如，"乌江三榨"涪陵榨菜在包装上印有乌江（古称"涪水"）的地图，以示榨菜正宗；又如，水井坊酒大做"1999年中国十大考古发现"的文章，打出"中国白酒第一坊"的口号。

#### 6. 客户服务型

在企业竞争日益激烈的今天，产品的竞争已经转向非价格因素的竞争，优质的客户服务是一项颇为有效的竞争手段。许多优秀的企业会收集日常优质服务的点点滴滴，通过企业刊物、网络、报纸等形式传递出去，不失为建立品牌形象的好方法。例如，丽兹·卡尔顿饭店就流传有许多优质服务的小故事：有一次，韩国一家跨国集团公司副总裁到澳大利亚出差，当他住进丽兹·卡尔顿饭店后，他打电话给该饭店客房服务部门，要求将浴室内原来放置的润肤乳液换成另一种婴儿品牌的产品，服务人员很快满足了他的要求。三周后，当这位副总裁住进美国新墨西哥的丽兹·卡尔顿饭店，他发现浴室的架子上已摆着他所熟悉的乳液，一种回家的感觉在心中油然而生。

#### 7. 领导风采型

企业领导是品牌的精神领袖，其举措会赋予品牌一定的内涵。比如，令众多"苹果迷"着迷的不仅仅是苹果产品的本身，还有他的优秀管理者乔布斯的传奇故事。万科CEO王石钟爱登山，至今已攀登过包括珠峰在内的各大洲境内的所有最高山峰，其魄力也传递到了万科品牌身上；海尔CEO张瑞敏是第一个登上哈佛讲台的中国大陆企业家，这也使得海尔的品牌打上了国际化的印记。

#### 8. 业绩成就型

企业、产品、品牌获得的各项殊荣需要以适当的方式传递出去，以增加消费者对品牌的好感。例如，2008年3月，海尔第二次入选英国《金融时报》评选的"中国十大世界级品牌"。2008年6月，在《福布斯》"全球最具声望大企业600强"评选中，海尔排名第13位，是排名最靠前的中国企业。2008年7月，在《亚洲华尔街日报》组织评选的"亚洲企业200强"中，海尔集团连续五年荣登"中国内地企业综合领导力"排行榜榜首；1843年芝华士被维多利亚女皇永久委任为"皇室供应商"。这次皇室的委任令芝华士兄弟名声大振，生意蒸蒸日上。他们与英国皇室建立了良好而巩固的关系。

小案例 4-11

依云的品牌传奇

1789年夏，法国大革命时期，一个法国贵族患上了肾结石，四处苦求良方未果。于是他到附近的依云小镇闲居，他取用源自Cachat绅士花园的泉水饮用。一段时间后，他惊奇地发现自己的病奇迹般痊愈了。这件奇闻迅速传开，专家们就此专门分析并证明了这种水的神奇疗效。此后，大量的人们涌到了依云小镇，亲自体验依云水的神奇，医生们更是将它列入药方。拿破仑三世及其皇后对依云镇的矿泉水情有独钟，1864年正式赐名其为依云镇（Evian来源于拉丁文，本意就是水）。

现在，我们看到的是，当别的牌子的水都在1元多钱的价位拼得头破血流时，售价在10多元的依云水依然有人趋之若鹜。

资料来源：作者根据相关资料进行整理。

### 4.5.3 品牌传奇的作用

1. 增加品牌记忆点

品牌传奇利用它独特的"讲故事"的手法，相对于产品特点的理性说教，利用人们都喜欢听故事的心理，将那些优秀的品牌传奇讲得更加引人入胜。当消费者被品牌传奇所吸引和打动时，他们对品牌就增加了一个新的记忆点。

2. 增加神秘色彩

全球著名企业通常都是历史悠久，在品牌创建的过程中有着各种各样的品牌故事，有的情节曲折，具有浪漫气息，在一定程度上为品牌增添了神秘色彩，也增添了魅力。如依云矿泉水的浪漫的品牌传奇，威士忌的品牌传奇，可口可乐、苹果等。时尚界的鼻祖香奈儿夫人出生于1883年、逝世于1971年，她所创立的香奈尔一直是时尚界的骄傲。香奈儿一生都没有结婚，她创造伟大的时尚帝国，同时追求自己想要的生活，其本身就是女性自立的最佳典范，也是最懂得感情乐趣的新时代女性。

3. 传播品牌的理念

许多品牌还将企业的品牌理念与价值观念蕴含在品牌传奇当中，在与消费者分享其品牌传奇的同时，也让消费者感受到了企业的品牌理念和品牌精神，使消费者在听故事被感动的同时，对于企业品牌理念产生强烈的认同感。例如，像海尔、海底捞等以质量取胜的企业，在许多品牌传奇中都传递中对企业产品品质精益求精的严谨态度。

4. 增加口碑传播的题材

根据传播学理论，品牌的传播首先是通过媒体传递给意见领袖，然后意见领袖通过口头的方式传递给普通大众。如果企业仅利用广告宣传的手段进行传播，虽然传播范围较广泛，但是与可以使消费者在茶余饭后谈论分享的品牌传奇故事相比还缺乏了口碑传播的效果。例如，关于海底捞火锅"变态"的服务，在生活中广泛流传着各种各样的海底捞优质服务的小故事，这使那些没有去过海底捞的人们都很想去亲身感受。

5. 使品牌角色变得鲜活

许多企业品牌角色不只是要设计出来，还需要出现在各种故事场景中，以便使其形象进一步丰富和完善。比如和动漫公司结盟，让企业的品牌角色作为动漫角色，通过让这些活泼可爱的卡通形象鲜活起来，而便于走到消费者的生活中。再比如著名的海尔兄弟让那一代的儿童印象深刻。让品牌角色鲜活起来，能够迅速扩大自己产品的品牌知名度，塑造具有鲜明个性的品牌文化。

### 4.5.4 品牌传奇的开发

**1. 主题**

主题就是品牌的意义和内涵,是品牌传奇所希望表达出来的东西。主题主宰着品牌传奇的开发方向和思路。例如,美国贝尔电话的一个品牌故事描绘了一个平常生活场景,女儿给父母打电话,她向她父母传达了一种情感,她爱她的父母。一般我们都是有事情才会打电话,所以老先生才会惊讶女儿没事打什么电话,等到老太太告诉他之后,他们都被这种深深的爱感动着,他们自己又何尝不爱女儿呢?只是从来没有想到过这样表达出来,所以贝尔电话告诉我们用电话来传递爱。整个故事给人的感觉就是很安宁、很和谐的一个生活场景,却带给人浓浓的亲情。

**2. 人物**

故事当中的人物选择需要考虑三个方面:一是抽象性,该人物要代表某一种原型;二是文学性,人物的选择和特点要给人以深刻印象;三是相关性,选定的人物需要与消费者有一定的关联性。比如雕牌洗衣粉的"妈妈,我能帮你洗衣服了",带着浓浓的亲情走进了千家万户,使雕牌洗衣粉奇迹般跃居当年洗衣粉行业第二位。母亲与孩子的人物关系引发了消费者的共鸣,将主人公的感受顺理成章地转移到顾客身上了。

**3. 情节**

情节是指品牌传奇的活动部分,通常表现为事物发生的逻辑结构和人物的经历过程。套用亚里士多德的三幕结构,情节包括起因、深化、解决三个环节。起因是指消费者有某种需要,深化是指消费者选择了某个品牌,解决是指该品牌满足了消费者的需求。如令人感动的潘婷在泰国的励志广告,就是用讲故事的手法讲述了一位学习小提琴姑娘的感人故事,让消费者印象深刻。

**4. 美学**

同样的主题、人物、情节,采用不同的讲法,其效果是不一样的。一些美学原则的修饰将大大提升品牌传奇的吸引力。这些美学原则来自一些感官,如声音、影像、气味、触觉等。在云南过桥米线的连锁店里,需要过一座小桥,这就是对"过桥米线"传奇故事的感官处理。这样,每一个来过的客人都会对"过桥"认识深刻。

**小案例 4-12**

美宝莲的品牌传奇

世界第一彩妆品牌美宝莲纽约也是第一支睫毛膏的发明者。1913 年,美国化学家威廉姆斯为帮助他的妹妹美宝赢得她苦苦相思的意中人的心,发明了一种以炭粉和凡士林巧妙搭配成的美睫"魔棒",正是这一让明眸俏丽动人的睫毛膏,让美宝拥有了撩人的双眼,最终赢得了她的意中人,与之喜结良缘。

自 20 世纪初以来,美宝莲纽约在睫毛膏这一王牌产品领域,一直不断推出众多占据第一位的明星产品,延续着睫毛膏领军品牌的美誉。直至 2007 年,美宝莲纽约在中国地区已经拥有 6 款明星睫毛膏,分别包括了瞬盈浓密睫毛膏、无境炫黑纤长睫毛膏、无境纤长睫毛膏、XXL 微细纤维睫毛膏和摩天翘睫毛膏!美宝莲纽约占据了中国睫毛膏市场第一的销售份额,是中国当之无愧的第一睫毛膏品牌!

在长达一个世纪的美目追求史中，美宝莲扮演着开拓者和领导者的角色。1930年，睫毛膏开始公开发售。1950年，科学家们加入蜂蜡、弹性纤维质等成分，更大的突破开始于睫毛膏刷头的发明，至此睫毛膏也进入了高科技产品研发领域。1970年，随着换代防水型睫毛膏的诞生，油性的睫毛膏卸妆液也面世了。1990年起，睫毛膏开始进入全新的技术突破的年代。

从20世纪70年代起，美宝莲陆续上市了几款睫毛膏，并在此后大获成功。俏密睫毛膏是1971年上市的新品，20世纪70年代是嬉皮、摇滚运动兴起和发展的时代，叛逆、夸张成为社会的主流。俏密睫毛大胆出跳的红绿搭配适时地迎合了这一潮流，俏密睫毛膏的功能与夸张的眼线和眼妆形成完美配搭，此外，20世纪70年代美国职业妇女的生活节奏加快，对化妆的时间要求缩短，俏密睫毛膏又满足了时代的需求。这款产品上市不久，就成为全美国睫毛膏销量第一的产品，这个"吉尼斯纪录"一直保持至今。

此后的奇妙特翘睫毛膏和防水睫毛膏，也因其使用方便快捷，适合任何肤色和种族的女性，能配合各种流行的特点，成为美宝莲曾经介绍给中国女性的几款最为成功的睫毛膏。美宝莲眼部彩妆品成为了"变出迷人大眼睛魔术"的代名词。

资料来源：中国品牌网，http://www.chinapp.com/pingpaichuanqi/8447/。

# 4.6　品牌音乐

品牌音乐是指以音乐、视频等表达形式来传达形象与品牌的新兴音乐模式。能够服务于品牌，提升品牌力的音乐统称为品牌音乐（包括通常所说的广告歌曲、企业歌曲、形象歌曲、行业歌曲、队列歌曲等）。越来越多的企业开始整合视觉和听觉对品牌进行多层次全方位设计。一些企业专门为品牌设计了专属的音乐，以便促进品牌建设。

## 4.6.1　品牌音乐的类型

1. 根据作用进行划分

按照音乐的作用，可以把品牌音乐划分成企业主题歌曲、广告背景音乐和品牌标识音乐三种。企业主题歌曲通常是聘请著名词曲作家，为企业的整体形象和企业文化进行量身定做的歌曲，通常还要配以视频做成MV。这些歌曲不仅向消费者传达企业的理念和文化，也对企业员工起到激励和凝聚的作用。例如，五粮液集团出资为"青梅酒"所拍摄的作品《仙林青梅》可以说是品牌音乐当中的佼佼者。仙境般的画面和婉转的旋律，演唱者的歌声与画面几乎完美融合在一起，令消费者有一种美的享受。一些国际品牌甚至在不同国家还保持统一，如麦当劳"Balabababa，我就喜欢"的品牌音乐在全球120个国家同时推出。即使是多产品情况下，片尾音乐也是统一的，如飞利浦公司在电动剃须刀、液晶彩电等产品的广告片尾都会播放两个清纯的音节。

2. 根据来源进行划分

按照音乐的来源，品牌音乐可以分为定制音乐和现有音乐。定制音乐是指专为某个品牌原创的音乐，以体现音乐的独特性和专属性，如张含韵为蒙牛酸酸乳演唱的《酸酸甜甜就是我》就是为品牌量身定做的，郭富城为美特斯·邦威演唱的《不寻常》也是如此；而现有音乐是指将已有的著名音乐用到某个具体的品牌上面，以其熟悉性来吸引观众的眼球，如美好时光海苔采用了红遍中国的《吉祥三宝》作为背景音乐，让人记忆深刻。

3. 根据内容进行划分

按照音乐的内容，品牌音乐可以分为有歌词和无歌词两种。在有歌词的音乐中，通常将广告文案编成歌词，配以音乐以便于传播，如金六福酒那则《刘三姐》广告歌；而在无歌词的音乐中，音乐与广告解说词没有直接联系，只是作为一个背景，甚至一些音乐只是在广告片尾才出现，强调品牌识别，如英特尔标志性的四个音节。

### 4.6.2 品牌音乐的作用

1. 加深品牌记忆度

消费者认知记忆有时候是通过品牌音乐的朗朗上口，让消费在跟唱品牌音乐的同时记住了这个品牌。人们在视觉和听觉的共同刺激下，加深了品牌的记忆程度。同时，多媒体的传播方式加强了品牌传播效果。比如，一句"怕上火就喝王老吉"的广告音乐，让这个地方性品牌迅速走向了全国；"燕舞燕舞一曲歌来一片情"，这句脍炙人口的广告歌曲在20世纪80年代末的中国家喻户晓，至今人们还记忆深刻。

2. 有利于口碑传播

我们在日常生活中常常不经意地哼唱一些品牌音乐，尤其是儿童更是对各种儿童产品的广告音乐非常熟悉。一首好的品牌音乐不仅仅是品牌广告传播的一部分，对于人们来说它是一首首旋律优美、朗朗上口的歌曲。这种口碑传播的效果非常显著。当消费者看到某个品牌的时候会想起这首歌曲，同样当消费者听到这首歌的时候就想到这个品牌，实际上这就形成了品牌广告的二次传播。这种消费者传唱的方式潜移默化地传播了品牌，而且成本低廉。所以，创作一段适合传唱的品牌音乐是品牌符号设计当中的一项重要工作。

3. 跨越文化差异

雀巢公司CEO包必达曾说："我们必须有一个世界通行的营销方法。什么东西可以在不同的人种之间实现没有障碍的共享呢？毫无疑问，是音乐！"确实如此，贝多芬、巴赫、柴可夫斯基等一些音乐大师的作品风靡全球，因为音乐传载了灵魂和思想，这些对于不同文化背景下的人们来说都是相通的。2003年，麦当劳在全球120多个国家同一时间发布"我就喜欢"的全新形象，其"Balabababa"的品牌音乐带给全世界消费者的都是一样的轻松欢快的心情。

4. 传载品牌的核心价值

音乐只是一种形式，更重要的是其所蕴含的品牌核心价值。对于品牌内涵的表达而言，音乐是一种很好的途径。例如，飞利浦简洁清脆的两个音节与"精于心简于形"的广告语配合得天衣无缝，准确地传递出"精致简约"的品牌核心价值。

5. 增强品牌感染力

根据美国营销学者马克英尼斯和帕克的研究，广告音乐能导致人的情绪反应，包括积极的情绪反应（包括高兴、幸福、兴奋、感动、舒适等）和消极的情绪反应（包括悲伤、焦躁、厌烦等）两种。一些研究还涉及了音乐具体属性特征（节奏、音量、速度、种类、悦耳度、熟悉度、品味等）带来的情绪反应，如过快或过慢节奏和速度的音乐不容易导致积极的情绪，低的音乐音量更能带来积极的情绪反应等。通过精心设计音乐元素，设计师能够使消费者在倾听音乐的同时感受到品牌的魅力和内涵。例如，"悠悠岁月酒，滴滴沱牌曲"这一荡气回肠的广告音乐让人们感受到了沱牌曲酒品牌的大气、悠长，而超女张含韵演唱的《酸酸甜甜就是我》使人们认同了蒙牛酸酸乳"酸酸甜甜"的少女情怀。

6. 拉近与消费者的距离

品牌音乐如果选用那些消费者熟悉的歌曲或者音乐旋律,尽管消费者对品牌可能不熟悉,但是这些旋律是人们所熟悉的,因此品牌也能很快被人记住。音乐作为一个中介和桥梁拉近了品牌与消费者的关系。例如,美好时光海苔的广告音乐是《吉祥三宝》。潘婷的泰国励志广告选用的是人们熟悉的《卡农》作为背景音乐,与品牌故事情节契合,同时让熟悉这首音乐的消费者感到非常亲切。

**本章小结**

品牌符号作为品牌的显性要素,是消费者能够直观辨认并将其与品牌联系起来的特征。它是品牌外在的、具象的内容。因此品牌符号可以定义为品牌当中能够被消费者感官认知的部分,包括品牌名称、品牌标识、品牌口号、品牌角色、品牌传奇和品牌音乐。其中,前面两个是品牌的必备符号,后面四个是品牌的可选符号。品牌符号设计必须遵循六条原则:可记忆性、有含义性、受欢迎性、可转移性、可调整性、可保护性。

品牌名称是品牌识别中可以用文字表述并用语言进行传播的部分。企业为一个产品起一个好的品牌名称就好比画龙点睛,在营销活动中起着重要的作用。品牌命名的意义有:首先,品牌名称提供了品牌联想,可以最大限度地激发消费者对于品牌的感知联想。其次,品牌名称可以全面诠释品牌核心价值,成为品牌传播良好的载体。再次,品牌名称便于消费者传播,能够提高产品档次与品味。最后,在进行跨国发展时,品牌名称的音译显得尤为重要。

品牌命名主要有以下几种类型:按文字类别命名、按地域命名、按人名命名、按动植物名命名、按目标顾客命名、其他品牌命名方法。品牌命名的基本原则可归纳为法律、市场营销及语言文字这三个方面。品牌命名的流程可分为:确定战略目标、提出备选方案、备选方案测试与评估、备选方案的法律检索、消费者测试、最终确定品牌名称。品牌命名策略有:目标市场命名策略、产品定位命名策略、联想命名策略、本土化与全球化命名策略。

品牌标识也称品牌标志,是指品牌中可以被识别但不能用语言表达的视觉识别系统,包括图案、文字或色彩等组成部分。作为品牌必备的要素,品牌标识同品牌名称等构成完整品牌概念的基本要素。品牌标识的种类可分为:文字标识、图案标识和图文标识。品牌标识的作用体现在以下几个方面:生动形象,易于识记;富有创意,引发联想;增强喜爱,刺激消费;提供信息,利于传播;适应变化,提升价值。品牌标识设计的原则有营销原则、创意原则、设计原则、认知原则、情感原则。品牌标识设计要素可分为:标识物设计、标识字设计和标识色设计。

品牌口号是指能体现品牌理念、品牌利益和代表消费者对品牌感知、动机和态度的宣传用语。品牌口号是品牌内涵最直观的表达。一个优秀的品牌口号能够起到以下作用:具有体现品牌的核心价值的作用,具有引领消费者生活的作用,具有统领品牌旗下各业务的作用,具有增强品牌记忆效果的作用。品牌口号具有价值性、兼容性、独特性、易记性、相对稳定性的特性。

品牌角色又称品牌虚拟代言人、品牌卡通形象、品牌吉祥物或品牌象征物,是指采用人或其他生物的形象来作为一种特殊的品牌象征符号。品牌角色起到以下作用:激发品牌联想、有效传递品牌个性、利于形成品牌关系、有效降低营销成本。增强品牌传播的可控性可以从对象和数量两方面对品牌角色进行划分：（1）根据对象，品牌角色可以划分成卡通形象和真实人物两种；（2）根据数量，品牌角色可以划分成单一角色和多个角色。创建品牌角色需要遵循四个步骤：（1）品牌角色设计的基础分析；（2）设计品牌角色的整体形象；（3）不断丰富品牌角色的形象；（4）注重品牌角色的传播。

品牌传奇利用品牌叙事传达一种世界观，和一系列超越商品使用功能及认知特征的理念。品牌叙事以存在主义的纽带形式把消费者和品牌联系起来，它是品牌力量的基础和源泉。品牌传奇以自我循环的方式运行，这种自我循环能够带动消费者的积极参与，具有生动、易传播、渗透性强、激发口碑传播等特点。品牌传奇常见的几种类型有：创业历史型、产品发明型、品牌由来型、质量管理型、产品特色型、客户服务型、领导风采型、业绩成就型。品牌传奇的作用表现为：增加品牌记忆点、增加神秘色彩、传播品牌的理念、增加口碑传播的题材、使品牌角色变得鲜活。品牌传奇开发有四个要素：主题、人物、情节、美学。

品牌音乐是指以音乐、视频等表达形式来传达形象与品牌的新兴音乐模式，能够服务于品牌，提升品牌力的音乐统称为品牌音乐（包括通常所说的广告歌曲、企业歌曲、形象歌曲、行业歌曲、队列歌曲等）。品牌音乐可以按照作用、来源和内容等几个层面来划分类型：（1）按照音乐的作用，可以把品牌音乐划分成企业主题歌曲、广告背景音乐和品牌标识音乐三种；（2）按照音乐的来源，品牌音乐可分为定制音乐和现有音乐；（3）按照音乐的内容，品牌音乐可以分为有歌词和无歌词两种。品牌音乐的作用有：加深品牌记忆度、有利于口碑传播、跨越文化差异、传载品牌的核心价值、增强品牌感染力、拉近与消费者的距离。

**能力培养指导**

通过本章的学习，学生应该能做到：

1. 结合你所熟知的某一品牌的案例，分析该品牌符号设计都遵循了哪些原则，品牌符号对于该品牌知名度的提升有哪些作用。

2. 结合你所学习的知识，分析市场上至少三个品牌，比较其品牌命名、品牌标识、品牌口号的设计有哪些可借鉴之处。

3. 分别找出一个你认为在品牌角色、品牌音乐方面具有代表性的企业，分析其成功或失败的原因。

**案例应用 1**

如家酒店集团及旗下三大品牌启用新品牌标识形象

2014 年 3 月 30 日，中国最大的连锁酒店业巨头如家酒店集团全面启用新标识，旗下三大酒店品牌如家酒店、莫泰酒店以及和颐酒店的标识也同步变更。

新版如家酒店集团标识升级了此前黄蓝小屋的设计形象，采用了色调为中国红的印章设计方案，更加简洁流畅和现代利落。印章在中国传统文化中是权利与责任的象征，更是对诚信的一份郑重承诺。此次集团标识升级用深红线条和阴刻纹路组成汉字"如家"印，体现了如家集团在未来的发展中，始终以为消费者提供回家般的服务为首任的责任与承诺；同时，将中国传统的印章和书法艺术形式结合起来，经过艺术的再创作，优雅地写出了如家一直倡导的人人相互支撑的"家"文化。

此次随同集团标识一起呈现的还有旗下三个子品牌如家酒店、莫泰酒店、和颐酒店的 2.0

版升级房型和全新标识图案。脱胎于经典的如家快捷酒店,新的"如家酒店"标识采用醒目的橙色作为主色调,由盾形图形标识和如家酒店文字标识组合而成。盾形图形标识位于左侧,内含如家母品牌标识,寓意如家酒店品牌有集团强大的后盾作为支撑,能够更加自信地提供宾客服务承诺和质量保证。端庄圆润的如家酒店中文名称,更为清晰亮丽便于识别。

同样定位于商旅连锁酒店的莫泰酒店则采用了象征时尚、健康的绿色作为标识的主色。其依旧由盾形图形标识和莫泰酒店文字标识组合而成。英文名称 MOTEL 沿用了莫泰经典的标识字体,尊重莫泰酒店忠实顾客的情感归属,同时又赋予莫泰全新活力的新形象。中文名称"莫泰酒店"简练现代,体现出莫泰酒店时尚个性的新定位。

定位于中高端商务连锁酒店的和颐酒店则注重设计细节和当代的品质感。其采用中国传统书法的"颐"字作为主标识,笔触优雅,浑然大气,再搭配紫色的主色调更是淋漓尽致地展现了温暖而不落俗套,优雅而兼顾人文关怀的品牌理念。同时流畅而稳重的中文名称字体设计也体现了中高端商务酒店的一贯形象。而如家酒店集团的"红印徽标"则位于和颐酒店品牌的右上方,似收藏印鉴又如认证标签,增添了和颐酒店整体标识组合的持重感(见图4-15)。

图 4-15　如家酒店集团及旗下三大酒店品牌新品牌标识

十分巧合的是,这次集团的整体升级紧随着全球最大的广告和品牌营销服务集团——WPP 集团首席执行官苏铭天爵士造访如家酒店集团。爵士此行最重要的目的是,向如家酒店集团 CEO 孙坚先生颁发集团旗下如家酒店"2014 最具价值中国品牌 100 强"(排名 67,品牌价值 4.21 亿美元)的荣誉证书。会议期间,双方也就如家酒店集团旗下三个品牌的发展和建设、如家酒店集团的国际化、如家酒店集团如何利用移动互联网推动品牌传播等问题深入进行了交流。会议结尾,爵士盛赞了此次集团标识升级事件,认为这是如家酒店集团向国际化进程迈进中一个至关重要的良好开端。另外,如家酒店集团在新标识推出的同时,还有诸多重要的产品升级及全新服务项目的亮相。

资料来源:作者根据互联网相关资料进行整理。

【讨论题】

1. 如家酒店集团是在什么样的市场环境下更换品牌标识的?为什么要更换?
2. 你认为如家酒店集团新标识的设计是否成功?为什么?

3. 结合本案例，分析品牌标识设计与企业战略发展有什么关系？

**案例应用 2**

**海尔集团启用全新品牌形象标识和口号**

在 2013 年 8 月举行的"2013 海尔商业模式创新全球论坛"上，海尔正式发布了步入网络化战略阶段之后品牌的新形象。从今年 5 月底开始，海尔在互联网上发起的全球口号征集的活动揭晓，在近 40 万口号中，"你的生活智慧，我的智慧生活"入选。新的品牌口号："你的生活智慧，我的智慧生活"，体现了互联网时代，人与人之间，海尔与用户之间，交互无处不在。

海尔新的品牌形象主要有三大变化：

一是海尔主色彩从红色变为蓝色。在新的战略阶段，海尔向着提供专业服务及解决方案的科技形象转变。新的品牌主色彩随之转变为蓝色，以体现科技创新与智慧洞察的视觉感受。

二是"I"上的点由方点变为圆点，字体整体进行了优化。圆点象征着地球，体现海尔创立互联网时代的全球化品牌的理想，也表现了海尔对网络平台中每一个个体的关注。也正是个体的智慧汇聚成海尔的网状平台。对字体整体进行优化，以获得更好的视觉平衡。

三是辅助图形为网格状，以象征海尔节点闭环的动态网状组织。网格没有边框，无限延伸，喻义网络化的海尔无边界，没有层级，而是共同直面用户需求的节点。

资料来源：作者根据互联网相关资料进行整理。

【讨论题】

1. 海尔新的品牌标识设计是否符合品牌标识的设计原则？
2. 与原有的海尔品牌口号"真诚到永远"相比，新的品牌口号的改变体现了什么意义？
3. 您认为海尔应当采取哪些措施来配合品牌形象的改变？

# 第3篇 品牌营销传播策略

第 3 章　公害防治植物資材

# 第 5 章　品牌定位策略

## 学习目标

1. 了解品牌定位的演进，掌握品牌定位的概念与内涵，理解品牌定位的意义与原则
2. 掌握品牌定位的过程
3. 掌握品牌定位的方法
4. 理解品牌再定位策略

**实践中的品牌定位策略**

"猫人"的定位困惑

2003年猫人国际非常担忧其最新保暖内衣品牌"猫人热力卡"和羊绒裤品牌"古纳斯"在冬季的销售情况。经过专家的指导，在一番品牌定位之后，"猫人"获得了很大的成功。

**"猫人"的品牌定位战略**

2003年当"猫人"进入保暖内衣行业，董事长游林认为：只有依靠品牌定位战略来实现品牌差异化，才能避免质量战、价格战、口水战等"杀敌一千，自损八百"的低级竞争策略。而且猫人国际明确提出了"时尚内衣"的品牌战略，从消费者领域进行了品牌差异化定位。但是对于如何具体体现"时尚"这一定位，企业却并不能清晰、一致地进行说明，而且对其定位的宣传上采用的也是极为大众化的手段。与其他没有制定品牌定位战略的保暖内衣品牌一样，"猫人"只是每年寻找新概念，进行"面料科技战""广告战""明星战"。

**请来专家，研判问题**

为此"猫人"特别请来了成美营销顾问有限公司（以下简称成美公司）为其进行诊断。成美公司的研究结果显示：在保暖内衣业发展的早期，以"俞兆林""南极人""北极绒"为代表的品牌，一味追求"保暖"，对"时尚"基本不考虑。大多数保暖内衣膨松、臃肿，既不便于活动，又缺乏美感。2001年"纤丝鸟"首推"美体内衣"大获成功。2002年，几乎所有品牌，以及不甘心自己首创"美体修形"概念被借鉴的婷美集团，纷纷提出美体、保暖"二合一"概念，又衍生出"薄暖"概念，如"南极人"的毛缎内衣等。然而消费者却始终认为："薄就肯定不会保暖。薄的只适合在秋季和初冬穿着，在最冷的日子，还是南极人为代表的厚而臃肿的传统保暖内衣能够御寒。"

**认真对待消费者心理**

在消费者眼中，什么是保暖内衣的"时尚"？经过成美公司营销人员的调研发现：消费者对样式的关注集中在"领型""色彩""剪裁"三个方面。在各种领型中，以中低圆领最受消费者欢迎，因为在隆冬季节，中低圆领内衣既保暖又美观；在各种颜色中，不同消费者有不同的选择，有的喜欢浅色不容易从羊毛衫中透色，有的认为深色耐脏；在剪裁方面，消费

者普遍提出越紧身越好搭配外衣，其顺序依次为束身、贴身、随身、宽松。结合三个方面的偏好，消费者对于保暖内衣的"时尚"认知，主要为"更好体现外衣（主要是羊毛衫）的薄型"。

正是因为上述原因，消费者才对"南极人""北极绒"等品牌的"剪裁"存在明显不满，过于臃肿，不适合穿在衬衫、紧身一点的羊毛衫里，不仅不美观还行动不易。因此，消费者普遍认为"南极人"等更适合怕冷、不关注美观的老年人穿着。

**最终定位**

至此，成美公司认为"时尚"定位，落实到猫人热力卡产品层面，主要突出"贴身剪裁""不臃肿"。由于消费者的需求是复合的"保暖+时尚"，即"时尚内衣"定位，必须同样满足"保暖"。因此，成美公司对猫人热力卡如何体现"保暖"，也进行了研究。由于猫人国际提出的"日本发热纤维"，并不符合消费者对"保暖"的固有认知，且需要大量的、复杂的说明解释，而且大肆宣传"日本发热纤维"，并不符合"时尚内衣"定位；而澳大利亚羊毛是消费者容易接受的保暖概念，符合消费者对保暖的固有认知。因此，成美公司否定了主推"日本发热纤维"的做法，认为通过"澳大利亚羊毛"的信息，让消费者明白猫人热力卡是保暖内衣即可。

**评述**

猫人服装在全国范围内已经进入了市场前三名，增长率高达800%，猫人国际的"时尚内衣"品牌定位大获成功。从上面"主题要点"中，我们可以看到"猫人"主体上采用的是消费者定位策略，但其他策略也有所体现。

1. 定位策略是一个整体，而非单个个体

"猫人"在主体定位上一开始就选择了"时尚内衣"这一品牌定位。然而结果并不成功，其主要原因就是各个点没有形成整体。例如，在如何宣传这一定位上，以"日本发热纤维"作为主打，然而消费者普遍认为羊毛要比人造纤维保暖性好。再加上国内各种理念层出不穷，消费者已开始厌倦新理念，日趋对传统理念更加信任。

2. 品牌定位策略支撑

确定了主题定位策略，品牌定位这个支撑体系，同样起着非常关键的作用。例如，在突出保暖这一产品功能上，"猫人"发现其实真正的"时尚"应该是产品的外形，因此对样式进行了大幅度的改进，把过去的臃肿变成了美丽，但却不碰触消费者"薄不保暖"的消费心理。

3. 竞争对手策略支撑

通常情况下，当一个特性被某品牌成功占据后，它就不能被其他品牌再度占据了。针对保暖内衣行业，由于"南极人"在品牌宣传上的成功，"保暖"这一主题特征已经被赵本山"地球人都知道"给说得非常牢固。即使"猫人"再宣传"日本发热纤维"也不会成功。因此，"猫人"只能选择其他竞争对手没有发现的产品诉求点。而这当属"时尚"，因为这符合马斯洛需求层次理论，当人们满足了最基本的需求之后，自然会向更高层次需求发展。

资料来源：邓明新. 品牌营销技能案例训练手册[M]. 北京：北京工业大学出版社，2008。

## 5.1 品牌定位概念与内涵

### 5.1.1 品牌定位理论的演进

从定位理论的演进过程来看,品牌定位理论的发展经过了三个阶段:20 世纪 50 年代的 USP 理论、20 世纪 60 年代的品牌形象理论和 20 世纪 70 年代的定位理论(见表 5-1),相应的,美国市场营销的发展经历了产品时代、品牌形象时代和定位时代。

表 5-1 品牌定位理论的演进

| 理论 | USP 理论 | 品牌形象理论 | 定位理论 |
| --- | --- | --- | --- |
| 产生时间 | 20 世纪 50 年代 | 20 世纪 60 年代 | 20 世纪 70 年代 |
| 时代背景 | 产品主导 | 形象主导 | 定位主导 |
| 核心观点 | 强调产品特征及利益 | 塑造形象长远投资 | 创造心理第一位置 |
| 方法依据 | 实证 | 精神和心理满足 | 品类的独特性 |
| 沟通基点 | 产品属性 | 形象识别系统 | 消费者需要 |

在 20 世纪 50 年代的产品时代,由罗瑟·瑞夫斯提出的 USP 理论——"独特销售主张"成为当时的主流理论。在产品时代,产品基本还处于供不应求的卖方市场状态,竞争产品还不丰富,产品的同质化情况还不严重,瑞夫斯总结多年广告从业经验,认为要在广告当中诉求产品的功能性卖点,通过广告告知消费者能从产品当中获得什么利益,以此来促进产品的销售。

20 世纪 50 年代后期,随着技术革命的兴起,产品的同质化程度开始加剧,产品之间以功能的差异来吸引消费者越来越困难,独特的卖点越来越少。在这样的背景下,奥美广告公司创始人大卫·奥格威于 60 年代中期提出了品牌形象理论,该理论认为"每一次广告都是对品牌形象的长期投资"。品牌形象理论是广告创意策略理论中的一个重要流派,在此策略理论影响下,出现了大量优秀的、成功的广告。

然而,当每家公司都想建立自己声誉时,由于竞争加剧,成功的企业只有少数。人们意识到,和产品同样重要的还有公司形象,企业必须在潜在的顾客大脑里建立一个"定位"。定位理论首先是在 1969 年由 A. 里斯和 J. 特劳特提出的,他们在美国营销杂志《广告时代》和《工业营销》上发表了一系列文章,提出了定位这一个具有重要意义的概念。1981 年,里斯与特劳特合作推出《定位:攻占心智》一书,在美国企业界引起巨大轰动,从此也带来了全世界营销理念翻天覆地的变化。1996 年,特劳特与瑞维金联手推出《新定位》,被称为定位理论的刷新之作。定位理论指出"任何一个品牌,都必须在目标受众的心智中,占据一个特定的位置,并维持好自己的经营焦点"。里斯和特劳特的观点构成了品牌定位理论的基础。他们认为,产品要赢利,仅仅靠发明新产品并不够,企业同时还必须第一个打入预期顾客的头脑中,并占据一席之地。

从理论提出的时代背景来看,三个理论有一定的替代性:USP 理论产生于产品理性利益盛行的时代，所以关注产品本身；品牌形象理论产生于产品同质化严重、差异化功能难以挖掘的时代，所以关注品牌；定位理论产生于信息爆棚的时代，所以关注消费者的心智。品牌定位理论不断演变，如今的 USP 理论的策略思考的重点上升到品牌的高度，强调 USP 的创意来源于品牌精髓的挖掘，并把 USP 改为"独特销售个性"；如今的品牌形象理论也在考虑与消费者形象的一致性。因此这些理论在当前处于并存的状态，而不是取代的关系。三者应该趋于统一。

### 5.1.2　品牌定位的概念

里斯和特劳特认为定位是从产品开始的，可以是一件商品、一项服务、一家公司、一个机构，甚至是一个人。但定位并不是对产品做什么事情，而是对预期顾客要做的事，是在预期顾客心智上所下的工夫，为产品在潜在消费者的脑海里确定一个合适的位置。他们认为，消费者的大脑中储存着各种各样的信息，就像一块吸满水的海绵，只有挤掉这些原有的产品信息，才有可能吸纳新的产品信息。由此可见，里斯和特劳特把定位看作是一种传播策略，让产品信息占据消费者心智中的空隙。菲利普·科特勒教授认为："定位是指公司设计出自己的产品和形象，从而在目标顾客心中确立与众不同的有价值的地位。"由此可见，定位的本质就是塑造品牌差异化。

品牌定位是指企业在市场定位和产品定位的基础上，对特定的品牌在文化取向及个性差异上的商业性决策，它是建立一个与目标市场有关的品牌形象的过程和结果。换言之，即指为某个特定品牌确定一个适当的市场位置，使商品在消费者的心中占领一个特殊的位置，当某种需要突然产生时，随即想到这个品牌。比如在炎热的夏天突然口渴时，人们会立刻想到农夫山泉"有点甜"。品牌定位的本质是"心理占位"，是向顾客传播一种有关品牌的价值观念，使其在认同和接受时对品牌形成一个独特的印象和信念。

品牌定位是品牌经营的首要任务，是品牌建设的基础，是品牌经营成功的前提。品牌定位在品牌经营和市场营销中有着不可估量的作用。品牌定位是品牌与这一品牌所对应的目标消费者群建立了一种内在的联系。品牌定位是市场定位的核心和集中表现。企业一旦选定了目标市场，就要设计并塑造自己相应的产品、品牌及企业形象，以争取目标消费者的认同。由于市场定位的最终目标是为了实现产品销售，而品牌是企业传播产品相关信息的基础，品牌还是消费者选购产品的主要依据，因而品牌成为产品与消费者连接的桥梁，品牌定位也就成为市场定位的核心和集中表现。

值得注意的是，品牌定位和产品定位是有区别的。产品定位是企业通过自己的产品创立鲜明的个性特色，从而塑造出独特的市场形象，而这要通过产品的性能、质量、档次、款式等来实现。而品牌定位并不是对产品本身做出什么改变，它是对品牌进行设计和传播，使其能在目标顾客心目中占有一个独特的、有价值的位置的行动，要在预期顾客的头脑里进行排序和定位。

### 5.1.3　品牌定位的内涵

1. 在消费者心目中确立一个有利位置

我们对品牌定位已经进行了定义。所谓定位，并不是要去创作某种新奇或与众不同的事情，而是去明晰那些已经存在于人们心目中的对某种品牌早已存在的对应关系。实际上，定位是对那些有可能成为某个品牌的消费者或潜在消费者心目中对该品牌的看法予以改善或者强化。因此，定位的目的就是在消费者心目中为品牌确立一个有利的位置。面对现在传播过剩的现状，消费者通常会在企业提供的大量信息中选择与接受那些与其知识、经验、兴趣、爱好等相吻合的资讯。所以，最有效的方法就是找到准确的目标市场，也就是进行品牌定位，攻占消费者的心智。

2. 品牌传播尽力做到"第一"

哈佛大学心理学教授乔治·米勒研究表明，人类智力通常不能同时处理超过七件事情。例如，许多事件、人物我们通常只能记住谁是首位，谁是第一。在纷繁的信息中，消费者会按照个人的经验、喜好甚至情绪来选择接受和记忆信息。消费者在选择品牌时通常会优先考虑自己脑海里已有印象的品牌。因此，企业在进行品牌传播时，如果能够建立"第一"的位置，就将具有巨大的优势，这也正是人们心理上通常先入为主的印象。在潜在消费者心目中占据"第一"的位置，是品牌传播最为理想的传播目标。第一个说的品牌就独享了品牌的某一个卖点，如金威啤酒声称"不添加甲醛酿造"、乔治·华盛顿·希尔烟草商说他的香烟是"烤制的"。

3. 表现出品牌间的差异化

由于现在产品的同质化日益严重，企业想要在产品与产品之间的功能、利益等内容上挖掘差异点，显得比较困难。同时，消费者现在已被众多同类产品的宣传资料大量干扰，因此，一个品牌的产品想要在消费者心目中留下较深刻的印象，就必须另辟蹊径。这就要求企业必须在品牌定位上面找出与竞争者的差异化，并将此差异点通过品牌传播在消费者心目中树立起独有的企业形象。比如七喜通过定位"非可乐"，成为可乐饮料之外的另一种饮料选择。这不仅避免了与两种可乐的正面竞争，还巧妙地从另一个角度与两种品牌挂钩，使自己提升至与它们并列的地位，获得了消费者的认可，获得了极大的成功。霸王洗发水"防脱发"的差异化也使其在众多竞争洗发水品牌中脱颖而出。

**小案例 5-1**

### 哈根达斯的愉悦体验

哈根达斯是20世纪20年代创立于美国的品牌，1961年左右正式取此名。在中国市场上，哈根达斯的价格比普通冰激凌贵5～10倍，比同类高档次产品贵30%～40%。要论价格，哈根达斯毫无优势可言。但在国内的市场正陷于价格战的时候，哈根达斯却凭借着高超的营销手段和品牌定位，开辟了一个高端市场。它通过独特的营销策略，在中国做成了顶级冰激凌品牌，做得深入人心——甚至成为时尚生活的标志。高端的消费阶层是它的忠实顾客，中低端的消费者也被它所深深吸引。

哈根达斯将品牌定位在"愉悦体验"上，目标顾客是那些注重感官享受、宠爱自己、浪漫而富有的成年人。因此他们在高档消费场所开设高雅别致的哈根达斯专卖店，与传统的冰激凌店的简陋形象形成强烈对比。另外在产品设计上，他们提供的冰激凌产品浓度更稠，奶油更多，能够给人们提供与众不同的口感享受。哈根达斯的温情营销也十分到位。他们给行人派发卡片，卡片里就有一张印制精美的哈根达斯书签。因为这种小东西往往可以让消费者带回家中，较长久地保留下来，于是不知不觉心中就有了这种产品的品牌概念。哈根达斯最经典的动作，就是给自己贴上了爱情标签，由此吸引恋人们频繁光顾。其宣传手册展示的是爱侣激情相拥的浪漫情景，把"愉悦体验"表达得淋漓尽致。在每年的情人节，哈根达斯把店里店外布置得柔情蜜意，不但特别推出由情人分享的冰淇淋产品，而且还给来此的情侣们免费拍合影照，让他们对哈根达斯从此"情有独钟"。

资料来源：黄静. 品牌营销[M]. 北京：北京大学出版社，2008。

### 5.1.4 品牌定位的意义

1. 品牌定位使消费者记住品牌所传达的信息

现代社会是信息社会，人们每天都面临着信息的轰炸，消费者被信息围困，应接不暇。各种新兴的媒体进入消费者生活之中，人们接受信息的便捷程度虽然大大提高了，可是接收的信息量也在大量增加。科学家研究发现，人们只能接受有限数量的信息，超过某一点，脑子就会一片空白，拒绝从事正常的功能。可是，如今人们面对大量的报纸、杂志、互联网、电视、广播等资讯和广告，面对毫无个性的内容常常选择性地过滤掉了这些信息。这对企业而言导致了大量的传播费用的浪费。因此，企业只有压缩信息，实施品牌定位，为自己的产品塑造一个最能打动潜在顾客心理的形象，才是唯一明智的选择。品牌定位使潜在顾客能够对该品牌产生正确的认识，进而产生品牌偏好和购买行动。它是企业信息成功通向潜在顾客心智的一条捷径。

2. 品牌定位是品牌整合营销传播的基础

品牌定位作为品牌传播的前提，要为品牌整合营销传播打造坚实的基础。品牌定位与品牌传播在时间上有着连续的关系，两者相互依赖、相互制约。品牌进行整合营销传播要建立在品牌定位的前提下开展活动，而品牌定位的信息是能通过营销战略组合传递给目标消费者的。营销战略组合只有以品牌定位为核心，才能在目标消费者心中留下整体的、一致的、独特的品牌印象。

3. 品牌定位是确立品牌形象的基础

品牌定位是确立品牌个性的重要途径，通过品牌定位所设计的品牌形象有助于品牌在消费者心目中保持深刻的印象。例如，保时捷定位在为追求时髦和刺激的年轻人展示个性。其品牌个性是大胆的、新潮的、富有冒险精神的。清晰的品牌定位可以鲜明地体现品牌个性，从而树立良好的品牌形象，以此贴近与消费者之间的距离。如果没有实施恰当的品牌定位，尽管企业生产的产品再好、营销手段再高明，都不可能在营销活动中获得成功。

### 5.1.5 品牌定位的原则

没有规矩，不成方圆。品牌定位也一样要遵循以下几个原则。

1. 突出产品特点

品牌是产品的形象化身，产品是品牌的物质载体。二者相互依存的紧密关系决定了在进行品牌定位时必须考虑产品的质量、结构、性能、款式、用途等相关因素。品牌定位应结合产品本身的价值和特点来进行。当产品使用范围较大时，可以扩大定位外延，以不同定位满足不同消费者的不同需求，像食品、饮料等大多属于这一类；当产品使用范围较窄时，定位的外延就不可太宽泛，要针对特定的目标消费群体，许多专业用品即属此类。因此，在进行品牌定位时，必须考虑产品本身的特点。

2. 考虑企业资源条件

品牌定位的最终目的在于让产品占领市场，为企业带来最佳经济效益。因此品牌定位要充分考虑企业的资源条件，以优化配置、合理利用各种资源为宜，既不要造成资源闲置或浪费，也不要超越现有资源条件，追求过高的定位。将品牌定位于创新的、高端的，就要有尖端技术；定位于高档、尊贵的，就要有确保产品品质的生产能力；定位于国际化品牌，就要有全球化的技术、资金、生产运作和营销管理水平。百威定位于高档啤酒，成为"啤酒之王"，还是来自于其卓越的产品质量。百威啤酒采用了先进的德国啤酒酿造技术、传统的酿造工艺和严格的质量保证体系，保证了百威啤酒的高品质，使产品口味淳厚，口感滑爽，深受世界各地人们的喜爱。

3. 了解目标市场

品牌定位必须针对目标市场，这是由于目标市场才是其特定的传播对象，而这些特定对象可能只是该品牌所有传播对象中的一部分。品牌定位必须站在满足消费者需求的立场上，对目标顾客进行深入了解，把握他们的需求，找到品牌能够满足目标市场的特定偏好，准确进行定位，进而借助于各种传播手段，让品牌在消费者心目中占据一个有利的位置。例如，麦当劳的定位不仅仅局限于餐饮，他们在为消费者提供清洁、方便、快捷的食品需求的同时也为消费者营造欢乐、轻松的具有特色的餐饮文化，这正是对目标市场需求了解的基础上进行的差异化的定位。

4. 竞争差异化原则

竞争者是影响品牌定位的重要因素。品牌定位的本质是差异性，所有成功的品牌都是定位非常鲜明的品牌。在市场竞争十分激烈的情况下，企业可以垄断的细分市场越来越少，在这种情况下，企业在进行品牌定位时更应考虑竞争者，以和竞争者相区别而存在，从而制造差异，凸显竞争优势。否则，企业只会做市场的追随者，一味模仿必将失去消费者的信任，在激烈的竞争中失去市场地位。百事可乐最初步入市场时，以挑战者的身份使用"Me Too"（我也是）的传播策略针对可口可乐进行竞争，这样使消费者很容易产生模仿的概念。可口可乐推出"只有可口可乐，才是真正的可乐"，强化了消费者对可口可乐的印象，同时显示了自己在竞争中不可动摇的霸主地位。它在提醒消费者，只有可口可乐才是真正的创始者，其他都是模仿的，给百事可乐以迎头痛击。因此，品牌定位要突出个性，突出差异化的竞争优势，从而创造同类产品中的"第一位置"，只有这样才能在消费者心中占据一席之地。

5. 保持品牌定位的稳定性

对于一个公司来讲，品牌定位是最为核心的，不能随着外界环境的影响而轻易做出改变。品牌所营造的氛围和信任是消费者愿意购买某个品牌产品的重要前提。一旦定位发生改变，意味着消费者的消费认知和信任将会产生不利于品牌形象的改变。除非是原定位不合时宜，否则品牌定位不要随意更改。为了在消费者心智上打上品牌的烙印，管理者必须持之以恒地将品牌定位传递出去。随着时间的推移，品牌的确需要做一些改变，但即使一些外在的部分调整了，其内涵也仍然反映原来的品牌定位。例如，"沃尔沃就是安全"在消费者心目中的认知，也正是因为沃尔沃长期坚持"安全"定位的结果。

6. 品牌定位简明扼要

品牌定位要简明扼要，要从品牌的众多特点中抓住关键要素，抽取一两个最具代表性的要点高度概括出品牌的本质特征，以简明的方式表达出来，利用可激发消费者联想的定位传播给消费者。很多企业管理者想当然地认为品牌的卖点越多吸引力就越大，其实喜欢简单的信息是消费者心智的一大特征。在大量的品牌信息充斥消费者脑海的时候，唯有简明清晰的定位才能使品牌脱颖而出。简单明了的品牌定位有助于消费者的接收、记忆和传播。例如，"怕上火就喝王老吉"、宝马的"驾驶乐趣"等都是非常简明扼要。

**小案例 5-2**

白加黑：分时感冒药

在目前众多品牌的感冒药中，创新性提出"白天吃白片，黑夜吃黑片"的"白加黑感冒药"，依靠其独特的"分时感冒药"概念（在业内可视为细分的新感冒药品类），成为形象与销售俱佳的感冒药品牌代表。

白加黑感冒药是由启东盖天力制药厂生产的。1992年，该企业研究人员受国外某感冒药的启发，在为产品明确定位时，没有急于界定人群、特别的功效和价格，而是从产品品类上创新定义自己所属的品类，不再是一片药一个品类，而是一片代表白天服用的"白药片"加上一片代表黑夜服用的"黑药片"，统称为"分时感冒药"，使其另类于传统感冒药。1994年，第一盒感冒药"白加黑"在启东盖天力片剂生产车间下线，中国感冒药市场因此由过去多品牌拼一种药的格局，转变为普通药和分时感冒药两个不同品类争夺感冒人群的格局。而在分时感冒药品类中，盖天力的白加黑品牌是唯一的代表和市场占有者。数据显示，"白加黑"在上市后仅半年时间，就迅速打开了当时只有三九、康泰克、康得等品牌把持的感冒药市场。"白加黑"变得路人皆知、家喻户晓，销量占据了西药感冒药市场的16%，在西药感冒药市场的销售金额居于领先地位。

资料来源：豆丁网，http://www.docin.com/p-254181825.html。

# 5.2 品牌定位过程

品牌定位的过程是一个根据消费者需求、竞争者状况和企业自身资源的综合分析，为品牌在消费者心智中确定独特位置的过程。为了获得清晰准确的品牌定位，企业必须遵循一定的操作过程。一般来说，品牌定位的过程有以下几个步骤。

## 5.2.1 分析目标消费者需求

目标消费者需求分析是品牌定位的首要步骤。这是由于品牌定位必须站在满足消费者需求的角度，借助传播方式在消费者心目中为品牌确定一个有利的位置。根据科特勒的目标市场营销战略理论，在对品牌进行定位之前，首先必须对市场进行细分，然后选择适合本品牌发展的目标市场。消费品市场细分的标准有地理、人口、心理、行为等变量，工业品市场细分的标准有购买者属性、地理变量、购买特征等。根据消费者需求的这些变量将整个大的市场细分成若干小的子市场。根据消费者的行为变量来具体划分不同的市场，有助于品牌管理人员有针对性地为某个细分的市场制定和实施营销传播战略。在结束市场细分之后，企业需要根据市场的吸引力以及自身的资源、能力和发展目标来选择其中一个或几个细分市场作为目标市场。当确定了目标市场之后，企业就要针对目标消费者的需求进行分析，从而确定品牌能为消费者创造什么核心价值利益。

## 5.2.2 确定竞争者并明确其定位

品牌定位还要明确与竞争者之间的差异点，为消费者留下独特的品牌印象。这是由于其他生产同类商品的企业也有可能将这类消费者作为自己的目标市场，因此品牌定位还要确定竞争者并明确其定位。当竞争品牌不多的时候，每个品牌各占据一个细分市场，彼此之间没有冲突。但现在绝大多数行业当中都聚集了大量竞争品牌，彼此的目标市场之间相互交叉重叠，从而加大了竞争的激烈程度。确认品牌竞争者不仅要考虑到属类竞争者或者形式竞争者等，还要包括一些愿望竞争者或者替代产品的品牌竞争者。比如康师傅方便面不仅要和其他品牌的方便面竞争，还要考虑饼干、方便米饭等其他产品的竞争。为了使自己的定位避开激烈的竞争，当确认竞争品牌之后，企业还要明确竞争品牌的定位，需要分析竞争者目前在消费者头脑中所处的位置，以找到自己品牌定位时的参照系。例如，那些奢侈品（如高档轿车）的竞争对象不仅仅是同类商品，还有可能与其他耐用商品（如洋房等）或休闲度假旅游形成竞争关系。

在明确竞争品牌定位的时候，需要考虑以下几个问题：一是，竞争品牌是否跟本品牌处于一个价格档次？不是一个档次的品牌没有参照的必要。例如，麦当劳的竞争品牌可能是肯德基，而不是一些小的西式快餐店。二是，竞争品牌是否与本品牌竞争同一个细分市场？如果不是一个细分市场的品牌没有参照的必要。例如，清扬"持久去屑"的定位，会把定位于"去头屑"的海飞丝品牌作为强大的竞争者，而不是定位于"柔顺"的飘柔品牌。因此，识别品牌与其他品牌的竞争关系和竞争特性，是品牌定位研究的一个重要环节。

### 小案例 5-3

#### 百事可乐——赢在"新生代"

可口可乐与百事可乐狭路相逢，演出了一系列商业史上蔚为大观的争夺战。不过在 20 世纪 60 年代以前，可口可乐并未把百事可乐看成什么了不起的对手，只是当百事可乐亮出了"新生代的选择"这一旗帜时，可口可乐才慌了手脚。新生代与其父辈之间的"代沟"，不仅意味着因他们价值观的摩擦会形成心理隔阂，而且还孕育着十分诱人的思维，极具洞察力地抓住"代沟"，从年轻人入手，将"新生代"作为自己品牌的目标消费群，对可口可乐实施了"侧翼"定位攻击。这期间，百事可乐在系列公关攻势中拿出两记"杀手锏"。其一，百事可乐抓住了新生代崇拜影视偶像的心理特征，并以巨资聘请流行音乐巨星作为其广告形象代言人；其二，百事可乐以充满火药味的比较广告为主，紧紧咬住对手不放，比较的主题，一言以蔽之，无非是可口可乐"老迈、落伍、过时"，而百事可乐则是"年轻、活泼、时代的象征"。1967 年"百事一代"广告，"精神起来！你是百事的一代"的广告运动成了一代人的追求，后来百事可乐又推出了一个新的主题："请尝尝让其他品牌魂飞魄散的百事，百事正在全速前进！"

调查显示，美国有 70% 的年轻人认为自己属于"百事可乐新一代"，百事可乐与可口可乐的对弈力量开始了"质"的变化。当然，百事可乐的这一核心定位也并未因此调整，它只是乘胜追击、"变本加厉"。

1988 年，百事可乐聘请迈克尔·杰克逊作为广告形象代言人，并拍摄了由他和明星共舞的广告片。据媒体称,在广告首播的那个晚上,全美国的青少年犯罪率明显下降,甚至于家庭用水量都一并下降了,电话也没什么人拨打。这部广告片是如此受欢迎,以至于许多电视台都会在新闻节目中播放它。百事可乐公司没再花一分钱,便在电视、杂志、报纸上做了价值几百万美元的报道。广告播出后,不到30天,百事可乐的销售量便开始飞速上升,成为当年普通可乐市场销量增长最快的饮料。

资料来源:豆丁网,http://www.docin.com/p-254181825.html。

### 5.2.3 辨析与竞争品牌的异同点

品牌定位的研究过程中,一旦确定了目标消费者和明确了竞争参照体系后,下一步就要确立本品牌与竞争品牌的异同点。

品牌差异点是消费者对与本品牌相关联的属性和利益具有积极而正面的评价,并且相信竞争品牌无法达到相同的程度。比如海飞丝的差异点是去屑。品牌差异点与瑞夫斯的"独特的销售主张"这一概念相似,在进行品牌传播时要把重点放在与竞争品牌相比能够彰显的独特个性化差异点上,从而使目标消费对象对该品牌形成强有力的、独特的品牌联想,以与竞争品牌相区分。例如,宜家品牌将家居装饰品和家具转变成一种面向大众市场的价格便宜的商品,通过让消费者自助服务、运送、组装商品等来降低商品价格。另外,宜家还通过产品组合来建立品牌差异点。品牌差异点的建立可以围绕消费者选择品牌的理由来展开,比如:功能性利益、情感性利益、社交性利益和财务性利益,从这几个方面来形成消费者唯一的品牌联想。

品牌共同点是指那些不一定为品牌所独有,而实际上可能与其他商品所共享的品牌联想,有两种基本形式:品类共同点联想和竞争性共同点联想。品类共同点联想是指那些在某一特定产品大类中消费者认为任何一个合理的、可信任的品牌都必须具有的品牌联想。这些联想实际上构成了消费者对这类产品的基本联想,这些联想的指向大都为品牌商品的物质属性。竞争性共同点联想是指企业通过有针对性的传播用以淡化或抵消目标消费者对竞争对手差异点所产生的联想。建立品牌共同点有两个目的:其一,帮助本品牌跻身于同类各大竞争品牌产品类别之中;其二,帮助本品牌也具有竞争品牌的卖点。例如,统一和康师傅相继推出冰红茶和冰糖雪梨等饮料,就是利用的品牌共同点特性。蒙牛推出"特仑苏"之后,伊利随后跟进推出"金典"牛奶,尽管是后来者,但因为质量、价格、终端与"特仑苏"非常相似,二者很快成为高档牛奶市场的两大代表品牌。

### 5.2.4 提炼具有竞争优势的核心价值

明确了与竞争品牌之间的异同点之后,还需要将品牌的异同点通过提炼,进行高度概括,得到品牌的核心竞争价值。这种核心价值是品牌的精髓,是品牌向消费者承诺的根本利益,也是消费者愿意进行购买,进而达到忠诚度的根本动力。管理者还需要提出令消费者相信其核心竞争优势的支撑理由,如一些技术、外观、含量、成本、情感、专利等。例如,沃尔玛提出的"天天平价"的定位,就是靠其高效的物流配送体系使其有效控制成本。一些广告利用情感传播的方式,使消费者感同身受,产生共鸣进而对产品产生认同感。例如,雕牌洗衣粉"下岗工人篇"广告建立起产品贴近人性的品牌形象。孩子一句"妈妈,我能帮你干活了!",妈妈的眼泪不禁滚落眼眶。画面引起了消费者内心深处的震撼以及强烈的情感共鸣,品牌迅速得以认同与提升。

### 5.2.5 陈述并传播品牌定位

综合分析以上各个要素,可以获得品牌的定位点。这个过程还需要有一个优化组合,舍弃不合理方案的过程。最终确定的定位点能够用简洁的文字准确进行表述。品牌传播的方式很多,如公关、广告、价格、渠道、包装等,但广告是最重要、最有效的一种传播方式。品牌定位通过广告等传播方式进行有效传播,让消费者认知、了解、接受这一品牌定位。定位是否成功,消费者最有发言权。只有能够在消费者脑海中形成特殊品牌联想才是成功的定位。例如,沃尔沃汽车能够为非常关注安全的高收入者带来安全的独特价值,这种价值是宝马、奔驰等竞争品牌所不具备的,因为它几十年来一直专注于汽车安全技术的研究,至今已研制出多个安全专利技术。

**小案例 5-4**

*耐克的品牌精粹*

在长期的营销传播活动中,耐克公司非常清楚其品牌在目标消费者心目中的形象。大多数消费者对耐克品牌的联想是:富有创意的产品、资助顶级运动员、历次获奖的广告、竞技体育、反叛的态度等。在公司内部,耐克的品牌管理人员使用了下面的短语来表述自身的品牌精粹——可信的运动性能("可信的"是情感性修饰语、"运动"是描述性修饰语、"性能"是品牌功能),以指导他们目标一致地开展和实施营销计划。因此,耐克公司始终认为,其完备的营销计划——公司的产品以及销售方式,都必须清楚地反映出品牌精粹所传递的品牌核心价值。

耐克的品牌精粹对其营销活动有着深刻的影响。用耐克营销主管斯科特·贝德贝里和杰罗姆·康伦的话说,耐克的品牌精粹为品牌传播提供了"智慧的导向标杆",从"运动鞋"再到"运动鞋即运动装备",一直到"所有与运动相关的产品(包括运动装备)"。不过,其品牌外延的每一次拓展都在其品牌精粹"可信的运动性能"的指导之下进行,这就是所谓的万变不离其宗的最好注释。

资料来源:〔美〕凯文·莱恩·凯勒. 战略品牌管理(第 3 版)[M]. 北京:中国人民大学出版社,2009。

## 5.3 品牌定位方法

品牌定位的方法是指挖掘品牌定位点时所采取的视角。品牌定位方法有很多,国内外不同学者有不同的提法。对于一个企业来说,进行品牌定位必须着眼于产品、消费者、竞争者以及品牌识别这四个方面进行品牌定位。

### 5.3.1 产品定位

产品定位是以品牌商品的物质属性为出发点,围绕产品的功能、外观等属性和类别、价格等来确定品牌定位。

### 1. 产品属性或利益定位

消费者购买产品最主要的是产品能满足其某种需求,为其带来某些利益。产品属性或利益定位就是将产品的特点与消费者的关注点结合起来,以消费者的视角为基础将本品牌与竞争品牌区别开来。产品属性指的是产品或服务自身所具有的特征,这一特征通常是竞争品牌所不具备的。如果品牌具有独特的属性功能,满足其特别的需求,则该品牌的商品相对于竞争对手就有了较为明显的竞争优势。产品利益是产品带给消费者的好处。产品属性只是说"产品是什么",而产品利益则说"产品能给你什么"。例如,飘柔能使头发更加柔顺,海飞丝有效去屑,高露洁没有蛀牙等,这些定位已经深入人心。农夫果园凭借"混合果汁"的新定位在果汁饮料行业独树一帜。产品属性定位的本质在于将鲜明的产品特色与品牌相联系,但可能面临的问题是产品特色很容易被竞争者模仿,而且竞争者在此基础上添加一些新元素后还可能会超越本品牌。

**小案例 5-5**

#### 红牛打造世界能量饮料第一品牌

2005 年,美国《福布斯》杂志评选出过去四年"全球十大高增长品牌"。红牛以 31% 的价值涨幅与苹果、BlackBerry、Google、亚马逊、雅虎、eBay 等品牌一同上榜,成为唯一闯入前十名的饮料品牌;2006 年,红牛又一举创下能量饮料年销售量超过 40 亿罐的好成绩,市场份额达 40%~50%,以至老牌的可口可乐、百事公司都将其视为新兴领域最具实力的竞争者。红牛,世界能量饮料第一品牌的美名可谓是当之无愧!

作为全球最早的能量饮料品牌之一,红牛诞生于 1966 年,并以单一产品撬动了一个市场,传承数十载,才开拓出了今日之广袤疆域,行销于全球 140 多个国家和地区。早在 20 世纪 80 年代,红牛饮料便被引入欧洲市场。进入欧洲市场后,红牛率先打出了"能量饮料"的概念,以与碳酸饮料建立区隔。因功能非凡、口感独特且极具个性,很快便取得了成功。红牛品牌也随之为大众熟悉并喜爱。1995 年,红牛进入中国,成为第一家开拓能量饮料市场的企业,并至今保有最大的市场份额,成为竞逐者所难以企及的领军品牌。1998 年,红牛登陆美国,经短短几年的开拓便一举成为能量饮料市场的第一品牌。随后,红牛又以"先入者"的优势开辟了澳洲"能量饮料"市场。

仅凭一个单品饮料打开了一个崭新的市场,并构建了一个成功的品牌,这正是红牛令人惊叹的关键所在。红牛,世界能量饮料的第一品牌,正以其独到的眼光和营销,引领着全球能量饮料市场的进一步发展!

资料来源:周志民. 品牌管理[M]. 天津:南开大学出版社,2008。

### 2. 产品价格定位

任何品牌的产品价格都是企业与消费者利益分割的重要指标。尽管采用价格定位的方法往往对品牌发展来说是一把双刃剑,但是在与众多竞争对手竞争的过程中,在不伤及自身的前提下,一些企业还是乐于采用价格定位的方法显示其竞争优势的。同时,由于不同消费者群体的收入差异较大,所以不同的品牌可以选择以高收入者或者低收入者作为目标市场来展开定位。通常情况下,定位于高端的品牌商品向消费者显示其高品质。如奔驰是高贵显赫的象征,LV 手提包是奢侈品的品牌,还有哈根达斯冰激凌等。定位于低端的品牌向消费者显示其亲民、物美价廉的形象。如神州行电话卡、美国西南航空公司、吉利汽车等。

虽然利用产品价格定位能够吸引到目标消费者，但是不利于今后的品牌延伸。例如，蒙牛推出"特仑苏"牛奶，定位于奶类高端产品，但是却采取了新的品牌策略。为了淡化蒙牛身上浓重的"超女气息"，"特仑苏"必须着力淡化与蒙牛的联系，但又不能放弃蒙牛品牌背书所带来的影响力。因此特仑苏在广告片中绝口不提蒙牛，仅在片尾做了文字性提示，而且在产品包装盒的正面也看不出与蒙牛有任何瓜葛，仅在包装盒的侧面最下方留有蒙牛的标识。

3. 产品类别定位

当一个品牌被定义成产品类别的代表品牌时，该品牌与其他品牌之间的竞争就变成了产品类别之间的竞争。一旦品类被消费者选择了，那么品牌将直接进入消费者的选择集合。产品类别定位通常用于为品牌扩建新的产品类别，加强该品牌在消费者心目中的印象。例如，格力空调在说"好空调，格力造"的时候，也是在告诉大家，格力是专业制造空调的企业。有些品牌将自己定位为一些为人熟知的产品类别的对立面以引起人们的注意，如著名的七喜"非可乐"的定位。近年来，通过创新品类来打造品牌的案例越来越多，如五谷道场的非油炸方便面、洽洽的香瓜子等。产品类别定位成功的关键在于消费者对品类的接受程度。如果非油炸方便面市场规模很小的话，那五谷道场也不具有成长的潜力。产品类别定位的一个弊端就是品牌一旦与某个具体的品类挂上钩，就很难再顺利延伸到其他品类去了。里斯和特劳特把这种现象称为"跷跷板效应"。例如，IBM 已成为"大型机"和"商用机"的代名词，所以它曾经推出的软件、芯片、个人电脑都很难成功。

### 5.3.2 目标市场定位

1. 品牌使用者定位

消费群体定位是将品牌定位成某一类细分群体专用的产品或服务，以便给消费者"我自己的品牌"的感觉。这种定位方法是把产品与目标消费者联系起来，从而界定出品牌使用者这一特定消费群体。这种定位的关键是找到一个可以赢利的而竞争者尚未进入的细分群体。这种定位的方法与品牌利益点密切相关，暗示着品牌商品能够为目标消费者解决哪些问题或带来哪种利益。例如，金利来定位于"男人的世界"，目标消费者是中高收入的男性群体；美特斯·邦威的"不走寻常路"迎合了青少年追求个性，表达自我的特性；另外还有"他她"饮料、适合已婚年轻女性的太太口服液、适合新生代的百事可乐、清扬男士去屑洗发水等。

2. 购买目的定位

购买目的定位是从消费者角度来阐述选择某一品牌的原因。消费者的购买目的总体来说有两种情况：自用和送礼。企业在深入研究市场需求及消费者购买目的后，围绕消费者购买目的进行定位。其典型案例是脑白金的"送礼就送脑白金"。脑白金是近年来中国销售最火的一个保健品品牌，究其原因，除了持续的广告轰炸之外，"送礼就送脑白金"的礼品定位功不可没；中国台湾山叶钢琴的广告语"学琴的孩子不会变坏"堪称佳作，因为它明确地告诉家长为什么要给孩子买钢琴；戴比尔斯钻石经典的广告语"钻石恒久远，一颗永流传"，是在劝说男人通过送爱人戴比尔斯钻石来表达永恒的爱情。

3. 使用场合与时间定位

通过定位在某个特定的场合或者时间使用，品牌能获得消费者排他性的认知。这种定位往往会改变消费者以往的生活习惯，提高生活质量。例如，来自泰国的红牛饮料就是使用该种定位方法最为典型的例子。该品牌定位于强调商品的使用场合与时间，"累了困了喝红牛"。"八点以后"（After 8）巧克力薄饼声称是"适合八点以后吃的甜点"，于是过了晚上八点钟，很多人要吃甜点时会自然而然地想到"八点以后"；同样是甜点的米开威（Milky Way）则自称为"可在两餐之间吃的甜点"，从而开辟了新的空间；类似的案例还有白加黑感冒药，"白天吃白片不瞌睡，晚上吃黑片睡得香"的诉求得到了那些白天需要工作的人群的青睐。使用场合或时间定位的关键点有两个：（1）确定使用场合或时间的重要性，要让消费者觉得某个场合或时间有必要使用一个特定的品牌；（2）要让品牌与使用场合或时间相联系，使该品牌成为该场合或时间消费时的指定品牌。

4. 生活方式定位

现代消费者的消费心理发生了很大的变化，其中最大的变化是从理性消费向感性消费转变。消费者的生活方式、生活态度、心理特征和价值观念对消费行为的影响越来越大，且已经形成了市场细分的重要变量。同样性别、年龄、收入、职业的使用者群体也可能会表现出不同的生活方式，因此按照生活方式来为品牌定位可能更有价值。陈道明代言的利郎商务男装传递出利郎"简约而不简单"的人生哲学；贝克啤酒的"喝贝克，听自己的"；芝华士威士忌通过冰山、渔船、海钓、朋友、干杯、欢笑等场景以及旋律动人的音乐描绘出美妙的"芝华士人生"；耐克的"想做就做"、阿迪达斯的"没有不可能"等都是通过生活方式定位的成功案例。

### 5.3.3　竞争导向定位

1. 首席定位

首席定位强调品牌在同行业或某个产品类别中的领导地位。定位理论的提出者艾尔·里斯和杰克·特劳特特别重视"第一"的概念，将此方法列为定位方法之首。这是由于，首先在信息爆炸的时代，消费者无法记住大量的信息，但对具有领导地位的品牌印象深刻。在日常生活中，人们往往很容易记住第一名，例如在奥运比赛中的冠军总是那么光彩夺目，但亚军、季军关心的人却不多；谁都知道世界第一高峰是珠穆朗玛峰，但极少有人能说出第二大高峰。同时，"第一"的位置会产生聚集作用和光环效应。企业在宣传中使用的"第一家""市场占有率第一""规模最大""技术最先进""销量第一""推出时间最早""口味最正宗"等口号就是运用的首席定位方法。例如，百威啤酒宣称是"全世界最大、最有名的美国啤酒"；双汇强调"开创中国肉类品牌"。还有一类首席定位的例子是原产地，用"正宗"表示，如德国啤酒最出名、俄罗斯伏特加最纯正、意大利服装最流行、法国香水最好、涪陵的榨菜口味最好、重庆的火锅最正宗等。蒙牛乳业飞速发展，一个重要的原因是其身处有优质奶源的内蒙古大草原，这是最适合奶牛生长的地方。

以下这些大家熟悉的品牌都是其领域的"第一"：

邦迪：第一条胶粘绷带。

嘉信：第一家折扣经纪公司。

美国有线新闻网：第一个有线新闻网。

康柏：第一台便携式个人电脑。

喜力：第一罐进口啤酒。

英特尔：第一个微处理器。

肯德基：第一个鸡肉快餐连锁店。

施乐：第一台普通纸复印机。

2. 关联比附定位

当本品牌实力不错但知名度不高的时候，企业通常采用关联比附定位的方法使本品牌商品与市场上有一定影响力的竞争品牌形成一种关系，借助竞争品牌的市场影响力使本品牌商品获得市场认可，以此来加速提高自身在消费者心目中的影响力。这是一种低成本打造品牌的方法，要求本品牌的产品质量具有较好基础。当企业处于市场中的弱势地位而竞争者是市场领导者时，采用关联比附定位的方法更为有效。有两种关联比附的方法：一种是同业比附，指的是与同一产品类别的领导品牌相关联；另一种是跨业比附，指的是与其他产品类别或者类别当中的强势品牌相关联。例如，20 世纪 60 年代美国广告大师伯恩巴克代理的艾维斯出租车公司，面对行业最厉害的竞争对手赫兹公司，提出"我们是老二，但是我们更努力"的品牌定位。其广告宣传中诚恳、自谦的精神赢得了消费者的信任和赞扬，获得了极大的成功；著名策划人王志纲给顺德碧桂园做的广告创意"给您一个五星级的家"，也是将商品房与星级酒店联系到了一起；哈根达斯被誉为"冰激凌中的劳斯莱斯"的说法广为传播，形象地传递出其产品的品质和档次。

3. 进攻或防御式定位

进攻或防御定位是为了侵占其他品牌的市场份额或防止其他品牌的进攻而采取的定位方法。在品牌具有比较优势的时候，企业可以指出竞争品牌的弱点，提出更胜一筹的定位点，即进攻式定位。当品牌实力不足时，企业可以委曲求全，以退为进，即防御式定位。例如，在清扬洗发水的一则电视广告中，代言人小 S 一出场就说"如果有人一次次对你撒谎，你绝对会甩掉他，对吗？"矛头直指海飞丝。清扬凭借其在法国清扬技术中心研制的维他矿物群宣称能够使"头屑不再来"，着实对海飞丝产生了不小冲击；农夫山泉通过天然水与纯净水的客观比较，确定天然水优于纯净水的事实，宣布停产纯净水，只出品天然水，鲜明地亮出自己的定位，从而树立了专业的健康品牌形象。蒙牛乳业在创业初期也采用了防御式定位方法，打出了"向伊利学习，为民族工业争气，争创内蒙古乳业第二品牌"的口号，让人们认识到蒙牛是一家勤奋上进、有发展前途的公司，结果短短几年后，蒙牛真的成了行业第二品牌。

### 5.3.4 品牌识别定位

1. 品牌个性定位

品牌也具有像人一样的品牌个性，品牌管理人员可从品牌个性的角度进行定位，如果品牌的个性能够与目标消费者的个性产生共鸣，那么消费者将会喜欢上这个品牌。因此，在对品牌进行个性定位之前，首先需要明确目标消费者的个性。例如，万宝路香烟通过西部牛仔的形象传递出的品牌个性是"勇敢、冒险、自由"的男子汉气概，这与其目标消费对象的个性相一致。

2. 品牌文化定位

品牌的文化既包涵品牌自身的历史文化，还包括品牌诞生地的地缘文化。品牌文化定位就是将文化内涵融入品牌之中，形成文化上的品牌差异。这种定位方法可以大大提高品牌的品味和内涵，使品牌形象更加独具特色。中国文化源远流长，很多企业利用这种特有的文化资源对品牌进行定位，打造深厚的品牌文化。白酒行业在这方面有不少成功的案例。一些酒品牌反映出哲学道理，如云峰酒业的"小糊涂仙"酒，借"聪明"与"糊涂"反衬，成功地将郑板桥的名言"难得糊涂"融入品牌之中，使得一个本没有什么历史渊源的品牌运作得风生水起；一些酒品牌反映了民俗文化，如高档白酒"酒鬼"酒体现出浓郁的嗜酒文化；金六福酒以"福"文化作为品牌内涵，实现了"酒品牌"与"酒文化"的信息对称，拥有了广泛的群众基础，使金六福的品牌迅速崛起；源自"中国第一窖"泸州老窖的高档品牌"国窖·1573"，其酒窖建于1573年；"中国白酒第一坊"水井坊采用古法酿酒秘笈，激活历经元、明、清三朝的古窖池微生物菌群，利用现代生物技术酿制而成；号称是"唐朝宫廷酒"的剑南春，诉说了1200多年的酿酒史等。

3. 品牌与消费者关系定位

品牌与消费者之间的关系是寻找品牌定位点的又一种策略。品牌关系反映了品牌对消费者是一种怎样的态度？是专家般的告诫、朋友间的真诚，还是关心爱护？抑或是冷若冰霜，拒人于千里之外？海尔品牌定位就是从品牌与消费者的关系出发，其"真诚到永远"的服务理念以及海尔兄弟的卡通形象令消费者倍感安心，生动地表述了海尔品牌的经营理念与对待消费者的态度。

## 5.4 品牌再定位策略

### 5.4.1 品牌再定位的内涵

1. 品牌再定位的概念

品牌再定位是艾尔·里斯和杰克·特劳特于1970年发表在《广告时代》杂志上的著名论文中提出的。品牌再定位就是打破品牌在消费者心目中所保持的原有位置与结构，使品牌商品按照新的传播理念在消费者心目中重新排序，以期在消费者心目中构建一个对企业更加有利的品牌阶梯。通俗来讲，品牌再定位就是变更或改变品牌的原有定位。当产品品牌的销售额下降或发现新的市场机会时，为了获得品牌新的生命力与活力，企业进行的重新定位。

对于品牌再定位有两种理解：一种是竞争品牌重定位，即改变竞争品牌在消费者心智中原有的定位。这种理解类似于进攻式定位，里斯和特劳特称之为"重新为竞争者定位"。它是通过打破产品在消费者心目中所保持的原有位置与结构，使产品按照新的观念在消费者心目中重新排位，调整关系，以创造一个有利于自己的新的秩序。例如，金威啤酒第一个提出"不添加甲醛酿造"，言下之意是别的啤酒品牌可能添加了甲醛；喜力滋啤酒声称"啤酒瓶经过蒸汽消毒"，是在说别的品牌的啤酒瓶可能没有经过蒸汽消毒。由于我国禁止比较广告，因此竞争品牌的名称不能在广告当中点明。另一种是本品牌重定位，即改变本品牌在消费者心智中原有的定位。这种是国内品牌营销界对品牌重定位最常见的理解，针对的是本品牌在目标市场上已存在一段时间的情况。

品牌的再定位比树立一个新品牌的定位更加困难。因为先要消除消费者脑海中对原有定位的印象，再将新的品牌定位传播给消费者。把旧有的认知搬出消费者的记忆并非易事，因为原有的品牌形象已经根深蒂固，不会轻易改变。而且，如果改变得不彻底，还容易造成消费者对品牌的认知混乱。万宝路在品牌再定位方面做得非常成功。从1924年到1954年，万宝路一直作为一种"女士香烟"的形象展现给消费者，它的"温和如五月"给消费者传递的是一种优雅、闲适的女性特征，但是却默默无闻了30年。后来广告大师李奥·贝纳对万宝路香烟进行了重新定位，以粗犷、豪迈的西部牛仔的形象传递给消费者具有男子汉气概的"男士香烟"的形象，取得了极大的成功。

**小案例 5-6**

**万宝路的重定位**

万宝路这一香烟品牌诞生于1924年，由美国的菲利普·莫里斯公司生产。最初万宝路是专为女士设计的，其名字"万宝路"（Marlboro）是"Man always remember love because of romantic only"（男人记得爱只是因为浪漫）的缩写。万宝路当时的广告口号是："像五月的天气一样温和"。尽管当时美国吸烟的人数每年都在上升，但是"万宝路"的销量却始终不好。莫里斯公司做了很多努力试图改变这种销路不佳的状况，可是这一切还是没能挽回万宝路走向衰落的命运，最终被迫在20世纪40年代初停产。第二次世界大战后，美国吸烟人士继续增多，但是万宝路却依然卖不出去。

万宝路以女性为目标市场的失利并没有挫败莫里斯公司的领导人，他们重新振作起来，委托李奥·贝纳（Leo Burnett）广告公司为万宝路做传播策划。李奥·贝纳经过周密的调查和反复的思考之后，向莫里斯公司提出了大胆的"重新定位"策略：将万宝路香烟的定位由女士香烟改为男士香烟，目的在于让万宝路作为一种男子汉的香烟而吸引广大男性烟民。为了找到合适的产品形象代言人，李奥·贝纳大费心力，他决心要创造一个真正的"万宝路的男人"。为寻找这个形象，万宝路试用过邮递员、飞行员、伐木工、潜水员等不同角色，但最终还是锁定在美国西部牛仔。因为伴随着美国西部片的盛行，在美国民众看来，牛仔才是真正的英雄。万宝路没有使用演员扮演牛仔，而是一头扎进美国西部的各个大牧场去寻找真正的牛仔，直到有一天发现了要寻找的那个牛仔形象。

万宝路对这个牛仔的眼神、体形甚至遛马的动作、套马的技术等都进行了精细的雕琢，一切都必须典型地体现出真正美国西部牛仔的做派。于是，一个目光深沉、皮肤粗糙、浑身散发着粗犷、原始、野性、豪迈的英雄气概的牛仔形象出现了。他袖管高高卷起，露出多毛的手臂，手指间总是夹着一支冉冉冒烟的万宝路香烟，跨着一匹雄壮的高头大马驰骋在辽阔的美国西部大草原，真正的"万宝路的男人"就这样诞生了。广告推出后，万宝路香烟销售额飞速上升，而这一则广告也被人们模仿和记忆。现在，万宝路已经成为一种人们梦想中的生活方式，一种男人都渴望追求、女人都希望欣赏的男性性感形象的象征。

李奥·贝纳为万宝路策划的重新定位是极为成功的。在李奥·贝纳为万宝路做了重新定位之后的第二年，万宝路香烟在美国香烟品牌中销量一跃排名第10位。1968年，万宝路香烟已占美国香烟市场销量的13%，居美国烟草工业第二位。1975年，万宝路香烟销量超过一直位居香烟销量首位的云斯顿香烟，坐上了美国烟草业的第一把交椅。从1955年到1983年，莫里斯公司平均每年销售额增长率为24.7%，这个速度在战后美国轻工业公司中是绝无仅有的。从20世纪80年代中期一直到现在，万宝路香烟销量一直居世界香烟销量首位。世界上每被抽掉的四支香烟中，就有一支是万宝路。1995年，美国《金融世界》评定万宝路为全球第一品牌，其品牌价值高达446亿美元。

1987年，美国《福布斯》杂志对1546个万宝路香烟爱好者的调查表明，真正使烟民着迷的不是万宝路香烟与其他品牌之间的微乎其微的产品上的差异,而是广告商涂抹在万宝路香烟上的男子汉气概给烟民们所带来的满足感和优越感。

资料来源:作者根据相关资料进行整理。

2. 品牌再定位的必要性

(1) 市场竞争格局的变化

市场竞争环境每天都在发生着变化,其激烈程度表现为以下两点:竞争对手的品牌采取跟进或模仿策略,使过去市场竞争格局的品牌差异化迅速变得同质化;竞争对手往往采取不正当的竞争或倾销行为,对本品牌原有的品牌定位优势造成较大的损害。

(2) 消费者品牌利益点兴趣的变化

消费者的消费环境发生着巨大的改变,使得目标消费者对品牌利益点的追求发生着变化。消费者对原品牌的利益兴趣点会随着时尚流行元素、消费习惯的改变、产品新功能的开发、科学技术的进步等因素而不断发生着变化。这使得企业有必要根据目标消费者变化的利益兴趣点为品牌进行再定位,不断把握消费者的心理需求,及时满足消费者新的兴趣利益点。

(3) 市场法规和相关政策的变化

许多国家或地区都会根据其市场发展的需要制定有利于市场发展的相关法规和政策。这些法规和政策一方面可能会使一些企业的品牌处于有利的市场位置,另一方面也会使另一些企业的品牌处于不利的市场地位。企业如果需要使自身品牌避开或化解这些不利因素的影响,就需要对品牌进行再定位。

### 5.4.2 品牌再定位的时机

由于外部环境的变化,企业的品牌常常都需要进行再定位。品牌再定位并不能盲目进行,应该选择合适的再定位时机。企业应在充分了解市场变化、消费者需求等的前提下进行重新定位。一般来说,品牌再定位的时机可能有以下几种:

1. 原有品牌定位老化

由于时代变迁,消费者的需求和兴趣会发生改变,如果品牌的定位不能及时跟进,那么品牌定位将出现老化现象。品牌形象老化,即品牌形象的价值取向、广告的诉求点已不能引起目标顾客的认同与兴趣,表现为消费者没有了新鲜感,品牌对受众心理形不成刺激,品牌生命力日渐衰落。此时,必须对品牌重新定位,为企业注入新活力,否则极有可能被市场淘汰。2003年9月25日,麦当劳中国全面更新品牌形象,其品牌口号、品牌个性、电视广告及主题歌曲、员工制服等,全面更新为"I'm lovin'it"(我就喜欢)嘻哈一派,以时尚现代的价值观来重新阐释麦当劳的品牌理念。事实证明,麦当劳公司再定位之后的时尚年轻、充满活力的形象赢得了更多小孩和年轻人的青睐,品牌形象重新获得了生命力。

2. 原有品牌定位错误

一些企业在产品最初上市的时候,由于目标消费者需求分析的偏差、竞争品牌分析的疏漏,或者自身资源和实力的缺陷,品牌的初始定位发生错误。无论企业如何扩大传播力度都可能是徒劳,往往无法达成预期营销目标。这时,企业必须尽快重新为品牌进行定位,这将极有可能使市场业绩大大改观。例如,江中健胃消食片初期定位为"中药保护",由于没有满足消费者真正的需求,产品销售不畅。其实消费者对于消化不良的日常用药根本就不在乎它是否是中药保护，他们需要的只是一种可以多吃而没有太大副作用的药。2003年，公司对江中健胃消食片进行重新定位，根据消费者实际需求将其定位为"日常助消化用药"。这一重新定位说明江中是可以日常吃、同时又只是助消化的日常用药，从而奠定了自己在日常消化不良用药OTC市场领头羊的位置，销售额迅速突破两亿，创造了一年七个亿的销售神话。

3. 原有品牌定位模糊或过窄

由于一些品牌不断进行品牌延伸，冲淡了在消费者心目中最初的品牌印象，使得品牌定位在消费者心目中变得模糊。还有一些企业在实力还不够强大的创业初期，品牌定位总是跟某一种产品、某一类消费者或某一个地域紧密相关的，以至于品牌成为了某类产品的代名词。例如，在消费者心目中会有这样的品牌联想，Intel就是做CPU的、联想就是做电脑的、康师傅就是做方便面的、娃哈哈就是儿童营养品品牌等。这些在创业初期是品牌的优势，到了后期却成为品牌延伸和扩张的障碍。因此，拓宽原有定位的边界变得十分重要。巴黎欧莱雅的广告在我国一向都是请巩俐、李嘉欣等女星代言，现在也开始聘请男星吴彦祖代言，以期开拓男性市场。广告片尾的一句"你也值得拥有"点出了这一意图。

4. 市场环境变化

当外部市场经济环境、市场政策发生变化，品牌产品自身存在潜在的不利影响因素的时候，都有可能会对品牌产品原有的定位造成影响。此时，企业就该进行再定位。根据环境变化所导致的不利局面，一方面通过公关活动等尽可能消除或减轻社会各界和消费者的负面影响。另一方面对品牌进行重新定位，使消费者对品牌形象形成新的认知。例如，2000年11月，国家药监局出台新政策规定，暂停含有"PPA"的OTC药品在市场上销售。一直占据感冒药OTC市场主导地位的康泰克因其药品中含有"PPA"成为PPA的代名词，导致了该品牌极大的经济损失。面对如此变故，中美史克公司对其开发的新产品进行了再定位，于2001年9月推出"不含PPA的速效感冒药"新康泰克，使其品牌逐渐重新获得了消费者的信赖。

5. 竞争品牌的模仿

品牌好的定位点通常会吸引竞争者加入，出现众多竞争品牌。此时，如果对本品牌产生了较大危害，企业应当考虑调整新的定位点。例如，海飞丝针对一些以"去屑"为卖点的竞争者，如清扬、采乐，增加了海洋活力型、丝质柔滑型、怡神舒爽型、清爽控油型、水润滋养型、深层洁净型、莹采乌黑型、轻柔呵护型共八个品种，以此细化去屑的定位点。

6. 品牌发展战略调整

企业在制定品牌发展战略时，从企业的内部资源和外部环境两个方面来考虑。这两个因素都是典型的动态变量，企业的品牌发展战略应该随之进行适时的调整。当品牌发展战略进行变化时，品牌定位也要随之改变。例如，2006年1月，英特尔公司宣传全球换标，使用了37年的老标识从此退休。英特尔从2005年1月开始进行一系列包括组织架构、产品线在内的调整，以期从单一的芯片产品提供商转型为提供全套技术组件，包括微处理器、芯片组、通信芯片、基本软件能力及其他支持工具的平台产品的提供商，同时其发展重点也开始转向消费电子市场。核心战略的转型使得英特尔原来针对计算产品的品牌标识已经不能完整地表现英特尔现有的产品定位，其标识的改变也成为战略转型的一个重要部分。

**本章小结**

从演进过程来看，定位理论的发展经过了三个发展阶段：20世纪50年代的USP理论、

20世纪60年代的品牌形象理论和20世纪70年代的定位理论。USP理论产生于产品理性利益盛行的时代，所以关注产品本身；品牌形象理论产生于产品同质化严重、独特的销售主张难以挖掘的时代，所以关注品牌；定位理论产生于信息时代，关注的是消费者的心智。

里斯和特劳特认为定位是从产品开始的，可以是一件商品、一项服务、一家公司、一个机构，甚至是一个人。但定位并不是对产品做什么事情，而是要对预期顾客要做的事，是在预期顾客心智上所下的工夫，为产品在潜在消费者的脑海里确定一个合适的位置。品牌定位是指企业在市场定位和产品定位的基础上，对特定的品牌在文化取向及个性差异上的商业性决策。它是建立一个与目标市场有关的品牌形象的过程和结果。

品牌定位的内涵是：在消费者心目中确立一个有利位置；品牌传播尽力做到"第一"；表现出品牌间的差异化。品牌定位的意义是：品牌定位使消费者记住品牌所传达的信息；品牌定位是品牌整合营销传播的基础；品牌定位是确立品牌形象的基础。品牌定位的原则是：突出产品特点、考虑企业资源条件、了解目标市场、坚持竞争差异化原则、保持品牌定位的稳定性、品牌定位应简明扼要。

品牌定位的过程是一个根据消费者、竞争者和自身综合分析，为品牌在消费者心智中确定独特位置的过程。品牌定位的过程有以下几个步骤：（1）分析目标消费者需求；（2）确定竞争者并明确其定位；（3）辨析与竞争品牌的异同点；（4）提炼具有竞争优势的核心价值；（5）陈述并传播品牌定位。

品牌定位的方法是指挖掘品牌定位点时所采取的视角。对于一个企业来说，进行品牌定位必须着眼于产品、消费者、竞争者以及品牌识别这四个方面进行品牌定位，以便定位准确、指导传播。产品的角度包括产品属性或利益定位、产品价格定位、产品类别定位；目标消费者的角度包括品牌使用者定位、购买目的定位、使用场合与时间定位、生活方式定位；竞争导向定位包括首席定位、关联比附定位、进攻或防御式定位；品牌识别的角度包括品牌个性定位、品牌文化定位、品牌与消费者关系定位。

品牌再定位是艾尔·里斯和杰克·特劳特于1970年发表在《广告时代》杂志上的著名论文中提出的。品牌再定位就是打破品牌在消费者心目中所保持的原有位置与结构，使品牌商品按照新的传播理念在消费者心目中重新排序，以期在消费者心目中构建一个对企业更加有利的品牌阶梯。通俗来讲，品牌再定位就是变更或改变品牌的原有定位。当产品品牌的销售额下降或发现新的市场机会时，为了获得品牌新的生命力与活力，企业进行的重新定位。

品牌再定位有两种理解：一种是竞争品牌再定位，即改变竞争品牌在消费者心智中原有的定位；一种是本品牌再定位，即改变本品牌在消费者心智中原有的定位。对本品牌再定位的时机有以下几种：（1）原有品牌定位老化；（2）原有品牌定位错误；（3）原有品牌定位模糊或过窄；（4）市场环境变化；（5）竞争品牌的模仿；（6）品牌发展战略调整。

**能力培养指导**

通过本章的学习，学生应该能做到：
1. 评估USP理论、品牌形象理论、定位理论三个品牌创意理论的关系。
2. 结合所学的品牌知识，找出市场上你所熟悉的品牌，分析该品牌是如何进行品牌定位的。
3. 结合进行品牌重新定位成功的企业经验，分析企业什么时候应该为品牌进行重新定位。

## 案例应用 1

### 农夫山泉品牌定位案例

无论你喜欢或者不喜欢，短短十几年的时间，农夫山泉目前已经无可争议地成为中国瓶装饮用水的领导品牌之一，近年来一直位居市场占有率第二位。农夫山泉的成功是市场营销的成功，是品牌定位的成功。

1997年4月，浙江千岛湖养生堂饮用水有限公司第一个工厂开机生产农夫山泉瓶装水。1997年6月，农夫山泉在上海、浙江的重点城市上市，以"有点甜"为销售卖点，实施差异化营销策略。农夫山泉的差异化不仅体现在包装及品牌运作上，还体现在价格上，并以此差异化的营销策略，独特的品牌定位迅速奠定了农夫山泉在瓶装水市场上的高档、高质的形象。

1998年4月，养生堂在中央电视台推出了"农夫山泉有点儿甜"的纯净水广告，这句广告语引起了消费者的普遍关注。在这一表现农夫山泉独特包装瓶和饮用方式广告中，养生堂提出了"农夫山泉有点甜"的独特广告诉求。当时农夫山泉产品还没有在全国上市，广告已经把农夫山泉的名字传遍全国。应该说，养生堂农夫山泉的这一版广告作为农夫山泉系列电视广告的开山之作，在短时间内就使农夫山泉的品牌知名度从一个区域新品牌一下子跃升为全国的知名品牌，达到了大街小巷几乎妇孺皆知的程度。"农夫山泉有点甜"这一当时推出的广告语，时隔13年后仍深入人心。

我们从这个广告词语中就可以感受到农夫山泉清晰的品牌定位：用"有点儿甜"来做品牌的区分，占据消费者心智资源。在中国瓶装饮用水市场，绝大多数品牌的饮用水普通消费者从包装和广告等宣传中看不出彼此之间是有什么不同的，也就是说大家都是同质化的产品。当然有一些品牌的广告也深入人心，比如：娃哈哈的"我的眼里只有你"；乐百氏的"27层净化"；怡宝的"你我的怡宝"等。从消费者心智资源来讲，这些广告语除了乐百氏的"27层净化"能有效地塑造产品的"纯净"特色外，其他的广告可以说并不能有效区分品牌的差异。这样的广告对品牌知名度的贡献是很有帮助的，但是对消费者尝试购买率却作用不大。相反，当我们听到"农夫山泉有点甜"这样的广告时，想尝试一下的消费者绝对不在少数。也正是这样的品牌定位，让农夫山泉这个产品迅速成长为行业的前三名。2000年，中国跨世纪十大策划经典个案评选揭晓，"农夫山泉有点甜"名列其中。

1999年，农夫山泉的广告传播侧重点逐渐从"农夫山泉有点甜"转化为"好水喝出健康来"，更加突出了水源品质，同时也力求证明农夫山泉之所以甘甜的根本原因。1999年从广告诉求角度看，农夫山泉开始更侧重于诉求水源——千岛湖的源头活水。通过各种创意表现形式，使消费者认识到农夫山泉使用的是千岛湖地下的源头活水，是真正的"健康水"。另外从农夫山泉的广告专题片中我们也看到了农夫山泉现代化的生产线和可靠的质量。作为一个市场上的新品牌，农夫山泉凭借雄厚的资金实力和灵活多变的广告宣传形式，终于坐上全国瓶装水市场占有率第三的位置。

2000年4月22日，公司宣布全部生产天然水，停止生产纯净水。在中央电视台的"水仙花生长对比实验"广告上，养生堂宣布：停止生产纯净水，全部生产天然水。与其说这是农夫山泉对所有纯净水竞争对手下的挑战书，还不如说这是对公司品牌定位、产品定位的颠覆式的改变。公司继续在产品差异化、品牌差异的路上前行。引领消费者回归自然、回归天然。当然养生堂如此打击竞争对手的做法在当时闹出了轩然大波，2004年6月7、8日，来自全国 18 个省市的 69 家纯净水生产企业的代表云集"娃哈哈"与"农夫"两总部所在的城市杭州，全国上百家媒体的数百名记者也纷纷赶赴"娃农竞争"的焦点城市杭州。69 家纯净水企业经过激烈讨论，6 月 8 日"纯净水联盟"发布了一个"联合声明"：郑重要求"养生堂公司必须立即停止诋毁纯净水的广告宣传活动，并向全国消费者、广大少年儿童以及全国生产、销售纯净水的企业公开赔礼道歉，消除不良影响"。对于娃哈哈、乐百氏等纯净水企业来说，这一切都为时已晚。农夫山泉在国家没有出台"天然水标准"的情况下，其天然水的品牌定位已经赢得了广大消费者的认同。试想天底下有谁想喝对自己健康无益的水？天底下又有谁不想喝对自己健康有益的水？在这场养生堂主导的天然水与纯净水之争中，以农夫山泉的全面胜出为终结。农夫山泉的天然水这一品牌定位对这一役的胜利来说功不可没。

2008 年，农夫山泉的广告语也悄然换成了"我们不生产水，我们只是大自然的搬运工"。这个广告宣传继续着农夫山泉品牌定位的神奇，紧紧扣住健康的理念，告诉消费者：我们的水不是生产加工来的，不是后续添加矿物质生产出来的。"大自然的搬运工""水源地建厂，水源地罐装"把自然的精华天然水呈现在消费者的面前，将竞争对手越甩越远。2008 年，"农夫山泉"被美国《读者文摘》评选为中国瓶装水中唯一的"白金品牌"。

资料来源：百度文库网，http://wenku.baidu.com/view/3354f9d2195f312b3169a549.html。

【讨论题】

1. 你对农夫山泉印象最深的是什么？
2. 结合农夫山泉的品牌成长之路，谈谈你是如何看待品牌定位的重要性的？
3. 从品牌定位策略上看，"农夫山泉"是如何成功实现品牌定位的？

## 案例应用 2

### 六神沐浴液：本土品牌文化的胜利

面对来势汹汹且实力雄厚的外国竞争对手，六神把握住了中国的特殊品味——对传统中医文化的信赖。"六神"由此而确立的产品独特定位——中药成分的沐浴液，更是为自己建立了强势的市场区隔。在宝洁、联合利华等跨国公司的强势进攻下，六神沐浴露的策略为中国本土公司如何利用本地优势做了一个漂亮的注解。

**本土品牌文化成功阻挡国际品牌**

从 20 世纪末开始，国际著名的日化集团开始将中国市场作为新兴利润来源地之一。他们凭借着成熟的产品体系、先进的推广手段以及雄厚的资金保障在中国市场上兴风作浪。一时间 P&G、UNILEVER、KAO 等公司的产品充斥着商店的货架，消费者也以使用这些舶来品牌为荣；而民族品牌在强大的竞争压力下有些逐渐销声匿迹了，有些则成了国外集团的收购对象，剩下的又大多在苦苦支撑。在沐浴露市场中，P&G 的舒肤佳、联合利华的力士成为耀眼的明星。而六神却凭借着鲜明的本土化品牌文化内涵树立了强大的民族品牌形象。

"六神"或"六位神灵"，是中医传统上用来治疗痱子和其他夏季疾病的药方名称，其中主要成分是珍珠粉和麝香。按照这个处方，1993 年，上海家化推出了六神花露水，供夏天使用。以"去痱止痒、提神醒脑"为明确产品诉求，这个品牌迅速赢得了 60%的花露水市场份额。两年后，上海家化推出了六神沐浴露，专攻中国夏季个人洗护用品市场。六神沐浴露的推出，一方面是鉴于六神品牌在市场上已具有的强大品牌效应，要将六神品牌的价值最大化；

另一方面，面对跨国公司的挑战，上海家化把握住了中国的特殊品味——在一些领域更加相信中医。在对消费人群进行分析后，上海家化推出六神沐浴露，将目标对准了六神花露水的使用者及长期青睐传统中医产品的消费者。

产品推出后，很快就赢得了绝大部分六神花露水用户的信赖，至1998年，在中国逐渐建立起的沐浴露市场中占据最大的市场份额。六神沐浴露成为中国夏季个人洗护用品的第一品牌。

日化产品是一个情感附加值相对较高的产品品类，这意味着其需求具有多样化和个性化的特性。通过品牌，体现了所关注的功能性利益和情感性利益，体现了产品的价值、文化和个性。

**独特产品定位卡住竞争对手**

近两年，随着中国沐浴露市场的不断扩大，跨国公司开始加大市场争夺力度。宝洁、联合利华等公司除了对原有的舒肤佳、力士等强势品牌在广告、渠道上的投放加强，还推出了不同价位、不同功效的新品。如在本次调查中位居成长性第一位的多芬，就是宝洁公司在2003年刚刚推出的。从价格上看，现在六神的价格仅比国际一线品牌便宜1/4左右。

在中心城市的主流消费市场，六神面临着国际品牌的挤压；而那些区域性品牌又试图凭借自己的价格优势从六神的市场份额中分一杯羹。以广东中山地区为代表的中小日化厂家，也凭借地利和成本优势，推出了一些在区域市场得到广泛认同的品牌，如澳雪等。这些品牌的价位最低者仅仅为六神沐浴露的一半。但是，"六神独特的产品定位成为了它竞争的先天优势。我们通过调查发现，对于夏天洗澡后的感觉，中国比其他国家和地区更追求清爽的感觉。"六神的品牌经理李峻说。因此，在产品诉求上，与国际品牌大多宣扬的"润肤、除菌"等功效不同，六神沐浴露突出产品"清凉、清爽"的感觉，而又因为延续了六神花露水的传统风格，使人自然联想到中药成分对清热功能的促进。因此六神沐浴露树立了自己独特的清爽形象。六神沐浴露是第一个在沐浴露市场上突出"清爽"定位的产品，一步领先，就以时间换取了发展的空间。六神上市后迅速取得了成功，一直占据着市场老大的位置，并在这个定位上建立了强大的屏障。对本土企业来说，如果现在去模仿六神，无论在企业实力和品牌基础上都很难与六神抗衡。

某些本土企业即便利用低廉的价格争取到了一部分消费群体，但这部分不注重品牌、对价格敏感的顾客本来就不是六神主要争取的目标消费群体。而跨国公司处于国际战略的考虑，在新品开发上则缺乏一定的弹性。由于建立了产品定位的强势区隔，使六神沐浴露在一定程度上避免了价格上的竞争，保持了较好的赢利水平。

资料来源：销售与市场第一营销网，http://www.cmmo.cn/article-43098-1.html。

**【讨论题】**

1. 六神沐浴液使用了哪种品牌定位的方法？
2. 你认为六神沐浴液的成功有哪些关键因素？
3. 结合本案例，分析品牌定位方法如何有效地运用在企业品牌定位之中？

# 第6章 品牌体验策略

 学习目标

1. 了解体验的来源，何为体验经济
2. 了解品牌体验的内涵与特征
3. 熟悉品牌体验的设计要素
4. 掌握品牌体验的实施和策略

**实战中的品牌体验**

耐克的品牌体验

这个叫托夫勒的美国老头才是真正的千里眼，2001年就看出商家将靠提供体验服务取胜。时至今日，品牌体验店在国内正成星火燎原之势发展着，并席卷了汽车、鞋服、电子等诸多行业。

据说纽约的耐克城已经成为一个著名的景点了。耐克亚洲最大体验店落户上海淮海路商圈，让我们有了洞悉和学习世界级品牌经验的机会。

耐克上海的品牌体验店坐拥3700平方米，4层超大豪华体验空间。

除了美轮美奂的展示产品，耐克体验店突出了运动文化体验，如店内定期组织球鞋疯会、NTC训练课程、跑步俱乐部等各类活动。其中，NTC训练课程主要针对女子训练，每周三晚上都会在店内开设课程，有来自中国台湾、香港等地区的专业教练带领市民进行训练，提供燃脂、塑形、强健身心的训练和健身课程，解答市民在健身中遇到的问题。跑步俱乐部于每周四开放，从体验店出发进行夜跑，视天气和报名情况，跑步路程在3千米到5千米之间。跑步过程中将有专业训练老师带跑，提供专业跑步训练指导。

这一切都是免费向市民开放，市民到体验店内报名即可当场参加。

全国首个耐克数字挑战中心，消费者可以亲自体验最新科技Nike+，获得自己的运动数据与世界顶尖运动员进行对比。此外，体验店内还设有较为大型的空地体验区，让市民和足球、高尔夫、网球、美式橄榄球等运动亲密接触。

国内企业在品牌体验店的应用方面，除了概念上的赶超，内涵的经营上依然显得单薄。如国内知名的鞋服品牌美特斯邦威投资近千万元在重庆打造了全品牌集成店，号称是体验店升级后的2.0版本，总面积为4000多平方米，囊括旗下Metersbonwe、ME&CITY、ME&CITYKIDS、Moomoo四个品牌。店内在每个楼层配备了时尚搭配互动装置，消费者只需扫描衣服的条形码，该装置就会给出搭配建议。同时，店员们还配备了IPAD，消费者选购后可进入IPAD的云支付系统，通过支付宝或微信支付。此外如果消费者购买的商品出现缺色断码，还可以将订单通过网上下发到其他店面，并送货到家。

**评述**

真正的体验式营销理念，不只是提供顾客体验产品性能的舞台，更是提供一个交互沟通的平台，通过吸取顾客的意见来改进产品，进而形成粘性极强的品牌关系。无论是过去的传统销售，还是现在O2O模式，其商业的核心一直未变，那就是发自内心的热爱品牌的消费者，让他（她）开心，在乎他（她）的感受。只有这样，才会让品牌体验店变得有温度。

资料来源：中国时尚品牌网，http://www.chinasspp.com/。

## 6.1 体验经济的来源

体验（Experience）一词源于拉丁文（exprientia），意指探查、试验。依照亚里士多德的解释，体验为感觉记忆。许多次同样的记忆在一起形成的经验，即为体验。Norri S（1941）是最早提出消费体验的学者。他强调消费体验重点是在于物品的服务，而非物品本身。Abbott（1995）强调体验是与消费者有关，并指出所有的产品是为了执行服务，以提供消费体验。

体验从人类的心理世界进入经济生活的前台，这意味着人们的需求的实现从重视物质的东西到物质与非物质东西的并重。体验经济何以在现实成为可能？为什么体验能与商品、服务一样作为经济的提供物？体验与经济有怎样的内在联系？

### 6.1.1 体验的来源

在现实的经济活动中，无论是生产者、营销者还是消费者无时无刻不是在体验着。体验经济的运行就是围绕着消费者的体验活动而展开的，是生产者、营销者深入研究和体察消费过程中的各种体验产物，使其产品化、服务化、产业化的过程，使消费者愿意购买、使用并产生难以忘怀的体验。

一般来说，体验的来源和生成不外乎以下三个方面：

1. 体验是社会生活实践的产物

一是人作为个体，从出生来到世间，就处于一定的社会关系之中，各种规则、关系总是强制性对个体发生作用。狄尔泰就强调："个体是社会交互作用中的一个要素，同时也是这种交互作用的各个不同体系的交汇点。人是社会的基本元素，社会则是人与人之间乃至人与外界交互作用的结果。个体就从中感受着、体验着。

二是社会、团体（如企业）对个体所提出的规则、行为要求。个体总是首先被置身于特定的文化氛围之中，个体接受文化氛围中的何种内容，有赖于个体在社会生活中的地位、作用、经历。个体总是被不同程度的文化氛围熏陶和浸染，将这种外在的社会规范、伦理要求等逐渐内化为自己自觉行为的依据，对于日常的生活方式产生很重要的影响。社会中的各种内容关系像善良、诚意、消费倾向等"虽然进入个体之中，但也是在个体所在的环境和社会的影响下，才得以在个体中发展、改造出来"。

2. 体验产生于个体实现"自我"生活的需要

随着个体认知水平的提高，必将逐渐形成对生活的理解和认知，包括责任、信念、理想等精神生活的基本概念。譬如个体自身希望过一种快乐、有意思的生活。这样的生活既包括物质的，也包括心理的、精神的。这是个体有了一定的心理素质和文化积淀之后必然会产生的。物质生活与精神生活两大层面内在协调的要求必然使得人们在追求物质的丰富、外在充实的同时要求内在宁静。而这一切最终是归结到对生命意义的认识和追求，对人生价值的追问、人生真谛的求索，是人的体验内省的一个极其重要的关节点。古今中外的许多名人、伟人就是善于自省而达成了自我实现的理想境界。

3. 体验是个体成长内在的需求

瑞士心理学家、哲学家皮亚杰从教育体验入手，研究个体认识的起源和认识的成长过程。他认为，个体通过同化和调节两种作用和机能，认识结构不断得到发展，以适应新的环境。同化不能改变个体的格局并进行创新，只有重组才能起到这样的作用。当主体的认知结构对某种特异的外部刺激不足以同化时，主体必须对自身的认知结构进行内部调节、补充和改组。个体发生学理论揭示，人生的体验的奠基及其发生的程度、内容等，是个体成长的动力。

## 6.1.2 体验的生成

体验以人的个性化为特质，不同的个体有不同的体验。体验的个性化特征明显。个性化是指不同个体纳入所具有的不同的性格、兴趣、经历等特质而表现出的行为特征。体验是个体以个性化的生活方式参与其中的事件，任何一种体验其实都是个体的心、智状态与时空关系之间互动作用的结果。

体验的个性化有心理学和遗传学基础。人的体验要通过感觉器官接受各种信息，然后通过头脑分析加工过滤后形成自己的认知等。最新的研究成果表明体验的个性化的物质基础是感觉的差异化。对于人的感觉的差异，威廉·冯特是从生物条件反射的角度来论述人的意识形成的过程及其基本要素的。他认为，对于人来说，有些感官需要相当强度的刺激才能产生，即一种拥有相当强度的感官情感，尤其是对眼睛和耳朵的刺激。但是，认真的内省能使人甚至在微弱的视觉、听觉刺激中认识到某种感情的色彩。感觉的来源是客观的世界，感觉的差异与人的反思有很大关系。同时，在过去的几年里，遗传学发现了很多与味觉、嗅觉、触觉和视觉等感觉相关的基因。费城莫内尔化学感觉中心的神经科学家的研究成果表明，任何人的感觉世界都是不同的。你所看到的景象、品尝到的食物、闻到的气味等都是人以自己独特的方式感觉到的。

体验是在社会实践中产生的，也是在社会实践中不断深化的。人的行为是一系列内在化了的"索引"体验的产物。人类对自然和社会的认识是一个不断建构的过程，就是主体在与客体相互作用过程中逐步建立起自己的认知结构的。体验的生成有内生、外生两个维度。

体验的生成与发展对个体人来说是内生过程，形成个性化的体验，如个人的偏好、口味、生活习惯等都是体验的结果。对企业、团队来说，体验的外生的过程形成群体化的体验。体验的内生过程是指个体在一定的环境氛围（团体和社会）中，感受、学习、认同而获得一定的认知和情感，有了新收获、新感悟，以至达到身心的和谐，从而提升生命质量的过程。这里的环境氛围是指除个体自身以外的人、物、文化等因素的关系结构及其作用系统。个体为了自我生活的需要，或是获得效用，或是获得某种信念、责任的支持等，体验就有了内生的可能。

人的体验或正在发生着的体验，通过一定的方式存在于人的身体之外，这就是体验的外生过程。在社会再生产过程中，体验的外生过程包括物质产品和精神产品的再生产、社会形态的再生产。通过对体验的内生过程和外生过程的分析可以看出，体验既可以被刺激、唤醒，也可以是新生的体验。体验的内生和外生以需要和相应的环境条件形成体验经济的运行为基础。体验经济就是要依据人的心理需求规律、自然和经济法则，激发人们内在的美好的体验，使经济发展更符合人类生命发展的逻辑，体现可持续发展的理念。个性化的体验不能加总为群体化的体验。它可以以一定的规则生成群体化的体验。个性化的体验并不是独立于群体化的体验或者是共性体验之外，而是丰富和激活着群体化的体验。

### 6.1.3 体验的经济效用

体验的一般效用有许多，诸如净化说、认知说、游戏说、补偿说、自我实现说、对象化说等。认识体验的经济效用就要深入经济生活领域，必须与人的动机、需要、成本、收益等相联系，把体验放在社会经济发展的大环境中来认识。

体验可以有直接体验和间接体验，真实体验和虚拟体验之分。间接体验和虚拟体验可以使人对现实中不可预测的或于人类不利的行为和结果给予间接的揭示或模拟演示，是人们研究、分析、总结人类长期的社会实践从而得出有规律性的结论，为未来的经济活动提供有效的借鉴和启迪，可谓试错效应。

体验是经济的新增长点，这是由体验是经济增长的新需求点所决定的。体验被视为一种独特的经济提供物，提供了未来经济增长的契机。随着技术进步和劳动生产率的不断提高，各种琳琅满目的消费品充斥于市场，而消费者的需求量却没有增加多少，产品及其服务的成本费用不断递增，致使企业经济效益下降。开辟新的需求点成为令社会共同面临的问题。体验是继服务经济之后又一个新的价值源泉。工业飞速发展主要为人类提供充足的物质财富，体验将主要为人类提供精神"食粮"。在一些发达国家，因提供美好体验而拓展产业的发展空间，如休闲业、生态旅游、电脑游戏等产业在国民收入中增长较快。1999年第12期的美国《时代》杂志曾预测到2015年前后，发达国家将进入"休闲时代"，休闲在美国的国民生产总值中占有一定的份额。

重视体验有利于企业经济效益的提高。一项大型的有意义的活动，一个有特殊标记的产品都会给消费者留下深刻的印象。这类产品与消费者的情感联结通过一个事件、一个名人、一种深刻的记忆、一种偏好成为对某个消费者有特别体验的产品或活动。体验性的产品或活动通过人的感知影响着消费者以后的行动选择。体验性的活动如体育产业、传媒业等。现代企业都希望满足诸多不确定因素下消费者的复杂需要，并竭力给消费者以美好、积极的体验，排除消极的体验及其传播，以使自己的产品获得更多消费者的青睐。即使已经有相当高知名度的成功产品的企业，也会重视消费者的体验和"再体验"的创造，充分发挥"口碑效应"，进一步扩大产品的知名度，提高产品的美誉度。这些都是提高企业经济效益的重要途径。

体验是经济创新的先导。体验可分为群体化体验和个体化体验，但体验是以人的个性化为特质的。从机器大工业、规模经济到现代经济，人的能动性、创造力被大量开发利用，商品化的世界也在被成批复制。商品的性能一律、"面貌"呆板，工作按部就班，生活"程式化"，缺乏生气与新意。体验升华于人的生命活动的过程中，体验的个性特色表现为世界丰富多彩，精彩的世界激发人的各种各样的体验。我国著名的杂交水稻专家袁隆平教授在总结自己的科研经验时认为：善用直觉思维，才能把握灵感顿悟。直觉思维就是一种体验，是长期实践活动下积累的潜在知识被"激活"的"体验之思"。经济活动的创新也遵循这样的原理。经济的发展是不断发现人类的各种需求点，并用相应的技术手段和途径满足人类需要的过程。经济的创新活动更容易使人达到巅峰体验。要激发人的创造潜能，就要找准人的需求点，利用个体化、群体化的体验思路合理配置社会的人力、财力和物力资源，提高经济和社会效益。

体验能激发人生命的内在潜能，并服务于经济活动，从而影响甚至会改变人们的思维观念和生活方式。今天由于人们需求的变化浮出现实经济生活的"水面"，促使人们注重精神的欲求，注重人的心灵与物质世界的和谐平衡。体验与生命价值、生命意义的融合，使人们重新思考人类经济发展中的诸多问题，如财富的真正含义是什么。

体验有助于提升"经济人"的境界，促使人性的丰满。体验总是与人的感性、理性、悟性纠结在一起。理所当然，体验能使人内省。对个人而言，体验经历丰富、悟性好的人容易对过去、现实、未来进行融通性思考，更多地偏好于精神层次的需要，并在经济活动中不知不觉地提高自己的精神境界，促使人性丰满。可以说，体验能使人活得更有"人味"，容易使人心灵洁净而美丽。马斯洛需求层次理论表明，人的欲求不只是物质利益的享受，人们的基本生存需要在获得些许满足之后也往往会将自身的自由、发展需求作为第一要素。社会经济的发展也必然围绕人的心理的、精神的需求而实现。与此相适应，经济理论围绕人的非物质需求的导向进行探索，容易打破传统经济学只关注人的自身物质利益的局限，将人的需要放在人与人、人与自然、人与社会的关系中去研究。毋庸置疑，体验与经济融合打开了经济学只关注物质财富的"眼界"，提升了人的精神境界。

体验与经济融合能使人全面反思经济活动。人类长期的实践活动加反思的结果是，经济的发展必须以人的身心和谐、人类福祉为根本出发点。为使经济活动更好地符合人类发展的根本方向，必然要对经济运行过程进行重新认识，以体验的本体性理念和思维来引导经济的运行。

### 6.1.4 体验与体验经济

1. 体验性的产品或服务

体验性的产品或服务具有如下的特征。

（1）游戏化和娱乐性

娱乐不仅是一种最古老的体验之一，而且在今天日益成为一种更高级的和最普遍的体验。现代人工智能的不断推陈出新，使产品的模拟仿真功能越来越惟妙惟肖。尤其是电影、电视剧的大手笔、高科技的制作与编辑，通过其娱乐性、新颖性对人的视觉、听觉等形成极大的冲击力，在艺术性、商业性的冲突和竞争当中，以票房收入、相应的书籍、纪念品等愉悦情趣给人们狂欢的视觉盛宴。另外，电子游戏业的迅猛普及成为一个新的经济增长点。2000年日本经济成果中大约有20%来自电子游戏产业的贡献，而该产业同年在韩国的产值达200亿美元，增长率达到30%～40%。产品的娱乐化、游戏性反映了人们日益追求一种休闲的、愉悦的生活方式。

（2）人性化和参与性

注重体验的"以人为本"的设计和生产思想，尊重人的个性选择和发明创造，关注体验的原生性和原创性作品，使人的个性、智慧得到张扬。以此为基础，消费者愿意亲自动手制作产品、设计自己的生活，以此增添生活的乐趣。体验经济崇尚的是每个人都可以在为社会、为他人献出智慧和爱心的同时，而分享他人的智慧和爱心。

（3）非物质化和虚拟性

体验外化为一种产品、服务，具有明显的高科技时代特色。表现为：一是产品的形状从超微、微形到隐形，手机、电脑、摄像机等功能设置更加人性化，产品形态更加多样和新颖。二是纳米、遥控和遥感等技术的大量推广应用，网络信息技术的日益发达增加和强化了人的感应和体验，人机互动、远距离交流等都由过去的幻想变成现实。

（4）情感和精神意味浓

在体验经济时代，设计与生产越来越追求"一种无目的性的、不可预料的和无法推测确定的抒情价值"（马克·第亚尼语）。社会已进入文化和精神消费时代，消费者是根据自己的体验来选择和构思自己的生活空间。体验设计将传统设计对人的生理和安全等低层次需求的关注扩大和延伸到对消费者的快乐、自尊及自我价值实现等高层次的精神需求方面。

2. 消费者参与生产过程是体验经济的标志

体验经济是从服务中衍生出来的。服务业的典型特征之一就是生产与消费是合一的。在以服务业为母体的体验经济中，消费者必然是体验设计与生产中不可或缺的要素。当年，庄子曾有这样的一个设问："子非鱼，安知鱼之乐？"这就是换位思考，因此必须积极吸引消费者参与生产过程。

首先，消费者的信息是生产要素的重要资源。在一般经济学理论中，消费者的信息可以分成两类：一类是包括一般的身份特征信息，如性别、年龄、职业、收入等。另一类是包括消费者生活方式在内的信息，如兴趣、爱好、需要、资历等。相对于前者，后者是更重要的生产要素。

其次，经济活动起始于消费者的需求，没有需求的生产活动是体现不了价值的，要准确而清楚地实现消费者的构思和意图的捷径就是消费者直接参与生产过程。

最后，作为重要的生产要素投入，无论是个体还是群体消费者的参与，都应该得到利润的回报——与生产者一起分享企业利润。这意味着消费者真正进入企业价值链的生产过程，派恩和吉尔摩所谓的为"体验收取费用"是对消费者参与生产过程的要旨的描述。消费者的体验参与企业生产是体验经济的实质所在。而消费者群体需求的变动因素则会对企业的策略、战略发生重要的影响。就体验发生的一般原理而言，消费者信息成为企业经营策略、战略的内生性因素。

综上所述，体验经济就是要以体验的本体论为基础，以消费者需求为导向，将人的体验以小批量加个性化的方式产品化、服务化、系列化。现实生产中大规模的定制模式就是在克服机器大工业标堆化、规范化、同质化弊端的基础上，不断地顺应这种趋势的产物。现代企业的任务就是要寻找更好的经济实现方式，把人丰富的感官性体验及其智慧火花以经济产品或服务的方式呈现出来，从而把人的积极向上的心态和精神的需求产品化、服务化。

# 6.2 品牌体验的内涵、类别与实施

## 6.2.1 品牌体验的内涵

1. 品牌体验内涵

产品的影响力远远低于其品牌，品牌的扩展和延伸是任何一种产品都无法具备的优势，品牌的运作是为了给消费者留下深刻的品牌体验。著名的品牌是与消费者的经验、认可程度相关联，应该获得了众多消费者在使用、效率方面的认同。知名度和美誉度越高，品牌的影响力越大。因此，企业对品牌运作都相当重视，包括清晰的标志印象、难忘的愉悦感受、值得经历的消费体验。

值得注意的是，品牌体验是传统品牌战略里面所没有的概念，在20世纪90年代这个功能是以整合营销传播的面目出现的，1999年Gilmore提出了体验的概念后，这一概念又由于星巴克和谷歌的成功而被广泛接受，体验逐渐成为了关系管理的代名词（所以奥美将品牌传播改为"360度品牌体验"，德州仪器将营销部改为"客户体验部"）。哥伦比亚大学商学院教授伯恩德·H. 施密特在其《体验式营销》中将体验分为感觉、情感、思维、行动、关系五种类型，即战略体验模块（SEMs）。他认为交流、信誉、产品、品牌、环境、网络和人员构成体验战术工具，每个战术工具的运用都可以和SEMs的五个层面进行组合。其中，品牌在表面上是企业产品和服务的标志，代表着一定的质量和功能，深层次上则是人们心理和精神层面诉求的诠释，可以作为一种独特的体验载体。体验营销者将体验这一全新的营销理念运用到品牌中，创造出个性化、互动的营销方式——品牌体验。现在的品牌体验从最初的"体验"强调体验性（某些激动人心、独树一帜的做法）到现在的"体验"强调体验化（所有做法都为激动人心、独树一帜而努力）。

品牌体验是品牌与顾客之间的互动行为过程，是受众与品牌相关的事物接触或交流时的亲身经历的集合，包括使用产品、享受服务、接收信息、消费购买商品和参与活动等方方面面的感受，包括经营者在顾客消费过程中以及品牌产品或服务购买前后所做的营销努力等产生回应的个别化感受。通过令人耳目一新的品牌标识、鲜明的品牌个性、丰富的品牌联想、充满激情的品牌活动来让顾客体验到"快乐""酷炫""感动""愉悦"等感受，从而与品牌建立起强有力的关系，达到高度的品牌忠诚。品牌体验是顾客对品牌的具体经历和感受，这些亲身经历所产生的感受正是缔造品牌烙印的核心力量。对于经营者来说，顾客的体验是至关重要的。"体验"的内涵要远远超出品牌旗帜下的产品和服务。它包含了顾客和品牌或供应商之间的每一次互动——从最初的认识，通过选择、购买、使用，到坚持重复购买。

品牌体验是在"全面体验消费模式"这一大背景下产生的。随着物质文明进步和生活水平的提高，人们对功能利益的需求已经得到大大满足，按照马斯洛的需求层次论，消费者将追求更高层次的满足，"快乐""酷炫""愉悦"正是这种需求的表达。品牌能否超越产品功能而给他们带来种种的感官、情结或价值上的满足将变得越来越重要。简单说，就是品牌不但要具备"功能"上的效益，而且还要有"体验"或"情感"上的效益。品牌体验对创造强势品牌和资产价值来说至关重要。品牌识别及实施系统一经确定就应该开展全方位、多角度的品牌体验，使品牌内涵能逐步深入人心并最终与目标对象建立起某种特定的密切关系。这种关系不仅能给目标对象带来功能性、情感性和自我表达性的全面满足，也能形成品牌资产为企业带来源源不断、有保障的收入和利润。相反，如果没有深思熟虑的品牌体验计划和行动，或者缺乏内外部体验管理系统的有效支持，目标对象就不能与品牌识别发生共鸣，同时也不可能体会到与竞争者的差别优势，这样的结果无法产生清晰而有吸引力的品牌形象，更不会有良好而有价值的顾客关系。

2. 品牌体验的特点

（1）彰显个性

体验是消费者内心的感受。由于人们的心智模式存在差异，所以即使是同样的情景和参与也会产生不同的体验。品牌体验要吸引消费者充分参与达到互动，就必须体现较强的个性化。当前，个性化消费也成为一股潮流。消费者愈来愈追求能够表达个人价值、性格、审美情趣的东西。品牌只有与众不同才可能给予消费者独特的体验。由于人们往往喜欢与自身相似的个性，所以品牌个性应该和目标消费群的个性相一致，在以后的品牌传播中应集中表现这一点。在2002年的北京国际汽车博览会上，宝马公司推出专为中国新贵们量身定制的宝马"新7系列""宝马个性极品"系列等数十款豪华轿车。每一部个性极品车的内饰选材和色彩都是完全不同的，充分满足了中国消费者"专属独尊"的个性要求。宝马公司中国区总裁毫不掩饰他们的目的：让顾客通过宝马的产品来显示他们的成功，把宝马品牌和消费者本身的成功很好地融合在一起，使选用宝马产品成为客户的一种生活方式。

（2）追求互动

人们的主动参与比被动观察学到的东西更多。品牌体验就是要让顾客以个性化的、互动的方式参与刻意设计的事件，获得深刻的感受。在体验中，顾客处于主体地位，通过亲身参与，可以强化对品牌的认知。互动过程也是品牌和顾客之间的学习过程。通过与顾客的接触，企业可以深层次、全面地了解顾客，深度洞察顾客如何体验品牌旗帜下的产品和服务，从而创造出高峰体验，带来较高的品牌忠诚。

小案例 6-1

**阿迪达斯的体验**

1992年夏天，在柏林的马克思—恩格斯广场，阿迪达斯开始了一项独创的赞助活动的尝试——在城市里的露天场所进行一种三人篮球联赛。比赛被冠以阿迪达斯街头篮球挑战赛。在某天或某个周末，欧洲主要城市都会在市中心的开阔地带举行篮球赛、投篮或灌篮比赛、街舞表演、街头雕刻活动和其他特别的运动项目表演，乐队现场演奏舞曲和Rap等流行音乐。比赛逐渐成为阿迪达斯的品牌庆典，为消费者塑造了一个很有感染力的体验品牌的情境。比赛现场没有裁判，参赛的队伍戴着五颜六色的阿迪达斯的帽子，穿着阿迪达斯的运动短裤、夹克，一副阿迪达斯的举止做派。精心设计的街头装饰营造出欢快而又紧张的氛围。

资料来源：作者根据互联网相关资料进行整理。

（3）蕴含情感

在产品和服务越来越同质化的今天，消费者更关注品牌的象征意义。品牌体验强调的是顾客心理所发生的变化，要触动他们的内心世界，目的在于创造喜好的体验，从而对品牌产生强烈的偏爱。

哈根达斯咖啡屋把自己和浪漫爱情联系在一起，在亚洲推出一系列浪漫主题的冰激凌蛋糕，如"华尔兹的浪漫""幸福相聚"等。以至马尼拉一家报纸写道："马卡提城区里香格里拉饭店周围挤得水泄不通，年轻人和冰激凌迷们感到哈根达斯的入住并没有对本地的冰激凌市场形成威胁，反而增添了活力……"因为，哈根达斯推销的是浪漫感受，而非咖啡。

（4）创造快乐

快乐是人类最原始的体验之一，人们天生都愿意寻求欢乐而避免痛苦，几乎没有人会排斥开怀大笑的快乐瞬间。芝加哥大学心理学家米哈里·思科琴特米哈伊认为最优的体验标准是"具有适当的挑战性而能让一个人深深沉浸于其中，以至忘记了时间的流逝，意识不到自己的存在"。迪士尼乐园为何会让人们流连忘返？因为在那里可以寻求无穷的乐趣。品牌体验就要通过精心设计的具有挑战性的活动吸引人们来参与、来"玩"，在"玩"的过程中达到心神愉悦。

### 6.2.2 品牌体验的类别

从心理的结构出发，以心理结构的分化与组合过程及人的精神追求的阶段的区分作为划分标准，可把与心理体验相关的体验系统分为五个方面：

1. 感官体验

人与外界互动时，依靠的工具是感官，因此感官体验是人最基本的反应，是其他体验的基础。它是眼、耳、口、鼻、身与外界进行信息交换过程中所体会到的愉悦感。比如看喜欢的色彩与形状，听悦耳的声音，吃可口的饭菜，闻香味，摸手感好的物体，都会带来人们心中的愉悦感。在五官与外界接触过程中形成的快感、痛感、质感都属于感官体验的范畴。

2. 情感体验

人有七情六欲，人的感官体验会在心中引起其他的反应，如看到红色的火焰或灰暗的天空，随之而感到的就是一种愉快的或阴沉的情绪，这是感官体验基础上的情感的体验。人的情感会对感官所感知到的对象进行投射而赋予其本身没有的属性，如花草树木、流水白云本身并没有什么情感，但由于特定的情感作用，我们会把某种主体的联想赋予它们：树木的呻吟、花儿的飘零、风的怒吼、水的低语、白云的来去匆匆。这是人的情感体验的具体表达。当然，人的情感不仅仅表现为情与物的融合，而且表现为人与人之间的互动，追求关爱与被关爱，追求亲情、友情和爱情。这种种情感都会在心中形成体验，都属于情感体验的范畴。总之，情感体验包括了人与物及人与人的情感过程。

3. 成就体验

按照马斯洛的需求层次理论，人除了基本的生理、安全和社会需要，还有追求自我尊重和自我实现的需要。这种需要是人的社会性的一种表达。人的心理、行为与社会价值观念密切相关。人在满足情感生活需要的同时，还需要得到社会的认可，需要通过拼搏奋斗来获得社会成就。因此人在追求或享受成功的过程中，就会产生成就体验。社会的认可是广义的概念，可以通过多种方式实现，所以成就体验也有多种表现形式。

4. 精神体验

名利的满足并不足以让所有的人感到快乐。现代心理学的研究表明，人的幸福感更大程度上在于精神的满足而不是物质的满足。在满足了物质和名利之后，精神需要更加凸显出来。精神不同于情感，它超越于物质名利之上。比如我们沉浸于画的美感与意境中，通过吟诗作赋来言志，通过养花或读书来陶冶情操，这都是精神生活的表现。这一过程中产生的体验则属于精神体验。它表现为我们对世俗名利的舍弃，对高雅情趣的追求。

5. 心灵体验

精神体验超越了物质和普通情感的束缚，使人得到了精神的放松与满足。但精神满足并非人追求的最高境界。当代日本著名佛学大师阿部正雄在《禅与西方思想》一书中指出，人是一个形而上学的动物，真善美的追求和终极关怀的产生是植根于人性之中的。每个人都面临着生死的问题,人到底从何而来,又到哪里去?心灵深处有一种力量使我们不断追问着类似的问题,这些问题的回答属于形而上本体论的范畴,它已超越了普通的精神体验,而与形而上本体论存在着某种融合,是超道德而与无限相同一的精神感受。人对心灵归宿的追求是最深层最本质的追求,也是最难达到的追求。人们在追求心灵归宿过程中产生的体验就是心灵体验,比如宗教体验,还有心理学巨匠荣格所说的超级体验以及马斯洛所说的高峰体验。这种体验只可意会,不可言传。它不可捉摸,但又无处不在。

与上述体验相对应,品牌体验也可以分为五种类型:品牌感官体验、品牌情感体验、品牌成就体验、品牌精神体验、品牌心灵体验。

### 6.2.3 品牌体验的实施

施密特教授提出的战略体验模块(SEMs)为实施品牌体验指明了方向,即按照消费者心理认知过程,从感觉、情感、思维、行动和关系五个层面来提供体验。

1. 感觉

品牌体验要给消费者全面的感官刺激。如果消费者的视觉、味觉、嗅觉、听觉、触觉不时受到刺激,那么他们的感受将更深刻。像哈根达斯在冰激凌大厅准备样品让人们品尝,宝马赞助的网球与高尔夫巡回赛为人们提供试车的机会,衬衫制造商托马斯·平克的商店里充满了亚麻织物的气味,装在金色或铂金容器里的机油让人感觉比放在蓝色或黑色容器里的机油品质要高,这些都是感觉体验的成功运用。

2. 情感

在这一层面,要使用情感刺激物(活动、催化剂和物体)引出一种心情或者一种特定的情调,来影响消费者的情绪和情感。星巴克咖啡店堪称提供情感体验的典范。起居室般的家具摆设、典雅的色调、清雅的音乐、热情的服务、浓浓的咖啡香味、嘶嘶的煮咖啡声,这一切让每一位走进星巴克的顾客无不体验到优雅、安静、和谐、舒适与温馨。

3. 思维

以上两种体验都是感性的,而思维体验则是理性的。它要启发的是人们的智力,创造性地让人们获得认识和解决问题的体验。它运用惊奇、计谋和诱惑引发顾客产生一系列统一或各异的想法。比如微软"今天你要去哪里"的宣传,目的就是启发人们去理解"计算机在20世纪90年代对人们的意义"。

4. 行动

人们的主动参与将会获得更深刻的感受。在此阶段,品牌体验要通过吸引人们主动参与,提高人们的生理体验,展示做事情的其他方法和另一种生活方式来使品牌成为人们生活的一部分。像耐克的"Just Do It"广告家喻产晓,潜台词是"无须思考,直接行动",颇具煽动性。

5. 关系

品牌体验的最终目的就是要使品牌与消费者结成某种关系。要建立关系必须对消费者有深刻的了解。首先,要找到他们的动心之处——他们生活的一部分,能够表现出自我观念和认同;其次,把其当作一个个体而非群体来了解品牌是如何与消费者的自我观念和生活方式发生联系的;最后,要观察消费者的价值观、信仰、行为、兴趣和所拥有的物品。像哈雷摩托车车主们将哈雷的标志纹在胳膊上或全身,哈雷摩托已成为车主生活的一部分,象征着一种自由、洒脱、叛逆的生活方式。正如《纽约时报》写道:"假如你拥有了一辆哈雷,你就成为兄弟会一员；如果你没有，你就不是。"

## 6.3 品牌体验的设计

### 6.3.1 设计体验的要素

体验就像产品与服务，必须经过一个设计的过程，需要经由发觉、设计、编剧等环节，才能呈现出来。派恩和吉尔摩从已经开始着手为消费者创造体验的企业的做法中，归纳出设计体验的五项要素。

1．设定主题

设定明确主题是经历体验的第一步。如果缺乏明确的主题，消费者就无法整合所有感受到的体验，也无法因体验而留下长久记忆。但若主题太无条理，就会显得没有意义。有效的主题要简洁且吸引人。主题必须带动所有的设计与活动。除了要寻找一个具有魅力的主题外，更应该完美表演，才可创造出一个引人入胜的环境，让参与其中的消费者能够更完美地被你的主题所吸引。不管是在主题乐园，还是主题餐厅，除了通过员工以及空间布置，让消费者清楚地体验到所要呈现的主题之外，主题是否能够吸引消费者，以及是否适时更换，或是否以多个主题呈现，对于吸引消费者的效果也都是决定性的因素。如果主题无趣或是单调没有变化，那么体验的乐趣将会随着体验的次数而递减。当体验的乐趣不在时，这个要素也将不再吸引消费者。

2．以正面线索塑造印象

当以主题建立了基础，体验还必须提供一个不可磨灭的印象。印象是一个能带走的体验，它们充斥在主题中。要创造印象，就必须制造体验的线索，在消费者心中创造出体验。而且每个线索都必须支持主题，与主题一致。比如，每个消费场所就好像一个剧场一样，工作人员在其中表演以吸引消费者。但是一场完美的表演是需要整个场景与人员的配合，所以场景与人员的配合便是一种塑造无法抹灭印象的正面线索。

3．去除负面线索

要提供印象深刻的体验，除了要具有主题、完整的表演及提供正面线索的印象外，必须要将一切可能会破坏体验的负面因素加以消除。体验的提供者必须删除任何可能削弱、抵触、分散中心主题的环节。跟主题不相符合的议题或表演将破坏整个体验的结果。所以详细规划及设计主题与服务方式，才能使表演完美呈现出来。

4．配合加入纪念品

有些产品会因其代表了某种回忆而成了消费者优先购买的对象。他们购买这些纪念品当作一个身体体验的纪念。如游客会买明信片纪念游玩的景点；结婚周年纪念或情人节会特地准备一些礼物作为特别的纪念；到某个地方或国家会购买当地特产当作纪念，这些都是用来对难以忘怀的体验所做的留念。而纪念品并不是以成本决定价格的，而是以纪念的意义决定它的价格。事实上，纪念品帮助消费者得以延长一次美好的体验，并且可以藉由这项实际的物品来向他人述说或让自己不容易忘记那次美好的体验，甚至某种程度上可作为炫耀之用。有些纪念品是"只送不卖"或是限量发行，对于参与当次体验的消费者而言，这项纪念品的价格更是无法用金钱来表示。因此,纪念品与美好的体验是相辅相成的。

5. 包含五种感官刺激

体验中的感官刺激应支持、增强主题,而且体验所涉及的感官越多,就越容易成功,越令人难忘。有效的感官刺激能使人们对体验印象更深,也就是说一种体验越是充满感觉,就越值得记忆和回忆。单独强调一种感官刺激便可以达到令人难忘的程度,更何况是包含了五种感官的刺激。不过,感官刺激同样必须要能够与主题相互配合,而各个感官之间也必须和谐,否则便会产生反效果。

**小案例 6-2**

迪士尼的品牌体验

著名的迪士尼世界具有各式各样的主题,如魔法王国、动物王国等。每种主题都具有不同的风格,十分受消费者的喜爱。迪士尼多样的故事情节,总能让游玩的消费者留下美好的回忆及愉快的印象。当消费者处于这些主题之中的时候,故事或场景必须要有能够吸引消费者的魅力,如此一来,消费者将可以短暂地跳脱他所在的时空而完全沉浸在故事的时空当中。消费场所能够具有这样的魅力,对于消费者而言,就如同具有魔法一般。它提供了消费者难以抗拒的诱惑,诱使他们再度光临。

在迪士尼世界及其他主题乐园中,保养及清洁工作都做得相当好。它们有一群专门负责保养和清洁的工人会每天清洁园区。不管什么时候游客只会看到光鲜亮丽的乐园及街道,每个游客都能在迪士尼经历美好的体验后,留下正面的印象。而这种正面的印象将会吸引游客再次光临。

迪士尼的清洁与维护使顾客留下正面的印象。但若是这些工作人员在穿着迪士尼服装的时候相互交谈,就会破坏整体的正面印象,而产生负面效果。所以为了提供给消费者完美的体验,迪士尼就必须去除负面线索,规定员工在穿迪士尼服装时不能够交谈,以维持迪士尼乐园中所提供的乐趣。

资料来源:作者根据百度文库相关资料进行整理。

### 6.3.2 品牌体验策略

品牌体验是对品牌识别进行传递从而改变目标受众的认知、态度、行为和关系的过程,其本质是对品牌与目标顾客或利益相关者之间关系的管理。

如何进行品牌体验当然应取决于品牌识别的需要。品牌体验必须完成三个方面的识别执行任务:其一是创造品牌意识。品牌意识包括品牌知名度(提示知名度、未提示知名度和第一知名度)和能见度(无处不见、无处不在和无处不得),可口可乐和麦当劳这些强势品牌的体验基础就在于深刻印象和广泛暴露。其二是建立品牌联想和差别价值。无论理念识别、行为识别还是符号识别都能够驱动品牌联想。品牌体验不仅需要创造强有力的联想内容,也需要创造对竞争品牌的差别优势。柯达和通用汽车这些品牌的衰落很大的原因就在于品牌联想和差别价值的削弱,空有知名度而不能带来价值感。其三是加强品牌忠诚。顾客关系不仅仅意味着品牌意识和品牌联想,品牌忠诚才是最深层、最核心、最有意义和最具价值的代表。只有成为顾客内心观念和生活方式不可分割的组成部分,品牌才算抵达最高境界,苹果和哈雷戴维森的强大正是因为它们拥有一批忠实追随者。

在正确完整地理解品牌识别的基础上，应当分两个层面来规划和实施品牌体验：一个是业务/产品品牌层面，另一个是集团/公司品牌层面。

1. 解决业务/产品品牌层面的品牌体验工作

这个层面重点包括产品体验、服务体验、价格体验、空间体验、直效体验、网络体验、广告体验、促销体验、公共关系体验、活动体验、客户关系体验这十一种体验工具。这个体验架构基本上涵盖了所有可能的体验接触点（甚至连工业品领域作为重要体验来源的仓库和现场也包括在内了）。每一种体验工具都有其体验特色和潜在价值，我们应当按照它们影响品牌资产的能力赋予专门角色以充分发挥它们各自的力量，同时也需要整合匹配各种体验工具去协调一致地执行品牌识别，这样才能够形成相互连贯、与众不同和充满活力的整体品牌体验（整体体验大于部分体验之和），而这正是品牌体验管理的真谛所在。

（1）产品体验

产品作为品牌的物质载体无疑其体验是第一位的。产品体验需要注重顾客利益、被顾客需求所驱动，以及表达品牌的关键联想。产品体验设计主要包括三个内容：一是产品功能。产品在功能上除了传达理性识别（性能和特色）之外还应体现出品质感（一致性、可靠性、耐用性和适用性）。如夏普手机的高分辨率液晶屏表达了"技术领先、高品质"的识别元素。二是产品形式。产品在形式上也应该通过营造品质信号（即判断品质的可视特征）来加强品质形象，如黏稠的酸奶被认为是高品质的。三是产品包装，产品在包装上除了传达基础信息之外还应创造有力的品牌联想，如"绝对"伏特加的包装设计创造了强烈的品牌个性。

（2）服务体验

随着产品同质化程度的加深，再加之服务在互动性和参与性等方面都优于产品，所以服务在创造和加深品牌体验上正扮演着越来越重要的角色。服务体验设计应该集中于三个关键点：一是服务流程的反应速度，如卡特彼勒"在世界的每一个角落提供 24 小时零件服务"；二是服务人员的可信度，如海尔售后服务人员的专业和亲和力大大地提高了消费者对品牌的信任；三是服务内容的个性化，有特色或可定制的服务能够形成差别化的品牌联想，如中国移动的"动感地带"服务。

（3）价格体验

无论是"利润最大化"还是"薄利多销"都不符合品牌体验的策略。价格应该成为品牌价值的指示器，要充分利用价格作为品质信号和形象标杆的体验潜力。价格体验设计要注意两点：一是价格设定应反映预期的品质认知，如东芝和 GE 的合资公司生产相同的电视机，东芝售价就比 GE 高出 75 美元而销量却是其两倍还多；二是价格的调整应考虑品牌忠诚。频繁的价格促销会增加顾客的价格敏感性和鼓励品牌转移的行为，这促使宝洁最终转向每日低价（Every Day Low Pricing，简称为 EDLP）。

（4）空间体验

空间体验能够大幅度地提高品牌体验的广度和深度，赋予品牌生命力、活力和发展的动力。空间体验设计主要包括三个方面：一是设立旗舰店。1992 年 NIKETOWN 的出现创造了这种全新的品牌体验方式。全方面展示品牌资产现已成为耐克体验系统的核心。二是零售空间生动化（旗舰店向间接渠道的延伸）。如哈根达斯在进入超市时会用带有品牌特征的专用冷冻柜强化品牌与竞争品的差异。三是内部空间优化（下游空间向上游空间延伸）。在工业品领域客户的接触点不仅仅发生在市场营销功能上，内部空间也是创造品牌认知、强化品牌信任的重要方式。如 3M 公司发现其 B2B 用户最重要的接触点居然是仓库。

（5）直效体验

直效体验能够通过更互动、更个人化的方式提高与品牌的联系程度。直效体验有两种类型：一是人员推销，很多人错误地认为销售应独立于品牌，但从战略的角度销售人员和销售活动应纳入体验管理的范畴。销售工作必须支持品牌承诺、深化品牌认知，并通过人际的接触建立品牌关系。二是直接回应，如电视直销就是通过生动的和细节性的展示品牌的优势、价值和品质来吸引顾客的。

（6）网络体验

网络并不仅仅是所谓的"新媒体"，网络体验应该理解为空间体验的虚拟化延伸（体验的"革命"）。网络的优势在于可以进行独一无二的互动化、个性化的参与，并提供最新最丰富最细致的信息，形成顾客置身其中的品牌世界，同时打造强有力的"数字化品牌（Digital Brand）"。网络体验设计可以分为两个方向：一是网站。一个专门为品牌设立的网站可能是最具威力的品牌体验工具，它可以聚集所有网络的力量来加强和改善品牌联想，引发积极主动的品牌交流。如可口可乐的网站通过"最新、最酷、最好玩"的内容设置来支持其核心识别同时发展品牌互动。二是网络营销。各种各样的网络广告、网络促销、网络公关、网络活动、网络推销等使得网络成为整体品牌体验的驱动力和整合者。未来的趋势是线下营销变成线上体验。

（7）广告体验

基于宽广的体验范围以及严格受控的体验内容，广告仍然是目前创建品牌和体验品牌的主要方式，企业仍然将相当的预算用于大众沟通的广告体验。广告体验有三种形式：一是电波广告（电视/广播）。电波广告不仅要以关联和可信的方式展现品牌，而且要以新奇生动有趣的方式让顾客获得精神上的收益。如苹果的《1984》尽管只在电视上播出过一次但却是史上最有名的广告之一。二是平面广告（报纸/杂志）。平面广告相比电波广告能够传达更多的品牌信息，从而有助于改变或者深化品牌形象。如大众甲壳虫的《Think Small》今天看起来仍然有强烈的吸引力。三是地点广告。除了户外和楼宇广告之外最有体验价值的是植入式广告，如 007 系列电影的植入效益使宝马汽车产生了超过 12 亿美元的溢价。

（8）促销体验

促销是目前最具争议、毁誉参半的体验工具。一方面的确会降低品质认知、增加价格敏感以及削弱品牌忠诚，但另一方面也能传递信息、形成诱因、激发紧迫感、创造使用机会以及鼓励顾客关系。促销体验有三种类型：一是参与类促销，如竞赛、抽奖等；二是展示类促销，如免费试用、操作示范、展览会等；三是价格类促销，如优待券、折扣、买赠、以旧换新等。任何类型的促销其目标都不能是通过"贿赂"来购买品牌忠诚，而应将扩展用户群体、增加能体验和可感知的联想、强化客户与品牌的联系作为努力方向和衡量标准。

（9）公共关系体验

公共关系在充分利用意见领袖的力量来强化品牌的可信度和声望方面有独到的优势。品牌体验管理者已经越来越倾向于"公关第一，广告第二"的观念。公共关系体验设计主要针对两个内容：一是游说公关，如新闻发布会、媒介采访会、软性宣传、演讲研讨会等，要诀在于增加品牌的曝光率以及用更有信服力的方式展示品牌；二是事件营销（也就是所谓的新闻炒作）。事件营销是通过策划某种有吸引力和创意性的事件，使之成为大众关心和感兴趣的话题，进而吸引媒体的报道与消费者的参与的行为。如养生堂朵儿的"女人什么时候最美"活动和宝洁的"飘柔之星"活动就把新闻运作和品牌识别完美地接合在一起。

（10）活动体验

活动体验是通过赞助体育、娱乐、艺术等公众活动或专属活动来进行的品牌体验。活动体验通过将品牌与活动相联系继而将活动本身的属性联想转移过来，达到改变和改善品牌价值形象的目的。活动体验设计有两种形态：一是公共活动赞助。公共活动赞助能够提高知名度、品质形象，同时增加一些关键联想。运动方面如三星通过赞助奥运会成功地由以前的三流品牌一跃而成国际一流品牌；娱乐方面莫过于蒙牛通过赞助"超级女生"的行动产生了"活力、热烈"的品牌联想；艺术方面像"十年艺术计划"为华侨城创造了"艺术人生"的品牌个性。二是品牌专属活动，当合适的活动无法取得或需要与排他性的活动建立联系时，自己创立并拥有一项活动就成了上佳的选择。品牌专属活动能够成为品牌专有的庆典，如阿迪达斯街头挑战赛、哈雷戴维森周年团圆庆祝活动、ESPN"X比赛"等。

（11）客户关系体验

利用客户关系管理（CRM）工具开展品牌体验已经成为未来的发展潮流，通过建立客户资料库来定制品牌体验以赢得客户忠诚是CRM的精髓所在。CRM体验主要包括三个方面：一是财务回馈法，即用有形的利益回馈客户的具体行为以建立良好的关系。财务回馈法其实就是常客奖励计划，是留住忠诚客户最直接而有效的方式。如美国航空的"前程万里特惠计划"。二是社会回馈法，即用无形的利益回馈客户的具体行为以建立良好的关系。社会回馈法其实就是会员俱乐部计划，能够提供更高的参与感甚至形成社区互动。如任天堂的"欢乐俱乐部"。三是知识回馈法，即用丰富的知识资源回馈客户的具体行为以建立良好的关系，这是开发持续的优势性体验的最好方法。如联邦快递的"Powership program"。

2. 解决集团/公司品牌层面的品牌体验工作

集团/公司品牌体验和业务/产品品牌体验是截然不同的，决不能随便套用，原因在于主体不同（总部而非下属业务单元）、视野不同（品牌组合而非单体品牌）、对象不同（整个利益关系群体而非单纯的顾客）。集团/公司品牌体验从架构上讲重点包括三大内容：母品牌作为责任人的独立体验活动、协调子品牌一致的横向体验活动，以及面向利益相关群体的广域体验活动。只有建立严密完备的体验体系，集团/公司母品牌才能向目标对象正确、深入而有力地传递品牌识别，并在激发互动的过程中强化认知、清晰形象同时巩固关系，最终积累强大的资产价值以获得更好的品牌未来。

（1）独立体验

集团/公司母品牌需要建立以我为主的独立的品牌体验体系，在体验舞台上必须是主角而非配角甚至是幕后导演，在市场上面对客户直接建立起母品牌的影响力和价值地位（而非通过子品牌）。事实上，集团/公司母品牌的独立体验一直没有受到足够的重视，通常是作为子品牌的体验体系的附庸而存在。如在郭士纳入主之前IBM公司品牌所占的预算分配比例仅仅只有10%，更没有什么系统性的体验活动来支持。如果不是郭士纳入主之后提高到50%的预算分配，并且通过"四海一家的解决之道""随需应变的电子商务"（现在是"数字地球"）等全球体验活动来聚焦和加强IBM的公司品牌，"大象也会跳舞"是绝不会出现的。

（2）横向体验

集团/公司母品牌需要协调下属单位进行跨边界的横向体验计划，尽量将业务/产品品牌的体验活动纳入横向体系之中，以实现分享、精益、融合和协同。实际上，集团/公司母品牌特别适合去主办那些横跨整个组织的战略性体验活动。因为不仅业务/产品品牌通常与这样的活动联系薄弱，而且仅触及单一领域也远不及横跨各个类别更为高效。如 GE 对奥运会的赞助可以贯穿所有的业务单位并使其共同受益，同样"梦想启动未来"的全球宣传计划也可以在众多的子品牌之间进行分摊。

（3）广域体验

集团/公司母品牌需要将体验视野从客户扩宽到以公众、投资者和员工为重点的利益关系群体，并为之开发独立的体验架构。公司品牌需要更加平衡的体验管理，不仅要注重以顾客为中心的承诺，也要考虑整体利益关系者的期望。只有顾客和主要利益关系者对价值的见解协调一致，才可能打造完整统一的品牌。广域体验主要包括三个方面：其一是针对股东的财经体验，在资本市场上同样需要给予投资者有吸引力的体验，否则会出现公司价值低估的可能。如达沃斯世界经济论坛经过调查发现，59%的 CEO 认为公司品牌会对资本市场产生 40% 的影响，而 77%的 CEO 认为品牌对股价的影响这两年来已经变得越来越重要。其二是针对公众的社会责任体验。社会责任体验来自于前面介绍过的公司品牌的自我表达性识别，如 body shop 的品牌体验一直围绕着"公平贸易、动物救助、环境保护"的社会责任展开。其三是针对内部员工的文化体验。如果员工不能体验和感知到品牌的价值，很难想象顾客能够很好地进行体验和感知，相反一个强大的以品牌为导向的组织文化能够实现内外部认知的一致性。

**本章小结**

体验经济的运行就是围绕着消费者的体验活动而展开的，是生产者、营销者深入研究和体察消费过程中的各种体验产物。一般来说，体验来源于三个方面：体验是社会生活实践的产物；体验产生于个体实现"自我"生活的需要；体验是个体成长内在的需求。体验有内生和外生两种。体验经济就是要以体验的本体论为基础，以消费者需求为导向，将人的体验以小批量加个性化的方式产品化、服务化、系列化。

品牌体验是品牌与顾客之间的互动行为过程，是通过令人耳目一新的品牌标识，鲜明的品牌个性、丰富的品牌联想、充满激情的品牌活动来让顾客体验到"快乐""酷炫""愉悦"等感受，从而与品牌建立起强有力的关系，达到高度的品牌忠诚。

品牌体验可分为品牌感官体验、品牌情感体验、品牌成就体验、品牌精神体验、品牌心灵体验五种。施密特教授提出的战略体验模块（SEMs）为实施品牌体验指明了方向，即按照消费者心理认知过程，从感觉、情感、思维、行动和关系五个层面来提供体验。

设计体验有五项要素：（1）设定主题。（2）以正面线索塑造印象。（3）去除负面线索。（4）配合加入纪念品。（5）包含五种感官刺激。在正确完整地理解品牌识别的基础上，应当分两个层面来规划和实施品牌体验：一个是业务/产品品牌层面，另一个是集团/公司品牌层面。

**能力培养指导**

通过本章的学习，学生应该能做到：

1. 能了解体验的来源及体验经济在现实中的意义。

2. 能用所学的品牌体验的概念、内涵分析解释现代商业案例，并在实际中予以运用。
3. 能运用所学的知识解决品牌体验中的实际操作。

## 案例应用 1

### 星巴克的品牌形象与客户体验

在大型咖啡连锁店进入中国之前就有一些相关的市场调研报告，但结果并不令人鼓舞。中国的茶文化源远流长，很少人敢大胆预测中国会有这样强大的市场，花费二十多元钱去喝一杯咖啡。然而事实令人出乎意料，星巴克的品牌形象和崭新的店内客户体验恰好为没有广告宣传而创建优秀品牌建立了极好的典范。

长期以来，公司一直致力于向顾客提供最优质的咖啡和服务，营造独特的"星巴克体验"，让全球各地的星巴克店成为人们除了工作场所和生活居所之外温馨舒适的"第三生活空间"。与此同时，公司不断地通过各种体现企业社会责任的活动回馈社会，改善环境，回报合作伙伴和咖啡产区农民。鉴于星巴克独特的企业文化和理念，公司连续多年被美国《财富》杂志评为"最受尊敬的企业"。

如果你去过星巴克，在距主干道很远时，你就会看到一个漂亮的店面牌和美观的店面，从而受到吸引。在风格上，星巴克的过人之处在于既创造了统一的外观，同时又加入变化，利用风格体现美感，创造了视觉冲击。

在环境设计上，星巴克以咖啡制作的四大阶段衍生出以绿色系为主的"栽种"；以深红和暗褐系为主的"烘焙"；以蓝色为水、褐色为咖啡的"滤泡"；以浅黄、白和绿色系诠释咖啡的"香气"。四种店面设计风格依照店面的位置，再结合天然的环保材质、灯饰和饰品速配成因地制宜的门店，创造新鲜感。

感官识别方面，嗅觉、视觉、听觉、触觉和味觉共同塑造了星巴克咖啡馆浪漫的情调。重烘焙极品咖啡豆是星巴克味道的来源，加上"四禁"政策（禁烟、禁止员工用香水、禁用化学香精的调味咖啡豆、禁售其他食品和羹汤）力保店内充满咖啡自然醇正的浓香。这种带有意式浓缩咖啡馆的气氛和饮品被舒尔茨引进美国后，做了本土化的调整，用轻松的爵士乐取代了严肃的歌剧和古典乐（如今也选播一些古典歌剧）。

在包装方面，星巴克的美学不仅是借鉴他人，还融合了自己的风格。不同的标记在基本统一的风格下又显示出其多样性和变化性。美人鱼商标的创造者根据各咖啡产地的珍禽异兽，文化特性和各种咖啡独有的情境，设计出十几种精美贴纸。彰显各产地咖啡豆的独特性，让消费者看到包装就联想到各种咖啡的脸谱。

正需要休息的你走进咖啡馆，首先是浓郁的咖啡香味扑面而来。即使你还不是非常喜欢咖啡的人，咖啡香味同样也会吸引你。轻歌曼舞的背景音乐让你进一步得到放松。除了满足你的鼻子和耳朵，店内装饰简约，但有浓郁"咖啡"氛围。一套制作咖啡用具的展示，有关咖啡的知识介绍，都在传递一个清晰的信息——这是一家专业的咖啡店。当然，还有店员的热情欢迎。等待期间，有面带真挚微笑的店员为你服务。她给你一个满意的答复和专业推荐。当你从制作咖啡的员工手上收到新鲜的咖啡，在柜台坐定，你可以自己进行自助服务，有牛奶、糖、纸巾等。坐稳之后，感觉还不错，伸展一下腰腿，环顾四周，这确实是一个整洁雅净的好地方。品一口印有商标的瓷杯里的新鲜咖啡，你对咖啡味道的感觉是那么好。看看邻座的人，你根本不认识他们，却直觉地认为他们是受过良好教育的中产阶层或是有"品位的专业人士。你注视到他们,也会被他们注视,这种感觉很好,但难以言喻。这期间,一个店员递给你他们的新品咖啡并做介绍,带给你一小杯品尝。真诚地询问你是否喜欢。你告诉他你真实的感受,如果少一些糖,多一些奶油,味道会更好。当你离开时,尽管你没有回头看,但你仍能感受到他们热情真诚的微笑,注视着你与你道别。几乎很少店能提供这种非机械的真挚道别。你的确很喜欢这种体验,一种远超一杯咖啡的体验。

资料来源:作者根据百度文库相关资料进行整理。

【讨论题】

1. 星巴克的品牌体验有什么独特之处?
2. 结合星巴克的品牌形象及其品牌体验,讨论如何进行品牌体验设计。

**案例应用 2**

索尼体验营销

索尼是世界最大的电子设备制造公司。索尼公司一直致力于构筑一个完善的硬件、内容服务及网络环境,使消费者可以随时随地享受独具魅力的娱乐内容及服务。为了实现这一梦想世界,索尼集团将电子、游戏和娱乐定位为公司三大核心业务领域,进一步推进经营资源的集中。虽然公司成立只有64年,却是在世界各地创造了无数的产品和销售的奇迹。如此年轻的公司在竞争激烈的电子产品市场独领风骚,除了高质量给予消费者信心保证之外,体验营销也是不可忽视的亮点。

1. 索尼体验营销平台

数码工作坊:是开设在国内主要城市的索尼产品连锁商店。数码工作坊为了给广大消费者提供增值服务,专门设立了会员制,并成为索尼全线产品的顾问型销售的新概念店。以贴近用户的方式,为喜爱索尼产品、追求时尚娱乐生活的朋友提供数码新产品的体验和数码解决方案、个性化增值服务和会员活动的场所。

VAIO 销售店:以"体验营销"为理念的 VAIO 销售店展示了 VAIO 电脑与其他数码产品在不同使用场景中的应用解决方案,同时也给顾客提供了试用、试拍、试摄、试玩等现场体验机会。店内工作人员专业的介绍以及完善的售后服务,为顾客创造了满意舒适的购物体验。

Sony Style:Sony Style 中国是索尼(中国)有限公司的官方网站。在这里,您可以尽情体验索尼带来的网络时尚,获取详细的索尼电子产品信息,包括丰富多彩的促销和活动,更有多种产品服务供您选择。在线注册成为 Sony Style 会员,还可享受索尼为您带来的会员权益、服务和更多惊喜,体验时尚生活的乐趣。

2. 索尼爱立信体验营销

索尼爱立信体验营销是一种多维度的体验方式,它将以一种使消费者感到更加亲近、更易记忆、更具互动性并更富有情感的互动形式,来让消费者主动去体验索尼爱立信品牌及产品的丰富内涵。

索尼爱立信全新体验营销平台能为消费者创造出值得回忆的体验与感受。它将包括能迎合零售店面不同需求而设的极具互动性的产品推广硬件与软件,以及能为顾客提供更多售后内容下载和增值服务的 DIY 软件。它是一个全新的多维度的体验营销平台。

与以往体验营销不同,索尼推出了全新设计的体验营销设备。这套设备作为索尼营销平台中最重要的组成部分将设立在全国主要城市的大型零售店以及其他零售终端。该套设备将根据零售店面需要及资源投放需求的不同而产生规模大小不同的多种组合,包括讲解区、主题体验区、自助体验区。

资料来源:作者根据互联网资料进行整理。

【讨论题】

1. Sony 体验营销是怎么做的,哪些地方值得我们借鉴。
2. 结合 Sony 体验营销,描述你熟悉的一家电子产品品牌的品牌体验,分析其做法的优劣。

# 第7章 品牌文化策略

## 学习目标

1. 掌握何为企业文化？品牌文化和企业文化的联系和区别
2. 了解品牌文化的内涵，品牌文化的要素和特征
3. 熟悉品牌文化的功能和作用
4. 掌握如何建设品牌文化

**实战中的品牌文化**

案例——穿出更潇洒的你：雅戈尔的品牌文化

雅戈尔集团股份有限公司的前身是浙江宁波"青春"服装厂。公司经过17年的艰苦奋斗，从2万元起家的小企业发展成为拥有资产6亿多元，销售总额10亿元的大型乡镇企业。集团公司现有下属企业25家，涉足制衣业、房地产业、贸易、商业、金融业、印刷业、建筑业、广告业和教育等诸多领域。公司还在中国香港、日本等地设立了境外分公司。1995年按照国际惯例组建了三大中心。生产中心以衬衫、西服为龙头，推动其他产品如西裤、时装、童装、针织服装等的生产；营销中心从事产品的开发和市场销售，目前遍及全国的营销网络已经形成，产品知名度和市场占有率不断提高；投资管理中心主要从事集团资本经营——筹资及项目投资，从而加大对服装和房地产业的投资力度，促进企业的快速稳步发展。现集团公司拥有员工5000人、年产衬衫500万件、西服35万套、童装200万件、针织时装20万打。童装、针织品全部销往日本，中国香港等国际市场。公司主导产品"雅戈尔衬衫"历年被国内贸易部（现为国内贸易局）评为最畅销国产商品"金桥奖"，连续两年荣获"中国名牌衬衫第一名"。公司被服装质量检测中心授予中国衬衫行业第一家产品质量免检单位，并被评为中国服装工业八强企业，中国服装工业利税超亿元三强企业。公司还被国家经贸委，国家统计局列入综合评价最佳500家企业之一。1997年4月14日，国家工商局认定一批驰名商标，雅戈尔服装名列其中，这是中国服装首次被确认为驰名商标。1997年雅戈尔衬衫、西服双双荣登全国百家大商场最畅销品排行榜，成为了全国服装行业唯一荣获两项殊荣的企业。雅戈尔从1991年以来做过三次VI（视觉文化）导入，前后有三个不同的标识：1991年是一个圆形图案加一个"Y"，1993年改为一个椭圆形中间加一个"Y"，1994年又增加了一个"I"（表示争创一流），下面加英语Younger（表示永葆青春）。通过CI导入与整合，进一步增强企业自身的凝聚力，使企业员工的言行与企业整体形象达到最大程度的统一。

确定企业宗旨——服务社会、贡献社会、装点人生、创造人生。提炼企业精神——第二次创业、名牌不是终点、步步是台阶、年年是起点。总结经营哲学——品牌与品质同步、人才与事业共长、精神与物质并重。弘扬企业文化——人际关系家庭化、组织纪律军事化、学

习工作学院化、开拓与稳健并重。实施经营战略——名牌战略、名企业战略、争创国际一流、兼并与收购,把企业做大。推行广告战略——以设计带动生产、加强产品设计、以企业形象烘托名牌。策划市场战略——产品定位:西服、衬衫;品牌定位:一流企业、一流产品、一流服务。发展国内市场、开拓国际市场,向国内市场纵深发展;向多品种、多规格、多花色发展,开拓配套产品、系列产品;向华东、西南、西北、全国铺开;建立国际市场电脑信息网络,收集海外信息,向国际市场进军;把欧美日作为高价位市场,把东南亚、中东作为低价位市场;实施营销人员培训计划,加强风险管理。重申六大经营原则——竞争原则、盈利原则、用户至上原则、产品质量原则、创新原则、优化服务原则。明晰战略分类——风险回避(多种经营、收购兼并),产品增长(地域扩展、市场渗透)合理化(降低成本、投资),竞争(市场领先、市场挑战、市场跟踪)战略。

**评述**

  品牌文化是一个品牌的内在灵魂,是一个品牌不可或缺的重要组成部分之一。为一个品牌注入能够真正打动消费者的品牌文化,就相当于为这个品牌注入内在灵魂,让这个品牌变得有思想,也有内涵。品牌文化尽管看不见、摸不着,但却能够感知得到。一个品牌如果没有品牌文化,对消费者是没有长久吸引力的。

  资料来源:代凯军. 管理案例博士评点[M]. 北京:中华工商联合出版社,2002。

# 7.1 品牌文化与企业文化

## 7.1.1 文化与企业文化

### 1. 文化

  "文化"一词来源于古拉丁文,本意是指"耕作""教习""开化"。在中国古籍中最早将"文"和"化"两个字联系起来的是《易经》:"观乎天文,以察时变;观乎人文,以化成天下。"意思是用圣人意思来教化天下,使社会变得文明而有序。由此可见,文化一词首先是个动词,意即"以文化之。"这里的"文"指一些规范化、条理化的东西。如社会意识、道德、法律、风俗习惯等;"化"即是"教化",也就是要用上述各种规范化、条理化的东西来规范社会成员的思想、意识和行为,使之协调、统一、和谐。一旦做到这一点,社会也就变得文明有序了。后来"文化"一词逐渐演化为偏义名词,其含义主要是指"文"所包含的意思,即上述诸如社会意识、道德、法律、风俗习惯等规范化、条理化的东西。英国文化人类学家爱德华·泰勒在1871年的《原始文化》一书中,第一次系统表述了作为名词的文化概念:"文化是一个复杂的整体,包括知识、信仰、艺术、文明、法律、风俗,以及人类在社会里所获得的一切能力与习惯"。《辞海》中,对"文化"的解释则是:"从广义上讲,文化是指人类社会历史实践过程中所创造的物质财富和精神财富的总和。从狭义上讲,是指社会的意识形态,以及与之相适应的制度和组织结构。无论哪一个国家或民族的文化都具有以下共同的特征:

(1) 共享性

文化的价值观、准则和信仰等必须为一个群体、一个社会的人们所共同接受和遵循，即它具有共享性，才能成为文化。

(2) 后天学得性

很明显，文化的内容是不能通过生命遗传的。没有一个基因告诉你怎样开车，怎样跳舞，怎样耕作等。文化的点点滴滴都是后天学得的。

(3) 自我中心性

人们在看待外国文化现象时，总是不自觉地把自身的文化作为唯一的参照标准去理解、评价或选择吸收他人的文化，对其他文化很难做到完全中立的观点。

(4) 规范性

规范性即文化决定了一个人该做什么，不该做什么。

(5) 积累性

积累性即文化是在数百年或上千年的时间里一代一代传下去的，每一代都会增添一些新东西，也会抛弃一些旧东西。

(6) 相对稳定性

文化是变动的，但这并不影响它在特定的时空范围内形成相对稳定的特质和状态。

2. 企业文化

"企业文化"这一术语在20世纪80年代中期开始传入我国。30年来，随着企业文化热潮的不断涌现，这一术语在学术界、企业界以及各种传媒中被广泛接受。西方学者对企业文化的理解比较一致，主要是指企业价值观以及以企业价值观为核心的思维模式和行为方式，属于狭义上的企业文化。而国内学者对企业文化的差异比较大，既有类似于西方学者的狭义理解（如企业文化的"精神说"），也有广义的理解（即将企业文化的内涵与外延由以价值观为核心的精神层面延伸扩展至物质层面）；有的仅从企业文化的外层表现形式来理解企业文化（如"企业形象设计、识别与包装说"）；有的甚至将社会文化范畴的传统文化、历史人文或文化典故、文艺与文娱活动以及思想政治等，等同于企业文化（如"传统文化说""文化品位说""文化或文娱活动说""部分思想政治工作加部分社会职能说"）。这些社会文化与企业文化虽然都有程度不同的关系，但与企业文化终究不是同一个范畴。企业文化是一种客观存在的文化现象。作为一种文化现象，从广义上说，是指企业在社会实践过程中所创造的物质财富和精神财富的总和。从狭义上说，是指企业在经营管理过程中所形成的独具特色的思想意识、价值观念和行为方式。企业文化通常指的是以价值观为核心的企业的内在本质及其外在表现，即狭义的企业文化。具体来说，就是在企业家的引领下，企业全体员工在长期的创业和发展过程中培育形成，并共同遵守的最高目标、价值标准、基本信念及行为规范。

由此可见，作为一种文化，企业文化与社会文化在本质上是一致的，区别主要在于两者层次与范围上的不同：社会文化是相对于特定社会而言的，属宏观层次；而企业文化是相对于特定企业而言的，属微观层次。因而企业文化也被称为"亚文化"，即微观层次的文化。显然，作为亚文化的企业文化必然会打下特定社会文化的烙印。同时，与企业的经济与经营性质相联系，企业文化显然又是一种微观经济文化，天然的带有一种经济与经营性质。

企业文化作为一种文化，它具有以下几个方面的特征。

(1) 企业文化具有独特性

企业文化产生于不同企业,每个企业有他独特的文化氛围、企业精神、经营理念,有自己企业形成的价值观。因此,他所形成的企业文化是各不相同、千差万别的。优秀的企业文化,是能被企业内成员认同的一套价值体系,能极大地促进企业的发展。但它不一定能被其他企业成员认同,也不一定能适合其他企业。

(2) 企业文化具有难以交易性

技术可以购买,知识产权可以转让,但企业文化是买不到的,它具有不可交易性。企业文化是指具体企业的企业文化,它是一企业内部成员所认同的并用来教育新成员的一套价值体系(包括共同意识、价值观念、职业道德、行为规范和准则等)。

(3) 企业文化具有难以模仿性

技术、知识产权等可以模仿改进,非知识产权类技术不可以"克隆",企业文化不能模仿。企业文化是一套非常复杂的价值体系,有其独特性。因此,企业文化成为企业核心竞争力与技术创新的源泉,是企业可持续发展的驱动力。

### 7.1.2 品牌文化与企业文化的联系及区别

1. 品牌文化与企业文化的联系

品牌文化源于品牌,品牌是商品交换的产物,最初的品牌出现在游牧部落时期。现代品牌是企业的品牌,一方面是企业产品的品牌,另一方面是企业自身的品牌即品牌企业。现代品牌与企业是水乳交融的。而企业文化源于企业。

什么是品牌文化?对于企业来说,这个企业给消费者的心理感受和心理认同,就是品牌文化或者叫品牌内涵。它是联系消费者心理需求与企业的平台,是品牌建设的最高阶段。其目的是使消费者在购买公司的产品和服务时,能够产生一种心理和情感上的归属感,并形成品牌忠诚度。比如,当我们提到麦当劳就会想到那个和蔼可亲的麦当劳叔叔,就会想到它窗明几净的就餐环境,这些都是麦当劳,品牌文化的具体体现。麦当劳品牌文化是一种便捷、清洁、舒适、活力的美国文化的代表,也是其企业文化的体现。

品牌文化与企业文化有相通的地方。品牌文化相对于企业文化而言是企业外倾性文化,是企业形象文化。品牌文化是市场文化,品牌文化的广度决定其市场的占有率,其深度决定顾客的信任度;品牌文化是可视性文化,可读性文化;品牌文化是企业的知名度文化、信誉度文化;走向世界的品牌文化首先是民族文化,如可口可乐是美国文化、奔驰是德国文化、索尼是日本文化等。没有品牌文化的企业,绝对不可能有名牌;没有品牌文化的企业注定是短命的企业。一个完整的企业既不能没有企业文化,又不能没有品牌文化。品牌文化弘扬了企业文化。对于企业来说,是文化决定了这个企业的制度和行为。这个文化的核心,就是我们常说的企业理念和企业核心价值观。

企业文化与品牌文化都是服务于企业的战略目标,服务于企业的产品和经营,都要服务于企业的发展。由此可见,企业文化与品牌文化的核心是一致的,或者说是相通的。海尔品牌给人的感觉是一种优质、真诚和负责,其企业文化也是以真诚、创新为核心;联想并购 IBM 笔记本事业部,可以说是其创业精神的完美体现。同时,这与其品牌"只要你想"的文化内涵是一致的。

品牌文化和企业文化又是紧密相连的。品牌文化是对企业形象、价值共识、理念创新、文化品味、市场认知度和消费者忠诚度等诸多品牌元素有机融合的完美诠释。品牌是文化的载体，文化是凝结在品牌中的企业精华。品牌文化所表达和传递的是企业价值观、企业理念，也就是企业文化。企业的竞争就是品牌的竞争，也就是其代表的企业文化的竞争。品牌文化是企业文化的灵魂，企业文化是品牌文化的沃土。离开了企业文化这块土地，品牌也将只能是无本之木，没有生存能力，由此可见二者是相互依存的辩证关系。企业文化是创造百年品牌的关键，品牌文化是构筑企业文化的核心。中国企业要生存、求发展，欲与世界名牌竞争，首要的就是必须构筑自己强势的企业文化和品牌文化。

2. 品牌文化与企业文化的区别

任何品牌都是企业的品牌，企业是品牌人格化的主体，品牌文化自然成为企业文化的一部分。品牌文化一旦形成，它可以游离于企业之外，使人们只知其品牌，不知其所属企业，正因为如此，品牌具有独立性，品牌文化具有自身的内涵，使之区别于企业文化。

（1）品牌文化与企业文化起源的区别

品牌最初的载体是产品，是商品。不是所有的产品、商品都有品牌，但原始品牌的背后一定有产品、商品。可见，品牌的起点是商品，品牌文化源于商品，品牌以商品为依托，而不是以企业为主体。品牌文化靠商品的使用性、靠商品的内在品质体现，因此，品牌先于企业，品牌文化的起点远远早于企业文化。

而品牌文化的起点是商品交换。同类产品在交换的过程中很难加以区别，很难让消费者形成类别的概念，很难在消费者心目中形成信誉的保证、质量的承诺。一旦商品上融入文化，有了名称、标记、图案、符号，即有了品牌，就等于商品有了自己的"脸面"，就等于商品在消费者心目中留下了"烙印"，这正是品牌文化的效应。品牌名称的构想、品牌标识的设计、品牌符号的推出等本身也是一种文化的概括与包含。

企业文化的起点是企业的问世。企业是工业革命的产物。1769年英国阿克顿特在诺丁汉创办全球第一家企业，企业诞生之后方能沉淀企业文化。虽有了第一家企业，企业文化并未随之问世。企业文化是企业经过历练的产物、结晶，企业文化在时间概念上要晚于企业。第二次世界大战以后，特别是20世纪70年代以来，品牌发生了革命性变化。品牌由商品领域扩展到服务领域。不仅商品有品牌，服务也有品牌，而且进一步扩展到企业品牌。品牌由商品品牌延伸到服务品牌、企业品牌。企业形象战略、企业品牌战略的实施，意味着品牌跳出了商品的圈子向更广阔的领域迈进。企业品牌的实施，使企业文化、品牌文化成为一个有机的整体。

（2）品牌文化与企业文化基点不同

品牌文化的基点是品牌。品牌自身就是文化的凝结，品牌自身就是一种独特的品牌文化。品牌文化与品牌最初是商品的两面，后来又是服务、企业的两面。正面是品牌，背面是品牌文化。品牌最初是商品的第一形象，进而又是服务、企业的第一形象。品牌作为"形象大使"是沟通商品、服务、企业与公众的桥梁。特殊事物容易被人们牢记的"莱斯特夫"效应，在品牌身上体现得十分充分，而这些统统归结为品牌文化。商品、服务、企业品牌文化之间的差异十分巨大，以致一些品牌使人"一见钟情"，一些品牌使人永不忘怀，一些品牌成为过眼烟云。

企业文化的基点是企业，企业文化的核心是企业精神。企业文化从发展阶段看有两个层次：第一个层次是初级阶段的企业文化。它是企业内部一部分人、少数人的文化；是企业高层管理者、决策者的文化；在"家长制"企业甚至是一个人的文化，即"家长"文化。第二个层次是成熟阶段的企业文化，即高级阶段的企业文化。这一阶段的企业文化是企业全体员工的理念，是凝聚企业全体员工的企业精神。成熟阶段、高级阶段的企业文化是全方位的企业文化，它以企业精神为核心，以品牌文化为形象，以企业社会责任文化为己任，以民族文化为根基。

（3）品牌文化与企业文化性向的区别

性向是心理学中的一个范畴。它是指个体心理活动的倾向性，或者说人的心理活动的倾向性。心理活动倾向于内的称之为内倾型，心理活动倾向于外的称之为外倾型。品牌文化与企业文化的性向或向性是借用心理学的概念来说明它们之间的区别。

品牌文化的性向是外倾型、外向型的。它是一种公众的文化，是一种市场文化。产品的品牌是商品的"脸"，企业的品牌是企业的"脸"。因此品牌文化是一种"脸面文化""形象文化"，它直接涉及产品的声誉、企业的名声，是一种声誉文化、面子文化；它直接影响产品的销量和市场占有率，是一种价值文化、效益文化；它直接改变人们的消费观念、消费结构，是一种观念文化、理念文化；它直接决定企业的财富，企业的潜力，是一种"软文化"、资源文化。

品牌文化是一种张扬性文化、扩张性文化。品牌竞争的典型特征是排他性。同类商品、同类企业不可能有两个相同的品牌。它通过品牌注册以法律的手段保护品牌，保护商标的"唯一性"。品牌文化的外倾性、外向性特征告诉我们，品牌文化是公众认同文化。市场不接受的品牌文化，无论它是"老字号"品牌还是新秀品牌，最终会被市场淘汰。

企业文化的向性是内倾型、内向型的。它是面向企业员工、企业内部的文化。品牌文化是主外文化，企业文化是主内文化。品牌文化的市场开拓力、资本扩张力、无形资产聚合力，取决于企业文化夯实品牌根基。品牌文化在公众中的知名度、认识度、认可度、偏好度、美誉度、信誉度、满意度、忠诚度，靠企业扎扎实实练内功建立，靠企业培育。世界级品牌没有一个不是建立在成熟的企业文化之上的。反过来，没有品牌文化的企业一定是短命的企业。

综上所述，品牌文化与企业文化均是与时俱进的文化，均是发展变化的文化，均是不断丰富、完善的文化。进入新经济时代，进入全新的商业时代，企业全球化成为潮流，品牌、品牌文化这一无形资产已成为整合资源最核心的要素，品牌文化发展战略已成为企业发展的重要环节。

# 7.2 品牌文化概述

### 7.2.1 品牌文化的概念和要素

1. 品牌文化概念

品牌文化（Brand Culture）指通过赋予品牌深刻而丰富的文化内涵，建立鲜明的品牌定位，并充分利用各种强有效的内外部传播途径形成消费者对品牌在精神上的高度认同，创造品牌信仰，最终形成强烈的品牌忠诚。品牌文化是品牌在经营中逐步形成的文化积淀，代表了企业和消费者的利益认知、情感归属，是品牌与传统文化以及企业个性形象的总和。拥有品牌忠诚就可以赢得顾客忠诚，赢得稳定的市场，大大增强企业的竞争能力，为品牌战略的成功实施提供强有力的保障。

品牌文化的核心是文化内涵，具体而言是其蕴涵深刻的价值内涵和情感内涵，也就是品牌所凝炼的价值观念、生活态度、审美情趣、个性修养、时尚品位、情感诉求等精神象征。品牌文化的塑造通过创造产品的物质效用与品牌精神高度统一的完美境界，能超越时空的限制带给消费者更多的高层次的满足、心灵的慰藉和精神的寄托，在消费者心灵深处形成潜在的文化认同和情感眷恋。在消费者心目中，他们所钟情的品牌作为一种商品的标志，除了代表商品的质量、性能及独特的市场定位以外，更代表他们自己的价值观、个性、品位、格调、生活方式和消费模式；他们所购买的产品也不只是一个简单的物品，而是一种与众不同的体验和特定的表现自我、实现自我价值的道具；他们认定购买某种商品也不是单纯的购买行为，而是对品牌所能够带来的文化价值的心理利益的追逐和个人情感的释放。因此，他们对自己喜爱的品牌形成强烈的信赖感和依赖感，融合许多美好联想和隽永记忆。他们对品牌的选择和忠诚不是建立在直接的产品利益上，而是建立在品牌深刻的文化内涵和精神内涵上。维系他们与品牌长期联系的是独特的品牌形象和情感因素。这样的顾客很难发生"品牌转换"，毫无疑问是企业高质量、高创利的忠诚顾客，是企业财富的不竭源泉。可见，品牌文化代表着一种价值观、一种品位、一种格调、一种时尚，一种生活方式，它的独特魅力就在于它不仅仅提供给顾客某种效用，而且帮助顾客去寻找心灵的归属，实现他们的追求。

2. 品牌文化的构成要素

与品牌以商品、以企业为载体一样，品牌文化以品牌为载体，品牌文化是凝结在品牌上的企业精华。品牌文化是企业（公司）渗透在品牌运营过程中的理念、观念、意志、行为规范、团队风格、企业精神的体现。与其说21世纪企业间的竞争是品牌的竞争，倒不如说是品牌文化之间的竞争。21世纪成功的企业靠其独特的品牌文化驾驭市场，靠其独特的品牌文化征服市场。

品牌文化的核心，一是品牌的经营理念，二是品牌的文化价值理念。品牌经营理念展现的是个性化文化，品牌的经营理念决定品牌的生死存亡。21世纪不再是卖商品，不再是推销商品，而是经营价值观念，使自己的品牌经营理念深入人心。品牌的内涵是文化，但每一个品牌的文化价值理念并不相同。如无锡红豆集团的"红豆"品牌取自"红豆生南国，春来发几枝，愿君多采撷，此物最相思。"在中国，红豆又叫相思豆，若将"红豆"译成英文，则是"爱的种子"。"红豆"品牌鲜明的民族文化价值理念，无论是在国内市场销售，还是在全球市场销售，都适合消费者心理。世界名牌抢滩中国市场，在把握品牌核心文化价值理念的同时，不忘融入中国本土文化价值理念。

品牌文化由品牌背景、品牌定位、商品概念等一系列元素构成，三者构成品牌文化的基本要素和前提条件。

任何一个品牌都有它产生的背景，问世的背景，都背负着时代的烙印，饱含着品牌的背景文化，时代文化。同一社会背景下的品牌，由于每个品牌文化选择的差异，因此每个品牌的文化背景并不一样，每个品牌背景的文化内涵并不一样。

品牌定位是公司（商品）如何区别于竞争对手，如何以消费者的利益为导向，如何更好地为目标消费群服务。品牌定位是品牌文化的基本要素之一。品牌定位要基于以下几点：一是品牌的目标市场。品牌的消费群都有同一的文化基础，同一的文化需求偏好。如何从品牌文化的角度界定品牌显在和潜在的顾客，是品牌定位要做的文章。二是品牌商品、品牌公司的特色。特色本身是一种文化，原始的品牌特色靠"标记"、靠"烙印"建立，它是靠外边强加给商品的特色。近现代以来品牌的文化特色越来越鲜明，品牌靠文化弘扬个性，弘扬商品、企业的特色。三是企业履行向客户、向消费者的承诺。承诺本身就是一种文化，企业兑现品牌定位向顾客允诺的一切，需要文化力的支撑。商品或公司概念是品牌文化的基本要素之一，原因很简单，品牌的名字、商品概念、公司概念是文化的折射，是文化的流露与显现。

### 7.2.2 品牌文化的特征

品牌的深处是文化，品牌文化已成为品牌的开路先锋，对于品牌文化的特征我们可以做以下概括和归纳。

1. 品牌文化的独特性

品牌文化是通过文化传递品牌企业、品牌商品及品牌经营理念的信息，使公众和消费者认知品牌、认同品牌、忠实品牌。给公众和消费者第一品牌印象的不是商品，不是企业，而是品牌的构图与色彩；给公众和消费者打下深深烙印的也是品牌的构图与色彩；使公众和消费者永不忘怀的还是品牌的构图与色彩。品牌构图与色彩是品牌独特的文化性，这种独特性还表现为它申请商标注册后受法律保护的排他性。

2. 品牌文化的层次性

品牌文化的层次感分明。品牌的物质文化指品牌商品的使用价值，是品牌商品给顾客带来的利益文化。每个消费者对品牌的利益需求并不一样，但对每一个品牌的基本使用价值、内在使用价值的需求大同小异。如不管什么品牌的矿泉水都可以解渴，但不同品牌的矿泉水又有其他不同的物质利益功效，这些构成了不同品牌矿泉水的物质文化。任何一种品牌商品，离开了物质文化，离开了对消费者的基本利益文化，它也就失去了存在的意义。因此，物质文化既是品牌的表层文化，又是品牌文化以品牌商品、品牌企业为载体的表现。各种品牌物质文化的差异由品牌的制度文化决定。

3. 品牌文化的情感性

品牌文化作为实施品牌差异化的一种策略，旨在突显品牌个性，突显品牌的独特性，拉近品牌同消费者的距离，增进消费者对品牌的好感度和美好联想，满足消费者对品牌的情感需求。商品满足的是消费者利益的物质需要性或需求性，而品牌满足的更多的是消费者的欲望性，更多的是消费者的心灵满足。有的品牌凸显时尚文化，以满足消费者对时尚的追求；有的品牌凸显贵族文化，以满足人们对贵族的追求；有的品牌凸显高雅文化，以满足消费者对高雅的追求；有的品牌凸显休闲文化，以满足消费者对休闲的追求……总之，通过自己的品牌文化形成一种极具亲和力与凝聚力的品牌文化氛围，建立与消费者的情感。美国一个客户关系营销专家说：一个成功的关系，就等于一个成功的品牌。建立品牌关系实质上是建立品牌好感，使消费者对品牌产生一种情感需求和认同，甚至对品牌产生崇拜。

4. 品牌文化的民族性

世界名牌是世界的，更是民族的，失去了民族性，就无所谓世界性。世界名牌在输出品牌的同时，输出的是民族文化，输出的是民族精神。美国一位名叫 W. 怀特的报纸编辑说，"可口可乐"代表着美国精神，喝瓶可口可乐就等于把美国精神吸入体内。可口可乐瓶中装的是美国人的梦。可口可乐不仅仅是一种可乐饮料，而且是享誉全球的饮料品牌，更是美国文化的象征。奔驰品牌则蕴含着"有组织、高效率和高品质"的德国文化。

**小案例 7-1**

海尔的企业文化

海尔品牌的"斜坡球体论"把企业比做一个在斜坡上向上运动的球。如果失去向上的推力和拉力，球就会沿着斜坡下滑，这个推力和拉力就是企业的"日清管理法"，即全方位地对每人、每天、每事进行控制和清理，做到"日事日毕，日清日高"。正是靠类似这样的一些制度文化，使海尔在激烈的竞争中走向全球。正是品牌的制度文化影响着品牌企业员工的素质，决定着品牌产品的质量。而决定品牌制度文化的是品牌观念文化，观念支配行为。品牌观念文化，不仅可以满足消费者的物质文化需求，而且可以满足消费者不同的精神文化需求。海尔认为"有缺陷的产品就等于废品"，这一观念改变了企业，改变了消费者对产品质量分特等品、一等品、二等品、三等品、等外品的看法。海尔的这一观念使员工的质量意识、品牌意识得到升华。

资料来源：作者根据互联网相关资料进行整理。

## 7.3 品牌文化的功能和作用

### 7.3.1 品牌文化的功能

品牌文化一旦形成，就会对品牌的经营管理产生巨大影响和能动作用。它有利于各种资源要素的优化组合，提高品牌的管理效能，增强品牌的竞争力，使品牌充满生机与活力。具体来说，品牌文化有如下功能。

1. 导向功能

品牌文化的导向功能体现在两个方面。一方面，在企业内部，品牌文化集中反映了员工的共同价值观，规定着企业所追求的目标，因而具有强大的感召力，能够引导员工始终不渝地为实现企业目标而努力奋斗，使企业获得健康发展。另一方面，在企业外部，品牌文化所倡导的价值观、审美观、消费观，可以对消费者起到引导作用，把消费者引导到和自己的主张相一致的轨道上来，从而提高消费者对品牌的追随度。

2. 凝聚功能

品牌文化的凝聚功能体现在两个方面。一方面，在企业内部，品牌文化像一种强力粘合剂，从各个方面、各个层次把全体员工紧密地联系在一起，使他们同心协力，为实现企业的目标和理想而奋力进取。这样，品牌文化就成为团队精神建设的凝聚力。另一方面，在企业外部，品牌所代表的功能属性、利益认知、价值主张和审美特征会对广大消费者产生磁场作用，使品牌像磁石一样吸引消费者，从而极大地提高消费者对品牌的忠诚度。同时，其他品牌的使用者也有可能被吸引过来，成为该品牌的追随者。

3. 激励功能

物质激励到了一定程度，会出现边际递减现象，而精神激励的作用更强大，更持久。优秀的品牌文化一旦形成，在企业内部就会形成一个良好的工作氛围，它可以激发员工的荣誉感、责任感、进取心，使员工与企业同呼吸、共命运，为企业的发展尽心尽力。对消费者而言，品牌的价值观念、利益属性、情感属性等可以创造消费感知，丰富消费联想，激发他们的消费欲望，使他们产生购买动机。因此，品牌文化可以将精神财富转化为物质财富，为企业带来高额利润。

4. 约束功能

品牌文化的约束功能是通过规章制度和道德规范发生作用的。一方面，企业在生产经营过程中，必须通过严格的规章制度对所有员工进行规范，使之按照一定的程序和规则办事，以实现企业目标。这种约束是硬性的，是外在约束。另一方面，企业文化的约束作用更多的是通过道德规范、精神、理念和传统等无形因素，对员工的言行进行约束，将个体行为从众化。这种约束是软性的，是内在约束。和规章制度相比，这种软约束具有更持久的效果。

5. 辐射功能

品牌文化不能复制，但一旦形成，不仅会在企业内部发挥作用，还可以通过形象塑造、整合传播、产品销售等各种途径影响消费群体和社会风尚。大体上说，品牌辐射主要有以下四种方式：①软件辐射。即通过企业精神、价值观、伦理道德、审美属性等向社会扩散，为社会文明进步做出贡献。②产品辐射。即通过产品这种物质载体向社会辐射。例如，我们可以通过劳斯莱斯产品去感受一种卓越的汽车文化。因为劳斯莱斯的员工不是在制造冷冰冰的机器，而是以人类高尚的道德情操和艺术家的热情去雕琢每一个零件，每一环工序制作出来的东西都是有血有肉的艺术极品。③人员辐射。即通过员工的言行举止和精神风貌向社会传播企业的价值观念。例如，美国IBM有"蓝色巨人"之称，这个名字源于公司的管理者人人都穿蓝色西服。公司高级职员在异国有如贵宾，如果他们迷路或惹上麻烦，身上佩戴的职衔名牌比美国护照还管用。凡是有过在IBM工作经历的人，都是社会上争先抢聘的对象。④宣传辐射。即通过媒体等多种宣传工具传播品牌文化。

6. 协调功能

品牌文化的形成使员工有了明确的价值观念和理想追求，对很多问题的认识趋于一致。这样可以增强他们之间的相互信任、交流和沟通，使企业内部的各项活动更加协调。同时，品牌文化还能够协调企业与社会，特别是与消费者的关系，使社会和企业和谐一致。企业可以通过品牌文化建设，尽可能地调整自己的经营策略，以适应公众的情绪，满足消费者不断变化的需求，跟上社会前进的步伐，保证企业和社会之间不会出现裂痕和脱节，即使出现了也会很快弥合。

## 7.3.2　品牌文化的作用

1. 通过品牌文化来加强品牌力，不仅能更好地实现企业促销的商业目的，还能有效承载企业的社会功能

塑造品牌文化，其行为根本上是受商业动机支配的：通过品牌文化来强化品牌力，从而谋求更多的商业利润。之所以强调要塑造一种品牌文化，是因为消费者是社会人，具有复杂的个性特征，但由于同一经济、文化背景的影响，其价值取向、生活方式等又有一致性。这种文化上的一致性为塑造品牌文化提供了客观基础。市场细分基础上确立目标市场之后，有必要对目标市场消费者的文化心态进行深入调研，并将它与商品的效用联系起来，为品牌塑造典型的文化个性，达到促销的目的。另外，社会营销观念认为企业在满足消费者需求、取

得企业利润的同时，也需要考虑到社会的长期整体利益。这要求企业在宣传自己产品功效品质的同时，也要弘扬优秀的文化，倡导正确的价值观，促成社会的进步。美国经济学家 W.C. 弗莱德里克认为，作为现时代核心组织的企业，"它所面临的社会挑战就是要寻找一条使经济与道德相统一的途径"。通过塑造优秀的品牌文化，来表明企业坚持积极的文化理念，也是促进社会利益的一种体现。

2．品牌文化满足了目标消费者物质之外的文化需求

行为科学的代表人物梅奥·罗特利斯伯格提出"社会人"的概念，认为人除了追求物质之外，还有社会心理方面的需求。品牌文化的建立，能让消费者在享用商品所带来的物质利益之外，还能有一种文化上的满足。在这种情况下，有时市场细分的标准就是以文化为依据。"在这个世界上，我找我自己的味道，口味很多，品味却很少，我的摩卡咖啡。"这是一则摩卡咖啡的电台广告，它就有基于文化细分上的鲜明的目标市场——不赶时尚、有自己品味的少部分人。同时暗示他们选择摩卡咖啡就是坚持这样生活方式的体现。

3．品牌文化的塑造有助于培养品牌忠诚群，是重要的品牌壁垒

按消费者的忠诚形式，一个市场可分为坚定型、不坚定型、转移型和多变型。其中品牌坚定忠诚群对企业最有价值。最理想的是培养一个品牌的坚定忠诚者在买主中占很高比例的市场，但事实不能如此完美。一方面，由于市场竞争十分激烈，往往会有大量的消费者从坚定者成为不坚定者和转移者。因此维护、壮大品牌的忠诚群体至关重要。另一方面，在品牌树立、壮大过程中，在商品效用诉求的同时，也应该始终向目标消费者灌输一种与品牌联想相吻合的积极向上的生活理念，使消费者通过使用该品牌的产品，达到物质和精神两方面的满足。尤其在竞争激烈的今天，不同品牌的同类产品之间的差异缩小，要让消费者在众多的品牌中能鲜明地识别一个品牌，有效的方法是让品牌具有独特的文化，可以将此称为品牌的文化差异战略。这种文化差异一旦让目标消费者接受，对提高品牌力是十分有利的。因为对一种文化上的认同，消费者是不会轻易加以改变的。这个时候，品牌文化就成了对抗竞争品牌和阻止新品牌进入的重要手段。这种竞争壁垒，存在时间长，不易被突破。贝纳通是世界著名的服装品牌。为了让贝纳通树立自己的特色，经营者为贝纳通塑造了"爱自然、爱人、关怀社会"的品牌文化。贝纳通的广告都以环境污染、种族歧视、战争灾难等为题材，远远超越了一般的广告观念，进而成为时代特征，具有强大的冲击力，使贝纳通的品牌形象脱颖而出独树一帜。

## 7.4 品牌文化的表现和建设

### 7.4.1 品牌文化的形成过程及表现

1．品牌文化的形成过程

就个体品牌而言，品牌文化的形成经历三个阶段。

（1）品牌知名度阶段

品牌的知名度是指品牌被公众知晓、了解的程度，即品牌为多少或多大比例的消费者所知晓。品牌首先是一种产品。当品牌处于初创阶段的时候，它所代表的只能是某一种产品。

当这种产品取得市场成功时,产品就有一定知名度,大多数企业就会进行品牌延伸,形成品牌系列和品牌家族。虽然海尔的产品范围从黑色家电和白色家电到其他家电产品等许多领域,但消费者看到或想起"海尔"的时候,大脑里首先想到的仍然是冰箱。所以这个阶段就是指消费者想到某一种品牌时,脑海中能想起或辨识这种品牌的具体产品的阶段。

(2)品牌美誉度阶段

品牌美誉度是指某品牌获得公众信任、支持和赞许的程度。这是指消费者对某一品牌在品质上形成的良好的整体印象。这时品牌就意味着价值。知名度高的产品美誉度不一定高,只有那些企业提供始终如一的、高质量的、可以和任何竞争对手抗衡的产品或服务才有较高的美誉度。

(3)品牌文化知名度阶段

这时品牌就是一种文化,而且是一种富有内涵的文化,这是品牌运作的最高阶段。此时,品牌脱离具体产品,成为品质和文化、物质和精神高度融合的产物,成为身份的标志、时尚的潮流和企业无形的财富。

2. 品牌文化的表现形式

品牌文化的表现形式主要有包装文化、设计文化和服务文化。

(1)品牌包装文化

在讲究产品质量的时代,包装并不重要。它的主要作用在于保护商品和方便商品的运输、携带及存储。但在今天的品牌时代,包装就变得相当重要和必要了,甚至比产品的质量更重要。因为商品包装文化是商品价值的象征,是一种投资行为和方式,是沉默的推销员。良好的品牌包装所体现出来的文化不仅有利于保护商标,有利于消费者的识别,更有利于企业的创新经营,使得企业在市场竞争中树立良好的品牌形象,提高其品牌资产。

(2)品牌设计文化

品牌设计是品牌运营的基础。具有美感、富有感召力的品牌是品牌经营获得理想成果的必要前提。品牌的设计不仅仅是品牌的外观体现,更重要的是要具有一种文化理念。而这种文化理念的最完美表现就是设计文化。设计文化是融合了科技、经济、文化、艺术、社会、生活等诸多要素的综合体,它往往能给企业创造出高品质、高品位的文化和具有丰富文化内涵、形象别致新颖的品牌。

(3)品牌服务文化

在产品同质化的今天,产品的竞争在某种程度上是服务的竞争。把服务上升到文化的战略高度,也就是把文化因素融入企业公关服务当中,让消费者在享受精神文化的同时产生购买兴趣。市场经济发展到今天,非价格竞争已成为商战的重点。商家提供给消费者及时、完善、一流的售后服务,让顾客买得舒心,用得放心,使之从心底培养起对品牌的喜爱和忠诚,从而增强品牌自身的价值和信誉。服务文化可以使品牌获得溢价效应,也可以使品牌增值赢利。商家只有注重服务,用心去为顾客提供优质完善的服务,才能使企业的服务文化深入人心,也能提高品牌自身在顾客心目当中的信誉度,还能有助于提升品牌的美誉度,更能提高品牌的知名度。

## 7.4.2 品牌文化的塑造

1. 为品牌塑造一种恰当的文化

为品牌塑造的文化是否合适，一般有两个标准：一是这种文化要适合产品特征。产品都有自己的特性，如在什么样的场境下使用，产品能给消费者带来什么利益等。百贝佳（牙膏品牌）宣传"世界的早晨从百贝佳开始"，雀巢则时刻传递给人一份温暖和关爱。品牌文化要与产品特性相匹配，才能让消费者觉得自然、可接受。有的时候，品牌经营者采用的是品牌延伸策略，即一个品牌下有许多品种的产品，这时就要抓住产品的共性。如西门子这一品牌涉及家电、电力、医疗器械、通信等众多行业，但西门子始终坚持一种可靠、严谨的品牌文化，让大众认为西门子代表着德国一丝不苟的民族传统。二是这种文化要符合目标市场消费群体的特征。品牌文化要从目标市场消费群体中去寻找，要通过充分考察他（她）们的思想心态和行为方式而获得。只有这样，这种品牌文化才容易被目标市场消费者认同，才能增强品牌力。

2. 品牌文化与时尚文化

某些产品十分适合在品牌文化中引入时尚的内容，如服饰、运动产品等。时尚指的是一个时期内相当多的人对特定的趣味、语言、思想以及行为等各种模式的随从或追求。如何倡导一种品牌时尚，简言之，就是要分析消费者的现时心态，并通过商品将消费者的情绪释放出来，激励大众的参与。倡导品牌时尚一个重要的途径是利用名人、权威的效应。由于名人和权威是大众注意和模仿的焦点，因此有利于迅速提高大众对品牌的信心。如力士香皂就一贯坚持让著名影星作为其推介证言的策略，在不断的积累中成功地使力士的品牌文化与时尚联系在了一起。当然选用名人来做广告需要谨慎和恰如其分，一般要考虑到名人、权威与品牌之间的联系。另外，还要努力将时尚过渡成为人们稳定生活方式的一部分。由于时尚是一个特定时期内的社会文化现象，随着时间的推移，时尚的内容将发生改变。所以在借助和创造时尚的同时，也应考虑到时尚的消退。一个有效的措施是在时尚成为高潮时，就有意识地转换营销策略，引导消费者将这种时尚转化为日常生活的一部分。以雀巢咖啡为例，从其进入中国大陆掀起喝咖啡的时尚，到今天，喝咖啡已成了众多人的生活习惯了。

3. 品牌文化与民族传统文化

品牌文化是与民族传统文化紧紧联系在一起的。将优秀的民族传统文化融入品牌文化，更易让大众产生共鸣。在品牌文化中继承民族传统文化需要符合民族的审美情趣，也要考虑到民族的接受心理。同时要重实质，如果过分追求缺乏内涵的形式只会适得其反。一般而言，一种品牌文化应为绝大多数目标消费者现时认同或追求的，应尽可能与其生活相接近，乃至就是生活的某一部分。

## 7.4.3 品牌文化的建设

品牌的创造过程，既是物质生产过程，又是精神生产过程。一种产品要得到消费者的青睐，除了满足基本的功能需求之外，还应该满足消费者的便利、审美和情感需求等，这便是品牌的文化内涵。在品牌文化的建立过程中要考虑以下因素：

1. 创立品牌文化的核心价值体系

构建企业的品牌文化，首先要考虑的是创建品牌的核心价值观。一个品牌只有拥有了清晰的价值观,对内为企业打造强势品牌的各环节提供一种明确的规范,对外展示给消费者充满个性特征的文化理念,从而在内外认同中形成自身鲜明的个性文化。

品牌文化既是渗透到企业运行全过程、全方位的理念、意志、行为规范和群体风格,又是凝结在品牌上的企业精华的外显,最终的目的是要得到消费者的认同和共鸣。因此,那些能为消费者所看到和感受到的特征如:效率、乐趣、卓越、美、地位、道德、尊严和精神风貌等因素就显得十分重要,在创建品牌的核心价值观时应予以重视。

2. 品牌文化须承载民族文化

企业创建品牌文化时必须承载民族文化。首先,承载民族文化的品牌,更易引起消费者的情感共鸣。品牌文化的建立,既要适合产品的特性,又要符合目标市场消费者群体的特征。这种群体特征会通过他们的思想心态和行为特征表现出来,实质上就是某种民族文化的映射。品牌文化只有适应融合这种民族文化,才容易被目标市场消费者认同。其次,承载民族文化的品牌,更容易获得社会认同,提高其社会认同度。民族文化是一个民族在长期共同的社会实践中形成的,其表现形式服从于统一的价值体系。而承载民族文化的品牌,也就融入了这个价值体系之中而获得社会认同。最后,品牌成为民族文化的载体,可以传播民族文化,提高民族文化的影响力。企业创建品牌的过程,也是一个文化渗透的过程,因为人们在消费品牌的同时,也在消费着文化。消费者接受了品牌,也就接受了文化。

3. 国际化品牌的品牌文化必须本土化

"入境而问禁,入国而问俗,入门而问讳",说的就是在品牌的运作中要注意不同地区、不同文化差异的问题。太多的实践证明,一个标识、一个字母,哪怕只是一个符号,其折射出的文化内涵是否与当地文化思维吻合、是否得到当地文化认同,直接关系到这个产品在这个地区的生存与发展。美国通用汽车公司是世界上最大的制造公司,并有着众多世界著名的汽车品牌,Nova 就是其中一个。然而就是这个 Nova 居然在拉美国家的销售遇到很大的阻力。问题就出在 Nova 在西班牙语是不走的意思。谁愿意出钱购买一辆"不走"的汽车呢?后来这款汽车的品牌改为拉美人比较喜欢的"加勒比",结果很快就打开了市场。在中国,海尔品牌的国际化算做得比较好的,其海尔两兄弟卡通走遍全球。但到了中东这些国家就引起了那里的消费者的强烈的抗议,原因是卡通兄弟没穿衣服,这在中东国家是忌讳的。海尔只好在中东的产品和广告上换为穿上衣服的卡通兄弟。以上事例充分说明:实施品牌国际化战略必须使品牌文化融入当地文化中,即品牌文化必须本土化。

**本章小结**

企业文化就是在企业家的引领下,企业全体员工在长期的创业和发展过程中培育形成,并共同遵守的最高目标、价值标准、基本信念及行为规范。一个完整的企业既不能没有企业文化,又不能没有品牌文化。企业文化与品牌文化都是服务于企业的战略目标,服务于企业的产品和经营。品牌文化与企业文化的区别表现在以下方面:品牌文化与企业文化起源的区别;品牌文化与企业文化基点不同;品牌文化与企业文化性向不同。

品牌文化(Brand Culture)是指通过赋予品牌深刻而丰富的文化内涵,建立鲜明的品牌定位,并充分利用各种强有效的内外部传播途径形成消费者对品牌在精神上的高度认同,创造品牌信仰,最终形成强烈的品牌忠诚。品牌文化的核心是文化内涵,具体而言是其蕴涵深刻的价值内涵和情感内涵,也就是品牌所凝炼的价值观念、生活态度、审美情趣、个性修养、时尚品位、情感诉求等精神象征。品牌文化由品牌背景、品牌定位、商品概念等一系列元素构成，三者构成品牌文化的基本要素、前提条件。品牌文化具有独特性、层次性、情感性等特征。

品牌文化具有导向功能、凝聚功能、激励功能、约束功能、辐射功能和协调功能。通过品牌文化来加强品牌力，不仅能更好地实现企业促销的商业目的，还能有效承载企业的社会功能。品牌文化满足了目标消费者物质之外的文化需求。品牌文化的塑造有助于培养品牌忠诚群，是重要的品牌壁垒。

品牌文化的形成经历三个阶段：品牌知名度阶段、品牌美誉度阶段、品牌文化知名度阶段。品牌文化的表现形式主要有包装文化、设计文化，服务文化等。

**能力培养指导**

通过本章的学习，学生应该能做到：
1. 正确理解品牌文化与企业文化、社会文化的区别和联系。
2. 正确理解品牌文化的内涵，了解品牌文化对产品的重要作用。
3. 了解品牌文化塑造的途径和方法，在实际运用中能够成功进行品牌文化的塑造和建设。

**案例应用 1**

万宝路（Marlboro）的品牌文化

万宝路（Marlboro）是一个香烟品牌，品牌名称起源于英国，最后在美国独立注册，由美国菲利普·莫里斯公司制造，是世界上最畅销的香烟品牌之一。在全球消费者心目当中，万宝路（Marlboro）无疑是知名度最高和最具魅力的国际品牌之一。不论你是否吸烟，万宝路的世界形象和魅力都给你留下深刻的印象，令你难以忘怀。

万宝路的名称，源自其最初位于伦敦的香烟厂地址。其创办者菲利普·莫里斯想到的是公司伦敦工厂所在的一条街道的名字 Marlborough。在万宝路创业的早期，万宝路的定位是女士烟，消费者绝大多数是女性。其广告口号是：像五月天气一样温和。可是，事与愿违，尽管当时美国吸烟人数年年都在上升，但万宝路香烟的销路却始终平平。女士们抱怨香烟的白色烟嘴会染上她们鲜红的口红，很不雅观。于是，莫里斯公司把烟嘴换成红色。可是这一切都没有能够挽回万宝路女士香烟的命运。莫里斯公司终于在 20 世纪 40 年代初停止生产万宝路香烟。1954 年莫里斯公司找到了当时非常著名的营销策划人李奥·贝纳，贝纳完全突破了莫里斯公司限定的任务和资源，对万宝路进行了全新的改造。李奥·贝纳大胆向莫里斯公司提出：将万宝路香烟改变定位为男子汉香烟，变淡烟为重口味香烟，增加香味含量，并大胆改造万宝路形象：包装采用当时首创的平开盒盖技术并以象征力量的红色作为外盒的主要色彩。广告上的重大改变是：万宝路香烟广告不再以妇女为主要诉求对象。广告中一再强调万宝路香烟的男子汉气概，以浑身散发粗犷、豪迈、英雄气概的美国西部牛仔为品牌形象，吸引所有喜爱、欣赏和追求这种气概的消费者。现在一提及万宝路这个品牌，大多数消费者的脑海里便会浮现出这样一个品牌联想：一个目光深沉、皮肤粗糙、浑身散发着粗犷、豪迈、英雄气概的男子汉，袖管高高卷起，露出多毛的手臂，手指间总是夹着一支冉冉冒烟的"万宝路"香烟，跨着一匹雄壮的高头大马驰骋在辽阔的美国西部大草原。李奥·贝纳成功为万宝路塑造了一个硬铮铮的美国西部牛仔形象，无论是这位西部牛仔上马的英姿，还是坐在马上的形态,无不彰显出男子汉的阳刚之美。万宝路的这个美国西部牛仔形象经过数十年的传播,太深入人心了。美国西部牛仔形象已经深深地烙印在了消费者的脑海里,成为了万宝路品牌文化的外在表现和自然流露。它展现了万宝路品牌的阳刚、豪迈的男子汉英雄气概,代表着勇敢、正义和自由。当消费者看到一位粗犷的牛仔少年骑着一匹骏马驰骋在辽阔的美国西部大草原上,或是与牛仔有关的一系列画面,消费者就会不由自主地联想起万宝路这个品牌。品牌文化是一个品牌的内在灵魂,是一个品牌不可或缺的重要组成部分之一。

资料来源:作者根据互联网相关资料进行整理。

【讨论题】

1. 品牌文化有什么重要作用?
2. 万宝路的品牌文化是如何形成的,对我们有什么借鉴意义。

**案例应用 2**

## "七匹狼"的品牌文化

"七匹狼文化"对企业经营、管理和企业兴衰有深远的指导意义。表层的物质文化是厂容厂貌,浅层的行为文化是生产经营,中层的制度文化是组织规章,深层的精神文化是价值观念和企业精神。"七匹狼文化"不只探讨事业成功的规律,也探讨人生的道理,有鲜明的个性和特点。七匹狼文化的核心就是培育和创造一种符合企业实际、催人向上、开拓创新,永争一流的精神。

一、品牌释义

"狼"集智慧、机灵、团结于一身,是极具拼搏力、顽强执着、不停地为生存而奋斗的群体性动物。七匹狼商标图形是一匹向前奔跑的彪狼,以昂头挺尾奔越的形状,四脚蓄积爆发的立姿表现公司创业者勇于突破传统、独具个性的舒展形象。它整体呈流线型,充满动感,给人奋勇直前的感觉,象征着企业不断开拓的奋斗精神。英文专用词"SEPTWOLVES"及中文"七匹狼",象征着公司以一个团结的整体面向未来的经营作风和企业凝聚力;墨绿色是企业的标准色,象征着青春、活力、孕育着勃勃生机。

二、品牌沿革

"七匹狼"品牌创立于 20 世纪 80 年代末,是由立志于创造中国服装名牌的七位年轻侨眷精心设计的牌子:按闽南风俗,"七"是代表生命、活力和胜利的吉祥数字,既代表着一个由奋斗者组成的团体,又蕴含着品牌的诉求对象,又体现年轻创业团体矢志不移的创业精神。1993 年公司全面导入 CIS 企业识别系统,对企业形象进行全新塑造和提升。七匹狼商标由原来的卧狼改为呼之欲出的奔狼,重起英文名字"SEPTWOLVES",内涵为"七匹狼"组合,于是一个极具有个性化的品牌诞生了。

三、品牌诉求

"七匹狼"产品的诉求对象是奋斗中的男性。它把奋斗中的男性所经历的沧桑,那种独具魅力的成熟,透过产品尽情地宣泄出来。"七匹狼"以"倡导男士族群文化"为己任,将时尚文化与男士精神相对接,并将根据这个主题讲述更多、更精彩的创业者故事。

四、企业文化概况

以精英团队塑造企业文化；以企业文化培养优秀员工；以优秀员工永续名牌经营；以管理精品推进产业发展；以产业发展追求企业效益；以企业效益凝聚优秀人才。

资料来源：作者根据互联网相关资料进行整理。

【讨论题】

1．品牌文化和企业文化有什么区别和联系，品牌文化的组成要素是什么？
2．如何进行企业品牌文化的建设？

# 第8章 整合品牌传播

## 学习目标

1. 了解整合品牌传播概述
2. 掌握品牌的内部传播策略
3. 掌握营销活动与品牌传播策略
4. 掌握营销沟通与品牌传播策略

**实践中的整合品牌传播**

### 耐克的整合品牌案例

1981年春,耐克进入欧洲,在荷兰阿姆斯特丹设立了欧洲第一家球鞋专卖店。耐克在欧洲的销售成长归功于媒体广告。耐克大幅增加与顶尖运动员签署代言人及赞助合约,同时搭配营销活动,扩大品牌在消费者心理的广度与深度。此举造成了消费者心理认同,即如果这些顶尖球星都认为耐克是好鞋,那么他们也应该穿耐克。

耐克另一个营销传播方式则是巧妙地运用各种事件活动造成震撼性话题。例如,1984年洛杉矶奥运会期间,耐克大胆地策划了一项"都会活动",在全球各大都会城市的摩天大楼悬挂巨幅户外广告,不但获得媒体的争相报道,更赢得了年轻人的一致赞赏。耐克通过媒体、赞助、事件等各种有创意的品牌营销活动,成功地在欧洲打开了市场,并赢得了挑剔的欧洲人的青睐。

**热身思考**:耐克如果赞助摇滚音乐节是否可行?

**资料来源**:作者根据相关资料进行整理。

**评述**

耐克公司的品牌活动是相当成功的,公司市场份额迅速增长:一举超过锐步公司成为美国运动鞋市场的新霸主。锐步公司也不得不跟着效仿,像耐克一样强调沟通风格而不仅仅是产品功能。

耐克公司的品牌为其赢得了市场和消费者,但更重要的是耐克公司在变革中,逐渐掌握了广告沟通艺术,形成自己独特的广告思想和策略:那就是必须致力于沟通,而不是销售诉求。这一策略与大多数美国公司的广告策略是根本不同的。但正是这一独特的策略和做法,使得耐克公司在市场拓展中不断成功,迅速成长。

## 8.1 整合品牌传播概述

### 8.1.1 整合营销传播的定义

在介绍整合品牌传播之前，首先介绍整合营销传播的概念。整合营销传播（Integrated Marketing Communication，IMC）是 20 世纪 90 年代兴起的营销传播理念，由美国西北大学传播学教授唐·舒尔兹（Don Schultz）在《整合营销传播》一书中正式提出。一经提出 IMC 就受到实务界的普遍关注。IBM、3M、联邦快递、微软等全球知名企业纷纷采用并加以完善。IMC 成为了 20 世纪 90 年代以来营销界和广告界最为热门的话题之一，许多学者都从不同角度对此展开研究，提出了不同的定义。归纳起来，这些定义可分为五个视角：

1. 传统促销组合的视角

由于 IMC 的"C"是"传播"（Communication）的意思，因此一些学者和机构从一些传统的促销手段（如广告、公关等）的角度来界定 IMC。例如，IMC 的提出者美国学者唐·舒尔茨、斯坦利·田纳本（Stanley L.Tannenbaum）和罗伯特·劳特朋（Robert Lauterburn）教授认为："整合营销传播是一种看待事物整体的新方式，而过去在此我们只看到其中的各个部分，比如广告、销售促进、人员沟通、售点广告等。它是重新编排的信息传播，使它看起来更符合消费者看待信息传播的方式，像一股从无法辨别的源泉流出的信息流"。

美国市场营销协会（AMA）指出：IMC 是一个营销传播计划概念，要求充分认识用来制订综合计划时所使用的各种带来附加值的传播手段——如普通广告、直复广告、销售促进和公共关系，并将之结合，提供具有良好清晰度、连贯性的信息，使传播影响力最大化。美国广告代理商协会（AAAA）的定义与此类似。

2. 营销接触点的视角

舒尔茨教授认为"营销就是传播"，而不必拘泥于促销手段。而斯堪的纳维亚航空公司前总裁简·卡尔宗（Jan Carlzon）则提出消费者与品牌的接触点都会影响到消费者对品牌的评价。这一思想在 IMC 的概念界定当中也得以体现。例如，美国南卡罗莱纳大学教授特伦奇·希姆普认为，一个顾客或一个未来顾客在产品或服务方面与品牌或公司接触的一切来源均是未来信息潜在的传播渠道。进而，整合营销传播利用与顾客或未来顾客相关的并有可能被接受的一切形式进行传播。

3. 品牌视角

不论 IMC 所涉及的范围和对象如何，最终都是要为品牌资产建设服务。营销学者托马斯·罗索和罗纳德·莱恩认为："整合营销传播是指将所有传达给消费者的信息，包括传统广告、销售促进、直复广告、事件营销、包装等以有利于品牌的形式呈现，对每一条信息都应使之整体化和相互呼应，以支持其他关于品牌的信息或印象。如果这一过程成功，它将通过向消费者传达同样的品牌信息而建立起品牌资产。"

4. 利益关系人视角

一般 IMC 的对象都是指向消费者。而南开大学的申光龙博士认为：IMC 是指企业在经营活动过程中，以由外而内战略观点为基础，为了与利害关系者进行有效的沟通，以营销传播管理者为主体所展开的传播战略。整合营销传播不仅以消费者,而且还把从业人员、投资者、社区、大众媒体、政府、同行业者等作为利害关系对象,不是对这些对象进行一次性整合,而是分阶段一步步进行。

5. 品牌与利益关系人视角

美国科罗拉多大学教授汤姆·邓肯(Tom Duncan)侧重强调了整合营销。他认为,从要素的组合、手段的综合发展看,现在的整合营销已进入了创造品牌关系、品牌资产的新阶段,其要义为通过保持品牌传播策略上的一致性,加强企业与消费者、其他利益关系人的积极对话,帮助他们发展品牌关系,以增进人们对品牌的信赖和忠诚度,最终维护和强化品牌关系的永久价值——提升品牌资产。舒尔茨教授的新定义是:"整合营销传播是一个业务战略过程,它是指制订、优化、执行并评价协调的、可测度的、有说服力的品牌传播计划。这些活动的受众包括消费者、顾客、潜在顾客、内部和外部受众及其他目标。"

不同视角的定义决定了IMC在实践操作当中的差异,但有一点可以肯定,品牌导向应当成为IMC的正确导向。舒尔茨教授曾在浙江大学举办的"全球整合营销传播精髓论坛"上指出:"很显然,传播的终极目的应该是为了积累品牌资产,而不仅仅限于短期的营销利益。营销只是一种市场工具,是可以被模仿、学习、复制的。而品牌才是企业最核心的竞争力,是不可复制且独一无二的。传播的目的是品牌资产的长期积累而非只是短期的营销利益,这应该是整合品牌传播和全员品牌管理的真谛。"因此确切地说,"整合营销传播"的实质是"整合品牌传播"。

## 8.1.2 整合品牌传播的定义和原则

1. 整合品牌传播的定义

英特品牌(Interbrand)公司整合传播和策划部主任卡罗琳·雷(Carolyn Ray)认为,整合品牌传播(Integrated Brand Communications,IBC)是一个整体性的传播策略,整合了所有传播活动——如公共关系、广告、投资者关系、互动或内部传播,用这样的策略来经营企业最宝贵的资产——品牌。整合品牌传播源自于品牌价值管理,它的核心理念是通过管理品牌的整合传播来实现品牌价值最大化。由此来看,整合品牌传播的概念本质是品牌资产导向的整合营销传播。结合整合营销传播接触点视角的理解,本书将卡罗琳·雷的定义进一步放大,认为整合品牌传播是指企业从内容和时间上整合所有可能影响消费者的接触点,持续传递统一的品牌识别,最终建立品牌资产的一切营销活动。

2. 整合品牌传播的原则

在整合品牌传播过程中,需要遵循以下原则:

(1)整合品牌传播强调品牌接触点传播

消费者对品牌的印象是多渠道多次接触积累的结果,某一个方面的细节做得不到位都有可能影响到消费者对品牌的评价。例如,在某个餐厅吃饭,无论是用餐环境还是食物本身一切都感觉良好,但只是某一个服务员的态度较差,就会影响到消费者对整个餐厅的评价。因此,做好整合品牌传播首先就要做好足以影响消费者购买决策的"关键性接触点"的管理。斯堪的纳维亚航空公司前总裁简·卡尔宗把它形象地称为"关键时刻"。他认为只要在最能给顾客留下好印象的地方竭尽全力,就能成功。美国先知品牌战略咨询公司合伙人斯科特·戴维斯和迈克尔·邓恩对内部和外部品牌接触点进行了全面分析。

(2）整合品牌传播强调与受众的互动交流性

IMC 的提出者舒尔兹教授认为，企业过去的座右铭是"消费者请注意"，现在则应该是"请注意消费者"。事实上，整合营销传播思想起源于欧美 20 世纪 90 年代以消费者为导向的营销思想。1990 年，北卡罗莱纳州立大学教授罗伯特·劳特朋在《广告时代》杂志上发表文章，提出用 4Cs 取代传统的 4Ps 论的观点。其核心思想就是消费者导向。同样，整合品牌传播也应当重视与受众的互动交流，在了解到消费者的动态个性化需求后再设计整合的传播计划。

(3）整合品牌传播强调所有传播内容的统一性

不同的传播工具都有其自身特点，如广告起到告知的作用、促销起到短期刺激的作用等，但对于消费者而言，如果他们接受到来自不同传播工具的杂乱的品牌信息，他们对于品牌的印象就会模糊。这对于统一的品牌形象的形成是非常不利的。所以，整合品牌传播要以品牌核心价值为统帅，对各传播工具的内容进行统一管理，发挥合力协调作战。20 世纪 90 年代，三星为了提升品牌档次，加大了技术研发，同时不惜眼前的利益毅然从定位偏低的沃尔玛超市退出。这些举动具有很高的统一性，最终成就了三星一流的国际级品牌的梦想。

(4）整合品牌传播强调时间序列上的连续性

不仅是同一时期内传播内容要保持统一，在不同时期内传播内容也应有一定连续性。因为消费者对品牌的印象是一个积累的结果，不同时期不同内容会相互混淆甚至冲突。比如，近几年来，蒙牛从事了大量与健康有关的营销活动，如引入送奶车桑拿浴清洗工序、"每天一斤奶，强壮中国人"免费捐奶公益活动、"蒙牛城市之间"大型趣味体育比赛、赠送《乳品与人生》健康图书的活动等，从而在"健康"这一诉求点上产生了很好的积累效应。

(5）整合品牌传播从内部传播开始，再到外部传播

尽管整合品牌传播在设计方案的时候是由外（消费者）而内（企业）的，但在传播的时候却是由内而外的，因为品牌核心价值的传递需要内部员工甚至是中间商的配合执行。因此，品牌首先在企业内部传播是非常必要的。将每位员工塑造成"品牌标准人"和"品牌大使"是内部品牌传播的目标。因为他们都可能成为消费者与品牌的接触点，即使不是直接的接触点，也是对接触点有重要影响的人。如生产一线的工人尽管不与消费者直接接触，但其生产的产品却是与消费者接触的关键点。

### 8.1.3 整合品牌传播的流程

英特品牌公司的卡罗琳·雷提出，整合品牌传播的流程有十个步骤：

1. 明确品牌在企业中充当的角色

品牌通常被定义为通过创造顾客忠诚，以确保未来收入的一种顾客关系。越来越多的企业发现，品牌才是企业最宝贵的资产。然而，这也不是绝对的。一些企业更看重价格、产品和渠道，而不是品牌。所以，整合品牌传播的起始点包括分析品牌所充当和能充当的角色。这需要对企业战略的审视。而顾客、雇员和关键股东等因素，都需要考虑进去。

2. 理解品牌价值的构成要素

正如品牌管理是对生意的管理一样，整合品牌传播需要考虑回报，而不只是对传播活动的安排和预算。在规划整合品牌传播活动的时候，有必要明确究竟采用哪些指标来对品牌的业绩进行量化，这样有利于对传播进行目标管理。

3. 明确谁是品牌信息期望到达的人群

品牌的角色明确之后，接下来至关重要的一步是要找出关键的目标受众。目标受众需要分成两个层次：一个是直接受众，即最先接触到品牌信息的人，他们通常也是意见领袖；另一个是间接受众，即受到意见领袖影响的普通大众。关键问题是要明确直接受众的特征和兴趣。

4. 形成"大创意"

大创意（Big Idea）是指独特的价值诉求。尽管一些平庸的诉求通过媒体轰炸也能产生一定效果，但大创意能在降低传播成本的情况下产生更佳的效果。如脑白金、哈药集团的成功要素之一是狂轰滥炸的广告，一旦广告停下来销售业绩马上就要受影响；而南方黑芝麻糊的广告创意则使人在十几年之后仍然记忆犹新。伟大的创意需要符合四个基本的标准：符合受众需要、诉求区别于竞争对手、诚实可信，并且具备能够随着企业业务的发展而发展的内在张力。例如，绝对伏特加的酒瓶广告创意堪称经典，其完美、优雅、简洁、智慧的品牌内涵打动了消费者的心，又区别于竞争对手。其风格让人信服，在不同国家推广时也能将"绝对"系列广告进行当地化的调整。

5. 明确怎样才能通过改变认知来获得大创意

大创意在进入受众脑海的时候，可能会碰到一些感知障碍，管理者需要进行分析和排除。例如，五谷道场方便面提出了"非油炸更健康"的独特诉求，挑战的是人们脑海当中油炸方便面的垄断位置。因为消费者之前吃过的所有方便面都是油炸的，油炸方便面是否真的对身体有害还有待考证。又如，当年农夫山泉为了推广天然水而做了一个水仙花生长对比实验，以此来证明天然水比纯净水有营养。认知决定了消费者的购买行为，因此营销传播的核心目标应当是促进消费者品牌认知的形成。

6. 通过信息传播改变消费者认知

对消费者品牌认知的改变需要传播上的努力。然而，传播者可能会碰到两方面的阻碍：一个是消费者固有的认知（如一开始消费者并不接受索尼 Walkman 这种小巧的"音响"），一个是竞争者信息的干扰（如当前洗发水广告千篇一律的是美女在舒展瀑布般的秀发）。好的品牌传播必须要穿透消费者每日因接触过载信息所形成的"防火墙"，并改变他们的预设心理。比如，在让人眼花缭乱的洗发水广告里面，清扬打出"男士去屑专用"的口号，使其迅速异军突起，同时给人们的洗发水使用经验来了一个"大洗脑"。

7. 理解单个媒介在改变认知态度和维持发展势头中的作用

媒介是传播的具体策略，如广告、公关、互联网络营销等。由于媒介自身的特点以及与消费者的接触状况不同，消费者对媒介会产生不同评价，导致媒介对形成消费者品牌认知的作用也不同。例如，广告和公关都是建立品牌认知和态度的有力工具，但广告的效果比较直截了当，而公关则是潜移默化式的；互联网营销注重互动，因此在消费者体验方面效果很好。

8. 确定最佳媒介组合

媒介需要进行组合以达到最优效果。这一方面是因为品牌传播受到有限媒介预算的影响，全部用来投放广告，预算会很紧张；另一方面是因为不同的传播媒介都有其利弊，媒介组合有利于弥补弊端。

最佳媒介组合有两层含义：一层含义是在消费者与品牌接触的不同阶段，媒介需要交替使用，如品牌刚上市的时候宜采用免费试用的促销手法，并且配以告知性广告的攻势；到了成长期,以美誉度为目标的广告和赞助活动更加有效;成熟期时,价格促销和其他非价格促销是主要的策略。另一层含义是在同一阶段,不同传播媒介也要配合使用。如清扬刚推出的时候,几个版本的广告频频出现在电视、户外、网站等各种媒体上面,在零售终端大搞买一送一的促销活动,甚至还策划了"千万人去屑大挑战,赢巴黎时尚之旅"的事件营销活动。不管是何种形式的媒介组合,从整合品牌传播的角度来讲都是以最低的媒介成本发挥最大的媒介合力,最终建成强势品牌。

9. 效果测量

一些企业愿意花大笔费用来做广告和搞价格促销,却不愿意花一小笔费用来测量品牌传播的效果。这是极其错误的。一百年前美国费城商人约翰·华纳梅克(John Wanamaker)就曾说过:"我的广告费有一半被浪费了,问题是我不知道是哪一半。"实际上,说"浪费了一半"还是太过客气。按照市场调查机构 Zenith Optimedia 的统计,全球广告业 2006 年的全年收入大约有 4280 亿美元。据一位行业高管估计,在全球范围内广告主浪费(也即信息到达的并不是目标受众或者干脆没有受众)的广告金额有 2200 亿美元,已经超过了总广告费的一半,其中仅美国的广告主每年浪费就有 1120 亿美元。因此,品牌传播者应该建立评估的意识,要相信对整合品牌传播效果的测评是一种投资,而非花销。通过定性定量结合的方法了解信息和媒介的传播效果,将有助于在接下来的几年中优化传播计划,提高传播效率。

10. 从第五步开始,重复整个过程

整合品牌传播是一个持续的过程。在测量完首次效果后,返回到整合品牌传播活动的初始,并考虑进一步提升的机会。一般而言,除非大创意存在非常严重的问题,否则,大创意不宜轻易改变。因此,卡罗琳·雷建议从第五步开始重新考量整合品牌传播。重新回到对信息的考量上,探求使他们更具有驱动性的机会;重新回到媒介计划上,考量是否到达目标受众;重新回到媒介预算上,考量这些预算是否被合理配置;最后,重新回到评估工具上,确定它们是否有助于推动和管理计划的实施。

### 8.1.4 整合品牌传播策略的框架

系统地讲,整合品牌传播包括内部品牌传播和外部品牌传播。尽管整合品牌传播是一个消费者导向的概念,从思考的方向上看应该是由外到内(即从消费者到企业),但从传播的过程讲是由内到外,传播的对象从企业内部员工到外部合作伙伴(如零售商)和消费者。如果员工首先不能接受和认同品牌信息,那么他们也不可能以实际行动表现品牌的精髓,并向外部的零售商和消费者传递正确的品牌信息。

对于外部品牌传播而言,一般的《品牌管理》教材只是讨论了广告策略和公关策略,但从广义的角度来讲,营销皆传播,所有的营销策略都在给消费者传递品牌信息。因此营销的战术层面的内容(即 4P 营销组合)都应当算作整合品牌传播的策略。结合凯勒教授在经典教材《战略品牌管理》当中的观点,同时考虑到当前外部品牌传播的热点话题,本书将外部品牌传播当中的 4P 内容分为营销活动和营销沟通两组。其中营销活动包括产品、价格、渠道等,营销沟通包括广告、促销、公关、推销、口碑等。

## 8.2 品牌的内部传播策略

以往很多有关品牌管理的专著和教材都着眼于企业对消费者的外部品牌传播，而实际上对于内部员工以及合作伙伴的品牌传播也是至关重要的，因为他们是对消费者进行品牌传播的执行者。维珍集团 CEO 布兰森认为，维珍成功的要素"在于你拥有什么样的员工。如果你的员工很快乐，每天面带微笑，以工作为乐，他们就会有出色的表现。顾客自然也会喜欢和你的企业打交道"。他把在与英国航空公司的诽谤案中获得的 61 万英镑的赔偿金与当时所有的维珍员工平均分配，每一位维珍员工都得到了被称为"英国航空公司津贴"的 166 英镑。这件事情传递给所有员工的信息是：他们一起赢得了一次巨大的胜利。

### 8.2.1 内部营销与内部品牌传播的含义

内部品牌传播的理论前提是内部营销理论的提出。1981 年，北欧服务营销学派的鼻祖、芬兰著名营销学教授格朗鲁斯提出了一个新的营销概念——内部营销。在他看来，内部营销是以一种积极的、通过营销方式进行的、互相协调的方法来推动公司职员为顾客创造更好的服务。可见，内部营销是一种把员工当作顾客的哲学，目标在于激励员工，使其具有顾客导向观念。

在过去十几年里，西方学者大多倾向于认为内部营销是从营销角度进行人力资源管理的一种哲学。不过，内部营销不同于培训。咨询专家亚德里安·斯莱沃斯基解释说，内部营销的含义比培训要大得多。这两种活动的目的都是以特殊的方式改变员工的思维、态度和行为。但培训的重点是为了让员工能够更好地完成当前工作；而内部营销涉及企业的根本性变化，它的重点是让员工理解和接受工作思维和方式的改变，并且能够身体力行地促进这一改变。

内部品牌传播是内部营销的一项重要内容，指的是用营销的策略在企业内部及合作伙伴之间进行品牌的传播。其目的是希望达到对品牌核心价值的一致认同，并在今后的营销工作中遵循品牌的规范。在企业里常常听到这样的声音："我们要加强品牌建设，将品牌建设工作落实到每一个部门、每一个员工中去。"那么如何将品牌建设工作落实到每一个部门、每一个员工中去，落实了以后企业又期望得到什么结果？企业常常没有明确的答案。事实上这就是企业内部品牌传播的过程。在这一过程中，品牌是营销的核心。所有的理念、知识和能力的提升都应当与品牌的识别尤其是核心价值有关。一个成功的内部品牌传播将会造就和品牌荣辱与共的内部员工，如迪士尼的员工以在迪士尼工作而感到快乐和自豪。

### 8.2.2 品牌内部和外部传播的区别

尽管都是品牌传播，但内部传播和外部传播在以下几个方面还是存在差异：

1. 传播对象

外部传播针对的是消费者，而内部传播针对的是公司上下全体员工。不管是一线与顾客直接打交道的部门，还是后勤支撑部门；也不管是一线员工还是中层领导。换句话说，内部传播是为了塑造全员品牌营销意识。不仅如此，就连合作的零售店也应当在内部传播对象之列。因为消费者对零售店的满意度或多或少会影响他们对产品品牌的评价。

2. 传播目的

外部传播的目的是让一切外部受众知晓新的品牌信息，并认同接受；而内部传播的目的则是让全体员工以身作则，用自己的一言一行给企业的品牌代言。

3. 传播内容

外部传播仅仅让顾客认同并接受品牌的卖点就足够了，内部传播却不仅仅要让员工知道自己产品与品牌的独特之处，更需要员工知晓品牌的文化、内涵与个性。如果品牌是一个人，那么公司每一个员工，都应该是这个"品牌人"的化身和全权代表。

### 8.2.3 内部品牌传播的途径

品牌的内部传播已逐渐受到一些企业的关注，各种传播途径也层出不穷。国内著名品牌策划专家谢付亮把内部品牌传播归纳成四个方面：

1. 企业内部媒体上的品牌传播

企业内刊、内部网、宣传栏、办公用品等企业内部媒体都是内部品牌传播的主要途径。早年的企业内刊模式大多是"历史+时事+作品"，即对企业辉煌历史的回顾和对企业新闻的报道，再加上员工自己撰写的诗歌散文或是创作的书画摄影作品。然而在市面上大量精美而充实读物的冲击下，这样的内刊逐渐失去了生命力，取而代之的是内容时尚、文字精美、装帧考究的新型内刊，如万科地产的《万科周刊》一直以来被不少内刊人视作学习的榜样。对于内刊人来说，如何在品牌传播的目的性和内容的可读性两方面达到平衡是最为重要的。

内部网是现代化企业当中员工与员工、员工与领导之间沟通的主要渠道。一些切实可行的内部品牌传播技巧是制作精美的品牌主题桌面和屏保、有趣的品牌故事 FLASH、品牌广告片、若干主题的品牌 BBS、总裁在线栏目等。

宣传栏是比较传统的宣传媒体，是内部网在线下的补充。最常见的内容如优秀员工的照片、一些团队的作业竞赛情况等，目的在于激励员工奋进。此外还有一些品牌宣传海报、以往获得的荣誉等。印有名称、标志、口号、角色等品牌识别元素的办公用品（如笔、信纸、台历）应为企业内部员工免费提供，从而让品牌融入他们的日常工作，成为他们工作方式的一部分。

2. 企业固定场所里的品牌传播

企业厂房、楼梯、电梯、办公楼走廊、食堂、洗手间、门卫室、会议室、接待室、办公室等企业固定场所也是很好的品牌传播载体。这些地方构成了员工们的工作环境，以此为载体而进行的品牌传播（如张贴海报、播放视频及其他宣传品）具有潜移默化的作用。

在长沙远大空调城里面，办公楼的墙壁上挂着总裁张跃亲手创作的油画。而公司的管理学院则是仿希腊建筑，草地上有希腊先贤的雕塑。以人为本和创新的企业文化非常浓郁。在"脉动"饮料运行初期，如果你进入乐百氏集团公司，很有可能会以为该公司是"脉动"公司：当电梯门徐徐打开时，迎面的玻璃门上贴着脉动的标签（引宾标签）；往接待厅的沙发一坐，看到桌子上面摆放着脉动的小摇旗（桌面小摆设）；细心观察走动的员工便会发现，在他们的胸牌上都出现了"脉动"的形象；进入办公区，电脑屏幕上出现的是脉动的桌面和脉动的屏幕保护程序。

3. 企业内部活动中的品牌传播

企业内部举办的各种会议和活动都是很好的品牌传播途径，包括公司周年庆典、元旦迎新晚会、中秋聚会、公司运动会、新员工入职仪式、培训、公司营销年会、公司年终总结大会、部门例会等。尽管一般的企业都会举办这些活动，但一个品牌导向的企业会在这些活动过程中特别强化品牌知识的传递和品牌文化的塑造。例如，天津移动的客户内部品牌传播活动包括成立以副总经理为组长、各部门主要领导人为副组长的"客户内部品牌传播活动"领导小组；向全体员工下发《中国移动通信客户品牌手册》，人手一册开展各项学习活动；组织集团公司范围内的品牌知识竞赛，队员由基层单位选拔；在办公室、电梯间、楼道、宣传栏等场所张贴海报进行宣传；由公司副总经理召开动员大会，从品牌的意义、品牌战略的关键因素等方面阐述了做好品牌传播的重要性；此外，还将开展"品牌功夫 DV 秀"和"品牌大赢家"等活动。

再看一个酒店的例子。2005 年 8 月 8 日，著名经济型酒店速 8 中国酒店迎来首个速 8 日。在速 8 日当天，速 8 中国酒店举办了中国区做床比赛，各地速 8 分店评选出优秀员工参加全国总决赛。这一活动为基层员工提供了一个展现个人专业技能技巧的平台，并把速 8 国际化标准淋漓尽致地发挥到对客人服务中。

4. 企业员工层面的品牌传播

企业员工的衣着打扮、言谈举止等不仅是外部品牌传播的一个通道，也是内部品牌传播的"活广告"。通过对员工着装与言行进行规范，企业成员能够更好地凝聚在品牌之下，对外形成统一的形象。比如制服作为一个重要的工作道具能够增强员工的工作态度和专业精神，已被绝大多数组织采用。最严格的制服制度莫过于军服，"服从、效率"等军队品牌文化融入到了军服文化当中。导入 CI 系统的企业在员工仪容仪表、服务态度、文明用语、行为举止等方面都有细化规范。

不过，从品牌角度来讲，员工在这些方面的表现应当体现出品牌的特色。如一家以"快捷服务"为品牌内涵的银行需要培养员工语言的简练性和行为的迅捷性，总体印象给人应该是"麻利干练"。这些在员工品牌手册上都应有明文规定。除了一线员工之外，一些内勤人员也是内部品牌传播的对象。即使他们不直接面对顾客，但他们的言行举止也会给接触过他们的客人留下印象。如迪士尼乐园的清洁工都被要求对自己公司的品牌非常熟悉，因为游客可能会有问题咨询他们。全员品牌传播才能保证品牌与组织的高度统一。

### 8.2.4 内部品牌传播的内容

由于传播的目标不同，内部品牌传播与外部传播的内容也有所不同。内部品牌传播的内容包括品牌理念、品牌知识和品牌技能三个方面。

1. 品牌理念

思想决定行为。首先要把组织内部成员的品牌理念树立起来，他们才能接纳品牌的知识并在为顾客服务过程中创建品牌。品牌的理念主要有顾客导向理念和品牌价值观两类。

品牌的基本理念是顾客导向理念。斯堪的纳维亚航空公司前总裁简·卡尔宗说："看一下我们的资产负债表。在资产方面，你可以看到有多少多少架飞机值多少多少亿钱。然而，你错了；我们是在自己欺骗自己。在资产方面，我们应该填的内容是，去年我们的班机共有多少愉悦的乘客。因为这才是我们的资产——对于我们的服务感到高兴并会再来买票的乘客。"尽管"顾客是上帝""为顾客创造价值"的口号已经叫了很多年，但仍然有很多品牌并没有真正体现顾客导向的理念。原因在于在很多员工看来，"顾客是顾客，我是我"。如果企业员工什么时候能够采取"我就是顾客,顾客就是我"的换位思维来工作的话,那么品牌才真正实现了顾客导向。

有"中国第一股票分析师"美誉的瑞银华宝高级研究员张化桥不仅专业水准高超,在顾客导向理念上面也是身体力行。一次,一位机构客户要他陪同去考察国内一家上市公司。他到北京接机时发现北京天气非常干燥,自己的嘴唇有些开裂,他马上想到了客户来北京也会有同样的麻烦,于是他给客户买了一支润唇膏,当客户一下飞机就递到了客户的手上。这件小事让这个客户感动了许多年,后来他一直是瑞银华宝的忠实客户。

顾客导向理念是所有品牌共通的理念,而凸显品牌差异的则是不同的品牌价值观。一般而言,品牌的价值观由企业家所主导。如维珍集团总裁理查德·布兰森坚持维珍要走"反传统反权威"的品牌个性路线,旗下所有产业在价值观方面都体现了这一思想;国内著名营销策划人叶茂中崇尚"拒绝平庸,拒绝驯化"的狼文化,以狼作为其营销策划公司的代言形象,并提出"没有好创意就去死吧"的口号来鞭策自己和创意团队。

品牌的价值观理念不是用一句品牌口号或者一个形象代言就能形成的,更重要的是渗透到日常的工作细节当中。坐落在美国中西部明尼苏达州首府圣保罗市的巨型企业 3M 公司以创新而闻名于世,这源于 3M 对员工创新的支持和尊重。比如,在美国,3M 有一项特别的政策,允许员工每天有 15%的工作时间可以做本职工作之外的事情,以此来鼓励员工创新。3M 另一个很著名的做法是鼓励"无心之失",即对于员工创新中的失败非常宽容,允许他们犯错误。3M 从来没有过员工因为希望多做点事情,结果没有做好而被惩罚的例子。3M 公司宽松的环境有利于激发员工的创新精神,目前该公司产品种类达 66000 多种,成为世界上多元化程度最高的公司。我国房地产界的领头羊"万科地产"在员工的工作牌后面印着万科的核心价值观,即:"第一,客户是我们永远的伙伴;第二,人才是万科的资本;第三,阳光照亮的体制;第四,持续增长"。

2. 品牌知识

既然公司上下所有人员都是品牌的代言人,他们就必须对品牌方方面面的知识有所了解。有关的品牌知识包括两个方面:一是品牌管理学的基本知识,包括品牌的涵义、品牌的作用、品牌的规划、品牌的创建、品牌的提升、品牌的测量等;二是本企业品牌区别于其他企业品牌的知识,包括本品牌识别当中的公司、产品、个人和符号四组内容,如公司识别的规模、创新、社会责任,产品识别的品种、特点、目标顾客群、生产地,品牌识别的个性与关系,符号识别的品牌设计要素及意义等。

这些知识虽然是品牌管理者的必备知识,但对公司全体员工而言也有学习的必要。因为一个品牌导向的公司在品牌实际运作中需要各个环节细致的配合,如研发、生产、财务、人力资源等职能部门都影响到了品牌的表现,而不仅仅是市场营销部门。惠普新总裁卡莉·菲奥莉娜在上任后不久就让公司 200 名高层经理观看了一部消费者讨论"惠普变得如何的不一致"的录像片,其目的就是希望公司不同部门都要合作,以同一个面孔面对消费者。

3. 品牌技能

技能训练是目前企业最为关注的一个方面。常见的技能训练包括售前推介、售中订单处理、售后服务与技术支持等。这些工作与品牌的购买和消费息息相关,形成了消费者与企业接触的全过程,对于消费者品牌体验的形成意义重大。目前各公司在推介、订单处理、服务和技术支持方面的技能培训存在雷同现象,导致消费者无法体会到各个不同品牌之间的差异。

而一个品牌导向的技能培训应该是将品牌融入操作技能当中去，让消费者在购买和消费的过程中形成独一无二的体验。

例如，星巴克为了让顾客获得高品质的咖啡文化体验而要求员工具备"星级技巧"——接触、发现、回应三点。所谓接触就是顾客进门30秒之内打招呼，发现就是通过主动引导话题来了解顾客的需求，回应就是让顾客觉得这是一次完美的体验，愿意下次再来。麦当劳为了强化顾客对麦当劳品牌"服务迅捷"的体验，策划了一个"59秒"活动，即员工必须在59秒之内送上顾客点好的食品，不然就要罚赠一个冰激凌蛋筒给顾客。海尔在售后服务方面具有很高的美誉度，"真诚到永远"的服务理念贯穿到服务人员技能培训当中，如"12345服务规范"的提出给接受服务的消费者留下了深刻印象。

## 8.3 营销活动与品牌传播策略

从广义的角度来看，产品、价格、渠道、沟通（4P）营销组合策略都有利于品牌的传播。本节介绍产品、价格、渠道策略与品牌传播的关系，下一节介绍沟通策略与品牌传播的关系。

### 8.3.1 产品策略与品牌传播

尽管产品（包括商品和服务）并不等同于品牌，但产品是品牌成功的基石。没有好的产品也不可能有好的品牌，而好的产品质量也会带来高的投资回报。本部分主要从品类、感知质量、大规模定制化三个方面来阐述产品策略在品牌传播中的作用。此外，包装也是产品当中影响品牌的重要因素。第四章已对产品包装有所介绍，此处不再赘述。

1. 品类与品牌传播

（1）品类的概念

在思考如何创建强势品牌的过程中，一个往往被忽视的问题是：产品的品牌是建立在品类基础之上的，跨越品类来直接讨论品牌是缺乏根基的。心理学研究发现，大多数人记忆储存方式基本都是基于天然分类的形式记忆，即概念抽屉。品类就是消费者心中的概念抽屉。消费者在认知产品的时候，都存在一定的认知定势，他们会不自觉地把产品按照自己的逻辑与"同类"产品进行比较。例如，人们在口渴后购买饮料时，通常先想到的是纯净水、矿泉水、果汁或者茶饮料这些品类，然后才会决定购买哪个品牌的饮料。人们的这种"先品类，后品牌"的思维过程，决定了建立品类的必要性。菲利普·科特勒教授从营销理论上对此也做出了阐述。根据他对产品层级的界定可知，品牌是属于产品项目层面的概念，是从属于产品线（即品类）的。因为从消费者购买心理来讲，选择品牌之前一定是要考虑购买哪一类产品来满足自己的功能需要。凯勒教授则从另一个角度指出，所有品牌都具有类似的联想和差异的联想，其中类似的联想是指品牌所属品类的基本特性。由此可见，创建品牌的首要任务是对品牌所属品类的特性进行分析。

在20世纪八九十年代，随着市场竞争加剧和信息技术发展，欧美等国家的企业率先兴起了品类管理。品类管理又称需求管理，是把品类作为战略业务单元，通过消费者研究，以数据为基础，对品类进行数据化的、不间断的、以消费者为中心的决策及管理过程。在品类管理的概念当中，品类是指购物者认为是相关联的或可以相互替代的、易于一起管理的一类产品，如洗发护发品类、口腔护理品类等。本书提出的品类概念与品类管理当中的品类概念有所区别。本书的概念指的是满足消费者特定需求的某类产品总和。建立品类，就是有意识地创造开发出一种新的、具有鲜明个性的、唤起并满足消费者某种需求的产品类别。

品类与行业有所不同，主要差异在于品类比行业的范畴要小。如服装行业可能包括西服、休闲装、职业装、运动装等品类，再细化下去就是休闲西服、男士西服、高档西服、国产西服等更细的品类。可见，相对于行业的规范性而言（如国家统计局对行业有明文规定的分类标准），品类带有更多的随意性。以往品类的细化主要是技术的创新所致，而现在新品类的出现更多的是受到营销和技术的双重影响，如"立领"这种服饰的出现既是新服装设计风格的产物也是民族文化营销的结果。品类概念提出的最大价值在于指出各种品类之间的本质差异，从而指导品牌按照品类的特征建立。

（2）品类对品牌传播的影响

在品牌创建的理论当中，品类还是一个较新的概念。尽管如此，它在品牌创建当中的作用却是不容忽视的。品类对品牌传播的影响体现在三个方面。

①品类的创新为品牌的占位提供了空间。

由于技术的普及，产品同质化程度日趋严重，品牌竞争变得越来越激烈。按照《蓝海战略》一书的作者钱·金教授的说法，市场陷入了一片"红海"之中。要想在"红海"之中出人头地，没有雄厚的基础和实力是非常困难的。因此，最好的竞争战略是开拓一片"蓝海"，即进入一个没有竞争的领域。品类概念的提出为"蓝海"的开辟创造了一个新的途径。在新品类当中，作为开创者的品牌水到渠成地成为品类第一品牌。举个例子，如果说要在方便面领域抢占市场的话，再靠原来的强调面条多么筋道、汤料多么香浓已经没有太大竞争力了，因为不管怎么样都还是"方便面"，而方便面市场的大片江山完全被康师傅和统一两大巨头牢牢占据。一个新的方便面品牌要想占有一席之地，就必须从品类的角度思考品牌的出路。

在这方面，我们已经看到了一些成功的案例，如今麦郎推出"不易煮烂"的弹面、白象推出更有营养的大骨面、五谷道场推出"更健康"的非油炸方便面等。甚至一些品牌完全跳出方便面领域，推出方便米粉（如四川白家）和方便米饭（日本大冢）等。尽管新的品类在市场容量方面有待提高，但的确为新品牌创造了一个全新的发展空间。此外，雅客V9在糖果领域分出来一个维生素糖果品类，他她水在饮料领域分出了一个性别饮料，家乐在汤料里面分出一个叫作"浓汤宝"的果冻状固体汤料，绿蒂维特在摄影领域分出一个孕妇专业摄影等都是品类为品牌占位的成功例证。

②品类个性作为品牌个性确定的参照坐标。

对消费者而言，任何一个品类都是一个综合的认知集，既包括基本的物理功能，也包括由物理功能引发的情感性联想。品类的这些物理功能及其所带来的情感联想给了消费者完全不同的感觉。这些感觉可比拟成性格各异的人所带来的感觉，而用一些描述性格的词语来拟人化地描述这些感觉更为简练、形象，于是就形成了品类个性。其实，广告大师李奥·贝纳早就提出产品具有"与生俱来的戏剧性"的观点，说明每个品类的产品固有独特的、充满魅力的特点。品类个性正是这么一个描述"产品戏剧性"的新术语。

按照凯勒教授的观点，所有品牌应当具有共性和个性。共性即品类的共通特性，在本书中就是品类个性。由于品牌个性的本质是品牌的差异性，因此某个品牌的个性一般不宜以其所属的品类的个性作为基础（除非是行业的领导品牌），而是尽量避开品类个性。所以，品类个性对品牌个性起到了参照系的作用，而不是直接的套用。当然，一个品类在只有一个品牌的情况下二者就会重叠。可见，在确立品牌个性之前，需要弄清品类个性，以使自己品牌的个性凸显巨大差异。例如，明基是一个电子产品的品牌，其品类个性应该体现专业和能力，但事实上其品牌个性却是时尚、生动，从而很好地与 IBM 区隔开；牙膏等日用品从品类个性来看应该是真诚的生活帮手，但广告当中更多看到的是最新配方的增添，从而显示出这些品牌技术上的先进性和创新性。

在一个企业中，品类与品牌之间通常存在三种关系：第一种是一个品类一个品牌（如格力空调）。第二种是一个品类多个品牌（如宝洁的各种洗发水）。第三种是多个品类一个品牌（如三星彩电和手机）。第一种情况中，品牌个性最好与品类个性紧密联系，这样会给消费者极为专业化的印象。如格力就给人空调专家的印象，其广告语"好空调，格力造"就极力体现这一点。在第二种情况中，众多品牌存在个性差异，但也有共性，即品类个性。因此，尽管宝洁洗发水品牌众多，但都体现了洗发水的能力个性。第三种情况属于品牌延伸，众多品类差异很大，但要找到品类共性，以此作为品牌个性，这样才能保持多品类下的品牌个性清晰化。如彩电和手机品类在设计上都可以体现时尚的个性，因此三星就以此作为其品牌的个性。

③品类个性影响了品牌传播。

由于品牌归属于品类的门类中，也由于品类是人们选择品牌的必由路径，因此，在进行品牌传播时必须考虑品类个性对其的影响。根据传播学理论可知，从发送方来看，品牌传播是一个编码的过程，当中包括传播源、传播媒体和传播内容三个要素，所以品类个性对品牌传播的影响也表现在这三个方面：

第一，品类个性影响了传播源的选择。传播源的特性与品类个性相符才能使消费者更容易接受该品牌。比如，专家和行业协会很适合推介音响、家具等具有严谨、专业个性的品类；影视明星适合推介洗发水、服装等具有流行、时尚个性的品类；普通老百姓适合推介洗衣粉等具有真诚、实在个性的品类等。

第二，品类个性影响了传播媒体的选择。由于传播媒体与生俱来的特点，人们对媒体有着不同的认识，这些认识上升为不同的个性。例如，杂志比报纸更精致、更有品位，这与珠宝首饰、高级小汽车等高尚、上流的品类个性相符，因此这些品类的品牌更适合在杂志上投放广告。

第三，品类个性影响了传播内容的设计。传播内容是直接影响人们认知和偏好的关键要素，而其设计首先要符合品类个性才能符合人们的认知习惯，否则容易产生认知冲突。例如，办公管理软件的品类具有专业和高效的特点，因此在品牌传播中要突出管理问题被快速解决的内容；而游戏软件的品类具有刺激和幻想的特点，因此在品牌传播中要涉及玩家从游戏中获得的快感和成就感。

2. 感知质量与品牌传播

（1）感知质量的界定与评价

产品的感知质量（Perceived Quality）是现代营销学里面非常重要的一个概念。它不等于产品的实际质量，尽管它需要以后者作为基础。国内著名品牌专家余明阳教授对感知质量的界定非常清晰。他认为，品牌感知质量是消费者对某一品牌在品质上的整体印象，强调的是消费者的主观评价，而非产品和服务的现实品质状况。其内在影响因素主要包括产品具体的物理属性，诸如功能、特点、可信赖度、耐用度、服务度、效用评价、外观属性等；外在影响因素则包括价格、广告表现水准、产品保证等。凯勒教授在对感知质量的界定中指出：消费者对感知质量评价的过程是，首先设定了高质量产品的指标，之后用这些指标去评价产品的质量。有研究表明，现在要提高感知质量比过去困难，因为多年来产品质量的持续改进提高了消费者对产品质量的预期水平。比如，以前消费者对手机质量的要求是耐用，现在则要求技术先进、功能齐全、外观漂亮等。美国营销学者大卫·加文（David Garvin）提出了消费者评价产品质量的七个指标，包括：

①性能，即产品主要特征的表现程度。如 DELL 电脑性能过硬。

②特征，是指产品主要性能的补充。如沃尔沃除了性能优异之外，还具有安全性。

③达标质量，是指产品通过某权威机构鉴定或零缺陷。如获得"中国名牌产品"的荣誉等。

④可靠，是指在一段时间内产品性能的稳定性。如德国的产品以性能稳定而著称。

⑤耐用，即该产品功能的持续时间。如一些老字号的产品经久耐用。

⑥便捷，是指产品使用的便利性。如一些手机的菜单使用起来很方便。

⑦风格与设计，是指对外观的感觉。

除了这些产品本身的质量特点之外，品牌的象征意义、个性和关系对感知质量也是有影响的。如我们会觉得雀巢咖啡要比一个不知名品牌的咖啡质量要高，尽管两种咖啡的产品差异可能并不大。著名的麦肯锡咨询公司提出了一个 3-D 营销模型来说明产品给消费者带来的不仅仅是性能利益，还有流程利益和关系利益。

其中，性能利益是指产品的功能属性和质量，流程利益是指产品信息、交易和获取的便利性，关系利益是指个性化服务、情感联系和忠诚度回报计划等。航空公司在这三种利益方面给出了典范。如常客积分计划提供了关系利益，网上购票提供了流程利益，服务的改进提高了性能利益。

（2）感知质量对创建品牌的作用

①感知质量是品牌美誉度的基础。

在创建品牌的过程中，感知质量充当了非常重要的角色。尽管行业领导品牌的产品实际质量不一定是最好的，但在消费者看来，其感知质量一定是最高的。例如，人们会认为哈根达斯是最美味的冰激凌，尽管这可能不是事实。有了高的感知质量，品牌就拥有了美誉度，也就向忠诚度迈进了一步。

②感知质量为品牌占位提供了机会。

由于感知质量是一种主观质量，因此营销的焦点变成了使消费者相信品牌具有这样的质量。一旦消费者相信你的品牌在某种特征方面最为出众，那么其他品牌可能在这一卖点上就失去了机会。例如，当年农夫山泉刚上市的时候打出"农夫山泉有点甜"的广告语，让人们相信了这种天然水的确口感有点甜，其他品牌再打"有点甜"的卖点就跟风从众失去个性了。沃尔沃通过坚持不懈的努力，让人们相信它是世界上最安全的汽车，从而使其他价格更昂贵的汽车在安全性能方面不具备优势。

（3）提高品牌感知质量的步骤

为了提高品牌感知质量，管理者需要完成以下步骤的工作：

①调查消费者对产品质量评价的标准。

不同的消费者会从不同的角度来评价产品质量。如在手机质量的评估上面，有人看重待机时间，有人看重坚固程度，有人关注故障率，甚至有人会从价格的高低判断。管理者需要做一个问卷调查，全方面了解消费者对产品质量的判断依据。

②对各评估标准进行重要性排序。

把第一步所获得的产品质量评估标准提交给消费者，让他们对其进行重要性排序。每个人的排序肯定会不同，但汇总起来可以得到一个大多数消费者认可的排序。

③分析竞争者在各标准上面的表现。

就像定位排比图一样，可以找到每个竞争者在各质量标准上面所处的位置。这些都是帮助确定自己品牌努力方向的参照坐标。

④提炼一个有别于竞争者的品牌宣传主题。

综合质量标准的重要性、竞争者所处的位置以及自己品牌的表现，可以提炼出一个自己品牌应该宣扬的特征。例如，飞利浦手机在待机时间方面具有无人能比的优势，而三星手机则主推时尚。

⑤设计整合传播活动推广该主题。

品牌传播的任务就是围绕这一主题进行多种策略的整合，单一传播手段的效率不高。

### 8.3.2 价格与品牌传播

已故的哈佛商学院营销教授雷蒙德·科瑞（Raymond Corey）曾说："定价是真理的时刻——定价决策是所有营销活动的焦点。"对消费者而言，尽管产品很重要，但影响他们购买决策的因素往往是价格；而对于企业而言，价格也是一个非常关键的要素，因为其他的营销手段如产品、促销、渠道都是在投入，而只有价格才能产出。价格一旦定得好，企业的利润将会猛增；而一旦定得不好，企业甚至可能会招致灭顶之灾。这并不是将价格定得高或者低那么简单。因为高价可能会遏制销量或者提高销量，而低价也可能提高销量或者遏制销量，而且价格还要综合考虑企业营销战略和外部环境变化而进行调整。所以，哈佛商学院的定价专家罗伯特·多兰教授认为，"定价是经理们在营销中面临的最大问题"。

1. 价格对品牌的影响

（1）价格是判断品牌质量和档次的线索和信号

消费者往往不是产品专家，他们在很多情况下不能根据产品本身的属性和指标来准确地判断产品的质量，但最后他们总能形成一个对产品质量的评价。心理学家理查德·派蒂（Petty）和约翰·卡乔鲍（Cacioppo）提出的详尽可能性模型（Elaboration Likelihood Model，简称 ELM）很好地解释了这种现象。该模型指出，如果消费者有能力和动机处理产品信息，他们就会通过中心途径（产品的属性）而形成对产品质量的评价；反之，他们就会通过周边途径（如价格、包装、代言人等）形成对产品质量的评价。长期的生活经验告诉人们"一分钱一分货"，尽管价格便宜不一定质量就很差（如沃尔玛以"天天平价"为卖点），但低廉的价格会损害到品牌的形象（如沃尔玛钻石项链估计销量好不到哪去）。

派克（Parker）钢笔的例子说明了这一点。早先派克价格昂贵，是总统用的钢笔。后来为了抢占低端市场推出了三美元一支的派克笔，品牌形象急剧下滑，原来的高档笔也受到牵连。我国的两大名酒——五粮液和茅台酒之间的竞相提价也说明了价格在提高品牌档次上面的作用。早在 2003 年 9 月下旬，五粮液以推出全新三重防伪包装为由头，将主流产品提价百元,涨幅达 25%,在价格上超过此前一直雄居价格首位的"国酒"茅台。2003 年 10 月,茅台酒公司选择跟进,将高度茅台酒涨价 50 元,涨幅达 23%。在二者竞相提价的同时,双方的品牌形象都得到了提升。

(2) 高价格体现品牌的稀有性和个性

"物以稀为贵",反之也成立,"物以贵为稀"。体现品牌稀有的最常用方法就是定一个高价。奢侈品品牌的定价是最典型的例子,如瑞士日内瓦珠宝商 GoldVish 推出了号称"世界最昂贵的手机",标价 100 万美元,全球限量发售三部。一些虽然高档但非奢侈品的品牌也通过纪念版和限量版的方式定出了奢侈品的价格。如 2005 年,中国白酒第一品牌的五粮液推出了一款 90 周年金奖纪念酒,价格高达 88000 元。据悉,此酒全球限量销售 100 瓶。更为普通的一些商品尽管生产规模可以扩大,但为了凸显产品的稀有性也采取限量生产的方式,以便定出比一般竞争者高的价格。

例如,上海"衫国演义"服装公司的 T 恤品牌定价比普通的 T 恤要贵,且购买数量多也不打折。这不仅因为 T 恤上面的图案很特别(如有中国传统的窗花或剪纸图案、埃及的象形文字、十二星座图案等),更主要的是因为每款 T 恤都是限量生产,如最经典的图案白纸图从 2001 年起的五年间总共才印制了 800 多件。

(3) 价格是灵活达成品牌目标的工具

在营销的 4P 组合策略当中,产品、渠道、促销三个策略一旦确定好就不易改变。而相比之下,价格具有灵活的可变性。处于不同的阶段,企业也会制定不同的品牌目标,而价格则通过其灵活的变动性帮助达到这些目标。新产品上市之初,为了凸显品牌的技术含量和新颖款式,价格可以定得高些,如 2000 年以前的美宝莲在中国属于中高档化妆品;在产品的成长阶段,品牌的目标是提高销量以抢占市场份额,如 2000 年以后美宝莲唇膏的价格基本上位于 30~60 元这个区间,已经被刚工作不久的年轻女性所接受;在产品库存量大的时候,品牌的目标是尽快清货,因此产品会降价。在与竞争者的激烈竞争中,品牌可以通过提价来抬高品牌形象,如美国 AO 史密斯热水器通过高出竞争对手的价格而获得了高额的利润;也可以通过降价来抢占市场份额,如前些年日韩平板电视联手降价抢夺中国的市场。

2. 基于品牌的定价方法

根据营销学理论,定价基础的三个因素是产品成本、竞争者定价和顾客价值认知。由此也形成了三种导向的定价方法:成本导向定价法、竞争导向定价法、需求导向定价法。

(1) 成本导向定价法

产品成本是价格的底线。尽管为了一些战略目标(如酒店开张试营业、面对竞争者挑起的价格战或牺牲品定价),价格可能会低于成本,但在绝大多数情况下,价格高于成本,甚至为了另一些战略目标(如提升品牌档次)而高出成本很多。成本导向的定价方法适用于品牌优势不明显的时候,其目的是收回投资而不亏本。

(2) 竞争导向定价法

竞争者价格是产品定价的重要参照系,因为消费者在对比不同品牌时考虑的一个非常重要的要素就是价格。竞争导向定价的前提是在消费者心目中确定各品牌的竞争关系。因为如果消费者认为本企业品牌是与高端竞争者竞争,那么自己品牌的价格也可以随之而抬高;否则,与低端品牌为伍,自己品牌的价格也很难提起来。与竞争者的价格相比,本品牌的定价可以选择更高或者更低。高价暗示了优质,如 20 世纪 50 年代末到 60 年代早期,德国的

Lowenbrau 是美国市场排名第一的进口啤酒品牌,该啤酒提价后销量反而节节攀升;低价则给予顾客优惠,如一些国产彩电比日韩彩电要便宜不少,而对于很多顾客来说质量上并无明显差异。与竞争者定相同的价格反倒不是一个好的策略。因为目前很多行业的品牌存在的最大问题就是与竞争者过于相似,如果再加上价格也相同,那就很容易淹没在诸多品牌当中。

(3) 需求导向定价法

只要顾客认为产品的价值高,那么品牌通常可以定高一点的价格。比如,蒙牛推出的高端牛奶品牌"特仑苏"定价要比普通牛奶贵一倍,因为它让人们相信其富含的牛奶蛋白营养价值高;云南白药牙膏卖出 20 多块钱的高价,因为它让人们相信牙膏当中的云南白药独特成分能够防止牙龈出血。这些价格远远高于普通产品,但照样能够被人接受,原因在于人们对这些产品的价格敏感度不高(见链接材料 8-1)。

**链接材料 8-1**

影响价格敏感性的因素

1. 参考价格效应

产品价格相对于替代产品越高,价格敏感性越高。如当消费者觉得几个品牌的液晶彩电质量上差异不大的时候,他们不容易接受价格高的品牌。

2. 对比困难效应

消费者很难对比替代产品的价值时,价格敏感性降低。如旅游点纪念品和特产等。

3. 转换成本效应

更换供应商的成本越高,价格敏感性越低。如用惯了一个品牌的手机之后,再要换手机也极有可能还选这个品牌,因为一些手机菜单操作已经熟悉了。当然,不满意的品牌除外。

4. 价格—质量效应

当高价代表高质量(形象、独享)时,价格敏感性低,如万宝龙、LV 等奢侈品。

5. 支出效应

当费用支出比例较大时,价格敏感性高,如多数人在购房方面显得非常谨慎。

6. 最终利益效应

产品对最终利益的贡献越大,价格敏感性越低。如人们在治疗严重疾病的特效药方面不会吝啬。

7. 分担成本效应

购买者自己支付的比重越小,价格敏感性越低。如一些企业通过赠送抵价券来招揽生意。

8. 公平效应

如果推断供应商有好的动机,价格敏感性会降低。如海尔为顾客提供真诚的服务,因此价格定得较高也有市场。

9. 框架效应

如果价格带来的是损失而不是利益,价格敏感性就高。如消费者对一点点提价都会很敏感。

10. 供给效应

产品越是供不应求,价格敏感性越低。如奢侈品定价。

不管采取以上哪种导向的定价方法,产品的价格都是由品牌的定位决定的。如果定位为高端品牌，那么企业就可以加大成本投入，高出竞争者定价，并使消费者认同品牌的高价值；反之，如果定位为低端品牌，那么企业就需要压缩成本投入，低于竞争者定价，并使消费者认为品牌提供了更多的实惠。我们看到了一些品牌通过低价获得成功（如沃尔玛、雕牌、奇瑞QQ），那是因为它们定位在普通大众市场上，以经济实惠来占领市场份额；我们也看到一些品牌定价很高也获得了成功（如万宝龙、LV、宾利），因为它们定位在高端市场上，以高档品味来帮助顾客彰显身份和满足内心的精神需求。

资料来源：作者根据相关资料进行整理。

### 8.3.3 渠道与品牌传播

渠道在当前市场营销领域中处于非常关键的位置。因为渠道是企业与消费者之间的通道，掌握了渠道就掌握了消费者，所以有人甚至提出"渠道为王"的观点。以下从渠道合作、销售终端、直接渠道三个方面来分析渠道对品牌的影响。

**1. 渠道合作对品牌的影响**

渠道合作是指制造商与中间商之间的合作关系。选择怎样的中间商进行合作、合作的程度怎么样等都可能会影响到品牌。

（1）渠道成员形象影响品牌形象

品牌形象是消费者对品牌的综合看法。与品牌相关的一些要素都会影响消费者对品牌的看法。作为产品流向消费者的必由之路，渠道在影响消费者购买决策方面责任重大。从品牌的角度来讲，渠道成员形象也会在很大程度上影响品牌形象。渠道成员形象由两个方面的因素影响而产生，即渠道的类型和档次。传统的渠道类型包括折扣店、便利店、超市、百货公司、购物中心等，新近的渠道类型主要是一些无店铺销售模式（如互联网、电话销售当中的渠道）以及联合渠道的创新（如王老吉、蒙牛进入肯德基销售）等。不同的类型会给消费者不同的感觉。如折扣店、便利店、超市让人会感觉到廉价，而百货公司价位高些，购物中心则不仅价位高，品味也高。三星彩电当年为了打造高端品牌，毅然从沃尔玛撤出。尽管它在沃尔玛是赢利的，但它认为自己的品牌形象会受损。相比传统的有店铺的渠道类型而言，没有店铺的直销由于缺乏店铺内的实物展示，在建立品牌信任方面可能比较麻烦。联合渠道近年来逐渐流行起来。这种方式能够帮助双方相互提升形象，并增加赢利。如蒙牛牛奶进入了星巴克、小肥羊、肯德基等终端进行销售，成功实现了品牌形象和经营业绩等方面的双赢。

除了渠道类型，渠道成员的档次也对品牌形象产生很大影响。以超市为例。在中国，我们可以看到大大小小、形形色色的超市。一些名为"超市"的商店实际上只是一个社区的"士多"小店。很多无法进入知名大型超市的品牌只好进入这些小店，而那些大型超市则对一些没有影响力的品牌予以限制。所以，我们会认为大超市的品牌更加可靠。

（2）渠道成员的合作程度影响品牌的销售

俗话说"家和万事兴"。有太多的案例告诉我们，当制造商与中间商之间以及中间商与中间商之间的渠道合作出现问题的时候，制造商品牌的销售业绩会大受影响。渠道冲突包括纵向渠道冲突、横向渠道冲突和多渠道冲突三种。纵向渠道冲突常见的形式有拖欠制造商的货款、将制造商品牌随意打折或作为赠品送出、将制造商品牌摆在很差的货架位置上、推出中间商自有品牌来挑战制造商品牌、不配合制造商的营销推广活动等。2004年由成都国美挑起、后来波及全国的国美格力渠道冲突事件，就使得格力失去了一个重要的销售渠道。而2007

年为了共同的利益，双方在广州已经开始小范围合作。横向渠道冲突表现形式主要有因不同销售地的价格差异而产生的产品流向混乱，即窜货。多渠道冲突表现形式主要是制造商采取两个以上渠道向同一个市场销售同样产品，导致不同渠道争夺同一市场。这两种情况都会使消费者对品牌产生不满意和不信任，因为同样的产品价格不同，部分消费者利益会受损。

（3）渠道模式的选择体现了品牌的独特性

不同品牌在渠道模式选择上也体现了差异性。这由不同品牌的目标细分市场所决定。差异性的渠道不仅满足了一个细分消费群体的独特需求，而且也成为了品牌联想的一个记忆点。渠道模式选择包括选择渠道的类型以及渠道的成员两个方面。一些企业在渠道类型的选择上颇有特色。如谈到直销，我们很容易就想到雅芳、安利、玫琳凯等老牌化妆品企业。另一些企业则在渠道成员的选择上独具一格。如欧莱雅的薇姿声称"全球仅在药房出售"，以凸显其品牌的专业性；西安杨森公司的采乐去屑特效药因为其药物性质也选择在药房和医院出售，其广告语直接说"买采乐，去药店！"中国移动的电话卡选择了遍布街头的报亭作为营业厅的辅助销售渠道，在增加消费者购买便利性的同时也提高了销量。企业最好有意识地采取与竞争者不同的渠道模式，这样既可以避免一些正面竞争，也可以增添品牌的差异性。

2. 销售终端对品牌的影响

在零售店内，终端生动化和终端拦截都会对品牌产生影响：

（1）终端生动化能增强消费者对品牌的体验

终端是产品以实体形态与消费者亲密接触的地方，也是品牌体验的一个重要场所。终端陈列是否生动在很大程度上决定了产品的销售业绩。因为多数情况下零售店的销售人员不会对每个品牌都进行推介，品牌只有靠终端生动化的魅力自己招揽生意。终端生动化包括静态的终端产品陈列、宣传品展示和动态的营业员演示产品、娱乐游戏表演等形式。如今产品摆放仅仅是整齐的话已显得过于单调。产品陈列的造型、背景灯光、音乐和布景等已成为产品陈列的基本要求。比如，在光线柔和、音乐美妙、布景别致的背景下，书店把畅销书摆放成螺旋形或三角形，宜家把家私组合成一种生活情境，服装店把衣服摆成某种造型等都令人获得一种体验。终端的宣传品是各种POP广告，包括张贴画、条幅、装饰旗帜、终端视频（电子广告牌或电视机）、宣传单页、印有品牌标识的礼品等。蒙牛在"神州五号"飞船成功升空之后，用泡沫在各大超市做了"神州五号"的模型，周围摆满蒙牛牛奶，以凸显"中国航天员指定牛奶"这一卖点。动态的终端生动化目前运用越来越广泛，传统的做法如产品功能的演示（如免费品尝伊利金典牛奶、现场操作榨汁机等），近年来一些新的举措是加入了更多娱乐的成分。例如，一些内衣品牌聘请女模特直接穿着内衣坐在橱窗内来个"真人秀"，一些家电品牌在国美、苏宁等家电零售店门口大搞歌舞"路演"（Road Show）和现场抽奖活动等。通过静态和动态终端生动化的配合，企业不仅对消费者进行了促销，更重要的是，消费者从中获得了体验。

（2）终端拦截能提高品牌的销售量

仅仅是终端生动化就能抓住消费者吗？有营销专家走访家电终端发现，终端拦截比终端生动化来得更厉害。毕竟"死"的产品陈列无法与"活"的人员推销相提并论。顾客选购的过程本身就是一个反复比较和不断思考的过程。而终端拦截就是整合终端所有的广告、促销、产品等资源，促使顾客放弃竞争品牌，来选购自己的品牌。通俗地说就是"引、抢、围、逼"，即引导顾客的思路，从竞争对手那里抢顾客，以更多的产品信息来对顾客心理进行包围式的诱导来强化顾客的选购意向，用各种手段"诱逼"促成顾客迅速成交。

尽管从一定意义上来说，终端生动化也是终端拦截的一种形式，但目前最重要的拦截方式还是终端促销人员的推销。在我国，丝宝集团旗下的舒蕾洗发水最早派出促销小姐进驻超市，一开始取得了良好的业绩。它的竞争对手宝洁不能坐视市场份额丧失，于是也建立了店内促销小姐队伍，进行拦截，致使舒蕾的市场份额又恢复从前。舒蕾和宝洁的终端之争在中国终端营销界起到了示范作用，目前很多小品牌都采用这种方法来提高销量。

3．直接渠道对品牌的影响

直接渠道是指没有中间商，产品直接从制造商流向消费者的一种渠道模式，主要形式是品牌专卖店（包括自营店和加盟店）。由于缺乏中间商，直接渠道与品牌的关系表现出与间接渠道不同的关系：

（1）直接渠道能够增加消费者与制造商的双向沟通

在具有中间商的间接渠道当中，消费者不能与制造商直接沟通，对制造商产品的一些意见也无法直接传递到制造商手中。同时，由于中间商不会卖力地帮助某一个品牌促销，因此一些制造商的信息也可能没有传递给消费者。而直接渠道则不同，它不仅是一个产品分销的通道，也是一个信息沟通的通道。比如在专卖店里，消费者可以把自己对产品的个性化要求直接传递给制造商，制造商也可以及时回答消费者提出的问题，甚至针对消费者的特定需求来定制产品。因此，通过直接渠道，消费者会产生更高的满意度。

（2）直接渠道更好地展示了品牌形象

为了避免传统渠道当中的中间商对品牌展示的冷落，进而增强品牌形象传播的控制力，许多品牌都选择了专卖店的道路，具体形式包括街头独立店铺和租借商场铺位开设的专卖店或专柜两种。在开设专卖店以前，耐克公司发现百货商店把耐克的产品摆放得没有逻辑，而且有些产品还缺货；通过自己开设专卖店，耐克能够全面展示品牌产品的花色品种，并以某种构思巧妙的主题进行摆放。一种更前卫的专卖店的形式是概念店。相比较传统的专卖店而言，概念店更多的是一种品牌传播的新型手段。一些最新的产品设计风格和理念通过概念店展出，使得消费者对于品牌的内涵有了切身的体验。例如，早在 2000 年，海信就在济南三联商厦投建了一种科技概念店，把价值近百万元、本来属于实验室的高科技产品搬到商场内展示。在那里顾客可以看到多载波技术标准的 CDMA 数字手机等二十多种还没有商业化的高科技产品，甚至一些就是产品的模型。消费者因此对海信品牌的创新特质有了深刻认识。

## 8.4 营销沟通与品牌传播策略

营销沟通是企业为消费者提供信息来促使他们购买的策略。一般营销教科书上把营销沟通（4C 当中的"Communication"，对应于传统 4P 当中的"促销"）分为广告、促销（即销售促进，Sales Promotion）、公关、人员推销等几种形式。以下除了讨论这些沟通策略与品牌传播的关系之外，还增加讨论口碑与品牌传播的关系。这是一种古老而又新颖的沟通方式，需要引起管理者的重视。

### 8.4.1 广告与品牌传播

广告无处不在。法国广告评论家罗贝尔·格兰甚至夸张地说:"我们呼吸着的空气,是由氧气、氮气和广告组成的。"广告(Advertising)是广告主通过付费的方式将其公司、产品或品牌信息通过媒体传递给受众的过程。一提到品牌传播,很多人会想到广告,这是因为我们身边不乏靠广告而一夜成名、一鸣惊人的品牌。的确,对于绝大多数品牌而言,广告都是品牌传播当中最重要的策略之一。

以下就广告的传播系统模型、广告作用机理模型、广告创意理论、广告媒体等与品牌传播紧密相关的几个问题进行介绍。

1. 广告传播系统模型

广告是如何传递给消费者的?广告传播系统模型为我们描述了这一过程。

该模型由五个要素构成:信源、信息、渠道、接收者、大众。这五个要素形成了两个认知过程:

第一个认知过程是广告的目标受众(接收者)对广告信息的接收和理解,其途径是广告媒体。

第二个认知过程是大众对目标受众(接收者)所传递信息的接收和理解,其途径是口头传播。模型中所提出的两个认知过程实际上告诉我们,广告信息的传递不是一次就完结的,除了广告直接影响目标受众之外,更重要的是目标受众利用其影响力将所理解的信息进行更广泛的群体扩散。因此,一个广告传播过程通常是经过了一个二次传播的过程。以下对五个要素进行介绍。

(1) 信源

信源(Source)即信息来源,是广告传播中信息的产生点。广告信息要么出自自己之口(即公司),要么出自别人之口(即代言人)。

① 公司信源。

有研究表明,公司的声誉会促使消费者尽早接受新产品。如在知道清扬洗发水是联合利华的产品之后,消费者对清扬这种新产品的评价提高了很多。不过,如果决策风险很大时,公司声誉的影响力就小了。比如,国内知名电子企业夏新电子从 DVD 转而生产手机时,消费者很容易接受,但要做笔记本电脑就不那么如意了,因为消费者购买笔记本电脑的决策风险远大于手机。正因为此,2007 年上半年,在顽强拼搏了四个年头之后,夏新黯然决定放弃笔记本电脑的自主品牌路线,改走 ODM 代工模式。

② 代言人信源。

与公司的"王婆卖瓜"相比,通过代言人(Spokesman)来传递信息更容易让人接受。目前代言人主要有四类:名人、典型顾客、专家和虚拟代言人。虚拟代言人即品牌角色,第四章已有详细介绍,此处不再赘述。名人是指借助名人自身名气为其他与自身从事事业无关的产品做品牌代言人的类型。这是企业追求明星效应、名人经济的结果。企业试图通过文体明星的知名度来提高品牌的知名度。因此,名人类型是一种最常见的品牌代言人类型。考察代言人应注意以下三点:

第一,考察代言人的公众形象。与宣传产品功能的代言人不同,代表品牌形象的代言人必须有良好的公众形象,即必须遵纪守法、道德高尚,没有不良传闻。公众形象是指个人的素质、实力和表现在社会公众中获得的认知和评价。良好的公众形象是社会的知名度、美誉度和公众心目中的崇高地位。良好公众形象的基础是良好品行。但是，由于公众形象往往是在媒体的放大下形成的，因此公众形象并不等同于个人品行。个人品行是一种较为稳定的个人心理特征，而公众形象则受媒体的影响，容易发生变化。因此，考察代言人的公众形象应当与其品性结合。许多国际品牌在中国选择代言人时，都非常慎重，企业会将代言人的公众形象、责任心和为人处事原则做长期的全方位考察。潘虹女士从影已经20多年，可以称为中国演员中的老字辈。但国际品牌——意大利斯丽尔大衣偏偏选择她，主要原因是影迷们在认同她的艺术表现能力的同时，更钦佩她的为人处事原则。潘虹从影二十年来，一直保持着良好的艺术形象和个人形象。

第二，考察代言人的自身因素是否与品牌形象相匹配。这是一种"情感移植"联想。情感能否移植，关键是看代言人的自身因素与品牌形象匹配的程序。具体步骤如下：先列出拟选代言人的突出特点，如知名度、专业性、形象特征、个性特征等，然后扮演消费者角色或者聘请消费者代表，对这些因素逐一进行联想，看是否能与品牌形象挂钩。进行"情感移植"联想考查时，应当注意代言人的职业、形象与产品的关联性，与品牌形象的相近性。联想应当是一种自然的过渡，不能存在感觉冲突，引起太多的歧义。尤其要注意职业与产品功能的密切关联性，不能让人产生生硬与牵强的感觉。例如，一个银幕公众形象是农民的演员，如果给一个品牌形象定位于"科技创新、质量领先"的科技产品品牌做代言就不合适。

第三，考查代言人的自身素质是否与目标市场相匹配。消费者在进行购买决策时，往往会问自己，"这种品牌适合我这一类人吗"。品牌形象代言人的出现及其表演就是要回答：这个品牌适合我，如果你（消费者）喜欢我，也适合你。社会心理学研究表明，人们倾向于喜欢和自己想象相一致的人。代言人形象及其所代表的核心价值观与目标市场越接近，越容易被目标市场所认同。方太与方太抽油烟机的结合就是代言人形象与品牌形象的相近性获得成功的例子。方太是家庭生活节目的著名主持人，产品是家庭厨房必备的抽油烟机，方太做产品的代言人就比较有说服力。

小案例 8-1

### 商务休闲男装——"利郎"的形象代言人

20世纪90年代末，随着服装产品同质化程度越来越高，服装市场竞争日益惨烈。利郎面临着严峻的市场形势，几乎堕入绝境。如何在杉杉、雅戈尔等高端品牌，七匹狼、柒牌、劲霸等休闲夹克衫强势品牌的竞争者中脱颖而出，开发出一种既不失风度又能看起来轻松，适合商务谈判时穿着的男装呢？"商务通"这一概念给了"利郎"高层十分及时的灵感和创意。

2001年，"利郎"对男装重新进行了风格上的定位，在国内服装界率先提出了"商务休闲男装"概念。它把消费者年龄定位在28~45岁的相对比较成熟的阶段，并提出了"简约不简单"的产品风格定位。提倡一种高层次的生活方式和生活态度，简约与精致同行，是一种阅尽繁华后返璞归真的风格。

正是这一系列的转变，使得"利郎"最终起死回生，为今后异军突起奠定了坚实的基础，同时，也为实施新的销售和推广战略，寻找相匹配的形象代言人提供了根据。

当利郎确立了商务男装的品牌定位之后，选谁做形象代言人呢？当提到陈道明时，大家马上有一种非常吻合的感觉。因为他的知名度和他本身的内涵修养刚好可以传递利郎的品牌内涵：简单、大气、有品位。胡诚初说，在确定陈道明作为我们企业的形象代言人，要直接去面对他时，我是带着顾虑去和他会面的。主要是顾虑社会上对演艺界的评论，对一些明星的传闻，以及他能否演绎我们服装的风格。当胡诚初第一次与陈道明洽谈时，却发现陈道明原来是一位很有涵养，而且对服装有很深理解的艺人。在充满浮躁气息的影视圈中，陈道明是少有的气质淡定从容的大牌明星，与利郎服饰的品牌风格十分匹配。与当时服装行业到处充斥着青春偶像、哈韩日、崇洋媚外的风尚相比较，利郎选择陈道明来做广告很有眼光，它给浮华的广告市场注入一股新鲜血液。

2002年1月1日，利郎正式与陈道明签约，由陈道明出任利郎品牌形象代言人。广告播出后，伴随着"西服也休闲，简约而不简单"的广告语，消费者领略到了利郎商务男装独特的品牌魅力。很多人都评价说这是利郎和陈道明的完美结合，利郎时装专卖店的经销商也一直对"简约，而不简单"的广告语十分欣赏。在短短的三年里面，他们的销售额翻了十倍。

现在，只要一提陈道明，人们很容易就会想到利郎。陈道明的加盟，确实给利郎带来了丰厚的市场回报。

胡诚初曾强调：做品牌是一种资源整合，广告明星也是一种资源，与企业产品形象不匹配，请美国总统做广告也没有用。利郎明星代言的成功，是代言人、广告语和产品风格三位一体的完美融合。可以说，正是这三者完美融合，使"利郎"也成为福建休闲男装品牌中一匹有个性的黑马，仅用五年时间就完成了向商务休闲男装第一品牌的神奇转变。

资料来源：作者根据相关资料进行整理。

（2）信息

信息（Information）是指广告当中所传递的品牌内容和表现形式，即广告当中"What"和"How"的问题。"What"是指广告"说什么"，解决的是广告所要传递的内容问题，如乐百氏纯净水的卖点是"纯净"；"How"是指广告"怎么说"，解决的是广告内容的表达方式，如乐百氏广告采用"27层净化过程"的表述方式支持水的"纯净"。

在广告"说什么"的问题上，可以有理性诉求、感性诉求和道德诉求三种类型。理性诉求以理服人，讲述的是产品的功能性利益，如沃尔沃的"安全"，飞利浦手机的"待机时间长"。可以采取说明性的文字来表述，也可以运用一些象征性图片来传递。感性诉求以情动人，讲述的是产品的情感性利益，如贺曼卡片的"真情"，劲霸男装的"酷"。道德诉求以伦理道德作为突破口，通过制作企业公益广告来树立企业"关爱社会"的良好形象，如农夫山泉声称"每喝一瓶农夫山泉，就为申奥捐出一分钱"就是一例。

在广告"怎么说"的问题上，目前常见的形式有幽默（如一则Chunky面酱广告显示美丽的蒙娜丽莎因为贪吃Chunky而变得肥胖不堪）、悬念（如马来西亚国家石油公司品牌"马石油"推出的"知道马师傅吗？"悬念电视广告）、恐惧（如新加坡保健促进局发布的一个女子吸烟导致满嘴溃烂的戒烟广告）、温情（如雕牌洗衣粉以一则"妈妈，我可以帮你洗衣服了"的广告篇感动了很多女性的心）、说理（如佳洁士在广告中不厌其烦地说明佳洁士的防蛀功效）等。

（3）渠道

渠道（Channel）是广告信息从信息发送者到接收者的通道，具体包括两个：

第一个是信源到接收者的渠道，由各种广告媒体构成，如报纸、杂志、广播、电视、户外、互联网、直邮、短信等。各种媒体对品牌传播的贡献都不一样，各有其利弊，且费用不同，因此在广告管理当中需要根据媒体总的预算额来选择几种媒体进行组合。

第二个是接收者到大众的渠道，是一个口头传播的通道。对于很多人来说，他们首次接收到品牌信息都是通过身边的亲戚朋友介绍的，而且，这种口碑的介绍比商业广告的可信度更高。

（4）接收者

尽管企业通常都是希望越多人知道广告信息越好，但由于经费问题，每一次广告可能都只能影响到某一群人。他们是广告的目标受众。为了提高广告的效果，对目标受众的研究最为重要，因为目标受众的人口统计、心理和社会特征会影响到广告信息设计和媒体投放计划。例如，手机广告，对于大学生市场而言，互联网是不错的媒体，手机设计的时尚性和娱乐性应当成为广告诉求点；而同样是手机广告，对于一般的主妇来说，电视媒体可能更好，广告当中应当诉求手机设计的轻便性和美观性。

（5）大众

由于媒体投放和广告费用的限制，广告的影响范围有限。因此广告传播系统模型并不是将广告信息传递给接收者，过程就结束了，而是希望接收者进一步将信息通过口头的方式传播给大众。相比之下，大众可能是更大的一个群体。采用口头的方式传播可以节省企业的广告费用。为此，企业需要设法让早期接收广告信息的那部分人主动将广告信息告知他们的亲友。这也就是目前引起理论界和实务界普遍关注的口碑营销。

2. 广告作用机理模型

广告传播系统模型说明了广告传播的过程，但广告具体对受众产生了怎样的影响，对品牌具体有何贡献则没有涉及。美国著名广告学家巴切（Batra）、梅尔斯（Myers）和阿克（Aaker）在广告学经典教材《广告管理》中介绍了一个广告作用机理模型，并对这些问题做出了说明。

从模型来看，当广告出现之后，看到广告的受众会产生以下反应：

①对品牌认知和熟悉，如全国各大电视台连续几年播放的脑白金广告让全国人民耳熟能详；

②了解品牌的利益和属性，如消费者通过金威啤酒的广告了解它是"不添加甲醛酿造"的啤酒；

③形成对品牌个性的感知，如陈道明代言的"利郎商务男装"广告让消费者感受到了利郎品牌的"成熟、睿智、简约"的个性；

④与品牌形成情感关系，如芝华士威士忌的《冰雪篇》电视广告让很多消费者喜欢上了这个品牌；

⑤效仿参照群体的消费模式，如王老吉广告当中展示的各种"容易上火"的消费场景教会了消费者在什么情况下可以喝王老吉凉茶；

⑥刺激购买，如一些零售店在店庆日的促销广告上声称"买100送100"，引发了购物热潮。

消费者对广告的前五个反应都会影响到他们对品牌的态度，之后产生购买行为。而第六个反应则不影响品牌态度，而是直接导致消费者购买行为。从短期来看，第六个反应与前五个一样都能促使消费者购买；但长远地看，促销广告的刺激是短期性的，因为品牌态度没有改变。一旦竞争品牌也推出促销活动，消费者又会流失。所以，为了使品牌持续获利，企业应当把前五个反应作为广告的目标来进行广告的策划。

3. 广告创意理论

（1）主流的广告创意理论

我国著名广告学者卢泰宏、李世丁教授曾在《广告创意——个案与理论》一书中对广告创意理论做了介绍。在他们看来，西方主流的广告创意理论包括 USP 论、品牌形象论、ROI 论、共鸣论、定位论和品牌个性论。本书第五章品牌定位部分已经对 USP 论、品牌形象论和定位论做了介绍，以下重点介绍 ROI 论、共鸣论和品牌个性论。

①ROI 论。

ROI 是关联性（Relevance）、原创性（Originality）和震撼性（Impact）三个单词第一个字母的组合，是广告大师威廉·伯恩巴克（William Bernbach）创立的 DDB 广告国际有限公司提炼出的广告创意理论。

该理论认为，好的广告应该同时具备三个基本特质：关联性、原创性和震撼性。广告与商品没有关联性，就失去了意义；广告本身没有原创性，就欠缺吸引力和生命力；广告没有震撼性，就不会给消费者留下深刻印象。

我们看到很多失败的广告个案，就是缺乏这三种特质中的一种或几种。比如，金嗓子喉宝以足球巨星罗纳尔多作为代言人，让人实在无法将二者联系起来（缺乏关联性）；电视里每天播放的洗发水广告几乎是千篇一律的靓女挥洒着黑亮秀发，让人对不上号（缺乏原创性）；更多的广告是平铺直叙，创意平庸，让人看完就忘（缺乏震撼性）。

②共鸣论。

共鸣论主张在广告中述说目标对象珍贵的、难以忘怀的生活经历及人生体验和感受，以唤起并激发其内心深处的回忆；同时，赋予品牌特定的内涵和象征意义，建立目标对象的移情联想，通过广告与生活经历的共鸣作用而产生效果和震撼。为了使得广告与消费者产生共鸣，策划人必须深入理解和掌握目标消费者。通过模仿目标对象所盛行的生活方式来构造一种能与目标对象所珍藏的经历相匹配的氛围或环境，使之能与目标对象真实的或想象的经历联结起来。

共鸣论侧重的主题内容是：爱情、亲情、回忆。

首先，爱情。中国香港"铁时达"手表的广告是一个典型的爱情共鸣案例。"不在乎天长地久，只在乎曾经拥有"的广告词配以兵荒马乱战争年代的动人爱情场面，使消费者对该品牌产生强烈的共鸣。

其次，亲情。2001 年在全国各大电视媒体热播的一则雕牌洗衣粉广告则是亲情共鸣的案例。雕牌洗衣粉运用下岗女工找工作及懂事女儿理解妈妈，帮妈妈干活的动人场景，配以"妈妈，我能为您干活"极富煽情的话语，引起目标消费者情感的共鸣。

最后，回忆。南方黑芝麻糊十几年前的一则经典广告让人至今难以忘怀。该广告以怀旧而温馨的镜头回顾了童年的一段美好回忆——热腾腾的锅，浓香的芝麻糊，男孩天真的吃相，大婶关爱的目光，每一个镜头无不触动人们的心灵。雪花啤酒所拍摄的《畅想成长篇》电视广告也是对主人公的成长经历进行了回顾，从而引出雪花啤酒这个成长中的伴侣的。

③品牌个性论。

一些学者和机构从人性化的视角来探讨企业与品牌，如美国精信（Grey）广告公司提出了"品牌性格哲学论"，日本小林太三郎教授提出了"企业性格论"等，从而形成了一种新的广告创意理论——品牌个性论。

该理论认为，通过品牌传播可以赋予品牌一种心理特质，从而使品牌具有像人一样的个性。品牌个性取决于特定品牌使用者的个性，它反映了使用者的生活态度。当品牌被赋予个性的时候，品牌就具有了生命，甚至成为一些狂热拥趸者的图腾。如哈雷摩托车之于 H.O.G（哈雷车主会）。如果一个品牌个性是清晰的，人们就可以用一些形容词来描述其个性特质。

斯坦福大学的詹妮弗·阿克教授对这些形容词进行了研究，最后提出了五个品牌个性因素，即"真诚""刺激""能力""精致"和"强韧"。这些词语可以作为品牌个性塑造的方向，如贺曼卡为了打造"纯真"的品牌个性，推出了一系列感人至深的广告。除了一些描述个性的词语之外，品牌个性还可以用人口统计特征来描述，如性别、年龄、收入、社会阶层等。

（2）其他广告创意理论

除了以上介绍的广告创意理论之外，还有很多著名的广告公司和创意人员提出了优秀的广告理论，如链接材料 8-2 是法国 EUROCOM 广告集团的创意理论。

**链接材料 8-2**

*广告创意解码*

法国 EUROCOM 广告集团生活研究室的广告专家贝纳德·格塞雷和罗伯·埃伯格撰写了一本"广告天书"——《广告创意解码》，提出了包含 20 类广告传播模式共 60 种创意策略，称之为"传播综合系统模式"。这一广告模式阵容庞大，限于篇幅，以下仅列出基本的架构。

资料来源：作者根据相关资料整理。

4. 品牌传播中的广告媒体

媒体令广告无处不在。有人甚至形容，在美国，随便扔一块石头，都不可避免地会砸到一件同广告有关的东西。尽管有些夸张，但媒体令广告充斥我们的生活却是不争的事实。在广告预算中，媒体是最大的项目。西方企业广告费有 80% 都花在媒体上。由于不同媒体在费用、作用方面都有很大差异，因此在品牌传播的不同阶段和不同区域需要对媒体进行组合以发挥协同效应。传统的媒体包括报纸、杂志、广播、电视。近些年随着科技的发展，各种新媒体也层出不穷。根据形式不同，媒体可分为印刷媒体、电波媒体、流动媒体、直接媒体和其他媒体。

（1）印刷媒体

①报纸媒体。

报纸广告的历史悠久，最早的专业广告代理商都在制作报纸广告。作为广告媒体，报纸的优点在于传播及时、覆盖面广、成本低、可灵活调整内容，缺点在于保存寿命短、印刷质量差、不易引起注意。鉴于这些优缺点，一些带有公告性质（如促销、新产品的信息）的广告更适合在报纸上刊登，而品牌形象广告则不太合适。

②杂志媒体。

杂志的优点在于受众指向性强、保存寿命长、印刷精美，缺点是不宜调整、成本较高、对象狭窄。所以，一些高档产品（如洋酒、高级轿车、钻戒、别墅等）比较适合做杂志广告。另外，杂志与报纸一样同属于印刷品广告，因此也存在静态、不易引起注意、比较被动的缺点。例如，一项对杂志广告的调研结果显示，三分之二的读者可能对杂志广告都不看。

(2) 电波媒体

①广播媒体。

广播媒体的优点是传播迅速、成本低、灵活、受众指向性强，缺点是信息一闪而过、缺乏图像而不足以引起人们的注意。大卫·奥格威认为广播广告当中有四点很关键：尽早说出品牌名称，经常提及品牌名称，尽早说出受众可以获得的利益，经常重复播放广告。此外，美妙的音乐、个性化的音效、幽默或悬念的对话都是广播媒体广告创意的要点。

②电视媒体。

我国城市目前电视普及率已近 100%，这也注定了电视媒体成为目前广告媒体当中最重要的一种类型。电视媒体的优点在于覆盖面广、视听结合、千人成本低、形象好，但缺点也是明显的，如广告信息转瞬即逝、广告费用高、受众指向性差。尽管如此，仍然有大量企业在电视媒体上掷以重金，这从近十年 CCTV 广告时段招投标的火热程度可见一斑。

(3) 流动媒体

①户外媒体。

目前常见的户外媒体有路牌广告、招牌广告、霓虹灯广告、电话亭广告、气球气模广告、飞艇广告、车站招贴画等，最新的户外广告媒体有户外 LED 彩屏媒体。户外广告的优点是可精心选址、重复出现、成本低廉，缺点是信息容量小、覆盖面小。为了从随处可见的户外广告牌当中脱颖而出，户外媒体广告要在广告语、图片甚至造型上做文章。如立邦漆"彩色小屁股篇"的路牌广告就非常成功。有人甚至在人体身上做文章，将人体也开发成一种媒体。这是一种比较另类的户外广告媒体，它是通过人所穿着的衣服、佩戴的帽子以及发型和人体彩绘来帮助品牌的传播。这种做法比较新颖，在闹市中很容易引起别人的注意。

②交通媒体。

交通媒体包括车内广告（如小贴士）和车身广告。目前在城市里面，绝大多数的公交车都充分发挥着交通媒体的作用。交通媒体的优点在于曝光率高、具有路线的选择性、成本低，缺点是覆盖面不够、不易引起专门的关注。很多企业都利用交通媒体作为其他媒体的辅助，如清扬洗发水广告在电视上和公交车身上同时出现。

③显示屏媒体。

显示屏媒体自 2003 年以来发展迅猛，几乎所有的写字楼、住宅小区的电梯间外都引进了显示屏媒体，一些还进入了超市、药店、的士、公交车、候车室、候机室、航班等区域。这种新型的媒体是由分众传媒（Focus Media）公司发展起来的，被命名为"中国生活圈媒体"（见链接材料 8-3）。其优点在于高度的受众指向性、成本低、信息全面、视听结合，缺点是影响面窄、可信度较低。显示屏媒体最好与其他权威媒体广告（如电视广告）结合使用，以提高信息的可信度。

**链接材料 8-3**

## 分众传媒

分众传媒，中国生活圈媒体群的创建者，是面向特定的受众族群的媒体。这部分受众群体能够被清晰描述或定义。同时，这部分群体也恰恰是某些产品或品牌的领先消费群或重度消费群。

分众传媒旗下拥有中国商务楼宇联播网、中国领袖人士联播网、中国时尚人士联播网、中国商旅人士联播网、中国医药联播网、中国大卖场联播网、中国超市便利店联播网、中国公寓电梯联播网（框架平面媒体）、户外大型 LED 彩屏网络（城市彩屏联播网）以及手机广告网络（分众无线）等多个针对特征受众、并可以相互有机整合的媒体网络。

分众传媒以独创的商业模式、媒体传播的分众性、生动性及强制性赢得了业界的高度认同。

2005 年 7 月，分众传媒成功登陆美国 NASDAQ，成为海外上市的中国纯广告传媒第一股，并以 172 亿美元的募资额创造了当时的 IPO 纪录。截至 2006 年 5 月，其市值已超过 30 亿美元，成为纳斯达克中国上市公司龙头股。

资料来源：作者根据相关资料整理。

（4）直接媒体

直接媒体是将广告信息直接传递给特定受众的媒体形式。早期的直接媒体主要有直邮信函、产品目录、宣传小册子等，近年来在技术的支持下逐渐出现了邮寄 DVD 光碟、直销电话、E-mail 广告、短信等新的形式。直接媒体的优点是受众指向性强、灵活性高、信息全面，缺点是成本高，目标受众信息难以收集，发出的广告信息可能招致受众的反感，以至于没有细看就当作"垃圾邮件"处理。以前的一些直接宣传品（如小册子）成本较高，现在有互联网的帮助，一些成本几乎为零的媒体（如商业 E-mail）被广泛采用。

网站媒体是直接媒体当中一种特殊的形式。因为一般的直接广告（如直邮信函）都是消费者被动接收信息，而网站媒体上面的广告则是消费者主动点击的。这是网站媒体最大的优点。此外，其他优点还包括参与互动性高、视听结合、信息全面、灵活性高、方便计算点击率、成本低，缺点则是创意难度大、好的广告位不多、收看率可能不高。目前，网站媒体广告的形式主要有网幅广告（也称"旗帜广告"）、按钮广告、文本链接广告、赞助型广告、插播型广告等。

（5）其他媒体

其他媒体包括店头媒体、包装媒体、礼品媒体、影视歌媒体等。

店头媒体即 POP 广告媒体。美国 POP 广告研究会把所有店头广告分成 60 种，可谓种类繁多。这种媒体最大好处在于将信息传播与购买渠道结合在一起，有利于促成购买行为。

包装媒体包括包装纸、包装盒和手提袋。特别是手提袋能够循环使用，上面的广告信息也得以循环传播。

礼品媒体如企业制作的年历、圆珠笔、笔记本、小工艺品等，上面通常印有企业的品牌名称和标志。礼品的使用频率是这种媒体发挥作用的关键。

影视歌媒体有两种：一种是嵌入式媒体，通过将品牌以道具的方式很自然地加入到影视歌的情境当中，让人潜移默化地强化对品牌的认知。早在 1951 年，在《非洲皇后号》电影里就出现了戈登杜松子酒明显的商标；而通过 007 系列影片，詹姆士·邦德的专属用车阿斯顿·马丁也闻名于世。另一种是赞助式媒体，如凤凰卫视的王牌栏目"王朝特约之小莉看世界"就是由王朝葡萄酒公司赞助特约播出的。在选择影视歌媒体的时候，形象是否与品牌相符、受众数量是否足够、受众对象是否与品牌目标市场相吻合是成功的前提。

### 8.4.2 促销与品牌传播

1. 促销对品牌的影响

（1）促销短期内能够加快或增加品牌的销售

如果说广告提供了购买的理由，那么促销则提供了购买的刺激。促销是销售促进的简称，是指企业对消费者和经销商的短期刺激工具，用以激励他们更早或更多地购买某一特定产品或服务。因此，在品牌销售额业绩的压力下，促销变成了营销的主要工具。例如，在美国，十年前促销占广告与促销费用总和的40%，现在则提升到了75%。促销对于品牌销售的效果是非常明显的，其本质就是给顾客优惠。而"趋利避害"是人的天性。2007年11月3日早上8时开始，一场持续68个小时的商战打响。深圳茂业百货东门店再次延续几年来的传统，展开通宵优惠抢购活动。据估计，共有逾百万人次到商场"血拼"。

（2）促销长期来看可能会损害品牌的形象

正如定义中所说的，促销是一种"短期"工具，短期来看品牌销售业绩喜人，但却是缺乏发展后劲的。这是因为促销对品牌形象产生了不良影响，表现为：

一是市场上长期的价格促销活动养成了消费者以价格为导向的购买习惯。为了维系市场份额，许多品牌不得不竞相打折促销，结果使得品牌形象一蹶不振，而消费者却仍然在寻找价格更低的品牌。如国产彩电就陷入这样的尴尬境地。

二是一些品牌为了标新立异，吸引人气，大搞媚俗的促销活动，在赢得知名度的同时，令品牌形象低俗不堪。如"你敢穿我敢送"的三点式内衣走秀、美女当街洗澡促销浴缸等可能带来的是负面的知名度。

三是多数促销方式都是帮助引发冲动型购买，结果使得消费者买回一大堆没用的东西，后悔之余也产生了对品牌的不良印象。因此，在创建品牌的过程中，促销需要慎用。

2. 常见的促销工具种类

根据对象不同，促销可分为以消费者为对象的消费者促销和以中间商为对象的交易促销。

（1）以消费者为中心的消费者促销

消费者促销的形式有很多种，根据促销与产品的关系可以分成与产品本身有关的消费者促销和与产品本身无关的消费者促销。前者是指随着促销的过程而传递出产品的信息，如赠送的样品帮助消费者了解产品特点；后者是指促销与产品并无关系，如抽奖方式与所促销的产品并无直接联系。以下简要介绍各种消费者促销工具。

①与产品本身有关的消费者促销。

样品：促销中的样品包括赠送小包装的新产品和现场品尝两种。许多企业常常采用赠送小包装产品的方式来促使消费者了解新产品。如送一小支新牙膏；如果是食品，则干脆拿到商店里请顾客直接品尝，如超市里的魔厨高汤加入现煲的骨头汤让顾客免费品尝。

赠品：购买金额达到一定程度的时候，企业会向顾客额外附送赠品。从品牌传播的角度来看，对赠品的要求是实用、质量较好、有特色、上面印有品牌元素。如中国电信会给申请ADSL的用户提供攀登背包、茶杯、相框等不同赠品来进行选择。

现场演示：现场演示的方法可以使顾客以身临其境的方式迅速了解产品的特点和性能，获得感性认知后产生购买的欲望。常见的有蒸汽熨斗、食品加工机、各种清洁工具和保健按摩用品等。

竞赛：竞赛的方法有多种，常用的还是智力和知识方面的竞赛。竞赛内容多数都是与销售产品的公司或它的产品有关的问题。问题一般都很简单，只要对公司和产品有所了解就能答上来。因为竞赛的目的就是降低门槛，让更多人参与。

展销会：展销会集商品展示与销售活动于一体，产品价格会比零售价格略低。新产品再加上低价格，自然容易吸引顾客购买。

联合促销：两个或以上的公司合作推出优惠促销活动，让消费者在购买几种产品上面都得到实惠。合作的几个品牌一般市场地位相当、目标市场一致、品牌形象较好。如金龙鱼和苏泊尔、动感地带和麦当劳都曾举办过联合促销。

产品保证：同行们在产品保修期上面的雷同已悄然成为行业惯例，而如果一家公司能够率先推出更长的保修期，那么对于购买者也是一个不小的吸引力。如赛拉图引入国外汽车行业的先进服务理念，在合资品牌中率先将保修期按基本保修（3年/5万公里）和动力保修（5年/10万公里）两个标准执行，使很多犹豫不定的顾客锁定了这个品牌。

②与产品本身无关的消费者促销。

代价券：代价券又叫折价券，是零售商伴随广告、产品外包装或前一次购买而送给顾客的一种标有价格的凭证，上面规定在指定的期限内到指定的商店里方可生效。比如，北京赛特购物中心发行过"衣、食、用"系列代价券，其券面优惠的数额分别为20元、10元和5元。

附加交易：附加交易即"买几送几"，具体做法是在交易中，给予顾客一定数量的免费的同种商品，以示奖励。如面包店里面经常搞的促销活动是"买5个蛋挞送1个蛋挞"。

折扣：折扣是企业直接给予顾客的价格优惠，一般发生在特定的节庆日或一次购买量较大或者累积量较大的时候。折扣的幅度一般在5%～50%。幅度过大会让顾客怀疑产品的质量，幅度过小又失去了折扣的意义。为了让顾客明确看到所得到的优惠，可以将因折扣而不必支付的那部分费用标出来。如当当网在定价时会标出"原价""折扣"和"节省"三个金额。

回扣：给消费者的回扣并不在购买商品时立即实现，而是需要一定步骤才能完成。回扣一般用印花的形式表示，如饮料的瓶盖或易拉罐拉环、食品包装的内置卡片等都是常见的回扣印花。

有奖销售：有奖销售是最富有吸引力的促销手段之一，因为奖品的价值通常是诱人的。在中国，法律规定有奖销售的单项奖金额不得超过五千元。除了即买即开的奖品外，为了提高有奖销售的可信度，抽奖的主办单位一般都要请公证机关来监督抽奖现场，并在发行量较大的当地报纸上刊登抽奖的结果。

换购：即以旧换新，旧的产品可以抵一部分货款。旧的产品可以是自己品牌的，也可以是竞争品牌的。

（2）以中间商为中心的交易促销

一项调查显示，制造商花在交易促销上面的费用占广告与促销费用总和的46.9%，远高于消费者促销的比例27.9%，以及媒体广告的比例25.2%。交易促销是推动中间商把产品销售给消费者的关键一步，因此对于制造商来说格外重要。交易促销的手段主要有：价格折扣、折让、免费商品和销售竞赛。

①价格折扣：在某一指定时期内或者进货达到一定数量的前提下，制造商给予中间商一定比例的价格折扣。这一做法的基础是需求价格弹性理论，即价格下降时，需求量会增加。

②折让：为了促使零售商向消费者大力推介本企业的产品，制造商会提供多种形式的折让。如广告折让是弥补零售商在推广中的广告费用，陈列折让是感谢零售商在产品陈列上给予的特别照顾。

③免费商品：当零售商采购了一定数量的产品或试销新产品的时候，制造商通常还会免费赠送一些产品。

④销售竞赛：销售本品牌业绩最好的几家经销商将获得制造商给予的奖励，奖品包括奖金、旅游、商业培训等。例如，蒙牛乳业出资奖励全国优秀经销商在清华大学接受高端的专业管理培训。

### 8.4.3 公关与品牌传播

**1. 公关迎来发展机遇**

生活在这个世界中，我们不可能仅凭自己的眼睛和耳朵来观察现实的世界。你不得不依靠站在你和现实之间的第三方来获得信息。通过第三方，主要是媒体，间接地讲述你的故事。在营销学中，公共关系是指通过引起消费者的正面注意、树立良好的公司形象、处理或消除不利的传言或事件等，与公司利益相关者建立良好的关系。当然，公共关系有许多缺点。你无法控制内容，无法控制信息的视觉形象。你甚至不能肯定你的信息是否被传达了。可是公共关系的一个优点弥补了它所有的不足。公共关系具有可信度，而广告没有。广告影响所有人，而公共关系放弃了这种影响每一个人的奢华宣传而倾向于影响那些真正起作用的人，那些会把信息带给朋友、亲戚、邻居的人。大多数的品牌第一次被购买是因为某人的推荐，而不是因为广告。公共关系的重点不是在影响，也绝不是在频率，公共关系的重点是媒体的信誉和内容的质量。公共关系日益突出的作用，使人们越来越相信公共关系在前，广告在后，这才是今日市场的成功之道。因为，广告是风，公共关系是太阳；广告是品牌维护，公共关系是品牌塑造；广告是指向自身的，公共关系是指向他人的；广告是昂贵的，公共关系并不昂贵；广告是滑稽的，公共关系是严肃的；广告可能会消亡，公共关系会永生……

"公关第一、广告第二"的说法被人们大肆渲染之后，也受到了很多人的反思。公关和广告作为营销市场的左膀右臂，就像人们的左右手一样，不分高下，缺一不可。现实经济生活中，无论是公关活动还是广告宣传，究其实质在于有效地利用传播媒介，最大限度地实现组织与公众之间的信息交流和相互沟通。近年来，随着经济市场的持续繁荣和公共关系的广泛应用与发展，在传统的广告学和公共关系学基础上形成了一种新的整合传播形式——公共关系广告（简称公关广告），或提倡公益，或匡扶正义，或倡导新风，形形色色、风格各异的公关广告装点着企业的宣传舞台，冲击着人们的眼球，渗透于人们生活的方方面面，并以其独特的魅力，迎来了公关广告发展的新机遇。

**2. 公关对品牌的作用**

公关对品牌的作用表现为三个方面：

（1）公关有利于建立消费者与品牌之间的关系

企业通过一系列公关活动，升华了与消费者的关系，让消费者对品牌产生认同和好感。例如，汇丰银行在环保事业上做了大量贡献，从而赢得了人们的赞誉，被《福布斯》评为"最环保的银行"；蒙牛乳业响应温家宝同志号召，举办了大型的"每天一斤奶，强壮中国人"活动，为全国500所贫困地区的学校捐赠了价值1亿元的牛奶，从而留下了良好口碑。

（2）公关有利于降低品牌传播的成本

一方面，公关的费用本身要远低于广告费；另一方面，公关的影响效应是长期的，分摊来看单位时间成本是很低的。

（3）公关不能直接导致品牌的销售，而是促进品牌的长期销售

公关不像广告一样直接提出品牌的卖点，所以短期内品牌的销量不会有很大提高。但因为深入了消费者的心里，所以会产生长期的影响，在很长一段时间内都会有销量。比如，我们不会因为三星电子在高校设立了奖学金就马上购买它的产品，但品牌偏好会有一个长期的效应，消费者可能会在适当的时候采取购买行为。

3. 营销公关工具的种类

根据科特勒教授的观点，营销公关工具主要有：

（1）公开出版物

企业内刊或报纸是公司公开出版物的最主要形式。把这些刊物寄给客户将帮助客户也融入企业的文化当中。例如，万科地产编制了精美的、充实的、可读性强的《万科周刊》，在万客会（万科的顾客俱乐部）的维系当中起到了重要作用。最近几年，以成功企业经营案例为题材的书籍犹如明星出书一样畅销，《非常营销》《华为真相》《奥美的观点》《海尔的品牌之路》《蒙牛内幕》等一批优秀图书在给读者带来管理智慧的同时也传递了企业的品牌精髓。

（2）事件

企业可以主办一些活动来吸引顾客关注产品和公司，以及与公司融洽关系。这些活动包括研讨会、郊游、体育比赛、周年庆典等。例如，2006年8月28日，东风悦达起亚与Channel [V] 联合举办的"劲炫风尚，激情共享"赛拉图周年庆典暨07款上市仪式。此次"劲炫风尚，激情共享"赛拉图周年庆典，东风悦达起亚邀请了全国百名车主赴青岛共度。此前在7月12日至8月18日的车主招募活动中，吸引了全国各地车主的关注，报名参加周年庆活动的赛拉图车主超过两万人，报名情况十分火爆。再看一个房地产品牌的例子。保利地产以"和谐生活"为品牌主旨，在建设社区和谐文化方面颇具特色。从"笔墨传情"到"情人节不送玫瑰送百合"、从"艺术家眼中的女性之美"到"2005 祝福广州——保利花园业主漂流瓶活动"乃至"林语感恩月"，保利地产与业主、社区、社会进行了良好沟通。

（3）赞助

赞助是目前非常普遍的一种营销手法，大大小小的赞助随处可见。常见的赞助包括赞助文化活动、体育比赛等。统一企业的左岸咖啡馆为了拉近与法国的距离，赞助法国在中国台湾的节庆活动；蒙牛酸酸乳赞助2005年的《超级女声》，赚得盆满钵满；体育赞助更是持续不断，特别是2008年北京奥运会的举办，更是将体育赞助推向了新的高潮，中国一批优秀企业（如中国银行、联想）顺利成为北京奥运会TOP计划的合作伙伴。

（4）新闻

公关人员需要挖掘公司、产品或员工的亮点，以在媒体或新闻发布会上展示。新产品上市经常使用新闻的方式来做铺垫。与广告的"强行推销"相比，这种被称作"软文"的新闻报道方式更加柔和，让人冷不丁地掉入了被精心设计过的"软文广告陷阱"。而且，由于软文是新闻的形式，像是报社记者的报道，因此利用了其立场的中立性以及报纸新闻的权威性来增添产品信息的可信度。比如，云南白药牙膏上市的时候，在报纸上推出了《云南白药里的国家机密》《谁在买20多块的云南白药牙膏》等系列软文报道，引发了许多消费者的好奇。

（5）演讲

在产品发布会、公司庆典活动等很多场合，公司高层领导都需要出来与媒体见面，回答各种问题。在一些公司，甚至专门设有新闻发言人来处理与媒体沟通事宜。不过，从塑造品牌的角度来讲，高层领导在公众场合亲自演讲是非常必要的，因为高层领导往往是品牌价值观的主导者，他的思想和言行将赋予品牌灵魂。我们看到很多企业领导通过展示其魅力来帮助品牌成长。例如，维珍CEO理查德·布朗森通过其怪异的言谈举止给维珍打上了"叛逆、不羁"的品牌个性烙印；万科CEO王石不仅花三分之一的时间来攀登世界高峰，而且还在国内十几座城市巡回演讲签售他的自传《道路与梦想》，这些"企业家行为艺术"进一步提升了万科在地产界的明星地位。

（6）公益服务活动

片面追求企业利润最大化，这是以牺牲社会公共利益为代价的。企业在自身发展的同时，必须以符合伦理道德的行动回报社会。向某些公益事业进行捐赠成为目前树立企业良好形象的一种最常用的方法，因为它帮助企业建立了可信度。单纯的捐赠对于企业品牌而言意义不大，将公益事业与企业营销相结合才是高明的做法。比如，全球第二大葡萄酒和烈酒集团保乐力加一直致力于在世界各地支持并开展避免酒后驾车、保障道路安全的公益教育活动。除在包括北京、上海、广东在内的十省、市电视台推出"酒后不开车"的公益广告外，还在北京地区，联合北京市交管局向餐饮渠道发放公益宣传桌卡，提醒公众注意驾车安全。

**小案例 8-2**

### 雪佛兰：一年公关"秀"立品牌

营销大师阿尔·里斯断言，广告是品牌维护，公关是品牌塑造。公关是真正将品牌铺向人们心中的路。在中国，上海通用雪佛兰一路公关，用爱心与责任一年成就了"新"品牌——雪佛兰。

**爱心，"红粉笔"**

2006年，雪佛兰的系列成功公关活动终于使这个在中国市场尚属年轻的汽车品牌树立起良好的市场形象。

从清丽的4月云南丽江，到纯洁的9月贵州开阳；从江北的10月安徽滁州，到广袤的11月内蒙古草原，都留下红粉笔和雪佛兰的足迹。

由上海通用汽车雪佛兰全程支持的2006"雪佛兰·红粉笔乡村教育计划"（Chevrolet·Red Chalk Program），是以"精神扶贫，启迪心智"为理念的大型公益活动。通过号召都市商务人士前往边远农村进行短期支教，使孩子们获得前所未有的新鲜启蒙。无论其新颖的主题还是契合的人群都体现了雪佛兰亲民、大众的品牌特征，堪称一次完美的企业公益活动。

说实话，中国农村并非雪佛兰的市场，一般的捐资助教活动上海通用未必会感兴趣。而这次与以往由在校大学生组成的各种支教活动不同，参与"红粉笔计划"的支教志愿者均为都市白领人士。例如，丽江行的12名志愿者分别来自北京、上海、广州、深圳、香港和新加坡，从事IT、零售、金融、广告、制造以及传媒业，大多为企业中高层经理人。上海通用雪佛兰用户的职业特征恰好是年轻的专业人士（Young Professional）或者说是"知本一族"。双方目标人群达到最大的重叠。

同时，"红粉笔计划"旨在呼唤都市年轻一族，呼吁人们用自己的行动传递爱心，以强烈的社会责任感体现人生最有意义的价值。这不仅与雪佛兰"值得信赖、聪明务实、亲和友善、充满活力"的品牌个性不谋而合,更令企业闪光的价值观在用户群体中得到充分释放,最终形成三点共鸣。也正如此,对雪佛兰品牌而言,本次公关活动已经完成了协助建立新品牌、影响特定目标群体、建立有利于表现品牌个性的三大公关任务。

在"红粉笔计划"推广方面,采用线下、线上联动的方式,借助主办媒体——21世纪经济报道自身影响力是一方面;另一方面,上海通用除了在少数报刊媒体发布少量的每站教案征集广告外,更用心经营"红粉笔计划"的线上平台。用户既可在雪佛兰中文官方网站显著的"红粉笔"频道进入,也可拨打800咨询热线,更可登录在新浪开通的"雪佛兰爱心支教博客"。

"我的爱心也许只是毛毛细雨,但我们的爱汇聚在一起便是润物的春雨……",正如爱心支教博客的公告栏所写,在这里通过文章、图片、评论、留言、链接等方式表达、传递和分享爱,即使表个态也是爱心所在。如今,其博客点击率已达81万次。

如果你不能被选中前往教育资源落后地区,为孩子们上一堂令他们难忘的课,你也可以献出你的一份感悟、一份经验、一份智慧,申请成为"爱心链"的一环在网际流传。带有"雪佛兰红粉笔计划"爱心标志的图案将以邮件签名档、论坛签名档、个人博客、个人论坛或MSN头像的形式向上向下向无尽的远方传递。

### 缘起,"开拓者"

雪佛兰在美国是家喻户晓的钟爱品牌,在中国却出师不利。2003年8月,雪佛兰的品牌故事早在通用进入中国市场之初就已经开始了。当时沈阳金杯通用汽车推出雪佛兰首款国产产品SUV"开拓者",但由于定位、价格等方面的原因,在多年销售不畅的情况下停产。

2004年,上海通用在成功塑造中高端品牌别克、引进豪华品牌凯迪拉克之后,开始了第三个品牌雪佛兰的中国推进项目,并希望将它做成上海通用在中国销量最大的汽车品牌。

然而大多数中国消费者对雪佛兰品牌的印象就是SUV,而对其品牌理念几乎一无所知。如何修复、扭转、重塑雪佛兰品牌无疑是一项艰巨的任务。

2005年年初,雪佛兰重现江湖竟然以"有负众望"的嫁接昭示天下,引来各界纷纷议论。似曾相识的"金领结"(雪佛兰车标)取代"盾牌"(别克车标)挂在了新赛欧车身上,既借口碑极佳的赛欧提升了雪佛兰品牌好感度,令人顿生故友新知之情,又顺理成章地解决了多年来赛欧品牌归属的异议,使赛欧从中高端品牌别克阵营中转投大众化品牌雪佛兰中。

接下来就是一套令人眼花缭乱的市场组合拳:一年内新赛欧、景程、乐骋、乐风4款产品上市,极大地推动了雪佛兰品牌的快速积累;一年内雪佛兰经销商迅速扩大到150家,2006年年底达到200家的规模。雪佛兰汽车不只凭借品牌精准的定位和创新的公关,还以有力的公司后台支持做保证。无论产品、传播、网络还是销售队伍,都能发挥整体的力量。

### 责任,《狮子王》

有人说,上海通用汽车擅长做秀,没错,在中国,雪佛兰还是一个新品牌,需要持续地建设;而在国外,雪佛兰至今销售总量已超过1亿辆,覆盖70个国家,并创下每8秒销售一部新车的纪录,占据全球汽车销量的5%,成为美国的精神符号。因此,雪佛兰通过大量的广告维护其品牌地位,在中国内地则采用以公关为特色的本土化的品牌攻略。

2006年7月,迪士尼的非洲雄狮"辛巴"初次登陆中国,以音乐剧巨制《狮子王》的形式在上海大剧院上演101场,结果场场上座率达到100%。在总共16万观众中,每10个就有 3 个来自外地城市。雪佛兰作为音乐剧《狮子王》的合作品牌之一，全程倾情赞助，好好秀了一把。《狮子王》所讲述的关于"爱、责任、生命"这一人类永恒的主题，与雪佛兰所蕴含的价值观念及品牌精神不谋而合。

为配合此次演出，给予所有观众更好的回报，上海通用提供了一款雪佛兰 LOVA 乐风作为奖品。所有观看《狮子王》的观众凭门票可参加抽奖。上海通用还在演出期间提供 3 辆"爱心狮王"专车，用以接送行动不便的观众或前往观剧的特殊家庭，并将全程接送大剧院邀请的白血病患儿观剧，使爱与责任的主题更加深入鲜明。

在上海的 3 个月时间内，《狮子王》刷新了音乐剧演出的 3 项全国纪录，大获成功，雪佛兰也收获颇丰。

**活力，超动感**

雪佛兰品牌与音乐的渊源始于 20 世纪 50 年代初，不同风格流行音乐的歌词或歌名中都有雪佛兰出现。它已不仅仅是一个品牌、一辆车，更代表着快乐、活力的生活态度。至今，全球已有超过 280 多首流行歌曲在传唱雪佛兰。

为了传承雪佛兰品牌 DNA 中与音乐的共通性，更为了打造一个面向普通消费者的大众化汽车品牌，全速启航的雪佛兰不遗余力地用音乐、舞蹈和运动谱写了一篇又一篇动感十足的乐章。

2006 年 6 月的"雪佛兰炫舞中华"全国健身健美操明星大奖赛，更加注重城市参与、相关行业参与、公众参与等各方的深入推广；与中国网球协会合作的"我为网球狂"雪佛兰业余网球大赛，从 10 月 21 日至 12 月 31 日在北京、广州、上海三地举行。60 万元总奖金和 8 辆雪佛兰汽车堪称史上奖金超级丰厚的业余网球赛事。

如果说上面的各色活动好似点点星火的话，雪佛兰也不乏条条精彩的线状活动贯穿大江南北。

"2006 雪佛兰梦享家园金秋巡展"（9 月 23 日至 11 月 5 日），就分 A 线（济南—唐山—天津—苏州—金华—绍兴）和 B 线（呼和浩特—太原—郑州—南昌—长沙—昆明），从北至南一路 PARTY 路演到年底。

**渠道，也公关**

最初，鉴于品牌影响力有限，雪佛兰经销商境遇并不好。上海通用汽车对他们做了重要支持。除了自己做广告、做活动之外，公司拿出一部分资金给经销商，要求他们在"适当的时机"推荐雪佛兰品牌，甚至必须"每周有活动，每月有主题"。

他们真的是这样做的。超市、展场、公园、楼盘，反正只要找得到合适的能够接触到消费群体的地方，每个礼拜都做，做得非常辛苦，但是效果还是蛮不错的。在整个一年过程中，雪佛兰产品跟消费者接触的机会就比较多，这也是加速品牌成长比较有效的做法。

像雪佛兰 SPARK 四川总代理搞的"回报园丁，真情行动"这样的小活动不计其数。就拿 2006 年的重庆中豪雪佛兰为"超女重庆军团"拉票的活动来说就相当有影响力，而且雪佛兰向大众倡导的亲和、友善、时尚的品牌个性与《超级女声》的娱乐精神十分吻合。

中豪雪佛兰继 2005 年支持超女张靓颖大获成功后，2006 年又发起新一轮超级拉票活动，为重庆籍超女的比赛进行强势宣传。让暂别超女舞台的选手"复活"，并广征车友，通过广告、网络、活动等多元方式进行拉票。

点、线、面全面开花的公关策略对雪佛兰的大众品牌身份来说是再合适不过了。随着国内汽车市场细分化程度的不断提高，轿车已不再是奢侈品，而是平民百姓"踮起脚"够得到的生活消费品。上海通用雪佛兰正是顺应了这一市场发展趋势，在中国验证了"公关第一，广告第二"的思想。

雪佛兰人自豪地说，"雪佛兰品牌仅用一年多点的时间就真正树立起来了"，然而与"条条大道，雪佛兰"的目标尚有距离。

资料来源：作者根据互联网相关资料进行整理。

### 8.4.4 口碑与品牌传播

1. 口碑营销的定义

美国的营销专家伊曼纽尔·罗森（Emanual Rosen）认为"所谓口碑是关于某个品牌的所有讲述，是相应时间内关于某事物（包括产品，服务，公司等）人与人之间的全部交流总和"。

口碑存在于我们生活里时时刻刻的沟通过程中。在当今这个信息爆炸的时代，信息充斥着我们生活的方方面面。正是因为信息的极度膨胀，所以人们其实是在越来越少地接触信息，尤其是那些带着明显倾向观点的广告信息，正在被人们主动屏蔽。这也就是为什么越来越多的企业感觉到传统的广告方式不再如以前那么有效的主要原因。

但是，这些主动屏蔽广告信息的人，却往往在购买产品的时候，主动向身边的人去征询各种信息。尤其在这个网络的时代，人们沟通之间的极大方便性，让这种评价信息的传递越来越快捷了。而这种评价，也就是口碑，正在成为决定产品是否能够受到更多人青睐或者唾弃的主要原因。毕竟，没有人会拒绝朋友的建议。

一件具有明显特点的产品或者独特性的服务，能够引起口碑的形成和传播。因为谈论是人们的本性。

2. 口碑对品牌的作用

（1）口碑增加了品牌信息的可信度

大量的虚假广告充斥着我们的生活，人们对广告的信任度持续下降。2006年6月21日至8月18日，中国消费者协会与搜狐财经频道共同举办了"广告公信度"网上问卷调查活动。调查结果显示，在参与调查的12927名网民中，超过2/3的网民对商业广告不信任，其中"很不信任"和"较不信任"的比例分别为46.4%、21.2%。相比之下，可信度却是口碑的灵魂。智灵广告公司（Euro RSCG）研究过口碑的影响力，发现口碑的成效是电视或平面媒体广告的十倍。这是因为，在一个口碑接收者看来，口碑传播者对所说的品牌都有过亲身体验，他们对品牌是最有发言权的。链接材料8-4是全球著名调研公司AC尼尔森关于口碑的国际性调查结果。

**链接材料 8-4**

"来自消费者的推荐"最值得信任

AC尼尔森调查公司2007年进行的一项在全球47个国家和地区展开的调查显示：尽管广告平台和资源越来越多，全世界的消费者们仍然对来自消费者的评论最信任。口碑才是最有力的营销工具。该调查在欧洲、亚太、美洲和中东进行。其主题是互联网使用者对于13种不同广告方式的信任度。这些广告方式包括传统报纸、电视广告及品牌站点和用户生成内容等。在26486个受调者中，有超过2/3的人认为"来自消费者的推荐"是他们最信任的一种广告方式。

然而，对于"来自消费者的推荐"的信任度，每个国家和地区还不尽相同。例如，在欧洲丹麦和意大利，这一比例分别为 62%和 63%。而在亚洲地区如中国香港和中国台湾，这一比例分别为 93%和 91%，在印度尼西亚也高达 89%。可以看出，口碑在亚太地区最受信任。

而排名第三的"消费者张贴在网上的意见"，其全球范围平均值为 61%，但在不同国家和地区信任度也有差异。在北美和亚洲其比例分别为 66%和 62%。在个人营销领域，博客等网络化意见在韩国最受信任（81%），在中国台湾的信任度为 76%，而在芬兰，其信任度只有 35%。尼尔森公司客户定制研究的全球主管戴维·麦卡勒姆（David McCallum）说："在今天，全世界的广告主可利用越来越多的媒体平台将品牌信息传达给消费者。但是，'来自某些人的推荐'，仍然是人们在决定是否购买某项产品和服务时最信赖的参考信息。尽管新媒介技术为全球化社会推波助澜，很多购买决定仍然与民族和文化态度紧密联系。而且没有什么事情比坏消息传得更快。据估计，不良经历与良好服务被报道的比例是 5∶1。所以能够快速响应的、高质量的客户服务就显得非常重要。"

资料来源：作者根据互联网相关资料进行整理。

（2）口碑大大降低了品牌传播的成本

传统的口碑传播都是消费者自发的，产品自身的绝佳表现使得消费者主动向身边的亲友推荐，而企业并未花费一分钱进行推广。例如，同仁堂、全聚德等一些老字号就没有主动发起过什么"口碑营销"却赢得了几百年的赞誉。只是当口碑传播为企业营销所用、成为企业主导行为的时候，口碑传播的成本才发生。由于口碑营销的作用机理是企业启动一小部分口碑传播者谈论品牌，然后剩下的事情就是人们自发地进行交流传播、媒体对品牌事件的免费报道等，因此口碑营销的成本仅仅是前端的一部分投入。有资料显示，口碑营销所花的费用只是传统营销传播费用的 1/10。

（3）口碑传播不受控制，可能与品牌传播相冲突

相比前面所提到的广告、促销、公关、人员推销等传播形式而言，口碑传播是不受企业控制的。这也正是其成本比其他传播方式低的原因。媒体、大众对品牌的议论有时可能是有利于品牌发展的，这是企业所希望的结果，如人们对《无极》《色·戒》等电影的议论大大刺激了票房收入；但有时也可能由于自身的原因、媒体的误导甚至是他人的"陷害"而使品牌落得个"坏名声"，如南京冠生园月饼的"陈馅风波"经媒体和公众的口传而连累了全国数十个"同名异胞"的兄弟；而三株口服液尽管官司打赢了，但公众之间的"以讹传讹"却使其输掉了市场；在美国，不法之徒丧心病狂的投毒使得"泰诺胶囊致死案"让人惶恐不安，口碑传播加重了品牌的负面形象。所以，口碑传播当中企业还应担负起为正面口碑"保驾护航"的职责。

3. 口碑营销的基本程序

日本口碑营销专家中岛正之等人在 ICETILE 公司开发的"口碑传播活用模型"基础上，详细说明了口碑营销的基本程序。

（1）寻找

意见领袖是口碑传播的起点，企业需要自主地选出这些人。对口碑传播对象商品和服务有正面理解且能进行肯定性发言的用户是意见领袖的合适人选。选择的途径有：

①在自己公司的顾客当中挑选；

②在对目标市场有权威影响力的人士中挑选；

③在目标市场兴趣共同体或社团中选择。

（2）加深印象

在挑选出意见领袖之后，企业需要向他们传递"希望大家知道的品牌信息"和"希望大家传播的品牌信息"。提供信息的要诀是：传播的故事性和使用用户满意度很高的品牌特性。品牌特性是口碑传播的内容，而故事性是口碑传播的形式。有三种方法可以加深意见领袖对公司和产品的印象：

①让他们参与产品开发，如 Linux 向用户开放源代码；

②让他们到生产基地和研究所参观，如张裕冰酒邀请幸运顾客参观冰葡萄种植基地，亲自采摘葡萄并制作冰酒；

③让他们参加特别的活动，如邀请用户参加周年庆典。

马克·休斯则提到有六个口碑的启动按钮：禁忌（如 Calvin Klein 的"性"诉求）、不寻常的事物（如美国的"监狱"主题餐厅）、大胆新奇的事物（如"喝涂料""吃家具"等商业炒作）、逗趣的事物（如麦当劳《摇篮篇》的幽默广告）、引人注目的事物（如蒙牛酸酸乳赞助《超级女声》）、秘密（如可口可乐1%的神秘配方）。

小案例 8-3

### 聚美优品网络口碑营销案例

聚美优品（前团美网）是第一家也是中国最大的化妆品限时特卖商城，2010年3月，聚美创始人陈欧携带其大学校友戴雨森和刘辉一起创立于北京。聚美起初是每天在网站首页呈现几款热门化妆品，以较低的折扣低价限量出售。而后逐渐发展壮大，成为许多女孩共同信赖和支持的网站。当然，聚美取得如此成就有许多因素，如保证的"百分百正品""六小时闪电发货""拆封30天无条件退货"等成功俘获了消费者的心。竭尽全力为每个女孩带来美丽惊喜，不断提升用户体验，也是聚美每个员工心底坚守的目标。三年时间一晃而过，聚美优品已经在北京、上海等地建立起总面积达6万多平方米的仓库和客服中心，月销售额过亿，遥遥领先于其他化妆品电子商务网站。

自聚美优品的"口碑中心"建立以来，消费者的热情度和积极性一直非常高。到现在为止，聚美"口碑中心"有1200多万篇真实的口碑报告和4000多万篇的产品体验评论，以及90000篇的精品真人秀照片。这些数据表明，聚美口碑中心将分散的凌乱的口碑汇总为一个巨大的数据库，从而使口碑具备了巨大的、系统的传播能力，形成了独特的价值，得到了消费者的认可和支持，促使消费者产生了购买行为。具体来讲，聚美在提供服务的过程中，推出"发现""影响"和"持续影响"三个步骤，管理和监督消费者的评价，积极和消费者沟通对话，并结合搜索引擎实时发现、引导意见领袖为口碑中心服务，最终达成交易。以上的特点，也就是网络口碑营销和其他传统营销得以区别的核心所在。

口碑中心是聚美为了提升用户体验自己建立的社区论坛，里面的众多模块是依据不同的内容、习惯、兴趣点所设立的。如潮流知识、美妆小技巧、用户反馈信息等共同构成相对独立的区域，方便消费者选择。研究表明，消费者趋于表现为一种群聚效应。根据大众传播中的"沉默的螺旋"理论，由于害怕被孤立的心理，用户希望自己的意见与大多数人保持一致，以便更积极参与到讨论当中，去影响和说服更多的人。所以，聚美最重要的工作之一就是找到这些相关的人群，找到他们的兴趣点，然后根据用户对内容的不同需求以及不同的行为特点，进行差异化的营销。

就像雪中送炭永远比锦上添花来得让人感动，营销也是一样，在最适当的时候呈现用户最需要的信息就是精准营销。精准营销最大的优点就是节省广告费用，而口碑营销刚好做到了这一点，这是其他门户网站无法与之相比的。聚美认为，口碑社区营销和微博营销的意义还不只这些。聚美总裁陈欧将口碑营销称为群聚性的营销，这就要求企业准确定位目标核心客户群。换句话说，就是信息不仅要即时有效的发布，还要保证接收状况。信息的发布与接收都要有效的检测和管理。除此之外，论坛也可以即时反馈、调整信息的发布方向、发布频率甚至内容，这是精准营销概念上的又一个崭新的突破。

相对于微博和口碑营销，博客到目前为止还不能形成这种群聚营销的价值，也可以说，目前的博客还不能算是一个完整的营销平台。据调查，国内多数网民的博客以心情日记为主，而且随着微博和微信的走俏，博客迅速走向没落，博客对于企业的营销价值并没有太大意义。如果网民创作了具有商业价值的博客内容，正常情况下，也会发布在微博和论坛里与他人共享，并得到其他门户网站的转载。总的来讲，微博和论坛在商业应用中显得更有活力。

在网络口碑营销的多种变现形式当中，帖子的各种形式都可以促进企业网上的口碑营销。在百度贴吧上，它的置顶帖一般都是贴吧管理员手动置顶引起吧内成员关注的帖子。比如聚美优品的百度贴吧上，新产品刚刚上市的时候，就会有新品发布置顶的帖子。这种帖子不仅为新产品进行最好的宣传，而且不会随着回复帖子数量的增多而被沉下去，始终处在贴吧第一张帖子的位置，并用红色字体标记出来，引起网友们的注意。

精华帖就是众多普通帖子里面较好的帖子，贴吧管理员可以设置为精品，用红色字体标记，提醒网友注意。这种帖子可以是原创对产品的体验、使用技巧之类，也可以是原创对本产品的喜爱或晒产品照片之类。这些帖子都可以提高企业的声誉和人们对企业产品的信任度，时时刻刻让企业的产品出现在目标受众的视线内，让自己的品牌成为受众眼中的焦点。

聚美除拥有社区"口碑中心"营销平台外，还专门在口碑中心开设了经验频道。如果说百度是以网页搜索为核心的，那么聚美对自身的定位就是经验搜索。"百度知道"是百度唯一和口碑有关的平台，通常的形式就是网友在网上提出问题、解答问题的空间。而聚美只做经验搜索一个方面的内容。比如搜索"相宜本草"，百度搜索的结果主要是相宜本草怎么样，适合哪个年龄段使用，以网页为核心且内容杂乱；但是打开聚美口碑中心就是相宜本草的哪个系列信誉度好，哪个系列适合什么样的肤质和年龄层次使用，同时提供专业的指导。令人欣慰的是，这些都是来自用户提供的真实信息，而并非由企业内部提供，所以最具有参考价值。

聚美正在努力实现让用户能在口碑中心，拥有只属于自己的个性页面。这一设想主要源于对浏览器中历史 cookies 的研究，以此来判断用户是热爱美妆还是护肤，然后将用户想要的东西直接呈现出来。虽然目前还没有实现，但毫无疑问，个性化搜索是网络营销发展的必然趋势。利用这些独特的先进技术、资源和经营理念，聚美在网络口碑营销的广阔市场有了自己的位置。

资料来源：作者根据百度文库相关资料进行整理。

## 本章小结

整合营销传播是 20 世纪 90 年代以来营销界和广告界最为热门的话题之一。确切地说，整合营销传播的实质是整合品牌传播。整合品牌传播是指企业从内容和时间上整合所有可能影响消费者的接触点，持续传递统一的品牌识别，最终建立品牌资产的一切营销活动。其概念本质是品牌资产导向的整合营销传播。

整合品牌传播包括内部品牌传播和外部品牌传播，传播的对象从企业内部员工到外部合作伙伴（如零售商）和消费者。从广义的角度来讲，营销皆传播，整合外部品牌传播包括产品、价格、渠道、广告、促销、公关、推销、口碑。

内部品牌传播是内部营销的一项重要内容，指的是用营销的策略在企业内部及合作伙伴之间进行品牌的传播。内部品牌传播的目的是希望达到对品牌核心价值的一致认同，并在今后的营销工作中遵循品牌的规范。内部传播和外部传播在传播对象、目的、内容方面存在差异。

内部品牌传播的内容包括品牌理念、品牌知识和品牌技能三个方面。

产品策略在品牌传播中的作用可以从品类、感知质量、大规模定制化、包装等几个方面来分析。

定价是经理们在营销中面临的最大问题。价格对品牌的影响在于：

（1）价格是判断品牌质量和档次的线索和信号。

（2）高价格体现品牌的稀有性和个性。

（3）价格是灵活达成品牌目标的工具。

基于品牌的定价方法有：成本导向定价法、竞争导向定价法、需求导向定价法。面对价格战，企业可以在静观、非价格应对、价格应对和撤退四种战略中进行选择。

渠道对品牌的影响可以从渠道合作、销售终端、直接渠道三个方面来分析。广告传播系统模型描述了广告传播的过程。该模型包括五个要素：信源、信息、渠道、接收者、大众。五个要素形成了两个认知过程：第一个认知过程是广告的目标受众对广告信息的接收和理解，其途径是广告媒体；第二个认知过程是大众对目标受众所传递信息的接收和理解，其途径是口头传播。

西方主流的广告创意理论包括 USP 论、品牌形象论、ROI 论、共鸣论、定位论和品牌个性论。"B/W 广告模式"提出了五个动机圈来进行广告创意：价值、规范、习惯、身份、情感。根据形式不同，媒体可分为印刷媒体、电波媒体、流动媒体、直接媒体和其他媒体。

促销对品牌的影响包括：

（1）促销短期内能够加快或增加品牌的销售。

（2）促销长期来看可能会损害品牌的形象。

根据对象不同，促销可分为以消费者为对象的消费者促销和以中间商为对象的交易促销。前者根据促销与产品的关系可以分成与产品本身有关的消费者促销和与产品本身无关的消费者促销。与产品本身有关的消费者促销包括样品、赠品、现场演示、竞赛、展销会、联合促销、产品保证。与产品本身无关的消费者促销包括代价券、附加交易、折扣、回扣、有奖销售、换购。以中间商为中心的交易促销手段主要有：价格折扣、折让、免费商品和销售竞赛。

广告方式是爆炸式的，而公关方式则是潜移默化的；广告做的是面积，公关做的是深度。

营销公关工具主要有：公开出版物、事件、赞助、新闻、演讲、公益服务活动。

口碑对品牌的作用表现为：

（1）口碑增加了品牌信息的可信度。

（2）口碑大大降低了品牌传播的成本。

（3）口碑传播不受控制，可能与品牌传播相冲突。

**进一步阅读材料**

1. 〔德〕安德雷亚斯·布霍尔茨，沃尔夫兰·维德曼. 营造名牌的21种模式[M]. 北京：中信出版社，2001.
2. 〔法〕贝纳德·格塞雷，罗伯·埃伯格. 广告创意解码[M]. 北京：中国市场出版社，2003.
3. 〔美〕阿尔·里斯，劳拉·里斯. 公关第一，广告第二[M]. 上海：上海人民出版社，2004.
4. 〔美〕巴茨，梅尔斯，阿克. 广告管理[M]. 北京：清华大学出版社，1999.
5. 〔美〕马克·休斯. 口碑营销[M]. 北京：中国人民大学出版社，2006.
6. 〔美〕舒尔茨，田纳本，劳特朋. 整合营销传播：创造企业价值的五大关键步骤[M]. 北京：中国财政经济出版社，2005.
7. 〔美〕伊曼纽尔·罗森. 营销全凭一张嘴[M]. 沈阳：辽宁教育出版社，2002.
8. 〔日〕中岛正之. 口碑营销[M]. 北京：科学出版社，2006.
9. 卢泰宏，李世丁. 广告创意：个案与理论[M]. 广州：广东旅游出版社，1997.
10. 谢付亮，朱亮. 品牌天机：超低成本塑造品牌的16条黄金法则[M]. 北京：机械工业出版社，2007.

**能力培养指导**

通过本章的学习，学生应该能做到：
1. 结合企业案例分析整合品牌传播的步骤。
2. 分析价格战在企业发展中的利弊。
3. 结合相关广告谈谈广告创意理论。
4. 掌握促销如何和品牌结合。

**案例应用1**

一场世界杯，品牌的好SHOW场

2014年6月13日凌晨，举世瞩目的世界杯大幕再度开启。从6万多名球迷高唱国歌开始，热情四溢的巴西人从一开始就点燃了气氛。大洋这边，中国的互联网企业在这一波大潮中自然不会落后。为了吸引更多的受众，几大门户网站可谓"八仙过海，各显神通"。目前，新浪、PPTV、爱奇艺、腾讯、网易和乐视等都已相继发布自己的世界杯战略，其意图是通过特色节目、国家队赞助和跨终端的整合营销策略在线上分得一杯羹。

为了争夺市场份额，各大网站使出了浑身解数，试图用挖掘更多周边内容的方式留住受众。但内容多了就容易杂，一杂就容易让受众摸不着头脑。体育赛事最重要的是信息，比如赛前准备、比赛进程、比赛结果等。在第一时间抓住受众眼球，将信息推销出去，这对网站来说，其传播效果比赛后的嘉宾访谈要好得多。而要做到在茫茫信息海洋中脱颖而出，光靠自己闷着头深挖内容肯定是不够的，还需要通过强力的品牌营销，让受众留下新鲜有趣的印象，形成期待。

以往的世界杯，传统企业在品牌营销中可谓占据了主导。每逢此时，耐克与阿迪达斯，可口可乐和百事可乐都会进行一番广告大战。事实上，每一部广告总会引得网友争相传看。耐克和阿迪的广告各有千秋，关于两者谁优谁劣，网友们一向乐此不疲地争论不休。以耐克为例，2002年"铁笼械斗"系列广告和2010年的"书写未来"系列广告都得到了大量网友追捧。今年耐克"搏上一切"系列广告也延续了过往的优质传统。

在如今的互联网时代，营销方式也要推陈出新，既要做好内容，也要创新形式。同样是传统企业品牌，奔驰、宝马这次就联合起来推出了一系列独具匠心的营销创意。2014年6月17日德国队与葡萄牙队的焦点战前，宝马突然在微博上抛出一张包含了宝马和奔驰两辆赛车的海报，主题是"敬友谊，为悍将，齐喝彩"。随后奔驰也在微博上发出这张海报，主题是"共把盏，齐上阵，同进退"。比赛结束后，双方再次用同一张图片致敬对手，奔驰说"旗开得胜，合力所向披靡"，宝马回应"再见江湖，相逢亦是对手"。在这过程中，奥迪被完全甩在了一旁，只能自己默默地发微博庆祝胜利。

利用世界杯吸引受众眼球的方式有很多种，而这次宝马、奔驰的方式可谓精妙。它们只用了简简单单的几张海报，就调动起受众的情绪，让受众发挥出想象力，讲出一段有趣的故事，再通过受众自发的传播，实现了营销效果的最大化。

好的品牌营销需要因势利导，在合适的时间、合适的场合下将品牌诉求相关联，释放受众的情绪和感受。宝马、奔驰的这次营销就是绝佳的例子，值得国内企业学习。

其实，在之前类似世界杯这种大事件营销中，基本上都是耐克、阿迪、奔驰这些传统品牌的天下，媒体品牌并没有太合适的路径。但这一次不同，在用户体验与内容之间，以腾讯为代表的互联网媒体实现了连接点，使用户在合适的时间得以释放情绪和感受。

细心的网友会注意到，从揭幕战起，一组组带有腾讯网logo和"Olá瞬间，一触即发"瞬间海报就源源不断地发布到微博和朋友圈中。而每一张画面的出现距离刚产生的进球都不到10分钟。毫无疑问，腾讯网开始试水实时营销了。

在比赛进行的过程中，选择赛事最吸引眼球的图片，加上一两句画龙点睛的小编吐槽，制作成"瞬间"系列海报，在PC端和移动端同时传播。现在的观看习惯中，边看比赛边在移动端看图片、新闻的球迷不在少数，因此腾讯"瞬间"系列海报也可以迅速随着受众进入世界杯状态。

受众从PC端向移动端转移是不可逆转的趋势。正如腾讯近日流出的世界杯品牌宣传片中展现的那样：腾讯依托新闻客户端、视频客户端、微信、手机QQ、微视等移动终端能够给用户带来超越时间与空间的赛事瞬间体验。可以看到，腾讯利用移动端优势不仅能给受众带来全线内容，满足获取信息的需求；同时高度统一的营销理念也容易在受众心目中形成品牌识别度。这一内容挖掘与品牌塑造联动的方式无疑是未来发展趋势之一。

在以往的营销节奏中，策划者会预测未来的发展趋势，提前准备宣传文案，机械地按照节点发布内容。这并不是真正的实时营销。腾讯的尝试有所不同，"瞬间"系列海报并不预设内容，随时都在分析、了解受众的偏好和网络热点，并在第一时间形成营销方案。

与以往的任何一届世界杯不同，在如今互联网2.0时代，单向的传播起到的作用越来越弱，网站受众的独立性日益突出。每一个受众都是一个有价值的传播自媒体。网站需要重视和随时关注他（她）们的声音，善用社会化传播，重视口碑建设。这或许就是腾讯启用实时营销的初衷。

本届世界杯进行的一个月当中,腾讯最终究竟能做到怎样的声量现在来看还是个未知数,但一旦成功,在以后的大赛中可能会有越来越多的互联网企业采用类似的营销方式。

资料来源:作者根据互联网相关资料进行整理。

【讨论题】

1. 在互联网时代,企业是如何进行营销创新的?
2. 媒体品牌是如何利用世界杯进行品牌传播的?

## 案例应用 2

蒙牛借助《超级女声》建立品牌

虽说整合营销传播在中国的发展还不够成熟,国内企业广泛实施整合营销传播的规模还远未形成,可蒙牛乳业集团与湖南卫视联合打造的《超级女声》,却成功地运用了整合营销传播,对中国传统的品牌营销模式形成了强大冲击,轰动了中国企业界。这次营销传播事件的成功,成为中国众多学者和企业纷纷研究、谈论与效仿的经典案例。

一向擅长事件营销的蒙牛企业,曾经借助"捐助北京奥运会 1000 万""非典"期间加大投放公益广告、"与神五齐飞"等成功事件,使蒙牛品牌深入人心。这次对蒙牛酸酸乳这种乳饮料产品要突破 25 亿的目标,单单靠一般的广告、促销攻势是无法实现的,必须借助社会中可利用的事件资源。

蒙牛找到了与其目标消费者有共同点的活动——湖南卫视的《超级女声》。这不是一个随随便便的企业冠名赞助活动,而是充分考虑到双方多方面的融合性,以及可以利用的资源整合性,"将它们拧成一股绳",从而实施了一场轰轰烈烈的娱乐营销。

《超级女声》是一个平民化的大众娱乐选秀节目,有广泛的大众参与性、娱乐性。如果你是女生,如果你有声音,不分唱法,不分流派,不分地区,不分年龄,你就可以来参加,想唱就唱。这就是活动的核心,如此简单。蒙牛看中的就是活动广泛的群众基础,只有广泛的群众参与,才能够为品牌的高度曝光率提供可能。

"超女"的参赛者大多数是 14~18 岁的小女生,她们代表着一种性格,一种与众不同,一种小女生的叛逆、自我。她们的相貌也许不美,歌声也许不动听,可是她们追求个性、前卫,喜欢彰显个人的魅力和自信,她们创造的是一种真实的时尚。

这个群体与蒙牛酸酸乳的目标消费者是惊人地相似。十几岁的女孩,她们成长中的滋味正是"酸酸甜甜"。"酸酸乳"相比蒙牛其他乳品来说,口感清新爽滑,酸甜中又不失牛奶特有的浓香,产品附加值较高,属中高档奶产品系列。所以,该产品的主力消费群体定位为 12~24 岁的女孩子。

和娱乐节目联合宣传,势必会有对品牌传播的信息造成混淆的可能。所以,对品牌所要传播信息的管理和控制也显得至关重要,这需要完整又细致地整合。蒙牛以"酸酸乳"的品牌个性和《超级女声》个性的关联性作为传播突破点和立足点。

### 代言人的选取

代言人在品牌传播中传达着非常重要的信息,是一种很具象的品牌形象体现,给目标消费者的感觉直接而亲切。张含韵作为 2004 年《超级女声》节目评选的季军,其形象浪漫、天真又不乏自信与激情。同时,张含韵作为参赛选手,本身也是对《超级女声》节目宣传的一种效应最大化。选张含韵做代言人可以说和"蒙牛酸酸乳"及《超级女声》节目的诉求相得益彰。

**产品信息**

产品是品牌的核心，一个优秀的品牌必定基于一种优质的产品。企业所做的一切营销传播，最终还是要通过消费者对产品的购买实现。

1. 产品口味

蒙牛对酸酸乳的目标消费者进行了多次产品口味的调查和测试，确定增加了芦荟口味的酸酸乳。芦荟口味给这些年轻少女的感觉是"美容养颜，纯天然植物"，符合她们追求美丽时尚的心理特征。

2. 产品包装

新设计的330ml"S"形塑料瓶装的酸酸乳不易被压扁，更富立体感，而且适合女孩子拿。这正体现着以消费者为核心的IMC内涵。蒙牛将20亿包蒙牛酸酸乳的外包装上都印上了《超级女声》的比赛信息，它们本身就是一个很好的宣传，在提升《超级女声》知名度的同时，也为自己造声势。时刻体现着"蒙牛酸酸乳"与《超级女声》节目密不可分的结合。

**整体视觉效果**

《超级女声》节目在湖南卫视的播出，从节目预告、开场片头、片花、片尾、字幕、宣传片、过场片、选手介绍、脚标提示、结束标板等一系列主色调全是粉红色。"超级女声"这个好似品牌的品牌也导入了全方位的VI包装。蒙牛酸酸乳的产品LOGO中"酸酸乳"三个字也用了同样的粉红作为底色，包括"蒙牛酸酸乳超级女声迷你挑战赛"和街头路演活动的搭台背景、酸酸乳的销售终端海报、帷幔、吊旗等全是一致的粉红色主调进行视觉轰炸，并配上张含韵的形象以及利乐包和塑料瓶包装的产品，从视觉上再次让目标消费者把蒙牛酸酸乳与《超级女声》节目融为一体。

**广告信息**

广告是企业最常用的宣传手段，它向消费者传递的信息是无孔不入、随处可见，而且是通俗易懂的。看看蒙牛对广告信息的整合，怎一个"妙"字了得。

1. 广告口号与广告歌曲

《超级女声》本身就是一个歌唱选秀节目，从中编写出一首歌曲可以作为广告歌传唱。《酸酸甜甜就是我》由代言人"超女"张含韵主唱，并在广告中作为背景音乐。"张含韵"+"超级女声"+"蒙牛酸酸乳"三个信息和"酸酸甜甜就是我"的广告语，简洁明了。借助代言人的人气加魅力，目标消费者也许会为了学唱偶像的歌曲而主动去关注蒙牛酸酸乳的广告，这就大大提高了广告的到达率。同时，"酸酸甜甜就是我"这个广告语也快速被目标消费者熟知。

2. TVC广告创意

广告片全过程均围绕"青春、自信"展开。"蒙牛酸酸乳"这种青春滋味的饮料给了少女以自信的歌声，也使众人成了朋友，成了追随者。广告歌曲《酸酸甜甜就是我》贯穿始终，最后标版加上粉色的界面与产品的组合，巧妙地将《超级女声》节目打造青春粉色梦想的追求与产品内涵进行了完美的搭配，使整个广告片都洋溢着梦想与自信的色彩。

蒙牛对这次营销传播信息的整合，归纳起来就是：一个颜色、一个代言人、一首广告歌、一句广告语。

**多种媒体的运用**

1. 平面媒体

蒙牛不仅在五大主赛区的平面媒体上对活动及产品进行了大范围的宣传，而且还将宣传巧妙地辐射到了全国所有卖酸酸乳的城市。蒙牛在《南方都市报》《萧湘晨报》《东方今报》《成都商报》《都市快报》等平面媒体对活动及产品进行了大范围的双料宣传。从赛事的举办及内涵，报名及比赛资格介绍，比赛全程报道，到蒙牛酸酸乳的"酸甜"新口味、代言人张含韵及产品核心定位都做了系列的报道。这些报道有效地聚集了广大青春少女的目光，普及了"蒙牛酸酸乳"在消费群体心中的认识。

蒙牛同时还在各大广告、财经类杂志上进行了一定力度的宣传，这使广告界的传媒都兴奋起来，它们主动关注本次赛事活动，蒙牛因此扩大了宣传的效应。

2. 网络媒体

利用中国门户第一网站对活动进行全程报道，搜狐、263、TOM 等主流网站也进行了系列报道。同时蒙牛在新浪增加了极具亮点的互动游戏"蒙牛连连看"与"超级 FANS"。这一活动不仅使玩家在娱乐中感受到了休闲的滋味，同时还加深了对蒙牛酸酸乳的好感，化解了宣传的生硬性，使品牌效应能更深刻地植根于消费者心中。

应该说蒙牛与湖南卫视在网络媒体的选择方面更具眼光。第一，网络媒体造价便宜，可以铺开系统全面地进行宣传。第二，网络作为年轻人了解世界的新途径，其作用已经超过了电视媒体，也就是说采用网络进行宣传能有效集合受众目标，争取最大的宣传效应。第三，利用网络的互动性与场外观众进行实时沟通，及时进行信息反馈，有利于不断改进营销策略。

3. 电视、电台媒体

作为央视标王的蒙牛，让此次营销传播在央视各套和中央人民广播电台全面开花，同时辅以各地卫星电视进行宣传，将宣传的效应进行积累以求效应最大化。

央视作为打造品牌的基地其效果已经不言而喻，蒙牛作为央视的老客户更是深谙其道。本次宣传蒙牛主打 15 秒的 TVC，在夜晚黄金时段进行滚动播出，同时辅以强势栏目进行插播，使广告能尽可能地与受众贴近。湖南卫视、安徽卫视等强档媒体也变成了蒙牛宣传的主战场，其宣传攻势较央视丝毫不弱。通过使用各高空媒体，蒙牛不仅可以迅速树立品牌形象，同时也为新品上市做好了铺垫。所以，我们应该看到，在选择高空媒介搭配的时候应该将新兴媒体进行良好的组合，方可取得宣传效应的最大化。

4. 户外媒体

《超级女声》节目一经开播，"蒙牛酸酸乳超级女声"的宣传就启动了户外和地面广告宣传。广告一定要放在消费者看得见的地方，所有的投放都要有的放矢，卓有成效。对于《超级女声》这个节目来说，它的观众群应该是布满大街小巷的。

灯箱广告主要集中在校园附近的街道，因为学生是酸酸乳的主要消费人群。它们位置是固定的，处于学生骑车走路的必经之地。公交车广告将巨大的、扎眼的广告流动在城市的每一个角落，随机传播的概率、速度都很高。

整合营销要求营销人员以新的思维方式来理解营销中的传播。它不单表现在广告传播环节，而且还渗透到公关、促销与销售环节，扩展至零售店产品的摆放等。蒙牛正是采取典型的拉引策略，通过对终端市场中消费者的宣传，来提升知名度并促进购买。

**公关活动的实行**

从 4 月中旬开始，蒙牛以"酸酸乳超级女声"海选为主题，开展全国 32 个城市的路演活动，并以分赛区比赛的形式进行媒体报道。尤其在大型广场及卖场的门口附近，蒙牛推出了"青春女生大比拼""品蒙牛酸酸乳，看超级女声"等活动。热辣的歌舞加上新品的品尝，使现场的气氛热闹非凡。为了呼应五大主赛区，蒙牛在终端尽最大努力将活动的影响力扩大到所有的酸酸乳的目标销售城市。路演活动从现场报名演唱的歌手中选出若干名优胜者，由蒙牛公司赞助她们到指定城市参加湖南卫视海选比赛的往返交通费。

在路演活动进行的过程中，可以看到舞台的布景设计到现场酸酸乳产品的摆放，无不给人形成"超级女声"迷你挑战赛就在你身边的亲切感。

**终端促销活动**

具体促销方面，蒙牛统一堆头外观，所有堆头采用四方及环形的包装，张含韵的形象鲜明立体。同时，大量的广告贴于超市入口及生鲜奶品卖场角落，使来来往往的消费者很容易就能看到，加大了随机购买概率。

蒙牛还举办了超级女声夏令营活动。买蒙牛酸酸乳夏令营六连包即有机会参加抽奖活动，中奖者可以免费去长沙观看《超级女声》节目总决赛，还有机会享受长沙游。这进一步将活动有机地和终端销售相结合，把活动影响力转化为产品销售力。消费者毕竟最关心的还是价格因素，在这个大好的促销时段，顾客们抓住这个机会大批量的购买。活动不仅大幅度提高了销售量，而且有效地锻造了品牌的高端形象，使蒙牛酸酸乳在人们的心中烙下了印记。

整合传播的要义就在于充分利用各种有效媒体，将品牌思想这一个声音放大，再放大，最终树立品牌形象并提高产品销量。可以说，蒙牛这次活动的举办是继"神州五号"之后最成功的一次整合宣传。利用《超级女声》这一内地最有轰动效应和影响力的大众娱乐节目，不仅将高附加值的新品有效地推介给了消费者，同时还树立了鲜明的品牌形象。

资料来源：作者根据互联网相关资料进行整理。

**【讨论题】**

1. 你认为蒙牛运用《超级女声》获得成功的原因是什么？
2. 结合本案例，谈谈今天建立品牌的整合营销手段有哪些更新。

# 第4篇 品牌提升策略

第八篇　品種栽培與氣象

# 第 9 章 品牌延伸与授权策略

## 学习目标

1. 掌握品牌延伸的定义、分类、作用及陷阱
2. 理解品牌延伸的策略
3. 掌握品牌授权的定义、种类及风险，理解品牌授权与特许经营的不同
4. 掌握影响品牌授权的因素，理解品牌授权的策略

**实践中的品牌延伸策略**

宝洁公司最耀眼的品牌——"象牙香皂"

在宝洁品牌经营的历史上，最耀眼的品牌是"象牙香皂"，这个品牌从诞生至今，已经存在了130多年。

象牙牌香皂是宝洁公司于1879年在市场上推出的一个香皂品牌。自那时开始，这一品牌一直被宝洁公司用来进行线性延伸，如象牙牌液体洗手香皂和象牙牌芦荟条状香皂。在一个不断发展的市场中，这些产品支持了象牙品牌的纯净、温和及柔和的特点，并帮助维持了象牙品牌的相关性。当人们在洗手的时候，象牙牌液体洗手香皂为消费者提供了极大的方便和良好的卫生条件。而象牙牌芦荟香皂则强化和更新了这样一个理念，即由于在香皂中加入了一种可以抚慰和对皮肤有治疗功效的成分，象牙香皂是纯净的、柔和的。

象牙品牌的名称也被延伸到了其他与清洁相关的领域，如洗碗液（象牙牌洗碗香皂）和清洁剂（粉状和剂状的象牙雪）。其中柔和是象牙品牌产品的一个优点。象牙牌洗碗香皂被定位为"柔和护手，强力去污"。由于人们长期以来对象牙品牌产品柔和特点的认可，作为清洗婴幼儿衣服的象牙雪，已经被公司扩展了该产品的品牌定位，现在已经成为清洗所有柔软服装的一种清洁剂（还犹豫什么，用象牙雪来洗吧）。

在一个动态的市场上，象牙保持其品牌活力长达一百多年，象牙品牌以其专业的方式所进行的线性延伸和领域延伸是该品牌成功地保持品牌活力的一个关键因素。放眼未来，对象牙品牌进行哪些进一步的延伸可以平衡和支持这一品牌？象牙品牌是否应该增加包括加入流行的护肤成分的条状香皂等产品？象牙品牌是否应该延伸到其他清洁产品领域，如香波或地毯清洁剂？

资料来源：〔美〕艾丽丝·M. 泰伯特，蒂姆·卡尔金斯. 凯洛格品牌论[M]. 北京：人民邮电出版社，2006。

**评述**

企业成长的一个主要引擎就是不断地推出新的产品与服务。企业推出一个新产品，既需

要花费一定的成本，也冒着一定的风险。品牌延伸可以有助于对与新产品相关联的成本和风险进行管理。一方面，一个被人们信赖的品牌名称可以向消费者发出高质量的信号，增加消费者尝试新产品的可能性；另一方面，了解消费者的兴趣可以增加零售商购进新产品的决心。但这并不意味着品牌延伸能够保证新产品上市一定会成功。在新产品上市的一年时间里，许多的品牌延伸由于不能赢得可以支撑其生存的足够多的消费者而惨遭失败。

因此，如果我们能够事先预测消费者对品牌延伸如何反应，掌握品牌延伸的策略，那么，我们在进行品牌延伸时就可以有的放矢，从而提高品牌延伸的成功率。

# 9.1 品牌延伸概述

## 9.1.1 品牌延伸的定义与分类

定位论的鼻祖阿尔·里斯曾说："若要撰述美国过去十年的营销史，最具有意义的趋势就是延伸品牌线。"据大卫·阿克教授的一项研究表明，凡是业绩优秀的消费品公司，在开拓新产品时，有95%采用了品牌延伸策略进入市场。一项针对十年间美国超市快速流通商品的研究显示，有2/3成功品牌（指年销售额在1500万美元以上）属于延伸品牌，而不是新上市品牌。国际市场研究公司（Research International）对22000件产品进行调研后发现，其中82%的产品都是原有品牌的延伸，而且这一趋势不会改变。该调研还发现，只有2%的营销经理表示，在未来的几年内，把创建新品牌作为产品投放市场的主要手段。在我国，品牌延伸也备受各类企业的青睐，娃哈哈、海尔、联想、康师傅等著名企业都从中受益匪浅。乐百氏营销总经理杨杰强指出："品牌延伸前乐百氏的销售额只有4亿多元，延伸后不到三年就达到近20亿元。品牌延伸使乐百氏的发展有了一个加速度。"可以说，在企业推出新产品的过程中，品牌延伸已成为最常使用的一种策略。

1. 品牌延伸的定义

美国康奈尔大学（Cornell University）营销博士爱德华·陶博（Edward Tauber）是品牌延伸研究的先行者。1981年，他发表了论文《品牌授权延伸，新产品得宜于老品牌》，首次系统地提出了品牌延伸的理论问题。他还成立了一家专门从事品牌延伸研究和咨询的机构"品牌延伸研究"（Brand Extension Research）。在他之后，品牌学术界掀起了品牌延伸的研究热潮。目前西方品牌学术研究当中，品牌延伸位居最热门的选题之列。

究竟什么是品牌延伸（Brand Extension），学者们的观点有些差异。凯勒教授认为，品牌延伸是利用一个已有的品牌引进一个新产品。这一界定并不是很清晰，到底什么才算是"新产品"，凯勒并未指明。科特勒、陶博、卡普菲勒等教授则认为，品牌延伸是利用现有品牌名称来推出其他产品类目中的新产品。这一定义说明一些学者把新产品限定为其他产品类别而不是本产品类别的填补项目。上海交通大学的余明阳教授认为，品牌延伸有狭义和广义之分。狭义地看，新产品与原产品不是一个类别；广义地看，新产品不仅是新的产品类别，也可以是原产品线中产品项目的填补。中山大学卢泰宏教授更全面地表述了这一概念，他认为，所谓品牌延伸，是指借助原有的已建立的品牌地位，将原有品牌转移使用于新进入市场的其他产品或服务（包括同类的和异类的），以及运用于新的细分市场之中，以达到用更少的营销成本占领更大市场份额的目的。

本书采用卢泰宏教授的观点。其观点的要点在于：（1）母品牌已建立了品牌地位，没有声誉的品牌进行延伸是没有意义的；（2）新的产品或服务包括同类和异类的，同类即原有产品线的延伸，而异类即新的产品类别，两种延伸都是品牌延伸；（3）品牌延伸的目的是以降低营销成本的形式来进入新的细分市场和扩大品牌的市场份额。在品牌延伸中，被延伸的品牌称为母品牌（Parent Brand），延伸的新产品称为延伸产品（Extended Product）。

需要注意的是，品牌延伸与多元化经营并不是一个概念。多元化可能会采用同一个品牌，也可能采用多个品牌来经营。如果采用的是同一个品牌，那就属于品牌延伸，如三星公司推出三星液晶电视、三星手机、三星洗衣机、三星MP4等就属于品牌延伸；反之，如果采用的是多个品牌，那就不属于品牌延伸，如宝洁旗下有飘柔洗发水、汰渍洗衣粉、玉兰油护肤品等，品牌均不相同，所以不属于品牌延伸。

2. 品牌延伸的分类

根据不同的划分标准，品牌延伸可以有以下几种分类：

（1）根据延伸的产品是否属于公司所有，品牌延伸可以分为公司内品牌延伸和公司外品牌延伸

我们一般讲的品牌延伸都是公司内品牌延伸，它是指延伸产品都属于同一家公司所有，如美的空调和美的电饭煲都属于美的公司。公司外品牌延伸就是通常所说的品牌授权（Brand Licensing），是指企业把品牌授权给其他公司使用，以推出延伸的产品，如迪士尼、凯蒂猫（Hello Kitty）等都采用这种品牌授权的方式进行快速延伸。尽管延伸的产品属于另一家公司，但母品牌的使用是由公司授权的，所以本质上也是一种品牌延伸。

（2）根据延伸产品与原产品之间的关系，品牌延伸可以分为同类产品延伸和异类产品延伸

不同的学者对这两个概念的表达有些差异。例如，荷兰的莱兹伯斯教授把同类产品延伸称为产品延伸，把异类产品延伸称为名称延伸，把延伸产品和母品牌差异很大的情况称为概念延伸。概念延伸实际上也是异类延伸，只不过延伸的产品跨度更大。营销学者琼恩·金姆（Chung K. Kim）和安妮·拉瓦克（Anne M. Lavack）指出，品牌延伸包括横向延伸和纵向延伸。横向延伸指将原有的品牌名应用在与母品牌种类相似或无关的新产品上，即异类产品延伸；纵向延伸则指引入与原产品种类相同，但通常在价格和质量上与原产品差别较大的新产品，即同类产品延伸。美国卡内基-梅隆大学教授彼得·法古哈（Peter Farquhar）的提法更容易理解。他认为，品牌延伸可分为两种类型：产品线延伸（Line Extension）和产品类别延伸（Category Extension）。本书采用他的分类方法。

①产品线延伸。产品线延伸也称为线延伸，是指用母品牌作为原产品大类中针对新细分市场而开发的新产品的品牌。这是品牌延伸的主要形式，目前在品牌延伸中有80%～90%是属于产品线延伸。产品线延伸的方式有很多，包括口味延伸、成分延伸、形式延伸、大小延伸、用途延伸、档次延伸等。比如，康师傅从红烧牛肉面到香辣牛肉面、麻辣牛肉面等产品的延伸就属于口味延伸；可口可乐香草可乐的推出就属于成分延伸；益力的桶装水和瓶装水就属于形式延伸；"一品国香"中华香米的5kg、10kg、25kg就属于大小延伸；诺基亚商务手机、音乐手机的推出就属于用途延伸；宝马3系的320i和325i就属于档次延伸。

②产品类别延伸。产品类别延伸又称为大类延伸，是指母品牌被用来从原产品大类进入另一个不同的大类。法国品牌权威学者卡普菲勒教授把产品类别的品牌延伸细分为两种类型：相关延伸（或称持续延伸）和间断延伸。相关延伸往往借助于技术上的共通性进行延伸，如索尼借助于成像技术推出数码照相机、数码摄像机等，耐克借助运动产品的研发能力推出各类运动鞋、运动用品、运动装等。由于延伸的产品与最初的产品在技术上很接近，因此母品牌覆盖的产品范围较窄。间断延伸则是将母品牌延伸到与原产品并无技术联系的新产品类别上。比如，海尔既有电器，又有生物医药、金融、物流、旅游、房地产等不相关的产业。这意味着品牌的延伸远离了原有的产品领域，品牌覆盖了宽广的产品范围。

（3）根据延伸产品的品牌命名策略，品牌延伸可以分为单一品牌延伸、主副品牌延伸和亲族品牌延伸

单一品牌延伸是指延伸的产品与原产品的品牌名称完全一样，如金利来领带和金利来西服；主副品牌延伸也称为母子品牌延伸、复合品牌延伸，是指延伸产品与原产品的品牌名称采用两段式，前面的主品牌名称相同，后面的副品牌名称有差异，以体现产品特点，如别克凯越和别克君越；亲族品牌延伸是指延伸产品与原产品的品牌名称有部分相同，部分不同，如麦当劳的麦乐鸡、麦香鱼、麦辣鸡等都有"麦"（Mc）字。其中，尤以主副品牌延伸使用最为平常，因为它既利用到了原品牌的声誉又突出了不同产品的差异性。

### 9.1.2 品牌延伸的作用与不足

**1. 品牌延伸的作用**

品牌延伸的作用可以从对新产品和对母品牌两个方面来分析。

（1）品牌延伸对新产品的作用

①减少消费者认知风险，提高试用率。被延伸的母品牌通常要求具有较高的品牌知名度和正面的品牌形象，这样，即使消费者不了解新产品，他们也会"爱屋及乌"，因为对母品牌的熟悉和好感而尝试使用新产品。比如，1985 年，柯达推出一种品牌名为"极寿"的碱性电池，结果无人问津，换成"柯达"后，销量直线上升。随着品牌延伸范围的不断扩展，品牌延伸的行为本身为企业树立了一个具有实力的品牌形象，消费者会依此认为该品牌更可信，如 GE、3M、维珍等企业品牌的大范围延伸就使得其品牌更值得信赖。在母品牌的支持下，新产品更容易被消费者试用。OC&C 战略咨询公司一项调查表明，消费者对新品牌的试用率比品牌延伸的试用率低 23%。

②增加了分销的可能性。在"渠道为王"的今天，零售商的货架是非常稀缺的资源，一般对新产品的采购会很谨慎。由于零售商相信消费者更乐于尝试品牌延伸的产品，因此他们也更愿意进这样的货。斯坦福大学营销教授大卫·蒙哥马利（David Montgomery）的研究表明，品牌声誉是超市采购部门进行新产品决策时的关键选择标准。

③避免了培育新品牌的成本，提高了传播费用的使用效率。新品牌推广的成本不仅巨大，而且失败率也非常高。品牌延伸使得新旧产品都采用一个品牌，从而不必专门为创造和推广新品牌而花费成本。并且，由于在母品牌下面导入了新的产品，使得相同品牌传播费用下更多的产品受益，从而提高了传播的效率。据估计，在全美市场推出一个全新品牌的产品需要3000 万～5000 万美元，而运用品牌延伸策略可以节省 40%～80%的费用。以广告费用为例，玛丽·沙立文（Mary Sullivan）、丹·斯坦利（Dan Stanley）等学者各自的研究结果均表明，

要达到一定的销售量,品牌延伸所使用的广告费用会低于新品牌。

④给予消费者多元化选择的机会。如今要获得消费者对一个品牌的忠诚是越来越难了。为了留住"喜新厌旧"的消费者,企业可以通过品牌延伸的方式推出更为齐备的产品线项目或者相关产品类别以供选择。这样,尽管顾客可能不选择原来的那个具体产品了,但还是极有可能会选择该品牌的其他相关产品。比如,麦斯威尔咖啡既有原味也有特浓口味,宝马既有轿车也有越野车,摩托罗拉既有商务手机也有娱乐手机等可以选择。

(2)品牌延伸对母品牌的作用

①使品牌涵义清晰化。最初一个品牌通常指代一个产品类别的实体。随着品牌延伸的深入,越来越多的产品加入品牌,使得原有的品牌逐渐增加了感性的内涵,并因为各产品的某种共性而使品牌内涵得以深化和清晰化。英国维珍集团最初从唱片起家,之后的业务扩展到航空、可乐、网上商店、铁路、电信、大卖场、婚纱、影院、金融服务、手机等。尽管延伸产品之间风马牛不相及,但其共性的地方是"反叛和娱乐"的品牌个性,每一个延伸的产品都使得这一品牌内涵清晰化。当最初的产品早已明确了品牌内涵时,品牌延伸当中出现的名称、标志等品牌要素可以强化这一涵义。比如,在挪威,有民意调查显示,50%的人看了万宝路服饰的广告后,都认为那是在为万宝路香烟做广告。下面这则案例说明了为什么宝马会将品牌延伸到衣服上面。

**小案例 9-1**

### 宝马为什么可以延伸到衣服

宝马把品牌延伸到服饰行业,中国的第一家专卖店就开在北京东方广场,产品有男女正装、运动休闲与配饰系列。宝马服饰看准时尚、崇尚健康、喜爱运动的成功人士。

宝马之所以能延伸到服饰,是因为宝马不仅象征着非凡的造车技术与工艺,还意味着"潇洒、优雅、时尚、悠闲、轻松"的生活方式。车和服饰都是诠释宝马核心价值观的载体。

宝马服饰选用纯棉、纯正美利诺羊毛等优质面料,并且强调时尚和功能并重。比如在受力点采用高科技的材料以加强拉力牢度,在冷风进口处,加上恒温面料来保暖。这些都是功能化的具体表现。从外观看,宝马服饰在设计上力求与宝马汽车的风格一致:在颜色的选择上绚丽而不失稳重,线条上也保持宝马汽车流线型的设计。

宝马汽车代表了豪华,宝马服饰也是服装中的贵族。在北京东方广场宝马生活方式店,衬衫的价格为1823元,带汽车抽象图案的领带1571元,女士丝巾1571元。车和服饰都传神地体现了宝马核心价值观"潇洒、优雅、时尚、悠闲、轻松"的生活方式,这种延伸无疑是对的。

宝马延伸到服饰不仅能获得服饰的利润,还有另一层深意,即通过涉足服饰领域向更多的消费者推广宝马生活方式与宝马这个品牌。

宝马注意到,人们空闲时很少到汽车展示厅闲逛,而去商业中心成为都市人们的一种休闲方式。因此宝马希望通过宝马生活方式店的服饰向人们直接展示宝马精良的品质和完美的细节,从而将人们培育成为宝马汽车的潜在消费者。

宝马希望在消费者还很年轻的时候,就钟爱宝马这个品牌,成为宝马汽车的潜在消费者。刚从大学毕业的男士,要购买一部宝马汽车,可能力不从心,但他可以先购买一件宝马服饰,从中感受到宝马生活方式。如果他女友对这款宝马服饰赞美有加,那么他将对宝马品牌留下很深的印象。因此对宝马品牌的信任和忠诚度可提前培育，等到他事业有成，选择高档汽车时，就会先入为主，对宝马汽车情有独钟。

资料来源：作者根据互联网相关资料进行整理。

②提高了母品牌的展示度和实力。一旦母品牌延伸到了新的产品项目或产品类别上面，顾客就能更多地在零售终端、各类媒体广告上看到该品牌的身影。比如，海飞丝8种类型的洗发水使得它在货架上格外抢眼；小肥羊的连锁火锅店不仅在各大城市遍地开花，而且小肥羊还在各大超市出售汤料和羊肉片；飞利浦剃须刀、液晶电视、照明、手机等产品的电视广告都在片尾采用了同样的画面和音效。不同产品展示越多，顾客会认为该品牌的实力越强。

③为品牌找到新的利润增长点，同时活化品牌。当原产品进入产品生命周期的成熟或衰退期时，企业需要考虑引进新产品来延续品牌寿命。比如，波导以前是做寻呼机的，后来寻呼机行业走向了衰亡，波导又及时延伸到了手机上面。夏新则经历过录像机、电视机、VCD/DVD、手机、笔记本电脑等产品延伸阶段，目的也是为寻找新的利润增长点。在利润增长点不断更新的过程中，品牌也得以活化。

④扩大了母品牌的延伸范围。每进行一次品牌延伸，母品牌的延伸范围就增加了一点，特别是产品类别的延伸。从这点来说，品牌的承载性是有弹性的，品牌延伸的过程就是弹性拉大的过程。比如，海尔最早是做电冰箱起家的，随着品牌延伸到洗衣机、空调、电热水器、微波炉、吸尘器、手机、电脑等产品上面，海尔成为家电的代名词。后来随着海尔进入金融、地产、生物制药等领域，海尔的品牌范围又扩大了，代表的是"真诚"的品牌核心价值而不仅仅是家电的具体产品类别。所以，每次品牌延伸都是为下一次的品牌延伸奠定基础。

⑤帮助母品牌避开传播的法律禁令。品牌延伸的这种作用比较独特，主要见于烟草行业。包括我国在内，世界上有很多国家的法律都禁止利用广播、电视、报刊为卷烟做广告。于是，万宝路等烟草品牌通过延伸到互补或相关产品的方式来宣传品牌。这时，广告显示的是允许做广告的一些产品，而明眼人都清楚，实际上这就是变相在为香烟做广告。这种"打擦边球"的方式屡试不爽。比利时和法国禁止烟草广告后，万宝路牌打火机和火柴的广告就开始替代了万宝路牌香烟的广告。有广告人士评论："人们并不愚蠢，他们很快就能通过打火机和火柴识别香烟品牌。"与此类似的香烟品牌的延伸产品还有骆驼牌靴子、登喜路皮具、七匹狼男装等。马来西亚的数据显示，虽然取缔了直接的烟草广告，但马来西亚的烟民每年还是呈3%递增，这足以说明烟草企业通过品牌延伸而进行的间接烟草广告的效果卓著。

2. 品牌延伸的不足

品牌延伸是一把双刃剑，在发挥作用的同时也会出现一些问题（见表9-1）。

表9-1 品牌延伸的不足

| 不足 | 说明 | 案例 |
| --- | --- | --- |
| 损害原品牌的高品质形象 | 把高档品牌使用在低档产品上，就可能堕入这种陷阱 | 美国派克钢笔是身份和体面的标志。1982年新任总经理把派克品牌扩展到每支售价仅3美元的低档笔上，毁坏了"派克"在消费者心目中的高贵形象 |

续表

| 不足 | 说明 | 案例 |
|---|---|---|
| 扰乱产品的市场定位 | 消费者可以认定强力品牌的产品是优秀的,但他们对强力品牌的延伸品牌产品却不一定也如此看待。因此,品牌延伸时最忌讳的就是违背品牌的市场定位,而使新产品失去与原品牌的连接点 | 拜阿司匹林是同类产品中的销售冠军。后来,拜耳公司推出一种不含阿司匹林的止痛散热产品,叫拜耳非阿司匹林止痛剂。结果他们惨遭失败,不仅非阿司匹林在止痛剂市场的占有率一直微乎其微,而且拜耳公司花多年功夫、耗资数百万美元在阿司匹林止痛剂市场上建立起来的卓著的声誉,也拱手让给了对手"泰宁诺" |
| 会发生"跷跷板"现象 | 由于品牌延伸有其自身的限制,可能会威胁原产品的销量。造成新市场大幅增长,老市场却大幅下降的现象 | Heinz 原本是美国腌菜品牌,在美国占有最大的市场份额。后来,公司使 Heinz 代表番茄酱,做得也十分成功,Heinz 成为番茄酱第一品牌。然而与此同时,Heinz 丧失了腌菜市场上的头把交椅的地位,被 Vlasic 取代 |
| 使消费者掉入心理陷阱 | 因为消费者在使用产品的过程中,会产生联想。如果这种联想是消费者喜欢的形象,消费者就会使用。如果消费者不喜欢这种联想,就会拒绝使用这种产品 | 美国一家公司的产品舒洁卫生纸曾是美国卫生纸市场的头号品牌。但该公司决策者一时头脑发热,盲目推出舒洁餐巾纸。消费者的心理发生了微妙的变化,使用舒洁餐巾纸时,总令他们想到舒洁卫生纸,由此感到非常不舒服。舒洁卫生纸的头牌地位很快被宝洁公司的 Charmin 牌卫生纸所取代 |

资料来源:邓明新.品牌营销技能案例训练手册[M].北京:北京工业大学出版社,2008。

3. 品牌延伸的注意事项

正因为品牌延伸有着自身的危险性,所以对其运用要认真思考,防止出现上述现象。在进行品牌延伸时要注意以下一些问题(见表9-2)。

表 9-2 品牌延伸的注意事项

| 注意 | 说明 | 举例 |
|---|---|---|
| 考虑品牌的核心价值与个性 | 一个成功的品牌有其独特的核心价值与个性。品牌延伸不能与品牌原有核心价值与个性相抵触 | 雀巢品牌延伸成功是因为品牌麾下的产品都是关联度较高的食品饮料 |
| 延伸品牌与原品牌表面的关联度 | 品牌延伸时尽量使延伸产品在产品定位、特色及消费对象等方面与原来品牌相吻合 | "金利来"是"男人的世界",就决定了该公司不宜生产女性用品 |
| 考虑市场潜力与市场竞争格局 | 如果其产品在市场已趋饱和,或其目标市场已为强手所占领,自己的产品不具有差别优势,不能给企业带来"差别利益",那么就不要进行品牌延伸 | 当年TCL从电话行业成功延伸进入彩电业,主要靠选准了当时大屏幕彩电还没有被当时的彩电业领导品牌所重视的市场空白 |
| 延伸速度不能太快,延伸数目不能太多 | 如果延伸数量过多,可能导致消费者降低品牌形象认同度,给人一种"朝秦暮楚"的感觉 | 舒肤佳洗手液和飘柔沐浴露等宝洁公司旗下的多个品牌延伸失败 |

资料来源:邓明新.品牌营销技能案例训练手册[M].北京:北京工业大学出版社,2008。

## 9.2 品牌延伸策略

**小案例 9-2**

**卡特彼勒公司品牌延伸的成功范例**

这是一个最不可能实现的,却最终获得了成功的例子:卡特彼勒公司在各种不同的行业成功地进行品牌延伸。这个"建筑"公司已经发展到了时尚产业。100多年来卡特彼勒公司一直是一家为建筑行业提供重型机械设备的供应商,但公司却找不到一条发展的新路。通过进入难度很大的时尚产业,公司建立起品牌认知和品牌认同。在这个过程中,品牌逐渐被各个细分市场的消费者所接受。

当然,这并非偶然,而是由金伯力带领的卡特彼勒公司国际品牌管理部门精心策划的。其目标是在那些曾经使用过卡特彼勒机械设备产品的消费者中提升产品的销量,并向那些没有接触过卡特彼勒产品的人们推广这个品牌。

卡特彼勒的产品在欧洲比耐克的同类产品销得更旺。品牌以其犀利的风格吸引了青年人的注意。伦敦的CAT服饰品牌可以在全球许可授权经营,美国的CAT鞋类品牌也是一个全球许可经营的品牌。当然,公司也在酝酿着建立自己的专卖店。目前公司只在伊利诺伊州的公司总部附近有一家占地465平方米的商店,公司希望在伦敦和纽约这样的大都市多开几家专卖店。

公司的产品范围广泛得惊人——从休闲食品到高档品应有尽有。例如,您能买到一条很有特色的CAT牛仔裤,也可以花不到300美元买到限量生产的牛仔裤,还有太阳镜、凉鞋和婴儿服等。许多国家都有CAT品牌的产品,如帽子、靴子、手袋、运动鞋、婴儿鞋、手表和运动衫。在CAT的旗舰店里,也有高档的产品出售,如500美元的赛马服,300美元一副的蒂凡尼品牌的手镯,还配有一条银猫的小链子。总之,CAT品牌包罗万象,从传统的到叛逆的;从青年人到老年人的产品,应有尽有。

资料来源:〔新〕Paul Temporal.高级品牌管理[M].北京:清华大学出版社,2004。

随着多元化经营战略的广泛实施,品牌延伸策略日渐成为中外知名企业屡试不爽的制胜法宝。品牌延伸是指企业利用现有的成功品牌,在一个成熟的产品里生产新的或经过改进的产品,以成功品牌的影响推出新产品并快速启动市场的行为,使新产品在投放市场之初即可获得原有品牌优势的支持。品牌延伸具有增加新产品的可接受性,减少消费行为的风险性,提高促销性开支使用效率,满足消费者多样性需要等多项功能,因而在广告与品牌营销中得到广泛应用。

据统计,在美国的某些消费品市场上,开创一个新的品牌,费用大约在8千万至1.5亿美元之间。如此庞大的投入费用,促使相当一部分企业使用已经具有市场信誉的品牌,借助它们的影响,推出新的产品,这就是品牌延伸策略。但并非所有的品牌都能任意延伸,也并非所有的延伸策略都能取得成功。所以,对当前一些品牌延伸策略进行分类和辨别,然后结合我国企业的自身实际,进行品牌延伸和管理就显得十分必要。

## 9.2.1 产品线延伸策略

20世纪70年代以来，市场竞争的激烈程度不断加剧，使得推出新产品的风险急剧增加。为了降低风险，获取规模经济效益，众多知名企业选择了品牌的产品线延伸。产品线延伸有三种具体的形式：

一是向上延伸。即企业在产品线上增加高档次产品生产线，使产品进入高档市场。向上延伸策略可以有效地提升品牌资产价值，改善品牌形象。一些知名品牌，特别是一些原来定位于中档的大众名牌，为了达到上述目的，不惜花费巨资，以向上延伸策略拓展市场。日本企业在汽车、摩托车、电视机等行业多采用此种方式。20世纪60年代率先打入美国摩托机车市场的本田公司，将其产品系列从低于125ml延伸到1000ml的摩托车。雅马哈则紧跟本田，陆续推出了125ml、600ml、700ml的摩托车，还推出一种三缸四冲程轴驱动摩托车，从而在大型旅行摩托车市场上与本田展开了有力的竞争。

在美国市场上这种成功案例也比较多。非常畅销的"加罗"桶装葡萄酒，为了与高档品牌"戈兰·艾伦"进行竞争，不得不推出瓶装高档的"加罗·维尔特斯"葡萄酒。在很多年里，公司将从"加罗"品牌上获得的利润源源不断地补充到"加罗·维尔特斯"上。从短期来看，公司的营销成本上升了，但是从长期来看，公司的这种策略最终使得"加罗"品牌的形象得以改善了，而品牌形象改变的一个直接结果就是品牌的资产得以提升。

反观国内市场，此种策略实施成功的品牌则较少。以我国手机品牌为例。开始阶段，国内企业如TCL、熊猫、波导等一直定位在中低档国产手机，在获得一定的品牌认可度之后，各企业不惜花费巨资，推出高档手机，试图打入高档市场，最终碰得灰头土脸，一败涂地。究其原因，质量只是一个方面，最主要的还是各个品牌的形象没有得到应有提升，远逊于诺基亚、摩托罗拉国外竞争品牌。国内消费者对国产手机"低档"的印象根深蒂固。

二是向下延伸。即指在产品线中增加一些较低档次的产品。利用高档名牌产品的声誉，吸引购买实力水平较低的顾客慕名购买这一品牌中的低档廉价产品。宝洁公司在这一策略方面运用得较为娴熟。在经过多年的中国市场培育和品牌形象打造之后，宝洁已经在中国市场深入人心。飘柔、潘婷、海飞丝等品牌，分别以区隔精准的功能定位和"高档"的品牌形象赢得良好的知名度和美誉度。随着中国洗涤日化行业竞争的不断加剧，当越来越多的国产品牌以更具优势的价位和铺天盖地的广告宣传纷纷抢占市场时，宝洁不得不改变策略，推出一系列"低价位"的产品，给竞争对手以有力的打击。由于策略适当，宝洁这一举措非但无损于它一贯的"高档"形象，反而给人"更具亲和力"的感觉，可谓一举几得。

虽然向下延伸的营销成本低廉且操作简单，但风险比向上延伸要大得多，最大的风险就是对已有品牌资产的影响。根据调查显示，消费者对品牌不利信息的接收，比对有利信息的接收要快得多。也就是说，向下延伸可能造成消费者对原有品牌高档定位的否定，这将严重伤害品牌资产，因为品牌低档化比高档化要容易得多。以"五粮液"品牌为例，该公司在推出"五粮醇""五粮春""五粮王"等廉价酒后，虽然其子品牌十分"火爆"，但对"五粮液"高档品牌形象却造成了严重伤害，最后不得不舍弃这些低档品牌。

三是双向延伸。即原定位于中档产品市场的企业取得了市场优势以后，采取向产品线的上下两个方向进行延伸：一方面增加高档产品，另一方面增加低档产品，扩大市场阵容。20世纪70年代后期的钟表工业市场竞争中，日本"精工"采用的就是这种策略，当时正逐渐形成高精度、低价格的数字式手表的需求市场。精工以"脉冲星"为品牌推出了一系列低价表，从而向下渗透进入这一低档产品市场。同时，它也向上渗透高价和豪华型手表市场，精工收购了一家瑞士公司，连续推出了一系列高档表，其中一种售价高达5000美元的超薄型手表进入最高档手表市场。

### 9.2.2 主副品牌策略

现代营销学认为，品牌延伸一般可循着两条线路：一是单品牌策略，优点是可以节约大量宣传费用，缺点是使消费者不易识别产品；二是多品牌策略，其优点是一个产品一个品牌，消费者易于识别，但由于是一个品牌一个名称，每一种产品就要做一个广告，为此要花掉大量宣传费用。而主副品牌策略，就是避免了二者的缺点，而综合了二者的优点。其具体做法是：用一个成功品牌作为主品牌，来涵盖企业生产制造的系列产品，同时又给不同产品起一个生动活泼、富有魅力的名字作为副品牌。以主品牌展示系列产品社会影响力，而以副品牌凸显各个产品不同的个性形象。运用主副品牌的策略需要在以下几个方面特别注意：

第一，应以主品牌作为广告宣传的重心，副品牌处于从属地位。相应的，广告受众识别、记忆及产生品牌认可、信赖和忠诚的主体也是主品牌。这是由企业必须最大限度地利用已有成功品牌的形象资源所决定的，否则就相当于推出一个全新的品牌，成本高、难度大。比如"海尔—神童"洗衣机，副品牌"神童"传神地表达了"电脑控制、全自动、智慧型"等产品特点和优势。但消费者对"海尔—神童"的认可、信赖乃至决定购买，主要是基于对海尔的信赖。因为海尔作为一个综合家电品牌，已拥有很高的知名度和美誉度。其品质超群、技术领先、售后服务完善的形象已深入人心。若在市场上没有把"海尔"作为主品牌进行推广，而是以"神童"为主品牌，那是比较困难的。一个新电器品牌要让消费者广为认可，没有几年的努力和大规模的广告投入是不可能的。

第二，副品牌应直观、形象地表达出产品的优点和个性形象。好的副品牌可以有力地抓住消费者的心理，拉近与消费者之间的距离，与消费者产生巨大的亲和力，传播快捷广泛，较快地打开市场。"松下—画王"彩电的主要优点是显像管采用革命性技术、画面逼真自然、色彩鲜艳。副品牌"画王"传神地表达了产品的这些优势。长虹公司给空调取的"雨后森林""绿仙子""花仙子"等副品牌栩栩如生地把长虹空调领先的空气净化功能表现出来。红心电熨斗在全国的市场占有率超过50%，红心是电熨斗的代名词。新产品电饭煲以"红心"为主品牌，并采用"小厨娘"为副品牌，在市场推广中，既有效地发挥了红心作为优秀小家电品牌对电饭煲销售的促进作用，又避免了消费者心智中早已形成的"红心＝电熨斗"这一理念所带来的营销障碍。因为"小厨娘"不仅与电饭煲等厨房用品的个性形象十分吻合，而且洋溢着温馨感，具有很强的亲和力。

第三，副品牌较主品牌内涵丰富，但适用面窄。副品牌由于要直观表现产品特点，与某一具体产品相对应，大多选择内涵丰富的词汇，因此适用面要比主品牌的范围窄很多。主品牌的内涵一般较单一，有的甚至根本没有意义，如海尔、Sony等，用于多种家电都不会有认知和联想上的障碍。副品牌大多轻松活泼，具备灵性，而且直白通俗，有效地弥补主品牌的某些缺陷，因而在媒体传播上更易于接受，也更能够进一步推进和形成市场影响力。"小厨娘"用于电饭煲等厨房用品十分贴切，能产生很强的市场促销力，但用于电动刮胡刀、电脑则会力不从心。因为"小厨娘"本身丰富的内涵引发的联想会阻碍消费者认同接受这些产品。同样"小海风"用作空调、电风扇的副品牌能较好地促进销售,若用于微波炉、VCD则很难起到促销的作用。

### 9.2.3 品牌授权策略

品牌授权又称品牌许可,是指品牌的所有者在一些约定的条款(如使用品牌的商品类别、商品销售的地理范围和使用的时间段等)的基础上通过有关协议,允许被授权者使用授权者的品牌生产销售某种产品或提供某种服务的一种经营方式。被授权者按合同规定从事经营活动,并向授权者支付相应的费用;授权者则给予被授权者人员培训、组织设计、经营管理等方面的指导与协助。而今,品牌授权策略实施最为成功的当数美国迪士尼公司。其在全球已拥有4000多家品牌授权企业,产品包括从最普通的圆珠笔,到价值2万美元一块的手表。

根据世界授权商品协会委托耶鲁大学和哈佛大学商学院所做的年度统计报告,就全世界范围来看,品牌授权业已成为一个1600亿美元的产业,并且这个数字还在逐年上升。在《财富》杂志所列500家大型企业中,三分之一以上企业的业务与品牌授权有关。授权业最发达的美国占据了世界授权业65%左右的份额。相比之下,中国在世界授权业所占份额不足0.5%。面对着如此庞大的中国市场和巨大的提升空间,许多国外知名品牌都展开了品牌授权战略布局。

品牌授权的基础是开发品牌形象并维持该品牌形象的知名度和地位,凭借消费者对该品牌形象的喜爱而产生对其代表的产品的购买欲望,进而去购买被授权制造商运用该品牌开发的系列商品。进行品牌授权的原因在于:一个强大的品牌能够让消费者产生清晰的识别,唤起消费者的品牌联想,促进消费者对其产品的需求。如今可口可乐在上海南京路开设了"可口可乐专门店",主要销售一些服饰配件、礼品、文具和家居用品等时尚用品;法拉利则在北京崇光百货开设了法拉利专卖店,主要销售形形色色的法拉利跑车模型、玩具、瓷水杯、皮带、领带、烟灰缸、手套、饰品、钥匙扣、袖扣、头巾等相关产品,令人目不暇接。一件展售的法拉利纪念T恤,标价就高达1700元,原因仅仅因为它是法拉利,并且全北京城仅此一件。此种授权模式不但无损于可口可乐和法拉利在中国的早已形成的品牌形象,并且通过专门店平台,进一步向中国庞大的消费群体传递了品牌的内涵与创新,品牌的传播张力进一步扩大。

被授权商通过使用一个成功建立多年的品牌的名称、标识,使自己的商品能够立刻获得该品牌知名度带来的益处,迅速被消费者知晓,并且更易于被分销渠道接纳。品牌授权为被授权商提供了一个对品牌形象已经熟悉且喜爱的消费群,而且消费者因为品牌的缘故也愿意付出比以前更多的钱来购买被授权商的产品,提高了产品的利润率。这些品牌标识的流行和消费者的熟悉帮助原本普通的、未区别开的产品显得与众不同。以化妆品行业里的珠海姗拉娜公司为例,其在2004年与美国统一专栏联合供稿公司正式签订特许协议,取得著名卡通品牌SNOOPY(史努比)在中国区域内化妆品的唯一经营权。SNOOPY(史努比)是美国著名卡通画家查理·舒兹先生创作的著名卡通形象。从1950年开始,在持续50多年的时间里,全球共有75个国家、3亿多读者在2500多家不同的报纸上看到了1.8万多套SNOOPY(史努比)的漫画。通过漫画和卡通片的传播,SNOOPY(史努比)成为风靡世界的著名卡通人物,并为广大中国观众所知晓、喜爱。毋庸置疑,姗娜拉此举为其品牌注入了更加新鲜的因素,便于在竞争日益激烈的化妆品行业中得到战略突围,在消费者心中树立起与众不同的品牌形象。

如果销售没有品牌的产品，那么无异于与千百万人竞争，只是看谁的价钱最低而已。品牌授权的经营模式带来了品牌的商机，也凸显了没有品牌的危机。中国作为世界生产基地，能够生产出高质量、低成本的产品，这是中国发展品牌授权业的优势。2008年北京奥运会进行的授权经营就是实践授权策略的大好时机。对于缺乏品牌的中国生产制造业，现在正是了解品牌授权经营、与国际授权品牌合作、发展自己品牌的关键时期。

**链接材料 9-1**

**品牌延伸的十大原则**

如何保证品牌延伸的成功？著名专家爱德华·陶博博士提出了品牌延伸的十大原则。

基于多年的研究和咨询经验，品牌延伸领域的专业研究人士爱德华·陶博博士提出了品牌延伸的十大原则，以帮助提高品牌延伸的成功率。

原则1：除非品牌对新的目标市场来说是非常知名和有良好声誉的，否则不应该进行品牌延伸。例如，由于康师傅在方便面领域的地位使其很成功地延伸到了其他方便食品领域（如雪饼等）。

原则2：品牌延伸从逻辑上来说应当符合消费者的期望。例如，荣昌肛泰痔疮栓和荣昌甜梦口服液联系在一起，让人有不良联想，从逻辑上无法接受两种产品是出自同一个品牌。

原则3：品牌延伸要能够对新产品类别有杠杆作用，即母品牌的独特资产能够转移到新产品上面以给其优势。维珍的"反权威"的品牌精髓就很好地贯穿到所有的延伸产品上面。

原则4：如果延伸产品会使母品牌的认知混淆或者对母品牌有负面影响，那么品牌延伸就不应该进行。

原则5：如果消费者已把品牌等同于产品类别了，那么就不应该将品牌延伸到其他产品类别上面。立白、雕牌等品牌已经被消费者认为是洗涤织物的产品，延伸到牙膏上面就不能采用原来的品牌了，只能换名。

原则6：品牌不应该被延伸到过多不相干的产品类别上面，否则品牌会被稀释。就目前来看，与原有主业差异甚大的延伸是很难成功的，除了维珍等寥寥无几的几个品牌。做得好的几乎都是相关类别的延伸。美的家电系列产品做得很有影响力，因为延伸是相关的，而美的客车目前并不算成功，因为客车与家电毕竟差异太大。

原则7：不能为母品牌创造正面协同效应，品牌延伸就不应该进行。如娃哈哈关帝白酒对娃哈哈这个品牌并没有正面效应，因此延伸是失败的。

原则8：品牌延伸必须使业务清晰化。

原则9：每一次品牌延伸都应该为公司开辟新的产品类别。总是在一个产品类别范围内开展产品线延伸将使品牌的发展过于局限。

原则10：每一个品牌延伸研究的关键在于开发一个品牌计划。品牌发展的短期和长期可能性都需要预先考虑。

资料来源：周志民. 品牌管理[M]. 天津：南开大学出版社，2008.

**小案例 9-3**

**联合利华的品牌延伸策略**

据一家国际权威机构的分析报告,创立一个名牌,仅媒体投入就至少需要 2 亿美元。如果是一家企业试图进入一个全新市场,或者另一个国家的市场,其在品牌拓展上无疑将投入更为巨大的财力和精力,而且还要遭遇原有市场各种力量的排挤。

这时,运用资本的力量拓展品牌、提升品牌价值就成为一些企业首选的策略。最为成功的典范之一就是"联合利华"。

联合利华在我国的 12 个牌子几乎都是同类产品的佼佼者。力士与夏士莲在洗发水和沐浴类产品中位居前列,中华牙膏是牙膏市场的老字号,立顿红茶的市场占有率超过 80%,"和路雪"在冰激凌市场的地位则无人可替。

联合利华在全球的 400 多个品牌,大部分是通过收购并推广到世界各地的。联合利华进行跨国品牌运作的成功之处就在于善于收购本地品牌并提升为国际品牌。

"旁氏"原是一个美国品牌,联合利华将其买下并发展为一个护肤品名牌,推广到中国;"夏士莲"原是在东南亚推广的一个英国牌子,联合利华也将其引入中国。而将中国牙膏第一品牌"中华"收入旗下,更是其一贯品牌策略的延续。

联合利华这一品牌策略不仅使其在全球范围内获得丰厚回报,而且使其在本地品牌与消费者之间建立了更强的感情维系。正如联合利华(中国)有限公司发展联络总监曾锡文介绍的:"联合利华收购本地品牌的目的绝不是削弱其对自有品牌的影响,令其搁置乃至最后消灭,而是要把它提升到联合利华全球品牌运作的整体策略中去,成为一个国际品牌。"

资料来源:刘常宝,王学思. 品牌管理[M]. 北京:机械工业出版社,2011。

## 9.3 品牌授权概述

### 9.3.1 品牌授权的定义与发展现状

1. 品牌授权的定义

从狭义来看,品牌延伸是将品牌运用在公司内部其他新产品的命名上面;而如果从广义来看,品牌延伸也可以将品牌运用到其他公司的产品推广上去,这就是品牌授权(Brand Licensing)。品牌授权又称品牌许可,具体来说是指授权者(版权商或代理商)将自己所拥有或代理的品牌,以合同的形式授予被授权者使用;被授权者按合同规定,从事经营活动(通常是生产、销售某种产品或者提供某种服务),并向授权者支付相应的费用——权利金;同时授权者给予被授权者人员培训、组织设计、经营管理等方面的指导与协助。从这一定义来看,品牌授权有点类似于贴牌生产(OEM),都是将品牌使用到其他企业的产品上面。不过,两者还是存在本质的区别:品牌授权是品牌持有者将品牌授权给某个制造商使用,被授权的制造商拥有品牌的使用权和产品的处置权;而贴牌生产是品牌持有者要求制造商在产品中贴上指定的商标,制造商既无品牌的使用权也无产品的处置权。

在品牌授权过程中,那些被授权的品牌名称、标志、卡通形象等被称为授权资产(Licensing

Property）。这其中既有商业性品牌的授权资产，如天线宝宝授权儿童摄影店使用其品牌和形象，也有非牟利性品牌的授权资产，如奥运会给予合作伙伴联合商标使用权。一些虚构形象经过运作已成为非常具有商业价值的形象（见链接材料9-2）。品牌授权过程中涉及几个关键的利益方，包括品牌授权商（Licensor）和被授权商（Licensee）。其中，品牌授权商分为品牌版权商和品牌代理商两种。品牌版权商是拥有授权品牌版权的公司或个人，如沃特·迪士尼公司拥有旗下所有卡通形象的版权，而韩国流氓兔（MASHIMARO）的版权则归创造者韩国漫画家金在仁个人；品牌代理商是品牌授权商指定的，全权代理某一地区授权业务的公司，如英属维京群岛商英佩德实业有限公司是华纳兄弟公司消费品部门在中国台湾地区的授权代理商，而流氓兔的品牌授权业务是由韩国CLKO娱乐公司负责代理的。被授权商是获得品牌授权商授权在合同约定范围内使用其品牌的公司，如立鼎国际企业有限公司获得迪士尼公司的授权生产销售小熊维尼品牌的玩具、糖果产品。

**链接材料 9-2**

虚构形象富豪榜

2004年10月，《福布斯》推出"虚构形象富豪榜"，即最有商业价值的卡通形象（见表9-3）。其中前十名在2003年创造的收入超过了250亿美元，这些虚构形象的收入包括全球各地的玩具销售、出版或票房收入、DVD销售等。

表9-3 虚构形象富豪榜前十名名单

| 排名 | 名称 | 价值 |
| --- | --- | --- |
| 1 | 米老鼠和它的朋友们 | 58亿美元 |
| 2 | 维尼熊和它的朋友们 | 56亿美元 |
| 3 | 《指环王》中的弗雷多 | 29亿美元 |
| 4 | 哈利·波特 | 28亿美元 |
| 5 | 《海底总动员》中的尼莫 | 20亿美元 |
| 6 | 《游戏王》 | 16亿美元 |
| 7 | 海绵鲍勃 | 15亿美元 |
| 8 | 蜘蛛侠 | 13亿美元 |
| 9 | 《X战警》中的金刚狼 | 9亿美元 |
| 10 | 《数码宝贝》中的皮卡丘 | 8.25亿美元 |

资料来源：《福布斯》网站，www.forbes.com。

**2. 品牌授权的产生背景和发展现状**

品牌授权的原因在于一个强大的品牌能够让消费者产生清晰的识别并唤起消费者的品牌联想，进而促进消费者对其产品的需求。比如一个SNOOPY（史努比）图像可以赋予一个普通的杯子在产品功能性以外的品牌故事性，从而吸引喜爱SNOOPY（史努比）的消费者的购买。为了利用这种价值，一个品牌拥有者授权它的名称、标识或者其他关于它的品牌的特征给另一企业，用在它的产品或服务上。通过这种方式，为品牌授权商和授权商品制造商提供了机会和利益。

被授权商通过使用一个成功建立多年的品牌的名称、标识，使自己的商品能够立刻获得该品牌知名度带来的好处，迅速地被消费者知晓，并且更易于被分销渠道接纳。品牌授权为被授权商提供了一个对品牌形象已经熟悉且喜爱的消费群，而且消费者因为品牌的缘故也愿意付出比以前更多的钱来购买被授权商的产品，产品的利润率因此而提高。这些品牌标识的流行和消费者的熟悉帮助原本普通的、未区别开的产品显得与众不同。对被授权商而言，这一切的完成并不需要去启动和建立自己的品牌的投资，而且，品牌的好处能够立刻实现。而建立一个新品牌可能要花费数年。

对于品牌授权商来说，这些容易被消费者识别的品牌作为有效投资授权出去意味着品牌扩展，不用投入厂房、设备、办公、库存、人员等繁琐事宜就可以进入一个新的市场。通过授权给不同种类的制造商，品牌授权商可以推出种类丰富到无所不包的全系列产品，从服饰、文具、玩具、礼品、家居用品，到电脑桌面、屏幕保护程序、手机图案下载等。这些产品极大地增加了消费者与品牌形象直接接触的机会，有效地扩大了品牌宣传，延伸了品牌生命。

2004年，珠海姗拉娜化妆品有限公司与美国统一专栏联合供稿公司正式签订特许协议，取得SNOOPY（史努比）在中国区域内化妆品的唯一经营权。姗拉娜推出SNOOPY（史努比）品牌的婴幼儿、儿童、青少年系列300多种产品。姗拉娜借助SNOOPY（史努比）的品牌知名度开拓市场，美国统一专栏联合供稿公司则利用姗拉娜的设计、生产和营销网络进入了中国的化妆品市场，优势互补，相得益彰。

目前中国的品牌授权业发展还非常落后，仅占世界授权商品销售总额比例的0.5%，且主要集中在中国香港和中国台湾地区。中国最大的品牌授权代理商上海天络行文化传播有限公司的资料显示，在美国，各种品牌授权的产品已占零售市场的1/3，日本则占20%，而中国的品牌授权业务只占零售市场的1.2%。中国香港贸易发展局的数据表明，2005年中国内地人均专利授权商品消费额不到1美元，仅为中国香港的1/20，不到美国的1/200。与中国庞大的零售额相比，中国未来的品牌授权业还有非常大的发展潜力。国际专利授权业协会会长查尔斯·瑞奥托（Charles Riotto）称，全球的专利授权潜力市场中，中国增长最快。而据中国香港贸易发展局统计，我国内地年销售的授权商品数额已从2001年的6亿美元增加到2005年的11亿美元以上，增长达87.5%。一些境外机构看好这一市场，如2007年中国香港招商局以及韩国AT Venture向天络行注资3000万元人民币作为风险投资，以帮助其在未来五年内以品牌授权管理商的身份实现上市。

## 9.3.2 品牌授权的种类

品牌授权有不同的分类方法：
1. 按授权行业划分

根据所授权的行业，品牌授权可以分成同业品牌授权和异业品牌授权。其中，同业品牌授权是指品牌授权商将品牌授权给同行业的一些企业使用，也就是通常所说的"特许加盟连锁"。比如，肯德基公司自己开设了一些门店，而另一些门店则是一些投资人以特许加盟的形式经营的，那些加盟店就属于同业品牌授权。异业品牌授权则是品牌授权商将品牌授权给不同行业的一些企业使用。

2. 按授权资产划分

结合国际专利授权业协会的观点，本书作者认为按照授权资产可将品牌授权分为四种：

（1）企业品牌授权

常见的企业品牌授权是以企业的品牌名称和标志作为授权资产，包括食品饮料品牌（如可口可乐）、服饰品牌和服装设计师品牌（如皮尔·卡丹）、汽车品牌（如吉普）、杂志书刊品牌（如花花公子）、大学以及地标和建筑品牌（如牛津大学）等。

（2）卡通形象与娱乐授权

卡通形象授权包括电影、电视和卡通动画娱乐类形象（如哈利·波特），网络动画类形象（如流氓兔）、电子宠物类形象（如索尼的 Mome），造型图案类形象（如腾讯的 QQ 企鹅）。而娱乐授权包括所有与娱乐相关的智慧产品、与娱乐界知名人士相关的授权，如电影或家用录影带节目名称（如星球大战）、电视电动游戏（如魔兽）、影艺偶像（如刘德华）。根据哈佛商学院和耶鲁大学商学院的调查结果，2002 年在美国 59 亿美元的授权费收入中，卡通和娱乐业占到 44%，比例最大，说明卡通形象和娱乐最适合做授权资产。

（3）运动品牌授权

以运动品牌作为授权资产的是一些体育赛事品牌、体育团队或体育明星，如奥运、NBA、迈克尔·乔丹、刘翔、中国国家乒乓球队等。

（4）艺术授权

艺术授权包括艺术画作或艺术家（如毕加索）、图书或漫画（如几米的漫画）、卡片及纸品和印刷品（如贺曼 Hall Mark）的授权。

3. 按授权目的划分

根据授权的目的，品牌专家曾朝晖提出了五种常见的品牌授权类型：

（1）商品授权

商品授权是指被授权商可以将授权品牌的标志、人物及造型图案等无形资产，运用在产品的设计和开发上，并进行销售。例如，湖南三辰卡通集团授权加盟商生产销售蓝猫儿童食品，中粮集团授权食品企业生产梅林、长城品牌罐头，腾讯与万事达包业合作 QQ 休闲包品牌等。

（2）促销授权

促销授权是指被授权商可以将授权品牌的标志、人物及造型图案等无形资产，运用在自身品牌的促销、推广活动中，但不得应用在产品上进行销售。例如，购买麦当劳套餐赠送天线宝宝玩具或 Snoopy 玩具等。

（3）主题授权

主题授权是指被授权商可以将授权品牌的标志、人物及造型图案等无形资产，用于策划并经营某一主题项目。如迪士尼乐园里面的好莱坞主题酒店。

（4）连锁授权

连锁授权也称通路授权，是指被授权商可以加盟授权品牌的连锁专卖店或专柜，统一销售授权品牌的商品。例如，麦当劳、肯德基加盟连锁店，腾讯公司的 Q-Gen 品牌加盟店等。

（5）专利授权

专利授权是指被授权商可以将授权品牌的配方等专利技术，应用于经营活动中。例如，土家掉渣儿烧饼的品牌加盟中，就涉及烧饼制作技术的授权。

### 9.3.3 品牌授权的作用

品牌授权的作用可从授权方和被授权方两个角度来看：

1. 品牌授权对授权方的作用

（1）以低投入获得主营业务之外的经济回报

在正常的主营业务经营之外，企业可以通过品牌授权获得一笔授权收入。由于在品牌授权当中，企业几乎不用投入什么成本（主要是一些交易成本），因此所获得的这笔费用可以说投资回报率很高。而且，品牌可以根据其授权的区域、时间、行业不同，进行多个授权，从而大大提高授权收入和利润。迪士尼的一个授权商称，根据授权的内容不同，这笔费用一般在 100 万～500 万元人民币之间。从沃特·迪士尼公司 2006 年度财务报告来看，在 342.9 亿美元的年营业收入中，消费品部门（从事品牌授权业务）的营业收入为 21.9 亿美元。尽管从收入比例来说消费品部门并不算大，但该部门利润率高达 28.2%，高出整个公司平均利润率近 10%。在全球，3000 多家授权商正在销售着超过 10 万种与迪士尼卡通形象有关的产品。在中国，也已经有 100 多家公司取得了迪士尼的品牌授权，如爱国者 MP3 上的米老鼠造型、三枪儿童内衣胸前的小熊维尼、儿童家居用品上的灰姑娘的故事等。

（2）降低产品研发成本，丰富产品种类

品牌的发展要求不断推出新产品以增添品牌活力，但自行研发新产品不仅开发时间长，而且失败率非常高。通过品牌授权，企业能够将新产品的研发工作"外包"给一家性价比最高的企业，自己则着力推广品牌。这样，企业能够大大降低新产品的研发成本，在短时间内就推出更多种类的产品。比如，通过品牌授权，在蓝猫旗下已有玩具、文具、童装、图书、饮料、食品等各种产品。尽管这些被授权商生产的新产品并不真正归授权商所有，但在消费者看来，所有使用同一品牌的产品都应该是一家公司的。所以，可以把品牌授权看成是"虚拟联合生产"的一种形式。

（3）降低营销推广成本，扩展授权品牌的影响范围

通过品牌授权，市面上能够看到用某一品牌冠名的形形色色的产品。这些产品在货架上出售以及消费者消费的过程本身也是在传播品牌。这种方式降低了传统的媒体推广成本，扩大了品牌影响范围。像全球 3000 多家企业同时销售 10 万种迪士尼品牌授权产品，会使得迪士尼品牌时刻出现在人们日常生活当中，迪士尼公司自己不需要花费推广成本就极大地提高了品牌曝光率。

2. 品牌授权对被授权方的作用

（1）降低新品牌的开发成本，加快产品的被接受度

很多被授权的企业本身具有较强的生产能力甚至研发能力，但在营销和品牌方面就显得比较薄弱。在花费了巨资进行营销推广之后，它们往往也无功而返。据统计，在美国开发一个新品牌需要 3500 万～5000 万美元，而新品牌的失败率高达 80%。品牌建设说到底是一个心理认知的构建工程，要让消费者在众多竞争者当中接受一个全新品牌是需要假以时日和耗费大量财力的。对于众多实力较弱、无法承受住品牌建设时间和费用考验的中小企业来说，凭借授权品牌让产品快速进入市场以积累资金和经验，利用授权品牌来带动自创品牌的发展，倒是一条"曲线救国"的战略途径。

(2) 增强产品的受欢迎度，提高产品的利润率

一家普通的企业可以凭借授权品牌的知名度和吸引力来获得市场对其产品的认可。赖恩公司是一家制造电动玩具火车的企业。本来都已向法院申请了破产，后来获得迪士尼公司授权后生产米老鼠造型的火车玩具，投入市场 4 个月就卖了 25 万部，这家公司也因此奇迹般起死回生。某市场当中的雀巢雪糕计划年销量 100 万件，将哆啦 A 梦（即机器猫叮当）卡通形象用在雪糕杯外包装后，结果竟卖出了 500 万件。品牌授权还可以提高产品的价格。在中国台湾，一般 CD 平均每片零售价约新台币 4.5～6 元，一打上卡通肖像造型，同样质量的 CD 就可卖到 8～12 元。

(3) 学习知名品牌的成功经验和经营模式，增强自身的竞争实力

很多品牌授权合同会规定，授权方在进行品牌授权时还要给予被授权者一些品牌经营和管理的培训、指导。如肯德基在进行特许加盟授权经营过程中，就要求候选人接受 12 周餐厅相关事宜的培训，而在日常经营过程中，则主要是靠一些品牌管理手册进行指导。即使授权方没有提供正规指导，在合作过程中，被授权方也能了解到授权方的一些管理制度和风格。一个聪明的企业应该是一个善于学习的企业，懂得从与优秀企业的合作中学到品牌管理的经验。

### 9.3.4 品牌授权的风险

无论对于授权方还是被授权方而言，品牌授权都可能存在一定的风险：

1. 对授权方而言品牌授权的风险

(1) 授权监控的风险

在品牌授权给其他企业使用之后，从理论上说原来只是由品牌所有者负责的品牌变成了由品牌授权商和被授权商共同经营。然而，被授权商只是获得了该品牌在合同期内的使用权而不是所有权，因此他们更多地会从自己的角度对待品牌问题，即关注短期赢利而无视品牌的维护与发展。由于品牌授权商出于地理或权限的原因无法对被授权商的活动进行全面监控，因此无法控制被授权商所出现的问题。而一旦被授权商出现问题，作为品牌所有者的授权商是会受到牵连的。比如，著名热水器制造商万家乐公司曾许可珠海市飞翔达实业有限公司在其生产的空调器中独家使用"万家乐"商标，并在国家商标总局备案。后来，飞翔达公司由于无力偿还银行及经销商近两亿元的债务而被法院查封。尽管万家乐与飞翔达在品牌授权合同上划清了二者的法律责任界限，但消费者在看到媒体报道的时候并不知道二者的关系，所以万家乐的品牌可信度也受到连带的负面影响。

(2) 授权产品混乱甚至冲突的风险

品牌授权与品牌延伸之间存在一个相同点，即将原品牌运用到一个新的产品上去。这也就使得品牌授权像品牌延伸一样需要考虑一个关键问题——新产品与原产品的关系问题。如果二者的关系是紧密相关或者不相关的，那么都是可以接受的；最怕出现的问题是二者的关系是混乱乃至冲突的，如某个品牌既授权给食品又授权给药品使用。或许从企业的角度来看，食品和药品公司分属于不同的经济主体，但对于消费者而言，产品只要使用了同一个品牌，就是来自同一家公司。于是，消费者对授权品牌旗下各种产品的感觉都会归结到一个品牌上面。

2. 对被授权方而言品牌授权的风险

（1）授权品牌不受保护的风险

由于被授权方只是拥有品牌一定期限内的使用权而非所有权，因此被授权方无法处理品牌被其他企业侵权的问题。如果品牌授权方对品牌侵权都无能为力，那么被授权方将会受到侵权企业很大的冲击。例如，几年前土家掉渣儿烧饼如雨后春笋般红遍大江南北，大街小巷都可以看到土家烧饼的专卖店。然而好景不长，现在除原产地湖北恩施外，全国的土家掉渣儿烧饼都销声匿迹了，其中一个很重要的原因是授权品牌未得到很好的保护。"掉渣渣""掉掉渣""掉渣王""土掉渣"……各式各样的名称出现在街头巷尾的小店招牌上，每家都称自己是正宗土家烧饼。而当某些"貌合神离"的品牌出现质量问题时，正宗的土家烧饼加盟店也受到牵连。

（2）授权变"圈钱"的风险

一些企业通过虚假宣传造成了品牌的"虚假繁荣"之势，然后通过大量的品牌授权来敛财，一旦获得授权收益，当初承诺的品牌推广支持便不再兑现。最常见的授权幌子是取一个洋品牌名称，或者干脆在国外注册商标，以虚假的"海归"身份来欺骗被授权商。

### 9.3.5 品牌授权与特许经营的比较

品牌授权与特许经营在品牌运营方式上是相同的，都是建立"特"（品牌），然后再"许"（授权或特许）别人使用品牌。但二者还是存在一些本质差别的。

1. 授权内容方面

品牌授权强调授权方和被授权方的纽带是品牌，而特许经营许可方和被许可方的纽带则是一种产品或服务以及一套经营系统。

2. 品牌开发方面

特许经营需要一个原始模型的企业，或者说是母公司，再进行复制开发；而品牌授权商则不需要有品牌商品的生产制造实体，其推广重点在于不断培育品牌形象，提醒消费者这些品牌的存在，维持品牌的知名度。

3. 对被授权方的管理方面

特许经营的基础是商品或服务的标准化，强调管理严格规范化，要求加盟店的经营管理模式与特许人相同，而且产品和服务的质量标准也必须统一；而品牌授权给予被授权方更大的自由度，适应的行业较广，更容易达成品牌授权方和被授权方相互之间的优势互补。

4. 拓展方式方面

特许经营是通过不断地在适当的区域建立适量的经营店，确保品牌的认知，进行品牌渗透，实现业务拓展；而品牌授权，一是品牌拓展，即不断地拓展品牌的知名度和品牌影响的区域，二是不断地通过授权进行商品种类的开发。

## 9.4 品牌授权策略

为了应对激烈的市场竞争环境，品牌拥有者往往利用原品牌优势，采用品牌授权的方式，将知名品牌授权给其他制造商，以达到降低市场费用，快速渗透市场的目的。作为一种行之有效的经营模式，品牌授权已被西方营销界誉为21世纪最有前途的商业经营模式之一。

### 9.4.1 影响品牌授权的因素

1. 原品牌的声誉

品牌延伸策略是利用原品牌高价值、高品质的形象，使消费者在评估延伸产品时，能通过对原品牌正面的联想，对延伸产品形成正面的评估。同样，品牌授权策略也是利用原品牌高价值、高品质的形象，使消费者在评估授权产品时，能通过对原品牌正面的联想，对授权产品形成正面的评估。所以消费者在对授权产品的评估、原品牌的认知与评价过程中将扮演重要的角色。一般来说，当消费者对原品牌的认知与评价较高时，对品牌授权产品有较正面的评估。

2. 授权产品与原产品的相似性或契合度

消费者对原品牌的评价或对原品牌的认知度，虽是影响延伸产品评价高低的基础，但并非所有高品质、高形象的品牌，其延伸产品皆能获得消费者喜爱。因此，学者提出相似性或契合度的概念，认为若原品牌产品与延伸产品的相似性或契合度高时，消费者对原品牌正面的联想，较易移转至延伸产品评估。因此，如果原品牌产品与授权产品的相似性或契合度高时，消费者对原品牌正面的联想，较易移转至授权产品评估。

3. 授权产品种类的认知风险

认知风险是指在很多购买行动中，消费者会承担一些不能确知购买后结果的风险，包括两个方面的内容：一是购买决策失误后果的不确定性，二是收益的不确定性。授权品牌为消费者提供了新的消费选择，同时认知风险也发生了变化。一般来说，知名品牌可以有效降低消费者的认知风险，增加消费者首次购买试用的可能性。特别是在授权品牌的商品类别不为消费者熟悉，存在较大的认知风险的时候，具有良好形象的品牌是一个值得信赖的风险释放者。它可以向消费者提供较高质量水平信号，提高消费者的可接受程度。因此，授权品牌商品类别的认知风险越高，对品牌授权产品的正面评价就会越高。

4. 消费者对授权产品的认知度

消费者所拥有的授权产品知识的不同，也会影响对授权品牌的接受和评价。当消费者对延伸产品类别的产品知识缺乏时，其对新产品的评价往往基于对原有品牌的认知。当其对原有品牌的评价较高的时候，会把这种评价通过品牌传递给授权品牌产品，从而对产品有较高的评价。因此，当消费者对授权产品类别的产品知识缺乏时，会正面影响对品牌授权产品的评价。

5. 国际品牌授权时，原产国的政府形象和人文环境也会影响消费者对产品的评价

当消费者的产品认知程度较低时，原产国形象对购买前的期望有显著的影响，而且原产国形象也对顾客满意度存在影响。一般来说，如果东道国居民对原产国政府有良好的印象，那么顾客的满意度就高，否则难以提高顾客满意度，甚至受到顾客的抵制；若东道国居民对原产国人文环境评价较高，则对授权品牌也会有较高的评价。

### 9.4.2 实施品牌授权的建议

1. 选择在市场上具有较高信誉度的品牌实施品牌授权策略

消费者对原品牌的认知和评价，与消费者对新产品的评估成正向关系：只有当原品牌产

品有高品质、价值及形象，消费者对其评价极高时，该品牌才有授权的价值，而以该品牌名称推出的新产品也才会有成功的机会。因此，企业在决定品牌策略时，必须先考虑其品牌在顾客心中的印象。若品牌形象不佳，企业却贸然以该品牌名称推出新产品，可能导致新产品上市失败的命运。这也表明，若企业能不断强化品牌形象、累积品牌权益，则该品牌将能为企业带来更大的发展机会，拓展新的产品与市场。在进行国际品牌授权时，原品牌在东道国市场的美誉度极为重要。由于一国的政府形象和人文环境，可能影响国内品牌在境外消费者心目中的形象，因此，还要考虑东道国对本国形象的认可程度。

2. 授权产品应与原品牌产品之间在产品类别上有较高的相似性

当厂商在选择授权的产品类别时，应尽量选择与原品牌产品特征相似的新产品。例如，满足相似的需求（眼镜→隐形眼镜）、相似的实体产品特征（篮球→排球）、相似的使用场合和使用环境（西装→领带）、相似的制造技术（随身听→MP3（一种能播放音乐文件的播放器））。当产品特征相似性较高时，消费者较易将原品牌产品正面的评价联想至新产品。值得注意的是，当厂商所拥有的品牌为象征性产品时，产品特征相似性的重要性会降低。这是因为象征性品牌的价值在于该品牌所代表的身份和地位，因此新产品的选择在于所传达的品牌概念是否一致，而非产品特征相似。例如，劳力士是身份和品味的象征，因此只要能象征身份地位的产品，如金笔、水晶饰品、珠宝等，都可以纳入授权的产品范围。

3. 所有类型的品牌授权都应该符合品牌概念的一致性

不论是功能性还是象征性品牌，当进行授权时，新产品所涵盖的品牌概念是否能涵盖原品牌的概念，是影响新产品成败的重要因素。例如，索尼（SONY）的随身听（Walkman）给予人们的是专业制造、设计新颖、功能超强等功能性的品牌形象。索尼若推出MP3，也会给消费者带来功能强、设计新颖的印象，所以有一致的品牌概念；若推出服饰，消费者则很难将索尼的服饰与功能性品牌概念相结合，因此对索尼服饰的评价会降低。由于百事可乐（PEPSI）给人的是运动与活力的品牌形象，所以能够成功地将饮料品牌延伸到运动服饰等一系列运动产品方面。

4. 实施品牌授权策略应该选择具备较强实力的授权厂商

采用品牌授权策略时，消费者会注意被授权厂商是否有能力产销新产品。因此，厂商在推出品牌授权时，必须审慎评估国外被授权厂商的资源、人才、技术能否胜任新市场的开拓，以及该厂商在该国的企业形象，避免授权给信誉不佳的厂商，导致新产品的失败，甚至影响消费者对原品牌的评价。

5. 选择消费者所不熟悉的产品类别进行授权

当消费者对新产品的知识缺乏时，为降低购买风险，倾向以品牌名称（尤其是国际著名品牌）来评估新产品。此涵义为企业在推出新产品时，可针对消费者较不熟悉的产品类别，推出其缺乏产品知识的产品，并强调原品牌的特点，吸引消费者购买该品牌所推出的产品。值得注意的是，当新产品类别属于功能性产品时（如剃须刀、随身听等），由于产品功能、品质相当重要，即使消费者缺乏产品知识，也会搜寻其他信息帮助其评估新产品，而不会直接以知名品牌形象来推论新产品品质。这也告诉我们，在选择国外被授权厂商时，除评估其产品是否为消费者所熟悉外，也应尽量避免缺乏产销能力的厂商。

6. 协助授权厂商进行品牌经营，强化市场对原品牌的评价

消费者对国际品牌授权的接受程度会影响消费者对原品牌的评价，进而影响原品牌权益。

因此原品牌厂商在进行品牌授权时，为避免新产品上市的失败，导致稀释原品牌的权益，除了注意新产品的产品特征相似性、品牌概念一致性、制造商能力等因素之外，还应该为授权厂商提供市场推广的协助（如广告的推出、公共关系等），增进消费者对新产品的评价，从而积累原品牌的权益。

**本章小结**

在企业推出新产品的过程中，品牌延伸已成为最常使用的一种策略。所谓品牌延伸，是指借助原有的已建立的品牌地位，将原有品牌转移使用于新进入市场的其他产品或服务（包括同类的和异类的），以及运用于新的细分市场之中，以达到用更少的营销成本占领更大市场份额的目的。被延伸的品牌称为母品牌，延伸的新产品称为延伸产品。品牌延伸与多元化经营并不是一个概念。根据延伸的产品是否属于公司所有，可以把品牌延伸分为公司内品牌延伸和公司外品牌延伸。根据延伸产品与原产品之间的关系，可以将品牌延伸分为同类产品延伸和异类产品延伸，即产品线延伸和产品类别延伸。根据延伸产品的品牌命名策略，可以把品牌延伸分为单一品牌延伸、主副品牌延伸和亲族品牌延伸。

品牌延伸的作用可以从对新产品和对母品牌两个方面来分析。品牌延伸对新产品的作用包括：（1）减少消费者认知风险，提高试用率；（2）增加了分销的可能性；（3）避免了培育新品牌的成本，提高了传播费用的使用效率；（4）给予消费者多元化选择的机会。品牌延伸对母品牌的作用包括：（1）使品牌涵义清晰化；（2）提高了母品牌的展示度和实力；（3）为品牌找到新的利润增长点，同时活化品牌；（4）扩大了母品牌的延伸范围；（5）帮助母品牌避开了传播的法律禁令。品牌延伸是一把双刃剑，在发挥作用的同时也会出现一些问题，包括：（1）损害原品牌的高品质形象；（2）扰乱产品的市场定位；（3）会发生"跷跷板"现象；（4）使消费者掉入心理陷阱。所以我们在进行品牌延伸时要注意以下一些事项：（1）考虑品牌的核心价值与个性；（2）延伸品牌与原品牌表面的关联度；（3）考虑市场潜力和市场竞争格局；（4）延伸速度不能太快，延伸数目不能太多。

品牌延伸策略通常包括产品线延伸策略、主副品牌策略、品牌授权策略。

品牌授权是指授权者（版权商或代理商）将自己所拥有或代理的品牌，以合同的形式授予被授权者使用。那些被授权的品牌名称、标志、卡通形象等被称为授权资产，既有商业性品牌的授权资产，也有非营利性品牌的授权资产。品牌授权过程中涉及几个关键的利益方，包括品牌授权商和被授权商。其中，品牌授权商分为品牌版权商和品牌代理商两种。品牌授权已经被证明是一种行之有效的经营模式，被称为"21世纪最有前途的商业经营模式"。根据所授权的行业，品牌授权可以分成同业品牌授权和异业品牌授权。按照授权资产可将品牌授权分为四种：企业品牌授权、卡通形象与娱乐授权、运动品牌授权、艺术授权。根据授权的目的，授权可分为商品授权、促销授权、主题授权、连锁授权、专利授权。品牌授权的作用可从对授权方和被授权方两个角度来看。品牌授权对授权方的作用表现为：（1）以低投入获得主营业务之外的经济回报；（2）降低产品研发成本，丰富产品种类；（3）降低营销推广成本，扩展授权品牌的影响范围。品牌授权对被授权方的作用表现为：（1）降低新品牌的开发成本，加快产品的被接受度；（2）增强产品的受欢迎度，提高产品的利润率；（3）学习知名品牌的成功经验和经营模式，增强自身的竞争实力。对授权方而言品牌授权的风险有：（1）授权监控的风险；（2）授权产品混乱甚至冲突的风险。对被授权方而言品牌授权的风险有：

①授权品牌不受保护的风险；②授权变"圈钱"的风险。

品牌授权与特许经营在授权内容、品牌开发、对被授权方的管理上及拓展方式上都有着明显的不同之处。

影响品牌授权的因素包括：（1）原品牌的声誉；（2）授权产品与原产品的相似性或契合度；（3）授权产品种类的认知风险；（4）消费者对授权产品的认知度；（5）国际品牌授权时，原产国的政府形象和人文环境也会影响消费者对产品的评价。

在实施品牌授权策略时，有几点建议：（1）选择在市场上具有较高信誉度的品牌实施品牌授权策略；（2）授权产品应与原品牌产品之间在产品类别上有较高的相似性；（3）所有类型的品牌授权都应该符合品牌概念的一致性；（4）实施品牌授权策略应该选择具备较强实力的授权厂商；（5）选择消费者所不熟悉的产品类别进行授权；（6）协助授权厂商进行品牌经营，强化市场对原品牌的评价。

**能力培养指导**

通过本章的学习，学生应该能做到：

1. 评估品牌延伸的利弊。从案例中得出品牌延伸成功的原因和失败的教训。为什么有些企业品牌延伸得以成功，有些企业却失败了。从而帮助我们在实践中成功实施品牌延伸策略。

2. 结合所学的品牌延伸的知识，找一两个市场上你感兴趣的品牌，进行一下梳理，看看它们的品牌延伸分别运用了什么策略。

3. 评估品牌授权对企业的利和弊。什么情况适合进行品牌授权，什么情况不适合进行品牌授权。认清这些问题能帮助我们更好地运用品牌授权策略。

**案例应用 1**

**霸王凉茶，重蹈品牌延伸覆辙**

以中药世家闻名遐迩的霸王集团，近期投资 4.8 亿港币在广州推出霸王凉茶，高调挥师进军凉茶领域。同时，由功夫巨星甄子丹出任代言人，一系列大手笔动作，预示着霸王凉茶将以行业搅局者姿态一争市场。

众多品牌前仆后继倒在品牌延伸之上。霸王集团此次祭起品牌延伸之术，究竟深陷泥潭抑或异军突起？

对于每一个进入品牌延伸的企业而言，总是会信心爆棚地宣称自己的品牌具有强大的品牌知名度与美誉度。它们以此扩张到新产品领域，期望获得更多回报。"我们有足够的品牌优势、有足够的资金支持、有足够的销售团队、有足够的广告投入、有足够的销售渠道、有足够的广告代言人，完全有实力在新产品领域复制品牌奇迹"，这是企业实行品牌延伸之前经常发出的声音。但理想很丰满，现实却很残酷，品牌延伸通常起初颇有成效，但最终铩羽而归。

王老吉以"预防上火"为定位，带旺凉茶饮料行业。一些品牌看中其巨大潜力，纷纷染指此行业。和其正、上清饮、潘高寿、万吉乐等品牌均试图分得一杯羹，都无一例外地兵败城下。作为第一个切入行业的品牌，王老吉已等同于凉茶饮料的代言词，其定位早已牢牢嵌入消费者心智，无论后进者再如何模仿及跟进，都无法超越。

霸王，作为洗发水代表性品牌，已等于洗发水的代言词，其品牌优势只停留在"洗发水"这一领域。这时候再推出霸王凉茶只会破坏受众的心智，削弱霸王洗发水的概念。企业可能认为，依附品牌延伸推出新产品可以降低推广与销售成本。事实真的如此吗？一方面，受众已经对原品牌有了一定的感知，原品牌下的产品也被受众所接受，这时如果搭便车推出新产品，结果只会使新产品的特性被原品牌所覆盖。如有国酒美称的茅台酒，借助着品牌优势推出了茅台啤酒，结果呢？在受众的心智中，茅台就是高档白酒，茅台啤酒是什么？是白酒还是啤酒？这样反而会使受众混乱与迷惑。另一方面，厂家在推广延伸产品的时候，一边要顾及原品牌产品，一边又要顾及延伸产品，因此推广与宣传费用"一个都不能少"，成本不见得可以降低。更为严重的是，延伸产品在无形中成为原品牌产品的"敌人"，造成自身产品的"内讧"，很可能使厂家陷入既失去了原品牌产品的优势，又无法推广新产品的两难境地。

有人也会说，且慢说品牌延伸已经不合时宜，看看销量再说。品牌延伸产品一般在上市初期会有销量喜人的现象，之后便会逐渐走下坡路。这是为什么呢？受众（消费者、经销商）在原品牌产品特性的驱动下对延伸产品的好奇心理，惯性的作用使消费者有了购买的冲动，但过后或许就会发现原来延伸产品并不比专家品牌产品强，理性的作用又使消费者选择专家品牌产品。事实证明，品牌延伸产品在辉煌一段时间后，必定会败给专家品牌产品，品牌延伸产品的概念太泛也太模糊，而专家品牌产品的定位则十分清晰，受众易于接受。

资料来源：中国轻工业网，http://www.clii.com.cn/news/content-311253.aspx。

【讨论题】

霸王凉茶品牌延伸的主要失误是什么？

**案例应用 2**

海尔企业品牌延伸策略

家电行业是中国各行业中打败外国品牌最成功的行业。在这个过程中，品牌延伸策略无疑起着非常重要的作用。

海尔集团是我国家电企业品牌延伸策略成功的典范。从做电冰箱一种产品开始，经过多轮兼并组合，"海尔家族"到 2000 年时已拥有包括电冰箱、洗衣机、空调、彩电、电脑、微波炉等在内的 58 大门类 9200 多个规格品种的家电群，几乎覆盖了所有家电产品。

1984 年，海尔集团的前身——青岛电冰箱总厂引进德国利勃海尔生产设备的技术，从事电冰箱的生产和销售。连续 7 年里，海尔一直坚持专业化经营的策略，通过科学管理与技术创新，在电冰箱领域建立了很高的知名度和良好的品牌形象。1991 年，海尔集团销售收入 7.24 亿元，利润 3118 万元。"海尔"牌电冰箱成为当时中国家电唯一驰名商标，并通过美国 UL 认证出口到欧美国家。同时，海尔集团 OEC 管理法基本形成，全国性销售与服务网络初步建立起来。

在此基础上，海尔开始改变市场战略，利用技术、管理与市场优势进入相关性较大的行业，实现多元化扩张。1991 年底，海尔将经营行业扩展到其他制冷家电产品，如电冰柜、空调，并使它们很快成为各自行业的名牌产品。1995—1997 年，海尔又瞄准洗衣机、热水器、小家电、微波炉、洗碗机等产品作为新目标。一番内扩外并之后，其经营领域覆盖了几乎全部的白色家电产品。当然，作为主业的电冰箱的产销规模此时也仍在不断扩大。

1997 年是海尔进入新行业数最多的一年，扩张节奏之快，令业界惊叹不已。如果说海尔以前的品牌延伸还有技术依托的话，从这一年开始则主要是凭借品牌与销售网络资源的相关性。9月,海尔进入以电子技术为核心的黑色家电行业,生产彩电、VCD、传真机、电话等产品。另外,通过合资合作等方式,海尔还涉足了整体厨房、卫生间产品等家居设备行业以及与家电业风马牛不相及的生物医药行业。到年底,海尔旗下的产品已包括27个门类,7000余个规格品种。

为有力地提升海尔集团的总体技术能力,1998年上半年,海尔大举进入知识产业,主要从事海尔集团所需要的新技术和新产品开发,并先后在青岛以及美国、荷兰、法国等地设立了技术开发中心,其整体研发能力居世界前列。1999年至今,勇于创新的海尔人又分别推出电脑、手机等高科技产品,走向全方位发展的道路。

与某些企业的冒进主义不同,海尔每进入一个新行业都经过了严格的市场论证,并依靠海尔在品牌、管理、销售服务等方面的强大企业能力稳健的发展。正因为如此,海尔的市场在延伸中得以持续稳定的增长,海尔的品牌价值也在延伸中得到了不断的强化。

资料来源:邓明新. 品牌营销技能案例训练手册[M]. 北京:北京工业大学出版社,2008。

【讨论题】

1. 海尔品牌延伸的过程中遵循了哪些原则?
2. 海尔在进行品牌延伸时,选择的行业都是与冰箱有一定关联度的行业,虽然有高有低。判断下面哪些项目属于关联度比较高的项目,并说明你的理由。

  A. 同行业内产品。
  B. 伴侣产品。如雀巢的咖啡与伴侣、牙刷与牙膏等。
  C. 产品之间有相似的成分、共同的技术、相同的目标消费群。
  D. 相同的营销渠道与服务,如各种计算机耗材。

# 第 10 章 品牌组合战略

## 学习目标

1. 掌握品牌组合战略管理的定义及其目标
2. 理解品牌组合的战略框架
3. 了解品牌组合的结构分析方法
4. 掌握品牌联合战略的定义、类型、作用、风险及其管理原则
5. 理解贴牌生产

**实践中的品牌组合战略**

### 百事可乐的品牌组合

百事可乐就是一家拥有一个庞大而复杂品牌组合的典型例子。该公司在全球管理着数以百计的不同品牌。百事可乐在其网站上罗列了 180 种不同的品牌,并注释说这些品牌仅仅是公司所有品牌中的一部分。公司的品牌组合非常复杂。例如,百事可乐拥有一个叫菲多利的品牌。菲多利是百事可乐多种不同产品的一个主品牌,如菲多利坚果和菲多利谷物脆片。同时,菲多利还是如立体脆等品牌的一个次要品牌。立体脆品牌有自己的子品牌如 Edge。Edge 是一个跨越大量不同的菲多利品牌的子品牌,包括立体脆和 Tostitors。这些品牌要素中的每一个要素也都代表着许多其他的产品。上面所有的这些品牌都属于百事可乐公司,它们交织在一起构成了一个非常复杂的品牌组合网络。

还有一些品牌组合的复杂性达到了令人惊愕的地步。例如,雀巢公司拥有 8000 个不同的品牌;Newell-Rubbermaid 公司拥有 500 个品牌;卡夫食品公司拥有 59 个不同的品牌,这些品牌每年都为卡夫食品公司带来一亿多美元的收入。

资料来源:〔美〕艾丽丝·M. 泰伯特,蒂姆·卡尔金斯. 凯洛格品牌论[M]. 北京:人民邮电出版社,2006。

**评述**

品牌组合决策是特别重要的,因为它们主要影响着公司的收入和收益性。一个公司的利润最终源于其品牌组合中的不同品牌利润的总和。从长远来看,如果品牌组合中包括可收益的品牌和正在成长的品牌,而且这些品牌彼此之间又没有任何的重叠,公司就会生意兴隆。如果品牌组合是由业绩不佳的品牌所构成,并且这些品牌彼此之间还在相互进行竞争,公司就会陷入苦苦挣扎之中。

由于品牌具有较长的生命周期,因而品牌组合决策往往会持续若干年。在实际的工作中,当一个公司每次推出一个新产品时,就是在做品牌组合决策。

## 10.1 品牌组合战略管理概述

### 10.1.1 品牌组合战略管理的定义

先让我们来看一些品牌的清单：飘柔、潘婷、沙宣、海飞丝、伊卡璐、玉兰油、SK-II、伊奈美、威娜、舒肤佳、吉列、博朗、佳洁士、欧乐 B、护舒宝、帮宝适、品客、碧浪、汰渍、兰诺、金霸王……以上这些鼎鼎大名的品牌均来自日化巨头宝洁（中国）公司，它们俨然已经形成了一个庞大的品牌军团，美国《时代》（Times）杂志称其为"毫无拘束、品牌自由的国度"。令人惊讶的是，各个品牌各司其职井井有条，纵然是 5 大洗发水品牌林立，我们也并没有感觉到杂乱无章。很多品牌管理者都认为，管理一个品牌并不难，难的是管理一群品牌。而在品牌组合战略的管理方面，宝洁公司做出了有力的探索与实践。

按照凯文·凯勒教授的观点，品牌组合（Brand Portfolio）是指公司出售的各个特定产品大类下面所包含的所有品牌的组合。一个企业的品牌组合有三个来源：自己创建的品牌（品牌开发）、并购的品牌（品牌并购）以及与其他组织合作的品牌（品牌联盟）。选择哪一种类型的品牌取决于企业期望品牌组合建立的速度、对品牌市场地位目标的控制程度以及企业愿意承担的经济风险规模。荷兰的里克·莱兹伯斯教授等人对三者进行了对比（见表 10-1）。

表 10-1 建立品牌组合的三种策略

| 策略 | 评价标准 | | |
|---|---|---|---|
| | 速度 | 控制 | 投资 |
| 品牌开发 | 慢 | 中 | 中 |
| 品牌并购 | 快 | 高 | 大 |
| 品牌联盟 | 中 | 低 | 小 |

资料来源：〔荷〕里克·莱兹伯斯. 品牌管理[M]. 北京：机械工业出版社，2006。

为促进品牌组合内部的协同效用、杠杆作用和清晰化，创造出相关的、差别化的和充满活力的品牌群，企业管理者需要很好地规划品牌组合战略。阿克教授指出，品牌组合战略详细说明了品牌组合的结构，以及各品牌的范围、职能和相互关系，处理多品牌组合以及某一产品品牌层级的关系。把品牌组合上升到战略管理的高度，需要考虑以下品牌决策：

（1）是否增加、删除品牌或子品牌，是否改变它们的优先顺序？

（2）是利用描述性品牌或子品牌，还是利用担保品牌将一个品牌延伸到另一个产品类别中？

（3）是否将品牌向高端或低端发展？

（4）是否发展品牌联盟？

（5）是定义一个新产品类别或子类别，还是与一个新产品类别或子类别联系起来？

（6）是创造一个品牌化的差异点，还是利用品牌化的产品特性、成分，或者是与众不同的技术、服务或活动？

（7）是开发一个品牌化的活力点，还是发展品牌化的赞助、产品和促销活动？或是发展一个与目标品牌相联系的实体,以促进联想、兴趣和活力?

### 10.1.2 品牌组合战略管理的意义

为保持市场份额和持续的现金流,成熟行业的企业在使用新品牌和新产品追求持续增长的同时,并不愿意减少现有的品牌和产品,这就造成品牌数量以惊人的速度增长。20世纪80年代和90年代盛行的品牌并购,让这个问题更为复杂。例如,百事可乐收购桂格麦片(Quaker Oak)公司佳得乐(Gatorade)饮料品牌的同时,也购买了其他品牌——从谷类早餐 Cap'n Crunch 到受欢迎的晚饭产品 Rice-A-Roni,这使得品牌的管理工作变得愈加困难。

2004 年,大卫·阿克教授出版他的第四部品牌专著《品牌组合战略》(Brand Portfolio Strategy)。在与英国《金融时报》的知名财经专栏作家西蒙·伦敦(Simon London)的对话中,阿克谈到:"几乎每一家我拜访的公司都似乎感到这个问题(指品牌组合战略)棘手"。他认为,理解和管理品牌组合对于制定一个制胜的企业战略,以及成功实施该战略都十分关键。这其中至少有五个方面的原因:

1. 协同效应

如果一个组合中每个品牌都履行一个明确的职能,那么就能产生决定性的竞争合力。在这里,"职能"既指每一个品牌自己定义的范畴,也指对于其他品牌的协助作用。如今的市场单靠一个品牌来打天下是越来越困难了,成功的企业多数都是品牌兵团作战。一个管理良好的品牌组合应当能够产生"1+1>2"的协同效应,如北京现代汽车公司凭借雅绅特、伊兰特、索纳塔、御翔、途胜 5 个品牌在协同作战,各品牌占据一个市场要隘,同时又相辅相成。欧莱雅庞大的品牌军团也产生了协同效应(见表 10-2)。

表 10-2 欧莱雅集团旗下品牌及其市场定位

| 品牌名称 | 市场定位 |
| --- | --- |
| 赫莲娜 | "超越时代之美""美容界的科学先驱";提倡美容科学;消费群体的年龄相应偏高,具有很强的消费能力 |
| 兰蔻 | 护肤、彩妆及香水系列的极品;消费者年龄比赫莲娜年轻一些,具有相当的消费能力 |
| 碧欧泉 | 秉承"高尚的生活格调源于简约自然的保养"的护肤理念;面向具有一定消费能力的年轻时尚消费者 |
| 植村秀 | 专业彩妆、高档护肤品及专业化妆工具;面向时尚、具有国际视野的高收入年轻女性 |
| 薇姿 | 提倡健康护肤的理念 |
| 理肤泉 | 皮肤科疾病的辅助性治疗产品 |
| 巴黎卡诗 | "洗、护、韵"美发理念;专业护发 |
| 欧莱雅专业美发 | "与众不同,展现自我";专业美发 |
| 巴黎欧莱雅 | "巴黎欧莱雅,你值得拥有",提供护肤、彩妆及染发品;面向大众消费层 |
| 羽西 | 秉承"专为亚洲人的皮肤设计"的理念 |
| 美宝莲 | 亲和、时尚、活力、朝气;"美来自内心,美来自美宝莲";面向大众消费层 |
| 卡尼尔 | 以"健康之源美于自然"为宗旨,致力开发天然美容产品,面向大众消费层 |
| 美奇丝 | "激情美发";面向 20~30 岁的年轻、时尚人士,低端市场 |
| 小护士 | "自然精华,健康肌肤";面向追求自然美的年轻消费者,低端市场 |

资料来源:作者根据互联网相关资料进行整理。

2. 资源配置

从组合的视角看待品牌，可以确保未来的品牌获得它们成功所必需的资源。不是所有的品牌对企业业绩的贡献都是一致的，一些品牌不但没有对企业产生贡献，甚至可能蚕食了其他品牌的利润。因此，在当前企业资源普遍紧张的情况下，不应该对所有品牌一视同仁。这是一个很简单的道理，但在实际操作中却很复杂，因为一些现在处于弱势的品牌将来可能很有发展潜力。通过品牌组合分析，可以明确各品牌的战略角色，一些确实无利可图的品牌因此而被处理掉。例如，1999 年，联合利华搞了个精兵简政的品牌"瘦身运动"。当时联合利华的联合主席尼奥·斐杰德（Niall Fitzgerald）解释说："我们把我们的精力和资源分散在太多品牌上了。现在我们大约一共有 1600 个品牌，大大分散了我们的销售渠道和投资资源。"因此，联合利华决定砍掉多余的品牌，集中 60 亿美元的广告和市场推广费全力打造 400 个优势品牌。

3. 应对竞争

理解品牌组合的观点、工具和方法能够帮助组织通过调整战略来应对竞争挑战。当竞争品牌产品价格、特色的"长矛"直指企业的主力品牌时，我们该如何反应？改变主力品牌将可能陷入不利的境地，而品牌组合为我们提供了保驾护航的工具。对于竞争品牌的低价攻势，企业可以导入一个独立的低价品牌进行反击，这个品牌即使出现什么闪失也对主品牌影响不大，如福满多的低价并没有对康师傅产生很大的负面影响；如果竞争品牌以产品特色来挑衅，企业就可以引入新的品牌、主副品牌或者描述性词语的方式来应对，如别克凯越、福克斯、赛拉图等纷纷推出两厢车来应对竞争。

4. 战略发展

通过利用组合工具可以解决战略发展问题。要向高端或低端市场扩张，直接延用原有品牌并非明智之举。一个好的做法是推出全新的品牌，往低端市场扩张的时候可以把原有品牌当作担保者，而往高端市场扩张的时候最好暂不提及原有品牌。因为这时原有品牌可能会带来负面影响。丰田凌志（Lexus，现为"雷克萨斯"）推向美国市场的时候，刻意抹去丰田的印记，只突出凌志。

5. 减轻负担

一个品牌可能拥有过于复杂的、混乱不清的消费者群体，其结果可能有害于客户关系。每一个品牌都有一个承载产品信息的边界，过多的信息载入将使得品牌"疲惫不堪"，具体表现为消费者对品牌的认知混乱。引起品牌信息混乱的原因有很多，如产品价格跨度太大、目标市场范围太大、产品关联性不高等。有了清晰的品牌组合战略，各品牌的定义范围以及相互关系就能明朗化。如美国 GAP 服装公司就使用了 Old Navy、Gap、Banana Republic、Gapkids 等几个品牌来满足不同细分市场的需求。

### 10.1.3 品牌组合战略管理的目标

品牌组合战略管理与单个品牌战略管理的目标有所不同：单个品牌战略管理的目标是建立单个品牌的持续盈利性，而品牌组合战略管理不仅要使得每一个品牌都有利可图，而且还要考虑到对其他品牌的贡献。以体育比赛来打比方，如果把单个品牌战略管理看作是一个人的 100 米赛跑的话，那么品牌组合战略管理就是一队人的足球比赛。100 米赛跑完全依靠选手的个人能力，而足球比赛不仅需要每个人发挥出色，而且特别强调配合。具体分析，品牌组合战略管理的目标有以下五个：

1. 促进品牌之间的协同作用

品牌组合管理当中一个常见的问题是品牌之间缺乏协同作用，表现为：（1）几个品牌的定位互相重叠，从而彼此竞争发生"内哄"，相互侵蚀和削弱；（2）根据各品牌现有贡献率来分配企业资源，表面上看是公平合理的，实际上忽视了一些高潜力品牌的发展。在第一种情况下，管理者需要对各品牌进行再定位，理顺各品牌之间的关系，或者删除一些多余的品牌。如联合利华的品牌从1600个减为400个，利润却获得很大提升。在第二种情况下，管理者需要从战略的高度来挑选未来的主力品牌，并配以充足的资源。

2. 发挥主力品牌的杠杆作用

推出一个新的品牌不仅成本高而且失败率大，一个行之有效的办法是利用现有品牌资产的杠杆作用。然而很多企业忽视了这一点，它们往往只把注意力放在新品牌的推广上。品牌组合管理的一个目的就是要分析企业现有的品牌资产，找出能发挥杠杆作用的那个主力品牌，并在品牌组合当中确定该品牌的统领地位。这个主力品牌通常是公司品牌，如保利地产；也可以是某一个产品系列的品牌，如通用汽车旗下的别克系列。主力品牌对产品品牌的推广有很大的杠杆作用，当消费者知道该产品"系出名门"的话，他们更愿意接受它。

**小案例 10-1**

**维珍的品牌拓展**

英国的工业大亨理查德·布兰森，是世界上最富有的人之一。自从1984年维珍大西洋航空公司成立以来，他就将他的品牌维珍运用于他的很多产品领域当中：维珍录音机、维珍可乐、维珍移动电话（便携式）、维珍货币（网上贸易）、维珍火车、维珍线缆、维珍化妆品，还有维珍新娘。很多人批评他是把许多毫无关联的公司和产品聚集发展到了一起，比如航空公司和可乐是如何搭配在一起的呢？

尽管他的一些产品证明是失败的（维珍伏特加酒、维珍服装），然而他试图拓展他的维珍品牌基于两个前提。一是，著名的维珍品牌已经变成一个被人们普遍接受的象征符号。二是，这个符号的联想，维珍这个名称，以及理查德·布兰森本人的名声是这个品牌拓展的基础。维珍代表着创业和开拓精神，代表着惊心动魄的冒险精神，以及敢于挑战的品质，还有它普遍的低廉价位。不过，很明显这个品牌有时起作用，有时不起作用。

资料来源：〔美〕拉塞尔·维纳. 营销管理（第3版）[M]. 北京：清华大学出版社，2008。

3. 创造和保持与市场的相关性

在顾客、技术、竞争的多重影响下，市场时时发生着改变，应对变化成为品牌管理的一项重要任务。然而，一味地在原有品牌上进行修补会使品牌的负担过大，而且还不能满足变化的需求。因此，通过品牌组合管理，管理者可以在原有品牌基础上增加一个子品牌，或者增加一个独立的全新品牌，以便企业能适应市场发展趋势。比如，蒙牛早餐奶子品牌的推出就是为了以专业品牌的姿态进入早餐奶的细分市场；本田为了挺进高档车的行业，推出了独立新品牌"讴歌"（Acura）。

**小案例 10-2**

**山露红色密码**

2001年5月，百事可乐公司的"红色密码"上市，被普遍认为是继健怡可乐后饮料界最成功的新产品。到当年年底1亿箱该饮料已经销售一空。有趣的是，母品牌山露的产品线拓展得到了出乎意料的帮助，因为2001年的另一大特征是与之同名的红色密码全球计算机蠕虫病毒。这就使得该品牌的名字屡屡出现在各类出版物中，使品牌得到了很大推进。"红色密码"的核心市场是13～19岁的青少年，这同时也是山露汽水的核心市场，而山露汽水已经在青少年市场做了好几年狂轰滥炸式的广告宣传。"红色密码"这个名称引起的联想是能量和危险，这恰恰取悦了青少年这个群体。这个品牌的名字首次出现在某比赛中也就不足为奇了。

百事可乐公司继续使用山露牌作为它面向这个目标市场进行试验性拓展的来源。它已经推出了季节性拓展，比如夏季的山露（一种橙汁饮料），"五一"国际劳动节到万圣节期间的山露漆黑，感恩节到圣诞节期间的山露假日风味。2004年，便利店的山露牌系列产品的销售额平均上升了8%，至少部分程度上是因为由季节性拓展带来的利润。

资料来源：〔美〕拉塞尔·维纳. 营销管理（第3版）[M]. 北京：清华大学出版社，2008。

4. 创建强势品牌

强势品牌是指能够与消费者产生共鸣、具有差异性、充满活力的品牌。创建强势品牌是品牌管理也是品牌组合管理一个最基本的目标。在品牌组合当中，可以选择一个品牌来开发其差异点和活力点，以此带动整个品牌组合的发展。比如，清扬将去屑洗发水首次按性别划分，突出男士去屑洗发水，使得清扬其他洗发水乃至公司品牌"联合利华"都具有了差异性色彩；健力宝在2002年韩日世界杯期间推出"第五季"饮品的目的则是希望为健力宝这个老品牌增添活力。产品的特性、成分、服务或活动都可以作为差异点。品牌的活力点则非常广泛，包括产品、促销、赞助、标识、活动、CEO、用途、生活方式等。

5. 实现每一个品牌的清晰化

一般而言，最初品牌的产品和市场边界都是非常清晰的。随着消费者需求和市场竞争的变化以及品牌并购的发生，品牌的边界逐渐变得模糊。不光是消费者，就连员工和合作伙伴都感觉到混淆。这使得品牌的管理变得越来越难。在品牌组合当中，每一个品牌都需要被赋予一个产品的边界，哪些产品能够加入、哪些不能都要给出指南。例如，百胜餐饮集团旗下拥有肯德基、必胜客、必胜宅急送、塔克钟、东方既白等著名餐饮店品牌。其中肯德基是美式的烹鸡专家，必胜客是最大的比萨专卖店，必胜宅急送经营比萨外送，塔克钟是墨西哥风味的快餐店，东方既白则是"中国人的快速餐饮"。它们各自占领一个餐饮市场领域，定位清晰。

## 10.2 品牌组合战略框架

制定品牌组合战略是一个复杂而困难的过程。按照麦肯锡芝加哥公司董事史蒂芬·卡洛提（Stephen Carlotti）等人的观点，企业需要完成的工作有：(1) 从消费者认知的角度入手，考虑各品牌可以涉足的产品种类。(2) 在收益机会和品牌现实之间做平衡，贡献率且增长性不高的品牌需要放弃，否则会影响组合的总体收益。（3）做出艰难的选择，确定各品牌的定位和主次顺序。（4）任命品牌组合经理，一般由首席营销官（CMO）或营销部门主管兼任。如果品牌过多、组合问题过于复杂时，则设立全职的品牌组合经理。

大卫·阿克教授提出了一个品牌组合战略模型，更全面和清晰地说明了品牌组合的战略框架。该模型涉及六个方面（见图10-1）。

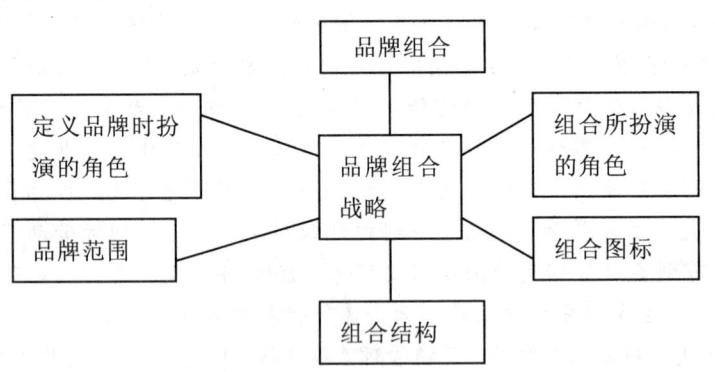

图 10-1　品牌组合战略框架

资料来源：〔美〕大卫·阿克. 品牌组合战略[M]. 北京：中国劳动社会保障出版社，2005.

### 10.2.1　品牌组合

品牌组合由一个组织所管理的所有品牌组成，包括主品牌、担保品牌、子品牌、描述性品牌、产品品牌、公司品牌、品牌化的差异点、品牌化的活力点、品牌联合等。品牌组合的基本问题是构成问题，即增加还是减少品牌，是改变独立品牌还是子品牌？这不是一个简单问题，因为增加或减少品牌、改变独立品牌或子品牌都有可能会使企业赢利。后面的分析将帮助解决这个问题。

### 10.2.2　品牌在定义产品时所扮演的角色

每一个产品都需要一个或一套品牌描述，目的在于引导消费者的认知。在界定一个产品的过程中，涉及的品牌有：

1. 主品牌

主品牌是一个产品或者服务的主要品牌名称。一般来说，它是关于一整套产品或者在一系列沟通中最主要的也是最大的一个品牌要素。这实际上就是人们在谈论品牌时所指的品牌含义。一般来说，每一个品牌都有自己的一个主品牌。

即使在最简单的品牌结构中，也都会有一个主品牌和一个产品描述。许多品牌，如麦当劳快餐店、星巴克咖啡、万宝路香烟以及百忧解抗抑郁病药物治疗等，都是带有一个产品描述的主品牌的例子。

2. 担保品牌

担保品牌又称背书品牌（Endorsing Brand），它为产品提供可信度和特性说明。担保品牌通常是公司品牌，其信誉和专业性来源于公司的历史、地位和价值观。宝洁（P&G）是典型的担保品牌，它为旗下的品牌提供了品质和实力担保。

### 3. 子品牌

为体现某个产品特性或为适应某个细分市场,产品需要增加一个子品牌来进一步说明主品牌的某方面特性,如海尔的小小神童、美的的冷静星、康师傅的茉莉清茶等。

### 4. 描述性品牌

描述性品牌是产品的功能性术语,就是产品所属的行业名称。如 DELL 的描述性品牌是笔记本电脑,诺基亚的描述性品牌是手机。实际上,描述性品牌并不是真正的品牌,而是品类名称。不过它对品牌的意义重大,如非油炸方便面的描述性品牌对五谷道场的成功是起决定性作用的。

### 5. 产品品牌

产品品牌即产品的区别性名称。一般产品品牌的表述形式是"主品牌+描述性品牌"(如统一冰红茶)。随着产品的增多,很多企业增加了子品牌,所以现在产品品牌表述形式多为"主品牌+子品牌+描述性品牌"(如联想昭阳笔记本电脑)。

### 6. 保护伞品牌

它通常介于公司品牌和产品品牌之间,起到了统领一类产品品牌的作用。比如,通用汽车公司的别克就是一个保护伞品牌(见图 10-2),旗下有君威、凯越、君越、陆尊、林荫大道等具体产品品牌;Microsoft Office 则对旗下的 Word、Excel、Frontpage、Access 等品牌起到保护伞作用。

图 10-2　通用汽车公司旗下各保护伞品牌

### 7. 驱动角色

它反映了一个品牌能在多大程度上推动购买决策和说明使用经历。主品牌通常是主要的驱动角色(如卡罗拉的车标是丰田的标志),而担保品牌、子品牌甚至描述性品牌都可能是驱动角色(如联合利华对中华牙膏的担保、Thinkpad 对联想笔记本电脑的驱动、两厢车对福特福克斯的驱动),只是强度较弱。

### 8. 品牌化的差异点

它反映了一个产品特性、成分、服务或活动对品牌的影响。产品特性是产品具备的为消费者带来某种利益的一种属性。如创维彩电独特的"六基色"技术保证了色彩的还原度；一些企业在产品当中加入某种成分，以增加产品的利益，如惠氏1段金装爱儿乐奶粉添加了对婴儿眼睛发育有促进作用的叶黄素；品牌化的服务用以扩充产品品牌，如海马汽车推出的"蓝色扳手"售后服务品牌；品牌化活动提供了与产品和品牌相关的活动，以增加品牌内涵，如希尔顿荣誉贵宾计划（Hilton Honors）。

**小案例 10-3**

奥迪品牌的个性

奥迪公司最大的竞争对手宝马在美国有着超高的品牌认可度，更不用说销售额了，宝马是奥迪销售额的两倍。最大的问题是研究表明奥迪这个品牌缺乏自己的个性。因此，在2002年奥迪公司投资了一亿多美元来解决这个问题。这个运动是在盐湖城冬季奥运会期间进行的，公司打出了"从不追随"的口号。这个口号旨在向那些能买得起宝马轿车但是不喜欢它的身份象征符号的顾客建造奥迪独立、自由（兴奋）的个性。

资料来源：〔美〕拉塞尔·维纳. 营销管理（第3版）[M]. 北京：清华大学出版社，2008。

**9. 品牌联合**

品牌联合也叫品牌联盟（Brand Alliance）。品牌联合是指分属不同公司的两个或更多品牌的短期或长期的联系或组合。从直观上看，品牌联合主要表现为在单一的产品或服务中使用了多个品牌名称或标识等。如由索尼公司和爱立信公司联合生产的手机使用"Sony Ericsson"作为品牌名称，联想公司的个人电脑上印有"Intel Inside"的标识等。品牌联合是一种重要的品牌资产利用方式，对于品牌联合的发起方来说，实施品牌联合的主要动机是希望借助其他品牌所拥有的品牌资产来影响消费者对新产品的态度，进而增加购买意愿，并借以改善本品牌的品牌形象或强化某种品牌特征。

**小案例 10-4**

英特尔的品牌联合

在高科技市场做得最好的品牌联合的例子就是"Intel Inside"，这是由英特尔公司的丹尼斯·卡特提出的。自从1991年公司推出这个品牌联合概念以来，公司称已经投资30亿美元用来做"Intel Inside"这个标志的广告。就是把"Intel Inside"的标志和内存显示器连在一起。有趣的是，进行这场运动的初衷并不是品牌联合。

英特尔公司是计算机行业奇才罗伯特·诺伊斯与戈登·摩尔于1968年建立的，旨在生产以半导体技术为基础的计算机存储设备。全球1971年到1981年的22项重大微电子突破，其中有16项是由英特尔公司完成的。它最主要的一次成功是1980年IBM公司为它的个人计算机选择了其16位的8086微处理器。在AT 80286开发上的成功，到升级至80386，一直到现在的Pentium III，这些产品为公司创造了260多亿元的销售额。1990年，英特尔的竞争对手AMD公司仿造了它的80386处理器，后来又仿造了80486微处理器。这种仿造常常被人们称为克隆。尽管英特尔控告AMD偷窃它的技术，而AMD公司反过来控告英特尔说它违反了反垄断法，但是法院最终决定AMD可以开发仿制英特尔的芯片。这样，尽管英特尔总是世界上第一家进行微处理器技术革新的公司，但用不了多久它的仿制品就会上市。

英特尔公司的回应是继续进行它的"Intel Inside"运动。这个想法还是在日本的时候受到的启发。个人计算机生产商把"Intel Inside"这几个字圈起来,暗示他们的计算机是配有高性能的英特尔微处理器。微处理器是计算机最重要的组成部件,这个标志就使人非常放心,因为这表示计算机的原部件都是质量非常好的。这就最终促使了你今天在许多广告中看到了"Intel Inside"的标志的产生。

这个运动是一项合作形式的广告活动。英特尔公司将顾客买芯片花销的6%投入到广告当中,进行这个标志的宣传。若公司要使用"Intel Inside"这个标志,那么它需要偿还它的OEMs电视广告一半的费用和广告印刷品费用的2/3。它这样做值得吗?英特尔公司有95%的市场份额,但是它的仿造商们也在努力缩短他们仿造芯片面世的时间。而且,由于仿造商的芯片以低价出售,这样使用这些芯片的个人计算机一般也是价位较低的。关键是顾客的忠诚度了,因为进入商店内50%的顾客想要精确的处理器,所以品牌身份的开发就是成功的关键了。并且,英特尔品牌名称的认可度是很高的(90%多的商业用户和70%~80%的消费者都认可)。

资料来源:〔美〕拉塞尔·维纳.营销管理(第3版)[M].北京:清华大学出版社,2008.

### 10.2.3 品牌范围

品牌范围也即品牌延伸的边界,是指品牌在产品类别、子类别和市场上的跨度和边界。每一个品牌的承载力是有限的,都应当有范围。不同的公司或行业在品牌范围上面差异很大。如3M公司的产品种类繁多,从家庭用品到医疗用品,从运输、建筑到商业、教育、电子、通信等各个领域;而格力则专注于空调业务。而在同一家企业里面,公司品牌与产品品牌、一种产品品牌与另一种产品品牌的范围都有所不同。如奇瑞汽车公司品牌旗下有微型轿车、家用轿车、商用轿车、轿厢车以及发动机,而奇瑞QQ3只是微型轿车的品牌;通用汽车旗下的别克系列有凯越、君越、君威、陆尊、林荫大道等几个具体的产品品牌;而起亚旗下的赛拉图只有一个具体产品品牌。品牌范围跨度的选择取决于多方面原因,如消费者对品牌的认知情况、品牌自身的实力、企业战略目标等。第9章对此有大量说明,此处不再赘述。下面这则小链接说明了上海通用汽车公司对雪佛兰和别克品牌范围的思考。

**链接材料 10-1**

关于上海通用汽车公司老总的采访

*每日经济新闻*:孙总,请问雪佛兰景程上市的同时,为什么要把赛欧归入雪佛兰系列?

*孙晓东*:这主要是目前上海通用已经明确细分了三大系列,把它们分别归为不同的档次。赛欧作为一款经济型的家庭用车,经过了数次降价,最低价格已达6.88万元。因此它的购买群体已经发生了变化,我们原来定位的那部分购买群体现在都已成为凯越的潜在或既成消费者了。对于赛欧来说,如果把它放在定位为中高档车的别克系列里面,一方面,有点不伦不类,另一方面,我们担心它会把别克品牌稀释掉。

*每日经济新闻*:既然这样,为什么当初赛欧上市的时候会归到别克系列?

*孙晓东*:其实这件事情我们内部当初也有过争议,是直接叫别克呢,还是叫雪佛兰?之所以最后选择放入别克系列有两方面的原因:一方面,当初赛欧的定位是"小车中的精品",定位不低,与别克的目标客户基本一致;另一方面,最重要也是决定性的因素是资源问题。

如果另外建立一个"雪佛兰体系",就需要重新建立雪佛兰的销售和服务网络,而当时上海通用的资源有限,从能力上很难去支撑"第二品牌";反过来,对于销售服务网络来说,也必须不断有后续产品去支撑,可当时并没有后续产品,这就相当于一个大型的超市通常大概需要40万个品种才能支撑起来,如果你只有4万个产品,怎么去支撑?还有一点值得一提,此前我们也进行了一个非常慎重的调查,当时的调查显示:赛欧的车主也非常喜欢自己被称为"小别克",沾一点别克的光,而别克的车主也并不介意别克系列出现一款10万元左右的车。

每日经济新闻:现在上海通用已经把三大系列分开了,但业内外人士普遍认为你们的品牌定位和区分并不是特别明显,尤其是雪佛兰和别克。从价格上看,雪佛兰景程甚至是别克凯越的竞争对手,对此您怎么看?

孙晓东:其实这也是上海通用在品牌规划上的最大挑战,每个品牌之间都要有区别,每个细分市场的产品之间都要有差异。我们把凯越的客户定义为"一群有激情的人",他们不断地想超越自己、追求突破。就车型而言,他们今天买了凯越明天就想去买别克。而雪佛兰的客户则是相对稳重的,他们更加追求事业与家庭的平衡。随着我们车型的不断推出,每个品牌的个性也会越来越明显。就目前来说,至少雪佛兰系列不会造20万元以上的车,而别克系列不会造低于10万元的车。

资料来源:《每日经济新闻》网站,www.nbd.com.cn。

需要注意的是,品牌范围是一个动态的概念。一般而言,品牌最初都只是代表一个或少数几个产品,随着越来越多的产品囊括进品牌当中,品牌的跨度和范围也得以拉伸。比如,康师傅最初的业务只是方便面,后来逐渐进入矿泉水、饼干等领域,成为一个食品品牌而不只是方便面品牌。正因为其品牌范围的扩大,可以推测,引进一些新的食品类别(如糖果、木糖醇、牛奶、牛肉干等)也很容易让消费者接受。管理者在进行品牌范围的界定时,应该考虑品牌未来的发展方向、各种新产品导入的先后顺序以及应该建立哪些消费价值联想。如深圳健康元药业原名为"太太药业",后来因为企业的产品不只是太太口服液,还推出了静心口服液、鹰牌花旗参、意可贴等保健品和OTC产品,原来的"太太药业"品牌范围不足以容纳这么多"非太太"专用的产品,因此不得不改名以增加品牌延伸的弹性。

### 10.2.4 品牌组合的角色

品牌组合的角色是指公司从多个品牌之间关系管理的角度对每一个品牌的战略功能做出的定位。通过各品牌功能的梳理,管理者能够使品牌之间的关系清晰化,从而实现品牌资源配置的最优化,并更好地发挥多品牌的合力。关于品牌组合中的角色,不同学者有不同看法,如荷兰的莱兹伯斯教授认为组合角色有主力品牌(Bastion Brand)、侧翼品牌(Flanker Brand)、斗士品牌(Fighter Brand)、威望品牌(Prestige Brand)四种,本书采用更为全面的大卫·阿克的观点。阿克教授认为,品牌组合中的各种角色包括战略品牌、品牌化的活力点、银弹品牌、侧翼品牌和现金牛品牌。这些角色并不相互排斥,如一个品牌既可以是战略品牌也同时可以是银弹品牌。品牌组合的角色具有动态性,在不同的公司发展阶段,银弹品牌可能发展成为战略品牌。而在不同的地理市场上,品牌组合的角色也可能不同,如美国的一个现金牛品牌到了中国可能成为战略品牌。

1. 战略品牌

战略品牌是对组织战略具有重要意义的品牌。它的成功与否对企业的生存和发展至关重要，因此必须得到企业资源的重点投入。战略品牌通常有三种：当前的实力型品牌、未来的实力型品牌和关键品牌。当前的实力型品牌是正在为公司带来主要销售额和利润的品牌，如北京现代的伊兰特汽车、可口可乐公司的可口可乐饮料；未来的实力型品牌是未来可能会为公司带来主要销售额和利润的品牌，如吉利汽车公司的远景汽车、苹果公司的 iPod 音乐播放器；关键品牌并不直接影响未来的销售额和市场地位，但却在企业长期发展过程中起到关键或杠杆作用。例如，奇瑞 QQ 是奇瑞汽车公司的一个亮点，尽管这个品牌的汽车利润很低。

在战略品牌投资方面存在两个误区：一是"品牌业绩近视症"，即根据业绩分析只重视当前的实力型品牌，而忽视了未来的实力型品牌和关键品牌。这对企业的未来发展不利。试想，如果 Intel 公司一直抱着"奔腾"CPU 不放，那么就不可能会出来后面的酷睿双核甚至四核。二是"品牌业绩远视症"，即过于关注未来的实力型品牌和关键品牌，而对当前的实力型品牌放之任之，这可能会使得当前的实力型品牌因为资源补给不足而萎缩。比如，20 世纪 90 年代，宝洁公司业绩不佳，部分原因就是对新品牌投入过大，而忽视了老品牌的发展。

2. 品牌化的活力点

品牌化的活力点是指提升或激活目标品牌的任何产品、促销、赞助、项目或其他独立于产品功能之外的实体。活力点与品牌之间是通过联想发生作用的。新康泰克通过塑造"康泰克先生"的胶囊卡通人形象来激活品牌；仁和闪亮滴眼露赞助"快乐男声"电视歌手选秀活动，与之前蒙牛酸酸乳赞助"超级女声"同出一辙，都是用赞助的方式来激活原品牌；联想 2004 年收购 IBM 公司的 PC 业务一役，大大提升其品牌的国际化形象；2007 年，安踏携手 NBA 休斯顿火箭队，签署了战略联盟协议，这也是安踏迈向国际化的重要一步。

3. 银弹品牌

"银弹"英文为 Silver Bullet，原意是传说中能把人狼变回人类的一种子弹，用在品牌当中是指能改变或支持另一种品牌形象的战略角色。银弹品牌的出现通常是因为现有的组合品牌形象不理想，希望通过重新定位一个现有品牌或者创造一个新品牌的方式来使得品牌形象改善。2002 年，摩托罗拉公司在中国全面推出 MOTO 品牌战略，就是为了解决摩托罗拉过于呆板和成熟，活力和亲和力不够的形象问题；娃哈哈的非常可乐旗下推出非常咖啡可乐这一新产品，目的也是希望通过带有都市特色的新产品来消除非常可乐一贯的土气形象，增强其品牌的时尚感。

**小案例 10-5**

### 梅赛德斯-奔驰 斯沃琪 Smart

梅赛德斯-奔驰公司决定与瑞士著名手表企业斯沃琪公司合作开发一款新型轿车。该轿车被定义为小型（长度小于 3.048 米）廉价（低于 1 万美元）迷你车，并具备斯沃琪手表的三大特征——经济型、耐用型和时尚性，同时还具备梅赛德斯-奔驰轿车的重要特征——安全性。

由于该车型是一个全新的概念，许多专家担心一旦该车推向市场不能取得成功的话，奔驰的品牌形象会受到损害。因此，该车的名称就没有使用奔驰，而是仅仅使用了奔驰的标志，单品牌名称则另创为 Smart。Smart 其实是 S.M.Art 的意思，S 是 Swatch，就是斯沃琪公司，瑞士手表集团，旗下品牌无数；M 是 Mercedes，也就是奔驰。Smart 是斯沃琪和梅赛德斯的艺术品的意思。

资料来源：作者根据互联网相关资料进行整理。

4. 侧翼品牌

在阿克的品牌理论中，侧翼品牌就是斗士品牌，是为保护战略品牌而独立设立的辅助性品牌，一般在传播的时候不强调与战略品牌的关系。如果竞争对手以低档或独特的品牌来抢夺市场份额，本企业品牌最好采用侧翼品牌来进行反击。这样，战略品牌可以不用降价而自损形象，或者跟随竞争者的独特卖点而改变自身一贯的特征。康师傅当年为了应对低档方便面竞争者蚕食它的市场份额，推出了全新的低档品牌福满多；可口可乐为了抵御百事可乐推出的低卡路里的轻怡可乐，也推出低卡路里的健怡可乐。采用侧翼品牌既对抗了竞争者的进攻，同时又保全了品牌原有的定位和形象。即使侧翼品牌最后不成功，也不会对战略品牌产生负面影响。

5. 现金牛品牌

在经典的 BCG 矩阵（波士顿咨询集团法）当中，有一种市场增长率缓慢但相对市场份额很大的业务，称之为"现金牛"业务。现金牛品牌的特点与此相仿，即无须加大投资，仍有一定市场地位和收益回报。这些品牌已经建立了很强的市场地位，拥有了一批忠诚的顾客，只是市场饱和度很高，业绩难以有新的提升。所以，企业通常对这些品牌采用顺其自然的态度，不过多地增加投资。例如，在欧美等国家，LV 等一批奢侈品就属于现金牛品牌，它们已到了成熟期，市场业绩稳定。如康师傅的红烧牛肉面和微软的 Office 系列软件也是一些著名的现金牛品牌。

### 10.2.5　品牌组合结构

品牌组合结构是组合当中的品牌之间的逻辑关系。混乱的逻辑关系将使得公司旗下的各品牌之间产生冲突；反之，清晰的逻辑关系将使得各品牌之间的协同效应达到最优化。例如，广东移动原有全球通、动感地带、神州行、神州大众卡四个品牌，由于神州行和神州大众卡名称相仿市场重叠，所以将二者合并。目前，广东移动旗下的三个品牌组合结构清晰，全球通针对追求通信服务质量的商务市场，动感地带针对追求动感活力的年轻人，神州行针对追求廉价的普通老百姓市场。

品牌组合基本的结构类型有三种：横向结构、纵向结构和联合结构。横向结构是几个并行的品牌之间的关系，如宝洁公司的潘婷和海飞丝就形成了横向关系；纵向结构是一个具体产品用一套品牌描述而形成的关系，如微软公司的 Windows 的 XP 版本；联合结构是不同公司之间的品牌合作，如索尼和爱立信公司联合推出的索爱手机、姗拉娜与 SNOOPY 联合推出的姗拉娜 SNOOPY 版等。当这三种结构交织在一起且品牌众多的时候，品牌组合结构就会显得非常复杂，必须通过一些专业的工具和技术进行分析。

### 10.2.6　组合图标

组合图标是跨品牌和不同环境（如不同国家）的品牌视觉展示形式，包括标志、包装、产品设计、符号、布局、广告语等。在同一个公司的不同品牌或不同区域的同一个品牌上可以看到相同和不同的品牌视觉表现。相同的视觉形式表明了这些品牌之间的共通性（如福特旗下的品牌都采用统一的品牌口号"活得精彩"），而不同的视觉形式表明了这些品牌之间的差异性(如屈臣氏蒸馏水和矿泉水的外包装分别采用深绿色和淡绿色的盖子以示区分)。

组合图标有三个方面的功能:(1)指示一套品牌中哪个处于相对驱动的位置。在汽车尾部,我们能够看出一套品牌中的不同组成部分是如何影响消费者购买决策的。比如,本田雅阁汽车的车标是本田汽车系列的统一标志"H","Accord"(雅阁)的产品品牌字样则处于车尾右侧,而本田讴歌(Acura)的车标则与本田其他车都不同,采用的是形似"A"的"H"状标志。显然,雅阁等品牌主要以本田(Honda)为驱动,而讴歌是以自身为驱动的。品牌的驱动作用与品牌视觉展示的大小和位置有关。(2)区分两种品牌或两个系列。康师傅"亚洲精选"和"食面八方"系列方便面在外包装上有所不同,而两个系列里面不同口味的方便面包装却类似,从而清晰地标识了不同的品牌系列。(3)直观说明品牌组合的结构。海信在收购科龙之后,为了强化两个品牌的关系,将 Kelon 中"K"的红色锋利的"一撇"改换成 Hisense 中"i"的一个橙色小方块,让人感觉二者有共同的基因,"如出一辙"。

## 10.3 品牌组合结构分析方法

因为品牌组合管理的前提是多品牌关系如何梳理的问题,所以描述品牌组合结构在品牌组合管理当中至关重要。很多学者提出了品牌组合结构分析模型和方法,以下一一介绍。

### 10.3.1 凯勒的品牌层级理论

**1. 品牌层级的内涵**

品牌层级(Brand Hierarchy)是描述某一个具体产品时所使用的一套品牌之间的纵向关系。这些层次的品牌在定义产品时发挥了不同的作用。凯勒认为,从上到下可以从四个层级品牌来简单描述一个产品:公司品牌(Corporate Brand)、家族品牌(Family Brand)、个体品牌(Individual Brand)、修饰品牌(Modifier Brand)。公司品牌位于品牌层级的最高层,通常是一个组织的名称,包括总公司(如百胜集团)或子公司品牌(如肯德基餐厅)。公司品牌会出现在产品或包装上面,至少也会在公司名称一栏标出。家族品牌位于品牌层级的次高层,通常是一个产品大类的统一名称,如康师傅的"食面八方"系列方便面。个体品牌是某个具体产品的品牌,如本田的思域汽车。修饰品牌用以标示某一具体产品的项目、型号、版本或成分,如百事可乐的红罐纪念装、宝马 3 系、Windows 的 Vista 版本、益达木糖醇的薄荷口味等。以通用汽车公司的别克凯越 HRV 来看,通用汽车是公司品牌,别克是家族品牌,凯越是个体品牌,HRV 是修饰品牌。品牌层级越往下,指向越明确。并不是说所有的产品描述都要用到这四个层级的品牌,如在娃哈哈纯净水当中,只有公司品牌(娃哈哈)和修饰品牌(如瓶装水和桶装水),而可口可乐水森活纯净水则除了公司品牌和修饰品牌,还有个体品牌"水森活"。品牌学者范·贝克(Van L.Baker)提出了名为品牌柱的品牌组合模型,与凯勒的品牌层次结构比较类似(见链接材料 10-2)。

**链接材料 10-2**

品牌组合柱模型

范·贝克提出了名为品牌柱的品牌组合模型,如图 10-3 所示。该模型按照品牌范围和品牌特征可将公司的品牌组合分为产品品牌（Product Brands）、属性品牌（Attribute Brands）、市场细分品牌（Market Segment Brands）、业务线品牌（Line of Business Brands）和公司品牌（Company Brands）。其中产品品牌和公司品牌是每个公司必须要管理的品牌，位于中间的三类品牌，公司可有选择性地去管理，这样做的目的在于最大限度地扩大品牌影响力和品牌收益。

（1）公司品牌：指使用公司名字为品牌命名。

（2）产品品牌：指描述产品种类的名字，如手机、洗发水、夹克等。

（3）业务线品牌：指事业部品牌，如通用下面的雪佛兰、别克等系列汽车品牌。

（4）市场细分品牌：指专注于某一细分市场的品牌，例如 HP 公司使用 Pivilion 品牌作为家用电脑品牌，而使用公司品牌作为商务电脑品牌。

（5）属性品牌：指用来区分品牌时所强调的一个特别的品牌特征或元素。如佳得乐饮料品牌强调"运动"。

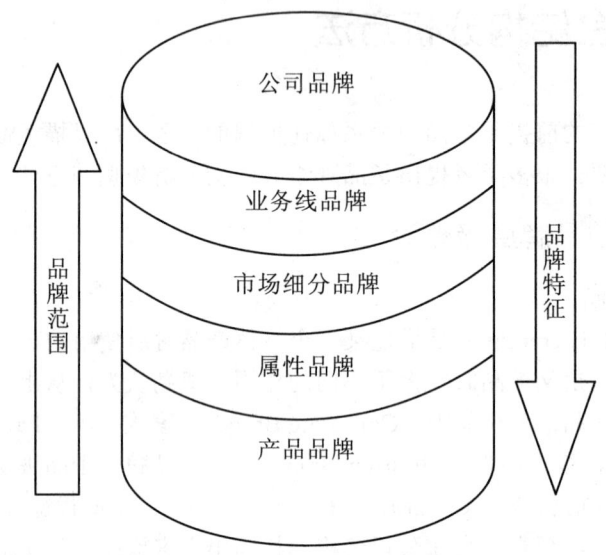

图 10-3　品牌组合柱模型图

资料来源：Baker, Van L. Make the Most of Your Brand Portfolio[J]. Cross Industry Research Report, 2005(2): 1-9.

2. 品牌层级树

品牌层级树可以把一个主力品牌下面各种品牌和产品的关系理清。该树状模型类似于一个组织结构图，横向表示处于同一层次的各种品牌，纵向表示不同层次品牌的归属关系。以下根据奇瑞汽车部分品牌简单绘制一个品牌层级树（见图 10-4）。有了品牌层级树的辅助，特别是通过与竞争者对比，可以分析公司同级品牌之间以及上下级品牌之间的逻辑关系如何，以便知道哪个品牌或型号是不足还是多余，是重叠还是互补等情况。比如，东方之子 Cross 既与东方之子有紧密关系，又在外形上归为运动型多功能汽车（SUV），所以有些混乱。

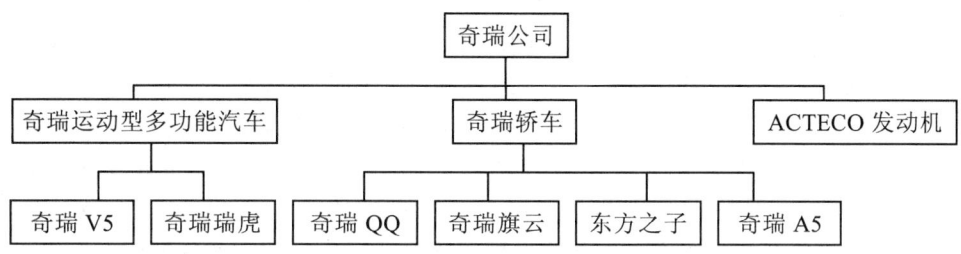

图 10-4 奇瑞汽车品牌层级树

关于品牌层级树，一个技术问题是究竟按照什么标准来划分同一层次的品牌。这个技术称为"品牌分组"，指的是根据共有的、有意义的特征将品牌进行逻辑分组。很多标准都可以用来划分，包括：①细分市场。金龙制衣的男士内衣使用"健将"的品牌，女士内衣使用"爱莎"的品牌。②产品质量。康师傅方便面中高档面叫作"康师傅"，中低档面叫作"福满多"。③产品设计。纳帕佳服饰（LAPARGAY）的黑白系列称为"LAPARGAY COLLECTION"，彩装系列称为"LAPARGAY THE SERIES"。④产品品类。奇瑞汽车公司的汽车产品叫作"奇瑞"，发动机则叫作"ACTECO"。⑤产品技术。Intel 公司目前有三个技术平台：迅驰、博锐和欢跃。⑥分销渠道。在欧莱雅集团的品牌当中，兰蔻在百货商场销售，欧莱雅和美宝莲在超市销售，薇姿和理肤泉在药房销售。

3. 品牌层级战略规划的原则

品牌层级战略规划问题涉及四个方面：①层级通常应包含的层次数目是多少？②每一个层次期望的品牌认知和形象是怎样的？③对于某个产品而言，如何安排不同层次的品牌元素？④品牌如何跨越多个产品而产生联系？

针对这些方面的问题，凯勒教授提出了若干原则。

（1）品牌层级的数目问题——简单原则

在一个新产品设定品牌的时候，首先要考虑的决策问题是选择几个层次的品牌。通常多数企业都会选择多层次的品牌。因为品牌层次越多，蕴含利益点的信息量就越大，就越能刺激消费者购买。试想，美的空调与美的冷静星 1.5 匹立式空调哪个更容易吸引消费者？几个层次的品牌组合在一起，不仅能够充分利用高层次品牌的辐射效应，而且能够利用一些子品牌来丰富和延展高层次品牌的内涵。比如，耐克持续不断地在篮球产品线上推出子品牌（如 Air Jordon、Air Flight、Air Force），使得耐克在篮球鞋领域成为绝对的权威。

不过，过多的品牌层次也会加大消费者认知品牌的难度，超过了三个层次之后，消费者会弄不清楚几个层次品牌之间的关系。在这种情况下，管理者需要采取简单原则，即根据与品牌相关的产品的复杂性以及产品与品牌的关系设置意愿而决定品牌层次的数目。如果产品很复杂或者希望将产品与品牌关系拉近，那么通常会推出多个品牌层次；反之，如果产品比较简单或者希望将产品与品牌关系疏远，那么通常会推出少量的品牌层次。比如，口香糖是一种相对简单的产品，所以绿箭口香糖的品牌层次非常少；而汽车是一种很复杂的产品，所以一汽大众速腾 2.0L 自动挡的品牌层次就较多；出自尼桑公司的英菲尼迪汽车因为其高端定位而希望保持一定的独立性，于是直接采用"Infiniti"的独立产品品牌而不是"Nissan+子品牌"的母子品牌模式。

（2）每个层级中期望的品牌知名度和形象问题——相关原则、差异原则

在确定品牌层次的数目之后，接下来的问题是：每个层级品牌所容纳的类似的产品该如何设定关系？既然同属于一个品牌下面，那么各种不同的产品需要一定的相似性，即相关原则。同时，产品的不同也需要突出其差异，即差异原则。相关原则通过抽象的联想来实现。比如，耐克这一品牌下面有运动服、运动鞋和运动用品等产品，都以"Just Do It"品牌口号所透露出的酷和活力来统一。联想越是抽象，品牌可以容纳的产品种类就会越多，如维珍、3M都是如此。差异原则通过具体联想来实现。比如同样是康师傅"食面八方"这一产品线品牌下面的具体产品，东北风味的叫作"东北炖"、广东风味的叫作"老火靓汤"、四川风味的叫作"油辣子传奇"、山西风味的叫作"酸香世家"、福建风味的叫作"山珍海烩"等。包装采用的颜色和广告出现的画面背景都突出了各地方口味的差异。没有相关性，各产品就成了"散兵游勇"，失去了发挥合力的作用；而没有差异性，消费者就无法对产品进行有效区分，进而产生选择困惑。

（3）如何安排不同层次的品牌元素的问题——主导原则

在同一个产品上面，不同层次的品牌元素如何组合，哪个层次的品牌元素要更突出一点？这一问题牵涉到品牌对于消费者购买决策的驱动问题。有些品牌是由低层级的品牌驱动的，所以会突出低层级品牌的地位，把低层级品牌名称和标志做大。有些品牌则相反。万宝路是低层级品牌驱动的，所以没有多少人能知道它的生产厂商菲利普·莫里斯（Philip Morris）公司（现更名为"高利亚 Altria"）；而诺基亚是高层次品牌驱动的，所以旗下各字母和数字组合的型号修饰品牌不容易让人记住。如何安排不同层次品牌关系的问题，可以采取主导原则来处理。格雷和斯梅尔策认为有五种主导的类型：①单一实体。即只提供一条产品线或一组风味，公司形象与产品形象完全一致，如联邦快递。②品牌主导。即突出产品品牌，如汰渍洗衣粉。③同等地位。即公司和产品品牌同等重要，如 LG 巧克力手机。④混合主导。即公司的品牌组合比较杂，有些产品是品牌主导，有些产品是公司主导，有些又是同等地位。如在康师傅公司，康师傅纯净水就是公司品牌主导，福满多方便面就是产品品牌主导。⑤公司主导。即突出公司品牌，如 DELL 公司。

（4）如何跨越产品链接品牌的问题——共同原则

前面涉及的是同一个产品不同层次品牌的关系，而接下来谈论的是同一个品牌如何跨越各种产品又能保持一定的一致性。共同原则是解决这一问题的药方。不同产品共用的品牌符号越多，产品之间的联系就会越紧密。共用的品牌符号包括品牌名称、品牌标志、品牌口号等。很多企业在进行产品多元化经营时，直接采用完全一样的品牌名称，如锦江国际旗下的旅游、地产、酒店、金融等产业的名称都叫"锦江"，维珍"Virgin"字样的品牌名称出现在航空、铁路、手机、可乐、唱片、婚纱等几十个风马牛不相及的产业当中；一些企业则采用了某个专用的字词来建立各产品的关系，如索尼的 Walkman 和 Discman 都采用了"man"的后缀，麦当劳用"Mc"前缀推出了很多产品，如 Chicken ManNuggets，Egg McMuffin 和 Mcrib 三明治。品牌标志的使用也是如此，前述的锦江国际旗下的产业在品牌标志上都差不多，只是外圈的形状和底部的色块稍有不同。品牌口号是链接各产品的另一主要粘合剂，福特旗下的福克斯、蒙迪欧、翼虎、嘉年华等品牌都统一在"活得精彩"的手写体品牌口号下面。

## 10.3.2 阿克的品牌关系图谱

1. 品牌关系图谱中品牌组合的四种模式

品牌组合结构研究领域的先驱奥林斯（Olins）描述了三个最基本的品牌组合结构：品牌化结构（The Branded）、品牌担保（The Endorsed）、单品牌集合（The Monolithic）。拉福雷特（Laforet）和桑德斯（Saunders）在这三种结构下面又细化了企业品牌（Corporate Dominant）、分部品牌（House Dominant）、双重品牌（Dual Brands）、被担保品牌（Endorsed Brands）、单品牌（Brand Dominant）和隐藏品牌（Furtive Brand Dominant）六种品牌结构。此外还有卡普菲勒教授提出的品牌架构（Brand Architecture）理论（见链接材料10-3）。大卫·阿克教授提出的品牌关系图谱（Brand Relationship Spectrum）更是在以上学者研究的基础上推进一步，其组合结构分析是目前最为全面的一个。该模型根据各个品牌之间关系从近到远将品牌与品牌之间的关系分为四种：品牌化集合体（A Branded House）、主品牌之下的子品牌（Subbrands under a Master Brand）、被担保品牌（Endorsed Brand）、多品牌集合体（House of Brands）。

品牌化集合体也叫单一品牌战略，是指各产品品牌全部相同，产品差异通过描述性品牌来体现，表现形式是"主品牌+描述性品牌"。雀巢咖啡、雀巢牛奶和雀巢奶茶就属于这一类。

主品牌之下的子品牌是指在主品牌相同时，根据产品的不同特征附加一个修饰性的子品牌，表现形式是"主品牌+子品牌"，也称主副品牌或母子品牌。海尔很早就开始使用这种方式来建构品牌之间关系，如滚筒洗衣机领域的海尔阳光丽人、玫瑰丽人品牌，空调行业的海尔健康聪明风和海尔08奥运风等。

被担保品牌通常是指一个产品有两个以上品牌，一个是担保品牌，一个是被担保品牌。担保品牌通常是企业品牌，为被担保品牌提供信誉和保障；被担保品牌则相对独立，表明产品的功能、价值和购买对象。其表现形式是"担保品牌+被担保品牌"。与主品牌之下的子品牌不同，被担保品牌当中的两个品牌并不是联结在一起出现，而是保持了一定的距离。例如，索尼与游戏品牌PS2、苹果与音乐播放器品牌iPod之间的关系就没有通过写在一起的方式直接联结起来。

多品牌集合体是指不同品牌彼此独立，在各个细分市场发挥自己最大的影响力，表现形式为"子品牌"。宝洁公司大量采用了多品牌集合体的品牌组合模式，如在洗发水领域就有潘婷、飘柔、海飞丝、沙宣、伊卡璐五个品牌。

从品牌的驱动作用来看，一个品牌集合体是靠主品牌进行驱动的，描述性品牌的驱动作用很小或几乎没有；子品牌与主品牌在驱动作用方面贡献差不多；对于被担保品牌而言，担保品牌的驱动作用比被担保品牌要小；多品牌集合体则是各品牌自己作为驱动者。

**链接材料10-3**

### 卡普菲勒的品牌架构理论

卡普菲勒教授提出的品牌架构（Brand Architecture）理论稍微复杂一点。在他看来，品牌与产品的关系（即品牌架构）可能有六种类型：产品品牌（The Product Brand）、产品线品牌（The Line Brand）、范围品牌（The Range Brand）、伞状品牌（The Umbrella Brand）、来源品牌（The Source Brand）和担保品牌（The Endorsing Brand）。产品品牌就是以上所述的个体品牌与修饰品牌的综合。在百事推出的清柠可乐中，清柠可乐是个体品牌，而罐装或是瓶装就是修饰品牌了。产品线品牌、范围品牌和伞状品牌都属于家族品牌,但也存在一定的区别:产品线品牌囊括的是同一品类的产品,各种新产品的推出只是对某一品类的填补,比如纳爱斯旗下的雕牌就涵盖了洗衣粉、天然皂粉、洗洁精等洗涤用品;范围品牌囊括的是相关的不同品类产品,如联想旗下拥有台式电脑、笔记本电脑、手机等消费电子产品;伞状品牌囊括的则是不相关的不同品类产品,如雅马哈旗下钢琴、电子琴、摩托等产品都以雅马哈(Yamaha)命名。来源品牌实际上就是主副品牌或者母子品牌,即主品牌加上产品品牌,如海尔小小神童洗衣机等。与范围品牌和伞状品牌不同的是,来源品牌当中已经标出了产品自身的个体品牌,而前两者的产品并无独立的品牌。担保品牌通常就是公司品牌,它不像来源品牌一样直接与产品品牌写在一起推广,而是以一种松散的方式为产品品牌担保。例如,联合利华作为担保品牌就与旗下的洁诺、立顿、中华、老蔡、清扬、金纺、和路雪、家乐、旁氏等产品品牌保持一定的距离。

资料来源:Kapferer, Jean Noel. The New Strategic Brand Management: Creating and Sustaining Brand Equity Long Term(4th ed.)[M]. London: Kogan Page Limited, 2008.

2. 各品牌组合战略的具体形式

品牌组合战略除了四种基本战略外,具体还包括九种形式。图10-5中从左到右,这九种形式按照从统一到独立的方向排列。

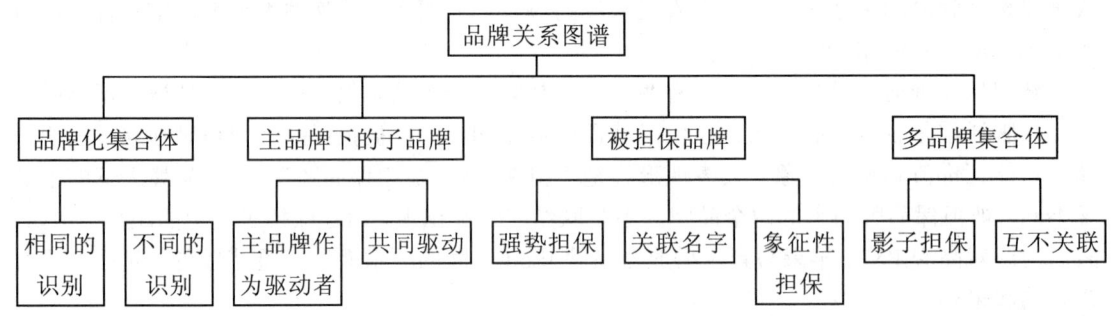

图10-5 品牌关系图谱

资料来源:〔美〕大卫·阿克. 品牌组合战略[M]. 北京:中国劳动社会保障出版社,2005.

(1)品牌化集合体

尽管品牌化集合体当中所有品牌都采用同一个品牌名称,但在品牌标识方面还是存在两种类型。

①相同的识别。如中国中信集团公司旗下的中信证券、中信出版社、中信银行等产业全部采用一致的品牌标识,国际著名企业美国通用电气公司(GE)和日本三菱株式会社旗下业务也都是采用统一品牌标识的。这样能够降低各业务的品牌传播费用,同时又能增加主品牌的实力。

**小案例10-6**

**中联重科的单一品牌战略**

作为国际化品牌战略体系中的重要战略步骤,中联重科在广州宣布,将其旗下"中联"

"浦沅""中标"统一为"中联"品牌。此举意味着中联重科的市场重心将由国内市场逐渐向国际市场转移，主要市场目标发生根本性变化。

据了解，中联重科此次品牌统一所涉及的主要下属品牌"浦沅""中标"，分别是我国工程起重机和环卫机械领域的知名一线品牌。中联重科"浦沅"牌系列工程起重机曾成功试制出行业内第一台专用底盘汽车起重机及中国最大吨位自主知识产权履带吊产品，历经四十年传承发展，历久弥新。创建于1999年的"中标"品牌，从国内第一台湿式吸扫式扫路机到117台环卫产品出口加纳创中国环卫机械产品单笔出口最大单，其市场占有率已连续七年稳居国内首位。中联重科董事长、首席执行官詹纯新表示，公司进行品牌整合战略，是适应市场发展要求的一个重要战略决策，是打造工程机械强势品牌、为全面进军国际市场所做出的果断决定。统一品牌，以国际化的思维整合国际化的资源，是中联重科进行全球资源整合的品牌战略的第一步。

詹纯新认为，从创立与聚能阶段的单一品牌，到企业飞速发展时期资源整合的多品牌融合，再到如今迈向国际化时期的品牌统一体系建立，中联重科完成了一个具有中国传统文化底蕴的国际化品牌的内核塑造，而这一过程始终和企业价值与战略定位、技术进步与市场开拓相辅相成，相得益彰。

资料来源：天鸣，方元. 中联重科单一品牌策略正式实施[N]. 证券时报，2007-12-04。

②不同的识别。深圳招商局集团下面一些产业的品牌标志就不一样。比如招商银行、招商证券、招商石化都是"M"字母品牌标志的变种，即使招商地产、招商局物流、招商局蛇口工业等产业的品牌标志形状相同，颜色也有所不同。上海锦江国际有限公司的品牌标志也有一定差异。这家大型集团公司下有锦江酒店、锦江客运物流、锦江地产、锦江旅游、锦江实业、锦江金融等几大产业，标志中间核心部分是相同的，但外圈图形的形状及一个底部小色块不同。稍有差异的品牌标识能够突出产业特点，而品牌主体内容相同又表明各产业都属于同一个品牌，体现出该品牌的实力。

尽管品牌化集合体的优点是显而易见的，但也存在一个很大的问题，即某项业务出现问题而带来的"株连效应"。因此，品牌化集合体对其中的每项业务都需要严加监管，对旗下的业务没有十足把握最好不要采用这种形式。

（2）主品牌下的子品牌

子品牌下面有两种具体形式：一种是主品牌作为驱动者，另一种是共同驱动。

①主品牌作为驱动者的情况说明消费者是受主品牌影响而购买产品的，子品牌只起到次要作用。例如，在诺基亚6300的品牌手机当中，显然是"诺基亚"而非"6300"驱动消费者购买的。这种组合形式的形成常常是因为主品牌实力强大而导致的。

②共同驱动的案例很多发生在汽车行业。在选购丰田卡罗拉汽车的过程中，消费者同时受到"丰田"和"卡罗拉"主副两个品牌的影响，二者的驱动作用相当。如果希望强化子品牌的地位，那么选择共同驱动的组合形式是必要的。

子品牌既能利用主品牌的声誉，又可描绘出产品的特色，因此深受企业的欢迎。现在有很多企业都是用子品牌来进行新产品推广的。不仅如此，子品牌还是相对安全的一种品牌组合战略。因为后面的子品牌即使出现问题，对前面的主品牌影响也不大，对其他子品牌的影响就更小。子品牌的使用也不宜过多，过多会使消费者产生认知的混淆，如手机、数码相机目前型号就太多，让人觉得有点乱。

（3）被担保品牌

被担保品牌具体有三种形式：强势担保、关联名字和象征性担保。

①强势担保通常会通过醒目的标志直观地显示出来，如雀巢担保的奇巧（Kit Kat）巧克力，"Nestle"的标志出现在包装的左上角。主品牌实力强大同时又希望突出子品牌的地位，就适合选择强势担保的方式。

②关联名字是在各产品品牌当中都共同存在担保者品牌的某个字词。例如，麦当劳餐厅曾推出一系列带有"麦"字的产品，如麦乐鸡、麦辣鸡、麦香鸡、麦香鱼、麦咖啡等。这种形式在突出各自品牌特点的同时也强调了各品牌与主品牌之间的某种联系。

③当担保品牌出现在包装背后的时候，我们说这是一个象征性担保。象征性品牌的担保关系没那么强，如联合利华对中华牙膏的担保。通常这种担保形式适合新品牌不需要担保品牌担保的情况，如新品牌档次较低、新品牌希望创造独立的全新形象。福满多刚推出来的时候，很多人不知道它与康师傅出自同一家公司，因为顶新集团只是在厂址的位置出现；英菲尼迪的车标与尼桑其他汽车的车标都不同，厂家希望它作为高端品牌能保持一定的独立性。

被担保品牌突出了子品牌的特点，淡化了担保品牌的影响力，适合子品牌差异较大的企业。但也正因为淡化了担保品牌的影响力，使得子品牌的推广费用增加。以上三种形式在担保程度上有所区别，但要判断新产品适合其中的哪一种并非易事。

（4）多品牌集合体

多品牌集合体有影子担保和互不关联两种形式。

①影子担保品牌并不直接与被担保品牌相关联，但许多消费者知道这种联系。这样，被担保品牌一方面能够获得影子担保品牌部分优势的庇护，另一方面又可能摆脱影子担保品牌的束缚而保持较大的独立性。影子担保品牌通常来自一个完全不同的产品领域，如广州保利房地产公司的母公司是北京保利集团——一家颇具实力的军工背景企业。一些知道这一背景的人会口耳相传，从而增加了对保利地产的信任。

②互不关联是品牌之间关系最弱的一种品牌组合形式，目的是希望保持各品牌的独立性。宝洁公司旗下的品牌独立性非常强，甚至出现海飞丝与飘柔相互竞争消费者的情况。

多品牌集合体适合于各产品品牌差异很大的情况。但遗憾的是，它不能利用到集团公司品牌的影响力，并为打造集团公司品牌的实力做出贡献。而且，多品牌打造的成本也不是一般企业能够承受得了的。

# 10.4 品牌联合战略

### 10.4.1 品牌联合的定义

传统的观点认为品牌组合所管理的品牌都属于同一家企业，而新近的观点认为品牌组合还包括该企业与其他企业合作的品牌，即联合品牌。联合品牌是一个名词，其动词形式即品牌联合。这是一个新的品牌研究领域，随着联合营销和并购的升温而逐渐被品牌研究与实践者所重视。

在《品牌联合》一书中，英国英特品牌公司的副董事长汤姆·布莱克特（Tom Blackett）将品牌联合定义为"两个或者两个以上消费者高度认可的品牌进行商业合作的一种方式，其中所有参与的品牌名称都被保留"。该定义有两点值得关注：①联合在一起的品牌都是强势品牌，即所谓的"强强联合"；②参与品牌的名称都要显示出来，而不是作为幕后支持或影子担保。与品牌联合非常相近的一个概念是品牌联盟（Brand Alliance）。实际上，品牌联盟是品牌联合的一种方式，只不过合作的广度、深度和长度都要更胜一筹。

### 10.4.2 品牌联合的类型

从表面上看，品牌联合就是两个或两个以上的品牌进行的合作，似乎很简单，但实际上，由于合作的目的和创造的价值不同，品牌联合体现出不同的类型。大卫·阿克和英特品牌公司都对此提出过自己的分类。

1. 阿克的品牌联合分类法

大卫·阿克根据各合作品牌之间的关系将品牌联合分成四种类型：

（1）合作主品牌

合作主品牌是指合作的几个品牌都承担着合作产品或营销计划的主品牌角色，即几个品牌在合作产品或营销计划当中的地位都是相等的，共同发挥主要驱动者的作用。通常双方具有某方面比较优势的情况下适合建立合作主品牌。比如，就目前的业绩来看，索尼爱立信（简称"索爱"）手机的推出是非常成功的，它综合了爱立信卓越的通信技术和索尼的创新设计能力，两个品牌都对合作产品产生了主要驱动力作用。合作主品牌的品牌联合策略往往会使得合作各方获得比它们独立经营更好的效果。美国市场营销协会曾经做过一个调查，有80%的人认为他们会购买索尼和柯达公司联合出产的数码影像产品。而如果被告知该产品是由索尼独家生产的，只有20%的人说可能会买；同样，被告知由柯达独家生产的，购买的比例也是20%。

（2）外部品牌化的差异点

一般品牌化的差异点都是在企业内部寻找，而外部品牌化的差异点是在企业外部寻求。外部的这个品牌已经具有吸引力、可信度和强有力的品牌联想，可以是品牌化的产品特性、服务、活动或产品成分。产品成分最为常见，如捷豹汽车（Jaguar）在英国使用的是康纳利（Connolly）皮革做汽车内饰，以体现它与其他汽车的不同。外部的差异点应该是竞争对手所不具备的，如果竞争对手都能轻易获得，那就不适合作为外部差异点。比如，杜比系统、莱卡、Intel都不适合作为差异点。要保证独家拥有外部品牌化的差异点，就必须与合作伙伴签订一个排他性的长期合同，规定外部合作者不得与竞争者合作。

（3）外部品牌化的活力点

另一些外部品牌合作者是本品牌的活力点，即为品牌创造了活力、知名度、联想等。外部活力点的来源包括赞助活动、明星代言人、产品、国家或地区、卡通象征物等。蒙牛酸酸乳通过赞助"超级女声"歌手选秀活动，使得"自信、率真"的品牌个性被激活；动感地带凭借天王级歌星周杰伦的代言，为品牌增添了不少"酷、自主"的情感成分；雅虎请陈凯歌、冯小刚、张纪中三位中国最著名的导演每人拍摄了一部网络视频广告，在网上流传甚广，这成为雅虎的一大亮点；一瓶香水只要与法国联系在一起，马上会被赋予浪漫的情调，而与西班牙联系在一起，则马上会被烙上激情的印记；卡通小狗SNOOPY近20年来一直为中美大都会人寿保险有限公司（Metlife）代言，卡通小猫咪 Hello Kitty 则让一些女孩子专用产品（如发卡、女士皮包）变得可爱起来。

（4）战术性的品牌联合

以上的品牌联合带有一定的长期性。事实上，企业也可以选择与其他企业开展短期合作，以便获得声誉、差异性和活力。这种方式被称为战术性的品牌联合，包括合作广告、联合促销等。其中，联合促销（United Promotion）是战术性品牌联合的最主要形式。联合促销又叫合作促销，是两家或两家以上的企业联合在一起，相互以对方的产品或让利作为促销刺激的一种形式。这种方式不仅促进了双方产品的销售，而且强化了双方的品牌联想。例如，动感地带在全国面世不久就和麦当劳合作，推出了一系列的活动。活动包括每个季度将由动感地带客户通过短信、彩信、WAP 等方式投票组合麦当劳的动感套餐，动感地带客户凭 1860/1861 发出的一条身份确认短信可在全国各地的麦当劳店内享受获选"动感套餐"的优惠等。麦当劳的"我就喜欢"和动感地带的"我的地盘，听我的"在品牌主张上有异曲同工之处，同时两个品牌的目标市场有重叠，所以联合促销使得两个品牌的品牌联想都得以强化。

2. 英特品牌公司的品牌联合分类法

英特品牌公司根据合作中共有价值的创造因素对品牌联合进行了分类，四种品牌联合的类型在所创造的价值上由低到高分别是：

（1）接触/认知型品牌联合

这种品牌联合的目的在于增加了合作伙伴的顾客作为宣传传播对象，以迅速提高公众对品牌的认知。比如，中国建设银行、深圳天威视讯（一家经营深圳地区有线电视网络的公司）、VISA 卡三家合作推出了"数字龙卡"信用卡，就帮助了中国建设银行和 VISA 卡通过有线电视的消费而进入了深圳的千家万户。对于消费者来说，几方的品牌合作要能带给他们一定的利益，否则他们不会有兴趣关注联合品牌和合作项目；而对于合作企业来说，则最好是对方能帮助自己扩大品牌的传播范围，以降低自己独立进行品牌传播的高昂费用。

（2）价值认可型品牌联合

价值认可型品牌联合有三种：第一种是两个或以上互补型的专业品牌进行的合作，强调的是品牌的专业性。比如，苏泊尔与金龙鱼在全国联合开展了大型促销活动——"好油好锅，健康新食尚"，双方基于在"提倡优质生活，倡导健康美食"品牌理念上的契合，集中各自优势，共同打造健康饮食文化，提升消费者的健康生活水平。第二种是某行业品牌与奥运会等强势体育品牌之间的合作，借以提升自己的实力。如三星自 1997 年签约成为奥组委 TOP 赞助商后一直之后的几届奥运会提供无线通信服务，其品牌地位大大提升。第三种是某行业品牌与慈善、环保等公益事业品牌之间的合作，旨在提升品牌的良好公益形象，表现出其企业的社会责任。例如，农夫山泉近几年来一直在开展"一分钱"公益活动。消费者每购买一瓶农夫山泉，公司就会给公益事业捐助一分钱。农夫山泉至今涉及的公益事业包括支持申奥、支持贫困山区的体育设施建设（"阳光工程"）、支持中国体育事业、帮助水源地的贫困孩子（"饮水思源"）等。

（3）元素组成型品牌联合

元素组成型品牌联合专指一个成分品牌与最终产品品牌之间的合作，目的是凭借对方的专业声望来提高自身的品质。合作双方至少有一方是非常知名的品牌：要么是成分品牌很知名，产品品牌借以抬高声誉，如宣称用莱卡纤维面料做的服装会比没有莱卡面料好卖；要么是产品品牌很知名,成分品牌借以抬高声誉,如1991年Intel花了1亿美元与IBM、康柏、戴尔、Gateway等著名电脑厂商合作,要求他们在电脑说明书、包装和广告上加入"Intel Inside"独特标志;要么双方的品牌声誉都很好,互相强化产品的品质,如凌志车(现为雷克萨斯)使用美国Bose音响产品、福特林肯轿车采用Coach皮革做内饰等。

(4) 能力互补型品牌联合

能力互补型品牌联合是几个拥有专业优势的品牌通过合作生产推出全新产品的过程。这种联合方式的前提是合作各方在专业优势上必须具有较高声望。比如,拥有一百多年历史的著名钟表品牌劳力士(Rolex)联合LG开发劳力士手机。在此之前,LG电子曾与Prada、Roberto Cavalli、Levis和Armani等众多时尚品牌合作推出前卫手机产品。此次推出的劳力士手机依托LG在时尚手机制造方面的专长,同时融入了劳力士的外观设计理念。机身部分采用了应用在劳力士手表上的精致皮革和材质,力求使得这部手机具备像腕表一样的精致做工和不俗气质。

除此之外,我国的品牌专家也从客户感知的角度提出了新的品牌联合分类方法(见链接材料10-4)。

**链接材料 10-4**

客户感知角度的品牌联合分类

从客户感知的角度出发,品牌联合可以分为如下三种情形:

1. 客户感知相对独立的品牌联合

就品牌联合的双方而言,这类品牌联合不会使目标客户对其品牌感知有太大的影响,品牌联合的双方保持一定的独立性。选择此类品牌联合的企业主要注重的是对销售产生的影响,对于企业品牌特征(价值、定位、个性等)的协同性不做太多的考虑,其品牌联合产生的风险也相对较小。比如国航和中银(香港)信用卡公司、香格里拉酒店集团、万豪国际酒店集团、携程旅行网等的合作等。

2. 客户感知有所重叠的品牌联合

这类品牌联合的最大特点在于品牌联合对目标客户本身产生影响。影响小的比如赞助形式,影响大的比如捆绑销售、并购(保持独立品牌)等形式。这一类型的合作要求合作品牌之间有一定的相似性,即品牌价值、个性应该保持相对协同,这样目标客户不容易产生抵触情绪,相反会起到强化彼此客户忠诚的作用,共同提升品牌的价值。此类型的合作存在一定风险,且随着合作的深入,处理不好可能使客户弃之而去。相关案例如Nike+Ipod产品。

3. 客户感知完全重叠的品牌联合

这类品牌联合的最大特点在于品牌联合对目标客户本身产生巨大影响。比如品牌授权行为和并购行为,这一品牌联合行为使得客户对其中一品牌的感知直接延伸到另一品牌,任何一方客户因为对另外一方强烈不满都可能选择直接离弃;也可能因为对其中一个品牌的高忠诚度而转向对合作企业品牌的忠诚。此类型的合作风险巨大,且具有长期性。而且因为两个品牌之间特征不可能完全趋于一致,常常会带来一定的负面效果。中国联想收购IBM电脑业务就是一例。二者有相似的品牌特征,但是客户对二者的感知肯定不太一致。所以,品牌联合在产生价值的同时必定也伴随着部分客户忠诚度改变的情况。

资料来源:许文峰. 品牌联合亦有道[EB/OL]. 全球品牌网,www.globrand.com,2006

年12月29日。

### 10.4.3 品牌联合的作用与风险

1. 品牌联合的作用

多年前,营销专家艾略特·艾登伯格(Elliott Ettenberg)就在其著名的《4R营销》一书中预言:"联合营销将是后经济时代新的大趋势"。品牌联合之所以受到越来越多企业的欢迎,是因为它具有以下作用:

(1) 深化了品牌内涵,强化了品牌个性

如果进行联合的几个品牌具有类似的个性,那么通过品牌联合将进一步强化品牌的内涵和个性。比如,法国雪铁龙C2汽车与意大利Kappa服装联合推出C2车主自己的专用服饰——C2-Kappa炫装,二者所具有的个性和时尚的品牌内涵都得以深化。

(2) 提高产品品质的认知度,增加了品牌的声誉

美国明尼苏达州大学卡尔森管理学院的一位教授说:"当品牌单独出现没有说服力时,联合品牌可以更好地标明商品的品质。""Intel Inside计划"就帮助英特尔公司大获成功,成为CPU领域的第一品牌。

(3) 扩大了市场范围

通过联合,品牌能够进入到另一个合作品牌的市场范围,从而扩大市场影响力。比如,LG与奢侈品劳力士手表的合作就帮助LG拓展了其在奢侈品手机领域的市场机会。

(4) 减少了进入市场的费用和风险

通过与当地市场上的知名品牌合作,一个新进入的品牌能够产生"搭便车"的效果。20世纪60年代中期,美国的麦斯威尔咖啡在日本联合各大连锁面包公司,通过把咖啡样品封在一斤装的面包包装内的方式,先后进行了三次大规模的样品派送。公司共送出了1800万份咖啡样品,范围遍及日本全国,麦斯威尔咖啡迅速在日本成为家喻户晓的咖啡品牌。

2. 品牌联合的风险

当然,企业也需要警惕品牌联合带来的风险。《品牌联合》一书的合著者鲍勃·博德(Bob Boad)对品牌联合可能存在的风险和陷阱进行了全面分析,本书仅介绍其中三个主要的内容:

(1) 合作方的株连问题

某一合作方的财务、产品、广告等方面的问题不仅会使其自身品牌形象受损,而且也可能会殃及其他合作品牌。比如,明星代言人的绯闻、丑闻使得聘请其代言的企业遭受损失。

(2) 合作方仓促终止合作

当合作的一方发现品牌联合的行动不能达到其财务或其他目标时,就有可能会仓促终止协议。这样对合作的另一方是不利的,因为这就逼着他们独自应付想要继续购买联合品牌的产品或服务的失望的客户。美国的Price Chopper超级市场就面临这个问题。它与M&T银行联合发行的信用卡无法达到后者的预期,因为太多的购物者每月都付清欠款而不发生任何利息费用,这使得M&T银行终止了协议。

(3) 合作结束后却被认为合作关系还在

建立品牌联合的协力不是件容易的事,要分开品牌联合独立重建品牌也同样不容易,因为消费者对品牌的认知在短期内不易改变。特别对于一些品牌联合程度非常紧密的情况(如

联合推出一个以两个品牌命名的新产品或者成立合资公司）更是如此。几十年来，壳牌-麦克斯（Shell Mex）和BP进行了合资，在石油产品的分销和推广中使用了双方的品牌。尽管合资企业在1976年解体，两家公司已独立标志自己的产品，但在合作终止后的一段时间里，有一部分的公众还是继续错误地认为两家公司之间有着某种联系。

### 10.4.4 品牌联合的管理原则

为充分发挥品牌联合的作用，避免可能出现的风险，应当注意以下几个管理原则：

1. 根据实际需要选择品牌联合的类型

不同的品牌联合类型在选择合作者和合作经营方面是不一样的。当需要另一个著名品牌也起到驱动购买的作用时，可以选择合作主品牌的类型，必要时甚至合资；如果只是要满足某一短期的销售目标，则可以选择战术性联合进行联合促销。一般的品牌联合要么是跨行业的联合，要么是一个产业链上下游的联合，而如果某一问题是整个行业共同面对的时候，那么可以不计前嫌发起同业竞争者之间的联合。比如，东莞机动车协会联合东莞众多车行搞的联合营销促销活动，就是对这一策略的具体应用。他们面对目前比较萧条的车市，不是进行品牌间的恶意竞争，而是化干戈为玉帛、握手共同开拓市场，以盛大宣传场面为冷淡车市赢得眼球。

2. 合作者的品牌内涵、目标市场等要相吻合

由于品牌联合将几个合作品牌放在一起进行推广，因此消费者会把这些品牌的内涵视为具有同一类特征。而如果品牌内涵并不吻合，就会让消费者产生认知混乱。另外，各合作品牌的目标市场应该一致，因为各联合品牌在联合推广时所对应的将是同一个市场。例如，帕萨特一向表现出成熟和稳健，如果和动感地带进行品牌联合就会显得不伦不类，和全球通进行联合倒是成功可能性很大。所以，在选择品牌联合候选企业的时候，需要考虑该品牌的内涵、个性以及对应的目标市场。

3. 合作品牌的产品类别要有一定的关联性

具有关联性的几个产品进行合作才更容易让消费者配合使用，如金龙鱼和苏泊尔的品牌联合就非常成功，因为"好油"加"好锅"配合得天衣无缝。如果产品之间没什么联系，那么产品的销量还是很难提高。不仅如此，不相关的产品联合还会影响到品牌的定位。在日本，一个主要的咖啡制造商给法国蓝带烹饪学院（Le Cordon Bleu）提供了一个具有获利潜力的品牌联合机会。经过仔细考虑，法国蓝带烹饪学院拒绝了，因为他们担心蓝带烹饪品牌所代表的特殊专业和价值会被过度延展到食品杂货市场的领域中去。而当他们和日本第四大食品生产商日本火腿公司达成协议销售品牌联合的肉酱、羹汤和专业预煮的菜肴时，并没有这些疑虑。

4. 合作者的资源要能互补

资源互补型的品牌才能有更坚固的合作基础。比如，在英国，埃索（Esso）石油公司和特易购（Tesco）便利店联合在加油站建立了24小时营业的迷你超市。该超市既有埃索强大的品牌力量、优越的地理位置和加油站经营经验作为基础，又有特易购的品牌力量、顾客购买信息、采购能力和超市经营能力作为基础，因此合作关系是牢固的。

5. 品牌在各自行业中的地位要均等

一般而言，合作各方在各自行业当中的地位都要均等，这样合作起来才能"门当户对"。

如若不然，品牌联合当中将会产生很多纠纷，而且处于高地位的品牌也不会心甘情愿地全力投入到合作中。比如，当年英特尔公司要启动"Intel Inside 计划"的时候，IBM 对此就兴趣不大，因为当时二者市场地位差异较大。

## 10.5 贴牌生产

### 10.5.1 贴牌生产的定义和类型

让我们先来看一些例子：广东的格兰仕出厂的六成产品贴的是国外品牌微波炉的商标；美国通用电器向四川长虹下达 10 万台空调机订单；全球最大的零售商沃尔玛的一个著名冰箱品牌 Magi Chef，实际上就是由广东科龙电器公司设计和生产的；作为美国通用电气公司的战略合作伙伴，澳柯玛公司在 2001 年为通用电气贴牌生产 22.2 万台冰柜，2002 年更是获得了 34 万台的订单；思念公司为沃尔玛公司生产贴有后者注册商标"超鲜"的速冻汤圆和水饺……以上这些例子反映的是当前中国众多企业通行的一种生产模式——贴牌生产。

贴牌生产（Original Equipment Manufacture，即 OEM，直译为"原始设备制造"），又称定牌生产或委托代工，是指一家厂商根据另一家厂商的要求为其生产产品。按照要求进行加工生产的厂商没有自己的产品品牌，即使具有自己的品牌也不在产品上贴自己的商标，而是在为其他著名品牌厂商生产产品后贴上对方的商标。在贴牌生产中，委托方拥有自己的品牌、技术或者市场，而被委托方则具有规模生产和低成本的优势。可见，贴牌生产是社会生产分工的产物，合作双方实现的是优势互补。

可以说，贴牌生产是品牌联合的一种特殊形式。说其"特殊"，是因为一般的品牌联合是地位平等的品牌持有者之间的合作，而贴牌生产则发生在具有不平等市场地位的品牌持有者和产品制造商之间。一般的品牌联合都需要将所有合作品牌的名称展示出来，但贴牌生产只展示品牌持有者的名称，而将生产商的名称隐藏，最多只在生产商信息一栏注明。

根据所贴之牌的不同，可以将贴牌生产分成工业企业的贴牌生产和零售企业的贴牌生产。一般谈到贴牌生产的时候，很多人都会想到 GE、耐克、雀巢之类的工业企业的委托生产，这是目前贴牌生产当中最主要和常见的形式。然而，市场上也还存在另一种形式的贴牌生产，即沃尔玛、家乐福、麦德龙等一批零售企业选取了一些优秀的生产型企业为其生产某些商品，然后贴上零售商自创的品牌，也就是零售商自有品牌（Private Brand）。这种形式正越来越广泛地被各大零售商采用。

### 10.5.2 贴牌生产的作用和弊端

1. 贴牌生产的作用

尽管中国品牌在海外市场还非常少见，但有"Made in China"印记的国外品牌产品却随处可见，鞋、服装、玩具、文具、金属制品等一些日用品的比例在许多国家甚至超过了 90%。贴牌生产如此繁荣是因为它在当前的工业化大生产进程中发挥了举足轻重的作用。我们可以从生产厂商和品牌持有者两个方面来分析贴牌生产的作用。

（1）对生产厂商来说

①利用企业富余的生产资源。

有很多企业全部的业务都来自于贴牌生产，但有些只是部分。这些企业也推出自创品牌，然而因为营销能力不强，市场销量不大，导致部分生产资源闲置。通过贴牌生产，则可以充分利用生产资源，提高固定资产的投资收益。比如，格兰仕一方面打造自主品牌"格兰仕"，一方面又为全球250多家微波炉生产商贴牌生产。

②有利于产品进入市场。

市场竞争激烈程度与日俱增，如果不帮助知名品牌贴牌生产，很多企业的产品就很难进入市场，特别是海外市场。通过贴牌生产，尽管制造商的企业品牌被隐藏了，但其制造的产品毕竟进入了市场，得到了市场的检验。

③了解先进的管理经验、产品信息和生产技术。

通过与知名企业进行贴牌生产的合作，制造商能够了解到知名企业的生产管理经验、当前产品技术的发展态势以及产品的核心技术等信息。可以说，贴牌生产发挥了了解世界的窗口作用，在企业规模很小的时候非常适用。三星等许多著名品牌也都是从贴牌生产起步的。

④降低技术风险和市场风险。

由于不用花费时间和资金进行技术研发和市场推广，只需按单生产，因此制造商可以避免技术研发和市场推广失败的风险。当然，报酬自然也会较低。

⑤有利于提高产品质量。

一般而言，品牌持有者为了维护品牌的声誉，会对制造商的产品质量进行严格监控和检查，不合格不予出厂。这一严格的品质保障体系促使承担生产任务的工厂提高产品质量，为以后推出自主品牌打下基础。比如，奇瑞汽车获得了为克莱斯勒代工生产小型车的资格，这对其提升产品品质非常有利。

（2）对品牌持有者来说

①减少了生产成本。

雀巢、耐克等一些全球最著名的企业都不拥有自己的工厂。这些企业采用"虚拟经营"的方式，只承担技术研发和市场营销工作，生产制造转交给一些劳动力密集型国家和地区的工厂完成。这样，企业大大降低了厂房、机器、原料、工人工资等生产成本，使得最终产品获得价格优势。

②增加了产量弹性。

如果不采取贴牌生产的方式，品牌商很难在市场需求大增的时候提供充足的货源，在市场需求下滑的时候又减少货源。完全由品牌商自己生产产品，就需要在生产环节按照充足的市场需求量来购置固定资产，这样一旦市场需求降低，固定资产就会闲置，产生不必要的成本。采取贴牌生产则具有相当大的产量弹性。

③帮助生产地加速产业发展。

很多经济不发达地区的企业由于产品技术和营销水平落后，靠着自己的能力很难获得市场认可。品牌商通过让当地企业承担贴牌生产任务，可以帮助它们逐渐提高产品质量和研发技术，从而使当地的产业形成规模，而品牌商自己也获得了良好的企业形象。可以说，如果没有"三来一补"的生产模式，珠三角地区的经济就不可能发展到今天这么好。尽管品牌商获取了更高额的利润，但应该看到，它们也为当地的经济发展做出了贡献。

2. 贴牌生产的弊端

尽管无论对生产厂商还是品牌持有者而言，贴牌生产都有众多益处，但同时也存在一些弊端。

（1）对生产厂商来说

①利润薄弱。

贴牌生产招致诟病的最主要原因是留给制造商的利润太薄。以芭比娃娃为例，国际市场售价每个一般都在10美元以上，而深圳一些加工企业每个芭比娃娃获得的加工费不足50美分。宏基前董事长施振荣用一个"微笑曲线"描述了研发、生产和营销之间的关系（见图10-6），即做研发和营销都能获得高额利润，但生产注定只能赚点"辛苦钱"。日本管理大师大前研一的估算是，如果市场上的价值是100%的话，其中制造产生的只占25%。在制造这个25%的过程中，还需要购买零部件，因此制造的价值至多只占6%～8%的份额。尽管如此，对于既无产品技术又无营销能力的小企业而言，帮名企贴牌生产可能是其发展壮大的捷径。

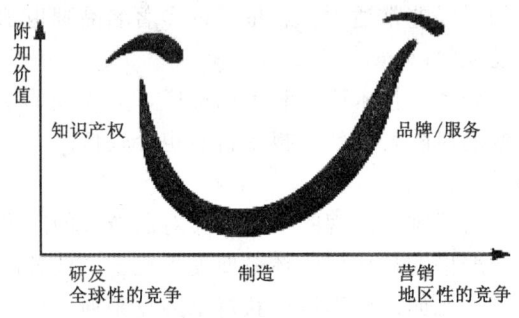

图10-6 施振荣的"微笑曲线"

资料来源：施振荣. 全球品牌大战略：品牌先生施振荣观点[M]. 北京：中信出版社，2005.

②不利于打造自主品牌。

从事贴牌生产就意味着一定程度上放弃了打造自主品牌的机会，这对企业的长足发展来说并不是好事。索尼第一次进入美国的时候，在还没有名气的情况下，断然拒绝了美国公司要求的10万台小型收音机的贴牌订单。尽管失去了一个能够让索尼过上好日子的大订单，但索尼却因此获得了一个打造自主品牌的机会。

③不利于开展核心技术的研发。

尽管贴牌生产能帮助制造商了解到一些先进的产品技术，但在核心技术研发方面却可能因为企业的生产导向而忽视。这将导致制造商无法在技术上获得竞争优势，对企业的长期发展不利。

④业务生命线由品牌商掌控。

靠贴牌生产生存的企业具有极大的生存风险，因为品牌商很有可能会由于种种原因而终止与原制造商的合作。一旦制造商为生产投入过多，那么合作的终结将立即会使其陷入困境。比如，现在一些国外品牌商将一些制鞋订单交给了越南厂商，使得东莞很多鞋企处境艰难。

（2）对品牌持有者来说

①产品质量问题。

由于某个合作环节监控不严，制造商的产品质量可能会出现问题。这将在很大程度上损害品牌商的形象和声誉。比如，2007年8月，美国美泰玩具宣布召回中国某玩具厂贴牌生产的近100万件玩具，其中15%是因为玩具油漆含铅量高出美国标准。这一事件对中国玩具行业和美泰公司的形象都有损害。

②培养了竞争者。

在进行贴牌生产合作的同时，品牌商也在培养一个竞争者。从帮别人代工中，制造商能积累生产技术和管理经验，这为今后推出自主品牌奠定了基础。所以，如何为核心技术保密成为品牌商考虑的一个重要问题。

### 10.5.3 对我国企业贴牌生产的几点认识

关于贴牌生产，我国目前有两种声音：一种主张打造自主品牌，一种主张继续贴牌生产。显然，打造自主品牌是中国企业发展的方向，但并不是说就应该立即摒弃贴牌生产。我们应当对中国企业的贴牌生产有足够认识。

1. 应当明白贴牌生产中的地位本来就是不平等的

很早以前彼得·德鲁克就说过，以后发展中国家能不能发展，完全仰仗于跨国公司对它青睐的程度。沃尔玛在孟加拉采购牛仔裤，成本1美元，售价100美元，即使剥削这样厉害，孟加拉还得求着它给订单。正如施振荣的"微笑曲线"所示，做研发、营销和做生产的价值回报是不平等的，这也就决定了品牌商和生产商之间的地位也是不对等的。拥有技术和市场的品牌商占有绝对的主动权，对于订单、定价、交货期等核心问题生产商都缺乏话语权，选择了贴牌生产就意味着选择了被动。

2. 应当把贴牌生产看作一个阶段而非终点

贴牌生产是当前我国大多数中小企业主要的生产模式，但应当将其视为企业发展的一个阶段，而不是终点。在不具备人才、技术、经济实力的时候，一味地自主研发和打造品牌都将加速企业的灭亡。当然，制造商始终应当树立打造自主品牌的信念，伺机推出自己的品牌，否则，将企业生命线交由品牌商是充满风险的。如果一直抱着"代工厂"安枕无忧，就不会有今天的格兰仕等一批名企的辉煌。相反，正是因为我国的玩具厂商绝大多数成为了国外企业的代工厂，才致使中国自主开发的知名玩具品牌至今缺失。

3. 应当明确贴牌生产的关键是学习

选择了贴牌生产的生产商应当清楚，贴牌生产的目的不是为了赚取高额利润而是为了学习先进的产品技术和管理经验。光靠贴牌生产不可能有大的发展，而从传统贴牌到自主创新也不可能一蹴而就。生产商应当把当前的收入损失看成是向先进企业学习过程中所交的学费，以及对未来自主品牌发展的投资。有了一定的技术基础和业界声誉才能提高自主经营的成功率。目前，广东、浙江的一些企业正在实践一种"新型贴牌"的生产模式，即在传统贴牌的基础上增加了部分自主创新的技术，从而增加最终产品的附加值。这是从传统贴牌到自主创新的过渡阶段，也是通过贴牌生产学习的结果。

4. 应当清楚贴牌生产也是在打造品牌

从品牌联合的角度看，被世界知名品牌选择作为贴牌生产商说明自己企业的生产能力和产品质量是具备较高水准的,品牌商和生产商的合作是品牌与生产两个领域优势的互补。从这个意义上讲,生产商在品牌商看来也是一个品牌,只不过,由于在最终产品上体现不够而未受到最终消费者的注意。既然作为一个品牌,生产商就应该思考如何提升自己的行业地位,提高不可替代性,以减少被动性。退一步讲,代工产品外包装上的"Made in China"信息也是一个广义的工业型产地品牌,如果能够加强产品质量并不断升级产业结构,那么"Made in China"树立的品牌声誉将帮助更多的中国自主品牌顺利进入国外市场。在这方面,"Made in Japan"品牌形象的崛起过程值得我们借鉴。

### 10.5.4 零售商自有品牌的发展及其原因

1. 零售商自有品牌的发展状况

进入一些大型的零售店,我们会发现一些在其他品牌零售店看不到的品牌,比如沃尔玛的"惠宜"、家乐福的"家乐福"、麦德龙的"Aka"、人人乐的"好唯乐"等。这些品牌越来越常见,我们称之为"自有品牌"。自有品牌(Private Brand,PB)是商业企业通过搜集、整理、分析消费者对某类商品需求特性的信息,开发出新产品。其在产品功能、价格、造型等方面提出自己的设计要求,自设生产基地或选择合适的生产企业进行加工生产,最终由商业企业使用自己的商标对该新产品注册,并在本企业销售的商品品牌。常见的自有品牌可以是零售商的名称(如屈臣氏、家乐福),也可以是零售商创立的新名称(如沃尔玛的"惠宜")。如果自有品牌涉及的行业跨度过大,还可以设立多个自有品牌,如深圳著名的人人乐超市就拥有"人人乐""好唯乐""乐丝""乐可兔""齐乐"等多个自有品牌。

世界上第一个零售商自有品牌源于英国的马狮百货(Marks & Spencer)。1928年,马狮百货推出自有的"圣米高"内衣品牌。"圣米高"这一品牌的商品并不是马狮百货自己生产的,马狮百货只是对商品提出品种、规格、质量的要求,直接向制造商订货。这种零售商和制造商合作生产的全新方式逐渐在欧洲蔓延,并波及了美国。1979年,美国当时最大的零售商西尔斯(Sears)创建了自有品牌的轮胎,取得了巨大成功。今天,自有品牌在全世界范围内都繁荣发展。AC尼尔森2003年《全球经理人报告》显示,排在自有品牌市场份额前五名的国家均来自欧洲:瑞士(45%)、德国(30%)、英国(28%)、西班牙(26%)以及比利时(25%)。2005年,AC尼尔森发布的《2005自有品牌的力量》显示:从全球范围看,自有品牌消费品领域继续稳步提高其全球市场占有份额。截止到2005年第一季度的12个月里,自有品牌商品占销售总额的17%,较AC尼尔森2003年公布的同类研究报告中15%的数字增长了两个百分点。就增长速度而言,自有品牌增长率为5%,是生产商品牌(2%)的2倍以上。日本流通问题研究协会所做的调查显示,日本有60%以上的连锁商业集团在开发自有品牌商品,大约有30%~40%的综合连锁超市自有品牌商品销售额已占到企业销售总额的1/3。

在我国,自有品牌是在20世纪90年代初引入连锁经营机制后才引起广泛关注的。很多零售企业都采用商店名称或自创品牌来销售产品。中国自有品牌起步较早、发展较好的上海华联超市,在1996年就创建了"勤俭"牌的自有品牌,包括粮油制品、日用百货、洗涤用品、调味品等15大类、1000多种,年销售额近2亿元;而南京苏果超市自有品牌的商品据称已经超过了1000种。2006年6月,法国家乐福同时在北京、上海宣布:中国23个城市的46家分店全面推出自有品牌产品,共435种,占其销售商品总量的5%;到年底,产品种类还会增加一倍。根据商务部商业改革发展司发布的2006年度中国连锁企业百强榜单显示,2006

年，中国百强连锁经营企业的自有品牌商品销售规模达到43.5亿元，比上年增长52%。不过，自有品牌仅占整个连锁经营企业销售额的0.5086%，与欧美等发达国家相比，我国的连锁企业自有品牌不仅整体市场份额较低，而且超市自有品牌的产品集中在一些技术含量较低的卫生纸等"大路货"上，单品的销售额很低。这说明我国的零售商自有品牌发展空间还非常巨大。

**小案例 10-7**

**英国玛莎百货集团**

英国玛莎百货集团是开发自有品牌的卓越典范，其所有商品都使用自有品牌"圣米高"。玛莎公司是英国最大的商业集团，创始于1894年，目前已成为在全球拥有600多家商店，65000多名雇员，年营业额达72亿英镑的跨国零售企业集团，具有很好的经营效益。在其成功的经验中，很重要的一点就是能从顾客的需要出发，主动开发产品，成为能为自己创造资源的"没有工厂的制造商"。

玛莎集团在这方面的做法是：由商店从顾客中收集对于商品的意见和要求，由玛莎的技术开发部门进行产品创意和设计，然后交付制造商进行生产和制作，最后再通过玛莎的销售系统进行分销。它们并不是一般意义上的品牌监制，而是真正的产品开发。

在玛莎集团总部雇有350多名技术人员，负责新产品的设计开发和对生产过程的监督。但是玛莎集团并不是自己投资建厂，而是将所设计的产品交由制造商生产，所以被称为"没有工厂的制造商"。如在第一次世界大战期间，许多妇女进入工厂或作坊工作，产生了对穿着轻便服装的需求，而市场上一直未有服装厂大量生产和提供这样的服装。玛莎根据市场的需求，主动设计和开发了这类服装，并指导制造厂家大批量生产，向市场提供了品质优良、手工精巧、价格实惠的女式轻便服，满足了市场的需要，从而也使公司获得了相应的利益。这在商业的品牌建立和拓展中是独树一帜的。

资料来源：肖怡. 信息时代商业企业管理变革与创新[M]. 广州：广东人民出版社，2002.

2. 零售商自有品牌发展迅速的原因

自有品牌在全球范围内发展迅速的主要原因如下。

（1）提高利润率

为了获得价格优势，制造商往往会压低零售商的利润，甚至通过"建议零售价"的方式对产品价格进行限制。在强势制造商的价格打压下，完全靠销售制造商的产品来实现快速发展和壮大变得越来越困难。自有品牌的推出则在利润上给零售商以弥补和平衡。尽管自有品牌的产品通常定价都低于普通的制造商产品，但由于省去许多中间环节（如交易费用和流通成本）以及广告费，同时还在终端上享有最佳摆放位置，因此自有品牌仍然可以获得较高的资产利润率。

（2）摆脱厂家控制

制造商对零售商拥有供货、价格、品种等方面的控制权。零售商与其受制于人不如自食其力，推出自有品牌将使其大大增加供货、定价、品种等方面的主动权。屈臣氏（中国）前总经理谭丽娴评价道："自有品牌的增长不仅将帮助公司增加和平衡利润，同时也帮助公司抵御供应商施加的越来越大的价格压力。"

（3）零售商能够推出适合顾客需求的产品

处于市场一线的零售商能够直面顾客的需求。大量的顾客需求信息将使得零售商完全能够设计出顾客所需要的产品。比如，屈臣氏店内的自有品牌产品种类有 500 种之多，每一种都是经过销售趋势和消费者偏好分析的。

### 10.5.5 零售商发展自有品牌的注意事项

1. 慎重处理与合作制造商的关系

（1）制造商的选择

首先一个问题是如何选择合作制造商的问题。合作制造商的选择需要注意两个方面：一是品质，二是实力。尽管自有品牌的产品价格通常比制造商品牌的产品便宜 20% 以上，但自有品牌的质量不能因此而低下。本来自有品牌就一直被人视为低价低质，如果真的出现某些质量问题，那么整个自有品牌战略的推行就会严重受阻。因此，零售商通常对自有品牌产品的品质要求较高。在对潜在商品供应商进行选择时，要对其产品质量、生产能力、管理水平、地理位置等方面的因素做出慎重的考虑。另外，零售商应当更多考虑生产能力过剩、市场开拓能力较弱的制造商。这些制造商更愿意全心全意地跟零售商合作。选择制造商以后，商家还应随时检测产品的各项指标，在可能时派专人验收或深入生产企业参与管理，保证产品质量真正符合市场需求。

（2）与制造商的关系

零售商需要思考与制造商之间的关系是控制还是平等？很多零售商依仗其终端市场控制权来压迫制造商的利润，以谋取更大利益。这并非明智之举，因为自有品牌产品是双方合作的结果，双方应当相互依赖。频繁更换制造商将增加零售商的交易成本并影响商品的供应节奏，对零售商不利。某些零售商"以强凌弱"，通过压价来增加获利，将双方关系搞僵，实在是十分短视。

2. 自有品牌与开店数量和经营规模密切相关

自有品牌与制造商品牌之间存在着一个很大的不同：自有品牌仅在自己的零售店内销售，而制造商品牌可在多家不同零售店销售。于是，零售商的连锁规模就成为自有品牌战略是否应当实施的重要前提。不具备足够多的连锁店和足够大的经营规模，所推出的自有品牌就难以产生规模经济效应，在产品价格上就无法获得竞争优势。

3. 适合自有品牌的商品选择

正如我们在零售店内所看到的一样，不是所有的商品都适合使用自有品牌。一般自有品牌商品应当具有以下四个特点：

（1）技术含量不高的商品

与制造商品牌相比，自有品牌通常显得不专业，因此适合于技术含量不高的大众商品，如服装、食品、饮料以及家用品和文具等。而像电视机、手机等技术要求较强的商品很难通过自有品牌来担保其质量。

（2）单价较低的商品

自有品牌的购买具有一定的风险性。单价较低的商品能够降低购买风险，消费者可在第一次购买后通过使用来决定是否再次购买。比如，相比手提电脑等高价商品来说，卫生纸、纯净水等低价商品更适合提出自有品牌。

（3）购买频率较高的商品

商品的购买频率高就容易扩大生产规模，从而降低生产成本，保证自有品牌的低价优势。此外，消费者对这些商品的忠诚度相对较低，容易背叛原有品牌，从而增加了自有品牌的售出可能，如饮料等一些快速流通消费品。

（4）情感利益不重要的商品

作为一个非专业的品牌，自有品牌是很难表现出情感利益的，因此项链、珠宝、手表、西服等一些象征身份和品味的商品不适合使用自有品牌。

4. 零售商自有品牌与同类产品制造商品牌的关系

不可否认，自有品牌将与传统的制造商品牌产生竞争冲突，但零售商设立自有品牌的目的并不是要把制造商品牌全部赶出去，像马狮百货一样全店只销售自己的自有品牌。伦敦商学院的奎尔奇教授解释了不能把制造商全部赶出零售店的理由：一方面，制造商品牌会增加零售商对顾客的吸引力。当一个商店缺少著名制造商品牌的时候，消费者会降低到该商店购物的兴趣而转到别的商店；另一方面，用一个自有品牌涵盖多种类别的商品，会使这一品牌的形象模糊不清，许多消费者都不会相信一个自有品牌能够提供全部高质量的商品。因此，零售商应当有节制地在一定的行业范围内发展自有品牌。

**本章小结**

品牌组合是指公司出售的各个特定产品大类下面所包含的所有品牌的组合。品牌组合战略详细说明了品牌组合的结构，以及各品牌的范围、职能和相互关系，处理多品牌组合以及某一产品品牌层级的关系。理解和管理品牌组合对于制定一个制胜的企业战略，以及成功实施该战略都十分关键，因为：（1）协同效应；（2）资源配置；（3）应对竞争；（4）战略发展；（5）减轻负担。品牌组合战略管理的目标有以下五个：（1）促进品牌之间的协同作用；（2）发挥主力品牌的杠杆作用；（3）创造和保持与市场的相关性；（4）创建强势品牌；（5）实现每一个品牌的清晰化。

品牌组合战略模型涉及六个方面：（1）品牌组合；（2）在定义产品时所扮演的角色，如主品牌、担保品牌、子品牌、描述性品牌、产品品牌、保护伞品牌、驱动角色、品牌化的差异点、品牌联合；（3）品牌范围；（4）品牌组合的角色，如战略品牌、品牌化的活力点、银弹品牌、侧翼品牌、现金牛品牌；（5）品牌组合结构；（6）组合图标。

描述品牌组合结构在品牌组合管理当中至关重要。凯勒认为，从上到下可以从四个层级品牌来简单描述一个产品：公司品牌、家族品牌、个体品牌、修饰品牌。品牌层级树可以把一个主力品牌下面各种品牌和产品的关系理清。该树状模型类似于一个组织结构图，横向表示处于同一层次的各种品牌，纵向表示不同层次品牌的归属关系。品牌分组是绘制品牌层级树的一项关键技术。针对四个品牌层级战略规划问题有几个原则：（1）简单原则；（2）相关原则、差异原则；（3）主导原则；（4）共同原则。阿克的品牌关系图谱将品牌与品牌之间的关系分为四组、九种具体类型：（1）品牌化集合体，包括相同的识别、不同的识别；（2）主品牌之下的子品牌，包括主品牌作为驱动者、共同驱动；（3）被担保品牌，包括强势担保、关联名字和象征性担保；（4）多品牌集合体，包括影子担保和互不关联。究竟选择哪一种品牌关系类型需要考虑以下三个问题：（1）现有品牌是否会提升该产品？（2）该产品是否会提升对其进行定义的品牌？（3）是否有充足的理由来创造一个新品牌（它是一个独立的品牌、被担保品牌还是子品牌）？品牌组合网络模型是以网络的形式直观显示组合品牌的关系结构，具体来说有三种类型的网络模型：品牌组合分子模型、品牌网状模型、太空星球模型。

  品牌联合是两个或者两个以上消费者高度认可的品牌进行商业合作的一种方式，其中所有参与的品牌名称都被保留。阿克根据各合作品牌之间的关系将品牌联合分成四种类型：合作主品牌、外部品牌化的差异点、外部品牌化的活力点、战术性的品牌联合。英特品牌公司根据合作中共有价值的创造因素对品牌联合进行了分类，包括：接触/认知型品牌联合、价值认可型品牌联合、元素组成型品牌联合、能力互补型品牌联合。品牌联合具有以下作用：（1）深化了品牌内涵，强化了品牌个性；（2）提高产品品质的认知度，增加了品牌的声誉；（3）扩大了市场范围；（4）减少了进入市场的费用和风险。品牌联合的风险主要有：（1）合作方的株连问题；（2）合作方仓促终止合作；（3）合作结束后却被认为合作关系还在。管理者应当注意以下几个品牌联合的管理原则：（1）根据实际需要选择品牌联合的类型；（2）合作者的品牌内涵、目标市场等要相吻合；（3）合作品牌的产品类别要有一定的关联性；（4）合作者的资源要能互补；（5）品牌在各自行业中的地位要均等。

  贴牌生产是指一家厂商根据另一家厂商的要求为其生产产品。根据所贴之牌的不同，可以将贴牌生产分成工业企业的贴牌生产和零售企业的贴牌生产。我们可以从生产厂商和品牌持有者两个方面来分析贴牌生产的作用。对生产厂商来说：（1）利用企业富余的生产资源；（2）有利于产品进入市场；（3）了解先进的管理经验、产品信息和生产技术；（4）降低技术风险和市场风险；（5）有利于提高产品质量。对品牌持有者来说：（1）减少了生产成本；（2）增加了产量弹性；（3）帮助生产地加速产业发展。无论对生产厂商还是品牌持有者而言，贴牌生产都存在一些弊端，对生产厂商来说：（1）利润薄弱；（2）不利于打造自主品牌；（3）不利于开展核心技术的研发；（4）业务生命线由品牌商掌控。对品牌持有者来说：（1）产品质量问题；（2）培养了竞争者。应当对中国企业的贴牌生产有足够认识：（1）应当明白贴牌生产中的地位本来就是不平等的；（2）应当把贴牌生产看作一个阶段而非终点；（3）应当明确贴牌生产的关键是学习；（4）应当清楚贴牌生产也是在打造品牌。零售商自有品牌之所以在全球范围内发展迅速，是因为：（1）提高利润率；（2）摆脱厂家控制；（3）零售商能够推出适合顾客需求的产品。零售商发展自有品牌需要注意的问题是：（1）慎重处理与合作制造商的关系，包括制造商的选择、与制造商的关系；（2）自有品牌与开店数量和经营规模密切相关；（3）适合自有品牌的商品选择，自有品牌商品的特点是技术含量不高的商品、单价较低的商品、购买频率较高的商品、情感利益不重要的商品；（4）零售商自有品牌与同类产品制造商品牌的关系。

**能力培养指导**

  通过本章的学习，学生应该能做到：

  1. 结合所学的品牌组合的知识，找几个市场上你感兴趣的品牌，且这些品牌都有各自的特点，进行一下梳理，看看它们在品牌组合过程中遇到了什么机遇和挑战。

  2. 从案例中认识到品牌组合的重要性及企业诸多品牌中的关系图谱。

  3. 评估贴牌生产对企业的利和弊。找出几个案例，分析什么情况适合贴牌生产，什么情况不适合贴牌生产，从而帮助我们更好地认识到当前贴牌生产的形势。

## 案例应用1

### 单一品牌策略能成功吗？

商业经营中，经营者有意无意地遵循着这样一条原则，即柜台上必须摆满各地进来的不同品牌的商品供顾客挑选。英国最大的连锁商店——马狮百货公司（Marks & Spencer）却完全违背了这一经营原则。马狮在全英国自设的250家商店中全部只售卖"圣米高"这一个品牌的商品，但是公司的盈利却雄居英国零售集团的榜首。马狮公司甚至还以每平方米销售额世界第一的纪录载入了《吉尼斯世界纪录大全》。

在马狮下属的商店中只经营"圣米高"这一品牌商品的经营原则是由马狮的前任董事会主席西门·马格斯（Simon Marks）制定的。西门·马格斯在经营中发现：顾客并不需要商店提供一大堆不同品牌的商品来挑选。顾客真正需要的是能得到一种廉价而又高品质的商品。西门认为从制造商那儿采购来的现成的、各种品牌的商品往往并非是廉价而又高品质的商品。为获得这种价廉质优的商品，马狮公司自己设计产品交付制造商生产，并在选料、应用生产技术程序和技术、品质控制、生产工程等方面对制造商严加监督，生产出的产品不采用制造商的商标，而是采用马狮公司自己独立的统一商标"圣米高"。

资料来源：作者根据互联网相关资料进行整理。

【讨论题】

这种单一品牌的策略与其他连锁店采用制造商多品牌的策略相比，从长期来看，有什么优点？

## 案例应用2

### 通用多品牌战略线路弊端——过度细分增加成本

瓦格纳被迫下课了。度过100岁生日的通用汽车走上了破产重组之路，曾一度看不到路的尽头。曾经不可一世的汽车巨头沦落至此，令人扼腕叹息。通用汽车为何会陷入困境，专家进行了深入研究。总结起来无非就那么几条——高居不下的制造成本和员工福利、强悍的劳工组织与公司管理层对立、无视油价上涨而忽视节能产品的研发等，这些问题更多的是企业管理的问题。但是，如果我们从营销的角度分析，会发现通用汽车在营销方面的失误，其实早在几十年前就埋下了企业经营失败的种子。而这种失误在几十年前，却被世人赞誉为伟大的营销战略，这就是通用汽车引以为傲的多品牌战略。

通用汽车的多品牌战略源自20世纪初通用汽车创始人之一的威廉·C. 杜兰特。在任之时，他重组别克以及收购凯迪拉克、奥兹莫比尔等多个品牌。随后上任的斯隆将杜兰特的理念进一步发扬光大，提出了市场细分理论。斯隆认为不同的消费者有不同的个性化需求，必须通过品牌对市场进行细分。1924年，斯隆在股东年度报告中阐述了著名的"不同的钱包、不同的目标、不同的车型"市场细分战略，根据价格范围对美国汽车市场进行细分，最终目标是通用汽车每个品牌的产品针对一个细分市场。

斯隆的市场细分战略奠定了通用汽车多品牌战略的理论基石。当时，正值美国社会阶层分化、中产阶级迅速崛起，消费者对个性化汽车的追求成为一种潮流。而当时福特汽车提供给消费者的基本上是千篇一律的汽车。此时，通用汽车采取多品牌战略，让产品线覆盖几乎所有的潜在购车者，以此作为打败福特汽车、登上世界车坛霸主的重要武器。在通用汽车的鼎盛时期，其旗下拥有凯迪拉克、别克、雪佛兰、土星、庞蒂亚克、奥兹莫比尔、欧宝、SAAB等多个品牌，参股五十铃、菲亚特等多家汽车公司，组成了一个庞大的汽车帝国。

多品牌战略利大于弊还是弊大于利？事实上，这一问题在斯隆上任之初，通用汽车内部就有着不同的争论：反对派认为这样会增加经营成本，而支持派则认为只有满足消费者的不同需求，公司才能够向前发展。很显然，支持派占了上风。而且在近80年的时间里，通用汽车一直是世界汽车市场的霸主。这一事实令反对派哑口无言，也让业界对通用汽车的多品牌战略由质疑变成了吹捧。

然而，"出来混，总是要还的"。随着时间的推移，多品牌战略日渐显露出其弊端。一方面，各个品牌都在独立运作，各干一套。这造成了品牌之间沟通困难，在研发、制造、营销、服务等方面未能有效整合，无形之中增大了成本。另一方面，实施多品牌战略的初衷是对市场进行细分。但由于品牌过多，致使品牌之间的界限模糊不清，不仅给消费者带来选择的困惑，也造成了品牌之间的内耗。

更为关键的是，由于旗下品牌太多，通用汽车一直无法集中力量开发一款或数款能够真正拉动销量的全球战略车型。全球战略车型销量巨大，可以让成本降到最低，大幅度提高单车的销售利润。丰田、本田的崛起，根本原因就在于Corolla、Camry、Accord、Civic等全球战略车型的优异表现。但是通用汽车却一直没有一款真正意义上的全球战略车型，相反，它不停地在各个细分市场上进行研发，不仅加大了研发成本，而且失去了宝贵的市场和利润增长空间。

资料来源：搜狐汽车，http://auto.sohu.com/20090525/n264147223.shtml。

**【讨论题】**

通用多品牌战略显露出哪些弊端？其成本支出的变化是什么？

# 第 11 章 品牌老化与更新策略

 学习目标

1. 了解品牌生命周期和品牌老化的概念与作用
2. 掌握品牌老化的成因
3. 掌握品牌强化的方法与技巧
4. 理解品牌激活的原理与步骤

**实践中的品牌管理**

中华老字号的衰败

流传下来的中华老字号企业一般都经过了岁月的洗礼，拥有独特的存在方式并显示着形象的魅力。按理说，这样的中华老字号应该继续在市场竞争中独占鳌头。然而，在当今市场竞争的背景下，中华老字号没有了昔日的辉煌，取而代之的是销售额下降、市场份额萎缩、有"品"无"牌"的状况。

老字号是中华民族传统文化的瑰宝，是在长期的商业竞争中凭借自身特色和良好信誉逐渐形成和发展起来的。新中国成立初期，在我国北京、南京、杭州等城市均形成了一定规模的传统商业街区，老字号企业约有 1 万多家，餐饮业是其中的主要门类。如北京现有新中国成立前创立的老字号 300 余家，其中餐饮业老字号 100 余家，约占 30%~40%。在老字号中，创立于明清时代的百年老字号占一半以上。进入 21 世纪，许多曾经灿烂的老字号却变得步履蹒跚、老态龙钟，昔日流光溢彩的金匾被蒙上一层厚厚的灰尘。据统计，新中国成立初期，中国老字号大约有 8000 家，经过对私改造和市场自然淘汰，到 1990 年保留有 1600 家。商务部统计的数据（2006）显示，我国现有的 1600 家中华老字号企业，其中 70%处于自生自灭状态，经营十分困难；20%能够维持；只有 10%蓬勃发展。

全国各地方收集的数据也显示中华老字号的现状已让人开始担忧。河南省商务厅表示，在 2006 年第一批中华老字号认定的评选中，河南省 21 家申请中华老字号的企业，仅有 4 家获得重新认定；其他曾经的中华老字号企业痛失"金字招牌"。江苏省政协文史委员会的专题报告显示，南京 41 家老字号中，勉强维持生计的有 10 家，占总数的 24.4%；惨淡经营的有 13 家，占总数的 31.7%。在近代史上，长沙老字号在鼎盛时期曾超过 200 家，但现今除了长沙的黄金地段还存有 17 家老字号外，已很难追寻到其他老字号的足迹。杭州市很多老字号还出现了"改嫁"的现象。据了解，2001 年杭州市有关部门宣布对位于西湖风景区内包括餐馆、商店、游乐设施等在内的 89 处商业网点经营权进行拍卖，这其中就包括了诸多在杭州经营的老字号。

从品牌发展角度谈谈中华老字号为什么衰败了？

资料来源：作者根据互联网相关资料进行整理。

**评述**

中华老字号在国内的发展逐渐衰败，原因既来自内部运营管理，也来自外部市场运作。下面，从品牌运作的几个方面进行分析。

在品牌维护方面缺乏力度。中国市场的造假行为历来是比较猖獗的，一些不法分子往往会利用"老字号"的金字招牌，仿造产品牟取暴利。"老字号"招牌名声在外以后，造假者的乘虚而入造成大量假货充斥市场。这些假冒伪劣产品使消费者对品牌的信任度降低，同时还分羹"老字号"的品牌资产，致使"老字号"的品牌形象严重受损。如果"老字号"不在品牌维护重点环节上投入力量，那么市场迟早会被这些造假者蚕食，从而严重影响品牌的形象。广东的"黄振龙凉茶"是广东的驰名老字号，在广州开了很多分店。后来有人仿其店面的装修开起了店，并声称自己是黄振龙的子孙，后来被现有经营者及时发现，通过工商部门查处了这些店，并在媒体上向消费者澄清，及时维护了自己的品牌。但是在"老字号"企业中，有这样意识的很少。

品牌宣传跟不上。一些"老字号"倚老卖老，认为自己已经是百年品牌，就不用再进行品牌宣传和传播工作，这是非常错误的。在当今信息爆炸的年代，产品同质化以及传播的过度逐渐培养了消费者的挑剔眼光，如果不能保持持续的传播，消费者就会忘记这些品牌。就好像有人说如果可口可乐一天不做广告，其销售量将下降10%。"王麻子"的失败同样证明了品牌宣传的作用。近几年，"王麻子"在宣传上投入较少，更多地依赖于一些老消费者的口碑传播，知名度已呈降低的迹象。"老字号"往往忽视了对品牌的持续宣传和对不断更新换代的消费者品牌情感的持续培育，导致顾客群体转移或者消失。

品牌价值的提升不足。"老字号"经过几百年的风霜洗礼，本身是具有品牌价值的。那么面对新的市场竞争，就需要对品牌价值进行提升，在品牌的内涵和外延的建设方面下功夫。就好像云南蒙自的"过桥米线"一样，通过讲述"过桥米线"的故事和与少数民文化的结合吸引和留住消费者，并使更多的消费者对其产生兴趣。

## 11.1 品牌生命周期

创立品牌是一种竞争策略。为了防止别人的产品取代自己的产品，企业就会想方设法建立自己的品牌，以便更好地控制市场。可以说，品牌的产生是竞争的结果。一位经济学家说：创立品牌不仅是保护产品的关键，而且是促使其发展的重要原因。品牌也像动植物一样，也会经历一个出生、成长、成熟和衰退的过程。产品在市场上的销售情况以及获利能力随着时间的推移而变化。这种变化的规律就像人和其他动物的生命一样，从诞生、成长到成熟，最后到衰亡。品牌的生命周期是品牌的市场寿命。产品经过研究开发、试销，然后进入市场，逐渐形成一定影响力，产生了品牌。然后，在此基础上一步步成长，直至最后产品在市场上失宠，品牌不再具有影响力。

品牌生命周期有广义和狭义两种理解。广义的品牌生命周期包括品牌法定生命周期和品牌市场生命周期。前者是指品牌按法律规定的程序注册后受法律保护的有效使用期，后者是指新品牌从随产品或企业进入市场到该品牌退出市场的整个过程。狭义的品牌生命周期则特指品牌市场生命周期。国外学者布鲁恩、科特勒、琼斯对品牌生命周期阶段进行了划分，国内学者将品牌生命周期阶段划分为导入期、知晓期、知名期（维护与完善期）、退出四个阶段。

品牌生命周期与产品生命周期的关系表现在三个方面：
①产品生命周期从属于品牌生命周期；
②产品生命周期服务于品牌生命周期；
③品牌生命周期反作用于产品生命周期。

在品牌生命周期的四个阶段，企业所采取的品牌营销战略是不一样的。

品牌老化有两层含义：
①品牌缓慢地、逐渐地退化；
②品牌消费者形象老化。

品牌老化的成因可以从消费者、竞争者、企业三个角度进行分析。从消费者角度看，品牌老化的成因包括消费者对品牌的"喜新厌旧"；消费者对产品需求的改变。从竞争角度看，竞争越激烈的行业，品牌老化速度越快。从企业角度来看，品牌老化是因为创新投入不足，表现为：产品缺乏创新；品牌标志不改变；广告的重复；销售终端形式单一；目标市场未更新。

品牌定位越聚焦生命周期越长；定位越宽泛品牌生命力越短。品牌所代表的品类越容易被细分，生命力越弱，品牌价值越低。一旦新品牌聚焦意味着广泛定位的老品牌将走向衰落；不易被细分的品类，其所代表的品牌生命力越强，品牌价值越高。

**小案例 11-1**

**劲霸和波司登的故事**

劲霸男装，从 2013 年，连续 10 年入选"中国 500 最具价值品牌"，以 269.58 亿元的品牌价值继续蝉联中国男装第一价值品牌，先后荣获"中国休闲男装行业标志性品牌""中国品牌年度大奖""中国青年最喜爱品牌"等多项殊荣。劲霸男装之所以成功是因为始终坚持"一个人一辈子能把一件事情做好就不得了"的核心价值观，聚焦于高端成功男士茄克系列。聚焦定位这一品类不易被细分，所以其生命力强盛。

相反，羽绒服第一品牌波司登，拥有全球最大的羽绒制品生产基地，用一系列世人瞩目的辉煌业绩证明了自己的实力；在中国内地竞争最为激烈的服装行业，波司登羽绒服连续 12 年稳坐中国销量第一的宝座，占据了羽绒服市场的半壁江山；它蝉联行业优质产品七连冠。但是波司登定位广泛，后起之秀抓住其缺点，聚焦定位为青春、活力、时尚的年轻族。这使得波司登不得不重新定位，从"厚、重、肿"的防寒服向"轻、薄、美"转化。

资料来源：作者根据互联网相关资料进行整理。

从过程管理的角度将品牌老化分为品牌老化前和品牌老化后两个阶段来分析。品牌老化前，管理者应当采取品牌强化的策略预防品牌老化；品牌老化出现时，管理者应当及时采取品牌激活的策略，使品牌摆脱衰老的形象。品牌强化是通过一系列一致性的营销活动向消费者传递品牌意义,包括品牌认知和品牌形象两个方面,进而加强品牌资产。

企业可以从四个方面来实施品牌强化策略:

①维护品牌的一致性;

②保护品牌资产来源;

③恰当地使用品牌延伸策略;

④调整营销支持计划。

品牌激活是指当品牌老化的时候,管理者采取一系列措施恢复品牌在消费者心目中的形象,重夺市场份额。品牌激活首先需要考虑两个问题:(1)老化的品牌是否值得激活?(2)老化的品牌能否被激活?可以将品牌激活原理分成认知心理学视角和社会心理学视角。基于认知心理学视角的品牌激活战略有凯勒和勒夫的品牌激活战略框架。从品牌资产的角度,凯勒提出了品牌激活的两条思路:一条是更新旧的品牌资产来源;另一条是创造新的品牌资产来源。凯勒认为品牌资产由品牌认知和品牌形象两个要素组成,因此,激活品牌资产也应当从这两个方面着手。

品牌激活可以有三种做法:对品牌进行重新定位、更新品牌要素以及创新品牌传播。品牌老化的原因可能出在产品服务、目标市场和传播三个方面。

## 11.2 品牌老化的概念、误区与成因

### 11.2.1 品牌老化的概念

在品牌生命周期中,有一种是残缺退出期的情况,即品牌可以永葆青春。然而事实上,这样的品牌少之又少,大量的品牌由于企业内部或外部的原因而最终进入衰退期。比如,太阳神(口服液)、旭日升(冰茶)、水仙(洗衣机)、凤凰(自行车)等曾经耳熟能详的强势品牌如今在市场上已雄风不再,有些已难觅踪影。从品牌管理的角度讲,它们是因为在出现品牌老化现象之后没有得到及时的更新而走向衰落的。

品牌老化有两层含义:

①品牌缓慢地、逐渐地退化,指的是由于内部或外部的原因,品牌在市场竞争中出现知名度和美誉度下降、销量萎缩、市场占有率降低等品牌衰落现象。注意,品牌老化并不是"品牌猝死",而是随着时间的推移逐渐表现出下滑的态势。中国最有价值品牌排行榜(北京名牌资产评估有限公司发布)上曾经的七连冠(1995—2001年)红塔山从2002年开始,品牌价值逐年缩水,至2007年已降到第8位,由此可以判断其品牌出现了一定程度的老化。

②品牌消费者形象老化。由于品牌缺乏新意,导致新的消费者没有参与到该品牌的消费当中,品牌吸引的仍然是原来那批忠诚的顾客。随着忠诚顾客年龄的增加,品牌的消费者形象也逐渐老化,于是品牌从一个充满生机的品牌变成了一个老态龙钟的品牌。霞飞(化妆品)、内联升(布鞋)、大白兔(奶糖)、永久(自行车)等一批中国著名品牌就出现了消费者形象老化的问题。以上这两种品牌老化的表现形式可以通过消费者小组访谈、消费者问卷调查、市场考察、销售业绩数据分析等方法,根据时间序列的数据加以判断。

### 11.2.2 品牌老化的误区

管理者对品牌老化的理解存在以下一些误区。

1. 品牌老化是注定的

根据品牌生命周期理论，在经过一段时间的经营之后品牌会进入到衰退期。著名广告专家史蒂芬·金声称，品牌的周期性衰退是不可避免的。然而，这并非绝对。如果经营得好，品牌并不一定就会老化，而是一直会保持青春和活力。例如，杜邦公司已有100多年历史，但它仍是工业原料行业的全球巨头。

2. 品牌老化是产品质量不好引起的

有不少品牌疏于对产品质量的监控，结果招致了品牌走向衰败。然而，不是所有的品牌老化都是产品质量不好而引起的。很多品牌之所以逐渐被消费者抛弃是因为产品或品牌不适应现代人的需求。中华老字号"内联升"的布鞋质量不可谓不好，但试问在当今社会还有多少人穿着布鞋？霞飞化妆品质量不可谓不好，但其品牌形象跟欧莱雅和资生堂相比根本就不在一个水平线上。美国的普利泰服装（Playtex）目标市场为年轻女性，尽管质量上乘，但由于欧美设计理念差异，在欧洲被认为是年轻女性的母亲穿的服装。

3. 品牌老化是悠久的品牌历史引起的

我们持有这种观点是因为中国有很多历史悠久的老字号一蹶不振。品牌老化与品牌的历史没有必然联系。一些历史很短的品牌也可能呈现老化的迹象。如太阳神至今也不过20余年的历史，但其市场业绩已大不如前；一些历史很长的品牌也可能还是很有活力，如可口可乐已经有120多年的历史，但给人感觉还是年轻有为的美国人；百事也有百年历史了，但给人感觉仍然是活力四射的小伙子。

4. 品牌老化是因为选择了老年人作为目标市场

由于卡普菲勒教授认为品牌老化的一层含义是消费者形象老化，因此很多人认为将老年人作为目标市场的品牌就是属于老化的品牌。这是对品牌老化的一个误读。照这样来看，脑白金、钙中钙等岂不都成了老化品牌？其实，品牌老化是一个动态的概念。品牌的消费者形象老化是指品牌以前的消费者是年轻人，现在年轻人不再加入进来，剩下的都是以前的老客户。那些老年人品牌本来就是以老年人作为目标市场，不存在消费者形象从年轻人转变成老年人的过程。

**小案例 11-2**

*可口可乐的持续性发展*

可口可乐公司（Coca-Cola Company）成立于1892年，是全球最大的饮料公司，拥有全球48%的市场占有率。可口可乐更是排在全球饮料销量第一的位置。其自上市至今100多年来几乎没有改变过配方，却仍能在竞争中取胜。可口可乐能永葆青春的一个重要原因是他一贯重视广告宣传，进入中国市场也不例外，每年都投入几千万元进行宣传。其广告雇佣大量各类明星，宣传主题也每年都在变，甚至会变更品牌标志。其中，在2003年可口可乐在中国就启用了新标识，全新的流线形中文字体，与英文字体和商标整体风格更加协调，取代了可口可乐自1979年重返中国市场后沿用了24年的中文字体。公司通过此举扭转消费者认为可口可乐活力不足、传统、老化的印象。新标识在实施中确实也起到了很好的效果。可口可乐改变的不仅是标识，也是与消费者的沟通方式。

资料来源：作者根据互联网相关资料进行整理。

### 11.2.3 品牌老化的成因

品牌为什么会老化？以下从消费者、竞争者、企业三个角度对这一问题进行分析。

1. 从消费者角度看

（1）消费者对品牌的"喜新厌旧"

有些时候，消费者不选择某个品牌并不是因为这个品牌的错，而是因为消费者自身"喜新厌旧"的特性所致。例如，在买去屑洗发水的时候我们可能有时候选择海飞丝，也有时候选择清扬。从心理学角度来讲，人们对未知的事物总是存在一种探求的渴望，马斯洛称其为"认知"的需要。这反映在品牌消费上面就表现为消费者经常会尝试一些新的品牌，以增加消费的新鲜感。如果原来的品牌不思进取，妄想"一招鲜，吃遍天"，那么消费者很可能就会逐渐疏远老品牌，选择具有时代特色的新品牌。消费者的这种特性迫使企业不断实施品牌更新，把握时代脉搏，给品牌注入新鲜元素。

（2）消费者对产品需求的改变

随着消费文化的变迁，消费者对产品的功能、外观、口感等方面的要求也在发生改变。如果品牌不随着消费文化的变化而改变的话，那么品牌的形象就会逐渐老化。在看电视节目的时候，我们经常会有这样的感觉——在重播的一些有年头的影片或歌舞节目当中，人们的着装和动作一看就是很过时的，尽管这在当时是很时髦的。或许品牌产品的质量的确很好，但跟不上产品发展的步伐，品牌照样会被变化着的消费者所遗弃。"润妍"润发系列产品是宝洁公司在全球的第一个针对东方人发质发色设计的中草药配方洗润发产品。这款新产品在2000年推出，针对18～35岁的城市高知女性，以黑发为诉求理念。然而，18～35岁的城市高知女性多是时尚的示范者或追求者，在当今染发之风越刮越烈的时候，润妍的这种黑发理念成为一种老土的卖点。结果一推出市场，润妍就背负着品牌老化的重担，艰难地维持到2002年便退出了市场。

2. 从竞争者角度看

竞争越激烈的行业，品牌老化速度越快。"逆水行舟，不进则退"，竞争者在研发方面的投入加速了技术更新换代的速度，如果企业还是抱着一劳永逸的思想"吃老本"的话，那么市场很快就会被竞争者抢占。20世纪90年代，中国保健品行业的市场是太阳神的天下，但由于一直抱着猴头菇和生物健等产品不放，致使太阳神保健产品研发速度减慢，市场份额被其他品牌远远甩在身后。王麻子剪刀破产的一个重要原因是其产品款式落伍、科技含量不足，而后起之秀阳江"十八子"十几年来求变求新，填补了国内制刀史上的十多个空白，累计获得60多项专利，其取代王麻子的地位也是必然的。全聚德在应对竞争方面就做得不错。面对越来越多的人选择肯德基等洋快餐，地道的中餐老字号全聚德推出了烤鸭汉堡，一面世就博得了满堂彩。

3. 从企业角度看

从企业角度来看，品牌老化是因为创新投入不足。之所以如此，是因为品牌存在自然销售现象，即在不增加投入的情况下也能产生一定的销售量。对资金紧张的企业而言，能够降低成本而一劳永逸，何乐而不为？就是这样一种不思进取的考虑使得很多品牌数十年如一日地维系原状，导致品牌出现严重的老化现象。

以下重点分析其中五个由企业所导致的品牌老化的原因。

(1) 产品缺乏创新

产品的式样、包装、品种、配方、功能、技术不更新或更新不及时，品牌形象就容易过时。健力宝（橙味饮料）、大白兔（奶糖）、李宁（运动产品）等品牌的形象一度出现老化迹象，主要原因就是产品更新程度不够。而在生活当中，产品更新的例子比比皆是。比如：超市经常变换货架的摆放和POP广告，餐厅隔一段时间做一些小的装修调整，饮料的包装颜色、图案做一些调整，牙膏和洗发水的配方不断添加等。正是这些产品的不断改变，使得我们感觉到品牌充满新意。

(2) 品牌标志不改变

标志是品牌的脸。如果标志数十年如一日，那么品牌的这张"老脸"就会让消费者产生审美疲劳。因此，换标或称"品牌变脸"已成为企业最常见的一个战略动作。近年来，Intel、柯达、苹果、联想、中国电信、美的、夏新等国内外知名品牌都进行了品牌换标。新的品牌标志必须具有时代性，能够反映出企业的理念和价值观，此外还常常会保留与旧标志的某种联系，以减少换标所带来的品牌资产损失。

(3) 广告的重复

广告创意和制作的成本高昂，因此企业通常都希望广告发布的时间能够长久一些，尤其是一些优秀的广告。然而，即使是优秀的广告，消费者看多了也会觉得腻味。久而久之，消费者会将其对广告"老套"的评价归结为品牌的创意缺失。所以，从预防品牌老化的角度考虑，品牌还是需要忍痛割爱，撤下老广告并推出新广告。从这个意义上来说，广告是有其使命的，完成之后需要及时退出市场。除了重复的广告之外，单一不变的广告代言人也会促使品牌老化。这一方面是因为明星的影响力很容易过气，另一方面是消费者认知方面缺乏新鲜的刺激。因此，我们看到很多品牌的代言人也是换了一茬又一茬。例如，李嘉欣、巩俐、裴蓓等明星都曾代言巴黎欧莱雅的产品，新鲜的面孔带来新鲜的品牌形象。

(4) 销售终端形式单一

广义上讲，终端生动化也是品牌传播的一种形式，而且是很重要的一种形式。因为销售终端是企业决定顾客是否购买的"临门一脚"。如果企业在终端生动化方面没有做出努力，那么它就失去了一个展示品牌形象的机会。相反，许多企业会在终端设计一些促销活动、安置POP广告、摆放一些有特色的堆头，让顾客体验到品牌的勃勃生机。在"神舟五号"成功飞天后不久，蒙牛曾在超市的蒙牛牛奶旁边摆放了一个"神五飞船"的造型，以显示其中国航天员品牌赞助商的身份，体现与时俱进的品牌形象。

(5) 目标市场未更新

尽管忠诚顾客是品牌的重要资产，但随着原有顾客年龄的增加，品牌的形象也会开始老化。因此，企业适时需要开发年轻的消费者市场，以增加品牌的活力。与诺基亚相比，摩托罗拉的消费者一般年龄较大，这与摩托罗拉一贯重视科技、轻视人性化的品牌定位有关。为了网罗更多年轻消费者的心，2002年，摩托罗拉大力推广MOTO品牌战略，从产品、广告、公关等多个方面更新摩托罗拉的品牌形象。

几乎所有品牌老化都是因为消费者、竞争者、企业三个方面出现问题而产生的。甚至像前几年红遍中国的娱乐节目《超级女声》，也有专家认为是由于以上原因而出现了老化迹象。

另有一些专家认为，消费者是导致品牌老化的唯一原因。其实，品牌自身并不会老化，但消费者的心理会随着时间而变化。因此，如何理解、掌握并利用消费者心理来进行品牌激活，实际上是更加重要的问题。

**小案例 11-3**

老化的"超女"如何起舞

2005年，《超级女声》在中国娱乐节目界可谓是开创了一个新的时代。一档节目，全国4亿观众，平均收视率超过中央电视台《春节联欢晚会》；赞助商蒙牛向市场投放20亿袋印有"2005蒙牛酸酸乳超级女声"的产品，销售额应该在20亿元左右，其中广告和销售费用仅1亿元左右……所有这一系列数字成就了蒙牛品牌，也成就了超级女声品牌。2006年，《超级女声》节目遭遇低潮。据网络、平面媒体报道，《超级女声》收视率低于央视《梦想中国》，东方卫视《加油，好男儿》两档选秀节目。我们暂且先不管这个数据是否真实，但是我们从2006年观众对超级女声的热度，可以看出生命周期才四年的《超级女声》节目面临品牌老化问题。

1. 产品老化

《超级女声》节目是从2003年至今推出的产品，公平地说，每年都有个性鲜明的形象推出：2004年活泼可爱的张含韵，2005年有中性帅气的李宇春，深情演唱的周笔畅，海豚音的张靓颖。但2006年的超女则缺乏颠覆性。

2. 品牌气质偏离平民化

2005年《超级女声》节目的成功大多数归结为平民选秀。海选让年龄无界，肤色无界，国域无界的女性都"超女"了一把。但是2006年的超女选手大多在参加超女前已经是娱乐界、商业界小有名气的"新星"了，少了民主、平民化的色彩，观众参与性少了，草根阶层的娱乐脱离平民路线。

3. 与观众的沟通商业味过浓

从媒体、公关、传播、营销的角度来看，炒作是理所当然的，但是主办方似乎炒作过猛，让超女品牌负面影响增加。

4. 缺少创新，观众失落

2005年的"超女"可以说创造了许多流行词语，PK、海选、票决、50进20、20进10、10进7、7进5……这些词语一度成为社会上使用频率高、范围广的大标题，给观众的感觉也是耳目一新，具有极强的娱乐性。而2006年，除了出现"复活赛""决赛赛制"变化等创新之外，基本上还是延续2005年的做法，缺少流行性与话题性。

5. 意见领袖不能主导观众

评委的意见在很大程度上左右观众的意见，成为意见领袖。评委客观评价选手的表现，给予她们改进意见，再加上"别人唱歌是偶尔走调，你是偶尔不走调"之类的搞笑评论，让超女娱乐性更加深入人心。2006年的评委缺少了像柯以敏之类的麻辣评委，用尽客套、安慰和鼓励的话语去评选每位选手，多少与草根娱乐拉开了距离。难怪有那么多人评论2006年的评委"缺乏娱乐精神"。

6. 竞争激烈，无法起舞

《梦想中国》《加油，好男儿》《我型我秀》等同类竞争对手增加，观众分流，可选择的娱乐选秀节目太多。《审美疲劳》引发观众新鲜感下降；四档节目同台演绎，让观众有了对比的目标。相比《加油，好男儿》新军，《超级女声》《梦想中国》《我型我秀》缺少新鲜感，《超级女声》节目的主题曲《唱得响亮》只不过是对《想唱就唱》的延续，实际变化不大。

资料来源：周志民．品牌管理[M]．天津：南开大学出版社，2008．

## 11.3 品牌强化与品牌激活

品牌管理应当被看成是品牌在时间维度上面的管理。动态的市场里面不存在永恒不变的品牌。随着生产技术的推陈出新、消费需求的日新月异以及竞争品牌的频繁进攻，品牌的市场表现会产生时间序列上的波动。品牌老化正是品牌在某一时段的市场表现，它不是品牌的猝死，而是随着时间的推移慢慢被人淡忘，业绩逐渐下滑，最后全面退出市场。因此，针对品牌老化问题，我们从过程管理的角度将其分为品牌老化前和品牌老化后两个阶段来分析。这两个阶段的品牌更新目的和策略也有所不同：品牌老化前，品牌的发展非常正常。然而，"生于忧患，死于安乐"，管理者应当有强烈的忧患意识，预防品牌老化。这时，管理者应当采取品牌强化（Brand Reinforcement）的策略，以加深品牌在消费者心目中的认知和印象。品牌老化出现时，管理者应当及时采取品牌激活（Brand Revitalization）的策略，使品牌摆脱衰老的形象，再现活力青春。

### 11.3.1 品牌强化

品牌强化是通过一系列具有一致性的营销活动向消费者传递品牌意义，包括品牌认知和品牌形象两个方面，进而加强品牌资产。一旦确定了品牌的内涵，管理者所做的每一件事都是对品牌在消费者心目中印象的强化。品牌强化的根本目的在于预防品牌老化，使品牌青春永驻。凯勒教授将其分解为两个具体的目标：强化品牌认知，要让消费者清楚知道品牌代表什么产品，提供什么利益和满足什么需求；强化品牌形象，要使消费者心目中的品牌联想强烈、正面和独特。

企业可以从四个方面来实施品牌强化策略。

1. 维护品牌的一致性

在进行品牌传播的时候，企业必须有整合传播的理念，各种传播手段、各阶段传播内容都围绕一个品牌核心诉求。在竞争者日益增多的今天，这种品牌传播的一致性是非常必要的。因为各竞争者本来就在发出不同的声音，如果连自己的品牌传播都不统一，那么受众很难对品牌有一个清晰的认识。品牌的一致性既表现在不同传播手段之间的横向配合上，也表现在不同时期传播内容的纵向衔接上。市场环境在改变，企业的目标、管理者、广告商也在不断变换，因此要维护品牌的一致性并非易事。但成功的品牌都在持之以恒地维系着品牌的一致性。比如，一提到沃尔沃就让人想到"安全"，原因是自1945年以来沃尔沃无论是产品专利、媒体广告还是撞车试验都是在诉求"安全"，尽管中途也曾诉求"豪华"，但马上又回归到安全上面。品牌一致性的坚持并不意味着品牌元素及营销策略不予改变，恰恰相反，一直不变正是品牌弱化和老化的原因。变与不变，看似矛盾，但实际上有一定规律。一般而言，品牌的内涵在很长一段时间内是不改变的，而一些品牌外延的元素或者营销策略则需要顺应市环境的改变而改变，万变不离其宗。近几年来，百事可乐举办的"三人篮球赛""足球赛""音乐巨星赏""校际音乐节""百事我创——百事巨星广告你做主"等营销活动精彩纷呈，而其年轻、流行的品牌内涵几十年来一直不曾改变。正是这些丰富多彩的活动强化了百事可乐年轻、流行的品牌形象。绝对伏特加在这方面也做得很好。它的管理者非常清楚那个经典的瑞典瓶子是绝对伏特加最有价值的一个资源，所以请数百位画家绘制数百幅绝对伏特加瓶子造型的广告招贴画。尽管每幅广告都不尽相同，但都反映出绝对伏特加的优雅和睿智的品牌内涵。

2. 保护品牌资产来源

品牌强化的目的是强化消费者对品牌的认知和联想，然而，品牌的变化又使得消费者对品牌的认知和联想混乱和模糊。因此，管理者应当对品牌资产的来源要素进行分析，以保护对品牌有重要贡献的资源。可口可乐1985年推出新可乐而引起美国民众的反对，就是因为其破坏了消费者与可口可乐之间的情感关系。对于美国民众而言，可口可乐已不是一种饮料，而是一种经典的美国精神。这是可口可乐品牌资产的根源。几年前，宝洁公司曾在美国市场上犯了类似的错误。该公司为降低成本，改变了凯德牌（Cascade）洗衣粉的配方，从而减低了该洗衣粉的洁净能力。当宝洁的主要竞争对手利华兄弟（Lever Brothers）公司知道这一消息之后，掀起一场大规模的广告攻势，宣传该公司旗下的阳光（Sunlight）牌洗衣粉的洁净能力远远高于凯德牌，有力地提高了阳光牌的市场占有率。宝洁公司意识到强有力的洁净力是凯德洗衣粉核心的品牌联想以后，迅速恢复了凯德牌的配方，并以强大的广告宣传重新夺回了失去的市场份额。

3. 恰当地使用品牌延伸策略

将成功的品牌延伸到一些新的产品上面，可以提高品牌在市场上的可见度，强化消费者对原品牌的认知和联想。具体的做法主要有两种：采用主副品牌，填补产品项目。如美的空调不断推出冷静星、清静星、清润星、天钻星、超劲星等多个副品牌的产品项目，从而使美的品牌凭借先进的技术在空调领域建立了强势地位；采用品牌延伸推出新的产品线，如康师傅将品牌从方便面延伸到饮料、饼干等方便食品领域，进一步强化了康师傅方便食品的行业领导地位。

4. 调整营销支持计划

营销组合策略为品牌强化提供了重要的战术支持，产品、价格、分销、促销中的任何一项都可能会强化消费者的品牌认知和联想。营销组合支持计划的设计取决于品牌联想是产品相关联想还是非产品相关联想。

（1）产品相关的品牌联想

这种品牌联想是由产品相关的特点所引起的，如产品技术、包装设计等。海信电器在变频技术上面的领先优势、大众甲壳虫的可爱外观造型等都对其品牌联想有巨大贡献。新产品的开发最好在原产品优势基础上调整，差异太大会使产品相关的品牌联想不够清晰。例如，金利来作为男士服饰的品牌已深入人心，其推出的女士皮具与这一形象相违背，所以女士皮具就很难成功。

（2）非产品相关的品牌联想

有些品牌联想与产品无关，主要是广告所导致的。比如，人们对"送礼就送脑白金"的清晰记忆就是脑白金铺天盖地的广告轰炸的功劳。为使品牌形象得到强化，广告诉求一般不轻易改变,可以改变的是广告的表现形式。美国米勒淡啤(Miller Light)一直走幽默广告路线,广告语是"味道好极了,不那么增肥";后来,米勒面向时尚的年轻人推出不知所云的"来吧,让我告诉你它在哪里"和"这个就是这个,那个就是那个"广告,导致销售量一路下滑;最后,米勒又回到了幽默诉求上面,推出了"相扑运动员高台跳水"等幽默广告,才使得销量得以回升。

### 11.3.2 品牌激活

品牌激活也称品牌复活(Brand Rejuvenation)、品牌活化、品牌再造(Rebranding),是指当品牌老化时,管理者采取一系列措施恢复品牌在消费者心目中的形象,重夺市场份额。

在实施品牌激活战略之前,需要考虑两个问题:老化的品牌是否值得激活?老化的品牌能否被激活?

要判断老化的品牌是否值得激活,需要思考三个问题:一是消费者对老化的品牌的评价是负面还是中立的?如果是负面的评价,那么老化的品牌最好放弃。二是消费者对该老化的品牌是否存在强烈的怀旧情感?如果消费者已没有了感觉,那么该老品牌可以放弃。三是品牌激活与打造一个新品牌的成本哪一个高?如果后者高,那就采取品牌激活,反之就放弃老品牌。不过,两种品牌战略的成本如何准确计算是一个大难题。并不是所有的老品牌都是可以激活的。美国康奈尔大学的行为学教授布莱恩·文森克(Brian Wansink)调研了84个品牌,其中一半的品牌被成功激活。他据此得出了五个激活条件:

1. 中高价位

在42个被成功激活的品牌中,无一是大打折扣的品牌或廉价商品的品牌。溢价品牌比廉价品牌更易激活。

2. 媒体宣传和促销

93%成功激活的品牌被认为是"安静"品牌,潜在忠诚度高,只需要提醒消费者,就能激活品牌。

3. 分销范围大

相关品牌的销售范围仍然很大,只是被陈列在货架的最底层,因此只要改变陈列位置,就有希望激活品牌。

4. 历史悠久

被成功激活的品牌平均有53年的历史,而且87%的品牌至少在核心顾客中产生了深刻的品牌记忆。这些核心顾客在相关品牌激活初期就起到了重要的促进作用。

5. 特点明显

88%被成功激活的品牌具有明显的特点,如在产品、传播、包装和风格等方面特征明显。

不是每个被激活的品牌都必须具有这五个特征,但至少要具有其中的三个。文森克的观点为我们提供了区分目标品牌的工具,避免了激活工作的盲目性。

究竟如何激活品牌?国内著名品牌学者何佳讯教授在回顾西方品牌激活理论之后,将品牌激活原理分成认知心理学视角和社会心理学视角。

前者的认识主要从消费者的认知心理入手,通过一系列的营销活动,提高品牌意识,重塑品牌形象,最终达到重建品牌资产的目的;后者主要从品牌本身的意义、内涵、本质等方面出发,通过品牌故事、品牌社群、怀旧性的广告等,唤醒消费者对该品牌的社会心理联结,最终达到建立或恢复消费者与品牌亲密关系的目的。

1. 基于认知心理学视角的品牌激活战略

下面分别介绍美国学者凯勒教授和法国学者勒夫教授的品牌激活战略框架。

（1）凯勒教授的品牌激活战略框架

从品牌资产的角度，凯勒提出了品牌激活的两条思路：一条是更新旧的品牌资产来源。如果旧的品牌资产来源仍有可利用的价值，那么就可以对旧的品牌资产来源进行更新。例如，始创于清朝咸丰三年（1853年）的内联升最初以制作官员朝靴而闻名，民国后改为生产礼服、呢面千层底鞋和缎子面千层底鞋。近些年布鞋市场萎缩，内联升又推出了各种休闲皮鞋，产品的更新换代始终聚焦在制鞋的核心竞争力上。另一条是创造新的品牌资产来源。有时旧的品牌资产来源在新的市场环境下价值并不大，这时就需要创造新的品牌资产来源，以赋予品牌新的涵义。例如，李宁公司在1997年曾一度出现品牌老化现象，原因是消费者把李宁公司等同于李宁个人，而李宁这个昔日的"世界体操王子"对于年轻一代的消费者而言已显得有些陌生。后来，李宁开始挖掘新的品牌资产来源，通过与意大利、法国设计师合作加强产品研发的专业性和国际化，进入足球、篮球等专业领域，主推"一切皆有可能"的全新品牌理念。这些新品牌资产来源对李宁品牌的激活贡献巨大。凯勒认为品牌资产由品牌知名度和品牌形象两个要素组成，因此，激活品牌资产也应当从这两个方面着手。

① 扩展品牌知名度（Brand Awareness）。

当品牌开始被消费者忽视时，即表明它开始衰老。问题往往并不出在品牌认知的深度上，因为消费者在某个环境下依然能够识别和回忆起该品牌，如很多人都知道王麻子剪刀。出现问题的地方是品牌认知的广度上，即消费者只是在很狭窄的范围内想到该品牌，如很多消费者只是提到老字号的时候才想起王麻子剪刀。所以，扩大品牌认知的广度是品牌激活的一项重要任务。这可以通过增加消费者对品牌的使用来实现，具体包括增加使用量和增加使用频率两条途径。相比而言，增加使用频率要比增加使用量容易，因为每个消费者每次使用量一般是固定的。增加产品的使用频率既可以在现有用途下增加新的使用机会（如强生婴儿沐浴露将市场拓展到年轻女性，广告称"宝宝能用，你也能用"），也可以开发产品的新用途（如杜邦尼龙从军用降落伞的材料转为民用的尼龙布制品）。

② 改善品牌形象（Brand Image）。

有时提升品牌知名度并不足以激活老化的品牌，管理者还需要对品牌形象做出调整，这种调整甚至是根本性的改变。重塑品牌形象的目的在于增强品牌联想的强度、美誉度和独特性，这需要通过加强正面的品牌联想、淡化负面的品牌联想、创造新的正面品牌联想等途径来实现。具体来看，改善品牌形象可以有三种做法：对品牌进行重新定位、更新品牌要素以及创新品牌传播。

品牌重新定位：品牌重新定位包括选择新的细分市场以及确定新的定位诉求。在2002年之前，王老吉凉茶的市场业绩不到2亿元，很多年轻人并不能接受这一从中草药中提取的传统老产品。2002年，成美广告公司（后成为"定位鼻祖"特劳特在中国的合作伙伴）将其重新定位成"预防上火的饮料"，并从传统的两广（广东、广西）市场向北方市场拓展，市场业绩扶摇直上。王老吉凉茶2003年销售额6亿元，2004年销售额15亿元，2005年销售额超过25亿元，2006年销售额更是超过了35亿元。由此可见，品牌重新定位有激活老品牌的威力。

更新品牌要素：为了从感官上给消费者以新鲜感，名称、标志、包装、代言人等品牌元素也需要做出更新。比如，谭木匠为了增强品牌的时尚感，推出了另一个子品牌 TAN'S；"狗不理"包子将"GOBULI"的拼音式英文名改为"GO BELIEVE"，以让外国友人直观了解品牌的内涵，增加了中华老字号的"洋味"；2006 年，柯达放弃了使用了 36 年的黄色方框和"K"图形，转而使用简单的"Kodak"的文字标志，以表示最新的数码影像专业定位；一向以蓝罐为显著特征的百事可乐 2007 年推出了"敢为中国红"限量红色纪念罐，着实令人耳目一新；美国通用磨坊公司的食品品牌贝蒂·克罗克 80 多年来更换了八个虚拟代言人，以符合不同时代的审美观；大白兔奶糖在包装材料上改用不易皱褶的高档材料，而包装图案由原来静卧的大白兔改为奔跑的卡通兔……

创新品牌传播：老化的品牌可以抓住时代的热点话题，采取赞助等新颖的营销传播手段来进行品牌更新。这是一个不乏热点的时代——2001 年的入世、2002 年的中国足球进入世界杯、2003 年的非典、2004 年的神五飞天、2005 年的超级女声、2006 年的世界杯、2008 年的奥运会、2010 年的亚运会和世博会……几乎年年都有一个大的热点。如果能够巧妙地将品牌与这些热点相关联，那么将有助于加速老化品牌形象的更新。

从顾客的角度来看，改善品牌形象过程中需要考虑四个问题：是否能保留现有的顾客？是否能吸引流失的顾客？是否识别了被忽视的细分市场？是否吸引了新顾客？如果能够做到这四点，说明品牌形象的改善是成功的。

（2）勒夫教授的品牌激活战略框架

勒夫指出品牌老化的原因可能出在产品服务、目标市场和传播三个方面。他针对每一个方面的问题提出了各自的解决方案。

①针对产品服务问题。

针对产品服务问题，企业可以采取更新、延伸和扩充的策略。更新包括产品服务创新（如全聚德推出电子烤炉烤鸭）和新款式新包装（如可口可乐 2008 年在全球范围更换风格更为简约的新包装）；延伸包括产品线延伸（如可口可乐推出的香草可乐）和产品类别延伸（如云南白药推出了防止牙龈出血的高价牙膏）；扩充包括新的附加服务（如别克汽车推出的服务品牌"别克关怀"）和新用途或提高使用频率（如小肥羊除开设火锅连锁店还在超市出售火锅汤料）。

②针对目标市场问题。

针对目标市场问题，企业可以采取更改和扩大的策略。更改包括从年轻人到老年人或相反（如摩托罗拉推出 MOTO 品牌战略，目的就是希望更多的年轻人也购买摩托罗拉）、新的细分市场（如耐克的市场从专业运动员调整为热爱运动的非专业人士）和新的分销渠道（如在街头开设连锁专卖店的谭木匠也开始进入一些高档购物中心）；扩大包括使用相同的母品牌（如三菱电梯、手机和汽车都使用同一个品牌名称）和发展子品牌（如茅台推出的王子酒、迎宾酒等子品牌，以满足中低端消费者的需求）。

③针对传播问题。

针对传播问题，企业可以采取加强和改变的策略。加强策略包括提高声音份额（如脑白金的广告持续了数年）、更新提醒广告（如金嗓子喉宝广告在推出罗纳尔多版本数年后又推出卡卡版本）和改变媒体计划（如六必居、同仁堂等一批中华老字号上网进行推广）；改变包括更改说服理由（如王老吉从中草药配方的凉茶重新定位成"预防上火的饮料"）、更改代言人（如近年来为可口可乐代言的新生代明星有 SHE、潘玮柏、张韶涵、刘翔、郭晶晶等）和风格现代化（如百事可乐尽管历史悠久，但并不会让人觉得很老化，因为其广告风格一直很年轻化）。

**链接材料 11-1**

墓地品牌重塑的八大法则

品牌重塑法则 1："副品牌"重塑策略

"副品牌"重塑策略是给老化的主品牌增添一个副品牌，其目的是低成本地强化品牌核心价值、活化主品牌、赋予主品牌年轻感、成长感，如长虹推出的"精显背投"副品牌。

品牌重塑法则 2："品牌重新定位"策略

重新定位就是打破事物（如产品）在消费者心目中所保持的原有位置与结构，使事物按照新的观念在消费者心目中重新排位，调理关系，以创造一个有利于自己的新的秩序，如王老吉的重定位案例。

品牌重塑法则 3："细分市场"重塑策略

主动将市场进行细分，选择有利的细分市场进入，并集中人力、物力、财力等营销资源投入该细分市场，变整体劣势为局部优势，将该细分市场建设成为己方强势市场，使自己成为该细分市场的第一。

品牌重塑法则 4："追捧热点、制造概念"重塑策略

社会资源是万众瞩目的地方，既然想让品牌重新受人关注，那就必须把品牌放到万众瞩目的舞台上去。

品牌重塑法则 5："为品牌注入情感"重塑策略

情感是冲动消费的关键。品牌、感觉用于感情、感性诉求，对人们的购买进行"内部发动"：好品牌让人找到感觉，让人感动、充满梦想和兴奋。

品牌重塑法则 6："新形象载体"重塑策略

当我们发现一个优质资源时，我们要去抢占它，并把它打造成一个载体符号。万宝路的"牛仔"形象就是新形象的载体。

品牌重塑法则 7："事件行销"重塑策略

广告在初级阶段作用重大，而在品牌老化阶段，广告的作用就退化了，公共关系变得最为重要。事件营销是公共关系最常使用的招数之一。蒙牛就是利用公共关系进行事件营销的高手。

品牌重塑法则 8："更新企业形象"重塑策略

通过企业形象的活化和创新，带来产品、品牌的年轻化。比如：联想从"联想走近你，科技走近你"到"只要你想"；海信"有爱，科技也动情"等，都是经典的品牌形象重塑运动。

资料来源：作者根据世界品牌实验室相关资料进行整理。

2. 基于社会心理学视角的品牌激活战略

从社会心理学角度来看，品牌激活强调的是品牌意义的复活（Revival of Brand Meaning）。它的机理是唤醒消费者的怀旧情结。该理论主要由英国欧斯特大学营销教授史蒂芬·布朗等人提出。

怀旧可以分为个人怀旧（Personal Nostalgia）和集体怀旧（Communal Nostalgia）两种。

个人怀旧与个人的年龄、生活经历等因素有关,而集体怀旧主要是与一个时代有关,如战争、革命、外族侵略等。有些老品牌能够让人回忆起自己值得回味的消费经历,而有些老品牌则让人想起一个时代的历史文化。品牌激活可以充分利用消费者的怀旧心理,通过相似的口号或者是包装,调用品牌传统,唤起消费者对以前美好日子的回忆。同时,通过怀旧来激活品牌要注意与现代标准和消费者需求相结合,把过去的样式和现代的功能技术完美融合在一起。布朗等人通过网络调查研究法(Netnography)定性研究了大众的新甲壳虫汽车和电影《星球大战序曲1:魅影危机》两个案例。基于此,他们提出了"4A"品牌意义复活的战略框架:

(1)品牌故事(Allegory)

品牌故事也就是前面提到过的"品牌传奇",是指关于品牌的象征性故事。它既可以是叙述性的,也可以是比喻性的,是有关品牌历史、意义、精神等的描述。品牌故事的价值在于将一些说教性的品牌信息(如品牌发展史等)进行情节化,以增强品牌的感染力。品牌管理者可以从消费者的角度来研究品牌故事,重点是找到品牌意义、品牌传统和品牌故事之间的关系。品牌故事在消费者之间相互流传,可以起到激活品牌的作用。例如,1996年以来,内联升先后举办了数次鞋文化展,展览以一百多件实物和四百多幅照片,概括介绍了百年老店的变迁史和世界鞋业的发展脉络。

(2)理想社群(Arcadia)

在品牌激活过程中,关于过去的一种理想化意义被唤醒,而这种意义在现实社会又是不存在的。品牌激活将其与现代最新的技术相结合,并进一步深化。社群成员在某些意识上具有共同性,拥有品牌才能进入社群,品牌在某种程度上成了消费者进入社群的通行证。2001年,在上海召开的第九届亚太经合组织(APEC)会议上,各国领导人身着唐装出席,此举引发了国内的唐装热。从社会心理学上讲,与其说人们穿的是唐装,不如说他们穿的是中国文化,领导人在会议上的穿着激活了他们的民族情感。同样,中华立领的推出也是为了圆一些消费者的中华男儿梦。

(3)品牌精髓(Aura)

品牌精髓是品牌的核心价值,被称作品牌的DNA(基因)。它代表了一个品牌最本质的特征、所持有的理念以及价值观,因此也是消费者认同的对象。品牌管理者可以通过宣传原来的品牌精髓,也可以通过创造新的品牌精髓来激活品牌。但最常用的方法是在宣传原有品牌精髓的同时,加入了新的时尚元素。这些时尚元素包括流行文化、最新技术等。中国的老字号一般都是代表着诚信的生意态度和精湛的生产工艺,这是老字号的品牌精髓。在商品经济高速发展的今天,老字号一方面要保留这些可贵的精髓,另一方面还要不断创新产品品种和工艺,以满足人们更高的要求。例如,云南白药以止血的奇特功效为品牌核心价值,不断研发适合现代人生活的新产品,如云南白药气雾剂、创可贴、牙膏等。

(4)品牌悖论(Antinomy)

现代社会的技术进步是不可阻挡的,但在技术不断进步的同时,消费者内心又向往回到简单、轻松的时代。因此,品牌在保留老元素与注入新元素之间出现了矛盾。近年来出现的"故宫里面该不该开星巴克""全聚德电炉烤鸭是否该改名叫'肯德鸭'"等争论,正是反映了老品牌激活过程中的品牌悖论。以全聚德电炉烤鸭为例:为了加快品牌连锁,全聚德烤鸭制作中的标准化、自动化问题必须解决,其中传统烤鸭的过程与方式就成了加快连锁的阻碍。因为所有的烤鸭师傅都要进行内部技术培训,而且学徒时间至少要一年以上,才能最终"出师"。为了加快开店速度，降低工艺复杂度，全聚德不得不在外地的分店中取消传统的果木烤鸭，代之以电炉烤鸭。可见，品牌激活过程中的品牌悖论问题阻碍了品牌精髓的展现，管理者需要在新元素和旧元素之间找到折中的路线。

**本章小结**

广义的品牌生命周期包括品牌法定生命周期和品牌市场生命周期，前者是指品牌按法律规定的程序注册后受法律保护的有效使用期，后者是指新品牌随产品或企业进入市场到该品牌退出市场的整个过程。狭义的品牌生命周期则特指品牌市场生命周期。

品牌老化有两层含义：（1）品牌缓慢地、逐渐地退化；（2）品牌消费者形象老化。品牌老化的成因可以从消费者、竞争者、企业三个角度进行分析。

品牌强化是通过一系列一致性的营销活动向消费者传递品牌意义，包括品牌认知和品牌形象两个方面，进而加强品牌资产。一旦确定了品牌的内涵，管理者所做的每一件事都是对品牌在消费者心目中印象的强化。品牌强化的根本目的在于预防品牌老化，使品牌青春永驻。强化品牌认知，要让消费者清楚知道品牌代表什么产品，提供什么利益和满足什么需求；强化品牌形象，要使消费者心目中的品牌联想强烈、正面和独特。

品牌激活原理分成认知心理学视角和社会心理学视角。前者的认识主要从消费者的认知心理入手，通过一系列的营销活动，提高品牌意识，重塑品牌形象，最终达到重建品牌资产的目的；后者主要从品牌本身的意义、内涵、本质等方面出发，通过品牌故事、品牌社群、怀旧性的广告等，唤醒消费者对该品牌的社会心理联结，最终达到建立或恢复消费者与品牌亲密关系的目的。

**能力培养指导**

通过本章的学习，学生应该能做到：
1. 分析过去辉煌、现在衰败的品牌，分析为什么产生了品牌老化。
2. 结合所学的品牌激活知识，找两个市场上你感兴趣的品牌，分析如何进行品牌激活。
3. 针对某传统中华老字号，分析其该如何进行品牌强化。

**案例应用 1**

**全聚德的老字号翻新**

中华著名老字号"全聚德"，始建于 1864 年（清同治三年），含义为"全而无缺、聚而不散、仁德至上"。140 多年来，历经几次重大的历史变革，"全聚德"获得了长足的发展。1993年，中国北京全聚德烤鸭集团公司成立，为全聚德在改革开放时期的大发展奠定了坚实的基础。

1997 年，中国北京全聚德烤鸭集团公司按现代企业制度转制为中国北京全聚德集团有限责任公司。全聚德集团成立十几年来，发挥老字号品牌优势，在发展过程中确立了详细的品牌发展战略：积极注册商标、完善特许经营、注重品牌合作、强化内部管理，现已形成拥有50 余家成员企业、年营业额 9 亿多元、销售烤鸭 300 余万只、接待宾客 500 多万人次、品牌价值 10634 亿元的餐饮集团。

2003 年 11 月，全聚德与华天饮食集团强强联合，成立聚德华天控股有限公司；2004 年

4月，全聚德集团与首都旅游集团、新燕莎集团实现战略重组；2005年初，在北京全聚德烤鸭股份有限公司的基础上，组建了中国全聚德（集团）股份有限公司。这标志着全聚德不再仅仅是一个烤鸭品牌，而是拥有丰泽园、仿膳、四川饭店等优秀老字号餐饮品牌企业的首都餐饮联合舰队。全聚德进入了一个新的发展阶段。

1. 完善特许经营

全聚德自组建集团以来，打破传统餐饮业单店经营模式，率先在国内引进连锁经营理念。通过十多年不断探索和实践，已在国内外拥有50余家连锁企业，全聚德品牌的影响力广及五洲四海。为进一步加快全聚德连锁经营事业的发展，全聚德集团成立了全聚德连锁经营公司，作为全聚德连锁经营总部，专责全聚德连锁经营事业。在推进特许连锁过程中，全聚德制定了"不重数量重质量"的原则，着重在经济发达地区求发展，市场布局以各省会、大中城市、沿海地带为主，开发A级、B级店，建立了从立项、签约到培训、配送、开业、督导等一整套特许经营管理体系和程序。集团所有成员企业无论资产所有权归谁，凡使用"全聚德"无形资产，一律与中国北京全聚德集团有限责任公司签订《特许经营合同》《商标许可合同》《全聚德主要原料、用品配送合同》《鸭炉租赁合同》《外派人员协议》等一系列相关合同和文件，形成了健全的连锁经营制度与法律保障体系。同时，在全国各连锁企业中积极推行形象识别系统，实行商标标识、工服、餐具、专用设备的标准、规范和统一，提升对全聚德品牌的管理水平。为建立强有力的连锁经营配送系统，集团公司建立的全聚德配送中心，积极按国际标准规范企业管理，于2000年通过ISO 9001质量体系认证，提高了统一配送的质量。目前，配送中心已对全国连锁企业实行鸭坯、荷叶饼、酱等主要原材料的统一配送。实行统一配送后，已初步改变了"全聚德"百余年来手工操作的生产方式，推动老字号"全聚德"走上了产业化、规模化经营的道路，对连锁事业的发展起到了促进和保障作用。

2. 重视品牌合作

全聚德的品牌合作，坚持两条原则：一是纵向一体化，即品牌的延伸要能够形成上下游的产业关联；二是紧紧围绕餐饮主业，形成服务于主业的横向关联。德国费迪南德·碧洛德葡萄酿酒有限公司是一家拥有三百多年悠久历史的专业葡萄酒酿造公司，公司总部坐落于世界著名葡萄种植地——德国莱恩堡。公司旗下汇集了众多世界著名酿酒艺术大师，在世界各地拥有最现代化的葡萄酒酿造企业，并在全球20多个国家和地区设有40多个分支机构。全聚德集团利用品牌延伸，与德国碧洛德酒业公司合作，采用"全聚德—碧洛德"双商标生产纯正的德国白葡萄酒和法国红葡萄酒，并将其引进国内市场。新闻界称其为"中国人出品牌，洋人造佳酿"。

国内外两家老字号企业的跨国"联姻"，产生了复合的放大效应。"全聚德·碧洛德"红、白葡萄酒上市销售以来，经营业绩直线上升，并且在消费者心目中逐步树立起了"吃全聚德烤鸭，品全聚德·碧洛德酒"的消费观念。为了迎接2008年北京奥运会，两家企业又结伴在全聚德集团面向奥运市场的亚运村店推出美食配美酒的中西合璧皇家宫廷特色和奥运主题创新菜。全聚德在中国餐饮业的品牌效应及其亚运村店在未来奥运餐饮市场的主导地位，都给碧洛德提供了一个开拓中国高端市场的优势营销平台。碧洛德葡萄酒目前已获准以全聚德商标在全聚德各店销售，此举开创了国际名牌为中国餐饮业定牌生产的先河。另外，全聚德集团还与九龙山矿泉水公司合作，定制营销全聚德·九龙山矿泉水；与北京红星股份公司合作，定制营销全聚德·红星二锅头；与北京龙徽葡萄酿酒公司合作，定制营销全聚德·龙徽葡萄酒等。这些都推动着品牌的延伸与发展。通过品牌合作，全聚德继续扩大自己的品牌知名度，丰富了消费者的选择，而对于双方企业来讲也起到了双赢的效果。

资料来源：佚名．全聚德品牌营销战略[EB/OL]．中国连锁经营实战网，www.ccfcc.net，2007。

【讨论题】

1. 全聚德进行品牌更新的难点在哪里？
2. 全聚德的品牌更新之路对其他中华老字号来说有什么启示？
3. 全聚德还应当采取哪些策略进行品牌更新？

## 案例应用2

### 重塑"李宁"

在遭遇成长的上限之后，李宁公司开始激活业已老化的品牌，使自己的品牌成为一种被高度认知的价值承诺：它提供的决不仅仅是体育用品，而是一种生活品质和生活境界。李宁重塑品牌的一系列动作可圈可点，但要有效地激活一个老化的品牌，还有太多的问题需要解决。

一个个普通的男孩女孩，出现在很平常的马路、天桥、空地、天台、胡同。没有专业的运动场地，没有观众，没有喝彩，他们正在跑步、踢足球、打篮球、打羽毛球……一切看似平常……他们都身着李宁服装，眼神里流露出对运动无尽的专注与陶醉——他们好像已经忘记了周围的一切。小院里晾着衣服，他们站在两边打网球；胡同中的铁门上划一个白圈，就成了投篮板；屋子里，一个孩子以一个标准的投篮动作干脆利索地关了灯钮……最后，画外音响起："只要你想，一切皆有可能。"

这是李宁公司新的广告片呈现的情景。广告在世界杯期间投入播放，长达一分钟。

一位一直关注李宁公司的广告从业者说："这个广告跟以往的李宁广告的风格完全不同，让人耳目一新。定然有高人指点。"成功的广告可以称为"意义的快速注射"——用精心营造的场景，在最短的时间内将最丰富的意义传达给受众。曾经为诺基亚、宝洁、微软、SAS等公司做过广告策划的托马斯·盖德（Thomas Gad）认为，一个成功的品牌应该有四个维度：功能效用、社会身份认同、情感的享受和心灵的感召。与之相应，一个成功的广告要让其目标受众迅速地产生对产品或服务的认知，意识到这种品牌给予自身的身份归属感，体验到一种使用同类产品或享受同类服务时难以体验到的感受，最后——也是最难达到的，是感受到一种生动的生活信念和生活境界。

如此看来，李宁公司新推出的这个广告是相当成功的。与它以前推出的广告主题（"我运动我存在""运动之美，世界共享""出色源自本色"）相比，"一切皆有可能！"（Anything is possible!）使 LI-NING 品牌的定位更加精准。在年轻、充满活力的人面前，外界的限制都形同乌有，一切都刚刚开始，一切都可以从无到有，"一切皆有可能！"。它以生动可感的画面，向观众强烈地暗示一种价值承诺：拥有李宁牌产品，不仅仅是拥有一件生活用品，而是拥有一种生活质量和人生境界。

这非同寻常的"一分钟"透露出一个重大的信号：LI-NING 品牌将会以一个全新的面貌出现在世人面前。它标志着李宁公司谋划已久的重大工程——重塑 LI-NING 全面启动了。

在中国的体育用品市场上，李宁的销售收入是8亿多，位居第一，相当于耐克和阿迪达斯在中国销售额的总和。

但这些年从来都没有超过10亿。

这是任何一个公司都可能遇到的难题：在经过成功的快速扩张后，企业成长的速度骤降，直至原地踏步，甚至退步。企业上下都感觉到，有一种近乎魔障的东西在阻止企业的规模、效益无法再向上增长。

在李宁公司总经理张志勇的眼里，这一切意味着李宁品牌已面临着危机。张志勇进入李宁公司已有9年，他在2001年3月份接任北京体育用品公司的总经理一职。在此之前，他先后做过财务会计、财务主管、财务部经理和财务总监。

财务出身的张志勇天生对数字敏感，喜欢从数字中发现问题。他把李宁与耐克、阿迪达斯在不同城市的销售额做比较，发现李宁在对品牌不太敏感的二类城市销售额一直都不错，而在北京、上海和广州等品牌充斥的大城市，李宁的销售额总是上不去。这可以自然地得出一个结论：李宁的品牌号召力已经停滞，或者在衰减，公司已陷入品牌老化的困境，虽然这种困境还没有到毁灭性的程度。

2001年4月，张志勇请盖洛普公司为李宁品牌做了一次全面的消费者调查。调查结果显示出李宁品牌的种种问题：

（1）目标消费者不清。李宁公司管理层定位的目标消费者是：年龄在14～28岁之间，学生为主，大中城市，喜爱运动，崇尚新潮时尚和国际化的流行趋势。但真正购买李宁牌体育用品的核心消费者的年龄在18～45岁之间，居住在二级城市，中等收入，非"体育用品的重度消费者"。

（2）品牌面临被遗忘的危险。品牌的忠诚度很高，但忠诚的消费者是崇拜李宁的那代人，更加年轻的新生代并不知道李宁是谁，对新生代追逐的流行时尚，李宁品牌是与之有隔膜的。

（3）品牌的个性不鲜明。在真正的消费者眼中，李宁品牌的个性是与李宁本人的形象连在一起的，是具有"亲和性、民族的、体育的、荣誉的"，并非是李宁公司最近几年奋力打造的"年轻的、时尚的"品牌个性。

（4）李宁品牌的产品线不断扩张，很难搞清楚它的"旗舰产品"是什么。更多的产品会使得消费者无法弄清楚"李宁品牌"到底是什么概念。

著名的营销专家戴维·奥戈尔维说："任何一个傻瓜都会做成一笔生意，然而，创造一个品牌却需要天才、信誉和毅力。"李宁现在仍然是一个品牌，但它的"品牌力"在悄悄衰减。如果没有强有力的品牌重塑，李宁公司或许会成为一个在一些品牌意识不强的地方做成一笔笔生意的公司，而在成熟的市场中，这个品牌可能会逐渐淡出。一个没有强大品牌号召力的公司，将会在市场上遭到两面夹击：一面是深入人心的品牌产品（如耐克和阿迪达斯），一面是没有品牌力但具有价格优势的低档产品，而它自身陷入高不成低不就的尴尬境地。两类产品会像两个无形而巨大的吸盘，将李宁公司已有和潜在的顾客吸过去。

所以，品牌重塑势在必行。

不要再提类似这样的口号了——不做中国的耐克，要做世界的李宁。也不要再提李宁要国际化了。注意，最棘手的事情是，如何取得新生代对李宁牌的信赖，如何解决品牌老化的问题。

重塑李宁新品牌定位，解决品牌老化问题给张志勇非常大的压力。张志勇觉得关键是建立一个组织机构,来负责品牌的整体规划。但是,因为体育产业在中国尚未成熟,这个行业的从业者很多都是经验型的,没有张志勇需要的那种人才。所以,这个团队只能"从天而降""李宁需要快速建立完整的 Marketing 体系,引进一种方法论。至于体育行业的经验,可以在做的过程中不断体验"。2001年10月,李宁公司组建了营销部门,下面分为市场部、销售部和营运支援部,全力负责重塑李宁牌的工作。

营销总监王鹏,来自于班尼路,是第一批为班尼路做市场的元老,开始进入班尼路时做销售部经理,离开的时候是班尼路的总经理。王鹏2000年来到李宁公司,开始做的是销售部。在组建这个品牌重塑的团队的时候,王鹏被提升为营销总监。

王鹏把自己在班尼路掌握的零售终端方面的经验引进到李宁公司。"产品是一件件被人卖出去的,因此生意很大程度取决于终端的水平,这是连锁经营的优势和前提。这方面有一些做得不错的品牌,像班尼路、佐丹奴这样的公司。它们的终端很厉害,有像麦当劳一样的标准,对生意有非常直接的控制和帮助。我们也希望我们的零售终端做到这一点。"王鹏再一次强调零售终端的重要性。

市场部经理是在可口可乐做了6年多市场部经理的徐伟军。徐伟军大学毕业以后一直都在可口可乐工作。他非常谨慎,对他来说,李宁品牌重塑这个工作压力很大。徐伟军认为每一个决策都必须谨慎而行。

首先,他进行公司内部的访谈,跟基层的销售人员和各个部门的经理沟通,得到很多关于品牌的片断的认识。

接下来,他在市场部进行头脑风暴,尽可能激发李宁牌的品牌联想。最后初步选定的是"时尚和运动""潜能和运动"这两组联系。

然后他又做了32场消费者座谈,挖掘出消费者对李宁品牌的想法。经过定性和定量的研究,他发现消费者更加看重的是运动和潜能的关系。

通过对消费者的调研,一个关于李宁牌的新的品牌个性渐渐浮现出来了。李宁要做成一个运动时尚的体育品牌,成为人们生活中不可缺少的一部分。李宁应该是亲和的、魅力的、时尚的。李宁应该给消费者两个利益支持点:功能性的利益和体验上的利益。而对于体育用品来说,其功能性与体验性是天然相通的。这两者可以用一句话来概括:"一切皆有可能"(Anything is possible!)。

"一切皆有可能"的品牌概念就这样被挖掘出来。

新的定位出来以后,整个公司立即开始以这个定位来统一公司对外的口径。公关及品牌经理张庆说:"'一切皆有可能'是一种品牌精神,如果这种品牌精神融入消费者心目中的话,那么我们的品牌是无法战胜的。"

接下来要做的事是选择一个好的广告代理商来负责品牌管理。公司邀请国际著名的5家4A广告公司参加广告比稿。为了找到更适合自己的广告公司来传达新的品牌定位,公司决定精挑细选。

评价广告公司的标准有三点。第一,能否提出一个关于李宁公司长远的品牌策略和营销策略;第二,能否制作出一个符合新定位的广告片。第三,报价。

广告片出来以后,徐伟军把它拿出去测评。被邀请来测评的观众,有李宁的消费者,也有非李宁的消费者。公司让他们评选出一个他们最喜欢,也最能够刺激他们购买欲望的广告片。

最后，经过细致的评选，代理宝洁、麦当劳的李奥贝纳的方案胜出。今天我们看到的这个广告，的确是出自高手。

张志勇当然看重广告的效果，但他更看重的是跟消费者的直接沟通。他要探求一种新的、可行的品牌沟通的模式——品牌形象店。

他说："盖洛普的调查显示，李宁牌给消费者印象最深的是李宁的体育赞助和众多的专卖店。但专卖店是一把双刃剑，店多可以使销售额增加，但消费者反映李宁的专卖店服务不好、店面形象不佳。这给我压力的同时，也给了我一个机会，如果我做得好的话，就会与消费者有直接的沟通。""做得更好"的专卖店就是品牌形象店。他决定把品牌沟通的工作交给营运支援部去做——开形象店。目前，品牌形象店正在筹划的过程中，第一个试点计划7月份在亚运村开业。

在营销学上，与著名的4P理论相提并论的，是4C理论。4C即顾客的欲望和需求（Consumer's Wants and Needs）、满足欲望和需求的成本（Cost to Satisfy Wants and Needs）、方便购买（Convenience to Buy），以及与消费者的沟通（Communication）。李宁开设品牌形象店，正是对4C理论的实践。

但作为一个成熟的经理人，张志勇决不会仅仅因为一种理论来做出重大的商业决策，他还有更多考虑。

销售公司产品的主力不可能是这些品牌形象店，而只能是大量的经销商。如何才能使厂商与经销商实现"无缝连接"，这是高层经理人必须用心解决的问题。他想把先期开办的品牌形象店办成一个为公司培养一批得力的销售骨干的"黄埔学校"。张志勇的想法是为经销商提供更多的店长，同时帮助经销商做促销，提高经销商销售额的同时也提高李宁的销售额。

李宁公司目前有700个认证店和200多个经销商，但是对零售在行的人员非常缺乏。张志勇看到，如果不给经销商提供服务的话，再大的零售网络也无法对自己的销售额有所帮助。王鹂对此非常认同，她说："零售这块完全交给经销商是不行的，经销商对生意的理解是仁者见仁，智者见智。虽然公司有统一的标准，但也只是把握一些硬件，软件是很难把握的。经销商的观念，经常会偏离公司的初衷。如果我们给他们提供培训基地，给他们实践的地方，一切都会好办得多"。经销商和制造商存在着一定（有时甚至是相当大）的利益冲突，李宁公司为经销商提供培训是为了避免这个冲突，避免经销商对品牌的损害。另外，跟经销商合作，在经销商赚钱的同时，赚到属于自己的那部分。王鹂说："对公司和经销商，都是一个双赢的过程。"营运支援部的人员进来半年多，正在筹划工作。他们初步选定在北京的王府井和上海的南京路来开自己的品牌形象店，这样的地方适合与全国的消费者以及国外的消费者进行沟通。

品牌策略联盟成立于2000年5月28日，李宁公司和朝华科技在北京硬石餐厅（Hard Rock）举行新闻发布会，宣布与朝华科技下属公司——朝华数码（ZARVA）结成"运动数码盟军"。

对于这次合作，李宁公司品牌资产以及公关经理张庆说："运动数码盟军是一个品牌策略联盟，因为双方合作的基础是双方有重叠的潜在目标消费群体。基于运动的数码和数码的运动，可以引导一种全新的消费时尚和品牌联想。这个品牌策略联盟可以更好地诠释我们新的品牌概念——'一切皆有可能'"。双方都认为，这样的合作会整合资源，形成时尚和运动的互补，会创造出1+1>2的效应。当然，对更多的人来说，这还是一个未知数，双方的合作会像麦当劳和可口可乐、肯德基跟百事可乐一样珠联璧合吗?

**竞争品牌**

"在中国市场上,我们的主要竞争对手是耐克和阿迪达斯,它们也把我们看成竞争对手,这点我们的看法都一致了。据我了解,现在耐克成长非常快,阿迪略微慢一点"。张志勇这样描述李宁公司面临的竞争格局。

耐克与阿迪在产品的功能性和时尚性的结合方面,在运动资源、把握产品形象,以及市场的推广等方面远远优于李宁。当然,有一点张志勇没有提到,耐克和阿迪达斯的品牌,是李宁品牌远远比不上的。

张志勇认为李宁对他们来说,最主要的优势是分销,第二是定价的优势。虽然李宁的价位相对于这些国际品牌来说是很低的,但是体育行业不是高档产业。耐克和阿迪在1999年的时候,曾经做过200块钱以下的鞋子,最后全面失败。张志勇说功利性的因素制约了李宁,也制约了耐克和阿迪达斯。但是更多的因素是可能转化的,经济大环境对体育行业的影响一直都很大,如果人们生活好了之后,价格的优势因素会不会转变?

"可以说,我们长远的优势是在分销上,但是如果国际品牌意识到这点,他们也来做的话,那情况就会有进一步的变化。目前大家还没有到短兵相接的地步。"看得出来,张志勇在尽可能做到"知己知彼"。最重要的,他清醒地意识到,如何利用短兵相接没到来之前的这段时间,如何在自己尚处于劣势的情况下不要与耐克和阿迪达斯等品牌短兵相接。

耐克的个性是叛逆和张扬(它的广告词是 Just Do It),对于普通人来说,好像有点高不可攀。阿迪达斯,让人更多想到的是30多岁的成功男士,其个性是稳健。而张志勇为首的李宁的管理团队希望人们谈到自己的品牌的时候,会用亲和的、时尚的、魅力的字眼来描述。很明显,他们面对的是不同的目标消费者。

别忘记,以安踏、三兴为首的福建晋江造牌企业也在威胁着李宁的市场。目前安踏每年运动鞋的销售量是300多万双。李宁目前鞋与服装的比例是4:6。营销总监王鹂说:"安踏进步得很快,但它只是一个短期的战术对手,我们的实力、品牌、知名度、管理水平和开发能力是它们没有的。安踏的现象给我们一个警示,李宁不能放弃低端市场产品,至少必须牢牢地把握住相当的市场份额。以前我们没有意识到这一点,我承认这是我们前期战略的失误。"李宁对安踏的战术反击是首先推出针对低端市场的产品,例如"舒适装备",价位是100多块钱。舒适装备卖得非常好,现在已经断了货。

李宁的第二个战术是开20平方米以下的鞋店——"起跑线"鞋店。张庆说:"过去,我们忽视了安踏,我们有全国最大的分销网络,但事实上,我们开的专卖店是大动脉,毛细血管被它们占了,今后我们会用20~30平方米的'起跑线'鞋店来阻击它们。"徐伟军对耐克、阿迪达斯以及安踏的价格策略有一个清晰的认识。他认为价格因素制约着李宁的同时,也在制约着他的竞争对手。耐克、阿迪达斯在高处下不来,安踏等品牌在低处上不去,相比之下,李宁公司恰好找到了一个独有的利基市场。

**结局尚未明朗**

朗营销总监王鹂说到未来的增长目标时雄心勃勃,她定下的目标是今年达到10亿,三年达到15亿,到2008年达到20亿。

然而李宁公司在中国入世,市场壁垒降低或消失的产业生态下拓展生存的空间并非易事。在耐克和阿迪达斯长驱直入,安踏等企业造牌意识觉醒的情况下,重塑后的李宁品牌能否获得广泛的认知和接纳？答案决非简单明了。

一个品牌的持续的生命力来自于两方面：持续的创新与完善的营销。以耐克为例，它的极其强势的营销容易让人忽略一个事实：耐克公司每年投入巨额的研发费用并卓有成效地对研究进行管理。星巴克的CEO霍华德·舒瓦茨认为，以宝洁公司为代表的传统的品牌推广模式（即"宝洁模式"）——"以大规模分销和铺天盖地的广告来占领市场，然后再集中全力从你的竞争对手中抢夺市场份额"，正成为过时的模式。"一个耗资数百万美元的广告计划并不是创立一个全国性品牌的先决条件，即它并不能说明一个公司有充足的财力就能创造名牌产品"。

托马斯·盖德认为，品牌不再仅仅是营销部门的问题，而是一个涉及公司上下各个部门的问题。良好的营销至多是一种"生长激素"，而品牌的本质是"公司DNA"。"公司DNA"决定了公司未来的生长形态，公司的寿命，公司的品格。与品牌关系更密切的，不是公司在外部打造的形象，而是公司内部的一种无形而可感的文化，通俗地说，它是一种深厚的"内功"。比广告和销售网络更重要的，是公司的"内部市场"（如海尔内部的"市场链"）；比诉之于消费者的外在品牌更重要的，是深藏于公司员工心里的"内部品牌"。只有在高层经理人和所有员工心中建立了一种清晰的、引以为豪并自觉维护、全力改善的品牌后，品牌才可能强有力地在外部市场上迅速扩散。

对李宁来说，关于品牌，还有太多的问题需要解决。比如说，一个好的品牌必然有好的品质在，很多的消费者购买李宁的产品都是因为他的设计虽然土了一点，但是质量是非常值得信赖的，更多的消费者希望可以从李宁那里得到质量放心的产品。

如何加强品控，张志勇给出的解释是，李宁一直都在加强产品质量控制，强化质量标准。但消费者是用脚投票的，他们可能会有更大的发言权。

总之，只有在李宁公司内部，所有的员工都确信"一切皆有可能"后，"一切皆有可能"的李宁品牌才会在未来的市场上创造惊人的业绩——"一切皆有可能"。

资料来源：作者根据互联网相关资料进行整理。

【讨论题】

1. 李宁进行品牌激活的难点在哪里？
2. 未来的运动鞋市场竞争的焦点是什么？
3. 李宁应当采取哪些策略进行品牌激活？

# 第5篇　品牌评估策略

# 第 12 章　品牌国际化策略

## 学习目标

1. 了解品牌国际化的概念与衡量标准
2. 掌握品牌老化的驱动力与困难因素
3. 掌握品牌国际化的策略与技巧

**实践中的品牌国际化**

海尔：多样化的国际化道路

1. 海尔集团简介

20 世纪 80 年代开始，遵循张瑞敏总裁提出的创海尔世界名牌的理想，海尔从一个集体小厂迅速成长为拥有 58 大门类、9200 多个品种的中国家电第一品牌。海尔冰箱、冷柜、空调、洗衣机等产品的市场占有率均居全国首位。20 多年来，海尔集团已经发展成为 2004 年全球营业额 1000 亿元的中国第一品牌，产量批量出口到世界十大经济区域的 90 多个国家和地区，在世界中获得越来越高的美誉度。2004 年，世界品牌价值评估的权威机构——世界品牌实验室编制的《世界最具影响力的 100 个品牌》中，海尔是唯一入选的中国企业，排在第 95 位。海尔创造了奇迹，成为真正的世界品牌。现今的海尔已毋庸置疑跻身世界级品牌行列。自 2000 年以来，海尔海外业务保持年均 40% 以上的增长速度。2006 年海尔实现全球营业额 139 亿美元，其中海外营业额 32.8 亿美元，占全球营业额的 23.5%，超过全球通行的对全球化公司评价标准之一——海外收入占总收入的 20% 以上。世界著名市场研究机构欧洲透视发布的最新数据显示，海尔以全球市场占有率 5.1% 位居世界白色家电品牌排行榜第一名。这也是中国白色家电首次成为世界第一品牌。同时，在全球电冰箱和洗衣机市场中，海尔也以 10.4% 和 8.4% 的市场份额位列于同行业之首（海尔简介，2010）。在智能家具集成、网络家电、数字化、大规模集成电路、新材料等技术领域海尔也处于世界领先地位。

2. 海尔的海外经营

海尔在短短的 20 多年时间里，从一个严重亏损的集体企业迅速成长为一个营业额超过 1200 亿元并且品牌价值达 800 多亿元的大型跨国集团无疑创造了一个商业奇迹。在成为中国著名企业和著名品牌之后，海尔也为众多的中国企业在跨国经营方面做出了成功的表率。与此同时，众多的中国企业却在跨国经营方面进退维谷。海尔在海外经营方面又有什么特殊利器呢？

（1）造美誉成为企业重要精神

海尔提出"创造资源，美誉全球"的企业精神。和以往的精神不同，企业精神由原来强调以中国为据点，向全世界辐射转向新的企业精神强调全球化。其中重要一点就是要创造优质的资源以换取美誉的资源。

(2) 专利与标准

根据相关资料显示，截止到2009年底，海尔累计申请专利9738项，其中发明专利2799项。在自主知识产权的基础上，海尔已参与23项国际标准的制定，其中无粉洗涤技术、防电墙技术等7项国际标准已经发布实施。这表明海尔自主创新技术在国际标准领域得到了认可。海尔作为唯一的发展中国家代表进入国际电工委员会（IEC）管理决策层，IEC也于2009年6月正式选择海尔作为全球首个"标准创新实践基地"。海尔在专利和技术上的投入无疑为海尔的创新以及行业上的领导地位提供了坚实的基础与保障。海尔将更容易具有权威性，也更容易被各个方面所认可。

(3) 变出口创汇为出口创牌

跨国经营的最初阶段，海尔同样遇到了困扰大多数企业的问题，是做OEM，还是做自己的品牌。海尔的理念认为全球经济一体化的形势逼迫，从市场角度的理论来讲并不存在一块不是国际市场的市场。即使在最贫穷的国家，国际知名品牌的竞争同样存在。要想做大做强企业，国际化品牌这个坎无论如何是要过去的。出口创牌的路自然是困难重重，海尔人直面困难，从一场场新闻发布会，到一次次的拜访客户，一步步接近消费者，海尔人用黄皮肤黑眼睛证实了中国有一家企业叫"海尔"，他们提供同其他品牌一样的产品和服务。市场的知晓，了解再到理解的过程为海尔以后的事业发展奠定了坚实的基础。

(4) 与经销商建立良好的关系

海尔是我国最早走出去以自主品牌开拓市场的企业，也是第一家以品牌为主题开展营销公关的企业，这吸引了世界上一些当地经销商的关注。现在，在美国，海尔产品已全面进入前10大主流连锁渠道；在欧洲，海尔与前12位大采购、大连锁集团建立起了A+级战略合作关系。欧洲第二大家电经销商Comet，将海尔高端滚筒洗衣机摆在了店中最显眼的位置，而且销售商主动在洗衣机上标注了"introducing a world leading brand（隆重推荐一家世界最主要的品牌）"的字样。以往的营销实践显示与经销商建立良好的关系，流畅的上下游对于产品的成功有着重大的关系。海尔拥有这一基础，也是其获得成功的重要基石。

(5) 展示品牌

海尔自2006年开始成为NBA战略合作伙伴，标志着海尔成为第一个赞助NBA的全球家电品牌。2008年海尔成为入选奥运会的唯一白色家电制造商。巴黎机场、纽约时代广场、日本银座、香港维多利亚湾全球最著名的四块黄金广告地段都能发现中国海尔的标志。海尔正在通过一系列手段向世人展示海尔不仅是个中国品牌，同时也是一个中国的世界品牌。

(6) 文化的融合

作为一个大型跨国企业，单一的文化是不能被接受的，企业文化必然是一个从单一到多元的过程。对于文化，海尔有着深刻的认识。他们认为海尔过去的成功，企业文化起着重要的作用。当时很多企业有着和海尔同样的历史机遇，但海尔取得了重大成功，好的企业文化功不可没。现今的海尔努力包容并蓄各种海外文化，如在欧美重视员工的休闲文化，在日本考虑员工的年功序列制度。人才现在也被作为企业核心竞争力的一种，人才的凝聚力增强了，认同感提高了，企业的软实力也就增强了。

资料来源：作者根据互联网相关资料进行整理。

**评述**

从海尔"出国"的例子中我们不难看出，在海尔进行国际化的过程中，始终坚持的一点就是密切贴近目标国市场的实际情况来调整自己的经营战略，并积极主动地改变其在中国的经营手段和措施，主动去适应海外市场的新环境。比如积极跨越当地产品的技术标准门槛，主动融入当地社区，同本地经销商保持良好合作关系，以及主动去寻求符合当地文化和审美需要的产品设计等。这一切都确保了海尔在海外能够让当地消费者保持较高的合理性感知，从而提升他们对海尔品牌资产的评价。

---

在经济全球化的今天，品牌国际化战略将成为企业在国际竞争中的最终出路。品牌国际化，文化是核心，自主技术创新是关键，品牌质量是根本。我国企业在品牌国际化的道路上，还必须有一个精准的品牌定位，必须有品牌战略意识和法律意识来维护品牌权益，必须有成熟的营销策略来进行国际化推广。总之，企业品牌国际化的策略是多种多样的，企业必须根据自身的实际情况选择适合自己的策略才能有效地实现品牌国际化的目标。

## 12.1 品牌国际化的界定与度量

### 12.1.1 品牌国际化的定义

究竟何谓品牌国际化（Brand Internationalization）？几个代表性的观点如下：荷兰全球品牌营销顾问思科·凡·戈尔德（Sacco Van Gelded）在《全球品牌战略》一书中认为，品牌国际化就是品牌在多个国家进行的标准化或者本土化经营。这一定义并未清晰界定何为品牌经营。天津师范大学的韦福祥教授将品牌国际化定义为：将同一品牌以相同的名称或标志、相同的包装、相同的广告策划等向不同的国家、不同的地区进行延伸扩张的一种品牌经营策略，以实现统一化和标准化带来的规模经济效益和低成本运营。他的这一观点强调的是品牌在各国经营战略的标准化和统一化，实际上就相当于我们现在经常讲的"品牌全球化"（Brand Globalization）。相比而言，品牌全球化的营销策略比品牌国际化更为统一和标准化。

复旦大学的苏勇教授和张明博士认为，品牌国际化是一个隐含时间与空间的动态营销和品牌输出的过程，该过程将企业的品牌推向国际市场并期望达到广泛认可和企业特定的利益。相比其他学者的定义，这一定义非常清楚且全面地描述了品牌国际化的过程和目的，故本书采用这种观点。

### 12.1.2 品牌国际化的特征

1. 品牌国际化的时间含义

它是指品牌在国外被目标国家的消费者认知和认同是需要一个时间过程的。纵观一些全球品牌，它们成为优秀的国际化品牌都不是一蹴而就的。可见，进入一个全新的国家，企业必须有打持久战的准备。

2. 品牌国际化的空间含义

它是指品牌输出到国外市场上所发生的一个空间转移过程。从字面上看，只要是品牌进入其他国家,那么就可称为国际品牌。不过,由于所进入国家的经济水平和国家数量不同,品牌国际化的空间含义的程度就不相同了。例如,可口可乐要比维珍可乐的国际化程度高。应当看到,品牌国际化的空间含义还含有动态的成分,即品牌所选择的目标市场国家是分阶段进入的。

3. 品牌国际化的动态营销

品牌的国际化过程需要因地制宜,通过"全球化战略,当地化实施"的战略模式来适应当地的政治、经济、技术、社会和文化环境。也就是说,品牌形象、品牌个性和品牌定位应该全球统一考虑,而具体的营销在实施时需要根据当地的情况进行灵活调整。汇丰银行(HSBC)的品牌口号"环球金融,地方智慧"就体现了品牌国际化的动态性。它表明了汇丰品牌经营在整合全球金融资源的同时,推出适合当地需求的金融产品的决心。

4. 国际化的品牌输出

国际化的品牌输出一般有三个阶段:初级阶段是品牌随产品或服务向国际市场输出,国际贸易是其实现手段;中级阶段是品牌随资本输出,对东道国进行投资,使得品牌根植于当地,更能取信于人;高级阶段是品牌的直接输出,通过品牌的特许使用而获取品牌收益。东芝、宝马、诺基亚等跨国巨头都曾经历了产品输出到资本输出的过程,实现了在中国市场直接生产;而麦当劳、肯德基等快餐巨头早在几年前已经在我国推出加盟店计划,进行品牌的授权经营。

5. 品牌国际化的广泛认可度

品牌的国际认可度是品牌国际化的基本标准和前提。没有广泛的国际认可,即使品牌在国外销售也无法成为国际品牌。同时,广泛的国际认可度应当成为检验品牌国际化经营成效的指标。从《商业周刊》2007年全球最佳品牌100强排行榜中,我们还没看到一家中国公司的身影。而一提到中国品牌,国外消费者想到的就是价格低廉和质量不高,这些都说明中国企业的国际品牌尚未得到广泛认可。

### 12.1.3 品牌国际化程度的评价标准

2004年,18万瓶非常可乐运往美国,揭开了非常可乐品牌国际化经营的序幕;而与此同时,可口可乐已在全球200个国家和地区开展了几十年的业务。从本质上看,二者都是品牌国际化,但程度差异很大。如何来衡量品牌国际化的程度呢?目前学术界对此的研究还非常少。周志民教授提出可以从品牌的知名度和美誉度、品牌评估的价值、企业经营国际化的比重、人才的国际化程度、品牌国际化经营的时间和品牌国际化的输出方式等角度来进行衡量。

1. 品牌的知名度和美誉度

有些公司虽然在海外的销售额非常大,但在全球的知名度却非常低,这种公司的国际化程度也是不高的。而当我们谈到某品牌是国际性大品牌时,我们实际上已认同其具备了较高的美誉度。

**小案例 12-1**

中国品牌全球市场排名

中国品牌在全球市场上的知名度如何呢?2007年4月,英特品牌(Interbrand)公司进行了一项名为"中国制造:2007品牌研究"(Made in China:2007 Brand Study)的问卷调查,对象包括全球 243 位专业品牌管理人士。这些人士中 30%来自美国，30%来自欧洲，15%来自亚洲，25%来自其他地区。在"您最熟悉的中国品牌"这一问题上，排在前 5 位的分别是联想（59%）、青岛啤酒（46%）、海尔（37%）、中国银行（35%）、中央电视台（33%）。这并不是说明联想的海外销售额就一定是最大，而是说明在部分外国品牌管理专业人士眼里，联想的国际知名度最高，按此标准品牌国际化程度也最高。采用全球认知度来衡量品牌国际化程度需要注意一个问题，即工业品品牌和消费品品牌应该区别对待。工业品属于专业性很强的 B2B 购买，而消费品则属于专业性不强的 B2C 购买。对于普通消费者来说，日常接触到的多为消费品品牌，因此二者的国际化认知度不应该放在一起进行对比。

资料来源：周志民.品牌管理[M].天津：南开大学出版社，2008.

2. 品牌评估的价值

企业之所以愿意实施品牌国际化战略，主要是因为它们能够从国外市场获得更多的收益。这些收益反映在品牌上面会使其价值增值。因此，我们可以通过不同品牌国际化阶段的品牌价值评估来判断品牌国际化的程度。如果品牌价值高，则说明该品牌的国际化程度高。英特品牌公司每年都要对全球最佳品牌进行价值评估，能够上榜的几乎都是国际性的大品牌。目前连续几年排名第一位的是可口可乐，因此我们可以说，可口可乐是全球国际化程度最高的品牌。而对于未上榜的国际化品牌而言，需要根据品牌评估所用的指标进行不同时期或者不同品牌之间的对比，以此判断品牌国际化程度。

3. 企业经营国际化的比重

在品牌国际化过程中，企业需要从事大量的国际化经营活动。如果说企业经营国际化程度高，那么有理由相信品牌国际化程度也高。反映企业经营国际化程度的量化指标主要有四项：

①整个企业产品的外销（含出口和国外公司的销售）比重；
②国外市场投资占整个企业投资的比重；
③全球采购中，国外采购的比重；
④外籍员工占整个企业员工的比重。

外销比例是目前企业界最常使用以衡量品牌国际化程度的指标，因为它非常直观，同时又直接反映产出。以我国通信设备制造业两大巨头华为和中兴为例。自 2005 年起，华为海外销售收入开始超过国内市场。2005 年，华为的海外收入所占比例为 58%，2006 年达到 65%，2007 年则超过了 70%，已经连续三年海外收入超过国内市场。相比之下，2005 年、2006 年、2007 年上半年，中兴的国际业务收入占总收入的比例分别由 36%、44%上升到 52.3%，这些数据清晰地说明华为和中兴的国际化程度都在提高，且华为的国际化程度更高。海外投资比例从资金投入的角度反映了企业建设国际化品牌的决心，说明了企业融入全球经济一体化的程度。

总体上看，我国品牌国际化程度还远远不够。国际采购比例反映了国际化大生产的程度。几乎所有的跨国公司都采取了全球采购战略，在全球范围内寻找性价比高的原材料和零部件。国际化采购比例越高，说明该品牌的国际化程度越高。例如，波音 747 飞机的制造，需要 400 多万零部件，由 65 个国家的 1500 多个大型企业和 15000 多个中小企业提供。这些充分说明了波音的国际化背景。一些国际品牌甚至将全球采购中心从国内搬到国外，以方便全球采购战略的实施。近年来，中国成为众多国际大品牌的采购中心，如IBM、东芝、沃尔玛等全球采购中心都落户中国。

**4. 人才国际化**

人才国际化包括高管和普通员工的国际化两个部分。高管由外国人担任已越来越成为一些国际化组织的趋势，一些东道国分公司总经理由当地人担任已不鲜见，现在连一些总部的高管也开始出现外国人的身影——1981年，古巴籍的化学工程师罗伯托·戈伊苏埃塔（Roberto Goizueta）被选为可口可乐公司的CEO；2004年，新西兰奥克兰大学副校长约翰·胡德（John Hood）当选为英国牛津大学校长；2005年，英国人霍华德·斯丁格（Howard Stringer）接任出井伸之担任索尼公司CEO；2005年，原戴尔亚太地区总裁威廉·J.阿梅里奥（William J. Amelio）顶替史蒂芬·沃德（Stephen M. Ward）成为联想集团新总裁兼首席执行官。聘用国际化的员工更是国际性公司平常的不能再平常的事，如我国国际化程度很高的华为和中兴目前在海外的本地员工和中国员工比例都在1：1左右，甚至华为在俄罗斯14个城市和独联体地区10个国家的本地员工比例超过80%。

以上四项指标中，外销比例最为核心，其他三个指标作为辅助衡量。如果外销比例高，那么其他三个指标即使比例不高，该品牌的国际化程度都可以算是高的；如果外销比例低，那么其他三个指标即使比例很高，该品牌的国际化程度都是不高的。比如，我国有很多企业的产品主要出口，但并未在国外设厂、采购以及聘用国外员工，这样的企业也在其业界树立了国际化品牌形象；相反，尽管在国外设厂、采购甚至聘用东道国当地员工，但其产品内销比例大大高过外销，这样的品牌国际化程度也不高。

**5. 品牌国际化经营的时间**

品牌有其生命周期，如果经营良好就可以延长品牌的知名期，使品牌长期处于强势的竞争地位。同样，在国际市场上，企业面临着各种严峻的宏观环境的压力，如果能够长期生存下去而没有被淘汰出局，则说明该企业具有一定的国际竞争力。企业经营国际化的时间越长，其品牌的国际化考验时间也就越久，国际认可的机会也就越高，于是品牌的国际化程度也就越高。举目当前世界著名品牌的成功，无一不是在全球市场辛勤耕耘数年的结果。如可口可乐早在1927年就曾进入中国，而皮尔·卡丹在中国改革开放之初即1979年就在中国举办时装表演。

**6. 品牌国际化的区域分布**

品牌的国际化，不仅要求走出国门，更要求在广阔的国际市场上参与竞争。在广阔的国际市场参与竞争，才能使品牌的竞争实力得到检验，从而获得国际市场的认同。有些品牌尽管在海外的销售额非常高，但其销售区域分布却极不均衡——要么只进入少数几个国家，要么进入的国家都是一些不发达国家。目前，中国有很多企业就是如此，绝大部分出口国局限在亚洲或者非洲，出口到欧美的很少，可以说这些品牌的国际化程度都不高。另外有些品牌虽然出口额不高，但销售分布却很广，它们的品牌国际化程度可以说是很高。如可口可乐与埃克森相比，虽然出口比重不及后者，但它在全球的销售分布范围却几乎是后者的两倍。从这个角度来说，可口可乐的国际化程度要比埃克森高。

**7. 品牌国际化的输出方式**

国际化品牌输出的三个阶段从低级到高级分别为贸易输出阶段、资本输出阶段和品牌输出阶段。不同阶段具有不同特点：贸易输出是品牌产品或服务的国际贸易，资本输出是企业对东道国进行直接投资,品牌输出则是通过品牌的特许使用而获取品牌收益。通过分析当前品牌国际化的阶段,就能判断国际化的程度。目前,中国绝大多数公司是在从事贸易输出的品牌国际化经营,海尔等少数优秀的企业则直接在海外设立研发中心和工厂,而像麦当劳之类的直接通过品牌授权赢利的企业中国几乎没有。这也说明中国当前的品牌国际化程度较低。

## 12.2 品牌国际化的驱动与困难

尽管我们经常会说为了顺应全球经济一体化潮流,企业应当进入国际市场,实施品牌国际化战略。但企业究竟为什么要推动品牌国际化经营?难道只是为了顺应"全球经济一体化"潮流,跟风从众、"人云亦云"吗?

### 12.2.1 品牌国际化的驱动力

1. 本国市场供给过剩,行业增长缓慢,竞争激烈

很多行业在国内发展多年,产品相当成熟,市场容量饱和,竞争格局趋于稳定,要想有大的增长非常困难。为了寻求更好的发展机会,这些行业的企业纷纷走出国门,开拓海外市场。比如,2000年,中国彩电业的年生产能力已高达4000万台以上,而每年内销和外销之和约3000万台,产能过剩1000余万台。就市场而言,目前国内城市市场彩电保有量已趋饱和,彩电普及率已接近100%,部分城市已超过100%;农村市场虽然潜力巨大,相对增长速度很快,但是绝对数量仍然较小。因此,中国几大彩电品牌走向世界,开始了国际化征程。

2. 海外市场的吸引力

有些时候,企业进行国际化经营并不是因为国内市场没有机会,而是因为国外市场的吸引力更大。海外市场的吸引力主要表现为盈利性高、成长性大或风险性小。近年来,中国GDP增长率和人均可支配收入增长率均在10%以上,2007年的数据表明,中国高收入人群数量与欧美同类人群数量接近,这些条件都使得中国成为全球最具吸引力的市场之一。特别是在中国加入WTO以后,外资进入中国市场的速度开始加快。据统计,到2006年底,已有192个国家和地区的外商来中国投资,外商投资企业发展到553万家;国际大财团、跨国公司看好中国市场,世界排名前500家大型跨国公司已有450家来中国投资。中国被世界投资者、金融界评为投资环境最好的国家之一。

3. 通过规模经济降低成本

东道国与母国的市场环境的相似性以及产品类别的标准化特征有助于品牌在国际市场的标准化经营,相同的产品、相同的包装、相同的广告创意、相同的促销活动都使得企业在国际化经营中获得规模经济效应。比如,微软的Windows 2003软件只需汉化,无须做更大的改变就能在中国销售,庞大的市场容量使其研发成本摊薄,单位成本降低;又如,通过国际广告的统一化,高露洁公司在每个国家都可以节省广告创作费用100万~200万美元。

4. 分散风险

由于法律法规、消费文化、行业发展阶段不同,同样的产品在不同国家所面临的机遇和威胁也就不同。比如,为环保和交通安全考虑,目前全国已经有148个大中城市宣布"禁摩"(禁止摩托车),每年将直接导致摩托车行业销量减少300万~400万辆。过剩的摩托车只好

进入一些以摩托车为主要交通工具的国家。如重庆力帆摩托车在海外市场上有了"五朵金花"，分别是尼日利亚、菲律宾、越南、伊朗和印度尼西亚，这"五朵金花"每年的销售额，个个都超过1000万美元。天狮集团也算是一个例子，这家企业投入数千万元开发和生产保健品，并决定采用直销的销售模式，可是直销在中国是禁区。所以，这家企业到国外发展，至今有80%的产品是销售到国外的。

5. 客户的全球流动性和趋同性

近20年来，随着通信技术、传媒、交通的全球化发展，世界各地的客户流动性增强，消费行为上也体现出趋同性，这为品牌进入一个陌生的国外市场铺平了道路。当一些美国人来到中国的时候，他们依然可以吃到熟悉的麦当劳快餐，也可以喝到地道的星巴克咖啡；而中国人去到美国，同样可以用上海尔电冰箱和联想笔记本电脑。

### 12.2.2 品牌国际化的环境障碍

本质上讲，国际营销与国内营销的差异无非是根源于国际市场与国内市场的营销环境差异。正因为如此，营销国际化向来都不是一帆风顺的，而作为营销国际化程度最高层次的品牌国际化更是如此。这一点，西方发达国家的企业败走中国市场的例子特别明显，如美国惠尔浦、法国标致、瑞典伊莱克斯等国际知名品牌都曾在中国市场遭遇"滑铁卢"，甚至日本手机品牌在中国落入集体失陷的境地。跨国并购领域的研究表明，西方企业跨国并购的失败率高达50%～70%。

我们不能说这些企业实力不强，根本原因在于国际化进程中充满了种种环境障碍，而这些企业没能很好应对。这些环境障碍可分为硬性的政治法律环境障碍和软性的社会文化环境障碍。

1. 政治法律环境障碍

对品牌国际化产生影响的政治法律障碍主要有政治体制、政局稳定性、政治腐败、涉外经济政策法规、地方经济保护主义、东道国商业法律等。

（1）政治体制与涉外经济法规

政治体制是保守还是开放直接决定了涉外经济政策法规（如税收、股份制、进口、经营范围等）的制定，也制约了跨国公司的海外经营模式。比如，在中国加入WTO之前，外国企业是不允许在中国独资设厂的，而只能采取合资的形式，且股权比例最多为49%。

（2）政治格局

尽管目前全球的政治格局总体上是稳定的，但在局部地区仍存在风险，比如中东、非洲、东南亚等一些国家。这些政局不稳定的国家一方面在经济重建过程中为国外企业提供了大量基础设施建设的机会，另一方面在企业经营的安全性上又不能提供足够的保障，比如动乱的破坏、资产国有化的风险等。

（3）政治腐败

政治腐败现象在多数国家都存在，只不过程度不一。对于一个习惯在公平市场交易环境下发展的企业来说，进入到一个腐败程度严重的国家，将使自己面临一个两难的境地：要么同流合污，要么直接出局。于是，一些"入乡随俗"的跨国公司在赢利的同时，还要谨防法律的监管。西门子"贿赂门"事件的爆发既揭示了事件主角"商业操守"存在严重问题，也表现出一个国际企业巨头在"潜规则"面前的无奈。

（4）地方保护主义

地方保护主义也是目前企业进军国际市场的一个拦路虎。比如，华为印度子公司增资6000万美元的计划，因印度政府担心其危及该国通信网络安全而受阻。由于同样的原因，华为失去了竞标印度国有电信公司BSNL48亿美元合同的机会。不只是中国、印度等发展中国家盛行地方保护主义，即使像美国、德国、日本等发达国家也是拿地方保护主义作为挡箭牌，来限制国外企业在本国的发展壮大。

（5）东道国商业法律

就算顺利通过了各道针对外企的政策壁垒，跨国公司仍然要受到东道国商业法律的制约。这些法律在产品、包装、价格、广告、促销、直销、商标注册等方面都有着与母国大相径庭的规定，不熟悉这些法律将给企业带来重大经济损失。比如，欧洲一些国家规定禁止销售不带安全保护装置的打火机，无疑限制了中国低价打火机的出口。

2. 社会文化环境障碍

政治法律环境是硬性的环境，严格按照规定来做是可以跨越壁垒的。实际上，对跨国公司最难的还是社会文化环境的软性障碍。文化可以说是世界上最复杂的一个概念，自古研究者就非常多，对它的理解也是"远近高低各不同"。美国学者克罗伯和克拉克洪在《文化：概念和定义的批判回顾》中列举的欧美对文化的定义有一百六十余种之多。尽管文化所包含的内容体系庞大，但本质上，文化是一个社会群体长期以来所形成的固定的思维和行为模式。它就像是空气，渗透到人们日常生活的方方面面，语言文字、风俗习惯、行为规范等都打上了文化的烙印。一方水土养一方人，不同的地域形成了不同的文化，也造就了不同的人。因此，对国际化品牌而言，文化环境的影响体现在品牌与市场接触的各个领域。

（1）语言文字

语言文字的国际差异影响了品牌的命名、包装、广告语等文字表达的内容，而品牌名称几乎是品牌当中最有价值的一个要素。一些在国内非常著名的品牌在走向国际市场的时候，因为语言差异问题而不得不改名，这相当于它不能把以前在国内建立的品牌影响力带出国门，而必须重新建立一个崭新的品牌。像我国著名的白象方便面就很难在英美国家销售，因为"大象"在英语里面有"大而无用的东西"之意；百事可乐著名的英文广告语"Come Alive With Pepsi"（请喝百事可乐，令君生气勃勃），译成德文变成"与百事一起，从坟墓中复活"。

（2）风俗习惯

风俗习惯所涉及的内容非常广泛，如节日、口味、礼仪、颜色、数字、动植物等都有各个国家和民族的不同喜好和禁忌。而且，不同国家的风俗习惯可能恰恰相反。如在中国饱受赞赏的孔雀到了法国竟成为祸鸟和淫鸟，孔雀开屏被视为"自我炫耀"；黄色在中国象征着尊贵与神圣，而在西方则象征下流和淫秽等。所以，在国际营销中强调"入乡随俗"，主要就是指跨国公司习惯以当地公民的身份，尊重当地人的喜好和忌讳。不遵循文化习俗，品牌很难在国外市场立足。这些年，在华的大量知名外企强调对中国文化的认同，如可口可乐广泛运用泥娃娃阿福、风车、鞭炮、回家过年、刘翔、倒福、中国红等中国元素来拉近与中国人的距离，肯德基启用"立足中国，融入生活"的口号来表明融入中国文化的决心。

（3）行为规范

行为规范受到宗教信仰、社会主流道德观和价值观的约束，而各国在宗教信仰、道德观和价值观方面存在一定差异，这种差异也反映在行为规范上面。在一国认为是对的，到了另外一国可能会受到批评。想当然地将一国的成功经验照搬到另一个国家，往往会招致失败。比如，美国骆驼牌香烟的广告语"我宁愿为骆驼行一里路"堪称经典，潜台词是为了买骆驼烟，把鞋底磨穿都值得。电视画面是烟民高跷二郎腿坐在神庙前，鞋底磨穿了一个洞。该广告在泰国一出现，引起了泰国的民愤，因为佛庙在盛行佛教的泰国乃至尊圣地，在庙门前露出破鞋底实属大逆不道。又比如，帮宝适的出现是婴儿护理产品的一次重大变革，它使得年轻的父母们从此告别了洗尿片的繁琐生活，因此在美国大受欢迎。然而，同样的卖点到了日本就险遭失败，因为在日本，为子女洗尿片是为人父母应尽的义务，偷懒是会受到老人们谴责的。后来，帮宝适将卖点改为"保护婴儿稚嫩的皮肤"，产品才在日本打开市场。世界上每一种文化都有其存在的合理性，尽管它与本国文化有很大不同。或许文化在一定程度上阻碍了跨国公司品牌的建立，但文化没有对错好坏，只有差异。只有心怀尊重地融入当地文化当中，成为当地的一份子，跨国公司才能打破不同文化间的隔阂，顺利进入国外市场。

### 12.2.3 我国品牌国际化面临的挑战

近10年来，我国企业加快了国际化的进程。据新华社报道，截至2006年年末，中国5000多家境内投资主体设立对外直接投资企业近万家，对外直接投资存量9063亿美元。特别是从2001年中国加入WTO之后，"引进来"与"走出去"相结合战略纳入中国经济发展的总体战略之中，成为中国国家发展战略的重要组成部分。然而，不可否认，中国品牌国际化的程度与发达国家相比还有很大差距：一方面，按国家计算的中国GDP总规模已经稳步挺进世界前五位；而另一方面，从产业链条来看，中国在国际经济体系中扮演的角色却是"世界初级产品加工厂"。根据联合国发展计划署统计，国际知名品牌数量在全球所有企业中所占的比例不到3%，但市场占有率却超过40%，销售额超过50%；而与此相应的是，目前参与国际市场的中国企业中，拥有自主品牌的不到20%，自主品牌出口额在全国出口额中的比重不足10%。在全球100个最有价值品牌的企业中，大部分企业在国际市场的销售额占全年销售额的50%以上，而在中国即使像"海尔"这样的国际化企业代表，海外销售额不到10亿美元，只占其总销售额10%左右。毫不夸张地说，中国企业在品牌国际化进程中步履艰难。它们面临着以下种种巨大挑战。

1. 中国品牌廉价的形象认知已经固化

全球著名的英特品牌（Interbrand）咨询公司在2005年和2007年分别做了"中国制造"（Made in China）的调查，结果都显示，国外消费者对中国品牌的首要印象是便宜，而高品质排在很靠后。这使得重视品味的国外消费者很少会考虑中国本土品牌。但事实上，他们平时所使用的许多品牌都是中国制造的，只不过贴上了国际著名品牌的标签。据美国商务部的统计结果显示，在美国市场上，服装和鞋子的80%，家电、玩具、唱片、游戏机的60%是中国产品。为了测试自己是否真的能够离开"中国制造"，美国女记者萨拉·邦焦尔尼还在2005年专门做了一个实验：尝试一年不买任何中国制造的产品，看看生活会是怎样。后来，邦焦尔尼把她全家这一年的经历如实记录下来，写成《离开中国制造的一年：一个家庭在全球化经济中的生活历险》一书。她得出的结论是："如果没有中国制造就无法生存。"

既然有那么多的国际品牌产自中国，说明"中国制造"在产品质量上已达到很高的水平。但产品质量与品牌形象没有必然的联系，中国品牌形象相对于发达国家的品牌来说仍处于很低的位置，这使中国品牌很难卖出合理价位。比如在摩托车行业，一位日本技术专家认为，

"重庆摩托车中小排量成熟车型的质量已达到日本同类车型的80%",但在亚洲市场上,车价却相距甚远,重庆造与日本造有高达50%~60%的落差。一个极端的例子是,2005年9月,欧洲一家公司Alvito向欧盟内部市场协调局申请注册"非中国制造"(Not Made in China)商标。这可以说是对中国品牌形象的极大讽刺。更严重的是,国外市场对中国品牌的印象不是针对个别中国品牌,而是几乎所有的中国品牌。换言之,"中国制造"四个字对于中国品牌产生了负面影响。

造成这种现状的直接原因是中国产品价格低廉,这里有四个方面的具体原因:①中国产品价格确实便宜,因为中国工人工资、生产资源等成本相当低廉;②中国产品价格不得不便宜,因为绝大多数中国企业不具备核心技术,产品技术含量低,无法支撑高价位;③中国市场上的价格竞争惯性,在中国市场上已习惯利用低价来抢占市场份额,而不知道如何通过营销来提升品牌价值;④中国企业在海外市场"自相残杀",中国企业经济基础较弱,为了尽快获得订单以站稳脚跟,不得不采取低价方式同其他中国企业竞争,致使中国品牌集体形象受损。中国品牌廉价形象将在很长一段时间影响中国品牌的崛起,低廉的价格与低廉的形象已成为了一个恶性循环,以至于在生产基地大量设在中国的趋势下,一些外国奢侈品品牌仍然不敢在中国开设工厂。据《环球奢侈品报告》中文版统计,有86%的中国消费者会因为奢侈品牌标有"Made in China"的字样而不愿继续购买。中国品牌究竟应当如何改变现有的形象?

**链接材料12-1**

中国品牌改变现有形象的突破口

杰夫·斯温斯顿(Jeffrey Swystun)是Interbrand全球知识与传播总裁,2005年4月他在美国总部主持进行了一场名为"中国品牌代表什么"的问卷调查。透过问卷他看到,中国品牌多年前被外界认为的"盗版、质量低劣"的普遍认知已经发生了改变。调查显示,79%的专业品牌管理人士认为中国品牌"质量好转",但同时中国品牌"还是很低廉"。记者问:"我发现诸多调查结果显示出'中国品牌在国际上给人的感觉质量好转,但同时还很低廉的印象',您认为中国企业要改变这种印象的突破口在哪里?"斯温斯顿答:"我认为以下几点十分关键,第一,企业要清楚地知道谁是你的目标人群,他们当中哪些人是可以给你带来最大利润的,哪些人是对你的品牌最为忠诚的。第二,企业要为目标人群量身定做一套传播规划,因为20%这样的人可以为你创造80%的价值,即我们常说的'二八原则'。第三,这些企业的领导者们要真正认识到品牌的重要性以及品牌能够给企业业务带来的诸多利益,品牌工作只有在他们的强烈支持下才会有更大的发展。在如星巴克、可口可乐这些强大品牌的背后,你会发现它们的领导者们都非常支持品牌工作。因此,品牌工作要进行中央集权管理,领导者们要告诉企业员工如何行为,以及他们的行为与品牌之间会产生怎样的利弊影响。同时,品牌建设要与员工薪酬制度挂钩。真正让品牌能够与员工行为结合起来。第四,企业必须具备相关的能力来支持品牌工作,而不是泛泛而言的品牌空话。第五,差异化竞争。例如企业的产品在设计和创意方面产生与竞争对手的差异化,这样能够更好地帮助目标人群识别自身品牌。做到了这样几点,不论是国际市场或是国内市场,企业都能够针对目标人群进行有效传播。"

资料来源:周志民.品牌管理[M].天津:南开大学出版社,2008。

### 2. 中国品牌的企业实力和持久力面临考验

日本管理大师大前研一指出:"日本的经历说明,塑造一个国际化的品牌需要耗费 20 年到 30 年的时间,需要投入上十亿美元的资金。"回顾宏碁、三星等品牌,它们成为国际品牌的时间也都耗费了二三十年,没有一个品牌能够一蹴而就。2006 年,我国发布的《中国名牌战略发展报告》明确指出,我国将在"十一五"时期强势推进品牌培育工程,要形成 10 个世界级品牌,培育 100 个向世界级品牌进军的中国自主品牌。由此来看,这个发展目标实现起来比较艰巨,因为中国品牌要想在国际上立足必须经受住时间和资金的考验。中国企业已经不能再像索尼、宏碁、三星当年一样靠时间来创建国际品牌了,因为高速的全球化意味着,市场的获得和丢失都在很短的时间内发生。在国际竞争中丧失先机,将使得中外品牌之间的差距拉得更大。近年来,中国企业热衷于通过并购国外企业的方式进入当地市场。商务部、国家统计局、国家外汇局发布的《2006 年度中国对外直接投资统计公报》显示,2006 年中国对外直接投资净额达 211.6 亿美元。其中,通过收购兼并方式实现的直接投资已近 4 成。尽管这种投资方式能够使中国企业利用被收购品牌的影响力较快地进入国外市场,但所需要的资金数额庞大,且对跨文化的企业融合能力和国际营销管理能力也是巨大考验。据美国贝恩咨询公司调查,有 20%的并购由于谈判失败而流产了,实现并购的企业也只有 30%创造了新的价值,其他的 70%反而破坏了原有的价值。戴姆勒奔驰公司在与克莱斯勒公司合并以前,对大型跨国界并购的失败和原因进行了调查研究,研究的结果很相似:超过 70%的并购交易在三年内承认失败。事实上,中国企业并购的失败率还远高于这个数字。可见,无论是兼并收购还是直接设厂,中国企业在品牌国际化道路上都充满风险。

### 3. 中国企业的国际营销人才和经验缺乏

美国科尔尼咨询公司做过一项"弱势地区能否出现全球性大(品牌)公司"的研究。研究报告指出,像丰田(日本)、三星(韩国)、塔塔(印度)这些产生在发展弱势地区的大企业,有一个共性:其创始人(创业型企业家)有在跨国品牌垄断压力下创建自主品牌的勇气。我国企业创始人也具有这种勇气,如联想的柳传志、海尔的张瑞敏、华为的任正非等具有非凡魄力的企业家。但关键问题是,我们缺乏一支能够驰骋国际市场的队伍,这使得中国企业的国际营销执行力大大减弱。据估计,中国目前有 6000 万销售人员,而其中 80%都没有经过系统的销售培训,真正能够从事营销工作的人才并不多。对于国际营销更是如此。大部分中国企业缺乏一支熟悉外国市场运作规则、了解外国客户需求、拥有全球运营经验又熟悉本企业文化的管理团队。联想集团创始人柳传志曾不止一次在各个场合表示,人才是联想国际化遭遇的一大难题。应该说,这是中国品牌走向国际化的最大瓶颈。

## 12.3 品牌国际化战略

### 12.3.1 品牌国际化的进入战略

品牌国际化进入战略是指品牌进入到另一个国家的过程中所选择的战略途径。不同背景的企业在进行国际化经营时,往往会选择不同的品牌国际化进入途径。以下从不同的角度,介绍几种常见的品牌国际化进入战略。

1. 按照品牌经营的模式划分

(1) 海外经销商代理销售的进入模式

目前，大量企业是采用海外经销商代理销售的方式进入国外市场。这种模式的优点是能够利用当地经销商的渠道优势快速进入市场，而且降低了自建渠道的成本；缺点是完全受制于人，对终端市场的控制力弱，不能直接了解顾客需求和竞争状况。长虹电子进入国际市场主要采取这种模式，比如它在美国依托北美电器经销商 APEX 来销售彩电。

(2) 投资设厂的进入模式

这种进入战略的关键在于一国企业以独立的身份进入到国际市场进行直接投资设厂，开展国际经营。其优点是能够确保跨国企业拥有独立自主的决策权，减少合作所产生的摩擦，而且能够直接接触市场，了解顾客需求和竞争状况；缺点则是对跨国企业的资金实力和管理能力要求很高，失败的概率大。海尔就是这种模式的典型代表。从 1998 年开始，海尔以直接投资的形式进入海外市场，历经艰辛，终于凭借其较为雄厚的资金和技术在美国、德国等发达国家崭露头角。

(3) 并购或合资的进入模式

这种进入模式的关键是以并购方或合资方的身份而非独立企业的身份进入海外市场。其优点是能够利用被收购或合作品牌在当地已有的影响力，缩短目标市场对品牌的认知时间，减少品牌推广成本；缺点是需要一大笔企业并购或合资费用，而且还需要融合与被并购方或合作方之间的关系。2004 年，联想花了 12.5 亿美元并购 IBM 全球 PC 业务，以此建立国际化品牌形象。通过使用 Thinkpad 等全球知名品牌，联想将自己的全球销售额提高 4 倍，达到 12 亿美元，同时以 8.6% 的市场份额挤进世界 PC 三强之列。

(4) 设厂和并购结合的进入模式

这种模式的优点在于能够很好地兼顾独立和并购的优点，针对不同市场做出不同的进入战略选择；缺点是以上两种模式的综合，要求原品牌既要有较强的竞争力，同时企业还需要支付一大笔并购费用。虽然海尔也采用了二者结合的方式，但 TCL 是这种模式的典型代表：一方面，它利用独立品牌 TCL 进入越南、印度等发展中国家；另一方面，它收购法国汤姆逊和阿尔卡特、德国施耐德（Schneider）、美国 DVD 播放器制造商戈维迪奥（Govedio）公司，分别用这些品牌去占领发达国家的通信、家电市场。

(5) 从贴牌生产到自主品牌的进入模式

在直接设厂或并购企业的模式当中，进入国外市场的品牌从一开始就是一个比较强势的品牌。对于缺乏资金、技术、国际营销经验的弱势品牌，又如何进入国际市场呢？格兰仕品牌的成长经历为我们提供了很好的范本。1999 年，格兰仕提出了"海外营销要聚焦大品牌，高度重视为国际性大品牌做 OEM"的策略。在这一思想的指导下，格兰仕开始成为意大利的德龙、美国的 GE、日本的三洋等大品牌的 OEM 合作伙伴。无疑，贴牌生产具有入门门槛低、出海快、资金回收快、可直接学习国际先进经验等特点。正是倚仗着 OEM 这种方式，格兰仕顺利走出了国门。2007 年 3 月，格兰仕终于在法国迈出了历史性的一步——格兰仕第一家自主品牌专卖店在巴黎盛大开业。至今，格兰仕已经在美国、日本等 112 个国家和地区注册了自主商标。当然，这种模式也不是很容易做到的。中国目前有大量贴牌生产企业，但真正向自主品牌成功转化的还很少。因为建设自主品牌需要技术、资金、人才以及魄力，而一个习惯了贴牌生产的企业这些方面通常是缺乏的。

2. 按照进入国际市场的难易程度划分

（1）先易后难模式

先易后难，顾名思义，先利用比较优势进入容易的市场，待积累力量后再进入难度较大的市场。这种模式适合于实力还不够强大的企业。华为的国际化成长战略就采用这种先易后难的形式。1996年，华为启动了拓展国际市场的漫长之旅，起点就是非洲、中东、亚太、独联体以及拉美等第三世界国家。在经过长达10年的发展中国家市场的磨砺和考验后，华为的产品、技术、团队、服务等已日趋成熟，完全具备了与世界上最发达国家竞争的强大实力，华为才陆续登陆欧洲、日本、美国市场。这种模式的优点在于能够降低进入国际市场的成本，能获得初步的品牌国际化经验；缺点是在不发达国家的成功对进入发达国家市场并没有什么形象上的帮助。比如，TCL在越南市场的成功对其进入法国市场没有多大帮助。

（2）先难后易模式

要采用先难后易的模式，除了有实力，还要有胆识。海尔集团就是这样一家企业。它是中国国内第一家在美国设厂并开拓美国及国际市场业务的中国公司。目前全美十大连锁超市中已有8家销售海尔多类产品，而且海尔进入的是大连锁的全球采购系统，这意味着海尔已经走进美国主流市场。海尔集团网站提供的资料显示，海尔集团坚持全面实施国际化战略，已建立起一个具有国际竞争力的全球设计网络、采购网络、制造网络、营销与服务网络。现有工业园10个，海外工厂及制造基地30个，海外设计中心8个，营销网点58800个。这种模式的优点在于能得到高难度国际化经营的磨练，提高品牌国际化经营的能力，而且一旦成功可以获得形象优势，利于进入不发达国家；缺点是困难很大，失败的概率很高。

（3）中间路线模式

对于发达国家的企业，它们进入其他发达国家的市场就属于走中间路线。这些市场与国内市场差异不是很大，因此可以降低产品、广告的调整成本，提高赢利的机会。待到产品在那些市场成熟了，再将产品引进不发达国家，从而延长产品的生命周期。比如，一些美国汽车的车型都是在欧洲发达国家流行很长一段时间再引进中国的。这种模式的优点是能够极大降低经营成本和风险，缺点是不能获得多少国际化经营的经验。

3. 按照国内外市场的进入顺序划分

（1）顺序国际化模式

顺序国际化是指先在国内市场经营，待积累实力后再到国外市场发展。这也是绝大多数跨国企业的经营模式。一般而言，一个进入国际市场的品牌通常在国内已建立了较强的市场地位，比如联想、海尔、华为、TCL等。国内市场上的表现将为企业的国际化征程奠定经济实力、生产技术、生产规模、品牌形象、管理经验等各个方面的基础。不过，也可能因此而错过国际化经营的大好时机。

（2）逆序国际化模式

逆序国际化反其道而行之。首先进入国外市场，待到在国外市场建立了显耀地位后再回国发展，比如正阳软件、晨辉照明、海亮铜业等中国企业都采用这种模式开展国际化经营活动。这些企业通常都是在国外市场找到更好的发展机会，而暂时先避开国内的激烈竞争。国外的市场地位能为他们在中国市场的发展带来一定的光环效应。当然，不是所有行业都适合采用逆序国际化模式的，因为在很多行业国际市场的竞争压力要大过国内，没有一定的实力基础很难在国外市场立足。

### 12.3.2 品牌国际化的经营战略

品牌国际化的进入战略是品牌进入国外市场的路径选择，而品牌国际化的经营战略则是品牌进入国外市场之后，在市场经营中所采取的运作模式。从根本上讲，品牌国际化经营战略有全球化和本土化两类。全球化是指将全球各国视为一个整体市场，采取统一的营销策略；而本土化是指各国市场各不相同，营销策略也不尽相同。一种更细化的观念是将这两种战略进一步划分成四种战略，欧洲一些学者还针对这四种战略进行了品牌数据的统计。以下介绍这四种品牌国际化经营模式：

1. 标准全球化

哈佛商学院著名营销教授西奥多·莱维特（Theodore Levitt）是这一观点的提出者。1983年，他在《哈佛商业评论》上撰文，提出随着经济、通信、旅游等全球化趋势的到来，企业也应当采取全球化营销策略。这种模式的基本假设是：将全球视为一个统一的市场，每一个国家或地区的市场需求都没有差异。针对这样的无差异市场，企业可以采取统一化和标准化的营销策略，以降低营销策略的调整成本。目前，完全标准全球化的行业不多，常见的如操作系统软件（如微软的 Windows）、奢侈品（如 LV）和化妆品（如兰蔻），也有部分食品品牌（如雀巢奇巧巧克力）。标准全球化品牌约占品牌总数的 25%。

2. 模拟全球化

模拟全球化可以说是半全球化模式，它介于全球化和本土化之间。在某些行业，各国市场还是多多少少存在一些差异，因此企业除了品牌核心价值等重要的营销要素实行全球统一化以外，产品、包装、广告、促销等其他要素都要根据当地市场的具体情况加以调整，以提高品牌对该市场的适应性。实施模拟全球化战略的行业非常多，如餐饮、汽车、家电、银行等。洋快餐通常被认为是标准化程度非常高的一个行业。而实际上，肯德基在保证其"全球烹鸡专家"定位的基础上，也在中国根据需要推出了鲜蔬汤、老北京鸡肉卷等，甚至还销售广东凉茶。欧洲汽车以两厢居多，而到了中国，却一定要推出三厢版，因为多数中国人还是喜欢三厢车。

小案例 12-2

**佳能在中国的品牌本土化**

在发布数码影像新品的同时，佳能宣布用"博秀"作为其数码相机品牌 Power Shot 的中文名，用"伊克萨斯"作为另一个数码相机品牌 IXUS 的中文名，通过产品品牌本土化推动本土化进程。自从在中国启用"感动常在"中文口号之后，佳能便在步步加速产品品牌本土化的推广。2007 年年初，佳能（中国）正式开始使用小型照片打印机品牌 SELPHY 的中文名"炫飞"，并设计了企鹅形象作为产品代言。这是第一个具有中文品牌和卡通形象代言的佳能产品。3 月，佳能在春季打印机新品发布会上为旗下 PIXMA 品牌启用了"腾彩"这一中文名，扩大了佳能喷墨打印产品在中国消费者中的亲切感和认知度。4 月，佳能（中国）启动数码相机品牌 Power Shot 中文名征集活动，共征得近 5 万个中文名称。"在产品品牌方面，佳能在全球均使用了统一的佳能国际英文品牌名，但却特别针对中国市场进行了产品品牌的汉化，以增强产品的亲切感、认同度，这足以体现佳能对中国影像市场的重视程度。"佳能（中国）影像信息消费产品本部高级总经理吉冈达生表示。其实在通过产品品牌本土化推动企业本土化进程的背后，有着佳能对未来中国市场的期待。"去年佳能在中国销售了700万台数码相机，预计2007年将达到1000万台，超过日本本土的销售，2010年将达到1600万台以上，很有可能转瞬间和欧美市场并列"，佳能影像交流事业本部数码相机事业部长押山隆表示。

资料来源：作者根据互联网相关资料进行整理。

3. 标准本土化

标准本土化正好跟标准全球化相反，认为各国市场差异很大，因此所有营销组合要素都要根据所在国的情况进行调整。可见，标准本土化战略的成本非常高，且要对东道国市场进行大量充分的调研。采用这种战略的行业一般与当地的文化传统、饮食习惯、行为规范等息息相关，包括食品、日化产品等行业。比如，由于饮食禁忌，麦当劳汉堡里面的肉馅在伊斯兰国家禁用猪肉、印度禁用牛肉。标准本土化品牌约占品牌总数的16%。

4. 体制决定的本土化

有时本土化并不是企业主观上采取的战略，而是当地政策法律规定必须调整的，这种模式称为"体制决定的本土化"。所有的营销组合策略都可能会受到法律法规的限制，如产品、包装、定价、渠道、广告、促销等。而被体制要求本土化的行业通常与安全性（包括文化安全性、饮食安全性、使用安全性等）有关，如音像制品、食品、电器等。比如，可口可乐在印度遇到一个麻烦，就是印度政府规定所有销售的食品都必须提供完整的配方，而可口可乐当中1%的神秘配方怎么可以轻易给人？因此，体制决定的本土化对跨国公司影响很大，因为它是强制性的。这些行业的品牌约占品牌总数的35%，是四种品牌国际化战略当中比例最高的。

尽管欧洲一些学者通过调查给出了以上四种战略各自的品牌数量比例，但要真的找到实施纯粹的全球化或本土化战略的企业，是很难的事情。绝大多数企业都是半全球化式或半本土化式，都是全球化与本土化战略的结合。可口可乐、索尼等企业将其称为"思维全球化，行动本土化"（Think Global，Act Local），而汇丰银行的品牌口号就是"环球金融，地方智慧"（The World's Local Bank）。其中，品牌全球化的一部分是品牌的核心价值，而品牌本土化的一部分是具体的品牌传播手段。所不同的是，全球化和本土化成分的比例在不同行业和企业中有一定差异，这主要是由以下几个因素决定的：①市场需求的差异性。需求差异越大，本土化的程度越大，如麦当劳汉堡在印度会加入很多咖喱，而到挪威会增加鱼肉。②竞争的激烈程度。竞争程度越激烈的行业，本土化程度越大，如近几年中国汽车市场竞争激烈，外国汽车针对中国市场进行了大量的产品和广告调整。③企业自身实力。实力越强的企业，本土化程度越高，如宝洁专门为中国市场开发过适合亚洲人发质的洗发水品牌——润妍。

### 12.3.3 品牌国际化的步骤

尽管品牌国际化的历程可谓千姿百态，但如果遵循一定的思路，成功的可能性会得到提高。法国品牌权威学者卡普菲勒教授描述了品牌国际化的六个步骤：

1. 定义品牌识别

建立品牌的首要工作是定义品牌识别，以明确品牌与其他品牌究竟有什么不同。根据前几章的内容可知，品牌识别是一个复杂的系统，其中最重要的是确定品牌核心价值、品牌名称和标志。品牌核心价值是品牌的灵魂，而品牌名称和标志是品牌的面孔。这些识别要素将不随国家市场的不同而改变,且需要保持相当长一段时间的稳定性。因此,在进入国际市场之前,必须研究世界几大主要市场的消费者行为,以找到共通之处。事实上,一些基本的价值观在各国市场都是共通的,如安全、纯真、健康、专业、活力、创新等。比如,沃尔沃在全球都强调"安全"的价值理念,而百事可乐持之以恒地突出它是"新生代的选择"。品牌名称、标志的确定不可随意,特别是对于将要进入国际市场的企业而言。因为各国在语言文化和视觉文化方面的差异极大,一个在任何一国不带贬义的名字和标志才能在全球畅通无阻。这也是埃克森(EXXON)石油耗费巨资在全球范围内测试品牌名称的原因。

2. 选择国家或地区

选择国家或地区是一种宏观市场细分,其细分的结果是找到目标国家市场。企业可以根据自身的背景条件来选择是先进入发达国家,还是先进入不发达国家?是一个一个国家逐个进入,还是若干个国家同时进入?实力不强、信心不足的通常都是先找一个容易做的市场"试试水",比如,我国很多家电企业一般都是从越南、印度等东南亚国家开始国际化征程的。而实力雄厚的企业可以在全球多个国家同时推广它的品牌形象。2003年9月2日,麦当劳公司在德国慕尼黑宣布正式启动"我就喜欢"品牌更新计划,同时在全球120个国家起用同一组广告、同一种信息来进行品牌宣传。

3. 接近市场

选定了一个国家或地区,还未真正找到目标市场,因为一个国家或地区的市场内部也还存在很大的差异。企业需要再进行微观市场细分,以明确具体的目标市场。譬如在我国,很多跨国公司进入,都是将目标放在一级城市市场,如北京、上海、广州、深圳等地。这些城市一方面消费水平高,另一方面对其他二三级城市市场有示范效应。

4. 选择品牌组合架构

一些跨国公司采取的是多品牌组合战略,但这并不意味着所有的品牌都要进入国际市场,也不意味着进入某个外国市场的品牌也要进入另一个国家的市场。每一个品牌都有其战略角色,必须与将要进入的国家市场的战略目标相吻合。如一些强势的品牌进入一些发达国家是为了建立品牌形象的,而另一些弱势品牌进入不发达国家则是为了抢占市场份额。宝洁在美国总部拥有大量品牌,但并没有都进入中国,原因是与品牌和区域战略的匹配度有关。

5. 选择适合市场的产品

由于市场需求和政策法规的差异性,一些在本国畅销的产品不能直接照搬到国外市场,而必须根据当地消费者和政策的特点进行调整。比如,美国的GE电冰箱到了日本就必须缩小容量,因为日本人习惯经常采购食物,而不像美国人通常是一周一次;法国家乐福到了泰国,也出售一些香蜡佛具,因为泰国是佛教国家,而在中国大连,也出售很多韩国产品,因为大连韩国人很多;日本本田飞度汽车在日本都是两厢,到了中国则做成三厢,因为中国人喜欢三厢车。

6. 构建全球营销活动

最后一步是全球品牌传播活动的设计,包括广告、公关、促销等。全球品牌传播需要特别注意的问题是,必须符合当地的政治法律、社会文化环境,尽量融入当地文化元素,但又不能触犯当地的忌讳。近年来,日本的立邦漆和美国的耐克鞋等国际著名品牌都在中国出现了"辱华"广告,原因在于在创意中加入"龙""老道""敦煌飞天"等中国传统元素,不是赞美而是贬低,最后不仅给自己造成了经济损失,也伤害了品牌形象。品牌国际化的经营目标是建立全球品牌资产。为了创建基于顾客的全球品牌资产，凯勒教授提出了十条法则（见链接材料 12-2）。

**链接材料 12-2**

**创建基于顾客的全球品牌资产**

　　凯勒教授在《战略品牌管理》一书中提出了"创建基于顾客全球品牌资产"的十条法则：
（1）理解全球品牌环境的相似性和差异性；
（2）塑造品牌没有捷径；
（3）建设营销基础；
（4）实施整合营销传播；
（5）培育品牌合作伙伴；
（6）平衡标准化和定制化；
（7）平衡全球化和本土化控制；
（8）建立可实施的品牌指南；
（9）实施全球品牌资产的测量体系；
（10）权衡品牌元素。
　　资料来源：〔美〕凯文·莱恩·凯勒. 战略品牌管理（第 2 版）[M]. 北京：中国人民大学出版社，2006。

## 本章小结

　　国际化经营战略已为越来越多的中国企业所熟知。但很多企业对品牌国际化概念的理解都还存在误区：品牌标识系统的国际化设计就是品牌国际化；为国外企业贴牌生产也是品牌国际化。事实上，品牌国际化是一个隐含时间与空间的动态营销和品牌输出的过程，该过程将企业的品牌推向国际市场并期望达到广泛认可和企业特定的利益。企业可以结合定量和定性方法对品牌国际化程度进行度量。定量的指标包括：品牌的知名度和美誉度；品牌评估的价值；企业经营国际化的比重，具体包括整个企业产品的外销比重、国外市场投资占整个企业投资的比重、国外采购的比重、外籍员工占整个企业员工的比重。定性的指标包括：品牌国际化经营的时间；品牌国际化的区域分布；品牌国际化的输出方式。

　　根据母国和东道国的层次差别，可以将品牌国际化划分为下行国际化、上行国际化和水平国际化三种类型。这三种品牌国际化具有共同的动因，也有不同动因。共同动因是：本国市场供给过剩，行业增长缓慢，竞争激烈；海外市场的吸引力；通过规模经济降低成本；分散风险；客户的全球流动性和趋同性。不同动因当中，下行国际化的动因有：延长了产品的市场寿命；充分利用发达国家品牌的形象；不发达国家企业的营销竞争力差。上行国际化的动因有：提升品牌的国际形象；增强品牌的竞争力；发达国家的市场利润高。水平国际化的动因有：降低品牌调整的成本；在低风险前提下积累国际化经验。营销国际化向来都不是一帆风顺的，根本原因在于国际化进程中充满了种种环境障碍，而有些企业没能很好的应对。这些环境障碍可分为硬性的政治法律环境障碍和软性的社会文化环境障碍。对品牌国际化产生影响的政治法律障碍主要有：政治体制、政局稳定性、政治腐败、涉外经济政策法规、地方经济保护主义、东道国商业法律等。社会文化环境的影响体现在品牌与市场接触的各个领域，如语言文字、风俗习惯、行为规范。中国企业在品牌国际化进程中步履艰难，因为面临着以下种种巨大挑战：中国品牌廉价的形象认知已经固化；中国品牌的企业实力和持久力面临考验；中国企业国际营销人才和经验缺乏。品牌国际化战略包括进入战略和经营战略。

品牌国际化进入战略是指品牌进入到另一个国家的过程中所选择的战略途径。按照品牌经营的模式划分，品牌国际化进入战略有海外经销商代理销售的进入模式、投资设厂的进入模式、并购或合资的进入模式、设厂和并购结合的进入模式、从贴牌生产到自主品牌的进入模式。按照进入国际市场的难易程度划分，品牌国际化进入战略有先易后难模式、先难后易模式、中间路线模式。按照国内外市场的进入顺序划分，品牌国际化进入战略有顺序国际化模式和逆序国际化模式。品牌国际化的经营战略是品牌进入国外市场之后，在市场经营中所采取的运作模式。四种品牌国际化经营模式分别是：标准全球化、模拟全球化、标准本土化、体制决定的本土化。绝大多数企业都是半全球化式或半本土化式，都是全球化与本土化战略的结合。全球化和本土化成分的比例在不同行业和企业中有一定差异，这主要是由以下几个因素决定的：市场需求的差异性、竞争的激烈程度、企业自身实力。品牌国际化有六个步骤：定义品牌识别、选择国家和地区、接近市场、选择品牌组合架构、选择适合市场的产品、构建全球营销活动。

## 能力培养指导

通过本章的学习，学生应该能做到：
1. 选择某国内企业品牌国际化的例子，分析企业如何完成品牌国际化的过程。
2. 找出几个国内企业品牌国际化的例子，分析它们的品牌国际化途径的区别是什么？
3. 找出一个半全球化的例子，分析企业如何对待国内市场和国际市场的差异。

## 案例应用 1

### 联想：品牌国际化公关案例

1. 写在前面的话

如果要历数 2004 年中国 IT 界的最令人瞩目的头等大事，联想收购 IBM 全球 PC 业务无疑是大多数人的首选答案。事实上，这场中国企业收购国际巨头的事件不但意义重大、鼓舞人心，更将在中国 IT 史上写下浓墨重彩的一笔。这一事件一经披露，就成为国内各大媒体的头条，并引起了国外媒体的广泛关注和报道。经由媒体的强势传播，在媒体、业界和公众中均引起了强烈反响，并在 2004 年的重大新闻事件中占据了重要的一席之地，更被权威专家和媒体评为"2004 年中国十大经济新闻"，成为尽人皆知的焦点事件。

这一沸沸扬扬的事件伴随着良好的传播效果已经成为联想由中国本土品牌成长为国际品牌的里程碑。这一事件绝对不是联想的一时兴起，如果回溯一下联想国际化战略进程，我们不难发现，这一大手笔的事件是联想实现品牌国际化战略一系列举措之中的收山之作。联想由中国品牌成长为世界品牌，正是一个由热点事件的高效传播串联而成的、精心设计的过程。在这个过程中，品牌战略、传播活动紧密配合企业的业务战略，分阶段、有目的推进，逐步把联想这一中国品牌打造成为世界品牌。

实际上，中国品牌如何成长为国际品牌，这是所有有志于国际化的中国企业面临的共同问题。联想针对这一问题制定了三步走的战略，每一步战略都伴随有极强的新闻价值和传播价值。于是我们的工作重心就变成了如何保证信息传递能够及时准确，并控制有可能产生的负面信息上。

### 2. 从 LEGEND 到 Lenovo

2001年，联想制定了新的三年发展目标"高科技的联想，服务的联想，国际化的联想"。联想国际化的必备条件之一，是拥有一个全球通行的品牌标识。但联想沿用18年的英文标识"LEGEND"已在多个国家被抢先注册。同时，经过18年的快速积累，联想已经成为一家在IT领域多元化发展的大型企业，"联想"品牌在中国消费者中的知名率已达90%。但在面对"你认为联想的品牌代表什么"这样的问题时，不同消费者给出的答案却不尽相同。基于以上背景，联想决定推出全球品牌新标识，并对联想品牌架构进行全面的梳理和系统的推广。

联想将换标的发布活动设计成一个联想品牌管理的"系统工程"，分为四个阶段进行：2001年4月28日，冲破SARS阴霾，在北京借助网络媒体发布新标识。平面、网络、影视媒体三管齐下，深入传播引起社会各界广泛关注。同时，安排在同一天发布首批带有Lenovo标识的产品——多款自主研发的联想手机精品。从7月31日开始，借联想2003年科技巡展之机，在巡展所到之处深入传播和集中展示联想的品牌内涵，诉求联想"创新科技，畅想未来"的理念。10月15日，利用"神州五号"火箭成功发射的契机，同步在全国展开以"只要你想"为主题的系列推广活动，诉求"人类用想法改变世界"的创新理念。10月18日，启动品牌沟通日活动，安排联想高层与京城各大媒体进行面对面的互动式沟通，进一步传达"Lenovo联想"的内涵，并宣传联想新的品牌战略。

### 3. 签约奥运，搭载国际化推广平台

成功换标后，通行证问题已经解决。此时如何搭建一个与联想新的品牌形象匹配的传播平台，将国际化的品牌形象传播出去，成为联想思考的重要问题。在国外人们并不知道来自中国的Lenovo是一家专业的计算机产品生产企业。解决这一问题的目标是要在全球范围内树立Lenovo品牌的知名度和美誉度。很容易想到的一个方式是投放海量的广告，但全球范围内海量广告的投放对于尚未在海外开展具体业务的联想来说，风险也很大——消费者无法对联想的产品和业务产生直接有效的认知。有没有更好的方式呢？奥运TOP进入了联想的视野。作为全人类四年一次的体育盛会，奥运会连同它的奥林匹克标志已经成为世界上最有影响力的"品牌"。而2008年的奥运会将第一次在中国举行，如果能够成为2008年的奥运TOP，不但有助于树立联想在海外的品牌知名度和美誉度，联想在国内的影响力也将得到有力提升。三星即是先例。

对于传播来讲，联想成为奥运TOP绝对是一个强势的新闻事件，联想丝毫不用担心它的受关注程度。但舆论的方向是否会按照联想期望的方向发展——是否会有很多质疑联想花费不菲而收效可能甚微的声音出现？内容的精心梳理就变得尤其重要。奥运选择联想是对联想实力的认可；联想选择成为TOP是认真分析，理性决策的结果；TOP是国际顶级品牌的俱乐部，TOP合作伙伴长期为奥运发展做贡献。这三点成为联想决定向公众传播的三个最重要的核心信息。在实际操作过程中，针对不同层级媒体的保密措施的分别对待，海外媒体的和外地媒体的大规模参会，会后相关采访的安排与重要媒体的一对一深入沟通等措施的采取确保了良好宣传效果的实现。

### 4. 收购IBM，国际品牌终成王道

2005年12月28日，以"强强联手、共赢未来"为主题的联想收购IBM的PC业务新闻

发布会在北京举行。由于此前联想与IBM在谈判中约定，双方未达成最终的并购协议前，如果有任何关于本次交易的信息被泄漏，谈判将中止，因此这一交易正式公布前的保密工作就显得尤为重要。得益于严密的信息安防措施和事先准备的规范的媒体应对制度，在此次交易长达一年多的谈判过程中，没有发生任何严重的泄密事件。而本次新闻发布会的邀请也同样采取的反常规的仅提前16小时通知记者的做法。为使这一重大新闻能够深入影响最广泛的公众，此次发布会不仅邀请了所有重要的在华境外媒体，同时利用联想遍及全国的18个分区的庞大宣传体系使不能到现场参会的其他地区的媒体也在第一时间获得了本次发布的全部信息。"忽如一夜春风来，千树万树梨花开"，在本次新闻发布会举行后的第二天，几乎所有的媒体都对此事做了及时的深度报道。从中央级的大报到县市一级的地方党报，从千里冰封的北国边陲到万里海疆的南国小城，中国的联想收购了曾经是美国文化象征的IBM电脑的消息令国人振奋。自古好事总多磨，就在联想宣布并购IBM的PC业务不久，2005年1月，美国政府以涉嫌国家安全为由，宣布将对此次交易进行审查。消息传来，舆论为之大哗。在此期间，联想采取了有理、有利、有节的积极应对策略并组成了以杨元庆为首的新闻发言体系，及时向媒体沟通联想对此的态度，并于3月初在众多国内媒体的广告版面刊登了一封由杨元庆和新联想候任总裁沃德亲手签名的致THINKPAD用户的公开信。联想选择这一方式向用户传达他们的承诺和目标，充分表达了对交易能够通过审查的信心。这一做法赢得了舆论的广泛支持，有效配合了"正面战场"的谈判工作。2005年3月9日，联想正式对外宣布，与IBM的PC业务的收购交易获得美国政府批准；2005年5月1日，联想又对外宣布，顺利完成对IBM的PC业务的全部收购交易。至此，历时将近半年的收购宣告结束。

当并购的尘埃落定，一个新的问题又摆在了联想的面前，那就是公众对联想关注视角的转换：收购了IBM的PC业务的联想会不会消化不良，新联想能否在海外再续辉煌，放眼全球PC行业，联想的核心竞争力又是什么成为人们普遍关心的话题。从这一刻起，联想的品牌推广特别是公关工作的目标被界定为"建立公众对联想未来发展的信心"。信心源在何处？通过深入的调查与分析，联想认为，首先要重新定义联想的身份特征。今天的联想已经是位列世界500强的全球第三大PC厂商，联想的一言一行都应该代表一个国际化企业的风范。基于这一判断，联想制定了"源自中国的全球品牌"这一联想新的身份特征并由此提出构建由新联想整合成果，联想在中国的业务发展战略及联想海外业绩为基础的新的更广阔的话语体系。在这一原则的指导下，针对客户、合作伙伴、精英公众等首要目标人群，联想分别设定了以创新为核心，以授业（针对合作伙伴）、解惑（针对客户）、布道（针对精英公众）为诉求的信息架构，希望以此来体现新联想全球视野下的国际形象。在随后的联想中国战略媒体沟通会，新联想首次中国合作伙伴大会，联想全球首次业绩发布，联想全球组织架构公布及科博会，高交会等一系列具体的推广活动中，"联想的国际化战略设计""驾驭战略管理，从优秀到卓越""全球PC格局之变""让世界联想中国"等主动传播内容的规划与实施成功实现了这一新的话语体系的转变，有力提升了联想的国际化企业形象。

资料来源：作者根据互联网相关资料进行整理。

**【讨论题】**

1. 联想进行品牌国际化的驱动力在哪里？
2. 联想采取了哪些策略进行品牌国际化？

3. 请评价联想收购 IBM 的 PC 业务对联想品牌国际化的影响?

## 案例应用 2

### TCL 品牌国际化

**1. TCL 集团简介**

TCL 集团股份有限公司创办于 1981 年,是目前国内最大的消费类电子集团之一,旗下拥有三家上市公司,分别是:TCL 集团(SZ000100)、TCL 多媒体科技(HK1070)、TCL 通信科技(HK2618)。总部位于中国南部惠州市的 TCL 集团,从 20 世纪 90 年代以来,连续多年保持高速增长,2005 年全球营业收入 516 亿元人民币,6 万 3 千多名雇员遍布全球 145 个国家。2004 年,通过兼并重组汤姆逊彩电业务,成立 TTE 公司,一跃成为全球最大彩电企业,2005 年彩电销售近 2300 万台,居全球首位;TCL 集团旗下手机业务,通过兼并阿尔卡特手机业务,也使其手机从国内第一品牌迅速拓展成覆盖欧洲、南美、东南亚和中国的全球性手机供应商。目前,TCL 集团已形成以多媒体电子、移动通信、数码电子为支柱,包括家电、核心部件(模组、芯片、显示器件、能源等)、照明和文化等产业在内的产业集群。自 2004 年兼并重组汤姆逊彩电业务和阿尔卡特手机业务以来,TCL 快速建立起覆盖全球市场的业务架构,集团下属产业在世界范围内拥有 4 个研发总部、18 个研发中心和近 20 个制造基地和代加工厂,并在全球 45 个国家和地区设有销售组织,销售其旗下 TCL、Thomson、RCA 等品牌彩电及 TCL、Alcatel 品牌手机。2005 年,TCL 集团海外营业收入已超过中国本土市场营业收入,成为真正意义上的跨国公司。作为中国最具价值的品牌之一,TCL 品牌价值 2006 年经机构评估,品牌价值为 362 亿元人民币。在未来,TCL 的发展目标是成为世界领先品牌的消费电子供应商,创建具有全球竞争力的企业。

**2. TCL 的国际化进程**

TCL 集团的国际化步骤始于 1998 年,当年成立了国际事业部,并着手开拓国际市场。1999 年在越南投资建厂,拉开"全面国际化"序幕;2000 年开始,TCL 集团陆续将自有品牌经营推广至菲律宾、印度尼西亚、新加坡、俄罗斯等国家,并通过 OEM 进入中东、非洲、澳洲、拉美等全球大部分国家和地区;2002 年以来,TCL 集团开始在全球范围内陆续展开与飞利浦、东芝、松下、LG 等跨国企业不同层面、不同项目、不同产品间的合作。2002 年,TCL 集团控股的旗下 TCL 国际控股有限公司 9 月下旬宣布,通过其新成立的全资子公司 Schneider Electronics GmbH,与德国 Schneider Electronics AG 之破产管理人达成收购资产协议,收购其主要资产,金额约 820 万欧元。2003 年 7 月,TCL 以 51%的股份控股 GoVedio,但并不持有其商标和专利。2003 年 11 月,TCL 与法国汤姆逊公司在中国香港宣布成立 TCL—汤姆逊电子公司,共同开发、生产销售彩电以及相关产品和服务。2004 年 7 月 29 日,TCL 与法国汤姆逊合资组建的 TTE CORPORATION(简称 TTE)在深圳正式挂牌运营。2004 年 4 月,TCL 公司宣布,与阿尔卡特公司签订谅解备忘录,一起组建一家从事手机及相关产品和服务的研发、生产和销售的合资公司。2005 年 8 月,TCL 多媒体科技发布公告称,已与美国 GoVedio 公司签署协议,以 1000 万美元收购后者 20 个商标和 24 项专利。

**3. TCL 的国际化成果**

TCL 在不同时期采取了不同的国际化战略,在前期其采取的是稳健的国际化战略,在后期采取的是激进的国际化战略,故国际化带来的结果也就不一样。TCL 前期在东南亚的国际化取得了不错的成绩。2000年9月，TCL在越南的盈亏实现平衡，2001年8月，TCL在菲律宾、印度公司的销售规模都已过了盈亏平衡点。2003年,TCL在越南的市场占有率达16.3%，2004年预计达到20%；在菲律宾，2003年TCL的市场占有率达8.19%，2004年将达到12%；在南亚国家孟加拉和斯里兰卡，2003年市场占有率分别达到40%和25%。与前期国际化的优良成绩相比，TCL后期激进的国际化则明显给TCL带来了负面的影响。2002年TCL收购的施耐德生产线迄今一直处于严重的亏损状态；2003年汤姆逊彩电和DVD事业共亏损1.2亿欧元，2004年TCL重组汤姆逊彩电业务承担合资公司1.3亿美元的运营费用；2004年TCL集团营业收入达402.8亿元人民币，同比增长43%；合并报表后的净利润为2.45亿元人民币，利润比上年下滑了57%，主要原因是原汤姆逊彩电欧美业务及阿尔卡特手机业务存在较大亏损；2005年TCL集团实现主营业务收入516.76亿元人民币，同比增长28%，实现净利润-3.20亿元人民币，被李东生认为是"最困难的一年"；2006年上半年亏损7亿多元人民币，第三季度实现销售收入112.52亿元人民币，实现净利润0.31亿元人民币，这是TCL集团2004年收购汤姆逊和阿尔卡特之后首度实现报告期内盈利。从上面的资料可以看出，TCL前期的国际化取得了积极的效果，而后期的国际化则使其陷入了困境。

资料来源：吕爱斌，段鸿.TCL的国际化战略评析[J].时代金融，2007（8）。

【讨论题】

1. 为什么TCL会采取前期稳健后期激进的国际化战略？
2. TCL兼并国外品牌的战略是否有问题？为什么？
3. 试评价TCL品牌国际化中的得与失。

# 第13章 品牌资产概述

## 学习目标

1. 理解品牌资产的内涵和价值
2. 理解基于顾客（消费者）、市场和财务的品牌资产的内涵
3. 理解品牌资产的主要模型及其各模型之间的差异和联系
4. 理解品牌资产的特征

**实战中的品牌资产**

**2013年全球最有价值品牌研究报告**

2013年5月21日，2013年BrandZ™全球最具价值品牌百强榜发布，苹果以1850亿美元的品牌价值蝉联2013年"BrandZ™全球最具价值品牌100强"榜首。2012年出现价值下滑的谷歌2013年转降为升，实现了5%的品牌价值增长，目前以1140亿美元的价值高居排行榜第二。IBM则以1120亿美元的品牌价值位居第三。自2006年以来，100强品牌的总价值增长了77%，目前达到2.6万亿美元。

WPP集团旗下The Store公司首席执行官David Roth称："今年的排名结果突出了品牌给企业带来的投资回报，表明强有力的品牌能让企业获得溢价优势，并增加股东回报，从而实现市场份额和利润的增长。"

品牌调查公司Millward Brown的全球首席执行官Eileen Campbell补充道："品牌估值等衡量方法能显示营销投资将带来怎样的回报，这能让营销工作得到更深刻的理解，并被视为企业取得财务佳绩和商业成功的关键推动因素，从而使营销人员在企业的决策过程中更有发言权。"

此外，研究报告还得出以下主要结论。

（1）增长领先品牌均已实现意义的差异化：在BrandZ™品牌资产评估中，十大价值增长领先品牌在"有意义""差异化"和"突出性"方面的得分大大高于平均水平。普拉达的品牌价值增长最多，达到63%，业绩优于其他所有奢侈品牌，目前在奢侈品类别中名列第四（全球排名第95位），品牌价值为95亿美元。

（2）啤酒品牌迅速崛起：在今年的排名中，全球消费量最大的酒精饮料——啤酒是增长最快的类别。十大啤酒品牌的总价值达到630亿美元，增长36%。该类别的崛起得益于拉丁美洲和中国的销售增长。全球第三大啤酒品牌喜力价值80亿美元，007系列电影《天降杀机》（Skyfall）的宣传令其获益匪浅。巴西的梵天啤酒2012年增长61%，价值达到40亿美元。

（3）高价值品牌增长更快：对过去八年间"BrandZ全球最具价值品牌100强"上榜品牌阵容的分析显示，这些品牌的业绩明显高于标普500指数企业——在此期间，标普500指数

企业和 BrandZ™ 品牌组合的增长率分别为 23%和 58%，充分证明拥有强势品牌的公司能为股东创造更大的价值。

（4）科技品牌继续主宰排行榜，腾讯首超 Facebook：科技和电信品牌继续主宰排行榜，在 BrandZ™ 全球 100 强中占据 29 个名额，其总价值超过 1 万亿美元，占 100 强品牌总价值的 43%。总体而言，这一领域的增长保持平稳。然而，与 Facebook 品牌价值下降形成鲜明对比的是，拥有近 8 亿有效用户的中国同类品牌腾讯实现了 52%的价值增长，由此跻身十大增长领先品牌，并超越 Facebook。雅虎也榜上有名，谷歌元老出任雅虎新 CEO 提升了该品牌的预期和股价，带动了品牌价值增长。

（5）中国品牌需要在创新及国际化方面有更多进步：今年共有 12 家中国公司登上了百强榜单，品牌总价值达到 2.7 千亿美元。在亚洲 10 大品牌中，中国品牌占据 6 位，数量超过日本和韩国；但上榜的中国品牌中，大部分仍为国有企业，而中国品牌的品牌数量及品牌总价值在百强榜单中的比重都首次下降，中国品牌的增长动力遭遇瓶颈。中国品牌不仅要在科技领域有更多的创新，同时也要在品牌国际化方面做出更多努力。

"BrandZ™ 全球最具价值品牌 100 强"是 Millward Brown Optimor 受 WPP 委托开展的一项调查，今年已经发布第八期。该榜单是唯一一份根据品牌潜在消费者和当前消费者的观点并结合财务数据来计算品牌价值的排行榜。

资料来源：MBA 智库百科，http://wiki.mbalib.com/。

**评述**

一家公司最有价值的无形资产之一，就是它的品牌。恰当的管理品牌价值，是市场营销者的重要责任。创建一个成功的品牌需要企业精心制定工作计划并有效执行；不仅需要营销部门的全力以赴，更需要企业高层的参与支持，以及各部门之间通力合作；高价值品牌的形成是富有创意地设计和执行营销活动的结果。

## 13.1 品牌资产的概念

### 13.1.1 品牌资产

品牌资产（Brand Equity）是赋予产品或服务的附加价值。它反映在消费者有关品牌的想法、感受以及行动的方式上，同样它也反映品牌为公司所带来的价格、市场份额以及盈利能力上。开篇案例中我们清楚地看到优秀品牌可以赢得更多的顾客，也促进了顾客对这些品牌的认可和忠诚度；另一方面，高度的顾客认可和忠诚度使企业获得更多的潜在顾客和订单，并使得企业有了更大的定价权力，由此带来了更多的销售量和利润。

### 13.1.2 基于顾客的品牌资产及其构成要素

营销人员和研究人员通过许多不同的角度来研究品牌资产。基于顾客的方法是从消费者（无论是个体还是组织）的视角来看待它。基于顾客的品牌资产模型的假设是：品牌力量是来自于顾客在一段时间内对品牌的所看、所读、所听、所学、所想以及所感。

基于顾客的品牌资产（Customer-based Brand Equity）是品牌知识基于消费者对品牌营销的反应所产生的不同影响。与不能被识别相比，当品牌能够被识别时，消费者对产品及其营销方式表现出较多赞许的反应，品牌则具有正面的基于顾客的品牌资产。反之，在同样的环境下，顾客对品牌的营销活动的反应表现出较少赞同，品牌则具有负面的基于顾客的品牌资产。

我们可以从以下三个方面更深刻地理解基于顾客的品牌资产的内涵：

第一，品牌资产来源于消费者反应的差异。如果没有任何差异的话，那么从本质上来说，该品牌产品只是一种大众化产品。此时的竞争主要围绕价格展开。

第二，反应的差异源自消费者所拥有的品牌知识不同。品牌知识由与该品牌有关的所有想法、感受、印象、体验、信念等组成。尤其是，品牌必须与顾客建立强大、赞许以及独特的品牌联想，如沃尔沃（安全）和哈雷—戴维森（冒险）等品牌。

第三，构成品牌资产的消费者不同反应体现在感知、偏好和行为等与品牌营销相关的所有方面。品牌越强大，带来的收益越多。品牌资产的关键性收益如表 13-1 所示。

表 13-1 品牌资产的收益

| | |
|---|---|
| 改善对产品性能的感知 | 边际利润更高 |
| 忠诚度更高 | 消费者对涨价的反应弹性较低 |
| 更不易受到竞争性营销行为的影响 | 消费者对降价的反应弹性较高 |
| 更不易受到营销危机的影响 | 更多的贸易合作和支持 |
| 潜在的特许经营机会 | 提升营销传播的有效性 |
| 改善对雇员的照顾与保留 | 额外的品牌延伸机会 |
| 更高的财务市场收益 | |

顾客角度仅仅是界定和理解品牌资产的一个角度，除此之外还有财务角度和市场角度。表 13-2 列举了三种角度的品牌资产定义。

表 13-2 基于三个角度的品牌资产定义汇总

| 角度 | 品牌资产定义 |
|---|---|
| 财务角度的品牌资产概念 | 现在盈余和未来盈余折现值的总和 |
| | 有品牌名字产品与无品牌名字产品的现金流量差额 |
| | 品牌重新建立的成本或竞争对手模仿的成本 |
| | 因企业成功营销计划和活动的积淀而使品牌产品或服务在交易中获得的可度量的财务价值 |
| | 在产品或服务上附加品牌后所产生的额外现金流量 |
| | 为企业带来的超出无品牌产品销售的额外收益 |
| | 有品牌产品在销售中能够获得的额外现金流量 |
| | 一种品牌的长期顾客忠诚及由忠诚带来的财物价值 |
| | 企业以往在品牌方面的营销努力产生的赋予产品或服务的附加价值 |

续表

| 角度 | 品牌资产定义 |
|---|---|
| 市场角度的品牌资产概念 | 同品牌不可分割的可计算的商誉<br>品牌的顾客、渠道成员以及母公司产生的一组联想和行为，它使得品牌能够获得比没有品牌时更大规模或更大边际的利润，以及优于竞争者的一种强大、持久和差别化的优势<br>由品牌定位和品牌延伸而带来的潜在利益<br>同竞争品牌相比，目标品牌能够产生的价格差价<br>品牌赋予产品或服务的附加价值<br>长期投资产生的差异化竞争优势而带来的利益<br>品牌强度和品牌价值，品牌强度是因品牌消费者、渠道成员和母公司对品牌的联想和行为而产生的差别化、持久性的竞争优势，而品牌价值则是品牌拥有者通过战略和战术行为发挥品牌优势，而展现出的出众表现和抵御风险的能力<br>品牌延伸带来的一种剩余价值和战术行为发挥品牌优势、而展现出的出众表现和抵御风险的能力<br>品牌延伸带来的一种剩余价值 |
| 消费者角度的品牌资产概念 | 消费者使用品牌后所增加的态度强度<br>品牌唤起注意者思考、感觉、知觉和联想的特殊组合<br>与一个品牌及其名称和符号相联系，增加或减少产品和服务带给企业和消费者价值的一组品牌资产或负债<br>消费者对目标品牌的联想和偏好所带来的品牌产品价值的增值<br>消费者在其品牌知识的引导下对品牌营销活动表现出的差异化反应<br>品牌名称为消费者带来的有形和无形效用或价值<br>产品物质属性不能解释的效用、忠诚和形象上的差异<br>品牌赋予产品的一种消费者品牌偏好增量<br>同无品牌产品相比，品牌带给消费者的认知效用和利益<br>消费者的品牌知识<br>消费者对品牌的偏爱、态度和忠诚的程度<br>品牌资产来源于消费者的心智中<br>品牌价值、品牌强度和品牌描述三个方面，品牌价值是将品牌作为一个独立的资产存在，品牌强度是消费者对品牌的感受强度，品牌描述则是消费者对品牌的联想<br>同消费者使用和消费品牌联系的品牌感知总效用<br>消费者知觉到的品牌能够为其带来的价值 |

**小案例 13-1**

**品牌的力量**

有人做过这样一个实验：在美国，把万宝路的牌子抹去，产品绝对保证是万宝路的真品，纯粹的白皮包装在市场上销售，价格仅为原万宝路价格的一半，但销售的结果只有17%的人在重复购买。

有一次可口可乐的配方不小心被泄露，有一个拿到配方的人要与可口可乐人做交易：你给我钱，我把配方还给你，否则我就要生产，冲击你的市场。可口可乐人讲，你可以去生产，但是只要你不叫可口可乐，消费者就不会买你的账。

在这里，消费者已经不是在买香烟，而是在买万宝路；消费者也已经不是在买饮料，而是在买可口可乐。

这就是品牌，这就是品牌的力量。

一流的企业做品牌，二流的企业做服务，三流的企业做产品，已成为企业界的共识。蒙牛集团创业之初，采用的就是先做市场后做工厂的战略。蒙牛集团超高速地狂奔为中国乳品行业的佼佼者，成为品牌化战略的受益者，九年时间销售额增长500倍。正如美国品牌价值协会主席拉里·莱特说：拥有市场比拥有工厂更重要，而拥有市场的唯一途径就是拥有占统治地位的品牌。

可以讲，品牌已成为企业生存和发展的核心要素。中国拥有巨大的市场空间，而且正在悄悄地上演着快速的升级。我们看到，一些通过塑造品牌而成功的案例让更多的企业家们对品牌予以了极大关注，一大批在过去被完全忽视的领域也显现出知名品牌，而且这些品牌一经出现，马上就成为消费者追逐的热点。中国经济的快速发展正在创造着一个又一个品牌的奇迹。

资料来源：作者根据互联网相关资料进行整理。

## 13.2 品牌资产构成

前面我们介绍了基于顾客的品牌资产，并对品牌资产有了初步的认知。但是根据品牌资产的概念解释我们难以比较不同品牌的差异，因此我们需要找到一些具体的测量指标来帮助我们描述不同品牌的状态。很多品牌资产管理的研究者和实践者总结出了很多有价值的品牌资产模型，下面我们重点介绍几种受到较多认可的模型。

### 13.2.1 品牌资产评估器

广告代理商扬·罗必凯公司开发出一个称为品牌资产评估器（Brand-Asset Valuator，BAV）的品牌资产模型。该模型通过51个国家大约80万消费者的调查，BAV对成百上千的不同品类中的成千上万的品牌进行了基于测量的比较。在该模型中，品牌资产包含四个关键性成分：

① 活跃的差异度。测量该品牌与其他品牌不同的程度，以及它的感知动力和领导地位。
② 相关度。测量恰当程度和品牌吸引力的宽度。
③ 美誉度。测量对品牌质量和忠诚度的感知，以及品牌获得关注和尊重的程度。
④ 知识。测量消费者对品牌的知晓度和熟悉度。

差异、活力和关联联合决定了品牌强度（Energized Brand Strength）。这三大支柱指向品牌的未来价值。美誉度和知识同时决定了品牌水平（Brand Stature），比较像一种对过去业绩的"报告卡"。

这些维度之间的关系（品牌的支柱方式）很大程度上揭示了品牌现在以及将来的状况。

品牌强度和品牌水平构成了力量方格（Power Grid，见图 13-1），它描述的是在连续的象限中，品牌循环发展的各个阶段。在每个阶段都有自己典型的支柱方式。强势新品牌的差异和活力都比关联的水平高，而美誉度和知识则比较低。

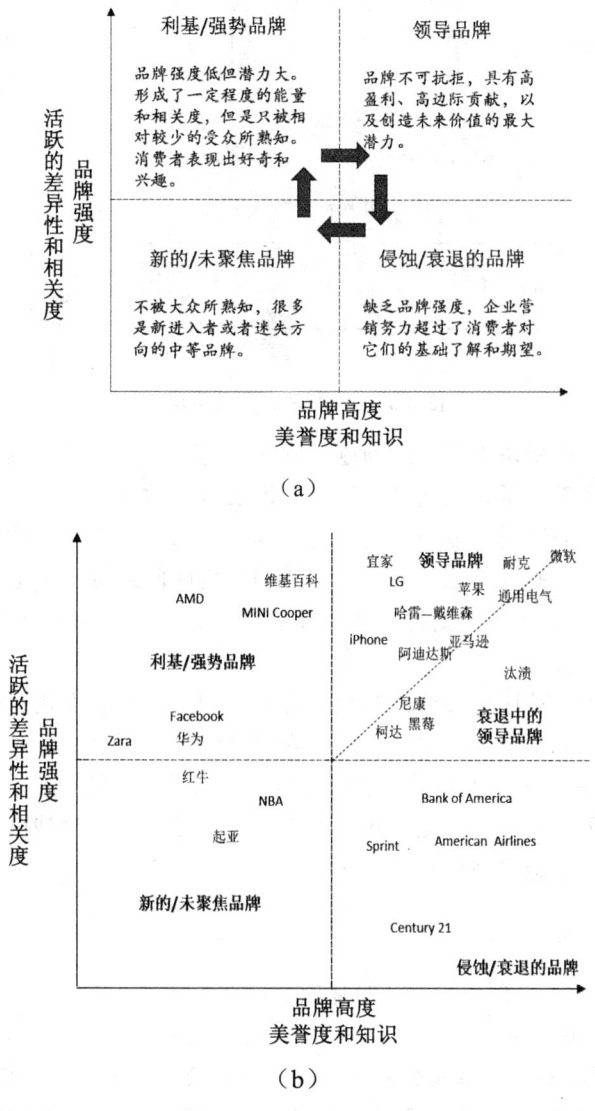

图 13-1 品牌力量方格

领导品牌在所有要素上都显示出了高水平。最后，衰退的品牌显示高水平的知识（这是过去业绩的证据）和低水平的尊重，甚至低水平的关联、活力和差异。

## 13.2.2 BRANDZ 模型

营销研究顾问米尔伍德·布朗和 WPP 发展了品牌强度模型，它的核心是品牌动力（Brand Dynamics）金字塔。根据这个模型，品牌建立遵循一系列连续的步骤，每一个步骤都是以上一个步骤的成功为基础的，如图 13-2 所示。

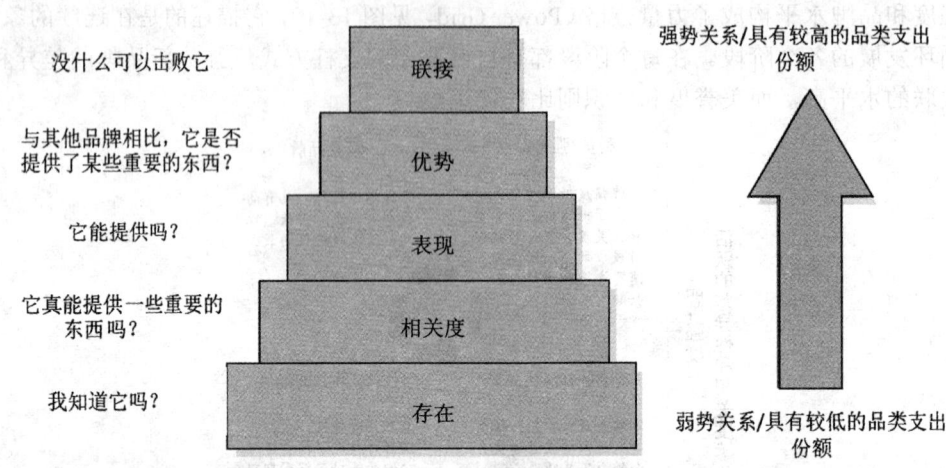

图 13-2 品牌动力金字塔

针对每个品牌，根据受访者对一组问题的回答，将他们一一分配到金字塔中的一个相应层级上。品牌动力金字塔显示了达到某个层次的消费者的数量。

①存在。基于过去的试用、显著表现和对品牌许诺的了解而形成的活跃度的熟悉度。

②相关度。与消费者的需求相关、处于合适的价格区间或位于考虑集之内。

③表现。认为一个品牌能够交付合适产品表现的信念，并且处于消费者简短的清单之上。

④优势。认为一个品牌比品类中的其他品牌具有理性或情感性优势的信念。

⑤联接。对于一个品牌理性或情感性的依恋，排除了大部分其他品牌。

"联接的"消费者在金字塔的顶端，他们与品牌建立了牢固的关系，比在较低层次的消费者花费更多。当然，更多的消费者处于较低层次。而营销人员的挑战就是如何通过营销活动和方案来帮助消费者爬上金字塔的顶端。

### 13.2.3 阿克模型

阿克（Aaker）教授在综合前人研究的基础上，对品牌资产做了专门的系统研究，提出了品牌资产的"五维度"概念模型。他认为，"品牌资产是指与品牌名称和标识相联系的一系列资产（或负债），它可以增加（或减少）产品或服务给公司或消费者提供的价值"，他提出将品牌资产分为品牌忠诚度、品牌知名度、感知品质、品牌联想和其他品牌专有资产五个部分，见图 13-3。

其中前四部分是品牌资产的主要组成部分。下面对这五个品牌资产要素进行介绍。

1. 品牌忠诚度

品牌忠诚度是指消费者对品牌的满意度和坚持使用该品牌的程度。企业不仅仅要知道品牌忠诚度，还要深入研究消费者为什么会忠诚、为什么会发生品牌转移。高的品牌忠诚度可以缓解竞争的压力。消费者在品牌忠诚度上可分为五类：无品牌忠诚度、习惯购买者、满意购买者、情感消费者、承诺消费者。

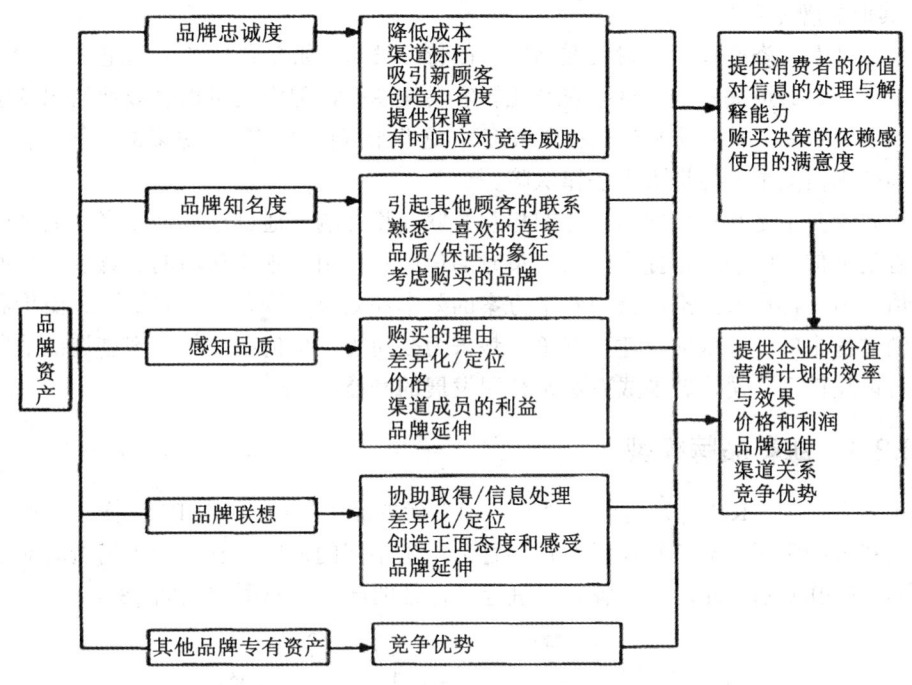

图 13-3 阿克品牌模型

2. 品牌知名度

品牌知名度是指潜在消费者从特定产品系列中识别或回忆某一品牌的能力，也就是一个品牌在消费者心中的强度。品牌知名度使得品牌能进入消费者的考虑组合，消费者简化的产品资讯和购买决策的有利工具。

3. 感知品质

它是指相对于其他品牌，消费者对该品牌的产品或服务具有全面性品牌的主观满意程度或认知水平。影响产品感知品质的因素有性能、特色、与说明书的一致性、可靠性、耐用性、实用性、适宜与完美程度等；影响服务感知品质的因素有无形性、可靠性、能力、响应速度、移情等。高感知品质使得消费者在进行资料收集和方案测度时有所依据，提供消费者购买的理由；对企业而言，高感知品质的品牌可以形成差异化，提高售价来增加利润；对于渠道，高感知品质的品牌受到消费者的青睐，渠道厂商乐于陈列和销售，这样又使得消费者更容易接触和购买该品牌，这也就形成了交易杠杆。因此，感知品质会直接影响购买决策和品牌忠诚度，也是溢价和品牌延伸的基础。

4. 品牌联想

它是指消费者记忆中所有与品牌有关的联想，这些联想组合起来就形成了品牌形象。品牌形象是品牌定位的结果，品牌定位是具有可操作性的，它由营销组合等传播工具在消费者心目中形成很多品牌联想，最终形成一个有销售意义的品牌形象。品牌联想可以创造四种价值：帮助处理和重新取得信息、差异化或定位、创造正面的态度和感觉进而提供购买的理由，最后是进行品牌延伸。

5. 其他品牌专有资产

其他品牌专有资产指的是附着在品牌上的特殊技术（如专利），对产品也很有价值。它包含专利、商标、渠道关系等，这些资产比较容易被忽略，但它们可以有效地组织竞争者抢夺公司的核心消费者（即市场占有率和忠诚度）。这些形式的资产需要更多的法律保护，这为品牌在世界范围内的唯一性提供了法律保障。

五大要素并不是互相独立的，它们相互关联互相影响。通过这五个要素，品牌资产提高了消费者处理信息的能力，提供购买决策时的信心和理由，强化使用的满意度，从而增加消费者价值；另外，也通过提高公司营销方案的效率和效果，增强品牌忠诚度、溢价和利润，创造分销过程中的杠杆效应，建立竞争优势来为公司提供价值；品牌资产创造的消费者价值同样也可以反馈至公司，转换成有利于公司发展的利益。

### 13.2.4　凯勒品牌模型

美国学者凯勒（Kelley）提出了"基于消费者的品牌资产"（CBBE）概念模型。该模型是基于消费者因掌握了品牌知识后对营销行为产生不同的反应，它来源于消费者对品牌的认知和认同。Kelley基于此，对品牌知识进行了详细的展开，模型详见图13-4。

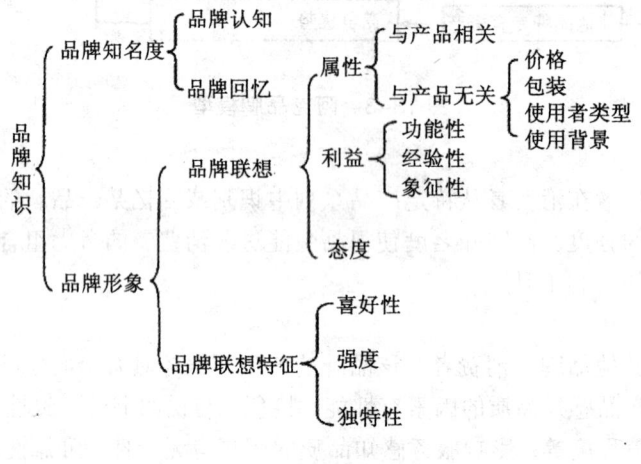

图 13-4　凯勒品牌模型

凯勒模型中品牌知识可以分为两个方面：品牌知名度和品牌形象，品牌在一个联想网络记忆模型中得以架构。

品牌知名度：品牌知名度是指消费者在不同的环境下识别品牌的能力。换句话说就是品牌标识的作用发挥得如何。品牌知名度包括品牌认知和品牌记忆。品牌认知是指在提供了品牌线索的情况下，消费者确定和该品牌进行过交易；品牌回忆是指在给定商品目录的情况下消费者能够回忆起该品牌的能力。品牌回忆往往比品牌认知需要更高的品牌知名度。Keller（1998）认为品牌知名度可以从深度和广度两个维度来衡量。所谓深度是指消费者心目中联想到该品牌的可能性大小，即消费者对该品牌认知和回忆的能力；广度是指消费者购买或使用时，会联想到该品牌元素的购买与消费情景个数多少。

品牌形象：品牌形象是一系列在消费者脑海中的关于品牌的联想。品牌联想的喜好性、强度和独特性是衡量品牌知识的三个维度，同时，品牌知识又决定了在高参与度购买行为的情况下消费者的不同反应，这种反应的差异构成了品牌权益。

品牌联想由三个层次的内容组成：属性、利益和态度。

属性联想是区分产品或服务的描述性特征，又可以分为产品相关属性和非产品相关属性。产品相关属性是指产品或服务的实质功能；非产品相关属性是一些与产品或服务的消费或购买有关的外在形态，如价格、包装、使用者类型或使用者背景等。其中以价格为最主要的联想属性，因为消费者对产品的价格和价值有很强的关联联想，会根据产品的价格来形成他们心目中的产品种类知识。

利益联想是指消费者根据产品或服务产生的个人价值，也就是说，消费者认为该产品或服务所具有的功能给自己带来的好处。它可以分为以下三类。

功能性利益：产品或服务消费过程中得到的内在收益，它通常与产品的功能属性相关联，一般是为了满足生理或安全等基本需求，是为了避免或解决问题。

经验性利益：消费产品或服务时产生的感受，同时反映产品相关属性和非产品相关属性。这类利益主要满足了主观上的要求，如感观愉悦、多样性和认知刺激等。

象征性利益：产品或服务消费时带来的附加利益，是一种外在优势，通常反映非产品相关属性。它主要是为了满足隐性需求，如社会认同、个人表现和个人自尊等。消费者对品牌的地位、专有性和时尚性非常在乎，因为它反映了消费者的自我定位和形象。

态度联想是指消费者对品牌的整体评价，它是消费行为的基础。品牌态度是一系列功能属性和品牌利益的结果，消费者比较自己对该品牌的期望和实际的消费体验，从而得到对该品牌的态度。

凯勒模型从消费者的角度分析品牌资产的构成，并对品牌资产的各构成要素是如何形成的、如何影响消费者决策做出了深刻细致的分析，这有利于指导企业进行品牌管理、品牌建设。

## 小案例 13-2

### 戴尔：好服务成就好品牌

戴尔整个业务的核心就是如何与用户保持更亲密的关系。

对于电子产品企业而言，客户服务的好坏与否在品牌价值的塑造过程中扮演着重要的角色。就像一位企业家曾经说过的那样："永远不要忘记你和你的公司是干什么的，这是一个满足顾客需求、向顾客提供服务的行业。"

然而，成功品牌的塑造无疑是场持久的马拉松。我们也早已过了当年那个将客户服务与售后维修画等号的年代。眼下，面对需求不同、情况各异的消费者，完美客服的实现正变得越来越难。企业该如何做？近期，《世界经理人》最新的一项调查结果显示，在国外电子品牌中，戴尔在客户服务方面受到多数消费者的好评，戴尔如何实现较高的客户满意度？带着这些问题，我们对戴尔品牌的客户服务进行了一番研究，希望这家公司的经验能给同行以启示。

作为一家以直销模式起家的计算机供应商，戴尔从发展伊始就保持着与消费者的近距离沟通。即使最近几年，为了适应中国市场的特点，戴尔中国开始逐渐对原有销售模式进行改变的情况下，这样的传统依然没有丢失。

客户服务从何时开始？戴尔告诉你，在交易实现之前。依靠业内领先的在线服务、电话服务网络，消费者可以从戴尔的客服人员那里最大程度地获得个性化的服务。

"戴尔的在线服务非常棒。"一位消费者告诉笔者："当我进入在线服务系统表示我想要购买一台笔记本电脑之后,首先接待我的那位客服人员为我转接专门负责这一事务的客服顾问。之后的那位客服人员会根据你的具体情况推荐最合适的产品,比如当我告诉客服人员我对于笔记本电脑的要求仅限于上网收发邮件、基本文档处理时,他就为我推荐了一款基本配置的入门级商务机。更令人欣喜的是,当得知我对于产品价格感觉偏高时,他还主动建议我选择戴尔的分期付款业务。整个服务过程中,戴尔的客服人员都表现得非常专业、耐心。"

事实上,这样的服务每时每刻都在发生着。目前戴尔在国内一共有三个客服中心,上千位客服人员每天提供超过16个小时的服务。通过这样一支专业高效的服务团队,消费者多数的问题都能够在第一时间获得解决。

除了在电话服务、在线服务上一如既往地贴近消费者,戴尔近年来在实体服务网点的建设上也进行了巨大的投入。在采访中我们了解到,为了保证良好客户服务的实现,目前戴尔在全国范围内设立了超过200家维修服务中心、1000家维修服务站。其中维修服务中心主要分布在一至四线城市,而五、六线城市的客户服务则由维修服务站来处理。

事实上,如此大规模、大纵深服务网点的设置也与近几年戴尔在中国广大中小城镇乃至农村市场的开辟有着重要关系。"从未来维修网点拓展来看,戴尔认为2011年的发展重点是贴近中国小城市和农村的消费者",采访中戴尔的有关人员说道。

在戴尔看来,那些深入到基层的服务网点,不仅仅只是扮演着维修者的角色,实际上,他们都承担着传递戴尔品牌理念、拉近戴尔与消费者距离的使命。比如在一些农村地区,戴尔就会开展电脑下乡的技术讲堂,为广大农民提供免费的电脑课程培训,从而帮助农民朋友掌握信息技术,在争取潜在客户的同时,也让戴尔的品牌形象获得最大提升。

从最初的直销模式,到进入中国市场之后也逐渐开始涉足渠道市场,戴尔貌似发生了巨大的变化。对于这样的变化,戴尔大中华区董事长闵毅达曾经有着这样的解释:"之所以有这样的变化,是因为我们希望用户无论在哪里都能很方便地购买到我们的产品。但是我们仍然坚持与竞争对手不同的理念,比如我们在渠道和零售业依然提供直销渠道,会提供按需定制服务,用户可以选择他们需要的配置、颜色,甚至他们喜欢的音乐都能在定制产品中出现。戴尔整个业务的核心不是渠道或者直销,而是关心如何跟用户有更亲密的关系,如何实现更好的客户体验。"

资料来源:世界经理人网,http://www.ceconline.com。

### 13.2.5 品牌资产引擎模型

品牌资产引擎(Brand Equity Engine)模型是国际市场研究集团(Research International,RI)的品牌资产研究专利技术。该模型认为:虽然品牌资产的实现要依靠消费者购买行为,但购买行为的指标并不能揭示消费者心目中真正驱动品牌资产的关键因素。

该模型认为,品牌资产归根到底是由品牌形象所驱动的。虽然品牌资产的实现要依靠消费者购买行为,但消费者购买行为根本上还是由消费者对品牌的看法,即品牌的形象所决定的。因为尽管购买行为的指标可以反映品牌资产的存在,但它们却并不能揭示在消费者心目中真正驱动品牌资产的关键因素。

该模型将品牌形象因素分为两类:一类是"硬性"属性,即对品牌有形的或功能性属性的认知;另一类属性是"软性"属性,反映品牌的情感利益。它既可以用于连续性研究,也可以用于专项研究。品牌资产引擎模型也建立了一套标准化的问卷,并通过专门的统计软件程序,可以得到所调查的每一个品牌其品牌资产的标准化得分,以及品牌在亲和力(Affinity)和功能表现(Performance)上的标准化得分,并进一步分解为各子项的得分。通过这些得分可以了解每项因素对品牌资产总得分的贡献,以及哪些因素对品牌资产的贡献最大,哪些因素是真正驱动品牌资产的因素。亲和力主要是指包括历史延续、信赖感、创新性、需要理解、情感连接、美好回忆、高档、接受性、权威认同等产品所包含的情感元素。功能表现是指产品除情感元素之外的其他因素,包括味道、质量、原料、外观等诸如此类的因素,如图13-5所示。

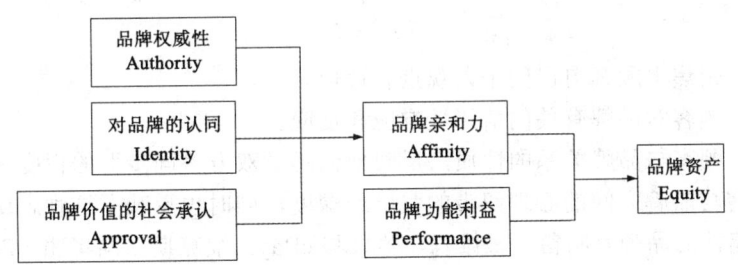

图 13-5　品牌资产引擎模型

### 13.2.6　品牌共鸣模型

品牌共鸣模型(Brand Resonance Model)也认为品牌建设是由一系列上升的步骤组成的,自下往上分别是:①确保顾客的品牌识别性,以及在顾客的头脑中与特定品类或顾客需求有关的品牌联想;②藉由将大量有形或无形的品牌联想战略性地联系起来,在消费者心中稳固地建立品牌的全部意义;③根据与品牌相关的判断和感受引出顾客的正面反应;④将对品牌的反应转化成消费者和品牌之间紧密而活跃的忠诚关系。

根据这个模型,四个步骤的制定同时也意味着与消费者建立一个由六个"品牌建立模块"组成的金字塔,如图13-6所示。这个模型强调了品牌的二元性——品牌建设的理性路线是在金字塔的左边;感性路线在右边。

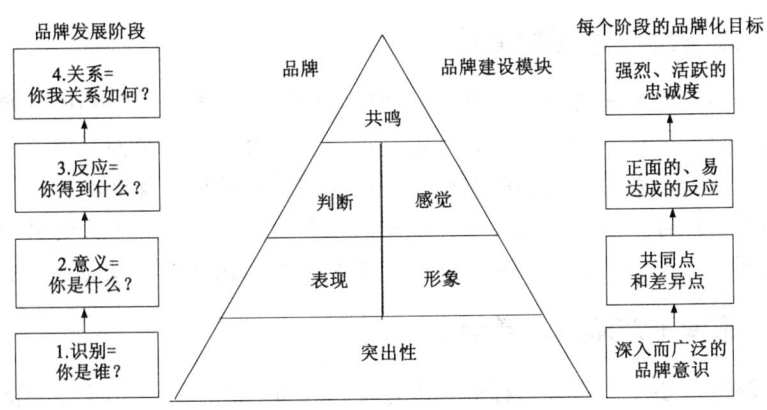

图 13-6　品牌共鸣模型

万事达卡（Master Card）就是品牌拥有二元性的一个例子。它既强调信用卡的理性优势——世界范围内的可接受性，同时也强调感性优势——在屡获殊荣的"无价"广告战役中，表达人们购物是为达到某个特定目标，目标本身（一种感受、一项成就，或其他无形的东西）都是"无价"的。

要创建有效的品牌资产就必须达到品牌金字塔的顶端或塔尖，只有把恰当的品牌创建模块放在金字塔模型的合适位置才能实现。

品牌突出性：在各种购买和消费情境中，顾客如何经常和轻易地想到该品牌。

品牌表现：产品或服务如何能够满足顾客的功能性需求。

品牌形象：描述的是产品或服务的外在特性，包括品牌试图满足顾客的心理或社会需求的方式。

品牌判断：聚焦于顾客自己的个人观点和评价。

品牌感觉：顾客对品牌有关的情绪性响应和反应。

品牌共鸣：顾客与品牌关系的性质，反映他们感觉双方"同步"的程度。

共鸣是顾客与品牌之间的心理纽带的强度或深度，同时也反映了这种忠诚造成的行为水平。拥有高共鸣性的品牌有哈雷—戴维森、苹果和 eBay。福克斯新闻集团（Fox News）发现营销计划造成的共鸣和参与的较高水平，常常导致广告产生较强的回忆度。

## 13.3 品牌资产特征

品牌资产作为企业重要的一种无形资产，越来越受到企业管理人员的重视，并把它反映在企业财务之中，以无形资产形式出现在企业的会计账目上。但品牌资产作为一种特殊的无形资产，又同其他的无形资产有着明显的区别，主要有以下几个方面的特征。

### 13.3.1 品牌资产具有长期存在性

只要坚持正确的经营战略，品牌资产就可长期存在，并很难确定它存在的年限，也没有法定的时间限制。只要得到正确使用和管理，它就会变得更加有力、更有价值。

### 13.3.2 品牌资产具有增值性

品牌资产会随着不断重复的正确使用而增强它的识别功能、竞争功能和增值功能。品牌资产的增值是一步一步积累的结果。为了走好每一步，就应随时掌握品牌的发展状况，定期追踪品牌的成长轨迹，及时修正品牌发展方向，调整管理策略，保证品牌健康发展并受到关爱、支持和推动，这样品牌资产就会增长。如果企业对成功的品牌不失时机地延伸到其他产品上，品牌的影响力即会扩大，这样品牌资产不但没有因此下降，反而会有所增加。

### 13.3.3 品牌资产难以准确计量

品牌资产测度需要用一系列指标体系进行综合评价，是一项全新而又复杂的工作。同时，品牌资产是一种无形资产，它的计量难于有形资产。一方面，品牌作为一种无形资产，是高智力的成果，主要是由复杂的脑力劳动创造的。因此，它的货币表现，其数值相对较高，其计量也很复杂，具有测量的不准确性和不确定性。另一方面，品牌资产的特殊构成决定了品牌资产难以准确计量。品牌资产构成要素众多，彼此相互联系、相互影响、相互融合、彼此交错，难以截然分开。而且，有些构成要素具有共享性，可以转移，可能为多个控制主体所利用，这些都使得品牌资产难以准确计量。还有很重要的一方面是品牌的潜在获利能力具有很大的伸缩性和不确定性，如品牌在消费者中的影响力、品牌投资强度、品牌策略、产品市场容量、产品所处行业及其结构、市场竞争的激烈程度等。这些都增添了准确计量品牌资产的难度。

### 13.3.4 品牌资产具有波动性

从品牌资产构成上可以看出，无论是品牌知名度的提高，还是品牌忠实度的增强，或者是品牌形象的改善，都不可能一蹴而就。品牌从无到有，从消费者陌生，到消费者熟知并认同产生好感，是品牌运营者长期努力的结果。尽管品牌资产是企业以往投入的沉淀与结晶，但这并不表明品牌资产只增不减。事实上，企业品牌决策的失误，竞争者品牌运营的成功，都有可能使企业品牌资产发生波动，甚至可能是大幅度下降。实践证明，知名品牌的价值并非如同人们想象的那样直线上升，而是上下波动的。在品牌发展的过程中，会出现品牌自然老化现象，也可能遇到突发事件对品牌产生灾难性的打击等品牌危机。此时，如果品牌管理者不能做出正确的决策，那么品牌资产就会减少；如果能采取行之有效的措施，品牌资产不但不会减少，反而会增加。这种波动与市场环境变化有关，但是最根本的是由品牌之间的激烈竞争引起的。即使拥有世界知名品牌的企业也不可能高枕无忧。

**小案例 13-3**

陨落的中国本土品牌

在过去的二十年里，有不少民族品牌从大众眼中逐渐消失。或许它们还气息尚存，但也远不如以往风光。

**摔落的轨迹：资产萎缩，收入剧减**

两面针：两面针发布财报显示，2012 年上半年公司牙膏收入仅为 4600 万元。而在 2003 年两面针牙膏年销售就达 4.274 亿元。鼎盛时，两面针的销量仅次于外资品牌佳洁士、高露洁、位列第三，但现在其占牙膏市场的规模已不及 1%。

英雄：2011 年英雄营业收入约合 3779 万元，同比下降 13.09%，净利润亏损 472 元，同比下降近 200%。当前，英雄的总资产约为 2498 万元，净资产为 208 万元。而 1996 年英雄当时的总资产 7.03 亿元，净资产高达 3.72 亿元。

**技术的变化：企业落后于时代的步伐**

乐凯：随着数码影像科技发展，数码相机成为市场主流，乐凯的经营利润也受到影响。2012 年，乐凯胶片发布公告，称由于市场需求量下降，彩色胶卷停止生产。

英雄：随着电子产品和中性笔的普及，钢笔的市场需求越来越少，英雄钢笔的主业也由此不断萎缩。英雄也曾尝试过自救转型，然而由于体制和经营管理的原因，最终都无一成功。

永久：20 世纪 80 年代，自行车是高档代步工具。那时，农村娶媳妇用"永久牌"接新娘子。随着私家车、轨道交通等出行方式的多样化，"永久牌"自行车淡出人们视线。

**经营的失策：疯狂扩张导致失败**

太阳神：1993年是"太阳神"历史上最辉煌的一年，业绩的超常规发展使太阳神积累了大量的"空闲"资金。于是公司盲目开展多元化经营，投资3.4亿开发20个项目，全部血本无归。

秦池：1997年秦池以3.2亿元二次夺得央视标王，这给秦池酒业的资金链造成极大压力。为了消化这巨大的广告成本，秦池须极大地扩大产销量。此时，爆发出一系列针对公司的负面报道，导致秦池迅速倒下。

**体制的压制：股权激励无法实现**

健力宝：李经纬做大健力宝后，试图通过上市解决股权问题。1997年秋，李经纬精心策划的健力宝香港上市方案，却被当地政府拒绝批准。1998年秋，三水市政府开始介入健力宝的运营，其开发每一种新产品都必须通过政府审批，然后再拨经费。到2001年，健力宝的销售量已经从顶峰的50多亿下滑到30亿左右。最终，健力宝被卖掉。

**遗憾的凋谢：安全事件引发质疑**

三鹿奶粉：甘肃等地报告多例婴幼儿泌尿系统结石病例，调查发现患儿多有使用三鹿牌婴幼儿配方奶粉的历史。最终调查发现，三鹿牌婴幼儿配方奶粉受到三聚氰胺污染。这一事件直接导致三鹿破产。

三株口服液：1996年6月3日，湖南常德汉寿县的退休老船工花428元买回了10瓶三株口服液，3个月后死亡，家人将三株告上法庭。1998年三株公司败诉。该案迅速被国内媒体进行密集报道。随后，卫生部下发文件，要求三株停产整顿。

**外资收购后的两种命运：或雪藏，或做大**

小护士：2003年12月，欧莱雅全资收购小护士，小护士随之被"雪藏"。现在小护士的销量已经大不如前。小护士当时的本土管理层在被一并"收购"后，和跨国公司欧莱雅的管理风格磨合不洽，可能是后来销售萎缩的原因之一。

美加净：1990年，已经进入了巅峰的"美加净"为了迎合特别历史时代吸引外商的政策，转变为同外商合资。从此美加净就由市场宠儿被打入"冷宫"雪藏。

乐百氏：2000年3月，国际食品巨鳄法国达能收购乐百氏，这个中国市场饮用水领域曾经的王者一路走低，渐无生息。

大宝：2008年7月30日，强生收购大宝成功。此项交易的总价值为23亿元人民币，创下了中国日化行业的并购金额记录。

南孚电池：2003年8月11日，美国吉列公司宣布，已经买下了中国电池生产商南孚电池的多数股权——最头痛的竞争对手南孚成了它的子公司。

资料来源：作者根据互联网相关资料进行整理。

### 13.3.5 品牌资产是营销绩效的主要衡量指标

品牌资产是企业不断进行营销投入或开展营销活动的结果，每一种营销投入或营销活动都或多或少会对品牌资产存量的增减变化产生影响。正因为这样，分散的单一的营销手段难以保证品牌资产获得增值，必须综合运用各种营销手段，并使之有机的协调与配合。品牌资产的大小是各种营销技巧和营销手段综合作用的结果，它在很大程度上反映了企业营销的总体水平。品牌资产是营销绩效的主要衡量指标。

**本章小结**

品牌资产（Brand Equity）是赋予产品或服务的附加价值。它反映在消费者有关品牌的想法、感受以及行动的方式上，同样它也反映品牌为公司所带来的价格、市场份额以及盈利能力上。基于顾客的品牌资产（Customer-based Brand Equity）是品牌知识对于消费者对品牌营销的反应所产生的不同影响。顾客角度仅仅是界定和理解品牌资产的一个角度，除此之外还有财务角度和市场角度。对顾客资产的理解应该是全面的。

很多品牌资产管理的研究者和实践者总结出了很多有价值的品牌资产模型。本章重点介绍了几种受到较多认可的模型，主要包括：品牌资产评估器、BRANDZ 模型、阿克模型、凯勒品牌模型、品牌资产引擎模型和品牌共鸣模型。每个品牌模型都有自己的理论基础，可以综合理解和应用。

理解品牌资产的特征有助于进行品牌资产管理。我们可以通过五个方面理解品牌资产特征，即品牌资产具有长期存在性、品牌资产具有增值性、品牌资产难以准确计量、品牌资产具有波动性、品牌资产是营销绩效的主要衡量指标。

**能力培养指导**

通过本章的学习，学生应该能做到：
结合案例能从品牌资产角度识别出品牌之间的差异。

**案例应用 1**

海尔，以消费者为中心

谈到海尔的客户服务，几乎所有人都会想到那个"地瓜洗衣机的故事"。海尔以消费者为中心的服务理念，已深深扎根于消费者心中。

海尔将客户服务提升到战略层面。海尔执行副总裁、全球首席市场官周云杰表示，海尔将实现从等客上门到服务入户的转型。"以前是卖产品，现在是提供消费者解决方案。原来海尔卖的是洗衣机，现在要提供洗衣服解决方案；原来海尔是以市场为中心，现在要实现服务入户，用户满意了以后才付款，使产品不再是冷冰冰的产品，而是人性化的解决方案"。与戴尔服务类似，海尔的客户服务也始于售前，对于消费者诉求的把握与实现对于他们而言尤为重要。

海尔坚持从市场中来，到市场中去的产品研发机制，通过各种渠道与消费者进行互动，让顾客参与到企业的技术研发、产品生产和市场营销中。1998年10月开始，海尔设立"用户难题奖"，对向海尔提出合理化建议的用户进行奖励。借助这类互动机制，海尔实现了对于消费者需求的准确把握，真正实现了产品服务于消费者的理念。

良好的售前服务让海尔得以准确地号准消费者的脉搏，而完善的售后服务体系无疑大大增强了消费者对于海尔的信任，进而提升了品牌形象。海尔能够实现这一点的重要原因就在于其将售后服务作为产业链中的一部分来对待。

在过去，销售就是整个产业链的末端，而海尔则将这条产业链向终端进行了延伸。到目前为止，海尔在国内市场上建立了由1000多家的星级服务中心，6000多家社区服务点，超过20000名专业维修人员构成的服务网络。

巨大的覆盖面让海尔实现了与消费者的最近距离接触。2010年，全国家电下乡产品累计销售额达1732亿元，海尔销售额超过三成，这在很大程度上得益于其深入农村的服务网络。

一方面消费者通过这些网络熟悉了海尔，另一方面，服务网络的高度完善也让消费者感觉在购买产品之后可以得到更及时的服务。

伴随着全覆盖服务网络而来的，则是海尔有口皆碑的服务。以海尔空调清洁服务为例，服务人员上门后的第一件事情，就是先递上一张海尔上门服务公示卡，上面明确了海尔服务一次就好的承诺。同时还注明每次上门服务人员要为用户做的5项服务，其中包括：安全测电、讲解指导、产品维护保养、一站式产品通检和现场清理。此外，卡上还明确写清，消费者对于上述几项服务如有不满，可以采取的投诉方法。

借助高效的服务与全覆盖的服务网络，海尔在实现成功的客户服务的同时，使品牌价值得到了提升。

资料来源：世界经理人网，http://www.ceconline.com。

【讨论题】

海尔是如何进行基于顾客的品牌资产建设的？

## 案例应用2

### 加多宝与《中国好声音》的"不了情"

在《中国好声音》第三季的招标会上，独家冠名权事先就宣布不招标，由加多宝续签。2.5亿元独家冠名"好声音"，相比第二季的2亿元，增长了25%，占节目中标总金额13亿元人民币的近20%。加多宝，连续3年赞助同一节目，而且赞助金额年年攀升，引起了各路媒体和商家的关注。加多宝集团品牌部副总经理王月贵解释了加多宝赞助《中国好声音》的综艺营销战略思路。

第一季目标：实现品牌切换

《中国好声音》的出现被王月贵比喻成上帝为加多宝开的那扇窗。彼时，正是对加多宝来说很特殊的2012年——与广药集团喧闹数月的商标之争后，加多宝集团成功打造的红罐凉茶商标被广药集团收回，加多宝集团旗下红罐凉茶更名为"加多宝"。从某种意义上讲，"加多宝"这一品牌是以全新的姿态起航的。如何在短时间内让更多的消费者知道"全国销量领先的红罐凉茶改名为加多宝"这一信息，加多宝必须通过大量的广告投放获取品牌曝光，进而让原有消费者对品牌有新的认识，同时争取到新的消费者。

王月贵说："我们选择《中国好声音》的原因：首先，它是原版引进的节目（THE VOICE），加多宝看重的就是节目的'正宗'诉求，这与我们正宗凉茶是相契合的，这个节目传递了我们的正宗内涵。节目追求内涵与选手的实力，加多宝同样是追求内涵。当时正值加多宝更名，更名后秘方、口感都不改变，内涵始终如一。"加多宝也认为，第一季"好声音"节目敲定的四位导师刘欢、那英、哈林、杨坤，都是在音乐界和娱乐界比较有影响力的人，他们的组合搭配本身就非常有话题性。加多宝就需要在第一季"好声音"中告诉全国的消费者那句直白的广告词："全国销量领先的红罐凉茶改名为加多宝"。从数据反馈来看，第一季"好声音"一播出便走红，持续稳居同类节目收视冠军。加多宝也迅速完成了品牌的切换，品牌知晓度高达99.6%。

第二季目标：夯实正宗内涵

2012年11月2日，历经29次出价，王月贵喊出"两亿"报价，拿下《中国好声音》第二季独家冠名权，是第一季赞助费的三倍多。加多宝在外界看来是疯狂的砸钱者，但王月贵认为，"与强势平台合作，才能体现加多宝大品牌定位""我们选择项目时有两个原则：一方面会考虑合作项目应从属于公司品牌建设的整体战略，有效传达品牌特点与价值观；另一方面，通过多种沟通渠道的组合充分挖掘合作对象的潜在价值，实现价值最大化"。

对于"两亿"值与不值的问题，销售数据给出了答案。从2013年7月12日《中国好声音》第二季开播之日到10月7日决赛为止，加多宝在此期间的销售业绩相比2012年同期增加30%左右。"加多宝凉茶的销售创造了阶段性新高峰，这是最好的评定"，王月贵说。另据AC尼尔森的报告，在第二季《中国好声音》期间，加多宝销量继续保持良好的增长势头。2012年7月至2013年6月的滚动年度报告显示，加多宝罐装凉茶在此期间的市场份额高达81.7%，占据了凉茶市场不可撼动的鳌头位置。

第三季目标：为品牌带来更大提升空间

通过赞助"好声音"，加多宝完成了品牌的转换、品牌认知度的提升，也实现了八成的凉茶市场占有率和无法估算的品牌溢价。"两大品牌的互动和反哺，使二者获得了更加强劲的发展动力。"在王月贵看来，这种发展动力必须延续下去，因此加多宝的3次冠名并不算多，"做品牌就应该是长线的，所以品牌投资就要积累一定的厚度，而不是昙花一现"。

2014年7月18日晚，第三季加多宝中国好声音再次点燃了这个夏天。这档两度风靡的现象级音乐选秀栏目，一经回归，便以4.3%的高收视率交出亮眼成绩单，引爆属于正宗好声音与正宗好凉茶的"周末欢乐V时刻"。

伴随着高收视带来的是大量的话题讨论。7月18日当天，"加多宝中国好声音"百度搜索指数是同期某热播栏目的3倍。与此同时，在社交媒体上，"加多宝中国好声音"话题讨论量，也在短短一个周末里迅速从千万破亿，"加多宝中国好声音"再次成为今夏新的流行语。

资料来源：作者根据互联网相关资料进行整理。

**【讨论题】**

1. 加多宝赞助《中国好声音》为加多宝品牌资产做出哪些贡献？运用品牌资产模型进行总结。

2. 加多宝的做法具有可模仿性吗？结合其他企业的类似赞助解释原因。

# 第14章 品牌资产管理

 学习目标

1. 理解品牌资产的驱动因素
2. 理解并掌握品牌资产建设的途径和策略
3. 理解品牌资产评估的内涵,掌握品牌资产评估的两个模型
4. 理解品牌危机的内涵,掌握品牌危机的应对和沟通策略

**实战中品牌资产管理**

### 葛兰素史克在中国的滑铁卢

葛兰素史克(英文简称为GSK)是一家以研发为基础的药品和保健品公司,它拥有制药行业中最大的研发体系之一,年产药品40亿盒,产品遍及全球市场。GSK公司在抗感染、中枢神经系统、呼吸和胃肠道/代谢四大医疗领域代表当今世界的最高水平,在疫苗领域和抗肿瘤药物方面也雄居行业榜首。GSK拥有丰富的科学遗产,为促进人类健康积累了丰富的经验和专业技术。在过去70多年里,GSK有五位科学家获得了诺贝尔医学奖。

GSK是在中国规模较大的跨国制药企业之一,投资总额超过5亿美元,在中国拥有5000多名本土员工,1个全球全功能的研发中心及6家生产基地。GSK中国积极投身于健康教育活动,热心公益事业,在提高公众的健康知识、医学教育、捐资助学和援助灾区等多个方面,投入的资金、药品和设备价值总计超过人民币2.5亿元。

但就是这家在领域和行业内的领袖级企业,2013年在中国遇到了前所未有的困难。

经中国有关部门查明,GSK(中国)投资有限公司部分高管涉嫌利用职务之便,通过旅行社以提取会议业务回扣、接受项目好处费等形式大肆收受贿赂。中国有关部门对这些人涉嫌严重经济犯罪依法立案侦查;截止到2013年7月11日,公安机关已对GSK(中国)投资有限公司和相关旅行社涉案犯罪嫌疑人依法采取刑事强制措施。GSK中国共有4名高管被抓,分别是法务部总监、副总裁兼企业运营总经理、商业发展事业企业运营总经理和副总裁兼人力资源部总监。

经初步审讯得知,GSK(中国)投资有限公司在华经营期间,为达到打开药品销售渠道、提高药品售价等目的,利用旅行社等渠道,采取直接行贿或赞助项目等形式,向个别政府部门官员、少数医药行业协会和基金会、医院、医生等大肆行贿。同时,该公司还存在采用虚开增值税专用发票、通过旅行社开具假发票或虚开普通发票套取现金等方式实施违法犯罪活动。该案涉及人员多,持续时间长,涉案数额巨大,犯罪情节恶劣。有证据充分证明,GSK(中国)投资有限公司部分高管和相关旅行社的部分高层人员已涉嫌严重商业贿赂和涉税

犯罪。

GSK 的做法不但扰乱了正常的市场，最直接的结果便是导致药价虚高，侵害了病患的利益。据业内人士估算，医药企业运营在药价中所占的比重高达 20%到 30%，行贿成本占到非常大的比例。以 GSK 生产的一种治疗乙肝的药为例，出厂价约在 140 元，经过经销商、医院等层层加价，最后到患者手里，价格达到了 210 元。此外，GSK 公司药品在中国的出厂价远高于在其他国家的出厂价。以知名药品贺普丁为例，在中国的出厂价是 142 元人民币，而在韩国只有 18 元，在加拿大不到 26 元，在英国不到 30 元，在德国、日本及中国香港等国家和地区，其出厂价也远远低于中国内地；另一种药品贺维力也呈现同样的情况，相比较于日本的 103.5 元和中国香港的 59.92 元，它在中国内地的出厂价高达 182 元。

据外媒报道，GSK 去年在中国的销售额为 7.5 亿英镑，今后很可能受到严重影响，该公司将不得不权衡其在中国的资产能否负担得起 20 亿英镑的罚款。"更糟糕的是，中国官方媒体认为，GSK 在华行贿不是个人行为，而是有组织的公司系统行为，而这是 GSK 一直否认的。如果 GSK 承认在华行贿的法人责任，它不仅将面临中国政府的罚款，还将因此受到美国、英国反腐败机构的惩罚。"

资料来源：作者根据互联网相关资料进行整理。

**评述**

品牌的力量不言而喻。许多优秀公司用数十年甚至上百年的努力树立了行业内的领军品牌，为企业的发展带来了丰厚的影响力和经济利益。然而，打江山难，守江山更难，企业稍有不慎或者明知不可为而为之的行为都可能将一个品牌葬送掉。葛兰素史克在中国的不道德行为使得其在中国及中国消费者心目中的形象大损，这不但影响到了中国的当下运营和盈利，而且损害了未来利益。葛兰素史克如不能修复在中国乃至全球的品牌形象，其竞争力必然下降，市场份额必然逐步被竞争对手侵占。葛兰素史克的案例告诉我们，创建品牌和品牌资产对企业竞争至关重要，实时监控品牌资产并防止其受到伤害也同样重要。

## 14.1 建立品牌资产

### 14.1.1 品牌资产的驱动因素

营销人员通过与合适的消费者创建正确的品牌知识结构来建立品牌资产。这个过程依赖于所有与品牌相关的接触点，不管是否由营销人员发动。然而，从营销管理的视角看，品牌资产的驱动因素主要包含以下三个方面：

1. 构成品牌元素和识别的初始选择（品牌名称、网址、标识、象征、形象人物、代言人、口号、歌曲、包装以及标记）

通过开发出一系列家庭无毒清洁产品，采用明亮的颜色和圆滑的设计，总体上在品类中与众不同，Method 在 2005 年间销售额猛增到了 800 万美元。因为广告预算有限，因此公司相信必须在吸引人的包装和创新的产品上猛下工夫，以传达品牌定位。

2. 产品或服务以及相应的营销活动和营销支持方案

Liz Claiborne 成长最快的品牌是 Juicy Couture，这种轮廓鲜明的潮流运动服装和配饰对男士、女士和孩子而言，在生活方式方面具有一种很强的吸引力。作为一个定位于"买得起的奢侈品"的品牌，其通过有限的分销渠道、有点伤风败俗的名字，以及反叛的态度，创立了它特有的威望。

3. 其他与一些实体联系起来的可以间接转移给品牌的联想（一个人、地方或事件）

新西兰的伏特加"零下42度"，其品牌名称就囊括了穿越新西兰的一个纬度和酒精含量的百分比。所有包装和其他可见线索的设计都发挥出了产地纯净的感知，从而传达品牌定位。

## 小案例 14-1
### 联想 Lenovo 品牌的诞生及全球推广

2003年4月28日，联想集团启用新标识，已使用了19年的英文标识"Legend"将被新的"Lenovo"所代替，而原来标识中好似五寸磁盘的图案，也不在新品牌标识中出现。今后，联想在海外的品牌标识就是"Lenovo"，而在国内则采用"Lenovo 联想"。其中的"le"取自原先的"Legend"，承继"传奇"之意；"novo"则代表创新，合起来意味着"创新的联想"。

联想集团总裁兼 CEO 杨元庆告诉记者说，联想将通过更换品牌标识来进一步梳理并明确品牌内涵，同时也为下一步的国际化步伐打好基础。对于新标识，杨元庆称有四大特性：诚信，创新有活力，优质专业服务和容易。他解释称，对联想以及 Lenovo 这个品牌标识的首要认知就是诚信。他指出，优质专业服务则是提高客户满意度的主要途径，也将成为联想重要的业务拓展方向。创新和活力则是企业积极响应用户和市场需求的重要前提，并形成企业内部持续发展的推动力。容易则是使无论商业客户还是消费客户，都能轻松自在地享受科技带给他们的便捷、愉悦和享受。

收购 IBM 全球电脑业务后，新联想集团如何处理 Lenovo 和 IBM 两个品牌之间的关系，一直是业界关注的焦点。在2006年都灵冬奥会前夕，时任联想集团高级副总裁、首席市场官迪帕克·阿德瓦尼（Deepak Advani）表示："联想将以奥运为契机，在全球重点打造 Lenovo 品牌，而 IBM 品牌将逐渐淡出。"在本届冬奥会开幕式上，联想正式对外发布了面向2006年都灵冬季奥运会及2008年北京奥运会的品牌及奥运战略。一方面以奥运为契机，在全球将实施以 Lenovo 为主品牌的品牌战略；另一方面，在 Lenovo 主品牌下将有 Think 和 Lenovo 两类产品品牌，在商用和个人用户市场有不同侧重。"我们的品牌战略很简单，首先就是要把联想建成一个强大的主品牌"，迪帕克如是说。联想是通过很多调查研究最终决定全力打造联想主品牌的，并将主要通过产品推广来树立品牌形象。迪帕克表示希望采用类似苹果电脑的品牌策略（Apple 是强大的主品牌，iPod 是知名的子品牌），建立一个强大的主品牌 Lenovo，并借 Think 品牌作为特殊的产品系列来加强联想品牌。

联想为都灵冬季奥运会提供计算技术设备保障，都灵冬奥会也为联想带来了绝佳的品牌建立和推广的平台。迪帕克坦言虽然联想在中国已经是个著名品牌，但在中国以外的市场可能并不是很强大，因此要分几个阶段来推广这个品牌。第一步需要把人们对 IBM 品牌的信任度保持下来；第二步就是把 ThinkPad 产品和联想联系在一起；第三步是通过奥运场所，加强联想品牌的影响力；第四步是要在全球推广联想品牌的电脑产品，包括台式机和笔记本电脑，建立联想品牌本身高品质、高效率、高服务水平的形象。

资料来源：作者根据互联网相关资料进行整理。

### 14.1.2 品牌资产建设

**1. 选择品牌元素**

品牌元素（Brand Elements）是那些可以识别并区分品牌的特征化设计，并且可以用于注册商标。大多数强势品牌都使用多重品牌元素。耐克（Nike）就有非常独特的让人感觉可以发出"嗖"声的标识——"想做就做"（Just Do It）的口号，并且"Nike"这个名字便来源于胜利女神。

营销人员应该选择那些可以创建尽可能大的品牌资产的元素。如果品牌元素是消费者知道的所有，那么他们对产品的想法和感觉就是这些元素对于创建品牌资产能力的测试。一个品牌元素对品牌资产提供正面的贡献，例如，传达有价值的联想或反应。如果只看名称，消费者会期望 Color Stay 唇膏能够持续长久，而 Snake Well 则是健康的零食。

（1）元素选择标准

选择品牌元素有六个主要的标准。印象深刻、富有意义和受人喜爱是"品牌创建"的要素，可转换、可调整和可保护是"防御性"的，以在面对机会和限制时，使得一个品牌元素中的资产发挥出优势并得到保护。

①印象深刻——消费者能够轻易地再认出和回忆该品牌元素吗？这在购买和消费中都是真实的吗？短的名称，如汰渍、佳洁士和 Puffs，都是很难忘的品牌元素。

②富有意义性——对相应的产品类别该品牌元素是否可信且具有暗示性？它是否能够暗示该产品的成分或者暗示可能使用该品牌的人员属于哪种类型？考虑品牌名称的内在含义，如 DieHard 汽车电池、Mop & Glo 地板蜡和 Lean Cuisined 低卡路里冷冻菜。

③受喜爱——品牌元素带来怎样的审美吸引力？在视觉上、言语上或其他方式上，它是令人喜爱的吗?对于网络普及的今天,它是否拥有一个好玩儿的名字同时拥有一个容易链接的 URL，例如 Flickr 照片共享，Wakoopa 社交网络。

④可转换——品牌元素能够用来推出同类或者不同种类的新产品吗？它能够增加品牌资产使其跨越地理边界和细分市场吗？虽然亚马逊（amazon.com）最初是在线图书销售商，但它足够明智，没有称"图书就是我们"。因为亚马逊以它是世界上最大的河流而闻名，这个名字表明该网站可以销售广泛品种的商品，这是对公司现在销售多样化产品的一个非常重要的描述符号。

⑤可调整——品牌元素是否能够被调整和更新？在贝蒂·克洛克（Betty Cracker）的 88 年里，她的脸经过了超过 8 次的改变，她没有一天看起来是超过 35 岁的！

⑤可保护力——品牌元素具有怎样的法律保护力？具有怎样的竞争性保护？那些变成与产品类别同义的品牌名称，如海飞丝（去屑洗发露）、保时捷（豪华跑车），应该要着力保护商标权，不要变得一般化。

（2）发展品牌元素

品牌元素能够在品牌创建中扮演许多角色。如果消费者在做出产品购买决策时不调查许多信息的话，那么品牌元素就应具有内在的描述性和说服性，使消费者容易对品牌进行再认出和回忆。喜爱度和品牌元素的吸引力在导致品牌资产形成品牌意识和品牌联想方面也起着关键的作用。Keebler 小精灵提高了家庭式的烘焙质量，同时为小甜饼系列增添了魔幻和有趣的气氛。

当然，品牌名称并不是唯一重要的品牌元素。通常来说，品牌利益越不具体化，品牌元素抓住无形特征就越重要。许多保险公司都使用象征性的符号，如中国的太平洋保险公司、泰康保险公司、平安保险公司等。

正如品牌名称那样，口号也是建立品牌资产极为有效的手段。它们能像一个"挂钩"或者"把手"一样帮助消费者领会品牌是什么，以及什么使得品牌如此特别，概括并表达营销计划的意图。想想口号中的品牌内在意义，例如，"强生，因爱而生""招商银行，因您而变"等。

但是有一点要注意，选择有内在意义的名称，它的灵活性就比较小，很难增添其他的意义或者更新它的定位。

2. 设计全面营销活动

品牌并不是仅仅通过广告建立的。顾客通过一系列的联系和接触点来了解一个品牌：个人观察及使用、口碑、与公司员工的互动、网上或者电话体验，以及付费交易经历。品牌接触（Brand Contact）是一位顾客或潜在顾客对品牌、产品品类或者与营销者的产品或服务有关的市场的任何信息关联体验，不管是正面的还是负面的。公司必须努力管理这些体验，就像投入广告中的努力一样。

近些年来，营销方案背后的战略和战术都发生了戏剧性变化。营销人员通过许多途径来创设品牌接触，建立品牌资产，如俱乐部、消费者社区、购物展示、节事营销、赞助、工厂参观、公共关系和新闻发布会，以及社会善因营销。激浪（Mountain Dew）的营销人员开展了多个城市的激浪极限运动巡回赛，让运动员们参加滑板比赛、自行车越野赛和自由式摩托车越野赛，从而争取喜欢妄想但反复无常的12～24岁年轻人的目标市场。

除去那些特殊的工具或者途径，全面营销人员在设计品牌创建营销方案时强调三大重要的新理念：个人化、整合化和内在化。

（1）个人化

个人化营销（Personal Marketing）要确保品牌和它的营销活动尽可能地与顾客相关，在没有任何两个顾客是完全相同的前提下，这是一项挑战。为了适应消费者对个人化日益增长的需求，营销人员使用了很多的概念，如体验营销、一对一营销、许可营销。从品牌化的观点看，这些不同的概念都是让消费者在与品牌的关系中变得更活跃。

许可营销（Permission Marketing）是在得到了消费者的允许之后进行的营销活动，是建立在营销人员不再使用大众多媒体战役的"打扰营销"的假设基础上的。根据技术先锋塞思·戈丁（Seth Godin）的理论，营销人员尊重消费者的意愿，只有当消费者表达出有意更关注品牌的时候才发送信息，这种方式能够与消费者建立强大的关系。戈丁认为许可营销可行，因为它"可预期、个人化且有相关性"。许可营销，跟其他个人化概念一样，是假设消费者知道自己想要什么。但是在许多情况下，消费者对此并不明确，模棱两可，甚至有相冲突的偏好。参与式营销（Participatory Marketing）相对许可营销来说可能更加恰当，因为营销人员和消费者需要一起工作，以解决公司怎样做才能最好地满足消费者。

（2）整合化

传统的"营销组合"概念和"4P"观念已经不能充分描述现代的营销方案。整合营销（Integrated Marketing）是要组合并匹配营销活动来最大化个体和整体的效用。要达到这一点，营销人员需要各种不同的营销活动来强化其品牌承诺。

我们可以根据影响品牌意识,以及创建、保持或加强品牌形象的效益和效率来评价所有的整合营销活动。

不同的营销活动有不同的长处,在品牌资产的建立和维持中都起着独特的作用,达成不同的目标;营销人员应该从事整合营销活动,使得整体强过单个部分之和。换句话来说,任何一项的效果都应通过其他项的作用来加强或者补充。

(3) 内在化

内在化,即内部品牌化,是指有助于告知并鼓舞员工的活动和过程。

内部品牌化的重要原则包括:选择正确时机——转折点是抓住员工注意力和想象力的理想时机;连接内部及外部营销——内部和外部信息都必须匹配;让品牌因为员工而生动。

3. 发挥次级联想的杠杆作用

第三个也是最后一个建立品牌资产的方法,实际上是"借用",即将品牌与那些可以把意义传递到消费者记忆中的其他信息联系起来,从而创建品牌资产,如图14-1所示。

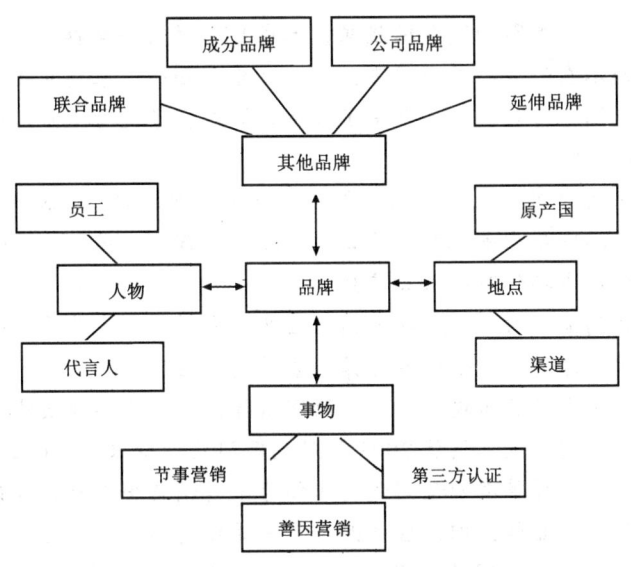

**图 14-1 品牌知识的次级来源**

这种"次级"品牌联想能够将品牌与其他来源联系起来,例如公司自身(通过品牌战略),国家或其他地理区域(通过产品来源地认证),分销渠道(通过渠道战略);也可以是其他品牌(通过成分品牌或联合品牌),或者是形象人物(通过许可),或是代言人(通过背书),或是体育或文艺节事(通过赞助),或是其他第三方来源(通过获奖或是评论)。

例如,假设滑雪板制造商 Burton,同时也生产滑雪的靴子、捆绑物、衣物以及外套,它决定向外界推出一款名叫"Dominator"的冲浪板。Burton 通过与顶尖职业滑雪选手的密切合作,创建一个遍及全国的强大业余滑雪爱好者社区,获得了超过 1/3 的滑雪市场。要想建立营销方案来支持新的 Dominator 冲浪板,Burton 公司可以在以下方面建立品牌的次级联想:

①将新产品作为"子品牌",称其为"Burton 的 Dominator"(Dominator by Burton)。消

费者在评价该新产品时就会受到他们对 Burton 感知的影响，以及这种知识如何预估 Burton 冲浪板质量的感知影响。

②依靠它的新英格兰原产地，但是这种地理位置看起来与冲浪并没有什么关系。

③在比较受欢迎的冲浪板门店出售，希望能够利用它的可信性对 Dominator 品牌产生影响。

④通过与它的一个泡沫或强化塑料材料的强势成分品牌融合（如韩泰轮胎同宝马、奔驰和奥迪合作）。

⑤找寻一个或多个顶级职业冲浪选手为冲浪板提供积极评价，或者是可以赞助一个冲浪比赛或整个职业冲浪协会（ASP）的世界巡回赛。

⑥通过第三方来源如《冲浪者》或《冲浪》杂志来公布受欢迎产品排名并为它们提供保证。

这样的话，不依赖于由冲浪板自身、品牌名称或营销方案的任何其他方面所产生的联想，Burton 可以通过把品牌与这些实体联系起来从而创建品牌资产。

小案例 14-2

### 美即面膜：搭载屈臣氏成为面膜第一品牌

你可能见过无处不在的美即面膜广告，但你可能不知道这家创立于 2005 年的中国公司，在国际品牌的重重包围下野蛮生长，只用了 5 年时间就在港交所上市。一张小小的面膜每年的销售额高达 10 多亿元。

2005 年，经过一年多的酝酿，佘雨原与几位合伙人创建美即面膜。在此之前，OLAY 刚刚在净白莹采系列产品中推出美容焕采面膜，首次将织布式面膜引入中国。有了 OLAY 的市场培育，美即面膜进入市场的时机恰如其分。

在外资面膜品牌高举高打之际，本土品牌虽然暗中耕耘，但是要赢得竞争并非易事，首当其冲的难题是渠道。这一次，佘雨原选择的渠道是屈臣氏。

佘雨原认为，如果先做沃尔玛，或者先做家乐福，也不能实现快消化与护肤品专业化的结合，只有屈臣氏能做到这点。虽然 2003 年屈臣氏门店数量只有 50 家，与数以万计的药店数量相比微不足道。佘雨原曾准确预测到药店作为渠道销售含中草药成分的洗护用品的广阔前景，并成功运作了一个品牌，但是后来因合作方的爽约而终止。

在走访市场时，佘雨原发现快消品的畅销款多有明确的价格区间。一件单品若超过 50 元，消费者就会迟疑。以宝洁为例，海飞丝、飘柔和潘婷最初均没有超过 40 元的产品。在此之前，美即的包装为五片装，售价恰恰超过 40 元。

2005 年的一天深夜，佘雨原从盒装洁阴药巾中受到启发，灵感一闪想到面膜完全可以单片销售。他兴奋地拿起电话打给下属，并找来奥美做营销策划，而后又与包装设计公司研究设计。

新出炉的方案是将面膜产品深度"快消化"，单片销售，定价为 8 元。为了更符合"快消化"的感觉和力量，美即面膜从 4 款调整为 15 款产品，并采用五彩缤纷的"圆圈方"的设计。如此一来，细分产品涵盖各种成分和功能，消费者购买选择增多，乐趣也大大增加。同时，佘雨原对产品要求精益求精，为了寻找到合适的织布材料，他曾要求日本供应商为其提供 40 余款无纺布样品供其挑选。此外，他还选用美容专利技术和进口原料完善其产品。

佘雨原带着新产品和新理念再一次找到时任屈臣氏中国区总经理的谭丽娴。后者敏锐地意识到这一设想非比寻常,她决定在国庆期间为美即预留绝好位置。美即选择了"端架"——主过道货架的端头陈列位置,其陈列形同一面矮墙。实验之初,佘雨原非常紧张,几乎不敢离店。巡店时,他曾碰到屈臣氏全球总裁,后者特别查看了美即货架,并称赞说这一设计很有创意。

单片式售卖和快消化很快为美即打开局面。搭上屈臣氏这辆快车,美即如虎添翼。如今,屈臣氏在中国 200 多个城市拥有超过 1000 家店铺和 3000 万名会员,是中国目前最大的保健及美容产品零售连锁店。

2012 年屈臣氏内地 1500 家店 120 亿元销售收入中,13.9 亿元来自 70 多个品牌的面膜、眼膜产品。其中,除屈臣氏自有品牌收入 5 个亿外,美即约有 4 个亿的销售收入,其他品牌则瓜分了剩下的部分,从中可见美即品牌的渠道领导力。2012 年,美即营业收入 13.49 亿港元。根据 AC 尼尔森的报告,美即品牌在中国面膜市场的份额在 2012 年为 26.4%,是面膜行业的第一品牌。

资料来源:作者根据互联网相关资料进行整理。

4. 内部品牌化

营销人员现在必须"说到做到"地去传递品牌承诺。他们要采用一种内部化的视角来确保员工以及营销伙伴意识到并且理解了基本的品牌化理念,以及他们可能会怎样有助于或者伤害到品牌资产。内部品牌化(Internal Branding)是有助于告知并鼓舞员工的活动和过程。对服务企业和零售商来说,让所有的员工都对品牌及其承诺有着与时俱进的、深刻的理解是非常关键的。全面营销人员必须更进一步,培训并鼓励分销商和经销商为顾客提供周到的服务。受训不良的经销商会抵消为建立强势品牌形象付诸的努力。

当顾客体验公司传递的品牌承诺时就产生了品牌联结(Brand Bonding)。顾客与公司员工和公司传播的所有接触都必须是正面的。除非公司里的每个人都实践品牌,否则品牌承诺不能被传递出去。迪士尼在品牌内部化以及员工支持品牌方面非常成功,以至于他们常在其他公司为员工举办"迪士尼风格"的研讨会。

当公司员工关心并信任品牌时,他们就会更加努力工作,同时对公司有更大的忠诚度。要注意的是,内部品牌化要遵循一些重要原则:

①选择正确时机。转折点是抓住员工注意和想象力的理想时机。英国石油公司(BP)发现为适应外部重新定位而进行的内部品牌化战役——"超越石油"(Beyond Petroleum),让绝大部分员工都对新品牌有积极的认识,并认为公司正在朝着正确的方向前进。

②连接内部及外部营销。内部和外部信息都必须匹配。IBM 的电子商务战役,不仅是改变公司在市场中的公众感知,而且也是给员工发出信号——IBM 决心成为互联网技术应用的领导者。

③让品牌因为员工而生动。一项专业的品牌化运动应该建立在营销调研和营销部门指导的基础上。内部沟通应该富有信息并充满活力。为了提高员工士气,米勒酿酒(Miller Brewing)公司挖掘它的酿造遗产来提高员工的自豪感和热情。

5. 品牌社区

得益于互联网的发展,公司有兴趣与顾客合作通过围绕着品牌建立社区来创造价值。品牌社区(Brand Community)是一个由消费者和员工组成的专门的社区群体,他们识别和活动都是围绕着特定品牌展开。品牌社区有三个特点：
① 对品牌、公司、产品或者其他社区成员有一种"亲近的感觉"或联结。
② 共同享有的规矩、故事和传统，有助于传达社区的含义。
③ 对这个社区和单个社区成员具有一种共同的道义上的责任感和职责。

品牌社区有多种不同的形式。一些品牌社区是由品牌的使用者系统地建立起来的，有的则是由公司赞助或者协助建立的。

一个强大的品牌社区会带来忠诚和承诺更高的顾客群体。社区活动在某种程度上能够代替公司不得不参与的其他活动，形成更高的营销效率和效益。品牌社区还可以作为持续提供灵感和对产品改进和创新反馈的来源。表 14-1 总结了 12 种重要的价值创造实践。

表 14-1 品牌社区价值创造实践

| | |
|---|---|
| 社交网络 | 欢迎：问候新成员，招呼他们融入群体，并协助他们进行品牌学习和社区中的社会化过程 |
| | 移情：向其他成员提供情感和（或）物质支持，包括提供产品相关的试用支持（如产品失败、定制化）和（或）非品牌相关的生活问题（如生病、去世、工作灯） |
| | 管控：阐明品牌社区的行为期望 |
| 印象管理 | 传播者：分享品牌的好消息，鼓动他人使用品牌，并从高处做宣讲 |
| | 辩护：为处理如何向品牌以及集体向外人和处于边界上的边缘成员投入时间和精力设定总体的依据 |
| 社区参与 | 界分：意识到品牌社区成员之间的差异，制定群体内的差异点和共同点 |
| | 里程碑：注意到品牌拥有和消费中具有重要影响力的事件 |
| | 给予标志：将里程碑事件转化为符号标志或工艺 |
| | 记录：以叙述的方式详细记录品牌关系发展的历程，其中用里程碑事件来锚定和评价 |
| 品牌使用 | 梳理：清理、关注和维系品牌，或系统化最佳使用方式 |
| | 定制化：调整品牌使其符合群体层面和个人层面的需求，这包括所有改变生产规模、提升产品性能的努力 |
| | 商品化：以正面或负面的方式远离或接近市场，可以是指向其他成员的（比如，你应该卖或不卖那个）或通过直接链接对网站的推测性管理而间接指向公司（比如，你应该确定这个，做这个或更改这个） |

小案例 14-3

**MINI Cooper，品牌社区运营建立粉丝新关系**

MINI Cooper 在欧洲建立了为品牌与粉丝的新关系而创建的社区平台。MINI Cooper 抓住客户群的共同爱好——音乐、摄影以及旅行等，建立了名为 MINI Space 的社区网站。MINI Space 通过持续举办多样化的线上线下活动，摄影、创意大赛和 MINI Club、MINI Story、MINI Moments 等，聚拢了大批 MINI Cooper 爱好者的人气，有效率地积累了自己的品牌拥护者。其目的是通过提供一个品牌社区，把有创造力的人群、活动与竞赛连接在一起，维系一个有活力的组织群体，建立一个品牌与粉丝的良好关系，同时向外界展示MINI Cooper的品牌魅力。

MINI Space摄影、创意大赛是其中一项重要线上活动。从2008年9月以来，MINI Space已经举办过27届摄影、创意大赛，其中涵盖"城市、公路、灯光、数字、棋格"等主题，每一届参赛作品在1000件到9000件不等。每次赛事都由MINI Cooper提供极具吸引力的奖品，如iMac、MacBook、单反相机等。同时因不设参赛门槛，所以不断吸引大量外界关注和新人参与，赛事专业度及热度也逐渐攀升。参赛作品由专业评审团评定，同时设置最受欢迎奖，由网站用户投票决定，激发MINI Space用户们在社区内活跃地互动。MINI Space摄影、创意大赛极大地鼓舞社区成员，让每个人活跃参与到线上活动当中，促成了MINI Space社区良好的交流氛围。

MINI Space的线上活动与线下俱乐部MINI Club紧密结合。在MINI Space上用户可以搜索到自己国家内数十家MINI Club，并且查看这家MINI Club的成员数目，因地区差异从几十人到上万人不等。每一家迷你俱乐部都会定期举办别开生面的社交活动，每周例会、集体出游、爱车保养等。不仅如此，用户还能够在MINI Space上查看近期的线下活动日程。线下活动丰富多彩，其中包含了多种主题，例如"MINI Driver、MINI Lifestyle、MINI Sport、MINI Motorsport、MINI at Motorshows、MINI Roadshows、MINI Dealer Events"等。在2014年8月就有6个线下活动即将举办。这些MINI Club线下活动围绕着MINI Cooper品牌，增强了成员之间的情感连接，使MINI Space成员之间关系更为紧密。同时MINI Club活动作为社交活动，也不断在吸引大批新成员，为MINI Space社区注入新活力。

MINI Space长期更新的新鲜资讯MINI Story也吸引了大量用户。MINI Space不仅每周更新图文并茂的MINI Cooper新闻，还会每周上载MINI Cooper爱好者、制造者等周边的深度访谈故事。同时MINI Space还关注到了用户对公路音乐、公路旅行、竞速赛车的兴趣，每月都会更新相关资讯，例如可在线收听的歌曲列表，以供用户讨论互动。MINI Story取材于MINI Space成员与周围相关人员的生活，通过不断发布新闻，提高MINI Space社区的凝聚力与归属感，让MINI Cooper品牌更具吸引力。

MINI Moments是一款摄影社区APP，在手机或者MINI Space都可以找到。用户可以使用MINI Moments配备的滤镜来拍摄MINI Space的各种活动，并且分享到Facebook与Twitter。打开MINI Moments主页就能看到其他用户拍摄的照片，与所有人一起分享关于MINI Cooper的心情。MINI Moments将所有社交平台上的MINI Cooper摄影图片都汇聚一处。

得益于MINI Cooper对MINI Space社区精心的运营，在2014年8月MINI Space已有152643名网站注册用户和成千上万的线下活动参与者。MINI Space成功建立起一个以MINI Cooper品牌为中心纽带的活跃社区，关照到MINI Cooper在用户生活中发挥到的各种作用，以此为基础吸引、连接起每一位MINI Cooper爱好者，让MINI Cooper品牌深入用户的精神文化生活。

资料来源：领英网，http://www.socialone.com.cn/mline4/mini-minispace-community-201414.2。

## 14.2 品牌资产评估

前面我们介绍了品牌资产的定义和六种品牌资产模型，我们可以通过这些模型更深刻理解品牌资产的来源和构成。我们可以利用模型中的指标来对品牌进行评测，清楚品牌的状态。品牌评估与品牌模型的区别在于，品牌评估是评估品牌总体财务价值。

### 14.2.1 英特品牌法

英国的英特品牌（Interbrand）公司被公认为是世界上最著名的品牌资产评估公司。英特品牌公司认为，与其他资产的价值一样，品牌的价值也应该是品牌未来收益的折现。因此，英特品牌方法评估品牌资产分为两步，一是确定品牌收益和现金流；二是根据品牌强度确定折现率。

Interbrand 方法的一个基本假定是，品牌之所以有价值不全在于创造品牌付出了成本，也不全在于有品牌产品较无品牌产品可以获得更高的溢价的收益，而在于品牌可以使其所有者在未来获得较稳定的收益。就短期而言，一个企业使用品牌与否对其总体收益的影响可能并不很大。但从长期看，产品有无品牌、品牌知名与否，对其市场的需求稳定性与增长性方面存在明显的差异。

该方法根据企业市场占有率、产品销售量以及利润状况，估算确定品牌资产的价值。计算公式为：

$$品牌资产价值 = G（品牌收益） \times I（品牌强度或品牌乘数）$$

品牌收益（Brand Earning）：反映品牌近几年的获利能力。英特品牌方法中品牌收益的衡量方法非常复杂。品牌收益的计算虽然可以从品牌销售额中减去品牌的生产成本、营销成本、固定费用和工资、资本报酬以及税收等，但是品牌收益的计算还要考虑许多其他因素。一是，并非所有的收益或利润都是来自于品牌，可能有部分收益或利润来自于非品牌因素，如分销渠道因素。二是，品牌收益不能用某单一年份的利润来衡量，而应该用过去 3 年历史利润进行加权平均。

品牌强度（Brand Strength）：决定了品牌未来的现金流入的能力，分值在 0 到 100 分之间。品牌在每个因素上都有一个最高分，而每个因素的最高分可能是不同的。英特品牌公司先后提出了两套计算品牌强度的模式：7 因子加权综合法和 4 因子加权综合法。这两种方法都采用了英特品牌公司自行设计的详细问卷，收集品牌中各因子表现的得分。品牌强度 7 因子加权综合法考虑了市场领导地位（Leadership），稳定性（Stability），市场特征（Market），国际化能力（Internationality），发展趋势（Trend），品牌支持（Support），法律保障（Protection）。

1996 年，英特品牌公司对市场历史表现的内容做了修改，修改后的内容归纳为 4 因子加权综合法。其因素和内容如下：

①品牌分量（Brand Weight）：品牌对同类品牌或市场的影响力，其中该影响不仅限于对市场份额的影响。

②品牌长度（Brand Length）：品牌过去已经取得或未来可能取得的扩展和延伸程度。

③品牌广度（Brand Breadth）：品牌在不同的年龄层次、消费者类别以及国际吸引力方面影响的广泛程度。

④品牌深度（Brand Depth）：品牌在顾客和非顾客群中取得的信任程度，包括消费者对品牌的接近度、亲密度以及忠诚度。

目前使用最广泛的是品牌强度 7 因子加权综合法。

### 14.2.2 金融世界方法

《金融世界》（Financial World）杂志每年度公布世界领导品牌的品牌资产评估报告，所使用的方法与英特品牌公司（Interbrand）的方法基本接近，主要不同之处在于《金融世界》的方法更多地以专家意见来确定品牌的财务收益等数据。该评估方法主要分为3部分。

① 首先从公司销售额开始，基于专家对行业平均利润率的估计，计算出公司的营业利润。然后再从营业利润中剔除与品牌无关的利润额，例如，资本净收益（根据专家意见估计出资本报酬率）和税收，最终得出与品牌相关的收益。

② 根据英特品牌的品牌强度7因子模型估计品牌强度系数，品牌强度系数的范围大致在6到20之间。

③ 计算出Financial World品牌资产=纯利润×品牌强度系数。

世界上多年来采用英特品牌（Interbrand）和《金融世界》（Financial World）这2种方法发表评估结果，这两种方法已占有了国际性地位，具有较强的权威性和通用性，可用于任何产品类别或品牌。特别在品牌收购、兼并或租赁等市场行为中用途较广。

## 14.3 品牌危机管理

### 14.3.1 品牌危机及分类

品牌危机是由被广泛传播的品牌负面事件引发的一种突发性的情境，可能造成消费者品牌关系的恶化，从而严重危害品牌形象和声誉。

从危机的成因的角度看，品牌危机分为三种类型，即由产品伤害、虚假宣传和企业社会责任违背引发的品牌危机。产品伤害危机是被广泛宣传的关于某个产品或服务有缺陷或者对消费者有危险的事件所引发的危机；虚假宣传危机是被广泛宣传的企业通过广告或其他方式传递与品牌的产品或服务真实内容不符的虚假信息所引发的危机；企业社会责任危机是与产品无关的，被广泛宣传的企业违背社会道德、伦理和法律责任所引发的危机。

品牌危机以及企业的应对方式会对消费者态度、消费者购买意愿、品牌资产、企业声誉、消费者宽恕意愿等产生影响。品牌危机对消费者心理和行为的影响是受到危机演变过程中的诸多因素的作用的。这些因素的共同作用决定了危机演变过程中消费者的心理，从而影响到品牌形象和声誉。恰当地把握这些因素，企业能够更加全面、清晰地掌握局势的发展，及时做出反应，从而有效地控制危机的恶化，扭转被动的局面。

### 14.3.2 品牌危机的应对

企业及时地应对能够填补危机发生后消费者与企业间的信息空白，做到在第一时间安抚消费者。一致应对要求信息传播应保持前后一致，不出现矛盾。积极应对要求组织每位成员在整个危机过程中都要积极地做出回应。及时、一致与积极应对品牌危机是企业应该遵循的危机应对法则，是企业危机应对团队必须具备的危机应对技能，是危机处理成败的关键。

在危机应对方面，Benoit和Coombs提出了形象修复理论和危机沟通理论，两种理论的目标一致,都是在了解危机情境的基础上,给出最适合的形象修复策略。危机处理的目标首先是让对方产生好感以达到目标,说服他人;然后建立形象,让公众对企业留下好印象。Coombs 指出危机处理的首要任务是保护企业形象,修复因危机所造成的受损形象,并希望借此达到影响公众如何看待危机,然后承担应负的责任。危机处理策略是经由评估危机情境来加以选择的,当决策者能掌握危机情境,就能对外正确地传达有效的处理策略。

### 14.3.3 品牌危机中的沟通

在品牌危机情形下,信息的传播异常关键,品牌危机的管理可以说是品牌信息传播的管理。因此,品牌危机沟通的基本任务是根据危机信息传播的规律,采取管理策略,尽快阻止或减缓品牌负面信息的恶性传播,消除传播中的虚假信息或谣言等的影响,引导正确信息的传播,改变消费者等品牌利益相关者对品牌危机过程中的误解,阻止或减少人、财、物的继续损害,阻止危机的蔓延和"传染"引起的连锁反应。在此基础上,可以通过深度沟通,恢复品牌与利益相关者之间的关系,重建品牌信度,增强品牌竞争力。

对于品牌危机企业,内部利益相关者的沟通主要是危机管理组织负责制定沟通信息,向各相关者进行传递,并收集反馈信息,调整传递内容,如此反复的过程。在良好的激励机制作用下,各个管理层级、管理部门之间信息互动,并在所得信息基础上积极行动,共同应对危机。由前述内部利益相关者沟通博弈机制分析可知,内部沟通主要是企业管理机制的设置与实施。这里主要讨论企业与外部利益相关者之间的沟通。

英国危机公关专家里杰斯特曾提出关于危机处理的"3T"原则:以我为主提供情况(Tell Your Own),尽快提供情况(Tell It Fast),提供全部情况(Tell It All)。

从轻重缓急的角度来看,"Tell It Fast"应是危机传播的首要原则。

**小案例 14-4**

#### 多美滋品牌危机公关

2002 年 7 月中旬,南京的一家媒体在转载国外报道时,未加核实地将在泰国被召回的 Mamex 和 Mamil 产品与上海英特儿营养乳品有限公司(多美滋在中国的独资企业)生产的多美滋奶粉加以混淆并报道。该消息一经刊登,立刻引起了各方关注,很多网络媒体加以转载,部分重要城市的主流媒体也对此事进行了报道。一时间,以误传误,负面消息在全国一度呈蔓延之势,致使广大公众对于多美滋奶粉的质量产生了疑惑和不信任感,众多消费者纷纷提出质疑,要求英特儿营养乳品有限公司做出相应解释。与此同时,部分地区销售店内的多美滋奶粉也因被误解而被迫下架,退出销售。上海英特儿营养乳品有限公司和多美滋品牌面临并遭受着一场巨大的损失和危机。

上海英特儿营养乳品有限公司在得知此错误消息被传播之后,委托上海博诚智杰公关咨询有限公司负责处理此次的危机。博诚智杰公关咨询公司成立的项目组在半小时内制定出危机公关的应对策略,并即刻拟订出了一份正式对外声明书,希望通过声明的全面发放尽快压制负面消息的传播、澄清事实真相。声明书主要从澄清事实真相出发,不但对此次事件加以详细的说明,将上海英特儿营养乳品有限公司生产的多美滋奶粉与国外被招回的产品划清界限,并在澄清过程中突出并强调了中国多美滋产品的卓越品质及英特儿公司的优质、严密的管理与工艺。并将此声明由公司在北京、上海、广州、成都分公司通过全国 25 个城市的主流媒体、食品类媒体、健康类媒体、经济类媒体、生活类媒体、网络媒体、电台、电视台等向全国发布。

此外，为更加明确地澄清事实，正确引导消费者，博诚智杰在部分重要城市的重点媒体上购买版面刊登声明，以点、面相结合的方式，加大力度，消除负面消息影响、澄清事实真相。

此后的一星期内，博诚智杰公司进一步跟踪媒体情况，并进行第二轮甚至第三轮的媒体沟通，力图将负面消息最大限度的压制，并尝试更多的正面报道。经过近一个星期的媒体沟通和对外声明的全面、高效发放，多美滋奶粉终于与泰国问题奶粉划清了界限，错误信息得到了遏制、停止了蔓延。

在进行有效的媒体公关的同时，博诚智杰建议并协同多美滋品牌的相关代表进行了一系列的政府公关。专门拜访了北京的消费者协会与工商局，向相关负责人全面解释了事实真相，最大限度地争取到了政府部门的理解与支持。

从遏制错误消息、澄清事实到重塑多美滋奶粉的优质形象，博诚智杰多美滋危机公关团队前后共用了不到2个月的时间。由于沟通及时，观点明确，信息权威，此次危机公关成效显著：一方面，有关上海产多美滋奶粉的负面错误消息得到了绝对有效的控制。尤其是网上的部分错误信息，已在最短时间内更替为事实真相，防止了危机的进一步扩大化。另一方面，多美滋奶粉在经历了短暂被封杀之后，又昂首挺胸出现在了各大城市的销售柜台上。

资料来源：作者根据互联网相关资料进行整理。

沟通策略的首要任务在于增加理解与透明度，对事件发生背景的详尽解释有利于组织赢得信誉。如果没有将那些举足轻重的信息成功地传达出去，仅仅论述一般的客观事实和做些合理性的解释，就会显得苍白无力，企业也丧失了对信息过程施加影响的机会。品牌危机中与利益相关者的管理方面要解决的问题就是力图使企业的主要利益相关者实现其目标，并合乎伦理地对待其他的利益相关者，使他们感到满意。马克斯·克拉克松在多年的观察和研究的基础上，提炼出一组"利益相关者管理的原则"，其中两条原则即为：管理者应该多听取各利益相关者的想法，了解他们的贡献，与他们进行真诚的沟通；管理者所采用的程序和行为方式应基于对每一个利益相关者及其支持者的关注和能力所做出深刻的理解。

**本章小结**

从营销管理的视角看，品牌资产的驱动因素主要包含以下三个方面：构成品牌元素和识别的初始选择，产品或服务以及相应的营销活动和营销支持方案，及其他与一些实体联系起来的可以间接转移给品牌的联想。品牌元素的选择要遵循印象深刻、富有意义、受喜爱、可转换、可调整和具有可保护力的原则；设计营销活动要注重各项活动的整合作用，因为不同的营销活动有不同的长处，在品牌资产的建立和维持中都起着独特的作用，达成不同的目标。企业也可通过"借用"，即将品牌与那些可以把意义传递到消费者记忆中的其他信息联系起来，从而创建品牌资产。从企业内部看，企业要采用内部化的视角来确保员工以及营销伙伴意识到并且理解了基本的品牌化理念，以及他们可能会怎样有助于或者伤害到品牌资产；内部品牌化是有助于告知并鼓舞员工的活动和过程。品牌社区是一个由消费者和员工组成的专门的社区群体，他们识别和活动都是围绕着特定品牌展开；品牌社区是互联网环境下品牌价值创造的重要途径。

品牌评估与品牌模型的区别在于，品牌评估是评估品牌总体财务价值。英特品牌法和金融世界法是全球知名公司开发的两个品牌价值评估模型。英特品牌公司认为，与其他资产的价值一样，品牌的价值也应该是品牌未来收益的折现。因此，英特品牌方法评估品牌资产分为两步，一是确定品牌收益和现金流；二是根据品牌强度确定折现率。《金融世界》（Financial World）所使用的方法与英特品牌公司（Interbrand）的方法基本接近，主要不同之处在于《金融世界》方法更多地以专家意见来确定品牌的财务收益等数据。

品牌危机是由被广泛传播的品牌负面事件引发一种突发性的情境，可能造成消费者品牌关系的恶化，从而严重危害品牌形象和声誉。从危机的成因的角度看，品牌危机分为三种类型，即由产品伤害、虚假宣传和企业社会责任违背引发的品牌危机。品牌危机以及企业的应对方式会对消费者态度、消费者购买意愿、品牌资产、企业声誉、消费者宽恕意愿等产生影响。企业及时地应对能够填补危机发生后消费者与企业间的信息空白，做到在第一时间安抚消费者。一致应对要求信息传播应保持前后一致，不出现矛盾。积极应对要求组织每位成员在整个危机过程中都要积极地做出回应。及时、一致与积极应对品牌危机是企业应该遵循的危机应对法则，是企业危机应对团队必须具备的危机应对技能，是危机处理成败的关键。

## 能力培养指导

通过本章的学习，学生应该能做到：
1. 识别企业品牌资产管理的举措，评价举措的恰当性。
2. 识别企业品牌危机，并能够提出应对思路和具体措施。

## 案例应用1

### 安踏超越李宁成为中国本土运动第一品牌

根据Interbrand发布的中国最具价值品牌排行榜，自2011年开始，安踏超越李宁成为本土服装第一品牌。从财务状况角度看，安踏也好于李宁。2012年，安踏全年营收76.2亿元人民币，超过李宁的67.4亿元，坐上了本土运动品牌的头把交椅。截至2013年11月21日，安踏的市值为280.97亿港元，比李宁、特步、匹克、361度这四家同在香港上市的本土运动品牌市值的总和还要多16亿港元。在香港媒体近日主办的"2013年香港上市公司100强评选"中，安踏还入选了"综合实力100强"以及"股息回报率10强"榜单。

这样的结果在许多一线城市的消费者看来，显得有些不可思议，因为安踏从来就不是他们购买运动装备时的首选。不过，安踏崛起所代表的、是与被外界广为推崇的"耐克模式"截然不同的另一种流派。安踏用20年的时间积累下来一套充满本土特色并且适合自身发展的"实用至上"方法论。并且，在这套方法论的指导下，安踏逐步从偏安一隅的区域品牌成长为新的行业领袖。

**399元的卡位**

每年9、10月份，是各大运动品牌集中推广篮球系列产品的时间。2013年9月4日，安踏在北京召开发布会，为旗下代言人、NBA球星凯文·加内特推出其个人专属的第四代签名篮球鞋——KG4。最大的亮点不在于产品本身，而是它的价格——399元。熟悉体育用品行业的人应该清楚，对于一款专业级别的篮球鞋，这是一个足以让用户尖叫的冰点价格。要知道，从 KG1 到 KG3，之前的三代产品都被定在了 699 元的高端价位。而国外品牌的球星代言产品动辄也要上千元。

为了更好地推广自己的平价篮球鞋，安踏为这批 399 元的旗舰产品包装了一个"国民球鞋"的概念并且在营销上启用了全新的"实力无价"理念，意在强调球鞋的高性价比，防止消费者误认为低价等于低端。

**低价背后的"务实"逻辑**

对于一线品牌来说，旗舰产品所承担的最重要的使命是帮助品牌树立高端和专业的形象，而并非是达到多大的销量。因此，球星签名球鞋的价格本身就不能太低。以国外品牌为例，球星签名鞋的价格通常都在千元以上，而且往往比同品牌的非明星代言产品贵上 20% 左右。过去三年，安踏也在遵循同样的玩法。然而，这么做的结果却是产品的销量"惨淡"。前三代加内特代言的签名球鞋，每代能够突破一万的销量就已经很不错了，安踏方面透露，前三代的 KG 篮球鞋，销售总量不到 10 万双。

这正是安踏董事局主席、CEO 丁世忠想要的结果。加内特代言的前三代产品的销量让他感到相当不满。在他的价值观里，一款产品如果不能从销量上证明自己，那么就是不折不扣的失败。"我要做真正的'国民球鞋'，让更多的人真正买得起，我要让 100 万人穿着我的球鞋去打篮球，这个就是我们的战略。"

**"我是谁"和品牌的边界**

安踏能够在过去 10 年里迅速崛起，并且即便在行业衰退期里依旧屹立不倒的根本原因在于，这家公司一直十分清楚自己是谁。安踏的高层们在接受采访时，对于品牌定位的描述出奇一致，安踏就是一个定位大众的运动品牌。

"每个品牌想要活下去必须要做的事情就是知道自己是谁，贵的东西谁都会做，又好又便宜质量还不错，这就不是所有人都会做的了。"安踏篮球品类负责人孙聚辰对记者表示。高性价比的产品，正是今天安踏的核心竞争力所在。

"说句实在的话，高端的篮球鞋我们目前没办法跟耐克竞争。我能做你的鞋，能做的跟你一模一样，甚至比你还好，但消费者却不认可。过去几年，我们感觉请了明星，花了那么多钱，请一个明星要几百万美元，一年卖的鞋还不够付他的广告费"，丁世忠坦言，"其实每一个企业都没办法照搬另一个企业的模式，如果搬了那就太简单了。所以我们的模式，我们的定位，就是安踏自己的模式和定位"。

对于任何一家企业，想要弄清楚自己是谁，首先要搞明白自己的消费者是谁。安踏的市场调研显示，其主要用户群体大致分为三类。

第一类是 16～22 岁的学生群体，这些也是安踏的消费主力。这些学生基本上家庭收入中等，有些是中等偏下，并不是很富裕，主要集中在二、三、四线城市；第二类是 22～25 岁、毕业不久的年轻白领，收入不高，但是依旧有运动的习惯，这些群体主要在二、三、四线城市为多；第三类是蓝领消费者，比如工厂的工人群体等。

正是这些消费者支撑起了安踏这个品牌，安踏眼下所做的一切，都是针对这三类人群的。所以，即便安踏的消费人群与国际品牌消费人群间的重合度较低，但是安踏方面并不认为这是一个问题。丁世忠更是在采访中直接表示，出于品牌和消费人群定位的不同，安踏并不在意放弃一些在目标人群之外的高端用户。

资料来源：作者根据互联网相关资料进行整理。

## 【讨论题】

1. 结合品牌资产的驱动因素和建设策略，评价安踏在品牌资产建设方面的成功之处。
2. 搜集李宁品牌建设与发展的相关资料，总结其成功与失败之处。

**案例应用 2**

东方航空返航事件

2008 年 3 月 31 日，东方航空云南分公司（简称东航）十几架航班飞到目的地上空后集体返航，导致上千名旅客滞留机场，顾客利益受损。

4 月 1 日，东航宣布航班因"天气原因"返航，否认外界的由于薪酬分配的原因导致"飞行员罢工"一说。同日再次出现三架航班返航。

4 月 2 日，民航西南地区管理局派出调查组赶赴昆明，展开首轮调查。

4 月 3 日，罢工飞行员全部返岗飞行。民航西南地区管理局的调查组做出调查报告。

4 月 4 日，民航总局封存返航航班资料、目的地机场天气实况及相关飞行数据。民航总局派工作组展开调查。

4 月 5 日，东航向媒体发来一封致歉信，就返航事件向旅客道歉，并声明"正对该事件调查，如证实确是人为原因故意返航将视情依法依纪严肃处理"。

4 月 6 日，东航正式派出工作组调查航班不正常原因，至此表态发生了 180 度大转弯。

4 月 7 日，东航首次承认部分航班存在人为因素，已对涉嫌的相关当事人实施停职调查的处理。

4 月 8 日，东航提出买单方案，自定补偿标准最高达 400 元/人。

4 月 9 日，东航调查组组长、东航集团副总对此发表声明：六驾航班未能获得飞行译码数据是由于机载快速存取数据记录器（QAR）工作不稳定造成的，绝无"集体毁灭证据"之事。

4 月 17 日，民航总局公布调查结果及处罚决定，对东航罚款 150 万元，停止云南部分航线经营权。

资料来源：作者根据互联网相关资料进行整理。

## 【讨论题】

1. 东航在品牌危机应对方面存在哪些问题？
2. 东航如何提升品牌危机管理能力？

# 第6篇　品牌应用策略

# 第15章 品牌关系管理策略

 **学习目标**

1. 理解品牌关系概述
2. 理解品牌关系质量与管理
3. 了解品牌关系管理策略

**实践中的品牌关系管理策略**

### 优衣库如何走近消费者

2002年,优衣库(UNIQLO)首次进入中国大陆,然而由于对中国市场的把握并不准确,导致它第一次试水就遭遇了挫败。2008年下半年,优衣库重新调整了自己的产品理念和营销战略,再次进入中国市场。这一次,它成为一个拥有一系列核心营销哲学的新兴品牌。虽然说优衣库从第一次进入中国市场开始,已走过了10年历程。但是,它真正产生营销效应的品牌营销活动却是从其第二次进入中国市场开始的。第二次进入中国以来,优衣库都采取了哪些有效的品牌关系策略?这些成功的营销案例为其他在中国发展的品牌尤其是服饰品牌带来了哪些启示?

一、品牌简介

优衣库(UNIQLO)是排名全球服饰零售业前列的日本迅销(FAST RETAILING)集团旗下的实力核心品牌。其全称是 UNIQUE CLOTHING WAREHOUSE,它的内在涵义是指通过摒弃了不必要装潢装饰的仓库型店铺,采用超市型的自助购物方式,以合理可信的价格提供顾客所需的商品。

二、品牌发展简述

1. 创立之初

1984年6月,首家优衣库仓储型服饰专卖店在日本广岛正式开业。当时日本经济处于萧条时期,优衣库的经营策略是:以低廉的价格向所有的消费者提供时尚的休闲服装。为聚集人气,吸引顾客,刚开业时,优衣库还对前来购物的顾客免费提供一份早餐——面包加牛奶,这一招还真吸引了大批顾客。每天早晨,总有不少人聚集在优衣库的店门前,排着队,领早餐,然后进店选购。

2. 连锁扩张

1991年,迅销公司开始展开连锁业务,并提出了要建立1000家分店的发展规划,实现优衣库连锁化;1994年,优衣库在广岛证券交易所上市;1998年,优衣库原宿店开业,羊毛衫促销获得成功,开始了"休闲服直接面向消费者"的时代;1999年,在东京证券交易所第一部上市；2001年，优衣库创下了4185亿日元的3年业绩连续翻倍的奇迹，因此而居日本"21世纪繁荣企业排行第一位"，成为日本市场占有率最高的休闲服品牌；2001年9月，优衣库在英国伦敦首设海外一号店，现在优衣库在英国已拥有15家专卖店。在进入欧洲的一年内，就被欧洲代表性业界杂志Retail Week评为"2002年度英国市场最具影响力的最优秀企业"。截至2011年7月末，优衣库在全球范围内的店铺已超过1000家，遍及日本、中国、美国、英国、法国、俄罗斯、韩国、新加坡以及马来西亚。

3. 进入中国

2002年9月，优衣库在中国上海开设了大陆地区第一家店铺。由于对中国市场的把握并不准确，导致其定位于"大众化"的休闲服饰，结果陷入与班尼路、佐丹奴的价格战之中，最终不得不被迫撤出。2008年下半年开始，优衣库重新调整了自己的营销和产品理念，重新进入中国市场。

2009年，优衣库与淘宝网结成战略伙伴关系，开设淘宝旗舰店。2010年5月，优衣库全球最大的旗舰店在上海南京西路开张，这是继纽约、伦敦和巴黎之后优衣库全球第4家旗舰店。截止到2011年7月31日，优衣库在中国大陆地区共有78家店铺（包括香港和台湾地区的店铺总数已经达到94家）。

三、在中国的品牌关系营销

1. UNIQLOCK——"音乐舞蹈时钟"活动介绍

2007年6月15日，优衣库在全球正式推出UNIQLOCK——"音乐舞蹈时钟"。它是一个在电脑上或者手机上使用的时钟，并且提供电脑屏保和博客widget的功能。每一秒钟，它都会在屏幕中央显示当地时间（时分秒模式），但是每一秒钟的背景颜色都会改变。显示时间模式5秒钟之后，就会看到年轻女性的舞蹈。她们都穿着优衣库当季的服装跳舞，用舞蹈来演绎优衣库服装的货品和特色。过了5秒钟之后，屏幕又再回到跳跃的时间模式。

UNIQLOCK还有一个小小的菜单在画面上，网友点击进去，可以调校时区，甚至可以链接到营销效果网友所在当地的优衣库网上商店，在当地购买服装。

营销效果：

到了2010年，UNIQLOCK更可以下载到Facebook，成为个人主页的应用程序，实现了整合式营销的执行。迄今为止，UNIQLOCK已有4年的历史，并已经推出8个版本。全球200多个国家有超过两亿人次的浏览，有大概50万人下载使其成为自己博客的一部分。据不完全统计，UNIQLOCK已获得数项重量级大奖：2008 D&AD广告节黑铅笔奖；2008 CLIO广告节上的互动全场大奖；2008 ONESHOW广告节互动金铅笔奖；2008 CANNES广告节互动全场大奖和钛狮全场大奖。

2. T恤里面都有爱——深度口碑营销活动介绍

2008年，优衣库二进中国市场时，邀请年轻群体中的焦点人物为其产品代言，并利用互联网进行口碑营销。不同的是它所邀请的不是一个人而是一个群体——胖兔子粥粥、北京女病人庄雅婷、大迦迦、某女性时尚杂志主编王志中、Maoz、Ayawawa、宋晓波、苏芬、肖小小、星座小王子、中文音乐星空创始人马日拉等人。他们都不是特别受到媒体关注的明星式人物，但是都有一个共同点：其自身的专业与产品设计相近，且受到年轻人的欢迎。

最有趣的一个细节是，在胖兔子粥粥的文章结束之后，就会有一个链接，指向下一个博客讲述者。而下一个博客领袖，又会指向另外一个人。如果沿着这个链接一直往下走，会看到非常多的时尚人物，他们都在选择优衣库，都深深地被其背后的文化所吸引。

3. Uniqlo Lucky Line——网上排队活动介绍

2010年12月10日，优衣库与人人网独家合作推出了"Uniqlo Lucky Line"网上排队活动。网友用自己的人人账户登录优衣库官网，就可以选择一个喜欢的卡通形象，并发表一句留言同步到人人网，可以用这个形象在优衣库的虚拟店门前排队。等待的同时，把鼠标移动到队伍中的其他顾客，将显示此人的人人网信息。活动过程中，界面底部不停滚动播出中奖者的名单公告，大奖得主的照片也将公布在优衣库人人网公共主页的相册里。网友每隔5分钟即可参与一次排队，每次排队都有机会获得iPhone4、iPad、旅游券、特别版纪念T恤、9折优惠券等精彩礼物。除了每天的随机大奖和幸运数字纪念奖之外，优衣库还评选出踊跃参与大奖得主。

营销效果：

在短短一周内，该营销活动共吸引了超过130万人次参加排队。排队的粉丝几乎每人都能领到9折优惠券一张，这不仅使优衣库人人网的粉丝激增，更为优衣库线下实体店的圣诞促销带来更多的客流，刺激了实体店的销售。

基于2010年网上排队活动的成功，优衣库又于2011年8月15日正式启动"Uniqlo Lucky Line——优衣库网上排队·全国新店之旅"活动。优衣库与新浪微博首度携手，再掀网上排队热潮。

4. 人人试穿——产品体验活动介绍

2011年新年伊始，优衣库在人人网上隆重推出"2011人人试穿第一波"，优衣库粉丝们可以通过在优衣库公共主页留言，申请成为优衣库所提供商品的试穿者。申请成功的网友收到免费的优衣库服装后，必须在人人网的个人主页上发表试穿日记和试穿照片，并动员网友对日记进行投票，票高者即可获得网点红包。

营销效果：

截至2011年11月5日，优衣库"2011人人试穿第一波"的活动日志有13019人次的阅读量，832条评论，评论中网友们积极响应，纷纷留言报名参加该活动。

2011年8月15日，优衣库又展开新一轮的"优衣库BABY装试穿活动"，这一次试穿的主角换成了网友的宝贝们。但是截至11月5日，该篇日志只吸引了1843个阅读量，评论42条，评论中报名参加活动的网友数目不到总数的一半。

四、营销启示

1. 入市前需要"铺垫"

优衣库在2008年第二次正式进入中国市场之前的UNIQLOCK——"音乐舞蹈时钟"营销方案，有效地为其进行宣传造势，提前吸引受众的关注，为日后优衣库的进军之路埋下伏笔。虽然这个营销不是针对国内地区而展开的，但是在国内的互联网营销界想必也掀起了一阵狂潮。

2. "口口相传"更有效

优衣库二进中国市场时采用的"T恤里面都有爱"系列广告，是其采取的较为有效的口碑营销传播。区别于第一次单纯地在硬广上的狂轰滥炸，深度化口碑营销成为优衣库此次营销传播的最大特点。

当然单靠网络口碑营销的方式是不能够完全获得成功的，营销中传达的信息与产品自身的契合度、意见领袖的特征与产品或者品牌的关联度，也传播当中的关键因素。

3. 拉近与消费者的距离

当网络成为人们日常沟通和信息传播一个不可或缺的平台时，传统品牌应该充分意识到，自己可以参考优衣库的模式，利用网络的力量进行全方位的企业公关、营销推广，而不仅仅只是单一地展示产品。这里最重要的是网友的互动参与——线上排队赢取奖励，线下活动促进销售，进行立体式的品牌宣传。

4. 平台的选择很重要

虽然免费试用产品能有效地强化消费者对品牌和产品的认知，但是进行该营销的平台与目标消费者的契合度，以及所推广的产品与该平台的关联度是活动成败的关键。优衣库的"人人试穿第一波"的效果并不是很明显，而"BABY装试穿活动"则更加突显了其营销策略的失误。首先，人人网的主要用户是目前的高校生，而优衣库的目标消费者中数量最多的应该还是年轻的职业者们，高校生是其第二目标消费群体。从这一点来讲，其选择的营销平台与目标消费群的契合度不是最佳的。"BABY装试穿活动"所提供的体验产品是婴儿装，而"人人网"的主要用户们几乎还没有自己的小孩，因此，即使看到了该活动的受众有积极参与的热情，也没有参与的条件。所以，营销平台的选择至关重要。

资料来源：作者根据互联网相关资料进行整理。

**评述**

优衣库的线上营销无疑总是和新技术紧密结合，走在时代的前沿。从在博客还火爆的时代的优衣库美女时钟组件，到利用Twitter关键词和关系的抓取形成的超酷Flash屏保，还有在国内外的SNS中都非常成功的网上排队案例，再到最近率先登录到微信平台，每一个动作都给营销人以耳目一新的感觉，并被不断追逐和模仿。

而对于普通消费者来说，这样的营销项目就像一笔笔的投资。通过活动不断强化品牌在消费者心目中的形象。年轻的、亲民的、有趣的、不拘一格的形象通过营销活动，在一次次和消费者接触的过程中被固化。消费者被品牌"教育"得只认识心目中品牌的那个样子。一些消费者甚至将自己的故事投射到品牌上，让品牌介入到自己的生活中。这样就形成了更深层次的情感联系和不可替代的价值，就不奇怪为何看到优衣库和星巴克合作的这个案例时，没有人质疑真伪，而是一味地认为他们会这么做，他们这么做太酷了，他们又赢了。因为品牌在人们心里一贯是这样的。

由此引申出，品牌的营销活动应该考虑如何进行"投资"而提升品牌在消费者心目中的"价值"。让消费者认为品牌价值不断被提升，比让消费者认可产品的价格要重要得多。无论是促销还是什么样的营销推广活动其目的都应该是让消费者引起共鸣，消费者就会觉得你值更多！

从线上到线下再到线上的体验，将精准消费者从店面引导到线上的自媒体，再在线上自媒体中不断地和粉丝进行互动，传达企业信息，"教育"用户，以便提升品牌价值。优衣库在每一个可能与消费者的接触点中，都没放过机会。

## 15.1 品牌关系概述

品牌关系（即品牌与消费者的关系）是国际市场研究公司（Research International）的研究人员马克斯·布莱克斯顿于 1992 年提出的新概念。与品牌个性、品牌形象等单向概念不同，品牌关系是一个双向互动的概念，包括消费者对品牌的态度和行为以及品牌对消费者的态度和行为两个方面。这一新概念将品牌关系类比成人际关系，认为品牌也像人一样会对消费者产生态度和行为。日常生活中，人们已经在一定程度上把品牌当作亲密的朋友来看待了。例如，赛拉图的车主把爱车称为"图图"，伊兰特的则称为"兰兰"，飞利浦手机被称为"飞机"，摩托罗拉的"MOTO"昵称来自中国台湾的年轻人等。

### 15.1.1 品牌关系的定义

品牌关系的实质就是品牌能力与消费者需求之间的对接，相互吸引认知、信任、使用体验、满意、进而忠诚，达到共鸣共赢的关系。

品牌的重要性体现在对于消费者购买决策的影响上。在当前的以消费者为中心的市场环境中，品牌经营的主线就是建立和维护与消费者之间的关系。创建品牌就是要和我们想要发生关系的人群发生我们想要发生的关系，品牌培育、发展、管理的过程，就是和特定消费人群建立关系，巩固关系，发展关系的过程。由于品牌来源于企业实体，最终在消费者头脑中安家落户，所以我们可以把品牌视为连接企业与消费者的关系纽带。品牌关系是一种基于品牌和顾客之间的互动反应，包括品牌对顾客的态度和顾客对品牌的态度两个方面。这两个方面是一对作用力和反作用力，相生相成，相合相随、相互支持、相互促进，不可分割的一个整体。

品牌关系管理是指企业努力建立、维持和增强其产品品牌与其顾客之间的关系，并且通过长期互动的接触和对承诺的履行来持续增强这种关系的一种管理方法。传统品牌管理的出发点或指导思想在于提供产品、吸引和争取顾客、每次交易的价值最大化以及提升品牌资产。可见，品牌与顾客之间的关系实质上是一种短期的交易关系。传统的品牌管理以产品和交易为中心，强调品牌资产；品牌关系管理以顾客为中心，强调顾客资产。品牌资产强调产品销售、吸引顾客和与顾客进行交易；顾客资产强调顾客超过产品，强调关系超过交易，强调保持顾客超过吸引顾客。

### 15.1.2 品牌关系产生的背景

1. 大众市场转向分众市场

大众营销的发明，是为了向同质性高，无显著差异的消费大众销售大量制造的规格化产品。然而今天的消费者越来越个性化和多样化。人们试图通过自我显示来向他人展示自己在某一方面的魅力，希望通过与众不同的品牌消费表现出自己独特的个性和品味。消费者行为也向着多样化发展，生活成为一个剧场，人们存在着一种想要借助于演出而体验另一种生活的愿望，消费者向着多变的更感性的生活者转化。今天把产品和服务卖给"大众市场"已不再可行，我们必须学习如何卖给"差异市场"，而且也不能对"大众消费者"营销，而是要对

"个体营销"。

### 2. 媒体的受众分割

由于信息技术的突飞猛进和人们传播沟通意识的加强,如今各种新的传播媒体不断涌现。一方面,每一受众被越来越多的媒体所包围;另一方面,单一媒体所拥有的受众却越来越少。由于媒体的受众分割,单一媒体的沟通效果急剧下降。

### 3. 从单向沟通转为双向沟通

在大众营销时代,厂商控制大部分的产品信息,消费者常常是依据这些信息从事消费行为。产品的相关信息十分有限,产品的竞争对手也不多,因此单向沟通系统运作良好。然而,在今天,产品及品牌种类与数量快速增加,信息来源及管道也快速膨胀,这种单向沟通的所谓大众传播,对消费者的影响力开始减弱。媒体的巨大变革,尤其是互联网的广泛应用,消费者掌握大量的信息,导致双向沟通的产生。双向沟通意味着厂商和其消费者存在着一种信息交换活动和分享共同价值的关系。

营销环境发生了变化,然而传统品牌管理却没有跟上时代的步伐,它仍然把品牌看成企业自己的东西,一种商标权,一种与竞争者相区别的标识。因此,它们高高在上,单方面地创立名牌而忽略消费者在其中的地位。在评估品牌价值时,也往往仅偏重财务角度或政府管理部门的角度而忘记了消费者。然而,现代国际品牌理论则特别重视和强调品牌是一个以消费者为中心的概念,没有消费者就没有品牌,品牌的价值体现在品牌与消费者的关系之中。

## 15.1.3 品牌关系管理与传统品牌管理的差异

传统品牌管理的核心是交易,企业通过与顾客发生交易活动从中获利,是以交易为导向;品牌关系管理的核心是关系,企业从顾客与其品牌的良好关系中获利,是以关系为导向。

传统的品牌管理注重争夺新顾客和获得更多的顾客;品牌关系管理则更为强调以更少的成本留住顾客或保持顾客。传统的品牌管理强调大传播、大交流、促销和分销渠道;品牌关系管理强调顾客价值和顾客资产。传统的品牌管理强调高市场份额,认为高市场份额代表高品牌忠诚度。但是真正的品牌忠诚是一个远比市场份额复杂的概念,因为品牌忠诚还包括顾客的偏爱和态度。品牌关系管理则着重强调顾客占有率和范围经济。顾客占有率是指企业赢得一个顾客终身购买物品的百分比,测度的是同一顾客是否持续购买;范围经济是指同一顾客向同一品牌购买相关零配件、其他产品和新产品所给企业创造的利润。

传统品牌管理的指导思想是大规模营销;品牌关系管理的指导思想是一对一营销和大规模定制营销。传统的品牌管理考虑使得每一笔交易的收益最大化;品牌关系管理则考虑与顾客保持长期关系所带来的收益和贡献,即通过使得顾客满意并同顾客建立关系,开发顾客的终身价值。

品牌关系管理不仅仅是一种思想或一种活动与努力,更是一种全新的品牌管理方法。它交叉了产品生命周期与顾客生命周期,将传统的纯粹收益管理转变为以顾客为中心的收益管理,强调品牌与顾客之间的交流与关系。

关系营销、定制营销和一对一营销的思想已经出现了一段时间,但以前限于技术原因一直未能在营销实践中完全付诸实施。随着诸如互联网等新技术的出现和发展,已经使得对每个顾客资料的收集和处理成为可能,特别是营销自动化系统的出现将根本性地改变营销过程,并且将关系营销、定制营销和一对一营销的概念由理论变为实践。

一对一营销与定制营销不同于过去盛行的大规模营销。大规模营销提供标准化的产品和服务，认为顾客具有互换性，通过抽样和预测技术来获取市场知识，以获取更多的顾客作为成功的标准；而一对一营销与定制营销将每一个顾客视为独立的个体，用定制的方法提供定制的产品和服务，通过与每个顾客的对话与反馈来获取市场知识，判断成功与否的主要标准不是获得更多的顾客，而是保持顾客和提高顾客的购买量。

品牌关系管理的目标是，在顾客的生命周期中，通过每次卖给同一顾客尽可能多的产品以及吸引原有顾客持续购买来提高顾客的忠诚度和盈利率。

品牌关系管理是一种互动式的营销管理。在互动过程中，可以培养顾客的品牌体验与品牌感觉，进而提高顾客的品牌忠诚度，增强品牌与顾客之间的关系。

品牌忠诚度的高低以及顾客关系的长度和强度取决于顾客对品牌的感觉价值，而这种感觉价值是与品牌旗帜下的产品特征、产品特征的有形价值、品牌名称所显示的无形价值联系在一起的。因此，品牌（顾客）忠诚度与顾客关系反映了顾客的感觉和期望。

顾客对品牌的偏爱程度会影响他们的品牌选择和重复购买，其间的逻辑关系是：偏爱程度越高，品牌的选择性越强，重复购买次数就越多，顾客的生命周期就越长，顾客终身价值就放大。互动过程的另一优点是，企业可以更深刻地了解和洞悉顾客和市场。顾客是企业存在和发展的基础，而品牌关系管理的价值就在于帮助企业或品牌与顾客建立起一对一的、亲密的、稳定的、长期的关系，并强化企业在营销、销售及服务顾客等方面的能力。品牌关系管理帮助企业进行个性化的销售活动，让顾客融入销售流程。这不仅可以增加顾客的参与感，满足其个性化接触的需求，而且还能够降低交易成本。

品牌与消费者之间的关系是品牌建设的目标。品牌关系反映了如果品牌是一个人，他对消费者是一种怎么样的态度？是专家般的告诫，朋友间的真诚，还是别的什么？海尔与消费者的关系像是真诚的朋友关系，其"真诚到永远"的服务理念以及海尔兄弟的卡通形象令消费者倍感安心；贝蒂·克罗克与消费者的关系就像和睦的邻居关系，"她"总是富有耐心地、热心地教大家做可口的食物；佳洁士与消费者的关系就像是老师与学生的关系，通过比喻或夸张的手法，将产品功能及其背后的科学原理娓娓道来。

## 小案例 15-1

### 一颗橙子引发的狂欢

作为前红塔集团的领导，褚时健用 18 年打造出中国最大烟草帝国。75 岁出狱后开始承包 2400 亩（1 亩=666.66 平方米）的荒林种橙，直到 85 岁，2400 亩的果园硕果累累。而这个关于褚橙的故事在微博、微信上广泛发酵，企业界大佬纷纷致敬，更有人一次购买 1500 箱，让员工们尝尝"人生"的味道，给客户们品品"励志"的滋味。

随后，褚橙在励志的主线上，又加入了个性化元素，从"微橙给小主请安"，到"我很好，你也保重"，这些带点诙谐、切合热点的温馨文案，一击即中，引起年轻人群的共鸣，很快点燃了新一轮褚橙热。微博上的全民追捧带动了情绪的不断蔓延和累积。当褚橙广告在分众楼宇电视上线时，长久发酵的受众情绪喷薄而出，立即转化为汹涌的购买浪潮。3 周内，褚橙销售额突破 7000 万元。社交化媒体所孕育的品牌势能，在生活化媒体上一经落地，即引爆了无穷的受众能量。

随着褚时健的传奇故事在各大网络论坛、微博及微信圈中流传，第一次进京的褚橙很快火遍京城，更引起了企业界大佬们的响应。王石感慨褚时健在低谷的反弹力，潘石屹、柳传志等也主动转发，助推起第一波传播高潮。

一年后，当褚橙销售季再次到来，这次他们有了全新的目标——放眼全国性市场，将销售额提升 10 倍。如果说当时，褚时健的故事触动了"60 后""70 后"的偶像情结，那么这次则需要贴近更为活跃、作为消费主流的"80 后""90 后"人群。如何让更多年轻人参与进来，引起对褚橙故事的共鸣，如何将话题落脚到生活方式的传播，就成了新一轮营销推广时的最重要考量。

在线上，社交媒体是在年轻人中打开知名度、制造话题热点的一大阵地。线下推广时，选择目标群体相匹配的广告平台是投放关键。褚橙的励志路线，高品牌溢价，决定了其价格要远高于普通的冰糖橙。其目标受众也定位于有着一定生活态度、品牌追求，具有消费力的人群。放眼诸多媒体形式，都不足以精准击中这一群体。而植入白领、消费主力人群每天必经生活空间的楼宇电视，或成为突围的首选。由此，分众传媒的楼宇电视进入首选范围。其受众群年龄集中在 20~45 岁，对时下热点反应迅速，同时有自己的调性、生活方式和追求态度，自成一个有独特个性的社群。从线上到线下，社交化媒体对品牌的蓄势，与生活化媒体的落地植入，两者间的组合战引起极大的想象空间。

资料来源：《销售与市场》杂志评论版，2014 年 08 期。

## 15.2 品牌关系质量

现任波士顿大学副教授的苏珊·佛妮尔博士是品牌关系领域的权威学者。她提出了"品牌关系质量"（Brand Relationship Quality，BRQ）的概念来衡量品牌关系的强度、稳定性和持续性。

### 15.2.1 品牌关系质量的定义

苏珊·佛妮尔博士认为品牌关系质量作为一种基于顾客的品牌资产测量，它反应消费者与品牌之间持续联系的强度和发展能力。

品牌关系质量用以直接描述品牌与消费者关系的状态，包括关系强度和关系时间的长度两部分。品牌关系质量是判断品牌关系是否良好的一个重要指标。品牌关系强度强调的是关系的深度，包括亲密性、排他性、信任度等几个方面；而品牌关系时间的长度则体现在承诺和忠诚上，我们认为给予更多承诺和对品牌越忠诚的顾客，品牌与消费者的关系也越长。

布莱克斯通（Blackston，1995）通过研究消费者与企业品牌的关系发现，成功的、受到肯定的品牌关系都具有两项元素：顾客对品牌的信任和顾客对品牌的满意。他认为信任与亲密度有关，亲密度是衡量品牌与顾客关联程度的指标。这为品牌关系质量的测量指明了可行的方向，即通过测量消费者对品牌的信任程度和满意度来描述品牌关系的亲密度。

顾客对品牌的信任程度可从两方面进行量度：品牌因素（顾客主观上对公司能力、声誉的评价）和关系因素（顾客主观感知——"对我好"及客观上的交易程度——既有关系）。而顾客满意度受到其定义的影响，可以从品牌感知质量以及顾客期望的评估中得到体现。

**小案例 15-2**

### 青岛啤酒酿造千亿级品牌价值

第十一届"中国 500 最具价值品牌"排行榜荣耀发布，在海外被誉为"中国名片"之一的青岛啤酒连续蝉联中国第一啤酒品牌，成为中国第一家拥有千亿品牌价值的啤酒公司。其中，公司所属的崂山啤酒品牌价值也达到了 81.72 亿元。

**一饮好品质："旷日持久"的精酿。**

青岛啤酒 111 年来始终恪守"慢的坚持"，用行业内"最长低温发酵工艺"，遵从酿造啤酒的自然法则，给"啤酒之魂"酵母充足的时间，让它按照自己的意愿和规律生长，自然繁衍、自然进化。正是这种"慢的坚持"，让每一瓶青岛啤酒的背后，蕴含着外人无法想象的品质文化与价值。

2010 年，青岛啤酒将被封存了一个多世纪的德国皇室啤酒奥古特再一次展现在世人面前。这款经过无数青啤人努力而成的"奢侈品"，承载着进军中国啤酒高端市场和青啤品牌向上延伸的使命。从原料甄选、双罐发酵技术、百年酿酒工艺到背后百年传奇故事，每一处细节都透露着奥古特的超凡品质与独特魅力，也因此得到众多商界文化界名人雅士的大力推崇。

**一张好名片：中国啤酒与世界公民的快乐"对话"。**

世界品牌实验室主席蒙代尔曾表示，品牌既是一种文化，更是一个国家软实力的具体体现。

德国的滑雪爱好者 Stephan 表示："在滑上几个小时有些疲惫的时候，最快乐的事情，就是在一个阳光明媚能看到阿尔卑斯山积雪美景的地方，安然地享受青岛啤酒。"这样的故事不论是在国内的微博与微信，还是海外的 Facebook 与 Twitter 上还有很多，全球消费者都不吝惜于表达对青岛啤酒的喜爱。

就在世界杯如火如荼的进行中，青岛啤酒也收到了澳大利亚国家足球队队长 Mile Jedinak 的 Twitter "传书"："Tsingtao, thanks for your support!"。

在美国、加拿大、哥斯达黎加……青岛啤酒作为走出国门 60 年，远销世界 85 个国家和地区的中国啤酒，向世界展现了中国品牌的高品质、高价格、高可见度。

**读懂新生代：突破创新，让消费者为快乐"尖叫"。**

从青岛啤酒奥古特、逸品纯生、鸿运当头、黑啤等高端特色产品，再到足球罐新品、纪念装及原浆，青岛啤酒紧跟消费趋势高端化、市场细分化、电商渠道等新的市场需求，不断捕捉消费者味蕾潮流。

近年来，青岛啤酒赞助北京奥运会、携手 NBA、赞助伦敦奥运会中国冠军之队、签约亚足联冠军联赛，成为首家联姻亚冠联赛的中国品牌。此外，青岛啤酒也在积极地尝试音乐营销。在体育和音乐领域的跨界深耕，让青岛啤酒这个品牌与消费者产生情感互动，打造了立体的品牌形象。青岛啤酒品牌年轻化的速度和尺度，让人嗅到了这家百年品牌另一股生猛的"鲜味"。

**有质量的发展为消费者打造体验升级版。**

有研究指出，啤酒行业竞争正在从中低端份额争夺向中高端利润的争夺升级，从而竞争焦点从渠道的比拼转变成为品牌的比拼和消费者满意度的比拼。

青岛啤酒在 2014 年第一季度完成啤酒销量 218 万千升，同比增长 19.3%，远超行业 8.29% 的增速；收入增长 17.36%，净利润同比增长 20.02%，销售收入、利润、品牌价值等均居行业首位。青岛啤酒用实际行动追求有质量的发展，就是要用强品牌的硬实力，为消费者带来高品质的价值回报。

或许，"懂"人才是"懂"酒的至上真谛。青岛啤酒得以撑起"中国第一啤酒品牌"之名，一切的荣光要归于消费者的厚爱与价值选择，属于那流淌过的时间与酿酒人的真心。让中国品牌荣耀世界的情怀。

资料来源：杨威. 青岛啤酒酿造千亿级品牌价值. 销售与市场管理版，2014（08）。

### 15.2.2 品牌关系质量的测量维度

通过与老、中、青三位妇女的深入交谈，佛妮尔从大量的品牌故事中提炼出 BRQ 的六个维度：爱与激情（Love and Passion）、自我联结（Self-connection）、相互依赖（Interdependence）、承诺（Commitment）、亲密（Intimacy）、品牌伴侣品质（Brand Partner Quality）。

其含义是：①爱与激情。强烈的品牌关系与深入的人际关系一样，其核心也是"爱"。这种感情能够带来持久、深入的品牌关系，使用者会对所用品牌形成有明显偏向性的肯定，拒绝与替代品牌进行客观比较。②自我联结。这一维度反映的是品牌与消费者的自我概念相联结、帮助消费者表达自我的程度，与品牌的联结让消费者觉得自己得到了某种肯定。③相互依赖。强烈的品牌关系通常也表现出消费者与品牌的高度相互依赖，品牌完全融入消费者的个人生活，甚至成为不可或缺的一个部分。④承诺。强烈的品牌关系之下，消费者会对品牌做出承诺，这种承诺包括感情上的和行动上的。出于对品牌的喜爱和承诺，消费者会高度约束自己的行为，对品牌忠贞不渝。⑤亲密。强烈的品牌关系之下，消费者对品牌、甚至制造这一品牌的企业都知之甚详，他们以自己的了解坚信这一品牌卓越非凡，并会奋起反对竞争品牌的攻击。⑥品牌伴侣品质。这一维度是借用了婚姻关系的比喻，反映的是消费者对品牌能否胜任生活"伴侣"这一角色的评价。

对强势品牌关系的研究表明，品牌的"伴侣"品质需要考评以下五个要素：①品牌的顾客导向，品牌要让其顾客感到他们被需要、被尊敬、被倾听、被关心。②品牌的可靠性，即能够预见品牌会履行其作为"伴侣"的责任。③品牌的持久性，即品牌能遵守"关系契约"的系列条款。④对品牌的信任，相信品牌提供的正是所需所欲而非所恶所惧。⑤品牌能对其行为负责。五个要素若能兼备，则品牌的"伴侣"品质优秀，有利于保障品牌关系。

我国著名品牌学者何佳讯教授也提出了中国的品牌关系质量维度。与佛妮尔的结论相比，中国的品牌关系质量少了"爱与激情""亲密"，多了"真有与应有之情""社会价值表达"。这是中国的关系文化和面子文化所致。

### 15.2.3 品牌关系形态

佛妮尔还提出了品牌关系的种种型态。十五种较有代表性的品牌关系型态包括：包办的婚姻关系（Arranged Marriages）、一般朋友关系（Casual Friends/Buddies）、方便之约的关系（Marriages of Convenience）、承诺的伙伴关系（Committed Partnerships）、最佳友谊关系（Best Friendships）、区分场合的友谊关系（Compartmentalized Friendships）、亲缘关系（Kinships）、回避关系（Avoidance Relationships）、童年友谊关系（Childhood Friendships）、求爱关系（Courtships）、依赖关系（Dependencies）、短期试用关系（Flings）、敌对关系（Enmities）、秘密关系（Secret Affairs）和奴役关系（Enslavements）。佛妮尔的研究结论集中在消费品领

域，而澳大利亚学者斯威尼（Sweeney）和丘（Chew）则在服务领域做了补充。他们除了证实佛妮尔提出的十五种品牌关系型态之外，还发现爱恨交融（Love&Hate）这一新的关系型态。同时，他们还对佛妮尔的十五种品牌关系类型进一步进行归类，将其分成友谊、婚姻、"暗面"关系（Dark Side Relationships）和临时关系（Temporally Oriented Relationships）四大类。比如，海尔家电、土星汽车与消费者形成的就是友谊关系，哈雷摩托车与消费者形成的就是婚姻关系，投诉品牌的时候是"暗面"关系，在景区餐厅消费属于临时关系。这些品牌关系型态可以帮助企业确定品牌关系建设的方向，以指导品牌传播。

**链接材料 15-1**

中国的品牌关系形态及驱动因素

加拿大多伦多大学助理教授潘卡奇·阿戈瓦（Pankaj Aggarwal）博士依据社会交换理论（Clark 和 Mills，1993）将品牌关系形态分成交换关系（Exchange Relationship）和共享关系（Communal Relationship）两大类。

在此基础上，阿戈瓦根据中国人际关系理论做过中国品牌关系形态的实证研究，提出了既有工具、既有情感、交往工具、交往情感四种品牌关系：（1）既有工具关系是指消费者是在几乎没有选择权的情况下购买了一个没有什么偏好的品牌；（2）交往工具关系是指消费者有足够的选择权，但选择品牌的原因并不是因为情感上的偏好，而只是因为品牌价格优惠；（3）既有情感关系是指由于消费者与品牌的相关物之间存在一定的感情关系，使得消费者与品牌之间也形成了一种注定的情感关系；（4）交往情感关系是指消费者通过与品牌的长时间、多方面接触而形成了对品牌的好感。这一基于两维的四分法描述了品牌关系是通过既有或交往的过程而形成的基于工具或情感的品牌与消费者之间的关系，相比阿戈瓦的品牌关系二分法而言更为全面。

随后他又进一步探索了每一种品牌关系形态的驱动因素，实证研究的结论是：既有工具关系由群体压力、条件限制、节约现有三个因子驱动；既有情感关系由公司声誉、地理认同、权威认可和口碑信任四个因子驱动；交往工具关系由成本价格、品牌同质、尝试新品三个因子驱动；交往情感关系由品牌内涵、员工服务、营销推广、产品设计、产品价值和品牌要素六个因子驱动。

资料来源：周志民. 品牌关系形态之本土化研究[J]. 南开管理评论，2007，10（2）：69—75。

## 15.3 品牌关系管理策略

品牌关系是消费者对品牌的态度和品牌对消费者的态度之间的互动。良好的品牌关系对企业具有很重要的意义，因此营销者应该制定科学的品牌关系策略来提升品牌关系。制定策略之前首先要弄清品牌关系的形成机制和驱动因素，这是制定品牌关系策略的出发点和立足点。

### 15.3.1 品牌关系形成机制

我们可以从以下三个角度理解品牌关系如何形成。

1. 品牌是品牌关系的经营者

品牌理论研究领域重要的权威学者大卫·阿克教授认为，品牌就是产品、符号、人、企业和顾客之间的联结与沟通，品牌是一个全方位的架构，涉及品牌与顾客沟通的方方面面。我们从大卫·阿克对品牌的内涵界定中可以看出，品牌就是关系的经营者。

对企业来说，建立、维持与发展同顾客的关系的最终目的就是通过这种关系维持或提高顾客对品牌的忠诚，从而增强品牌的竞争优势。因此，顾客认知品牌—信任品牌—品牌忠诚的过程，不仅是顾客消费行为的心理过程，而且也是关系建立、维持、巩固和发展的过程。

2. 品牌体验是品牌关系的催化剂

品牌体验就是顾客对品牌的某些经历，如购买、投诉、促销、售后服务等，产生回应的个体感受。这种感受不仅能在顾客心中产生心理暗示成为需求的导向，而且也是顾客内心值得回味的深刻感受，是超越产品和服务的功能利益，是满足顾客深层次需求的提供物。这种感受越深就越会巩固和丰富品牌与顾客之间的关系。

3. 品牌关系的目的是顾客价值

品牌关系的核心是"关系"，这种关系的形成包括顾客的情感、沟通和顾客的信任等因素。这些因素是顾客价值形成的一个重要来源。就品牌本身而言，品牌就意味着价值，这种价值存在于顾客的心里。顾客能在产品或服务的消费、使用中感受到这种价值。就顾客而言，品牌的价值表现在顾客的个性化需求和对品牌的期望上。顾客只会和与自己相匹配的品牌发生关系，使用什么样的品牌，就表示顾客追求什么样的价值。顾客与品牌之间行为和态度的互动、演变体现着顾客价值的变化。

从上述分析中我们可以清楚知道品牌关系提升的思路：①尽管品牌关系是互动关系，但是企业而非顾客是品牌关系的第一主体，因此企业应在品牌关系的提升中表现出主动性；即使需要顾客的主动性，也是需要企业想办法激发顾客的主动性。②品牌关系提升不是口号，而是企业实实在在的行动；企业不但要有行动，而且要保证顾客在企业行动中的良好体验。③无论是企业的主动还是顾客的参与，作为营销活动，品牌关系提升行动最根本的目的是提升顾客感知价值。顾客如果不能感觉到价值和满意，企业和顾客参与将毫无价值。

### 15.3.2 品牌关系的影响因素

通过对品牌关系形成机制的分析，我们不难得出品牌关系的影响因素。

1. 价值因素

这里的价值指的是品牌核心价值。品牌的核心价值是指能够被顾客感知、接受和认可的价值。它不仅能促使品牌在众多品牌中脱颖而出，同时也能有效地传达情感，使其真正融入顾客的思想和生活中。当顾客对这种价值有需求时，会主动了解认知品牌并做出选择的决定。鲜明的品牌核心价值的形成是基于顾客对品牌的良好印象，它将有助于使顾客对品牌产生长久的依赖性，这不仅能够为企业带来丰厚的利润回报，而且能够培养顾客的归宿感，减少顾客的转换成本，顾客价值也会因此提升。

2. 定位因素

随着市场同质化产品竞争的加剧、顾客个性化需求日益突出，塑造鲜明的个性形象、占领顾客心智高地是品牌定位面临的核心问题。只有清晰、明确的定位，才能区别于竞争者，吸引顾客注意。从品牌关系的角度，品牌定位不仅是创造顾客心理优势、强化顾客对品牌认知的重要渠道，而且清晰的品牌定位是顾客内心情感的一种表达方式，使顾客能从中获得更多的附加值，从而增加顾客的感知力度。

3. 知识因素

这里的知识主要指顾客消费经历和体验的一种积累。知识不仅能够"储存"，成为指导顾客下一次消费的依据，而且还能够通过再学习进行"更新"，不断提高顾客价值判断能力。从品牌关系的角度，知识能够在顾客与品牌之间产生良性的互动。一是提高顾客的价值判断，增强顾客消费过程中的体验效果。二是能够促使企业审视自身的价值定位，并不断完善品牌价值的传递效果。这样，企业通过品牌体验不断对顾客的个性化心理需求做出回应，顾客也能在体验中增强自我满足感，增进对品牌的情感。

上述因素对顾客价值的推进作用如图15-1所示。

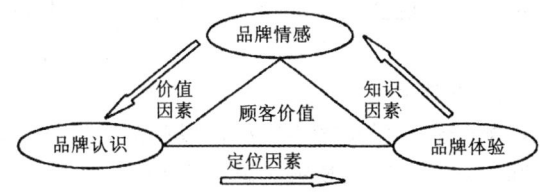

图 15-1 品牌关系驱动因素

由图15-1可知，价值因素将强化顾客对品牌的认知，促使顾客产生对价值的需求（品牌认知阶段）；而以价值为核心的定位因素将增强顾客的体验（品牌体验阶段）；从某种意义上说，体验就是顾客的学习过程，通过学习获得知识，顾客心绪累积不断增加，从而增进顾客对品牌的情感（品牌情感阶段）而由此建立的品牌关系，使得顾客内心存留品牌的印迹。同时企业为了维系这种关系所进行的种种营销努力，将激发顾客的情感，再次强化顾客对品牌的认知，达到稳定顾客，实现企业利润的目的。

### 15.3.3 品牌关系提升策略

当我们知道了影响品牌关系的因素后，制定提升策略便能有的放矢。

1. 挖掘品牌核心价值

品牌核心价值是品牌的灵魂，它是指与竞争者相区别，能让顾客识别与感受到的独一无二的品牌特质。品牌核心价值应具有以下利益点：

（1）能性利益

品牌核心价值不应该停留在品牌口号上，而是以顾客需求为基点，认真执行并贯彻始终的利益诉求。例如："舒肤佳"的价值就是"有效除菌"，"潘婷"的价值就是"健康亮泽"，这些特质一经确定，便忠实的贯彻下来，成为满足顾客需求的利益点。

（2）情感性利益

品牌核心价值应让品牌具有人情味，即能体现对顾客的关怀，使其产生一种强大的精神感动，也能够让顾客有所感知，震撼其内心深处。这样，品牌才能产生共鸣，拉近顾客与品牌之间的距离。

（3）彰显个性

品牌应具有人格化特征。顾客选择了品牌，实际上就是选择了一种生活方式，选择了一种自我观念的传达方式。

在挖掘品牌核心价值时，营销者务必要明白，品牌的价值并不是由企业决定的，而是由市场决定的，与顾客认知有直接关系。企业之所以要塑造品牌核心价值并进行与之相关的价值创新，是因为企业通过品牌价值可以提高顾客价值。

2. 准确进行品牌定位

品牌定位是指针对目标顾客的心理感受，创建一个独特的品牌形象并对其进行设计、传播等活动，其最终目的就是要在目标顾客心中确立品牌与众不同的有价值的地位。因此，从某种意义上说，品牌定位就是一个基于顾客内心需要的设计过程。换言之，就是要求企业在进行品牌定位时，不要把眼光放在产品上，而是要将功夫下到消费者的内心深处。例如，同样是汽车，劳斯莱斯则是"高贵，王者，显赫，至尊"的代名词；同样是可乐，百事可乐则是"年轻，活力，时代"的解说。这些成功的品牌都是深入顾客内心、满足顾客的个性化需求的成功典型。

3. 创造事件，获得持久的品牌体验

所谓体验，简单地说，就是企业以顾客为中心，以产品为道具，以服务为附加值，创造使顾客主动参与并值得回味的活动。其实质就是顾客内心与企业创造的体验事件或情境的互动。品牌体验就是顾客对品牌的某些经历，如购买、投诉、促销、售后服务等，产生回应的个体感受，是包含品牌、产品、事件和员工等多种互动联系的总和。其目的在于与顾客建立一种情感上的沟通和联系。因此，良好的品牌体验不仅有利于提炼品牌个性，强化顾客对品牌的认知，使其达到情感认同，而且也有利于顾客主动参与品牌互动，产生强烈的、持久的购买欲望，从而增加企业利润。

总之，品牌核心价值、品牌定位和品牌体验这三个因素在提升顾客价值方面并不是相互独立的，应该是相互联系，彼此依存的，偏颇任何一个方面都是不利的。

**小案例 15-3**

把品牌做成信仰

为什么苹果手机可以一次又一次掀起人们的购买热情？为什么无论苹果更新有多快、价格多昂贵，都不会影响其神话级的销量？为什么最近新产品 iPhone 4 出现了信号问题后消费者依然不减对苹果的信心？原因很简单，苹果把品牌做成了一份信仰。

**像宗教一样经营品牌**

宗教，为人们带来精神寄托和解除困惑的超脱方法。品牌与之有共通之处，即为满足人类需求，在迎合社会需求的同时施展俘获人心的魔法。

这个世界上有这样一群消费者：他们对所钟爱的品牌方方面面了如指掌、津津乐道；他们对品牌的忠实犹如宗教信徒般虔诚，并身体力行地充当品牌的卫道士，对来自他人的任何诋毁都极力辩解甚至是回击；他们有意和其他品牌的拥护者区别开来，甚至对其他消费群嗤之以鼻；他们积极参加该品牌举办的各种活动，并为自己是该品牌的追随者而感到骄傲；这群信徒同时也是传教士，将该品牌提供的一系列满足，包括物质和精神的，不遗余力地向其他消费者推荐。这就是所谓的"品牌崇拜"。苹果手机就是这样一个让无数消费者为之膜拜的"宗教化品牌"。

宗教力量的强大，在于它能够以自己的价值观去影响无数世人的生活理念和行为准则。

伟大的品牌也同样能使消费者在品牌核心价值观的感召下集结起来，对品牌的价值观形成认同和归属感。

随着信息时代的飞速发展，电子展品的更新换代更是日新月异。在今天，可供人们挑选的数码产品更是琳琅满目。联想，在与苹果iPhone的背水一战中，首先要制定的战略目标应该是把你的品牌经营成宗教信仰。

### 寻找品牌宗教的DNA

让品牌拥有宗教的DNA先要解决品牌价值观的问题。当品牌成为一个消费者所信仰的图腾时，消费者所购买的已经不是产品的本身，而是这个品牌本身所特有的一种价值观。这种价值观也许是一种生活方式、一种生活态度、一种人生追求。当这种价值观通过适合的载体与消费者实现了深度的沟通并同消费者引起心里共鸣，得到消费者的追捧时，品牌已经超越产品实体本身，拥有了生命力。

苹果品牌的价值观理念："独立、自由、时尚"，迅速在全球市场受到新一代年轻人的崇拜。甚至连美国总统奥巴马手中的ipod也被媒体誉为"当代美国文化的标志"。不光是苹果，人们为了买一个LV手包可以省吃俭用大半年；可口可乐卖遍了世界上的任何一个地方，就那么一种口味却魅力百年不减；一条价值10元的领带贴上皮尔·卡丹的标签可以卖到上千元。这一切都是它的品牌DNA在作祟。

一个合适的价值观是保证品牌快速、健康成长的必要条件。

### 创新让品牌更受尊敬

缺失价值观的品牌如同没有色彩的风景，没有灵魂的肉体，无法进入人们的视线，左右人们的感情。而缺少创新的品牌，就如同没有新鲜血液的肌体，终究不会走得长远。

苹果以其"一直被模仿，从未被超越"的优越感领先于电子品消费市场，创新是它不竭的动力。从"贵族文化"到"年轻化"再到"时尚化"，苹果品牌一直为消费者提供新鲜的概念和多元的服务。

在中国，电子类产品一直处于一个尴尬的地位——"山寨"。多年做OEM起家的中国企业品牌意识形成的时间较晚，并且品牌保护力度不够。因此模仿大品牌成为众多商家的选择。借鉴别人的优点本无可厚非，或是通过借大品牌的势宣传自己也是可以的，但是不要走入盲目跟随的误区，这样不仅不会讨消费者喜欢，反而影响品牌自身的发展。

### 品牌精致化提升中国企业核心竞争力

或许苹果公司无法代表所有的美国文化的底蕴，可是其却将美妙的工艺设计完美地展现给了世人，卓越的设计理念让人们无法抵挡这"糖衣炮弹"。苹果产品衍生出来的产业链是很庞大的，迪士尼、YouTube、谷歌、Facebook、Twitter、eBay以及各国电信运营商、好莱坞众多电影公司、各大媒体等，这些大多数都已经和苹果进行了深度合作，苹果零售店已经把苹果的文化带到了全世界。

苹果的品牌文化由美国文化衍生，又代表了美国文化。作为中国消费类电子产品的领军品牌——联想，拥有中国深厚文化，这种得天独厚的资源应该加以开发和利用。利用古今圣贤、名家的智慧和思想让品牌更加厚重和有智慧。正如早年联想电脑的广告语"人类没有联想，世界将会怎样？"所暗含的意义一样，站在关注人类的思想的高度去提升自己的品牌形象和地位。面对来势凶猛的国际大牌，中国的品牌要走出品牌意识淡薄的困境，更要走出盲目跟风的误区，在中国的文化里寻找、打造品牌文化，从而沉淀出专属于你自己的品牌个性。

做品牌要保持一颗工匠心，千里之行始于足下，借势中国传统文化底蕴，用精益求精、脚踏实地的态度做好中国的品牌。未来品牌的竞争是文化的竞争，而中国人的生活理念正在逐渐影响着世界，具有深厚传统东方文化底蕴的中国将会迎来更多的机遇。文化包含很多内容，其中一点是精致化，而品牌中的精致化是品牌制胜的法宝。

资料来源：世界经理人网，http://www.ceconline.com/strategy/ma/8800062444/02/。

## 本章小结

品牌关系的实质就是品牌能力与消费者需求之间的对接，相互吸引认知、信任、使用体验、满意、进而忠诚，达到共鸣共赢的关系。品牌关系在环境的变幻中持续发展，由于大众市场转向分众市场，媒体的受众分割，从单向沟通转为双向沟通的背景下，企业要更换品牌关系理念。营销环境发生了变化，然而传统品牌管理却没有跟上时代的步伐，它仍然把品牌看成企业自己的东西，一种商标权，一种与竞争者相区别的标识。在现今的市场环境中，企业要把消费者的意愿作为品牌管理的构建基石。

品牌关系质量是用来衡量品牌关系的强度、稳定性和持续性。品牌关系质量用以直接描述品牌与消费者关系的状态，包括关系强度和关系时间的长度两部分。品牌关系质量是判断品牌关系是否良好的一个重要指标，品牌关系强度强调的是关系的深度，包括亲密性、排他性、信任度等几个方面；而品牌关系时间的长度则体现在承诺和忠诚上，我们认为给予更多承诺和对品牌越忠诚的顾客，品牌与消费者的关系也越长。品牌关系质量的六个维度是爱与激情、自我联结、相互依赖、承诺、亲密、品牌伴侣品质。

品牌关系是消费者对品牌的态度和品牌对消费者的态度之间的互动。良好的品牌关系对企业具有很重要的意义，因此营销者应该制定科学的品牌关系策略来提升品牌关系。制定策略之前首先要弄清品牌关系的形成机制和驱动因素，这是制定品牌关系策略的出发点和立足点。

就品牌关系形成机制而言，品牌是品牌关系的经营者，品牌体验是品牌关系的催化剂，品牌关系的目的是顾客价值。价值因素、定位因素、知识因素是品牌关系建设的立足点。企业可以通过挖掘品牌核心价值、准确进行品牌定位、创造事件，获得持久的品牌体验进行品牌关系建设。

## 能力培养指导

通过本章的学习，学生应该能做到：
1. 识别企业品牌关系建设的举措，评价举措的恰当性。
2. 识别企业品牌关系问题，并能够提出应对思路和具体措施。

## 案例应用

普洱茶——香飘天下

**1. 市场及竞争概况**

由于近年来，普洱茶在国外逐渐风靡，导致国内市场对普洱茶的需求也逐渐兴旺，诸多企业与商家不断进入普洱茶市场，形成群雄逐鹿的局面。虽然就目前来说，市场尚处于上升趋势，各方诸侯依靠传统的价格、渠道竞争仍有生存的空间。但从长远来看，普洱茶市场必将在三五年之内重新洗牌。可以预料，那些不具备足够的竞争实力、没有品牌意识的竞争者必将被清扫出局，能够存活下来的，将是一批具有品牌意识、并塑造出具有自身特色的强势品牌。

另外，国际品牌"立顿""团宁"已经进驻中国市场，其规范化的市场运作，强烈的品牌意识，迎合消费者心理需求的营销模式，必将不断蚕食中国的茶叶市场，也将培养消费者茶叶消费的品牌意识。中国本土企业要参与竞争，必须跟上国际品牌的步伐，否则就将落到为国际品牌提供原材料的尴尬境地，如同当下云南咖啡的现状。

当今茶叶市场，真可谓："群雄逐鹿，外强肆掠，烽烟四起。但问英雄何处？"

然而，在此危难时机，一方面，消费者对茶叶带有中国传统的情节，对本土品牌情有独钟。同时云南省政府为本土普洱茶企业提供利好条件。云南省政府积极关注本土茶叶市场及企业的发展，为本土茶叶企业提供了良好的发展平台。作为云南农业产业化企业的茶叶集团，必须抓住这个机会，为普洱茶生产及市场营销提出新的行业标准，一方面营造良好的普洱茶市场环境，另一方面在规范的市场环境中树立自身的领导者形象，同时真正打造出一个普洱茶的强势品牌，应对未来更激烈的品牌竞争。

**2. 消费概况及分析**

分析过市场及竞争态势，我们再观茶叶消费者的需求状况。从传统来看，在中国，茶叶往往与其他的生活物品联系在一起，"柴、米、油、盐、酱、醋、茶"，将茶列为国人一天生活之必需；逢年过节送礼必备"烟、酒、茶"，将茶视为维护关系、联络感情之物。

而随着人们生活与需求的不断变化，人们对茶叶特别是普洱茶又增加了诸多新的认识与需求。总体来看，当下消费者对茶叶的消费需求主要有以下几方面：

（1）个人消费者

年龄、收入、工作性质、生活习惯、个人性格、居住城市等因素都会影响个人消费行为。茶作为一种饮料消费，按消费心理和消费目的大致可分为时尚消费、习惯消费、功能消费、家庭消费。

时尚消费的对象主要为城市青年。他们讲究情调、追赶时髦，受媒体广告影响最大，明星效应也不容忽视。雀巢咖啡在中国市场的成功并非因为"味道好极了"，因为在此之前，大多数国人并没有喝过咖啡，更无从谈起速溶咖啡与现煮咖啡的区别。雀巢的成功很大程度上是缘于大陆青年对国外生活方式的向往，把喝咖啡当成一种时尚。要抓住未来消费者势力，就必须吸引年轻的消费者，在时尚消费上下功夫。

习惯消费的主要对象为爱茶一族，这些消费者有自己喜爱的茶叶品种或品牌，消费惯性强，较难改变。由于区域不同，对茶的品种选择也会不同。如北方人爱喝茉莉花茶、华南地区的爱喝乌龙或铁观音、华东地区的爱喝绿茶、内蒙和西藏的少数民族偏爱砖茶等。这种消费者大多选择当地产的名茶，对袋泡茶有误解，认为袋茶是用边角废料加工的。因此，这种消费者大多对袋茶不屑一顾。

功能消费的主要对象为女性或中老年人，如各种减肥茶、美容茶、保健茶等都是针对这种消费市场开发的产品。这类产品大多注重功能而忽略口味，一旦产品无法达到消费者的期望效果，就会被消费者遗弃。由于这类产品的广告宣传常常过分夸大使用效果，因此，在这种消费形式中，口碑宣传更胜过广告。

家庭消费指普通家庭的日常消费。俗话说，清早开门七件事——柴、米、油、盐、酱、醋、茶。由此可见，茶是家庭日常生活不可缺少的。家庭消费品的购买者主要是家庭主妇，而城市女性大多有逛商场的嗜好，因此大型商场的促销活动对其吸引力较大。

（2）旅游消费者

茶在中国长期以来被视为土特产，不同的地方盛产不同的茶。如：西湖龙井、信阳毛尖、台湾乌龙、福建雪芽、洞庭春、武夷肉桂等。到杭州旅游的人不会忘了买地道的西湖龙井，到云南旅游的人也会带上一些普洱茶。

游客的消费行为多为一次性消费，因此当地的不法商贩往往以次充好，获取暴利。在这些名茶故乡，产品信誉度较高的多为当地的国营茶场或土产公司下属企业的产品，其品牌在当地有一定知名度。由于这些企业规模较小且经营观念陈旧，无法做长远的品牌营销战略，主要靠口碑宣传和自然销售的模式，市场份额十分有限。

（3）礼品消费者

中国人传统的三大礼品是烟、酒、茶。在这三项礼品中，唯有茶是老少皆宜，且有益健康。因此，无论在传统佳节还是在各种公关活动中，高档名茶都是消费者的首选。这种消费特点是喝茶的人不买，买茶的人不喝。送礼者最忌讳的是花了钱却看不出来，得不到送礼对象的认可。因此，产品的外包装、知名度和销售场所是其主要的购买动机。

（4）团体消费者

团体消费指以团体购买为主的消费形势，这种消费的特点是消费选择权集中在少数人手中，而直接使用产品的人大多没有选择的机会。团体消费又分宾馆、酒店等公共消费场所的消费和办公室消费两种。宾馆、酒店等的消费多由专职部门负责，其消费品种选择除品牌、价格、品质因素外，更存在人情和信任程度等因素。办公室消费一般由企业后勤人员负责，可否及时送货上门是很重要的决定因素。

（5）专业场所消费者

专业场所指以品茶为主要目的的茶艺馆、茶楼、茶馆等。这些场所最能集中体现中国茶文化，是极品茶、高档茶的主要消费区域。但由于这些场所需要高利润来维持，其选购的茶多带有一些神秘性，不希望价格公开，因此，对市场价格统一的品牌茶有一定排斥。作为中国茶消费的顶级层次，这个市场具有示范作用，也应引起足够的重视。

**3. 品牌战略及推广策略**

通过对消费者的分析，我们可制定出相应的品牌战略。

个人/家庭消费。品牌战略：销售——获取规模效益；市场——提升品牌知名度；多品牌策略——高端走文化，中端走时尚，低端走健康。

旅游消费。品牌战略：销售——获取单品高利润；市场——营造本土名优特产形象；游客分众营销策略——特殊的媒体、特殊的渠道、特殊的促销。

礼品消费。品牌战略：销售——获取单品高利润；市场——树立高品位与品质形象；高端形象策略——抓住礼品消费心理，以形象获取消费者。

团体消费。品牌战略：销售——获得稳步利益增长；市场——树立商务消费形象；增值服务策略——以附加价值吸引并留住顾客。

专业场所消费。品牌战略：销售——获取稳定收益；市场——赢得口碑、专业形象；专业服务策略——以专业对专业，特别服务赢得核心顾客。

下面，对各种策略分别进行阐述，使目标、策略、执行方式等更趋于清晰。

（1）个人或家庭消费——多品牌策略

在现代市场，消费者对同一种产品具有不同的需求。尽管同一种产品能满足不同消费者的多种需求，但同一个品牌的产品不能尝试去满足所有的消费者，否则，消费者对品牌的印象就会造成模糊，难以树立品牌。因此面对消费者的不同需求，在企业品牌之下，推出多个品牌，迎合不同消费者的需求。

高端的商务及政府人士，具有较高的消费能力及文化需求，应针对性地推出具有高品质的产品，并赋予浓郁的品牌文化内涵。制定高端价格，主要以各高级茶楼、礼品专柜作为推广渠道。

城市新兴白领阶层，他们对中国的茶叶文化有自己个性的理解，应针对性地推出时尚型茶品牌，传播新型的消费及生活文化方式，可根据消费者不同的时尚需求推出不同的系列。品牌的设计与推广应注意加入时尚元素，赋予中国千年传统的普洱茶以新鲜的活力，赢得年轻消费势力的芳心。由于年轻白领阶层通常为咖啡、零食、时尚饮料的消费者，因此，可在销售渠道及推广方式上多借鉴，也可采用捆绑方式进行促销。

应对大众家庭消费，可推出大众健康型品牌，传播普洱茶的绿色保健功能。由于家庭消费品的购买者主要为家庭妇女，因此，应在销售终端积极采取生动化陈列、现场促销、折扣搭赠、小礼品赠送等推广方式。

（2）旅游消费——分众营销策略

通常旅游购买者都是外地消费者，影响其对当地土特产的购买因素主要有：以前形成的认识；当地熟人的推荐；站点及旅游景点附近的广告及卖点的影响；产品的包装是否体现当地文化。还有，一般来说，很多旅游的游客购买的土特产大多是赠送家乡的亲人、朋友，因此包装是否具有档次也是其考虑的因素。

所以，应针对游行购买者专门设计纪念装，结合外地游客对云南文化的认识与理解，设计具有云南特色文化内涵的各式纪念装，满足游客的购买需求。

在推广渠道上，应选取游客出入较多的站点、旅游景点做广告宣传，比如媒体投放、导游推荐、专卖店设置等，并在站点、旅游景点附近的销售终端进行集中铺货。在促销方式上可选择民族特色纪念品赠送、搭赠便宜装等形式吸引游客。

同时，还应保证茶叶的品质。因为作为旅游产品，会更多地受到口碑效应的影响。

（3）礼品消费——高端形象策略

中国是非常注重送礼的国家，由于近年来对礼品馈赠有贬斥的现象，因此，人们在选择礼品时更多选择赠送具有健康、文化内涵的礼品。在"烟、酒、茶"中，茶叶逐渐成为人们赠礼的首选。

由于礼品讲求档次、形象，因此消费者更多的讲究心理接受价位，而对实际的价值考虑不多。因此，如何制造高贵的形象是礼品营销的关键。抬高产品的形象重点在于制造"托"，从做茶叶推广的角度来看，"托"有几个方面：①品牌的形象或企业的实力，即品牌的背景、广告的形象；②包装，即产品的包装设计、包装的规格、包装的材质等；③价格，即价格的高低；④销售环境，即售点的环境设计、售点的位置；⑤人员推销，即人员的服装、谈吐、气质等。

因此，推广茶叶礼品装，应在包装档次及设计上下功夫，在渠道上选择专卖、专营、专柜等形式，营造优雅的销售环境，加强销售人员的挑选及专业推销技巧培训。同时在礼品的品牌名称、广告设计、媒体选择上与大众品牌区分开来。

### （4）团体消费——增值服务策略

应该说，团体消费的购买者更多的是在确保产品品质的基础上，会对价格及便利提出要求，因此需要制定合理的批量销售价格及销售服务。同时由于团体消费的购买者具有特殊性——购买者是消费者的一个代表，因此，企业需要为购买者提供更多的便利以及附加的赠品以维护客户关系。

团体消费从某种角度来说，也是树立品牌形象的一个渠道，团体消费一般都是大型企业或单位，其消费从某种角度上来说，也等于在为品牌树立形象。企业可以通过搭赠富有品牌形象的饮水纸杯、茶杯、茶壶等形式，既维护了客户关系，又能宣传品牌形象。

### （5）专业场所消费——专业服务策略

对于专业场所来说，消费者可以分为两种：一是专业场所的经营者，二是这些场所的消费者。不管是经营者还是消费者，通常他们都对茶道有所研究，他们的消费行为以及间接评价往往会影响周围的消费者。而一旦赢得了这部分消费者的支持，品牌将通过他们的口碑效应不断获得新的消费者。

因此提供高品质的产品以及专业的服务是对专业场所进行推广的必经之道，需要对专业场所提供促销支持，并配合进行专业茶艺服务。不光把专业场所作为销售的渠道，更要视为宣传推广的渠道。

作为形象树立及宣传渠道，在销售渠道所到的省市，专门设计"普洱茶文化体验会所"，为专业的茶研究者、茶品味者提供特殊品牌会所，也将为企业带来丰厚回报。

### 4. 品牌推广阶段性目标

完成了对消费群体的分析及对应的推广策略，可制定分步骤的品牌推广目标。对于企业来说，品牌推广的目的在于为长期及短期的销售服务。如何令品牌推广与销售提升有机结合是品牌推广应考虑的问题。

有的企业在执行过程中，往往会为了销量牺牲品牌，而有的企业又被广告公司牵着鼻子走，到头来是赔了夫人又折兵。"商场如战场，知己知彼，方可百战不殆"是大家公认的，但是，人们往往把重点放在"知彼"上，忽略了"知己"。因此，企业必须制定明确的市场目标，统一安排部署，清楚每一个阶段的目的，才不会乱了阵脚。

### 5. 周期性推广策略

通过计划性的品牌推广活动，使品牌的成长具有连续性，同时使消费者感觉到品牌默默地与他们同在，使品牌形象、核心主张在消费者心目中潜移默化，成长为一个真正的品牌。

一般来说周期性的推广能够不断地积累经验，使推广日趋成熟，其成效依赖于长期的执行与积累；而临时性的策划则具有偶然性、不可测性，但如果抓住临时的机会，有效地进行品牌推广，将对品牌的提升起到难以预计的效果。

事件营销就是借助临时或周期性的热点事件，借势对品牌进行关联炒作。蒙牛借助神五升空就是事件营销的一个范例。自 SARS、禽流感以来，国人对健康的关注越来越强烈，可借助健康事件有效地宣传自身健康形象。

同时，近年来，茶叶行业及普洱茶领域均不断有热点新闻出现，不管是利好还是利坏新闻，都可以从某一角度与自身品牌形象进行捆绑，进行事件营销，特别是全民关注率非常高的事件，比如奥运会、世界杯等，如果能有效利用，必将快速有效提升品牌知名度，塑造品牌形象。

节日营销主要是礼品市场的推广，最具有深厚文化底蕴的茶，越来越具有替代烟、酒、保健品，成为消费者送礼首选的趋势。节日是送礼的最好时机，也是礼品促销的最好时机。如何针对不同的节日，迎合送礼心理需求，策划不同的宣传主题进行促销，是做好茶叶礼品市场的关键。

同时节日也是消费者集中采购、尝试新品的最佳时机，如能结合礼品促销、进行大众宣传，也将会快速大幅地提升品牌知名度，树立起品牌形象。

资料来源：作者根据互联网相关资料进行整理。

【讨论题】

1. 普洱茶应该如何进行市场定位？
2. 你认为普洱茶在顾客生活中应该扮演什么角色？

**案例应用 2**

迪士尼：快乐是被管理出来的

通过不断创新和大手笔的商业化扩张，迪士尼成为娱乐经济的王国。而快乐，是其成功的核心竞争力。从迪士尼动画、到迪士尼乐园、再到迪士尼游戏，无不散发着快乐的因子。这种快乐，其实是通过一系列的管理达成的。

1. 管理快乐从招聘开始

在招聘的时候，即使是面试实习生，迪士尼的要求也与动画片的卡通人物几乎没有差别，那就是"百分百快乐"，即能够在工作的时候是发自内心的快乐、开朗、自信，并能感染他人的、百分百的快乐。如果面试者在语速和语调上显得不够自信和大方，很可能就会被淘汰。

新员工入职前，上至高级经理，下到临时职员或导游，都必须在迪士尼大学接受为期三天的岗前培训。先灌输公司的文化理念，然后用师傅带徒弟的方式在实地进行培训。目的是让员工理解自己的角色，理解自己与其他员工的关系，理解自己与公司的关系，习惯和接受各种新鲜的词汇和称呼，真正成为迪士尼快乐的一员。其中最重要的，就是要深刻理解迪士尼的文化传统：创造快乐，不仅是给游客的，也是给"演职人员"和"幻想工程"的。

新员工到迪士尼乐园上班的第一天，管理者不会说"你的工作是保持这条大道的清洁"，而是"你的工作就是创造欢乐"。公司没有"人事部"，只有"角色分派中心"；员工从事的职务不叫"岗位"，而是"角色"；员工不称为"职员"，而是"演员"；每天上班换上所扮演角色的服装，那不是"制服""工作服"，而是"戏服"；乐园不是员工的"工作场所"，而是为大众"提供娱乐的大舞台"。不管是白雪公主的扮演者，还是普通的清洁工，都是乐园的"主人"。米老鼠、唐老鸭是表演的道具，员工工作的核心就是利用这些道具，扮演能够创造快乐的角色，从而"制造欢乐"。比如，当游客询问"你叫什么名字"，员工要回答的是某位与自己装扮角色最吻合的"卡通人物"，而不是自己的名字。

迪士尼会发给所有员工一部令人叹为观止的《员工手册》，里面不仅讲述了美国一家四代老汤姆、汤姆、小汤姆和小小汤姆在迪士尼四世同堂搞聚会的故事，还细致规定了员工的表情管理、动作管理和情绪管理。如果员工心情不佳，甚至可以向管理部门申请休假。所有游客感受到的迪士尼乐园无处不在的欢乐，就是这样被管理出来的。

快乐还贯穿于迪士尼工作的每时每刻。一位迪士尼乐园的经理讲述了一件她亲身经历的事：有一天我们团队在会议室开会，大家苦于没有灵感，陷入僵局。突然，米奇和米妮来到了会议室，跟所有人打招呼问好。所有同事都感到无比兴奋，好像又重新充满了力量。米奇和米妮离开后，领导说，大家不要觉得辛苦，看看米奇、米妮带给游客的快乐，正是我们在这里努力的原因。

2. 让快乐引领创新

创新是无法量化的，创新在于每一天员工都有新鲜的想法，为难题寻找新的解决方案。基于此，迪士尼坚持为员工营造一个快乐的、鼓励充分参与的工作环境。

一方面，迪士尼有一个专门负责创新的机构：幻想工程，负责所有迪士尼主题乐园、度假区、景点、游轮、房地产开发及世界各地区娱乐场地的、从概念至建筑的工作。这保证了迪士尼持续创新的可能。幻想工程部门里的员工统统叫作"幻想工程师"，有来自140多个不同学科的创意及技术专业人士的团队合作及协同共事。

另一方面，迪士尼打破了公司内部的等级划分，保证了让每一位员工都有发表自己想法的机会。在卡通片的制作过程中，制作动画片的总裁和副总裁以及经理和董事会副主席一起讨论各个部门汇集的意见，确定最佳方案。随着工程的进展，导演、艺术指导、幕后指挥全都加入到献计献策的计划讨论中，讨论最终达成一致意见。然后进行动画绘图、拍摄、配音、剪辑，一直到电影拍完，都是集体智慧的结晶。

迪士尼还努力去实现员工的创意和合理化建议。20世纪50年代建立第一个迪士尼乐园时，创始人沃特·迪士尼常常让所有员工，从电工到行政人员，来测试所完成的每个部分。公园开幕那一天，一切都迫在眉睫，沃特·迪士尼却请看门人、电梯操作者或者其他层次较低的雇员提出批评意见。一个建筑工人，在乐园内游玩之后，告诉老板《加勒比海盗》里缺少点东西，但我想不出是什么"。"再去试一试，直到找到为止。"沃特·迪士尼告诉他。最后，这个员工终于发现毛病之所在。在赤道气候条件下，晚上一定有许许多多的萤火虫，但在这里却没有。一条简短的意见，令沃特·迪士尼非常高兴，他亲自监制，保证在《加勒比海盗》剧中的夜晚有萤火虫飞来飞去。

迪士尼内部还有一种方法叫集体公开讨论，这是沃特·迪士尼创造出的一种征集员工建议的方法。就是让所有员工把想法或创意写在卡片上，然后挂在一块板子或墙上，供大家观看，让画家把自己的草图按照次序钉在工作室墙上。这种方法形象、系统，保留了整个过程各个阶段解决问题产生创意的灵活性。如果故事的发展有问题，或者卡通人物未能按要求完成，可以随时进行改动，并且把各种草图来回调换，改变方向，插入他认为过去遗漏的东西，或是去掉一些他认为没有意思的图片。这种交流方式，让公司上下所有人都为了解决问题而努力工作，从而团结在了一起。

资料来源：作者根据互联网相关资料进行整理。

**思考题：**

结合案例并搜集更多有关迪士尼的资料，运用品牌关系策略的相关知识阐述迪士尼是如何进行品牌关系管理的。

# 第16章 品牌应用新领域

## 学习目标

1. 理解服务品牌的分类及管理原则
2. 理解工业品品牌营销特点及与消费品品牌营销的不同
3. 了解个人品牌建设的作用及步骤
4. 了解雇主品牌建设的作用

**实践中的服务品牌**

麦当劳：让改变发生

**1. 麦当劳在进化**

麦当劳在美国是以快餐起家，目前美国麦当劳超过一半的收入来自它的免下车快速服务品牌：得来速。而在中国，它代表的是美式餐饮。麦当劳主要经营的：汉堡、薯条、炸鸡块、可乐等，通常被中国消费者认为是休闲的西式餐点，而非主食，麦当劳在中国俨然成为了休闲连锁餐饮。再加之，步行街商圈旺铺的店址、舒适的就餐环境、欢乐的背景音乐、儿童游乐园的设置等也无形中都强化了这点。

目前，麦当劳店面装潢风格的升级和其他服务内容的增加，是吻合中国消费者对其休闲餐饮的定位，这些举动会强化其休闲餐饮的特征。

麦当劳店面形象升级开始于2010年12月。麦当劳将北京繁华地段的王府井、新东安、灯市口、新世界四家餐厅集体升级装潢。设计采用源自欧洲的LIM（化繁为简）设计风格，它由来自法国的知名设计师Philippe Avanzi设计。他同时也负责伦敦奥运会场馆内的麦当劳餐厅的设计。形象升级共有三个主题，分别是：悦享美食（Food）、至潮体验（Extreme）和炫彩活力（Fresh）。这是麦当劳进入中国20周年后的一个最重大的举措。

这三种先锋、时尚风格的设计，都是围绕年轻人而定制，和之前设置"儿童开心乐园"和"儿童餐"吸引儿童和家长的做法有很大的不同。

"LIM设计致力于为不同消费者的不同需要提供多种便利和可能性。比如通过餐厅座位区和背景墙的多元设置，提供餐饮、商务和休闲的多种可能，让消费者在繁忙之余各取所需、享受片刻轻松，让每个人都能在这里找到专属的至捷美食体验。"这种焕然一新的感觉，会有什么影响呢？

一方面，面对这样的改变，儿童和家长会降低消费频次，麦当劳将失去这群顾客。另一方面，为吸引这群年轻人，麦当劳要面对年轻人所钟爱的、更有特色的其他咖啡馆、主题餐厅的竞争。

强化"用餐体验"是麦当劳店面升级的初衷，也是其推动美式快餐品类在中国的进化。"崭新升级的餐厅将成为我们在中国的新形象，引领公司未来20年的高速发展"，麦当劳中国公司首席执行官曾启山如是说。这也是其面对肯德基、汉堡王、赛百味等美式快餐竞争所采取的必要竞争举措。

麦当劳这次形象升级除了来自欧洲的LIM形象，新形象餐厅还有来自澳大利亚的FORM和ALLEGRO设计风格。五种不同的形象风格会不会使消费者产生混乱？这个担心是有必要的。连锁餐饮之所以能够依靠规模化高速成长，就在于店铺统一视觉形象和统一菜单给消费者带来的稳定性，多种形象、多种店铺，会干扰消费者。

麦当劳配合此次店面装潢的升级，同时宣布将深化推出一系列"至潮至捷"的服务满足年轻一代的消费需求。由此，麦当劳店面装潢的升级，可以理解为品牌必要的进化；而不同业务领域的发展，为其利用分化趋势，开创新品牌制造了难得的机会。可能未来麦当劳会根据市场的分化，独立操作旗下品牌：得来速——针对高速公路休息区的快速餐饮服务；麦乐送——专门的外卖服务品牌；时尚休闲的LIM餐厅。未来应该尽量使这几个品牌独立起来。甜品店、McCafe只要在市场条件允许的情况下，同样也有分拆独立的机会和可能性。

**2. 真功夫该不该跟进**

同样是店铺形象升级，麦当劳是吻合它在顾客心智中的定位，朝着"休闲餐饮"方向做品牌进化。而真功夫则不同，"中国味道"不仅仅是店铺形象的升级——在这次变革中，真功夫还在菜单上添加很多稀释"中式米饭快餐"定位的菜品。

我们认为麦当劳的店铺形象升级，不会威胁到中式快餐品牌的生意。从这个层面上来讲，两者并不是直接竞争对手。相应地，真功夫更不应该跟进。

真功夫现在这种做法的危险在于，增加全时段菜单无疑是将所有中式餐饮都列为竞争对手，甚至包括甜品店、茶餐厅、粥店、肠粉店等。

不要忘记自己是如何成功的。制定营销战略的过程中，经常要求企业要回顾自己的成功历程。真功夫今天为菜单做加法的举动，和它成功的真正原因，背道而驰。

1997年，真功夫创始人之一蔡达标借助华南理工大学科研力量，与华工教授共同研发了电脑程控蒸汽柜，一举解决了困扰中式快餐多年的标准化难题。2004年，第一家真功夫餐厅在广州开业。从第一家餐厅开始，真功夫就以"营养、美味、快捷的中式快餐"为定位，受到关注健康、忙碌生活的消费者喜爱与拥戴。

发展至2007年，真功夫已经在中式快餐连锁领域处于领先位置，但是菜单涵盖米饭、面条、米线等各个品类，种类过多，缺少代表性品项，导致特点不突出，未能有效简化顾客决策，无法让顾客留下深刻印象。调查发现，很多区域的消费者甚至以为真功夫是一个健身连锁机构或者武术培训机构。

2008年真功夫进行了战略重整。首要的课题就是研究中餐品类的分化趋势，找到真功夫最值得聚焦和代表的品类。从市场分化的趋势来看，米饭快餐是中式快餐中未来最具有价值的品类，而米饭套餐占据真功夫总营业额的80%左右，具有良好的基础。真功夫期望成为中式快餐领导者，必须进一步明确占据该品类。鉴于真功夫当时的菜品中，香汁排骨饭全国销售第一，遥遥领先于其他产品；排骨也是最为大众的菜品，适合全国性推广。因此，真功夫决定进一步聚焦米饭，强化香汁排骨饭，作为真功夫的代表品项。

与其他的中式快餐品牌相比，真功夫最大的优势在于解决了困扰中式快餐多年的标准化难题，解决了出餐速度慢的问题，而速度恰恰是快餐行业的根本属性之一。但是真功夫长期以来在"休闲餐饮"与"快速餐饮"之间摇摆，成骑墙之势，未能充分释放自身优势，造成极大资源浪费。因此，真功夫在聚焦米饭快餐品类、确定香汁排骨饭为代表品项的基础上，确定了"快速"的品牌定位，向消费者公开承诺"60 秒到手"（这个出餐速度甚至超越了麦当劳和肯德基在某些区域和某些时段的运营水准），并以此指引真功夫的产品研发、门店选址、市场拓展等内部运营的调整，从而促进形成整体竞争优势。

围绕这个战略，真功夫进行了多项调整，包括调整菜单，将米线和面条从菜单中剔除；改变以前同时提供七八款汤品的做法，改为集中供应一两款最受欢迎的汤品；门店选址改变以前侧重在休闲观光区域开店的做法，改为集中于机场、车站、城市 CBD 等对出餐速度有需求的区域开店；内部运营上加强对出餐速度的考核，并以此为标准考核新品研发等。

通过聚焦米饭、聚焦快速，真功夫的运营水准进一步提升，为后续发展奠定了坚实的基础。2008 年 12 月 22 日，真功夫宣布米饭快餐年销量突破 5000 万份，第 300 家店正式开业，首创两项行业新高。2010 年 4 月 7 日，中式快餐行业首所企业大学——真功夫米饭大学正式成立。2010 年 4 月，由中国烹饪协会首次发布的中国快餐 50 强榜单中，真功夫成为唯一入围快餐前五强的本土快餐品牌，年销售额已经超过 20 亿元人民币。

这次"中国味道"的变革，是真功夫成立 17 年来最大动作之一。其中包括突破性地引入"全时段菜单"理念，早、中、晚、休闲、宵夜共 5 个时段来调整和设计产品结构。提供全时段菜单会与快餐相背离。菜单上的选择越多，要快速提供美味食物就越难。

为了吸引消费者，而增加菜单上的选择，会增大菜单的尺寸，最终降低食物的质量和服务的速度。肯德基在中国推出的东方既白的问题就在于没有主打品项，或者说过多的品项模糊了消费者的选择，而没有被消费者清晰的认知。

目前，真功夫推出的一系列新品包括：早餐新增生滚粥、五谷花色粥、酸菜肉丝汤米粉等；正餐新增鱼香茄子、香干炒肉、宫保鸡丁、酸菜卤肉等；而休闲时段产品多达 29 种，Q蛋仔、桂花龟苓膏、五谷杂粮饮品、酸梅汁、生滚粥、鸳鸯肠粉、小丸子凉粉、银耳炖木瓜等。我们认为，所有这些扩张行动都是欠缺考量的，这会把管理层的时间和精力从米饭快餐这一主要产品线上转移！

还有，"中国味道"店面装潢升级方案中应用到了筷子、水墨画和脸谱，这在一定程度上突出了店面的中式设计风格，但在一定程度上也冲淡原有功夫巨星的形象，使真功夫品牌的视觉系统发生混乱，失去焦点。

资料来源：李亮. 麦当劳：让改变发生. 中国营销传播网, www.emkt.com.cn, 2012-09-04.

**评述：中式快餐如何定位**

根据《2010 年中国餐饮行业分析报告》中的数据：2010 年快餐送餐的营业总额为 551.89 亿元，占百强营业额 39.54%；休闲餐饮以 65.63 亿元的销售总额，仅占 4.7%。作为餐饮大品类中增长速度最快的中式快餐，更是最近几年被整个餐饮行业所关注的焦点。据有关数据显示，一线大城市或经济发达省份的省会城市，快餐已经占到餐饮市场份额的 50% 以上。休闲餐饮的表现，则要逊色很多。

"快餐"与"休闲餐饮"是两个差异明显的餐饮品类。快餐，望文生义，以"快速"供餐为品类核心价值。休闲餐饮,则将休闲体验、消遣娱乐作为核心,对菜品和供餐速度则放在相对次要位置。

选择品类要尽量挑选成长性好的品类进入,这样企业可以顺势而为,成功的几率也会大大提升。中式快餐的成长性明显高于休闲餐饮。

很多中式餐饮品牌希望向消费者提供更丰富的菜单,以满足各种群体的需求。但是,真功夫的实践再次证明:你无法通过向所有人出售所有商品而进入消费者心智。当你这么做时,顾客就记不住你代表的是什么。当你聚焦于某个特定的概念时,你就拥有了一个进入消费者心智的更好机会。

根据我们的研究:每个品牌,特别是快餐品牌,都需要一个焦点。聚焦品类、聚焦定位、聚焦内部的运营。通过聚焦可以带来两个帮助,在内部帮助提升运营能力,在外部帮助将信息植入消费者的心智。聚焦单一品项的餐饮,就是利用品类占位就行了的品牌定位。

随着定位观念的传播,一些企业虽然意识到了进入心智的重要,但仍无法理解聚焦,最终,定位沦为概念,坐失品牌发展的战略性机会。里斯先生曾告诉我们,他为棒约翰提供战略咨询的时候,这个企业只有四五家店,产品线长而复杂,是聚焦让这个企业产生了惊人的力量。

实际上,今天的餐饮市场,单纯从产品的角度看,很难找到明显的机会,但如果从品类分化的角度看,各个品类中的战略机会一目了然。

我们坚信,一个公司,特别是快餐服务公司,应该有一个精准的聚焦。美国市场上几乎每个主要的快餐连锁都聚焦于某种快餐类型。当然,这些快餐连锁中的大多数都有包含很多选择的全食菜单。但在顾客的心智中,每一个连锁都与某一种食物有强烈的联系。在餐饮业中,这常常被称为"招牌菜"。

美国市场上的一个例子可以证明这个定律。"波士顿烤鸡"快餐公司创建于1985年,它最初的营销战略聚焦于烤鸡。美国顾客认为烤鸡比炸鸡更美味健康,因为它所含的脂肪量更低。在早期,"波士顿烤鸡"做得非常好。1995年,波士顿烤鸡的菜单上增加了火鸡、肉馅糕和火腿。错误的是,他们认为要更改公司的名字以体现新的菜单。于是,他们更名为"波士顿市场"。三年之后,该公司破产了。我们认为,这个公司应该保留它最初的名字,无论菜单上增加了多少新品。如果快餐连锁想要在顾客的心智中建立一个强大的品牌,它就需要聚焦在某一种快餐食物类型上。

聚焦后,如何展开经营?有个重要的原则:在一个领域缓慢起步,直到公司确信其概念已经足够完善。同时,确保其品牌名已经与某个特定的概念有了牢固的联系。我们称这个原则为"在心智中占据一个词"。

毫无疑问,长期来看地理优势是快餐连锁企业的一个强有力竞争优势。麦当劳的餐厅数几乎是市场上第二位的汉堡连锁餐厅(汉堡王)的两倍。此外,平均每个麦当劳餐厅的营业额比汉堡王多83%。结果,麦当劳的利润远远超过汉堡王。2011年,麦当劳全球的净利润为43亿美元,是汉堡王全球净利润(2亿美元)的21倍。

## 16.1 服务品牌管理

### 16.1.1 服务品牌概述

1. 打造服务品牌的必要性

（1）服务的有形化、产品化

服务正在变得有形，诸如企业通过把服务项目、服务标准、服务承诺等方面量化、公示化，服务愈发趋于有形，企业的服务价值越来越容易为客户所感知。服务内容有形化、组合化加速了服务产品化。企业要想保持服务这种"产品"长远的竞争优势，那就要像打造产品品牌那样塑造服务品牌，通过品牌确立服务差异化优势。

（2）服务构成产业链条

服务已成为一些企业产业化链条的重要环节。服务不仅是让客户满意，还要靠服务赢利，把服务作为企业的利润源。各大汽车品牌丰田汽车、现代汽车、别克系列汽车都努力打造服务品牌，就是因为服务是汽车终端销售的主要利润源，目前汽销业终端流行的 4S 店其新车贸易仅占不到 20%的利润，更多的利润要依靠维修服务、配件销售、二手车置换等业务，其中维修服务的利润提供比例要超过 40%。在这种情况下，就更有必要加强并提升服务在企业发展中的地位，打造强势服务品牌。

（3）服务渠道走向"独立"

这里的"独立"是指服务渠道脱离产品销售渠道：或者外包给专业服务提供商，或者建立特许、授权模式的服务渠道。虽然目前 IT 行业企业、家电业正在打造复合型渠道，即渠道包括产品销售、服务等多功能于一身，但服务渠道实行的是外包业务。

（4）服务成为品牌营销工具

服务既是品牌营销对象，又是品牌营销工具，这一点都不夸张。在德国大众汽车流传着这样一句话：对于一个家庭而言，第一辆车是销售员销售的，而第二、第三辆乃至更多的车都是服务人员销售的。其主要原因可以从两个方面理解：第一，高技术含量（计算机、家电、汽车等）、功能性产品以及其他豪华奢侈品，服务成为消费者选择商品的最大障碍之一；第二，优良的服务可以培养消费者忠诚，通过打造服务品牌，可以使品牌从知名到美誉，乃至最后形成客户忠诚。

（5）企业热衷打服务战

通过把服务品牌化，能"制造"比竞争对手更大差异，这的确是企业竞争的最佳决胜点。目前，无论是在企业界还是理论界，"差异化"是一个时髦的词语。有些人认为目前差异化品牌营销的最大机会在渠道和传播，其实随着渠道资源正在公共化，渠道的差异机会越来越小。传播确实有很多差异化的点，可是传播做起来并不轻松，风险成本较高。其实，很多大中型企业打服务战是对的，服务质量是无止境的，差异化机会很多。如果再把服务品牌化，这就是最大的差异化。

## 2. 服务品牌的内涵与分类

### （1）服务品牌的内涵

服务品牌何以热浪滔天？在世界品牌实验室来看，服务战略（包括服务品牌营销子战略、服务管理子战略、服务发展子战略）已成为企业品牌营销战略体系的重要组成部分。服务已不再扮演产品销售的补充角色，而是从"被动"走向"主动"，开始力演品牌营销"助推器"甚至企业"摇钱树"的角色。不同企业的服务品牌是在各自不同的战略背景下诞生的。PLUS（普乐士）投影机推出专业服务品牌"贴心24"，将通过渠道整合向终端推进，以实现把"技术优势转化为服务优势，将本土生产推进到本土服务"的品牌营销战略目标，让用户享受到国际水准的专业服务。

中国社会科学院发布的2007年财经蓝皮书《中国服务业发展报告——中国服务业体制改革与创新》指出：目前整个世界的服务业增加值占国内生产总值（GDP）平均超过60%，主要发达国家则达到70%以上。这些数据有利地证明了服务对一个国家经济发展的重要性。我国正处于从工业经济向服务经济转型的时期，2005年服务业增加值占GDP的40.2%，而根据国务院下发的《关于加快发展服务业的若干意见》来看，到2020年，这一数据将超过50%。在这一经济大背景下，中国的服务业将面临前所未有的发展良机，大力发展服务品牌，抢占市场先机，应当成为企业当前思考的重要战略问题。

任何企业提供物都是产品和服务的组合。菲利普·科特勒将企业提供物分成以下五种类型：①纯粹有形商品，如牙膏、肥皂等；②伴随服务的有形商品，如汽车及其售后服务；③有形商品与服务的混合，如餐厅既有食品又有服务；④主要服务伴随小的辅助物，如航空服务与航空食品；⑤纯粹服务，如心理咨询。由于竞争的不断升级，企业竞争焦点已从过去产品质量、产品价格转变成产品与服务结合的全方位竞争。因此，即使是纯粹的有形商品，也都附带了一些咨询服务，如在洗发水、牙膏等产品包装上就印有服务热线的电话号码。为了提升竞争力，建设服务品牌已不仅是服务型企业、也是生产型企业的紧迫大事。所以，企业有必要从整体的视角来看提供物，树立"整体品牌"（Integrated Brand）的理念，整合好产品与服务品牌的关系，发挥二者的合力，将二者都纳入整体品牌建设的体系。

按照科特勒的定义，服务是一方能够向另一方提供的基本上是无形的任何活动或利益，并且不导致任何所有权的产生。在第一章我们介绍了品牌的定义，那些描述对于服务也是适用的，但服务品牌的内涵仍需结合其特点做进一步阐述。服务有着不同于产品的特点，包括无形性、易逝性、可变性、同时性等。这也决定了服务品牌的内涵与产品品牌有所不同。所谓服务品牌，是指消费者对服务有形部分的感知和服务过程的体验的总和。可以从以下两点来理解这一定义：①服务品牌的本质是消费者对服务的感知和体验；②服务品牌的重要组成部分是有形证据和服务过程。服务品牌主要由六大核心基因构成：①服务质量（Service Quality）。服务项目、服务标准、服务方式、服务承诺等诸多方面共同构成了服务质量的评价标准。服务质量构成了服务品牌的核心，提高服务质量是打造服务品牌的关键。美国权威服务营销学者潘拉索拉曼（Parasuraman）、齐瑟姆（Zeithaml）和白瑞（Berry）提出，服务质量可以用有形性、可靠性、响应性、保证性和移情性五个维度来进行测量。②服务模式。服务模式包括经营模式（如外包、特许、自主等服务扩张模式）、管理模式等方面，通过改进服务模式可以促进服务运营质量（包括服务质量、抗风险能力、持续经营能力等）的稳定性。③服务技术。服务的技术含量是决定服务质量的关键要素之一，同时通过不断创新服务技术可使企业获得持续竞争优势。比如IBM全球服务部提供诸如独立咨询顾问、业务流程与技术流程整合服务、专业系统服务、网络综合布线系统集成、人力培训、运维服务等信息技术和管理咨询服务，满足客户日益复杂和个性化的需求。④服务价格。在提升服务质量的同时企业还要严格控制服务成本，否则价格过低企业无法盈利，价格过高又很难令客户满意。⑤服务文化。服务文化是建立在客户导向上的品牌文化，是对企业品牌文化和产品品牌文化的继承和补充，它需要随着市场消费文化的变化而调整。⑥服务信誉。诚信是服务品牌的生命，对客户做出承诺而不履行是对服务品牌最严重的打击。以上六个因素，缺失任何一个都会导致服务品牌存在缺陷。

对于某一个行业来说，服务都有其共性；但从竞争的角度来讲，服务又应当有其个性。因此，应该把服务分成基本服务和附加服务两个部分。其中，基本服务是所有企业必须提供的，如洗衣机的售后维修服务；附加服务则显示出不同品牌之间的差异，如有些洗衣机保修期可能比别的品牌要长。根据赫兹伯格的双因素理论，如果服务的保健因素（即基本服务）都存在问题，那么这个品牌根本就无法生存。所以，打造服务品牌的核心任务就成了提高服务的激励因素（即附加服务）。但凡服务品牌做得成功的企业，其所提供的附加服务通常都给顾客带来独特的消费价值，如里兹—卡尔顿酒店（Ritz Carlton Hotel）要求所有员工用绅士淑女般的态度去提供服务，每一位员工都应当成为"为淑女和绅士提供服务的淑女和绅士"。

（2）服务品牌的分类

服务可分为专业服务和生产服务两类。前者由银行、旅行社、酒店、航空公司、证券公司等专门以服务为经营主业的企业提供，后者则是产品所附带的服务，如汽车、手机、彩电生产厂商附带的维修、咨询服务。因此，我们通常所说的服务品牌可能包括这两类服务的品牌，即专业服务品牌和生产服务品牌。建设专业服务品牌的必要性是显然的，因为服务是这类企业的核心业务，建立了服务品牌就拥有服务市场。而对于生产型企业来说，为什么要专门为服务打造品牌呢？目前，我国打造生产服务品牌的趋势愈演愈烈，如汽车、彩电、冰箱、空调、电脑、投影仪等行业都出现了生产服务品牌。这么多的生产型企业推出服务品牌，说明了服务对于提升生产型企业竞争力的作用越来越大；同时，也说明了品牌对于明确服务定位、规范服务质量、加强服务传播的重要意义。

3. 服务品牌与产品品牌的差异

由于服务与产品存在差异，因此服务品牌与产品品牌之间也存在不同。以下从品牌要素、品牌传播、消费者对品牌的期望与评价的一致性、品牌管理四个方面来对比二者的差异。

（1）品牌要素

品牌要素是品牌的组成部分。在产品品牌当中，品牌要素由产品、价格、包装、用途和使用者形象等几个方面构成；而在服务品牌当中，品牌要素由无形服务、服务环境、员工形象、品牌名称、价格和情感等构成。相比而言，服务品牌的要素更加无形、更依赖于环境和员工，而产品品牌则以产品为核心。比如，一提到新加坡航空，我们想到的品牌要素是新航的空姐甜美的微笑和体贴入微的服务；而一提到诺基亚手机，我们想到的品牌要素是产品质量好、价格合理、使用者形象比较年轻等。国际品牌专家沃利·奥林斯直截了当地指出，在服务行业，人就是品牌。

（2）品牌传播

产品品牌通常依靠广告、促销等营销活动来进行推广，而服务品牌虽然也会有广告、促销活动，但更多的是依靠服务的流程、员工的形象素质以及服务设施等有形展示和接触点来进行品牌传播。服务品牌的这一特征给企业的启示是，要做好服务的全过程管理，让消费者从各项服务的有形展示和全方位的服务体验当中获得对品牌的评价。

（3）消费者对品牌期望与评价的一致性

在消费者看来，产品品牌代表了该产品的功能、情感或者象征价值，而服务品牌则代表着服务过程的体验和结果的评价。这些是决定消费者品牌选择的根本原因。比如，选购Dell这一电脑品牌，是因为我们相信它具有卓越的产品质量，能帮助我们高效的工作，同时，Dell的国际品牌形象也使我们获得一定的心理满足感；而选择香格里拉这一高档酒店品牌，是因为我们相信能体验到该酒店人员训练有素的服务，能够令我们满意而归。从品牌评价来看，在产品品牌当中，消费者对品牌的评价来自于产品质量的优秀表现，而在服务品牌当中，消费者对品牌的评价则来自于员工与自己的互动过程。例如，一说到三星液晶电视，我们会评价其各项产品属性如何，而一说到中国国际旅行社，我们会评价某次我们与该旅行社员工打交道的经历。所以，对于产品品牌来说，要保证顾客品牌感知的一致性就必须对产品质量进行控制，而对服务品牌来说，要保证顾客品牌感知的一致性就要管理好顾客与员工的交互过程。

（4）品牌管理

产品品牌管理的对象是某个产品，而服务品牌管理的对象是整个企业。举个例子，宝洁公司曾经设立了很多品牌经理，专门对某个产品品牌负责，其他产品品牌则不是其职责范围；而欢乐谷主题乐园要进行品牌管理，实际上是对游客从进入乐园到走出乐园的全过程管理，这一过程牵涉到跟游客打交道的所有服务人员，包括售票员、引导员、清洁工、播音员、小卖铺售货员、节目演员、各游乐项目的工作人员等。所以说，服务品牌管理的实际上是整个企业，所有成员都必须建立品牌意识，才能将服务品牌建设好。

4. 服务品牌资产模型

2000年，美国德克萨斯A&M大学的白瑞教授（Berry）通过对14家高绩效服务企业的调研，提出了一个服务品牌资产模型。根据该模型可知，服务品牌资产由品牌知名度（Brand Awareness）和品牌内涵（Brand Meaning）两方面构成。品牌知名度是指顾客对服务品牌名称的识别和记忆程度，而品牌内涵则是顾客对服务品牌的联想和印象。由模型可知，要想培养服务品牌资产，必须建立顾客对服务品牌名称的认知和对服务品牌内涵的理解。而且，研究表明，品牌内涵对服务品牌资产的影响比品牌知名度要大，因为品牌内涵表明品牌对消费者意味着什么。我们可以把品牌知名度和品牌内涵看成是品牌资产的组成部分，也可以看成是品牌资产培育这一总目标的两个分目标。白瑞进一步提出，品牌知名度和品牌内涵受到公司展示品牌（Brand Presentation by Company）、外界品牌传播（External Brand Communication）和顾客体验（Customer Experience）这三个要素影响。各种因素的影响程度不同，模型中用实线和虚线区分开来。其中，实线表示主要影响，虚线表示次要影响。以下逐一解释这三个要素。

公司展示品牌是品牌知名度的主要影响因素，但是对品牌内涵也有一定的影响。它是指公司通过广告、公关、服务设施和人员等多种传播方式将品牌传递给顾客，使顾客熟悉品牌。在这一过程中，企业不只是强化品牌名称，还应当强调公司服务与众不同的品牌特点。尽管有些公司拥有卓越的服务质量，但还是应当以创新的方式告知顾客。譬如，速8经济型连锁酒店在 8 月 8 日举办颇具特色的速 8 日活动,吸引媒体的报道。外界品牌传播不是企业自身所展开的品牌传播活动,而是现有顾客、媒体、机构等对品牌的介绍。由于服务具有无形性,顾客在消费之前无法像有形产品一样可以通过感官接触了解,所以除了公司自己的传播,其他第三方的意见成为他们重要的参考。白瑞的调研结果是,外界品牌传播不是品牌知名度和品牌内涵的主要决定因素,但是其作用也不可忽视。这一结论与其他调研结果并不一致。AC尼尔森公司的调查表明,人们对口碑的信任要高于广告。不管怎么样,虽然公司不能直接操纵外界品牌传播,但还是可以用卓越的表现来促使外界品牌传播朝有利于自己的方向发展。

顾客体验是顾客对服务的亲身经历,是形成品牌内涵的主要决定因素。而品牌内涵是品牌资产的主要构成要素,因而顾客体验是服务企业培育品牌资产的重点。公司展示品牌虽然对品牌内涵也有一定影响,但是没有顾客体验的作用强,顾客自己的亲身体验将清晰地形成他们对品牌内涵的理解。这也是服务品牌与产品品牌根本差异之所在。由于顾客体验来自于服务交互过程质量,因此企业必须加强服务过程的管理。除了注意服务的环境、态度、准确性、及时性等服务质量要求外,还应该建立与顾客情感上的联系。实际上,品牌的真正力量来自顾客情感上的投入,这是一种超越交易层面的力量,能形成顾客亲密和依赖的感受。优秀的品牌总是能够与顾客建立起情感上的连接,如去过里兹—卡尔顿酒店的顾客都真正地"爱"上了那里。此外,由于服务过程是由员工来完成的,员工是否能以品牌作为自己行动的准则,并在服务过程中提供优异的顾客价值,对于形成良好的顾客体验是决定性的。因此必须进行品牌的内在化(Internalize the Brand),即向服务员工解释与宣传品牌,以有效而创新的沟通方式使其认识品牌,并认同品牌。在迪士尼乐园,人们能够获得难忘的快乐体验,是因为迪士尼的员工是快乐的,他们明白"迪士尼"三个字就意味着快乐。这与迪士尼的品牌核心价值——"让园内所有的人都快乐"是相符的。如果企业能够在服务的产品、流程和有形证据等方面有所创新,那么给予顾客的体验将是独特、深刻而难忘的。比如,深圳航空公司在航空用餐过程中向乘客提供自制的辣椒酱,体现了该品牌人性化的一面;一些餐厅在顾客买单的时候改进找零流程,服务员事先将零钱带来给顾客而不是收了款再去拿零钱,从而节省了顾客的等待时间;世界顶级足球俱乐部曼联在成都开设了亚洲第一家足球主题餐厅"曼联餐吧",让顾客感受到独一无二的用餐环境。

### 16.1.2 服务品牌管理的原则

英国品牌大师沃利·奥林斯(Wally Olins)是国际上经验丰富的品牌专家,曾为多家著名企业提供品牌咨询服务。他建议企业在管理服务品牌的过程中,遵循以下几条实用的原则:

1. 围绕品牌组织运营

让每个部门都能理解品牌代表什么,这样员工才能真正提供、也打心眼儿里愿意提供服务。品牌不是公司高层的事,也不是营销部门的事,而是全体员工的事。实际上,每一个员工所做的每一件事情都是在打造品牌,品牌就是在顾客与企业接触的全过程中逐渐形成的。不明白品牌意味着什么,员工的工作将是盲目的。

2. 训练员工亲历品牌

在员工培训课程上,应该把品牌意识融入其中,教会他们在品牌的规范下,什么是该做的,什么是不该做的。工作中时刻把品牌放在心上,而不是束之高阁。

### 3. 表现得体的说话方式

一提到"服务人员"四个字,我们脑海中都会浮现友好、亲切的微笑形象。服务人员应该在沟通当中体现这些形象,而说话的方式是关键。

### 4. 永远记住员工就是品牌

服务的核心是人,服务品牌也应该是员工的品牌。员工在为顾客服务的过程中,时刻要牢记,自己的言谈举止已经不是代表个人,而是代表整个公司的品牌。顾客会把对员工的不满记在品牌的账上。

### 5. 注意前后的一致性和连贯性

服务的过程也是履行承诺的过程,如果说一套做一套,那么服务品牌迟早会砸了。同时,一项服务可能牵涉到很多服务人员的工作,品牌就是这些工作积累的结果,所以大家在品牌理念的贯彻执行上应该保持连贯性,而不是相互冲突。

### 6. 尊重顾客

要记住,顾客是成就或者毁灭公司的人。他们是公司的衣食父母,是公司存在的根基。员工对他们的尊重也是对自己工作的尊重,以及对赢利的尊重。

### 7. 把服务或者投诉放在品牌的核心,倾听顾客,做出反应

投诉的处理是建立服务品牌的一个关键接触点,很多服务品牌在这方面做得很糟糕,不是对顾客不理不睬,就是慢条斯理、拖拖拉拉。对公司来说,愿意投诉的顾客是好的顾客,他们的投诉指出了服务当中存在的问题,能够帮助公司成长。员工应该多去倾听顾客的声音。

### 8. 领导起模范带头作用

"上梁不正下梁歪"。如果领导都不能把顾客放在首位,没有品牌意识,那么也别指望手下员工在服务当中有多出色的表现。

**链接材料 16-1**

"标准服务"的尴尬

随着市场竞争越来越激烈,体验经济成为营销 3.0 时代,商家开始慢慢地注重店铺的服务,以提升服务的品质来吸引老客户,使自己在竞争中占有优势。

服务行业因人员流失率高,服务质量受服务人员及情绪的影响较大,所以为了稳定服务品质,商家总会想到一个办法——固化服务流程,或者制定服务标准。笔者以前服务于一家国际美容公司(现已经在创业板上市),为了稳定服务,连晨会都被划分为诗歌模块,其中固定模块七个,不固定模块三个。所谓"铁打的营盘,流水的兵",无论你是外来院长还是新晋升院长,接受此训练后,你的第一个至关重要的晨会也会开得很有效。毋庸置疑,固化服务流程,尽可能地减少人为因素,的确可以稳定商家的服务品质。但是,高满意的服务体验并非仅仅是固化服务流程,而往往需要与员工授权程度相联系。

最近笔者就遇到一个"标准服务"哭笑不得的尴尬。周末送孩子上兴趣班,时间是一个半小时,所以就打算到兴趣班步行十米的地方去吹个头发。一来打发时间,二来也可放松自己。关键是这家美发机构还是当地定位较高的店,自然服务也让人满意。每次去的时候服务流程是:按摩十五分钟、洗头发两次、扣头皮、洗耳朵,然后才下楼吹……特别是头部按摩的手法很喜欢。那天刚开始我的放松之旅,就接了一个电话。因为最近装房子,楼上住户把我家的卫生间打穿了,昨天做了闭水试验,特意打电话让我去看看,他准备把水放了。的确

本该早去看的，但是有事情把时间耽误了。我看看一个半小时的兴趣班，洗头都要40分钟。于是我对服务的妹妹说："今天我赶时间就不用按摩了，等下我跟你们店长说，是我自己要求的。"服务的妹妹说："可这是我们店最受欢迎的服务。我给你少按一会"，可是她继续给我按，慢条斯理地从左到右，从上到下……我再次说："今天就不用按摩了，也只需要洗一次，我赶时间"。服务的妹妹说："这是我们的标准服务，马上就好。"我感觉这个马上就像时间凝固一样，半天都不见冲水。我第三次很无奈地说："我真的很赶很赶时间，发生了一点很急的事情……"

你看在平日里，这个服务的妹妹可是优秀员工，把店内最受欢迎的增值服务推荐给我，还完全按照店内标准服务要求执行。可是那次吹头发对我来说如坐针毡，时间漫长……

站在服务妹妹的角度，或许我们无法说她做得多不合适，至少她应该是一个很本分的，执行力强的员工，也有服务的意识。我想这个商家为了固化服务，肯定也花了很多时间来培训。可是像今天这样的结果可能是没有想到的，标准服务也带来烦恼，难道标准服务设置有问题？

标准服务的初衷是为了提升满意度，最后让客户形成忠诚度。但如今的标准服务的确没有实现这个目标，问题在于我们的标准服务前提是建立在满足客户需求的基础上，特别是我们强调顾客"个性化"需求的要求。这需要企业在制定标准化的同时，给员工一定的权限。

记得去海底捞的时候，如果你说这家火锅店的哪个小吃特别好吃，在你结账的时候特意打包一份让你带走，无须请示，这是每一个员工都有的权限；在美国卖得最好的自行车是赞恩，店里可赠送客户1美元的小件物品。送链条的时候，通常他们送2条，让你再备一份，省得到时候来回跑。

有人说，授权是个双刃剑，花在客户身上就好，万一员工钻漏洞呢？是呀，我们总是这样去揣测客户，揣测员工。记得去苹果买电脑时，当时我提供学生证可便宜500元，当我问苹果如何预防不是学生拿学生证来享受优惠时，店长说："我们相信每一个我们的客户，何况你也不会的"。是的，赞恩车行从来不让试车者押身份证什么的，他们相信他们的客户。

笔者以为企业的信任文化足以影响员工，一个被信任的员工足以影响他所服务的顾客。所以服务中的"授权"看你怎么引导。

资料来源：马红萍."标准服务"的尴尬.中国营销传播网，2014-03-24。

## 16.2 工业品品牌营销

工业产品一般作为消费品的中间品、部件、消耗品或加工设备等形态出现，其销售对象是企业、单位或机构等各类组织，而非家庭或个人。在日常生活我们即使接触到工业品，也视而不见，因为它们与我们的生活似乎只是间接地发生关系。正因如此，工业品扮演着"幕后英雄"的角色，通过它所附着的最终消费产品，影响和改变着我们的生活。

工业产品先天的"隐性化"，给塑造品牌带来一定难度。张东利认为，工业产品的品牌化过程，其实就是实现工业品品牌的差异化和显性化，让习惯于隐藏在消费品背后的工业产品走向前台，向市场表明和彰显出来，差异化和显性化成为塑造工业品品牌的关键。

### 16.2.1　工业品需要做品牌吗

张东利认为，其实这个问题等同于工业品企业需不需要做差异化？市场经济的本质是竞争，不管竞争有多少种手段，每一种手段其实都在谋求差异化。比如，近到营销4P，远到企业文化、价值观、组织形态等，都是产生差异化的手段。有人会说，有这么多产生差异化的方法，为什么单单要依靠品牌来形成差异化呢？这话听着没错，但这些手段一旦落到受众心理，就引起了神奇的"化学反应"，最终铸成了"品牌"这种聚合性的"物质"。也就是说，无论企业采取什么手段来形成差异化，最终在受众的心智中，留下的只有"品牌"的印记。因为，人脑是无比的奇妙，不管什么信息，它都会自动进行归类和打上标签，并形成整体的认知。打比方说，山特维克可乐满在技术、产品、定价、渠道、推广方式等方面都很独特，都有很复杂的信息来反映这些差异，但在受众的心智中，大脑却一味地将其简单化、程式化，自动地将它归入强势品牌之列。由此，提到可乐满，我们首先浮现出的就是品牌。

所有的竞争差异落到最后其实就是品牌的差异。所以说，只要有市场竞争，就存在品牌营销，无论是消费品还是工业品。有人说，既然我们所做的一切都是与品牌相关联的，那么我们也就不需要考虑品牌营销的问题了。回答这个问题有点绕，的确你所采用的一切竞争手段都与品牌有关，都在形成"品牌"，但品牌的塑造却有自己的科学法则和体系。如果不加以遵守，没运用主观意识，那么将事倍功半。专家们写就的品牌营销书籍，无非是在告诉我们，什么才是科学的品牌建设原理和方法。

### 16.2.2　工业品品牌建设的理由

事实上，国外的工业品企业对品牌建设一向比较重视，如卡特皮勒（Caterpillar）、西门子、通用电气、杜邦等国际工业品品牌如雷贯耳。而国内的这股风气近年来也愈演愈烈，譬如中联重科、玉柴动力、潍柴动力、三一重工、时风发动机、长城润滑油、昆仑润滑油、统一润滑油等诸多工业品品牌广告频繁露脸于中央电视台。这些工业品企业很清楚，企业发展需要品牌的支持。工业品品牌究竟意味着什么？根据第一章对品牌涵义的分析，品牌有区隔符号、价值担保、联想载体、关系集合和无形资产五层涵义。如果仅仅把工业品品牌看作是区隔符号，那的确没什么意义，因为生产某种工业品的企业不像消费品企业那么多，就那么寥寥无几的几家，还用得着专门打造一个品牌来区隔竞争吗？实际上，工业品品牌的意义在于后面几层涵义。以全球最著名的挖土机品牌卡特皮勒为例，与某个不知名的挖土机品牌相比，卡特皮勒代表的是结实耐用、服务周到的消费价值，能够让人想到其雄厚的企业实力和不断创新的企业精神，完全值得客户信赖，在挖土机行业享有最高的知名度和美誉度以及全球顶尖的市场地位等。这些就是卡特皮勒坚持培养工业品品牌的结果。

结合几位国内营销实战专家的观点，工业品做品牌的理由有以下几点：

**1. 获得更大的利润空间**

毋庸置疑，品牌能够给工业品带来超额的利润。据联合国发展计划署统计，虽然一些具有国际知名度的工业品品牌在全球品牌数量中所占的比例不足3%，但市场占有率却高达40%，销售额超过50%。这些工业品品牌包括：蓝色巨人IBM，微处理器之王英特尔，流体控制技术巨头ITT，电气巨子ABB、GE，工程机械巨头卡特皮勒、英格索兰，石油化工大鳄壳牌，化工巨头巴斯夫、陶氏化学、杜邦、拜耳，轮胎巨头普利司通、米其林、固特异。而我国的电动工具生产技术在全球居领先地位，销往世界各地，其产量占全球的70%，但销售收入只占10%，利润不到1%。在谈及中国制造业时，国际营销大师米尔顿·科特勒指出："中国企业需要从品牌上获得30%的利润而不是10%～15%的市场加工费"。

2. 可以获得更多市场机会

工业品购买行为的一大特点是小组采购。或许最后的决策权是在这个采购小组的领导手里，跟他们搞好"关系"有一定帮助，但公司考评体系决定了这个领导需要对采购的产品质量负责，而下属以及外来专家也会对领导错误的决策品头论足。所以，对于小组领导来说，最安全的采购决策就是群体决策、理性决策。工业品的高价格、复杂性使其成为一种风险性很大的购买类型，决策中，代表着信誉和价值的工业品品牌会对采购团队形成一个"综合影响力"，容易在竞争中胜出。

3. 获得国际竞争优势

进入国际市场已成为众多工业品企业未来战略发展的主要方向。对于习惯了"灰色营销"或是行业垄断的部分企业来说，国际市场已失去了以前在国内那种赖以生存的土壤，一切机会都要凭真本领来获取，而品牌则是企业竞争力的集中体现。在这方面，中国企业往往又是比较欠缺的。譬如，中集集团在刚刚进入日本市场的时候，就因为品牌在国际上还不够响亮而遭受冷遇。要想在全球市场上分得一杯羹，工业品企业必须要努力打造强势的品牌，让品牌在客户脑海里形成印象，不然就算是质量过硬也可能被国外客户所忽视。

4. 提升工业品抗危机能力

在充满变数的市场上，危机四伏在所难免。对此，企业不仅需要提高危机处理能力，更需要培育抗危机的能力，而品牌就具有这样一种能力。实践表明，品牌对危机具有缓冲效果，同样一个危机放在一个普通品牌和一个著名品牌身上，效果是不一样的。在"特富龙致癌风波"中，如果生产商不是美国杜邦公司，而是一个无名小卒的话，企业恐怕早就破产了。就算产品本身是没问题的，在危机的流言蜚语中，没有坚固的形象根基，企业也是很难保全的。

5. 获得长远的竞争优势

在关系营销时代，企业营销不仅应该关注"赢得顾客"的问题，还更应该关注"维系顾客"的问题。对于工业品企业而言，品牌就是维系企业与顾客关系的纽带。一个强势的品牌才能建立顾客对企业和产品的信心，使他们坚定不移地支持企业的发展。

6. 能够增加产品的差异性

随着技术的普及，工业品的相似度越来越高，价格则越压越低。企业要想获得超过竞争对手的超额利润，就必须体现出与众不同的特点。品牌则能够承担这一重要使命。人们相信，一个好的品牌应该具有一个好的产品，即使这个产品与其他公司的产品可能差异不大，但人们仍然会产生这样的心理作用。譬如，由于品牌不同，人们总感觉Intel在一些质量指标上会领先于AMD，尽管这可能不是基于事实的判断。

7. 可以稀释销售人员对市场的控制

销售人员在工业品营销当中的地位举足轻重，因此对销售人员的管理也成为当前工业品企业老总头痛的一件事。公司大量客户资源掌握在销售人员手里，一旦销售人员有个风吹草动，企业的销售业绩直接受影响，甚至可能导致一个企业的衰败。经验表明，一个企业品牌越强势，企业对销售人员的依赖就越小。所以，大力发展企业品牌，通过品牌来吸引客户，以此稀释销售人员个人对客户的掌控，是工业品企业发展的明智之举。

### 16.2.3 工业品品牌营销的发展

1. 工业企业品牌发展的三阶段论

任何一个工业企业品牌的发展都经历了三个阶段,即生存维持期、成长扩张期和成熟期。每个阶段运作的重点都有所侧重:在生存维持期的品牌多侧重在业绩攻关、工程的参与度,以及资质认证的工作上;成长扩张阶段,品牌运作的重点是在品牌内涵规划与推广、样板工程建设等方面下功夫;成熟期,要加强品牌美誉度的建设,以及客户质量的控制。

(1) 生存维持期

这个阶段的工业品企业刚刚起步,在激烈的市场竞争中生存下来是其首要目标。所以,他们更多考虑的是如何拿到订单、如何取得行业资格资质以及如何提高业内的知名度。

①业绩比品牌更重要,甚至打以业绩为主的价格战。

对于初创的企业,第一要务自然是生存,如何增加销量、提升企业业绩是他们考虑的头等大事。一切唯业绩说话,一切向业绩看齐,为此甚至不惜大打价格战。然而,行业中现有的企业岂能坐以待毙,于是一幕幕的价格大战轮番上阵。不少经济基础不够雄厚的企业因此而夭折。

②资质比实际的产品服务质量更重要,甚至为资质铤而走险。

由于专业性很强,进入工业品行业需要有严格的资格审查和资质认证。拿建筑施工行业来说,2001 年 7 月 1 日起施行的《建筑业企业资质等级标准》分三部分:施工总承包企业资质等级标准包括 12 个标准、专业承包企业资质等级标准包括 60 个标准、劳务分包企业资质标准包括 13 个标准。一些订单对企业资历有严格要求,于是一些尚未获得专业资格的企业为此铤而走险,冒用、顶替现象也不罕见。

③投标的参与量比项目成功率更重要,甚至只是为了露脸。

初来乍到,为了提高自己在业内的知名度,"见标就投"成为这些企业常见的一种策略。他们更看重参与投标的数量,因为"脸露多了"客户总会知道自己,至于投标成功与否并不是最重要的。这也成为他们直接接触客户的低成本方式。

(2) 成长扩张期

随着企业的进一步发展,他们越来越认识到品牌对于企业发展的重要性。这个阶段的工业品企业更加看重样板工程的塑造、更加看重项目附加服务价值的提供、逐渐清晰品牌的资源聚焦点和传播核心点的把握。工业品企业的品牌意识和思路也在逐渐成长起来。

①样板建设比广告更重要。

工业品采购的理性化特点决定了产品的优点必须用事实说话,而广告宣传的效果不理想。企业越来越认识到样板工程建设的重要性,并且在样板工程的建设中尝到了甜头。譬如在国家号召开发大西北之际,海尔瞄准商机,在乌鲁木齐高新区留学生创业园树立起了西北地区最大中央空调样板工程,同时也是业界最大的样板工程。这为海尔在中央空调行业的发展带来了巨大的帮助。

②不断推出附加服务。

当各个企业产品质量、服务做得越来越趋同化时,企业越来越发现,在激烈的市场中要想博得客户的好感,必须不断推出更多的附加服务,为客户创造更多的价值。例如,为了提升邮政速递业务的市场竞争力,促进 EMS 业务的发展,抢夺高速增长的快递市场,广东省邮政局自 2005 年 2 月 1 日起在省内特快专递业务上叠加开办附加服务,包括邮资到付、代收货款、代收回执、返回详情单回执联、一票多件、短信回音等服务。

③清晰品牌的资源聚焦点与传播核心点。

通过之前的市场运作,企业发现工业品也要像消费品行业一样,树立自己在行业内的品牌影响力才能持续吸引目标客户。为此,他们开始导入品牌识别系统,明确品牌核心价值,设计品牌识别要素,并建立品牌传播和管理指南,使得企业内所有资源都为品牌建设服务。

(3) 成熟期

当企业进入成熟阶段以后,生存问题早已解决,技术比较成熟,市场相对稳定,产品的销售额明显上升。这时摆在企业家面前的问题是:要持续发展企业,必须进一步强化品牌管理、开发新产品、拓展市场、提高企业的核心竞争能力。

①品牌美誉度比品牌认知度更重要。

在行业内摸爬滚打了几年,品牌已具有较高的知名度,这时亟须提升的是品牌美誉度。品牌美誉度是客户对品牌品质的认同和满意程度,是企业经营多年积累的口碑。它对于企业持续拓展市场起到关键性作用。沈阳远大之所以能拿下北京 2008 年奥运会主场馆——国家游泳中心"水立方"和"鸟巢"项目,与它在建筑幕墙和节能门窗行业连续 7 年位居国内同行业第一、产销量连续 3 年居世界第一的品牌美誉度是分不开的。

②客户与渠道的质量比数量更重要。

在生存维持期,企业为了能够活下来,只要是渠道和客户就想尽办法去开拓,数量第一,质量如何并不重要。但是,到了成熟期,客户和渠道质量的作用就显现出来了:质量不好的客户和渠道带来不了多少收益,却浪费了企业不少成本。如果还是继续为这些客户和渠道服务,那么企业利润和精力都将被消耗。所以,企业应该根据 80/20 法则对所有的客户和渠道进行赢利性分析,按照质量进行分类,淘汰不良的客户和渠道,以便更好地服务于有价值的市场,提高盈利水平。

2. 工业品品牌营销策略

在国内营销实战的权威网站"中国营销传播网"(www.emkt.com.cn)上,几位工业品营销专家分享了他们宝贵的营销实战经验。归纳起来,工业品企业可以采用以下几种营销策略来建设品牌。

(1) 样板营销

为降低购买风险,工业品的客户在购买之前总是喜欢问企业同行业中还有哪些厂家购买了自己的产品和服务。如果有几个拿得出手的样板客户,这单生意往往就能够达成。因此,要建立工业品品牌,企业首先应该做几个漂亮的样板工程。一般知名的大企业是样板工程的最佳人选,但与他们合作开出的条件会很苛刻,可能供应商无利可图。即使是这样,企业仍然有必要与大客户合作,目的不是赚钱,而是为今后源源不断的订单投资。一些消费品的供应商喜欢说自己是沃尔玛指定的供货商,这一经历成为他们日后拓展其他零售商市场的资本。

(2) 标准营销

在技术领域,标准是一个非常重要的资源。哪家企业的技术要是成为行业标准,它就成了行业的权威,也是最大的利益赢家。因此,近些年来标准之争络绎不绝,如微软和 Sun 的互联网标准之争、中国高清标准 EVD 与日本高清技术 HD-DVD 的高清标准之争、金山和微软的文档标准之争等。由于一个产品所包含的技术很多,所以涉及的标准也可能很多。这就为工业品企业提供了机会，找到某一项技术深入研发，争取成为该项技术的行业标准。标准不一定是权威机构认定的，也可以通过企业培育让市场认可。英特尔的例子就说明了这一点。它通过"Intel Inside"成分品牌化战略，使得公众认为只要是内含 Intel 微处理器的电脑就是好电脑。

（3）专业营销

工业品属于理性采购的产品，因此其品牌一定要突出高技术含量。这可以通过以下几种专业营销或学术营销的途径来实现：①出版专著或发表专业论文；②冠名赞助或联合专业机构合办专业学术会议；③聘请权威专家担任企业技术顾问；④与高校合作研究开发新技术；⑤培训专业素质高的推销员；⑥在一些专业性很强的期刊上刊登广告。一些制药企业就是采用这些方法，获得医生推崇的。

（4）联合营销

有些工业品企业生产的是"中间产品"，如原材料、零部件等，这些产品往往并不能够在最终产品中显现出来。这并不意味着他们就没有营销的机会。对他们来说，与下游中间件应用厂商进行联合推广，树立成分品牌（Ingredient Brand），是一个明智之举。例如，微软的 Windows 一直与硬件厂商形成"无缝联合"；又如，杜邦公司在推出"莱卡"时，采用了对面料生产商认证的策略，使得上下游企业结合构成整体推广，最终使莱卡的品牌识别"舒适、服帖、时尚、潮流"深入人心。

（5）展会营销

每年各行各业的新产品展览会层出不穷。由于专业针对性强，行业展会通常能吸引大批业内人士前来参观。企业能够利用行业展会将自己最先进的技术和最优秀的产品在有限的空间和时间内展现给客户，从而达成初步的产品交易意向，并提升公司和品牌形象。据统计，在美国展销会上接触一个潜在客户的成本是 160 美元，这一成本已远远低于广告之类的传播方式。在著名的电信设备商华为公司内部已经形成一条铁律——只要是国际大型通信展示，华为一律都参加；只要有机会，华为就要在国际舞台上展示自己的产品和企业形象。据统计，华为每年仅在参展上的投入资金保守估计至少是一亿元。

（6）跨位营销

在工业品营销中，所谓跨位营销，是指一些生产工业中间品的企业跨越下游生产商，直接将品牌形象传递给最终用户的一种策略。这是对工业品推广"重视推力"这种做法的颠覆，因为它突出了品牌的拉力。杜邦莱卡、利乐、英特尔、APP 亚洲纸浆等一批企业，跨过下游企业直达消费者，把消费者作为营销的核心，通过引导和教育工作，使产业链发生反作用，用消费者推动工业产品的销售。跨位营销并不是要把下游厂商忽视掉，恰恰相反，它可以帮助下游厂商更好的销售，因为通过跨位宣传，消费者会觉得，用了利乐包的饮料更健康、用了莱卡材料制成的衣服更美观舒适。当然，一旦中间品品牌建立起来了，企业在下游厂商面前就拥有了更大的谈判力。

（7）关系营销

毋庸讳言，在工业品营销当中，关系的作用至关重要。这并不完全指"灰色营销"当中与客户或政府关键人那种不见天日的"关系"，而是包括与更多利益相关人的正大光明的关系。比如，与政府主管部门之间建立良好关系，以得到更多的政策支持和信息帮助；与行业协会建立良好关系，以更快更多地掌握行业信息；与媒体记者建立良好关系，以获得更多正面的报道及减少负面报道来树立企业形象；与权威专家建立良好关系，以获得他们在技术研发和学术营销上的支持。当然，最重要的还是与客户之间的良好关系，通过提供优良的产品和优质的服务为他们创造价值，使他们与企业之间建立超越交易层次的情感关系。

**链接材料 16-2**

国内工业品广告创作的误区和创作原则

在参加展会、阅读行业媒体报道的时候，你一定留心过登载的工业品广告。你是否觉得，国内工业品牌的广告大多枯燥乏味，平淡无奇，甚至惹人讨厌呢？相信大多数人一定会说是。反观外资工业品牌的广告，则情况大有不同。它们中的许多都注重创意，表达新颖，耐人寻味，给人印象深刻，甚至产生触动。二者存在如此大的反差，原因何在呢？

张东利认为，很大原因在于国内工业品广告创作多年来存在的一些误区。只有走出误区，抓住工业品广告创作的本质规律，才有可能迎头赶上。

这里，张东利对这两个问题做以下探讨。

首先让我们看看国内工业品广告创作中存在哪些误区？

第一，公司介绍式广告

这种广告很像企业宣传册的企业介绍部分。通篇就是一大段公司介绍的文字，将公司情况不厌其烦地写出来，生怕遗漏。然后配以厂房、办公楼、产品图片，或将其作为背景图片。其意图是，"我全面介绍了自己，大家为何还不跟我合作啊"。这种广告出现的频次很高，相信大多数读者都司空见惯了。

第二，产品说明式广告

这种广告很像一张产品介绍单页。在几张产品照片下面放置产品的性能说明、技术参数、应用领域等内容，这就构成了广告的全部。其意图很明显："我出售这种产品，大家赶快买啊。"这种广告出现的频次丝毫不亚于前一种。

第三，空喊口号式广告

这种广告往往围绕一句大而空的标题，扯着嗓子叫喊。比如，我们是"行业最大的""最专业的""最领先的""性价比最高的"，诸如此类，通篇充斥滥美之辞。其意图是，"我很有实力，选择我没错的"。但在视觉表现上，却无法与这些描述联想起来，相反粗劣、浅陋的创意表现让读者心生疑惑。

第四，故弄玄虚式广告

这种广告看上去很有"创意"，但总觉得别扭，没入行。原因是，广告往往由精于消费品类的广告策划公司创意设计的。这些公司不懂得工业品牌营销和传播的特性，对工业品广告还是纯粹套用消费品广告创作的思路和手法，企图以强烈的视觉冲击力和打造"新、奇、怪"的效果来吸引眼球，赢得读者注意，而全然不顾及行业和产品特性。

以上四种误区，严重影响到国内工业品广告创作的整体水平，远远跟不上市场的发展和客户的需求。

无疑，国内工业品企业已经步入品牌营销时代，这也对工业品广告创作提出了新的要求，也是我们品牌策划人员面临的新挑战。

凭借多年从事工业品牌策划和工业品广告创作的经验，张东利所在的博扬工业品牌营销团队总结了四点有益的建议，希望对大家有所帮助。

一是要站在受众的立场和角度去对待广告创作。无论是公司介绍式、产品说明式、还是空喊口号式，其弊病都是站在自己的立场，忽视受众的感受。认为"我说什么读者就会接受什么""我承诺什么读者就会相信什么"。实际上，在信息爆炸的时代，读者并不缺乏获取信息的渠道。对没有经过加工的、压迫式的信息，读者会本能防御，很难接受，甚至生厌，产生负面印象。因此，正确的方法是站在读者的角度去挖掘其内心的真正需求，"我有哪些问题，我需要什么信息？我为什么需要这些信息"等。

二是品牌营销要求工业品广告创作必须做到差异化，杜绝千篇一律的创作思维。人脑的研究证明，没有差异化就难以形成印象和记忆度。博扬工业品牌营销团队在工业品广告创作中很重要的一项原则就是差异化。要求与众不同，甚至颠覆传统惯性思维。起初，很多客户很难接受这一点。但当博扬团队耐心说服他们，并将新广告投放市场，在得到市场的积极正面反馈后，他们都能够接受博扬的观点。

三是要对工业品行业、企业、产品或解决方案有深入准确的认识。张东利认为，工业品广告创作是有专业壁垒的，这个专业壁垒就存在于对工业品行业、企业、企业的客户、企业的产品或解决方案的深入理解。工业品行业复杂的产业链，复杂的价值传递方式，工业品企业复杂的产品和技术，复杂的客户关系，都决定了理解这些远比理解消费品行业和企业来得困难。这就是为什么消费品广告策划公司很难玩转工业品广告创作的主要原因。

四是轻松、有趣、有品位、甚至带一点幽默，这些看似与工业品无关的词汇，在品牌营销时代，将会越来越频繁地出现在工业品广告的创作中。工业品虽然隐藏在我们生活背后，大多数产品我们都看不见，但生活品质的提升一刻也离不开工业品的支持，没有工业品在幕后的贡献就没有美好的生活。从这个角度看，工业品不再是冷冰冰的原料或设备，他们就像不常见面的忠诚朋友。我们应该像朋友那样描述他们，介绍他们，语气上轻松点，有趣点，带点自豪感，而非陌生和冷淡。

资料来源：张东利. 国内工业品广告创作的误区和创作原则. 中国营销传播网，2013-04-08。

# 16.3 个人品牌建设策略

## 16.3.1 个人品牌的涵义

### 1. 个人品牌的概念

随着知识经济时代的到来，人力资源作为最具创造力、最具经济增长潜力的重要资源，进行个人品牌建设将对我国"人才强国战略"的顺利实施有着重要的现实意义。在过去，提起品牌，人们首先想到的是企业、商品。人们想到如可口可乐、IBM等著名品牌的时候，就会联想到他们优质的产品和良好的企业形象。随着社会的发展，社会竞争日益激烈，企业和个人想要生存和发展下去就必须得到社会的持续注意与认可。因此，不仅仅是企业、产品需要建立品牌，个人也需要在职场中建立个人品牌。个人品牌的建设将成为未来人生规划的核心问题。著名管理学家汤姆·彼得斯在《打响自己50招》中十分高调地谈道："21世纪已经从做一份工作、追求一个事业，转变到建立专业品牌。"美国管理学者华德士也提出，21世纪的工作生存法则就是建立个人品牌，个人品牌时代已经到来。

由于个人品牌是一个新提出的概念，国内外学者有着不同的描述。美国的戴维·麦克纳利和卡尔·D.斯皮克在《个人品牌》一书中对个人品牌的描述："你的品牌是他人持有的一种印象或情感，描述了与你建立某种关系时的全部体验。"位于休斯顿的希勒国际公司总裁乔·希勒（Joe Heller）认为："个人品牌向他人传达一种积极的期望，它是对别人的承诺，是你在受众中的首要印象。个人品牌的效用非常强大，一旦形成，很难受到挑战和竞争。"可以从以下几个方面来理解这个定义：其一，个人品牌的本质是个人对他人的承诺和他人由此产生的期望；其二，个人品牌的基础是受众心目中的印象。个人品牌是否强大完全是由受众决定的，包括受众对个人品牌的关注度、联想度和喜好度；其三，个人品牌的价值是会有很高的效用回报，包括个人发展机会的增加、收入条件的改善等人生目标的实现。

我国对个人品牌传播较广的定义为：个人品牌是指个人所拥有的外在形象和内在修养所传递的独特的、鲜明的、确定的、易被感知的信息。通俗来讲，就是个人在他人头脑中特有的一种印象，是人们私下里对个人进行的评价。这个评价映射到品牌拥有者身上会带来品牌溢价。拥有非凡的个人品牌，将会极大地提升个人的竞争能力，成为职场竞争制胜的重要条件。在组织里面，想要让人们认识你、接受你，首先你要充分表现自己的能力。因此，个体的价值被认知比什么都重要，11种职业个人品牌价值排行榜如表16-1所示。要想推动个人成功，要想拥有和谐愉快的生活，每个人都需要像那些被我们所熟知的明星一样，建立起自己鲜明个性的"个人品牌"，让大家都真正理解并完全认可。只有这样，才能拥有持续发展的事业。

表16-1 11种职业个人品牌价值排行榜

| 排序 | 职业 | 个人品牌价值平均值（万元） |
| --- | --- | --- |
| 1 | 企业家 | 7448 |
| 2 | 运动员 | 1554 |
| 3 | 导演 | 1205 |
| 4 | 演员 | 1089 |
| 5 | 歌手 | 950 |
| 6 | 主持人 | 825 |
| 7 | 社会活动家 | 760 |
| 8 | 教练员 | 720 |
| 9 | 经济学家 | 694 |
| 10 | 作家 | 650 |
| 11 | 模特 | 384 |

2. 个人品牌核心元素

根据领导力专家马克·桑伯恩的观点，个人品牌由以下三个核心的元素构成。

（1）可靠性

所谓可靠性，是指个人能够做到言出必践，表里如一，不论遇到多少困难，都可以把工作完成得很好。好的品牌总是始终如一的，不会发生任何令人不快的意外。这类似于一个著名品牌产品的稳定性，一旦购买，顾客敬请放心，产品总是能够给顾客带来期望中的功效。

（2）特异性

特异性是指个人从群体中脱颖而出的能力，它同个人的专长有关。品牌通常具备相当显著的可以识别的差异，个人品牌也是如此。优于他人的能力是个人品牌的生命。个人品牌的实力是在为受众提供价值过程中显现出来的，而价值的大小就源自个人的能力。为了使无形的能力更具有可识别性，个人品牌在外表设计上也会体现差异性。

（3）态度

态度是个人品牌将自己呈现给世界的方式，如淳朴、诚实、热情、活力、坚强、花哨或是夸夸其谈。态度是由个人的性格所决定的，它在个人品牌当中的作用甚至超过能力，因为它决定了受众的喜好。与一个具有高能力但态度有问题的人相比，一个能力较低但态度很好的人可能更容易受到受众的青睐。

3. 个人品牌的作用

越来越多的人开始有意识地进行个人品牌塑造，个人品牌作用有以下几点：

（1）获得竞争优势

如果一个人成功地塑造起与众不同的优秀个人品牌，那么他就会为目标受众所熟知，在市场上会拥有稳固的地位，产生其与竞争对手显著的差异，并可依赖其知名度而得到相应的利益。例如，在《超级女声》节目中以"海豚音"而取得竞争优势的张靓颖，依赖其知名度建立了属于自己的个人品牌。

（2）利于建立信任

通常人们选择购买商品的时候是因为该商品知名度高，美誉度高，有时候虽然价格较高，但由于其品质值得依赖，人们宁愿付出较高的价格。同样，拥有良好的个人品牌的人，也会给人传递出值得信赖的感觉。这样，在与别人的合作过程，就更易于建立信任。例如，史玉柱、马云、乔布斯、牛根生等商业奇才都具有令人信赖的个人品牌。

（3）有助于存储增值

个人品牌也是一个人的无形资产——形象、能力、素质、声誉等，它也会随着个人品牌的提升而不断增值。一个具有良好个人品牌的人，在长期个人品牌建立的过程中，不断地产生增值效应，获得更大的个人发展。

（4）口碑传播

个人品牌是永不落幕的广告。如果你是某个领域的领头羊，很多人就会慕名而来。就像姚明、田亮、刘翔等体坛巨星，刘德华、成龙、周杰伦等娱乐明星，很多品牌就不惜重金聘请他们担任形象代言人。个人品牌的口碑传播，使得强者愈强的"马太效应"突出。

### 16.3.2 个人品牌建立的基础

1. 个人必须全力以赴地塑造个人品牌

个人品牌是一个人综合素质的表现，其表现形式是由内而外的。个人首先要有努力塑造个人品牌的意愿，再通过努力工作，长期坚持下去，自己的个人品牌形象就会逐渐被认可。当个人品牌被广泛认可的时候，个人品牌塑造的利益就会显现出来，个人也自然而然地成为最大的受益者。

2. 个人品牌的建立必须以道德为基础

个人品牌即人品，一个人的人品决定一个人的个人品牌。个人在树立自己的品牌时，应该建立在道德准则的基础上，努力除去自己身上的道德污点，逐步提高自己的道德水平。否则，再富有魅力的个人品牌也只是一层薄薄的窗户纸，一捅就破。

3. 个人品牌的建立必须以终生学习为价值导向

个人品牌建设是一个长期的过程，无法一蹴而就。应该将终生学习的理念作为一种工作和生活中的日常行为，逐渐树立良好的个人品牌。个人还应制订切实可行的学习计划，这个计划还须根据个人的发展适时进行调整，以适应个人发展需要。

4. 个性形象塑造

一个人的人生观、价值观等体现了个人的素质与修养；仪容仪表、服饰配饰、办公环境等体现个人的外在形象；为人处事、社交活动、生活喜好、演讲风格等表现的是个人对社会的态度。例如，潘石屹的中式衣着与小平头发型，使人们能够清晰地记得他。陈丽华喜欢收藏、制作紫檀精品，甚至个人建起了中国紫檀博物馆，这种不俗的品位极大地提升了她在企业家中的形象。

**小案例 16-1**

谁磨灭了天才的个性

他是一位天才的书法家，9岁时参加日本青少年书法展就在东京掀起一股旋风。他的4幅作品全部被私人收藏，总价值1400万日元。当时，日本最著名的书法家小田村夫曾这么预言，在日本未来的书法界，必将会升起一颗璀璨的新星。

然而，20年过去了，一些籍籍无名的人脱颖而出，而他却销声匿迹了。是谁断送了这位天才的前程呢？在2001年九州岛的樱花节，小田村夫专门拜访了这位小时候名震四岛的天才。在看了天才书法家的作品之后，他仰天长叹，说了这么一句话："右军啊！你毁了多少神童"。

右军是谁？右军是王羲之，1600多年前的中国大书法家。小田村夫为什么说是书法大家毁了他们的神童呢？原来这位神童临摹王羲之的书帖成瘾，经过20年的苦练，把自己的书法个性磨得一点都没有了。

现在，他的字与王羲之的比较起来，几乎能够达到乱真的程度，可是自己的东西一丝都找不到。在鉴赏家眼里，他的书法已不再是艺术，而是令人厌恶的仿制品。

资料来源：作者根据互联网相关资料进行整理。

### 16.3.3 个人品牌建设实施步骤

个人品牌的建设实施可以从以下几个环节来进行：分析个人品牌现状，确定个人品牌定位，个人品牌识别设计，个人品牌传播推广，个人品牌维护提升。

1. 分析个人品牌现状

打造个人品牌的第一步是对自己的现状有足够清晰的认识，知道在社会受众心目中处于怎样的位置，以分析自己的长处和短处。此外，还必须对竞争对手的优劣势进行分析。这些可以通过观察、交谈等形式来了解。

### 2. 确定个人品牌定位

根据自己的优势，确定个人品牌的价值观和个性。对这些价值观和个性的要求是符合当前社会的发展潮流，同时又能在同类人当中独树一帜。清晰的个人品牌定位包括如下内容。

（1）需求定位

需求定位，即个人品牌的目标对象是什么，类似于商品品牌的目标市场和目标消费群体定位。

（2）给予定位

给予定位，即个人品牌的核心价值是什么，特别是个人品牌的职业价值，即个人的专业知识和专业技能的定位。

### 3. 个人品牌识别设计

建立个人品牌的重要前提是让人们能够清晰的记住，留下深刻的印象。要通过识别符号将无形的个人品牌的价值观和个性给有形化，以加深受众的印象。在信息化的时代，人们每天接触的信息量巨大，要让人们清楚地记得你的重要方法之一就是建立自己独特的个性的视觉形象。要根据自己的个人品牌定位给自己设计相应的个人形象，如发型、服饰、手表、手机、包包、汽车、手势、网名、签名、口吻甚至口头禅等。例如，中国著名营销策划人叶茂中一年四季总是戴着一顶黑底红字的、让眼神显得更深邃的帽子，给人记忆印象强烈。

### 4. 个人品牌传播推广

建立知名度高的个人品牌必须通过有效的传播推广方式，给自己赢得更多的机会。推广的途径主要有两条，一是通过线下的人际网络，比如职场，平时与公众的交往，参加一些有影响力的活动，主动结识更多的朋友，对于名人则需要在出席的活动、接受的媒体采访、出书、为品牌代言等方面进行传播。二是通过互联网的博客、微博、SNS社区等。

### 5. 个人品牌维护提升

个人品牌的打造是一个持之以恒的长期过程，如同植物生长需要阳光雨露，个人品牌也需要每一天充实的付出与栽培。同时，要注意，品牌建立困难，破坏却异常容易，切不可被一时的成功冲昏了头脑，在个人品牌经营上出现了偏差，前功尽弃，把辛苦打造的个人品牌亲手毁掉。因此，必须做到以下三点：①持之以恒地坚持对个人核心竞争力的培育，提升个人品牌价值；②在职业素养、道德修养、内在涵养、意志品质等方面严格要求自己，不可松懈；③遇到品牌危机时，遵循品牌危机的两大处理原则：一是迅速反应，二是开诚布公、迅速化解品牌危机。

个人品牌的建立是一个不断提升和完善的过程，所以以上五步也是一个相互联系、循环反复、不断完善的一个过程。

## 16.4 雇主品牌建设策略

### 16.4.1 雇主品牌的定义

电影《天下无贼》中有一句经典台词——"21世纪什么最贵？人才！"当前的企业竞争表现为技术之争、产品之争、服务之争，而本质上是人才之争。然而，令企业头疼的是，好不容易吸引过来的人才，没呆几个月就被竞争对手"挖了墙角"，即使自己提高了薪酬待遇，但竞争者给得更高。结果经营成本提高了，人还是没留住。后来，美国的企业经过多年摸索，发现企业通过在人才市场上建立一个强势的品牌，能够明显改善这一问题。这便是雇主品牌的由来。

雇主品牌（Employer Brand）是源于人力资源管理领域的品牌概念，产生于20世纪90年代初的美国，目前在中国还是一个较新的品牌分支。"雇主品牌"一词的提出者西蒙·巴罗（Simon Barrow）在其与安布拉（Ambler）合著的《雇主品牌》一文中指出，雇主品牌体现为由雇佣行为提供并与雇主联系在一起的功能、经济和心理利益组合的综合的概念。他们解释说，功能利益是指雇主向员工提供的有利于职业发展或其他活动的机会，经济利益是指雇主向员工提供的薪酬，而心理利益则是指员工在工作中产生的归属、方向和目标等方面的感受和体验。虽然雇主品牌与企业品牌都是以企业为主体的，但二者还是存在本质区别：企业品牌是面向消费者的，属于市场营销领域；而雇主品牌是面向人才的，属于人力资源管理领域。雇主品牌的建设构建在某一企业独特的价值观、企业文化、现有管理行为、管理政策及未来战略之上，融入了企业对于特定目标人才市场需求的理解，具体表现为能给员工提供良好的物质和精神收益、创造发展机会等一系列的管理制度和实际管理行为。

根据人才是潜在的还是现有的，可以把雇主品牌分为外部品牌和内部品牌两个部分。外部品牌是企业雇主在潜在雇员中形成的品牌，表现为一个职场发展可能性的承诺和期望；内部品牌是企业雇主在现有雇员中形成的品牌，表现为职场发展承诺的履行、员工的独特工作体验以及企业与员工良好关系的维持。两种品牌分别承担招人和留人的不同职能，这也正是雇主品牌对企业发展的贡献之所在。

### 16.4.2 雇主品牌的作用

管理思想家查尔斯·汉迪曾说过："今后，我们将不再'寻找工作'，而是要'寻找雇主'。"近来，雇主品牌的建设已成为许多企业人力资源管理的一个战略发展方向，不仅是在跨国公司，在中国本土企业也是如此。比如，从2007年中华英才网做的第五届"大学生心目中最佳雇主"的调查结果来看，榜单前5名中，前4名均为本土企业；榜单前10名中，本土企业占7家；榜单前50名中，本土企业占到25家。这说明，本土企业对雇主品牌的建设已非常注重，并颇有成效。雇主品牌如此受到国内外企业重视，原因在于它在人力资源管理过程中发挥了巨大作用，表现为：

1. 能吸引到认同企业价值理念的人才

如果简单地把薪酬看成是吸引人才的唯一资本，那企业就走向了一个误区。因为薪酬根本就不是一个企业的核心竞争力，再高的薪酬都会被竞争对手超过。雇主品牌向潜在雇员传递的是企业的价值理念、企业文化，以及职业发展的机会。而一个对企业价值理念认同的雇员才是对企业发展真正有帮助的人才。全球著名的人力资源管理咨询公司翰威特（Hewitt）咨询公司的"2007年中国最佳雇主研究"表明，中国地区的企业中，职业发展机会被列为驱动员工敬业度的首要因素，而薪酬排在其次。而2007年中华英才网调查的结果显示：受调查大学生中，"选择最佳雇主第一名的原因"的各选项中，选择"培训和发展机会"的人数百分比最高，高达61.6%；其次是"企业的知名度和影响力"与"有竞争力的薪酬福利"，各自占到了55.1%和53.8%。这些足以说明强调"为员工发展负责"的雇主品牌是最能受到人才青昧的。

2. 能增加员工的忠诚度，减少人力资源管理成本，提高企业赢利

雇主品牌建立在对员工需求的了解和满足的基础上。如星巴克所说，"我们照顾雇员，他们照顾顾客"。当员工的需求在雇主那里得到满足后，他们会与企业建立稳固的情感关系而不是肤浅的雇佣关系。一个优秀的雇主品牌将提高员工的忠诚度。比如，由于雇主品牌的成功建立，安利（中国）2006 年的员工离职率为 10.2%，而翰威特公司的研究显示，2006 年中国快速流通消费品行业的员工离职率高达 19.1%，安利仅为行业水平的一半。员工忠诚度的提高自然也就提高了企业的赢利水平，因为：一方面，企业重新招聘、培训、管理新员工的成本降低了。如全球著名管理咨询公司华信惠悦（Watson Wyatt）长期研究发现，一位初中级员工流失带来的成本是其年薪的 0.5~1.5 倍，而中高级人才流失的成本为其年薪的 2.5 倍甚至更多。另一方面，稳定的员工带给顾客更大的满意度。如美国 Symmetrics 公司曾对一个员工总数超过 3 万人的国际大型金融机构做过一次长期的跟踪调查，结果显示，员工的忠诚度每提高 10%，将使客户的满意度提高 4%，并促使利润水平增长 4%。

**链接材料 16-3**

### 2007CCTV 年度雇主调查

2008 年 1 月 26 日晚，央视经济频道发布了持续近三个月的"领袖气质——2007CCTV 年度雇主调查"结果。十三家优秀企业经历了机构推荐或自荐、专家团投票、企业内部调查、评委会评估等程序后脱颖而出，被授予最具"领袖气质"的年度雇主称号。

**万科企业股份有限公司、湖南宏梦卡通集团、烟台万华聚氨酯股份有限公司、中国南方航空公司、百胜餐饮集团中国事业部、诺华（中国）制药、福耀玻璃工业集团股份有限公司、大连獐子岛渔业集团股份有限公司、广东欧普照明有限公司、内蒙古伊利实业集团有限公司等十家企业获得年度最佳雇主称号。苏宁电器股份有限公司、阿斯利康（中国）公司、红豆集团有限公司分别获得评委会颁发的年度最具责任感雇主、年度最具环境意识雇主和年度最具分享精神雇主特别奖。**

资料来源：CCTV 网站，www.cctv.com。

### 16.4.3 雇主品牌建设的要点

来自翰威特公司的咨询顾问达玛·钱德兰（Dharma Chandran）指出，在雇主品牌建设过程中，企业需要把握以下几个要点：

1. 来自最高管理层的承诺

尽管雇主品牌的建设工作是人力资源部门的事情，但雇主品牌牵涉到整个企业的价值观、理念和形象问题，所以必须由最高管理层亲自对员工做出承诺。传播承诺的形式可以有很多，对内的如员工大会、招贴画、雕塑、名片、工牌、制服、信纸、公司内部网站、短片等，对外的如招聘广告、企业出书、出席业界盛会、接受媒体采访等，只要是能够接触到现有和潜在员工的渠道都可以。承诺需要包括以下五个方面的内容：

（1）从最高层开始

在企业里面，最高管理层通常被视为榜样或偶像，其言行举止带有强烈的示范效应。一个企业的个性在一定程度上反映了该企业领导的个性，至少是理想中的个性。从最高管理层

开始，自上而下地传递价值理念，可以保持雇主品牌的统一性。

（2）工作的每一天都有意义

最佳雇主品牌善于宣传公司的远景、使命和核心价值观，使员工在每天的工作中都能获得满足感和成就感，对公司的未来发展前景也充满希望；而一个很差的雇主品牌则使员工不是"做一天和尚撞一天钟"就是整天在琢磨如何跳槽，对现状极其不满，对公司的未来也灰心丧气。

（3）我们的文化是一项经营武器

关于企业文化，伦敦商学院教授杰伊·康戈尔有一段非常形象的比喻："文化非常像是鱼缸里的水，尽管它在相当大的程度上是不易被人重视的，但是它的化学成分以及其中能够支持生命的元素却深深地影响着鱼缸里的生物"。分析所有强大的雇主品牌会发现，它们都特别强调企业文化的培育，如迪士尼崇尚"快乐"文化、3M主张"创新"文化、华为强调"狼"文化等。这些文化不仅帮助企业有别于其他企业，而且也使得企业内部达到高度的认同和一致。

（4）我们关心你

必须存在一个强烈的关心员工的环境氛围，否则便不可能产生出最佳雇主品牌。这并不意味着公司在管理业绩差劲的员工时需要采取怜悯的态度，而是说所要塑造的环境氛围，应该使一个业绩差劲的员工也感到他们受到了公平的对待。上司在这种氛围的营造上作用巨大。盖洛普（Gallup）公司在一项历时25年、涉及8万名经理人员和100万名员工的研究中，得出的结论之一是：员工为公司而来，因上司而去。中国企业喜欢讲"以厂为家"，如果上下关系都不充满温情和爱心，员工怎么可能会"以厂为家"呢？

（5）我们帮助你成长

不能为员工提供很好的成长机会，即使薪酬再高也无济于事。翰威特公司在亚洲进行的多次员工观点调查的结果表明，雇主所提供的学习与发展机会，一直被列为激励员工的最重要的因素之一；中华英才网在几次中国大学生最佳雇主调查中也得到了相同的结论。

2. 员工持有正确的态度

打造雇主品牌不是企业领导一个人的事，而是与企业全体员工都有关。光靠企业领导一个人的呼吁呐喊，雇主品牌不可能会建立起来，因为雇主品牌反映的是员工与企业之间的关系。在具有优秀雇主品牌的企业里面，员工也必须是优秀的。专业素养和优秀品格是一方面，还有更重要的一方面是对企业核心价值观、企业文化、企业愿景的认同。同舟共济始终应当成为最佳雇主品牌的特质。

3. 卓越的人员管理方法

对最佳雇主品牌的研究表明，这些公司卓越的人员管理方法可以概括为以下几点：

（1）慎重的招聘

最佳雇主会投入大量的时间、金钱和精力，以确保他们所雇用的人具有合适的技能、行为方式和态度。

（2）充分的入职培训

雇用了合适的人之后，最佳雇主还将投入大量的资源，以确保新雇的人员完全了解并理解企业的远景、使命、核心价值观和文化（而非仅仅是政策和程序）。

(3) 学习被视为一种经营战略

最佳雇主不是将培训和发展的支出视为不必要的成本,也不是把员工学习视为"不务正业",而是将学习视为一个真正的经营战略,能够为企业创造并保持竞争优势。建成学习型组织应当成为企业内部管理的一个目标。

(4) 有效的业绩管理、回报和表彰

最佳雇主能够对员工定期进行业绩评估,奖励业绩良好的员工,并惩处业绩一直差劲的员工。这项管理的关键在于公平性的掌握。

(5) 分享财富

最佳雇主一个很好的做法是,通过采用面向全体员工的股票期权计划,与员工分享由他们辛苦工作而获得的财富聚积。以前在很多企业,股票期权计划通常只局限于高级管理人员,现在越来越多的公司开始推行这一做法,效果显著。

(6) 建立主人翁意识

从品牌的角度来讲,主人翁意识实际上是说雇主品牌并不是归最高领导一人所有,而是归企业全体成员所有。只有建立主人翁意识,员工才会为企业的发展不懈奋斗。以上所说的股票期权计划是建立主人翁意识的一种好方法,此外还可以通过授权和扁平化组织结构来提高员工的主人翁意识。一旦做出授权,公司就需要对决策所造成的后果承担相当大一部分的责任,而不是一味地责备出错的员工。

**本章小结**

任何企业提供物都是产品和服务的组合。企业有必要从整体的视角来看提供物,树立"整体品牌"的理念,整合好产品与服务品牌的关系,发挥二者的合力。所谓服务品牌,是指消费者对服务有形部分的感知和服务过程的体验的总和。服务品牌主要由六大核心基因构成:服务质量、服务模式、服务技术、服务价格、服务文化、服务信誉。应该把服务分成基本服务和附加服务两个部分。但凡服务品牌做得成功的企业,其所提供的附加服务通常都给顾客带来独特的消费价值。服务品牌可能包括专业服务品牌和生产服务品牌。可以从品牌要素、品牌沟通、消费者对品牌的期望与评价、品牌管理四个方面来对比服务品牌与产品品牌的差异。由服务品牌资产模型可知,服务品牌资产由品牌知名度和品牌内涵两方面构成。品牌内涵对服务品牌资产的影响比品牌知名度要大。品牌知名度受到公司展现品牌、外界品牌传播和顾客体验的影响。服务品牌管理的原则是:(1) 围绕品牌组织运营;(2) 训练员工亲历品牌;(3) 表现得体的说话方式;(4) 永远记住员工就是品牌;(5) 注意前后的一致性和连贯性;(6) 尊重顾客;(7) 把服务或者投诉放在品牌的核心,倾听顾客,做出反应;(8) 领导起模范带头作用。服务品牌管理模型将服务品牌的外部顾客传播、内部员工管理、员工与顾客的互动过程整合在一起,形成了一个完整的循环系统,为服务企业的品牌培育与管理提供了一个具有操作性的流程模型。

工业品品牌没有受到足够重视,因为:(1) 工业品注重产品"性价比"功能性价值,不注重情感性价值;(2) 工业品推广过于重视推力,忽略了品牌拉力;(3) 工业品推广注重人际沟通成本,却不注重品牌沟通。但工业品仍然需要做品牌,理由是:(1) 获得更大的利润空间;(2) 可以获得更多市场机会;(3) 获得国际竞争优势;(4) 提升工业品抗危机能力;(5) 获得长远的竞争优势;(6) 能够增加产品的差异性;(7) 可以稀释销售人员对市场的控制。任何一个工业企业品牌的发展都经历了三个阶段，即生存维持期、成长扩张期和成熟期。每个阶段运作的重点都有所侧重：在生存维持期的品牌多侧重在业绩攻关、工程的参与度，以及资质认证的工作上；成长扩张阶段，品牌运作的重点是在品牌内涵规划与推广、样板工程建设等方面下功夫；成熟期，要加强品牌美誉度的建设，以及客户质量的控制。归纳起来，工业品企业可以采用以下几种营销策略来建设品牌：样板营销、标准营销、专业营销、联合营销、展会营销、跨位营销、关系营销。

个人品牌是指个人所拥有的外在形象和内在修养所传递的独特的、鲜明的、确定的、易被感知的信息。通俗来讲，就是个人在他人头脑中特有的一种印象，是人们私下里对个人进行的评价。这个评价映射到品牌拥有者身上会带来品牌溢价。

个人品牌核心元素包括：可靠性、特异性、态度。个人品牌的作用有：获得竞争优势；利于建立信任；有助于存储增值；口碑传播。个人品牌建立的基础：个人必须全力以赴地塑造个人品牌；个人品牌的建立必须以道德为基础；个人品牌的建立必须以终生学习为价值导向；个性形象塑造。个人品牌的建设实施可以从以下几个环节来进行：分析个人品牌现状；确定个人品牌定位；个人品牌识别设计；个人品牌传播推广；个人品牌维护提升。

雇主品牌体现为由雇佣行为提供并与雇主联系在一起的功能、经济和心理利益组合的综合的概念。根据人才是潜在的还是现有的，可以把雇主品牌分为外部品牌和内部品牌两个部分。雇主品牌的作用表现为：(1) 能吸引到认同企业价值理念的人才；(2) 能增加员工的忠诚度，减少人力资源管理成本，提高企业赢利。在雇主品牌建设过程中，企业需要把握以下几个要点：(1) 来自最高管理层的承诺；(2) 员工持有正确的态度；(3) 卓越的人员管理方法。

## 能力培养指导

通过本章的学习，学生应该能做到：
1. 掌握服务品牌管理的原则和步骤。
2. 找一个工业品品牌，进行工业品品牌建设。
3. 根据所学的知识，请对自身进行分析，进行个人品牌的规划。
4. 分析雇主品牌建设的重要性。

## 案例应用

### 老字号餐饮：刮骨疗伤的破与立

历经 6 年的快速发展后，老字号烤鸭店全聚德在 2013 年急转直下，净利润出现上市以来的首次下滑。据全聚德 2013 年财报显示，期内实现营业收入 19.02 亿元，同比下降 2.13%；归属于上市公司股东的净利润为 1.1 亿元，同比下滑 27.62%。本以为六年的荣耀光景预示着以全聚德为代表的餐饮老字号会迎来自己的老树发新芽，没想到最终还是落得一个"烤鸭之殇"……

自 2013 年以来，全国餐饮市场发生了巨大变化，中央改进作风、遏制公款消费和反对铺张浪费等一系列政策的密集出台和深入推进，对餐饮业存在的非理性消费带来了很大冲击，餐饮市场持续 20 年的快速增长势头不再，行业发展动力明显不足，而老字号餐饮企业同样受到了冲击与影响。

在为这些堪称"中华饮食瑰宝"的企业命运感到惋惜的同时，我们也开始重新思考：老字号餐饮，止殇之路在何方？

1. "老瓶"的硬伤

如今，国内老字号餐饮业的发展境遇大体上可以总结为：不好不坏、半死半活。

从计划经济转变为市场经济后，一大批餐饮老字号在较短时间内就已经接受了死亡和淘汰的命运，而另一批餐饮老字号企业则经受住了市场竞争的洗礼，开始走上转型之路。不过我们发现，老字号餐饮在发展过程中主要有两方面硬伤，即内在品质层面与外在品牌管理体系层面。

（1）消失的老味道

在厨师水准、工艺沿袭、味道统一等环节都逐渐出现问题时，老字号餐饮便开始失去其独特的产品优势，对消费者的吸引力也逐渐减弱。随着老师傅们逐渐退休或去世，小徒弟们却不能或不愿继承衣钵，承袭手艺。许多老字号就在厨师青黄不接的现实下，不得不接受消失的悲惨命运。

面对快餐时代的来临，为了节约成本，传统菜肴几乎全用调料制作，现代机器与技术的冲击使得许多老字号餐饮在生产工艺上更多地打上了机器生产的烙印，在制作流程与工序上也开始删繁就简，由智能化代替手工化。与此同时，老字号餐饮的传承者在技艺上也存在着差异性，消费者在享用这些不同传承者做出的食品时，总会有种"一朝天子一朝臣"的感觉，食物的味道总是不一致。

（2）缺少品牌化战略

现在，依然有许多老字号餐饮企业固守着传统观念，信奉"酒香不怕巷子深"的真理，缺乏品牌意识和整体的品牌规划，经营管理理念滞后。有人认为，老字号衰落的致命之处在于忽视了品牌资产的培育和延伸，缺少机制上的创新，事过境迁之后难免"人老珠黄"。国外也有老字号，百年企业比比皆是，为何这些老字号企业如今依然长青，甚至"逆生长"成童颜不老？这便是品牌化战略的结果。国外的百年企业以品牌促产品，而中华老字号则是以产品保品牌，二者的发展思路明显不同。

因此，凡是那些传承与经营成功的老字号企业都着眼于以下几点：力保产品口味的原始与正宗，使现代餐饮行业内的竞争对手难以复制；不断创新，适时调整，满足不同时代的消费者需求；注重品牌形象维护以及文化底蕴的传承。而那些失败的老字号则管理不善，核心产品、人才和技术不断流失，最终难以顺应市场做出相应的变化。

2. 如何"刮骨疗伤"

老字号餐饮企业需要解开的一个心结就是：正宗不等同于一成不变，正宗不代表拒绝创新，不代表故步自封。

面对喜忧参半、机遇与挑战同在的发展现状，那些不甘退出历史舞台的老字号餐饮企业要想获得一个美好的未来，必须有"刮骨疗伤"的魄力，向自己发起一场与对手无关的内部革命。

（1）从产品导向转变为市场导向

老字号只卖产品，并不考虑市场的变化和消费者的需求，而现代餐饮企业不仅卖产品，更在意市场和消费者。因此，老字号餐饮需要做出的第一个思维转变就是，如何促使传统工艺（产品）与现代消费者的饮食需求形成对位。毕竟随着饮食风潮的时刻变化，消费者的饮食需求也呈现出丰富化选择，如果依然守着老工艺、老产品，只能越来越背离现代人的口味。庆丰包子火了，为何没有走出来；天津狗不理一直叫好不叫座的原因又何在……这些皆源于企业缺乏系统的营销和品牌运作。与之相比，大娘水饺、吉祥馄饨、巴比馒头等这些一无老字号名头、二无背景支持的市场化企业，却活得风生水起，火遍全国。

（2）明确转型方向

总的来说，在正确评估自身资源实力的前提下，老字号餐饮企业的转型途径大致有三个：一是放弃老品牌的不足因素，嫁接强大企业的品牌技术、市场、资金，实现品牌内涵式增长；二是依附老字号产品、工艺的历史厚重感、时空感和文化气息，继承发展品牌文化内涵，赋予新背景下的文化含义，通过文化营销提升消费者的文化体验；三是在现有老字号餐饮品牌的基础上，升华"民族性"特质，将民族品牌建设成为企业品牌，或者像天津狗不理包子一样，实施"走出去"战略，将狗不理包子打造成为享誉中外的国际品牌。然而，无论这几个方向如何选择，有一个事实是不可回避的，即在转型过程中老字号都必然会舍弃一些曾经或许引以为傲的东西。正所谓智慧人生，品味舍得。

（3）合理评估不同的转型模式

在对老字号餐饮企业复兴转型模式的探索过程中，有五种模式可供企业选择。①换东家，解决老字号产权归属和投资运作主体的问题；②换掌柜，解决老品牌的运作组织和平台问题；③更换商业模式（包括更换品牌运营商、区域拓展商、产品制造商、业务集成商和产业整合商六种方式），确保老品牌的市场化及专业化运作；④换脸，解决老品牌的市场形象问题；⑤换血，解决企业的经营运作机制问题。当以上这些战略方向都明确之后，企业便可以安排部署周密的战术策略了。

（4）产品为兵，服务体验为马

许多项有关老字号餐饮的消费者市场调查结果显示，老字号餐饮受诟病最多的就是一成不变的食物味道以及服务与体验极差的消费过程。如果这两方面无法得到提升，老字号餐饮企业所谓的转型也只不过是空中楼阁。

长久以来，人们对老字号餐饮中"老"的评定，都聚焦在其味道的正宗，但倘若社会的饮食风尚已变，而老字号餐饮的正宗思想不变的话，消费者当然不会买账。长久以来，老字号在正宗势力的笼罩下奠定了雄厚的行业根基，但同时也设下了难以逾越的羁绊。一方面，老字号烹饪者往往沿着一条既定路线走完自己的烹饪道路，很少有人独辟蹊径，开创新流派；另一方面，老字号的正宗势力有着严格的承传模式、僵硬的师徒关系、固定的烹饪技艺和传统的操作程序，越雷池一步可谓难上加难。因此，老字号餐饮企业需要解开的一个心结就是：正宗不等同于一成不变，正宗不代表拒绝创新，不代表故步自封。如何在老产品、老工艺、老口味与消费者现代饮食风潮之间找到平衡点，才是老字号重新赢得消费者的关键点之一。

消费者的就餐过程归根结底是一种体验过程，对美食的体验只是其中一方面，而不应该是全部内容。所以老字号餐饮企业的另一个发力点应该聚焦在为消费者打造立体式体验上，比如明确体验主题，开发文化氛围浓厚的体验设施和特色产品，提供个性化服务等。事实上，和其他餐饮品类与行业相比,老字号餐饮更具有实行体验营销的"基因",那就是其自身拥有的悠久历史和文化气息。老字号独特的地域饮食文化不仅具有饮食地标的作用,甚至被烙上了旅游地标的印迹。老字号餐饮企业可以将丰富的饮食文化资源与现代旅游者的其他需求相结合,通过营造外部环境氛围,为消费者带来"产品与体验齐飞,复古共现代一色"的难忘体验。

资料来源:作者根据互联网相关资料进行整理。

【讨论题】

1. 结合案例谈谈服务品牌与产品品牌有何不同的特点。
2. 如何对老字号餐饮店品牌进行成功管理?

# 参考文献

[1]〔美〕艾丽丝·M.泰伯特,蒂姆·卡尔金斯.凯洛格品牌论[M].北京:人民邮电出版社,2006.

[2] 邓明新.品牌营销技能案例训练手册[M].北京:北京工业大学出版社,2008.

[3]〔新〕Paul Temporal.高级品牌管理[M].北京:清华大学出版社,2004.

[4] 刘常宝,王学思.品牌管理[M].北京:机械工业出版社,2011.

[5] 福布斯网站,www.forbes.com.

[6] 中国轻工业网,www.clii.com.cn/news/content-311253.aspx.

[7]〔荷〕里克·莱兹伯斯等.品牌管理[M].北京:机械工业出版社,2006.

[8]〔美〕拉塞尔·维纳.营销管理(第3版)[M].北京:清华大学出版社,2008.

[9]〔美〕大卫·阿克.品牌组合战略[M].北京:中国劳动社会保障出版社,2005.

[10] 每日经济新闻网,www.nbd.com.cn.

[11] Baker, Van L. Make the Most of Your Brand Portfolio[J]. Cross Industry Research Report, 2005(2): 1-9.

[12] Kapferer, Jean Noel. The New Strategic Brand Management: Creating and Sustaining Brand Equity Long Term(4th ed.)[M]. London: Kogan Page Limited, 2008.

[13] 天鸣,方元.中联重科单一品牌策略正式实施[N].证券时报,2007-12-04.

[14] 许文峰.品牌联合亦有道.全球品牌网,www.globrand.com,2006-12-29.

[15] 肖怡.信息时代商业企业管理变革与创新[M].广州:广东人民出版社,2002.

[16] 搜狐汽车,auto.sohu.com/20090525/n264147223.shtml.

[17] 中国营销传播网,www.emkt.com.cn.

[18]〔美〕多蒂·伊里科.美国十大品牌形象[J].国际广告,2000(1).

[19] 黄静.品牌营销[M].北京:北京大学出版社,2008.

[20] 豆丁网,www.docin.com/p-254181825.html.

[21]〔美〕凯文·莱恩·凯勒.战略品牌管理(第3版)[M].北京:中国人民大学出版社,2009.

[22] 中国策划网,www.cnyxch.com.

[23] 中国时尚品牌网,www.chinapp.com.

[24] 代凯军.管理案例博士评点[M].北京:中华工商联合出版社,2000.

[25] 周志民.品牌管理[M].天津:南开大学出版社,2008.

[26] "墓地品牌"重塑八大法则[J].发明与创新,2007(1).

[27] 中国连锁经营实战网,www.ccfcc.net.

[28] 吕爱斌,段鸿.TCL的国际化战略评析[J].时代金融,2007(8).

[29] 世界经理人网,www.ceconline.com.

[30] 周志民. 品牌关系形态之本土化研究[J]. 南开管理评论, 2007, 10 (2): 69-75.

[31] 施振荣. 全球品牌大战略: 品牌先生施振荣观点[M]. 北京: 中信出版社, 2005.

[32] 第一营销网, www.cmmo.cn.

[33] 王海忠. 不同品牌资产测量模式的关联性[J]. 中山大学学报 (社会科学版), 2008 (1): 162-168.

[34] 王海忠. 品牌测量与提升: 从模型到执行[M]. 北京: 清华大学出版社, 2006.

[35] 王海忠, 于春玲, 赵平. 品牌资产的消费者模式与产品市场产出模式的关系[J]. 管理世界, 2006 (1): 106-119.

[36] 卢泰宏, 谢飙. 品牌延伸的评估模型[J]. 中山大学学报: 社会科学版, 1997 (6): 8-13.

[37] 卢泰宏, 高辉. 品牌老化与品牌激活研究述评[J]. 外国经济与管理, 2007 (2): 17-23.

[38] 刘国华, 苏勇. 多视角下的品牌资产概念述评[J]. 华东经济管理, 2007 (3): 124-128.

[39] 〔英〕汤姆·布莱克特, 鲍勃·博德. 品牌联合[M]. 北京: 中国铁道出版社, 2006.

[40] 〔美〕舒尔茨, 田纳本, 劳特朋. 整合营销传播: 创造企业价值的五大关键步骤[M]. 北京: 中国财政经济出版社, 2005.

[41] 〔美〕史蒂夫·瑞夫金. 品牌命名[M]. 北京: 企业管理出版社, 2007.

[42] 乔恩·米勒, 戴维·缪尔. 强势品牌的商业价值[M]. 北京: 中国人民大学出版社, 2007.

[43] 〔美〕菲利普·科特勒, 凯文·凯勒. 营销管理 (第 12 版) [M]. 上海: 上海人民出版社, 2006.

[44] 〔美〕菲利普·科特勒. 塑造知名度: 科特勒论个人品牌营销 (第 3 版) [M]. 北京: 人民邮电出版社, 2007.

[45] 〔美〕戴维斯·斯科特. 品牌资产管理[M]. 北京: 中国财政经济出版社, 2006.

[46] 〔美〕阿尔·里斯, 劳拉·里斯. 品牌之源[M]. 上海: 上海人民出版社, 2005.

[47] Netemeyer, Richard G., Krishnan Baliji and Pulling Chreis. Developing and validating measures of facets of facets of customer based brand equity[J]. Journal of business research, 2004 (57): 209-224.

[48] Kapferer, Jean Noel. The New Strategic Brand Management: Creating and Sustaining Brand Equity Long Term(4th ed.)[M]. London: Kogan Page Limited, 2008.

[49] Elliott, Richard H. and Larry Percy. Strategic Brand Management[M]. New York: Oxford University Press, 2007.

[50] Aaker, David.A. Strategic Market Management(8th ed.)[M]. New Jersey: John Wiley & Sons, Inc., 2008.